当代美德伦理学译丛 李义天 主编

劳特里奇美德伦理学指南

【美】罗琳·贝瑟－琼斯 *Lorraine Besser-Jones*
【美】迈克尔·斯洛特 *Michael Slote*
编

李义天 等译 朱慧玲 等校

译丛总序

李义天

2012年，我在中央编译出版社出版了自己的第一部美德伦理学研究著作，《美德伦理学与道德多样性》。在师友们的鼓励和肯定下，该书先后获得中国伦理学会学术成果奖和胡绳青年学术奖。当时，我在"后记"中写到，由于学识和能力有限，因此，我只能通过一个具体的切入口来展示美德伦理学的某些重要特征，而若要承担一项诸如"美德伦理学研究"的课题，或写出一部名为《美德伦理学导论》的作品，"至少要在美德伦理学领域摸爬滚打十年以上才有可能"。

如今，十年光阴匆匆而过，我依然没有勇气展开这项宏大研究，依然不敢轻易动笔撰写这样的著作。因为，在这十年间，我越是更多地接触美德伦理学的文献，越是更深入地了解美德伦理学的历史，越是更逼近地观察美德伦理学的形态，越是更频繁地与当代美德伦理学者交谈，我便越是对美德伦理学的复杂内涵感到困惑，越是对美德伦理学的庞大格局感到震撼。我愈加相信，在着手开展关于美德伦理学知识体系的总体论述之前（哪怕它仅仅以"导论"的形式出现），我们可能首先需要对美德伦理学的思想史进程加以梳理，特别是，对当代美德伦理学的内涵外延、主要阶段、基本观点予以如实描述。

这种基础性的清理工作之所以仍然非常必要，大概有两方面原因。第一，美德伦理学尤其是当代美德伦理学的发展状况，其实要比人们通常以为的复杂得多，棘手得多。比如，很多人认为麦金太尔及其《追寻美德》堪称当代美德伦理学的代表人物和著作，可是，麦金太尔本人却拒绝承认自己是一个"美德伦理学家"；又比如，很多人觉得威廉姆斯对现代道德哲学的批判以及对古典伦理思想的召唤意味着他隶属于美德伦理学阵营，可是，该阵营内部的学者却更愿意把他看作一位值得尊重的启发者或同盟军；还比如，很多人因为看到纳斯鲍姆在古希腊悲剧和希腊化文本中挖掘出不少有关人格与美德的议题，便认为她开拓出一条新的美德伦理学路径，却没有注意到她甚至连"美德伦理学"这个概念都觉得多余和不必要。概言之，我们迄今为止围绕美德伦理学及其代表人物所形成的一些固有印象，也许流于简单和肤浅，亟待反思和重构。

第二，美德伦理学尤其是当代美德伦理学的理论内容，其实要比人们通常以为的深厚得多，丰满得多。比如，面对当代美德伦理学半个多世纪以来的研究成果同伦理学史上各种美德理论之间的明显差别，我们可能不得不认真对待美德伦理学的历史性，不得不区分"历史形态的美德伦理学"与"理想形态的美德伦理学"，或者，区分"作为思想运动的美德伦理学"与"作为思想样式的美德伦理学"；又比如，面对现代哲学针对美德伦理学的知识合法性的质疑与挑战，我们可能不得不重新思考美德伦理学的普遍性，不得不在美德伦理学的经典文本内部论证其必然要素，而不能简单地通过"伦理学是大致为真"这样的说法来轻易加以回避；还比如，面对美德伦理学的复兴给世界范围内的伦理知识乃至伦理文明带来的冲击，我们可能不得不认真对待美德伦理学的全球性，不得不在中国、印度、拉美等文明类型中，在佛教、基督教、伊斯兰教等宗教类型中探寻不同的美德伦理学形态。概言之，我们迄今为止有关美德伦理学的基本特质所提出的一些命题，也许仅仅是对西方思想主流的概括，因而亟待拓宽和展开。

为了做好这方面的工作，从更加全面和开阔的视野出发，更加广泛而深入地了解美德伦理学尤其是当代美德伦理学的重要文献，乃是十分必要的。换言之，我们如今对美德伦理学的接触和阅读，不能仅仅停留于那几本尽管耳熟能详但却相对久远的重要作品，还应该追踪当前的最新前沿，关注新世纪以来的多元发展。而这种追踪和关注，首先要求我们抱以开放的平常心，搁置内在的执念与成见，既不必纠结于"儒家伦理学是不是美德伦理学"这样的问题，也不要执着于"是用康德伦理学来统合美德伦理学，还是用美德伦理学来排斥康德伦理学"这样的困惑。我相信，若能充分涉猎并了解当代美德伦理学的新文献，那么，许多类似的问题都能找到比现在的宗派之见更好的解决办法，而我们在此基础上进行的理论建构也能收获比现在的局部知解更好的解释方案。尊重事实，了解事实，反思事实，这又何尝不是学者的美德呢？

基于上述考虑，我们从当代美德伦理学的诸多文献中，选择了若干具有代表性的作品。其中，既包括总体性、概览性、导引性的重要文本（如，*The Routledge Companion to Virtue Ethics*），也包含已被列入当代美德伦理学必读书单的重要著述（如，*Virtues and Vices, Virtue Ethics: A Pluralistic View* 以及 *A Theory of Virtue*），还包括借助哲学史资源对当代美德伦理学的核心概念或重要问题进行补充与拓展的专业论著（如，*Practical Intelligence and the Virtues, Suffering and Virtue*），亦包括当代学者对美德伦理学内在局限的反思和修缮（如，*Before Virtue, Rethinking Virtue Ethics*）。当然，限于版权和译丛篇幅等原因，还有很多有价值的作品未被纳入这次出版计划。对此，我们希望今后能有机会弥补这方面的缺憾。但是，我们更希望，本译丛能够跟汉语学界已经译介的美德伦理学作品一起，共同提升中国伦理学人对于相关议题的理解，共同推进当代中国伦理学知识体系在全球视野下的更新与完善。

  是为序。

2023 年 10 月

目 录

作者简介…………………………………………… 001

前言………………………………………………… 007

第一部分 | 美德伦理学的历史

第 1 章　柏拉图与美德伦理学………………………… 002

第 2 章　亚里士多德的美德伦理学…………………… 022

第 3 章　斯多亚学派的美德理论……………………… 042

第 4 章　印度教美德伦理学…………………………… 071

第 5 章　孔子伦理学为何是美德伦理学……………… 089

第 6 章　孟子的美德伦理学与道德基础理论………… 108

第 7 章　佛教伦理传统中的美德……………………… 124

第 8 章　尊重差异：道家的美德……………………… 138

第 9 章　荀子与美德伦理学…………………………… 154

第 10 章　神圣的美德：奥古斯丁的神学心灵 ……… 171

第 11 章　阿奎那：灌注的美德 …………………… 190

第 12 章　休谟 …………………………………… 209

第 13 章　尼采与美德 …………………………… 225

第二部分 | 当代的进路

第 14 章　幸福主义美德伦理学 ………………… 252

第 15 章　情感主义美德伦理学 ………………… 270

第 16 章　多元主义美德伦理学 ………………… 286

第 17 章　当代基督教美德伦理学的多样性 …… 307

第 18 章　当代儒学 ……………………………… 327

第 19 章　美德知识论与美德伦理学 …………… 350

第 20 章　女性主义美德伦理学 ………………… 374

第 21 章　圣爱与美德伦理学 …………………… 391

第三部分 | 批判性的互动

第 22 章　康德与美德伦理学 …………………… 424

第 23 章　后果主义对美德伦理学的批判 ……… 443

第 24 章　美德伦理学与正确的行动：批评意见 …… 456

第 25 章　美德伦理学与利己主义 ……………… 476

第 26 章　美德的几种模式 ……………………… 496

第 27 章　情境主义的批判 ……………………… 519

第 28 章　验证反利己主义方案的移情利他假说 …… 534

第 29 章　关怀伦理与美德伦理 …………………… 556

第 30 章　角色和美德 ………………………………… 578

第四部分 | 美德伦理学的应用

第 31 章　环境美德伦理学 …………………………… 594

第 32 章　世界美德伦理学 …………………………… 622

第 33 章　美德伦理学与道德教育 …………………… 642

第 34 章　作为政治哲学的美德伦理学：早期中国哲学的伦理理论结构 …………………………… 660

第 35 章　法律与美德 ………………………………… 686

第 36 章　美德伦理学与医学 ………………………… 720

第 37 章　美德理论视角下的商业伦理学 …………… 740

索引 ………………………………………………………… 762

译后记 ……………………………………………………… 827

作者简介

安靖如（**Stephen C. Angle**），美国卫斯理大学（Wesleyan University）哲学系教授，著有 Sagehood: The Contemporary Significance of Neo-Confucian Philosophy（Oxford, 2009），Contemporary Confucian Political Philosophy: Toward Progressive Confucianism（Polity, 2012）。

罗伯特·奥迪（**Robert Audi**），美国圣母大学 John A. O' Brien 哲学教授和管理学教授，著有 Business Ethics and Ethical Business（Oxford, 2008），Democratic Authority and the Separation of Church and State（Oxford, 2011）。

C. 丹尼尔·巴特森（**C. Daniel Batson**），美国堪萨斯大学心理学荣誉教授，他对移情利他假说及其利己主义替代方案的充分研究在 Altruism in Humans（Oxford, 2011）一书中得到很好的体现。

希瑟·巴特利（**Heather Battaly**），美国加利福利亚大学富勒顿分校哲学系教授，出版专著 Virtue（2014），编著 Virtue and Vice, Moral and Epistemic（Wiley-Blackwell, 2010），研究涉及美德知识论、美德伦理学等领域。

罗琳·贝瑟-琼斯（**Lorraine Besser-Jones**），美国明德学院（Middlebury College）哲学系副教授，出版 Eudaimonic Ethics: The

Philosophy and Psychology of Living Well（Routledge, 2014），发表诸多道德心理学和伦理学史方面的文章。

泰德·布伦南（**Tad Brennan**），美国康奈尔大学圣哲学院哲学与古典学教授。其著作 *The Stoic Life*（Oxford, 2005）是对斯多亚伦理思想的哲学概述，同时，他还发表许多论文，内容广泛涉及柏拉图、亚里士多德、斯多亚学派派，伊壁鸠鲁学派以及柏拉图主义。

菲利普·卡法罗（**Philip Cafaro**），美国科罗拉多州立大学哲学系教授，著有 *Thoreau's Living Ethics: Walden and the Pursuit of Virtue*（University of Georgia Press, 2004），即将出版著作 *How Many is Too Many? The Progressive Argument for Reducing Immigration into the United States*（University of Chicago Press）。

拉达尔·柯伦（**Randall Curren**），美国罗切斯特大学（University of Rochester）哲学系教授，英格兰伯明翰大学朱比利品格与价值研究中心（Jubilee Centre for Character and Values）道德和美德教育主任，英国皇家哲学协会教授。

雷蒙·达斯（**Ramon Das**），新西兰惠灵顿维多利亚大学哲学系高级讲师，正在撰写一本关于全球正义的著作。除了美德伦理学，其研究领域主要涉及伦理理论和国际事务。

茱莉亚·德雷弗（**Julia Driver**），美国华盛顿大学圣路易斯分校哲学教授，出版著作 *Consequentialism*（Routledge, 2012），*Ethics: the Fundamentals*（Blackwell, 2006）以及 *Uneasy Virtue*（Cambridge, 2001），主要研究方向涉及规范伦理学和道德心理学。

杜楷廷（**David Elstein**），美国纽约州立大学新帕尔茨分校哲学系和亚洲研究所副教授，著有 *Democracy in Contemporary Confucian Philosophy*（Routledge, 2014），在 *Philosophy East and West*，*Dao* 以及 *Contemporary*

Political Theory 等期刊上发表一系列文章。

迈克尔·L. 弗雷泽（**Michael L. Frazer**），美国哈佛大学政府和社会研究副教授，著有 *The Enlightenment of Sympathy: Justice and the Moral Sentiments in the Eighteenth Century and Today*（Oxford, 2010）。

多罗西娅·弗雷德（**Dorothea Frede**），德国汉堡大学荣休教授、柏林洪堡大学名誉教授。目前从事"柏林科学院系列"《尼各马可伦理学》新译注本工作。

J. L. A. 加西亚（**J. L. A. Garcia**），美国波士顿学院哲学教授。发表多篇广为讨论并重印的文章，包括"The Heart of Racism"，"Irreducibility of the Will"，"Interpersonal Virtues"，"Is Being Hispanic an Identity" 等。研究涉及理论伦理学、应用伦理学、社会哲学和道德心理学等领域。

查尔斯·古德曼（**Charles Goodman**），美国宾汉顿大学（Binghamton University）哲学系、亚洲和亚裔美国人研究所副教授，发表诸多佛教哲学、伦理学和应用伦理学论文，著有 *Consequences of Compassion: An Interpretation and Defense of Buddhist Ethics*（Oxford, 2009）等。

爱德华·哈考特（**Edward Harcourt**），英国牛津大学哲学讲师，基布尔学院（Keble College）研究员，发表多篇关于道德情感、新亚里士多德主义和儿童发展、精神分析伦理学、元伦理学、尼采伦理学、文学和哲学以及维特根斯坦研究等文章。

詹妮弗·A. 赫特（**Jennifer A. Herdt**），美国耶鲁大学神学院基督教伦理学方向吉尔伯特·斯坦克（Gilbert L. Stark）教授、耶鲁大学研究生院教授，著有 *Religion and Faction in Hume's Moral Philosophy*（1997），*Putting on Virtue: The Legacy of the Splendid Vices*（2008）等著作。

黄勇（**Yong Huang**），香港中文大学哲学教授。著作包括 *Religious Goodness and Political Rightness: Beyond the Liberal and Communitarian*

Debate（Trinity, 2001）, *Confucius: A Guide for the Perplexed*（Continuum, 2012）以及 *Why Be Moral: Learning from the Neo-Confucian Cheng Brothers*（SUNY Press, 2014）。

何艾克（Eric L. Hutton），美国哈佛大学东亚语言和文明方向硕士，斯坦福大学哲学博士，目前是犹他大学哲学副教授，主要研究方向为早期中国哲学、希腊哲学和伦理学。

蒂莫西·P. 杰克逊（Timothy P. Jackson），美国埃默里大学（Emory University）坎德勒神学院（The Candler School of Theology）基督教伦理学教授，著有 *Love Disconsoled*（Cambridge, 1999）, *The Priority of Love*（Princeton, 2003）以及 *Political Agape*（Eerdmans, 2015）。

罗世荣（Shirong Luo），美国迈阿密大学博士，西蒙斯学院哲学副教授，发表论文 "Relation, Virtue, and Relational Virtue: Three Concepts of Caring"（*Hypatia*, 2007）, "Confucius's Virtue Politics: Ren as Leadership Virtue"（*Asian Philosophy*, 2012）等。

内尔·诺丁斯（Nel Noddings），美国斯坦福大学李·杰克斯（Lee Jacks）教育学荣休教授。最新著作是 *Education and Democracy in the 21st Century*（Teachers College Press, 2013）。她撰写了19本著作，发表200多篇论文，从关怀伦理到数学问题均有涉猎。

罗伊·佩雷特（Roy W. Perrett），澳大利亚墨尔本大学历史与哲学研究学院研究助理，出版 *Hindu Ethics: A Philosophical Study*（University of Hawaii Press, 1998）, 发表大量有关印度哲学和西方哲学的论文。

格伦·佩蒂格罗夫（Glen Pettigrove），新西兰奥克兰大学哲学系高级讲师，著有 *Forgiveness and Love*（Oxford, 2012）, 同时在伦理学、社会和政治哲学领域发表大量文章。

安德鲁·平森特（Andrew Pinsent），英国牛津大学伊恩·拉姆齐科学与信仰研究中心（Ian Ramsey Centre for Science and Religion）主任，牛津大学神学与宗教系成员，哈里斯曼彻斯特学院（Harris Manchester College）研究员。出版作品涉及美德伦理学、神经神学、科学和宗教等。

沈美华（**May Sim**），美国圣十字学院（College of the Holy Cross）哲学系副教授，著有 *Remastering Morals with Aristotle and Confucius*（CUP, 2007），发表 40 多篇有关东西方哲学在形而上学、伦理学、环境、自然法和人权等方面差异性的比较研究论文。

迈克尔·斯洛特（**Michael Slote**），美国迈阿密大学 UST 伦理学讲席教授、哲学系教授，爱尔兰皇家科学院院士，特纳讲座教授，研究领域涵盖伦理学、心灵哲学、认识论、政治哲学和教育哲学等。

南希·E. 斯诺（**Nancy E. Snow**），美国马凯特大学（Marquette University）哲学系教授。著有 *Virtue as Social Intelligence: An Empirically Grounded Theory*（Routledge, 2010）。她和美国圣母大学心理学家达尔西亚·纳尔瓦兹（Darcia Narvaez）近期共同获得坦普顿宗教基金（Templeton Religion Trust）资助，主持为期三年的"自我、动机和美德"课题研究。

劳伦斯·B. 索勒姆（**Lawrence B. Solum**），美国乔治城大学法学系教授，在美德法理学、宪法理论、政治哲学和程序公平方面著述颇丰。近期在 *Harvard Law Review* 和 *Yale Law Journal* 上发表论文。

凯伦·斯托尔（**Karen Stohr**），美国乔治城大学哲学系副教授，肯尼迪伦理研究中心高级研究员，主要研究美德伦理学和康德伦理学，尤其关注日常社会实践的道德维度。

克里斯蒂娜·斯沃顿（**Christine Swanton**），就职于新西兰奥克兰大学哲学系。主要著作有 *Virtue Ethics: A Pluralistic View*（Oxford, 2003），*The Virtue Ethics of Hume and Nietzsche*（Wiley-Blackwell，即出）。

杰奎琳·泰勒（**Jacqueline Taylor**），美国旧金山大学哲学系教授。

她合编了第二版 *Cambridge Companion to Hume*（Cambridge，2009），其专著 *Reflecting Subjects: Passion, Sympathy, and Society in Hume's Philosophy* 将由牛津大学出版社出版。

克里斯托弗·托纳（**Christopher Toner**），美国圣托马斯大学哲学系副教授，在 *The Philosophical Quarterly*、*The Journal of Ethics*、*Meta-philosophy*、*Utilitas* 等期刊发表大量文章，研究方向涉及道德理论和中世纪哲学。

丽兹·范·齐尔（**Liezl van Zyl**），新西兰怀卡托大学（University of Waikato）哲学和伦理学高级讲师。发表了一系列有关美德伦理学尤其是正确行动理论的文章，以及应用伦理和家庭伦理方面的论文。

丽贝卡·L. 沃克（**Rebecca L. Walker**），美国北卡罗来纳大学教堂山分校社会医学系副教授、哲学系副教授。她的研究聚焦于实践伦理学方法、美德伦理学和动物伦理学。

詹姆斯·维策尔（**James Wetzel**），美国维拉诺瓦大学（Villanova University）奥古斯丁首席教授，研究兴趣主要涉及哲学与宗教生活的交叉地带，并且针对哲学虔诚的本质及其奥古斯丁式的柏拉图主义特定形态进行了深入研究。

尼古拉斯·怀特（**Nicholas White**），美国密歇根大学安娜堡分校名誉教授（1969-1995），出版著作包括 *Individual and Conflict in Greek Ethics*（Oxford, 2002）以及 *A Brief History of Happiness*（Blackwell, 2006）。

艾伦·伍德（**Allen Wood**），美国印第安纳大学 Ruth Norman Halls 讲席教授，斯坦福大学 Ward W. and Priscilla B. Woods 名誉教授，出版了现代德国哲学、伦理学和政治哲学等方面的大量作品。

萧阳（**Yang Xiao**），美国俄亥俄州肯庸学院（Kenyon College）教授，学术期刊 *Dao: A Journal of Comparative Philosophy* 书评编辑，主要研究领域为伦理学、政治哲学、中国哲学、语言哲学和宗教哲学。

前言

几乎每位哲学研究者都知道，美德伦理学是（西方）古典伦理学的主流形态；同样，每个人也知道，自1958年伊丽莎白·安斯康姆发表文章《现代道德哲学》以来，美德伦理学就开启了强势的复兴之路。如今，在英语世界，美德伦理学已然成为三种主要的规范伦理学进路之一——另外两种是后果主义和康德伦理学，而在获得如此地位或角色前，美德伦理学走过了漫长的道路。尽管偶尔仍有哲学家想要指出美德伦理学不能自成一体，它仅仅是其他道德进路的虚幻替代品，或者，它无法提供任何有效的实践指南因而并不充分，但是，就大部分情况而言，美德伦理学似乎已经在我们的生活领域和职业环境中牢牢地确立起来。我们现在看到，有许多美德伦理学的课程和书籍，当然，还有很多文集和选集。那么，我们为何还要在越来越多的美德伦理学作品之外，再提供一本新的文集呢？本书不仅探讨美德伦理学的各种源头，还讨论它的各种发展和影响，而这些内容此前从未在同一部作品中集中加以探讨。

在安斯康姆文章的唤醒下出现的美德伦理学，其灵感和方法在一开始当然都是亚里士多德主义的。而在最近几年，英语哲学界才承认，我们自己的大卫·休谟也肯定是一位美德伦理学家，他的思想与当今的哲学氛围息息相关。同样，也是在最近几年，有些哲学家指出，出于当前的哲学目标，我们还需认真对待斯多亚主义、柏拉图主义或尼采主义的美德伦理学。因此，美德伦理学的源头，就算它发生在西方传统内部，现在也已远远地散播开来，而不再局限于最初在安斯康姆的文章激发下所看到的范围。

同样地，人们日益认识到，在一些非西方的传统中也能发现美德伦理学的源头。西方的美德伦理学家越来越多地领悟到，美德伦理学在历史上也曾存在于并影响着世界上其他地区，尤其是亚洲。许多（尽管不是全部）研究中国哲学的伦理学家现在都把儒家思想看作一种或一组美德伦理学，而这种情况可能同样适用于佛学和其他的"世界哲学"。别的选集和文集只是部分地或有限地承认了这一点。如今虽然与30年前不一样，美德伦理学的文集通常都会收录一两篇儒学、佛学或者道家方面的论文，但这实际上让人觉得，西方的美德伦理学要比世界上其他地区的美德伦理学更发达、更值得关注，而本书正是试图纠正这一偏见。因此，本书收录的**大量**文章都与世界上其他地区的美德伦理学相关；通过对孔、孟、荀的哲学给予单独的实质探讨，我们把这些伦理学家同柏拉图、亚里士多德和阿奎那置于同等的水平，而后者亦有单独的章节来处理。这不是说我们要把这些思想家分开讨论，而是想要表明，上述六位思想家全都值得作为思想家个体、因其自身光辉而获得我们的关注，他们并非仅仅是某些值得我们关注的传统的一部分。这只是一个例子来说明，本书如何拓展了我们对美德伦理学的历史形态和当下形态的理解，以及，通过从更加国际的视野来看待美德伦理学，这些事情在实际上又是怎样至少开始呈现在美德伦理学的研究者面前。就本书扩展了我们的美德伦理学观念而言，这只是诸多方式之一。

另一种重要的方式是对宗教美德伦理学的强调。本书收录了有关奥古斯丁和阿奎那的专门文章，另有两章介绍了当前的宗教美德伦理学及其发展。借助这样的开放性,本书还聚焦于美德伦理学的新拓展,以及对新问题的处理方案,后者是伴随美德伦理的道德心理学而出现的。承认美德伦理学的历史与当代进路的多元性,这使得本书能把批评的战线拉得更宽,它们可以检测出美德伦理学的局限性,比如,它们会考虑康德能否被合理地视为一位美德伦理学家,它们会考虑角色伦理、关怀伦理和美德伦理之间的各种关系,以及,它们会考虑哲学上的美德概念和品格概念是否能够同心理学的研究相协调。最后,本书还推进和扩展了对美德伦理学的应用——不仅考察了亚里士多德主义美德伦理学是否以及如何能够在应用的环境下得到使用,还考察了儒学和其他的非西方传统怎样能被用来加深我们对现实世界的理解。

我们希望,本书所呈现的整幅画卷可以表明,美德伦理学在历史上可能具有的研究形态,以及美德伦理学在当代哲学中可能获得全新方向,要比许多美德伦理学家直到最近才有所承认的更加宽广、更加多样。正如克里斯蒂娜·斯沃顿非常恰当指出的那样,美德伦理学其实是一个"属"(genus),而不是一个被称作亚里士多德主义的"种"(species),而且,这里对世界上不同地区的不同美德伦理学传统的强调,可能会激励哲学家们超出传统或习惯的伦理学领域的藩篱,去寻求灵感和问题的解决方案。

当人们读完本书的所有章节后(就像我们编者一样),会产生一个在心中积累已久的有趣疑问:什么**是**美德伦理学?如果它是一个"属",我们描述它的最好方式是什么?本书许多章节都发现,很难说它们所聚焦的那种当代进路或历史进路就真的算是美德伦理学,而"什么是美德伦理学"这个问题,事实上也激发了美德伦理学本身(以及众多批评立场)自安斯康姆文章出现以来这么多年的发展。类似问题**似乎**并未出现在后果主义或康德主义伦理学那里,这种事实所带来的不确定性似乎也并未困扰其他的伦理学进路(尽管它们可能面临其他的哲学问题)。但是,美德伦理学的地位归属存在问题，却不一定影响那些我们不太有把握称其为"美德伦理学"的具体进路或学说的有效性或可信性。

尽管我们肯定不打算通过某种所有人都会同意或都应同意的确定无疑的美德伦理学定义来解决全部这些命名问题，但是，本书各章是因为一种共同的旨趣而在这里凝结起来，它们都试图探究行为者品格的动力机制以及这种机制如何促成了她的道德行为者地位；它们都试图认真探究为什么说行为者赋予其行为的那些东西（可以是她的动机、智慧、美德）具有极端的重要性；它们还试图探究这些形形色色的思考是不是有可能比道德的其他方面更具有方法论上的优先性。这些承诺足以定义美德伦理学这个"属"吗？我们不会装作自己已经知道了答案，但我们邀请读者来探究这些问题，从而扩展他们的美德伦理学观念，开始独立思考我们应该如何定义美德伦理学的"属"。

正如我们期待读者很快就会发现的那样，本书所讨论的所有伦理学形态都非常值得我们展开哲学思考，而这种思考不仅足以使美德伦理学成为一个合法的概念，而且足以让本书或其他作品所采取的那些具体的但存在争议的美德伦理学形态配得上我们作为哲学家或哲学史家的关注。

尽管如此，在过去 20 年间，随着美德伦理学日益突出和富有影响，人们仍会不时以各种形式挑战美德伦理学，认为它不构成某种独立自足的进路。最有名的就是，罗杰·克里斯普（Roger Crisp）对近期的一些工作提出反对意见，这些工作以最具美德伦理学特色的方式把行为的道德性质建立在品格／动机的道德性质之上（"A Third Method of Ethics？"，*Philosophy and Phenomenological Research*, 2012）。不过，他的反对意见所赖以奠基的那些有关道德本质的假设，却是一些伦理学家（而不仅仅是美德伦理学家）试图挑战的东西。

因此，我们认为，他的工作更多地是展现了有关美德伦理学应该如何发展、可以如何发展的那些争论的活跃性,而不是表明,美德伦理学没有什么独到的重要之处,故应退出哲学舞台。事实上,我们认为,美德伦理学思想实际上可以具有怎样的重要性、多样性和独特性,这整本书已经提供了很好的证明。

罗琳·贝瑟-琼斯
迈克尔·斯洛特

第一部分

美德伦理学的历史

第 1 章

柏拉图与美德伦理学

[美] 尼古拉斯·怀特 / 著
李义天 杜亚男 / 译 朱慧玲 / 校

近几十年来,受"美德伦理学"讨论的影响,一些柏拉图研究者开始围绕柏拉图是否支持这种观点进行探讨,并且给出了许多不同回答。这个问题之所以困难,是因为"美德伦理学"这个短语本身含义不清。而其中的部分原因在于它的构成成分"美德"和"伦理学"都比较含糊。在"美德的伦理学(ethics of virtue)"这一短语中,甚至连"的(of)"这个词也会造成困难,因为"美德"与"伦理学"之间的关系究竟应该如何,人们几乎没有共识。

让我们从简单的观点出发。所谓美德伦理学,是指一种通过经常使用美德的表达话语而使得美德占据显著位置的伦理学立场。这样,我们很容易就决定说,柏拉图确实支持该立场。但是,这样的标准可能没有意义:琐碎的解释说明也能很容易就营造出显著的地位。我们要的不是计算字数。我们聚焦的是实质性的哲学问题。如果美德术语占据了显著的地位,那么,原因是什么?柏拉图有理由让美德术语居于显著地位吗?如果人们没有搞清楚这种立场背后的原因,那么,他们就不能恰当地描述它。

正如我所说的那样,柏拉图是否支持美德伦理学,这个历史问题并非凭空产生。它是近几十年来、由伦理学内部的特殊关切所引发的。我们应当注意这些关切。因此,我们的一项任务就是要确定,当柏拉图讨论美德和各种具体美德时，他用以强调美德的理由是否也跟如今哲学家的理由一样。我的最终答案是：并不一样。不过，我将从回顾过去几个世纪已经给出的若干理由开始。

***

显著是一种关系。如果美德概念在柏拉图那里很常见，我们就得问，它相对于什么而言是显著的？它遮蔽了什么？人们本可以强调其他什么东西？我们还想知道：美德术语被运用于哪些对象？许多东西都可以被称作有美德的：人、人的行动、人的意图，等等。在柏拉图那里，哪种运用是显著的？为什么？

从最近的讨论中，我们可以获得一些有用的回答。就美德的适用领域而言，美德伦理学如今通常认为，美德术语首当其冲地用来形容人或人的品格。一般来说，美德伦理学主要试图告诉我们，什么样的人才是一个"好人"。

行动当然也可以被说成是"有美德的"，或者说，具有特殊的美德，比如勇敢的或正义的。但是，在一种典型的美德伦理学中，有美德的行动专指或被限定为有美德的人会采取的行动。因此，行动的美德，通常被认为在某种程度上源自产生它的那种品格或人格的美德。而行动，则是从实施它的行为者那里继承了它的价值特征。

现在，我们碰到了我们需要理解柏拉图的一个重点问题。在《国家篇》中，柏拉图同样认为，一个行动的美德（或没有美德）派生于一个人的美德（或没有美德）。但是，柏拉图的理由却和今人十分不同。我们会看到，在他这里，正义的行动是给人**带来**正义或使人**坚持**正义的行动，而不是**源自**人的正义品格的行动。这种差异预示着，柏拉图的关切与今人的关切之间还有一些重要的其他差别。

＊＊＊

那些不同于美德伦理学的伦理学观点，基本上就是人们所说的**义务伦理学**（也有例外，参见 Frankena 1970）。这种观点不会说这是一个有美德的人将会采取的行动从而建议人们实施它——这是美德伦理学推荐行动的方式。毋宁说，义务伦理学一般会做两件事。其一，它通常给出关于某类行动的一般特征——比如"信守承诺"和"说出真相"的特征。（因此，义务伦理学**直接**规定各种行动，而不是通过迂回的方式说，这是一个有美德的人将会采取的行动。）其二，义务伦理学将这些行动规定为**必须的**或**强制的**；这便是我们称之为**义务**或是认为人们**应该**去做它们的意思。

支持义务伦理学的人常说，由于义务伦理学直接规定行动，所以，与美德伦理学相比，它告诉人们要做什么会容易得多（参见 Frankena 1970；Schneewind 1990）。义务伦理学必须揭示出，我们在特定情境下何以能够判定"一个有美德的人将会采取何种行为"。我们随后会看到，柏拉图及其美德伦理学是怎样努力回答这个问题的。

＊＊＊

从 16 世纪到 19 世纪，哲学的发展及其记述都有一个明确的版块来考察，柏拉图是否有理由更加强调美德概念，而不是义务和行动概念。我将非常概括地勾勒这个图景。

在此阶段早期，由于部分受到格劳秀斯（Grotius）和普芬道夫（Pufendorf）等法学家的影响，所以人们认为，关键在于要把伦理标准（ethical standards）在某些重要层面上当作一种法律条款（a legal code），它包含每个人要做什么或不做什么的清晰的规则式规定——换言之，当作一种关于行动的伦理学，通常，也就是一种义务伦理学（Schneewind 1990）。19 世纪，在席勒和黑格尔的影响下，出现了反对这种观点的声音，而到了 20 世纪后半叶，尤其在英语学界，反对的声音越来越大。它们大都反对过于强调义务的康德伦理学。

尤其是 20 世纪 50 年代以来，这些反对意见出现在一场支持——后来逐渐被称作——美德伦理学、支持根据人及其品格来评价行为的运动中，它被认为提出了一种（特别是）要比康德主义伦理学更先进的替代选项。

从席勒和黑格尔针对康德的批判出发（毫无疑问，也受到康德严重漠视希腊伦理学的刺激），这场运动往往上溯至古希腊哲学——其中最常见的是亚里士多德，有时也涉及柏拉图。人们的看法是，希腊哲学家代表了康德和其他一些像康德这样人所严重缺乏的思想。

后来，许多人都觉得应该追问，这种历史图景是正确的吗？这位或那位希腊哲学家真的提供了一种反对康德式义务中心论的美德伦理学吗？对该问题的追问，自然也引出了一个新的问题：希腊伦理学提供了支持美德伦理学的理由吗？这些理由跟现代的理由是一样的吗？

***

柏拉图有没有直接说过，他**为什么**花这么多笔墨来谈论美德？或者，他有没有为这种做法予以辩护？不，他就这么**做**了，看起来他并不自觉。在受苏格拉底影响比较深的早期作品里（尤其是《克里同篇》、《卡尔米德篇》、《拉凯斯篇》、《吕西斯篇》、《欧绪弗洛篇》、《大希庇亚篇》、《普罗泰戈拉篇》、《高尔吉亚篇》、《美诺篇》，要我说还有《国家篇》第 1 卷），他做了很多这方面的工作，他曾试图定义各种美德，而且，在《美诺》篇里，他还试图定义美德本身。苏格拉底与柏拉图早期美德观之间的这种表面关联，再加上一种对于非哲学的希腊文献的选择性视角，使得一些柏拉图的研究者相信，柏拉图未经思考便从此前的作家和自己的"文化"中获得了对美德的兴趣。

这种看法并不具有生命力，原因有二。首先，无论是柏拉图的时代还是在此之前，希腊文献中有很多讨论都不是围绕美德展开，它们也并未把人的美德当作焦点。事实上，对于凭借美德之外的某种其他来源而建立的标准所**要求**的行为，也有大量的讨论。诸神发出指令，并惩罚那些不服从他们的凡夫俗子。宙斯就用雷电这么干。希腊神话里充满了这类景象（Lloyd-Jones 1983）。我们没有充分的理由说，善和美德所提供的"吸引性"标准就胜过了那些来自号令的"命令式"标准。

这些指令既有神圣的来源，也有法律的来源（甚至如柏拉图的《克里同篇》所说，两者都有）。事实上，柏拉图对于法律和法庭的社会调节力量并无信心，总体而言，他认为教育更能胜任这项任务。不过，在晚年写就的《法律篇》中，他不再怀疑法律也有制定标准的力量，但这主要是因为，这种力量也为法律赋予了教育的功能（Laws 857e）。

相比之下，柏拉图的早期作品主要致力于给美德（以及其他一些术语，比如《吕西斯篇》中的友谊）下定义。然而，引人注目的是，柏拉图经常引用的例子不是关于人或品格的美德，而更多地是关于行动或行动类型的美德（如，Euthyphro 5d–e, 7a）。他并没有说，在概念上，人就是美德的主要适用对象。

***

与柏拉图的较早作品一样，《国家篇》也关注人的美德，尤其是正义美德，它是《国家篇》试图定义的对象。然而这部作品表明，柏拉图承认，有一种强调行动和普遍规则的不同的伦理学进路存在。在这篇对话中，苏格拉底的对话者就接受了一种以行动和规则为导向的进路。但是，他们以这种方式来定义正义的所有尝试，在第 1 卷中全都遭到反对。把正义定义为说真话和欠债还钱的看法，一经提出便遭驳斥（331d）；还有把正义定义为帮助朋友和伤害敌人的看法，也是如此（332d）。柏拉图不仅反对这些具体的定义，而且反对试图通过直接刻画那些隶属于该美德的行动而定义美德的整个进路。

行动也是苏格拉底和他的主要对手色拉叙马库斯（Thrasymachus）在第1卷的对话焦点。后者抛出这个话题的方式（338—339），听起来就跟现代人处理这个问题的方式差不多："为什么**做**正当的行为是有意义的？"

色拉叙马库斯不仅关注正义的或正当的行动，尤其是法律所要求或禁止的行动。他还坚持认为，大多数所谓正义的行动，其实会给实施这些行动的人带来伤害。所以他问，"为什么有人要这样做呢？"色拉叙马库斯自己判断，这么做只是"高尚的愚蠢"（ēlithios, 348c）。（请注意，正如"高尚"一词显示的那样，色拉叙马库斯并不觉得，人人都承认他们只是为了促进自己的幸福而行动；相反，他赋予人们一种并非自我关切的动机，对此，柏拉图也同意；参见 White 2002: 189—214。）

在《国家篇》的第2卷中，格劳孔（Glaucon）和阿迪曼图斯（Adeimantus）对色拉叙马库斯立场的重述进一步表现出相同的行动观。于是，现在的问题就成了：实施正义的行动其实很愚蠢吗？

正如我们将看到的那样，一旦柏拉图处理了这些定义，他便会——清晰地、自觉地、断然地（443c-e）——拒绝整个通过行动来定义正义的进路。取而代之的是，在《国家篇》的其他地方，他选择支持某种美德伦理学——尽管我们将会看到，它不是如今常见的那种美德伦理学。

＊＊＊

当然，我们最初可能期待柏拉图会这样回应色拉叙马库斯的立场，即，证明采取正义的行动确实有益，但柏拉图没这么做。从《国家篇》的第2—4卷，一直到后面，柏拉图的回应基本上同采取正义的或强制的行为没什么直接关系。相反，他处理的是美德，尤其是正义美德，既包括品格或人格（"灵魂"）的美德，也包括类似于人的城邦的美德，或者说，由个体组成的社会组织的美德。

批评者反对说，柏拉图中途改变了辩论的说辞，而且，他也没有表明他的回答跟色拉叙马库斯的立场有关。但我们这里并不关心这一点。

＊＊＊

我们**真正**关心的是柏拉图在运用"正义"这个术语时的转变。在柏拉图的早期作品以及《国家篇》第 1 卷中，他谈论美德，既包括人的美德，也包括人的行动的美德。而色拉叙马库斯的发难（336b），让我们主要考虑的则是运用于（在他眼里"愚蠢的"）行动的正义。随后，柏拉图迫使我们把注意力再次转到运用于人及其品格的正义上来。这些转变深刻影响到，我们处理的是不是一种美德伦理学。

这一系列的转变带来的正是这个问题。柏拉图笔下的苏格拉底（也可能是历史上那个对个体的灵魂健康颇有兴趣的苏格拉底）想把美德术语既运用于人，也运用于其他事物，包括行动。这两种运用之间的关系并未得到充分阐明。而以色拉叙马库斯（也许是一个历史人物，也许不是）为代表的智者所引发的公共讨论则主要聚焦于行动，聚焦于实施正义的行动是否理智（Adkins 1960）。对此，柏拉图坚决不同意，并且，在《国家篇》第 2 卷及以后，他将关注的焦点重新转回人的正义。而且，通过他那有名的类比，他对城邦的正义也进行了解释。

我们可以肯定，柏拉图在《国家篇》第 1 卷之后专注于品格的美德是经过深思熟虑的。他在那里的进路同苏格拉底的对话者在第 1 卷所采取的聚焦于行动的进路之间的差别太明显了，不可能没有引起他的注意。正如我们看到的那样，关键的要点是在他第 4 卷的明确陈述中得以清晰呈现:"实际上,正义……就是做他自己分内的事而不干涉别人分内的事。"(433c-d)。

从我们这里的视角来看,在《国家篇》的第2—4卷,柏拉图对正义的解释是一种转向,它从色拉叙马库斯聚焦于行动的立场,转向了一种同早期对话相比更加专一地聚焦于正义和美德——它们首先被用于刻画城邦,然后,通过类比,又用于刻画个体的品格——的立场(441c)。(然而,柏拉图并未把美德视为最基础的概念;众所周知,《国家篇》在509—516处声称,这个概念应该是善[goodness];详细讨论,参见 Santas 2001。)

***

柏拉图的解释是从描述城邦的起源开始的。在某种意义上,这个城邦是理想的城邦——它是"处于天国"的"模型"或"模范"(592b)——但是,它也具有一种可被感知的具体事物的诸多特征。它还包含着许多现实存在的公民,尽管他们也被归入某些模式类型(genê)。而它的统治者,在一定程度上,亦是理想的和良善的(431c-d)。

这种准理想的描述方式同样涉及个体的行动,但基本上没有给予直接的关注。在我看来,这很可能是因为,柏拉图不相信存在理想的行动或理想的行动类型,所以他才认为,在他的理想化描述中,讨论行动并没什么用(White 2010, 2013)。无论如何,关于行动的描述在第4卷结束时就几乎看不到了。

我将回顾人们熟知的一些事实,它们涉及柏拉图对城邦美德的描述,以及,对个体"灵魂"或者(像我们所理解的)品格或人格的美德的描述。这些细节对于理解我们是在何种意义上断言柏拉图接受(或拒绝)美德伦理学来说,至关重要。

柏拉图的工作是从他所说的一个"完美的"城邦的发展开始的，而这种观点，甚至自亚里士多德以来便饱受争议（从369b到427e）。这个城邦自给自足（369b-c），并且（柏拉图推论说）最大程度地实现了统一、稳定和自由，避免了内部冲突（422e, 462a-b）——尽管它不可能完全如此，因为它是现实世界制度的理想化。而且，柏拉图认为，这个城邦不一定是世上唯一，因此，它就不可能摆脱外在的危险，所以它必须保护自己免受其他城邦伤害（414b）。

出于这些目的，城邦就必须由不同群体的人组成。其中包括最底层的匠人，他们在城邦里执行不同功能。而外部防御的功能由"武士"承担；至于协调所有功能并且指派人们履行这些功能，则由"统治者"来做。

柏拉图认为，各个类型的每位成员都"天生"适合执行其中某一项功能。统治者应该组织计划，做好安排，恰当地训练每个人，让他们能够执行自己的"天生"任务（即，他们"天生"最适合去执行的任务），而不要干扰别人天生就会执行的其他任务。

在柏拉图看来，当各种能力和动机都处于协调状态时，城邦就是"善的"（427e），即，有美德的（*aretê* 或 virtue）。城邦的各种美德就是这一状况的不同方面（根据《国家篇》第4卷的说法，有四个方面）。智慧（*sophia*）涉及统治者的协调功能。勇敢（*andreia*）涉及有力展现其天生功能并阻止企图干涉他人的行为。节制（*sôphrosynê*）是要制约那些会破坏这种状况的动机和冲动。而正义（*dikaiosynê*）则是每个阶层的公民都充分发挥自己的天生功能，而且不影响他人。

这四个方面（由于被标签化）有时是重叠的。虽然它们属于某个状况或某种协调和谐状态的若干方面，但它们也可以被区分开来。对于具体的个人，柏拉图似乎没有兴趣，一定要把这些"部分"或"阶层"的边界搞得断然有别（尽管许多解释者总想给他安上一个严格的框框）。

***

现在我们来谈谈柏拉图有关个人品格的美德概念。众所周知,柏拉图承认,城邦与个体人格在结构与美德方面存在一种类比(435a-b)。我们也没有必要追问,他的论证究竟是"从城邦到灵魂"还是"从灵魂到城邦";无论采取哪条论证路径,他都相信,他对于这两者的断言是合理的。

与各个公民阶层及其各自动机和能力相对应,这种个体人格包含着能够满足个人需求的一些欲望(desires)和能力。我们应当把这些欲望视作**动力**(motive forces)或动机(motivations)。它们被划分为三个类别,有时也叫"部分"。柏拉图名之为"理性"(logos)、"激情"(thymos)和"肉欲"(也是 epithymiai;这个词既被用来指称任何动机,如 580d 等处,大多数情况下,也被用来指称身体方面的欲望,如 439d、571d-e)。

我们必须牢记柏拉图所说的人类品格的几个特征。首先,他试图解释,人类仅仅通过这三种动力、这三种"灵魂的部分"而无需其他因素,便会做哪些事情。最特别的是,他没有预设任何更高的部分、任何超越三者之上的"自我"去调解它们,去筹划或决定它们应该如何进行协调。

其次,柏拉图认为,所有欲望都以同样的方式产生和影响人的行动,也就是说,它们都是使人趋向或远离这个或那个事物的推动力。比如,当他说口渴能够推动一个人喝水,而理性能够推动一个人不喝水时,情况就是这样的(439b-c)。不同类型的欲望内在地有所不同,特别是因为,在理性内部,这种动力来自于对好与坏的"计算"(439c,602d),而在其他部分,发生的则是另一些复杂情况(参见 Cooper 1984: 19-21)。

所以,无论是出于哪个部分的欲望,行动结果的产生机制在所有情况下都是相似的,而只是在方向上不同。(这是柏拉图如下论点的基础,即,必须把灵魂看作一种被分成了不同"部分"的东西。见 439b-c)这种想法

9 　的后果随后便显现了出来，那就是，柏拉图的心理学无法包含那些可以容纳其他更加复杂的哲学心理学类型的状态和条件——如，意图、慎思、筹划，等等。

　　柏拉图的理论常被称作一种"液压式的"（hydraulic）动机概念。所有的欲望力量大致上都是可以通约的。各个部分所提供的欲望，都会在某个方向上产生压力。而这些欲望所产生的行动，则取决于最大的总压力指向何方。一种欲望获得更大的压力，同时也意味着另一种欲望被削弱了压力。这里不存在更深层的因素起作用。

　　按照柏拉图的坚定信念，一个人不可能"有意"（hekôn）做坏事（*Protagoras* 345e），因此，说老实话，这让情况变得复杂。这种说法需要人的心理具有某种复杂性（比如，从而解释那些似乎承认自己会做坏事的人究竟是怎么回事）。遗憾的是，在接下来讨论《法律篇》之前，我们都没法展开这个问题。

***

　　柏拉图把人类品格方面的美德或卓越、恶德或缺点解释为这些"欲望"的和谐或不和谐的结构（441—444）。

　　大致说来，智慧（wisdom）是理性给人提供的"尺度"，它指导各种欲望发挥其自然功能而不互相干扰（例如，饥饿应该出现，是为了保持人的健康，而不是为了赢得饮食比赛）。勇气（courage）是激情对理性的服从，因为它促使其他动机尤其"肉欲"保持和谐。节制（moderation）是欲望对理性秩序的服从。而正义（justice）则是让每个部分都发挥其自身的自然功能而又不互相干扰的总体状况。

　　显然，柏拉图的整个框架，就跟他的城邦框架一样，都建立在他对各种动机及其"自然功能"的颇有问题的理解基础上。然而，无论这些观点多么难以置信或令人反感("善意阐释"原则也是有其限度的),他由此提出的关于个人和社会动机应该具有何种结构的实质性观点,也就是我们看到的这个样子。

柏拉图在整个第9卷进一步处理的主题不是具体的行动,而是不同类型的个人。他比较了"正义的人"和"不正义的人",比较了两者的生活状况。他在那里指出,正义的人和正义的生活要比不正义的人和不正义的生活好得多。他从来没有说,每一次正义的行动都会带来利益或增进幸福,也从来没有说每一次不正义的行动就必定相反。许多人都问,柏拉图是否承诺过这样的断言。然而,无论现代读者多么期待,却并没有证据表明他做出过这种承诺。这正是他专注于品格而非行动的另一个表现。

***

现在,我们终于可以回到正义的行动上来。基于此前有关正义品格的论述,柏拉图重返色拉叙马库斯的挑战,并在第4卷给出了他对于"为什么采取正义的行动对行为者有利"这个问题的第一部分解释(其余部分一直贯穿至《国家篇》结束)。

首先,他解释了什么是正义的行动。而这种解释就相当于一种美德伦理学——尽管我们很快将会看到,它不同于如今标准形式的美德伦理学。然而,在把正义的行动解释为正义的品格或灵魂的派生物这个直白的意义上,它就是一种美德伦理学。

他现在明确表示,"正义"的基本含义,其实是人的灵魂或品格的某种状态(443c)。通过回溯他先前的看法,即,城邦的正义乃是每个人各司其职(432c-433b),他指出:"真正的正义,看起来,就是这个样子。但它不是去做一个人分外的事,**而是去做他分内的事**"(433c-d),亦即,柏拉图在界定正义的品格时所说的那种各个"部分"之间的和谐状态。

接着，便是他对正义行动的解释。他说，一个其灵魂"和谐地相结合"的人（443e–444a; 参见 444b–d），

> 如果有必要做什么事的话——无论是在挣钱、照料身体方面，还是在某种政治事务或私人事务方面——他就会做起来；并且在做所有这些事情过程中，他都相信并称呼凡保持和符合这种和谐状态的行动是正义的好的行动，指导这种和谐状态的知识是智慧。①

因此，一位具有和谐人格的人，会把一个确立并维系品格和谐与灵魂正义的行动称作正义的行动。正义的行动乃是具有某种**效果**的行动，即，确立或维持正义品格的行动。（柏拉图是否认为被建立起来的或被维系保持的正义必定属于行为者**本人**，这是一个好问题；现有文本并不坚持这种理解，而且对如下情况持开放态度，就像柏拉图肯定应当会说的那样，正义的行动也可以支持他人的正义或城邦的正义。）

***

既然正义的行动是强制的行动，那么，根据定义的优先性，柏拉图确实就是在支持一种美德伦理学。但只要稍加思索，我们就能发现，柏拉图的观点与现代标准的、实际上自亚里士多德以来就有的那种正义行动概念和**有美德的行动**概念之间是多么的不同。正义的行动可以仅仅被理解为符合特定规则的行动；在义务伦理学中，这种看法并不罕见。但如果一个人以通常的方式思考美德，他现在就会把有美德的行动理解为一种——**不是**像柏拉图所说的**产生**有美德的人格状态的行为，而是——源于这种状态的

---

① 译文参考 [古希腊] 柏拉图：《理想国》，郭斌和、张竹明译，商务印书馆 2017 年，第 175 页。

行为。

如今大多数思想家都认为，一个行动要是完全正义的，仅靠遵守正义行动的规则并不足够。因为，这种一致性可能是盲目的、偶然的或被迫的。毋宁说，行为者对于自己的行动通常必须**有意**为之，而且清楚地知道自己在做什么。因此，与行为者"心灵状态"有关的某些条件就必须得到满足。

然而，这种看法并没有出现在柏拉图对正义行动之构成要素的解释中。如果有人认为他"心里**一定本来**就是这么想的"，那也只能**看起来**如此，就像某些阐释者看起来如此一样。如果只对443d—444d之前的内容（即442d—443b）——一个具有他所说的和谐品格的人不会犯下渎神这样的常见罪行——作过度解读的话，这种看法也可能得到支持。因为，柏拉图说，这种人身上的每个部分都在"做自己分内的事"，也就是说，根据他的解释，此人乃正义之人。柏拉图这里假设（对此也许可以理解，但并没有太多证据或证明），像这样的常见罪行一般都是由于理性无法使欲望处于和谐状态而造成的。

不过，柏拉图并没有下定义说，正义的人就是不会犯下这种常见罪行的人。我们在上面引用的他的那段话便证明了这一点，即，"真正的"正义"不是去做一个人分外的事，而是去做他分内的事"（443c-d）。对柏拉图来讲，给一个正义的人下定义，根据的是他的欲望的和谐状态，而不是他所采取的行动类型或是他所遵守的规则。而且，对他来讲，如此这般的正义行动乃是支持和谐状态的行动，而由和谐状态产生的行动。

请注意，柏拉图似乎可以断言（我没说是令人信服地断言），一个正义的人通常会采取哪些行动。它们会是正义的行动，亦即（443—444）确立和维持品格正义的行动（要么是行为者的品格正义，要么是，就像我觉得他必定想要声称的那样，其他人的品格正义）。贯穿整个《国家篇》，柏拉图显然可以告诉人们,哪些行动才是正义的行动。

***

除此之外,认为一个行动是因为**确立**和**维持**了人的美德而是有美德的,就像柏拉图所做的那样,同认为一个行动是因为它**源自**人的美德而是有美德的,这两者之间的区别非常大。它带来了非常不同的美德观念、非常不同的关于美德的哲学考察,以及相应地非常不同的美德伦理学类型。

从亚里士多德开始,一直到今天,针对引发行为的心理状态展开研究(通常被称为"行动理论"),始终是伦理学的组成部分。除了在柏拉图这里看到的那种整体欲望之外,哲学家们还讨论过诸如**意图**(intentions)、**意愿**(willing)、**慎思**(deliberation)、**选择**(choosing)等等心理状态。甚至从亚里士多德开始,大多数哲学的动机理论,无论在哲学上是好或坏,都要比柏拉图的理论更加复杂——尽管解释者有时也会把亚里士多德的材料用到柏拉图的身上。但是,亚里士多德的行动理论所具有的复杂性是全新的,而不是派生于柏拉图式的概念。

正如我说过的,柏拉图对人类行为的心理学解释,仅仅建立在关于(最相关的)欲望力量的看法基础上。任何一个"部分"的内部,无论有怎样的复杂状态,都会产生这样的欲望;该欲望**本身**只是作为一种动力,或者对抗其他部分的力量,或者同它们形成合力。对于最佳行为的推理,发生在一个人的理性或逻各斯部分,并且产生一种倾向于实现其结论的动力。而其他部分的其他复杂状态(尽管不是对于最佳结果的推理),也能同时产生其他倾向。然而,柏拉图从未暗示说,一旦出现了这些动力,发生在它们之间的协商或斟酌就会引发进一步的慎思或决定。毋宁说,他相信,只有最强的动力才会产生行动。因此,在《国家篇》442d-443b 中,拥有良序人格的人之所以不会渎神,仅仅是因为他们所拥有的这种倾向要

弱于理性的那种遵循其最佳计算结果的倾向。

***

因此，像柏拉图这样的美德伦理学，就跟许多哲学家近年所提倡的那种美德伦理学之间存在极其显著的差异。甚至自亚里士多德以来，美德和恶德基本上都是通过我所概述的那些行动理论而获得解释的，它们关心的是**产生**行为的心理状态（在部分意义上，斯洛特是个明显的例外，参见 Slote 1992）。

就此而言，所谓"有美德的"，被认为取决于某种特定的意图和计划，取决于以某些特定方式而不是其他方式进行慎思，做出某些特定的选择，等等——而不仅在于行为者拥有若干具有特殊力量的欲望（尽管欲望确实在美德那里起作用）。尽管有些哲学家的确以为，相关的心理学说完全可以不用建立在信仰和欲望之上，但是，近年讨论美德伦理学的哲学家大多不同意这种观点。于是，当他们思考美德伦理学时，他们就会采用一种涉及上述行动理论心理学（action-theoretic psychology）的美德概念。

如果我们如此看待美德，那么，我们就必须超越柏拉图所采用的心理学。他的美德概念意味着**欲望**之间的平衡，而且无需更多的心理要素。因此，尽管柏拉图确实**通过**美德品格来定义正义的、义务的行动，但是，这种关于品格的美德概念却与现在的标准概念非常不同。

此外，正如我所强调的，柏拉图把正义的行动定义为**产生**美德品格的行动，而不是由美德品格产生的行为。这意味着，对他来说，考察一个行为是不是正义的或有美德的，根本无需探究行动**之前的事情**，无论是之前在灵魂中还是在其他地方发生的事情。相反，它只需关心这个行动的**效果**，看看它是否创造或维系了有美德的品格。这就带来了一种非常不同的行动观念。

***

是什么使得柏拉图的美德伦理学与亚里士多德的以及后来大多数哲学家所理解的美德伦理学如此不同？答案很清楚。因为，对于大多数现在的哲学家来说，美德似乎是跟一个人应当为之**负责**的行动——即能够恰当地加以赞扬、责备、奖励或惩罚的行动——联系在一起的。一个人的美德并不会因为自己不能负责的行动（如，被迫的行动）而受到影响。

不过，一个人应当为之负责的还有他的意图、选择和慎思等等，而不仅仅是他的欲望。根据这种看法，如果你只是欲求去做，还不足以让你因此受到责备；但是，如果你已经做出了**选择**或**意图**这么做，那**就**足以责备你了。因此，对责任进行确认，这需要考察那些关于行动产生原因的行动理论概念。

让我再次强调一下，在《国家篇》中，柏拉图关心的是行动的结果，而不是行动的原因。在 443e-444a 回答色拉叙马库斯时，他声称，正义的行动以一种特殊的方式产生了正义的品格，从而产生良好的灵魂状态。这就是柏拉图论证的全部要点。他并不关心行动之前发生的事情。

不仅如此，《国家篇》还掠过了责任问题。在那里，柏拉图认为这个问题无关紧要。我们都知道，他对法庭和法律辩论的看法十分苛刻（405a-c，409a-d）。他主要关注的是，用以规范城邦公民未来行动的教育问题。但是，由于解释行动责任并不属于他的议程，所以，关于行动理论的话题也就不会出现。

***

除了《国家篇》，柏拉图在其他几个地方提到了他在《国家篇》里所忽略的行动理论概念。其中一处是《斐多篇》（67e-69d），在那里，他区分了真正的美德（勇气、节制等）和人们**所称呼**的美德之间的差异。人们之所以仅仅把快乐的戒除**称作**美德，只是因为，为了实现总体的快乐，人们希望当下的约束将会使得自己获得后来的快乐。这里，我们可以举出某个关于不同的心灵状态可以产生相同行动的例子。不过，柏拉图没有考察这件事。

柏拉图晚年作的《法律篇》，最终试图以简短但并不充分的方式，来处理在雅典法律中所体现的由不同心理病因而引起的各种犯罪等级与犯罪类型之间的差异性（特别是 857a–864c）。正如我们在《普罗泰戈拉篇》中看到的那样，由于柏拉图认为无人自愿作恶或做不义之事，因此，他在这里的思想就变得复杂（860d, 731c）。这使得对他来说，就很难解释清楚雅典人的标准法律观念，即，对不自愿行动的处罚应该不同于对自愿行动的处罚，甚或不作处罚。

尽管这些段落得到了不同解释（参见 Stalley 1983: 137–165），但囿于篇幅，这里不再展开。然而，有两点我们要提一下。首先，柏拉图的思想显然并没有充分展开——这恰恰是因为，正如我们已经看到的，他缺乏一套成熟的机制来处理复杂的动机。其次，即便他这里想到了在实施惩罚时要考虑动机，他也仍然跟在《国家篇》一样，主要是通过面向未来的考虑，即思考惩罚何以能够造福社会（也许是通过治愈罪犯的方式）。至于对病因的判断并不重要。

14

***

在我所解释的这种意义上，柏拉图是支持美德伦理学的。他通过正义的品格来定义正义的行动。然而，他的做法却与亚里士多德以降的思想家完全相反。他不是通过**产生**行动的品格来定义正义的行动，而是把正义的行动定义为**产生和支持**正义品格的行动。他的兴趣在于正义行动的后果，而不是产生责任的条件。这使得他的关注焦点不同于那些典型的现代美德伦理学。

【相关主题】

第 2 章 "Aristotle's Virtue Ethics," Dorothea Frede

第 14 章 "Eudaimonistic Virtue Ethics," Liezl van Zyl

第 15 章 "Sentimentalist Virtue Ethics," Michael L. Frazer and Michael Slote

第 16 章 "Pluralistic Virtue Ethics," Christine Swanton

第 22 章 "Kant and Virtue Ethics," Allen Wood

第 23 章 "The Consequentialist Critique of Virtue Ethics," Julia Driver

第 24 章 "Virtue Ethics and Right Action," Ramon Das

第 25 章 "Virtue Ethics and Egoism," Christopher Toner

【参考文献】

Adkins, Arthur W. H. (1960) *Merit and Responsibility*, Oxford: Clarendon Press.

Cooper, John M. (1984) "Plato's Theory of Human Motivation," *History of Philosophy Quarterly* 1: 3–21.

Frankena, William K. (1970) "Prichard and the Ethics of Virtue," *The Monist* 54: 1–17.

Lloyd-Jones, Hugh (1983) *The Justice of Zeus*, 2nd ed., Berkeley: University of California Press.

Plato (1992) *Republic*, trans. G. M. A. Grube, revised by C. D. C. Reeve, Indianapolis: Hackett.

Santas, Gerasimos (2001) *Goodness and Justice*, Oxford: Blackwell.

Schneewind, J. B. (1990) "The Misfortunes of Virtue," *Ethics* 101: 42–63.

Slote, Michael (1992) *From Morality to Virtue*, Oxford: Oxford University Press.

Stalley, R. F. (1983) *An Introduction to Plato's Laws*, Indianapolis: Hackett.

White, Nicholas (2002) *Individual and Conflict in Greek Ethics*, Oxford: Clarendon Press.

—— (2010) "Plato's Conceptual Paradeigmatism," *Antiquorum Philosophia*, 4: 99–118.

—— (2013) "Plato's Ethics," in Roger Crisp (ed.), *Oxford Handbook in the History of Ethics*, Oxford: Oxford University Press, pp. 21–43.

第 2 章
亚里士多德的美德伦理学

[德] 多罗西娅·弗雷德 / 著
赫秋晨 / 译　李义天 / 校

引言

在某种程度上，所有的古代哲学家都是美德伦理学家。因为他们都认为，幸福，也就是好生活，是以美德为前提的。一旦我们意识到美德在日常语境中可以指称任何一种卓越的性质、能力和天赋时，古代哲学家的这种思想也就没什么让人惊讶的了。因此，就其特殊的适用性而言，"美德"不仅为人类所独有，也同样可以被动物以及工具、器物等无生命物拥有。而人类的哪种美德享有最高价值，则取决于具体的语境。一个士兵的"美德"完全不同于一位诗人、音乐家、政治家、普通公民或一家之主的美德。用"善"（goodness）来翻译"美德"是有误导性的，因为"善"的含义包括善意甚或好心眼。而作为替代选项且已被使用数十年的"卓越"（excellence）这种译法同样存在误导，因为它暗示某种竞争性。虽然只有少数人能实现卓越，但根据大多数古代哲学家的观点，即便不可能所有人都获得美德，他们在原则上也是可以的。尽管古希腊哲学家们普遍认为美德是好生活的基础，但是，他们在美德的本质及其不同种类的问题上，就跟他们在好生活应该包含什么的问题上一样，存在着广泛的分歧。因为，如果将知识渊博的生活视为理想的生活，那么，它所需要的一系列好品质，就会不同于那些更愿意追求最好活动或更愿意过上快乐生活而需要的品质。

品格美德和实践理性的区别

亚里士多德常被视为美德伦理学的首倡者，然而，这并不意味着他是第一个关注这个问题的哲学家。只不过，亚里士多德确实是第一个不仅将伦理学当作一门特殊的哲学学科、而且针对构成好生活基础的各种美德展开系统研究的哲学家。因此，人们一般会把《尼各马可伦理学》这部通常被当作其成熟著作的作品，视为研究古代美德伦理学的核心文献。① 这部作品的题目之所以乍看起来令人困惑，是因为亚里士多德名下还有另一部伦理学著作《优台谟伦理学》，而两者的区别在于《尼各马可伦理学》是以亚里士多德的儿子"尼各马可"的名字命名，而《优台谟伦理学》则是以他的朋友暨合作者的名字"优台谟"命名。尽管《尼各马可伦理学》的章节排列较为体系，但对初学者来说，阅读起来并不容易。因为，该书是面向高阶的学生听众的讲稿（NE I 3），他们非常熟悉亚里士多德的哲学和术语；而且，对这些讲稿，亚里士多德肯定还做过进一步的补充。

在亚里士多德的伦理学中，最重要的一点在于，他区分了人类用于确保生活质量的两种不同能力：(1)"伦理美德"（ethical virtues），或者说"品格美德"（virtues of character），它们调节那些涉及目的或目标的欲求（和厌恶），以便通过行动而实现（或避免）它们；(2)"实践智慧"（*phronêsis*），它是灵魂的理性部分用于选择达成上述目的之手段的能力。

---

① 英译文选自罗斯（W. D. Ross）的译本，略有修改。参见 Aristotle, *The Nicomachean Ethics*, trans. by W. D. Ross, revised with an Introduction and Notes by L. Brown, Oxford: Oxford University Press, 2009.

亚里士多德认为，品格美德属于灵魂中没有理性但又"听从理性"的部分（*NE* I 13, 1102b29–1103a3）。看起来，正是这些美德造就了"伦理学"这个名称。因为，在《尼各马可伦理学》第 2 卷一开头，亚里士多德是这样解释两种美德的：

> 所以，美德分两种：理智的（*dianotikê*）美德和伦理的（*êthikê*）美德。理智美德主要通过教导而发生和发展，所以需要经验和时间。伦理美德则通过习惯养成，因此它的名字"伦理的"（*êthikê*）也是从"习惯"（*ĕthos*）这个词演变而来。①
>
> （*NE* II 1, 1103a14）

这里的"细小变化"在于，"习惯"（*ĕthos*）一词是短音 e，而"品格"（*êthos*）一词是长音 e。从亚里士多德开始，"伦理学"就被用来指称哲学的这个分支，即便那些并不共享亚里士多德品格美德概念的古代哲学家，也是这样用的。当西塞罗把 êthikê 翻译为 moralis 之后，"道德"（Moral）便成为了拉丁语传统中的标准用法（*De fato* 1）。

理智美德和品格美德的共同点在于它们都是灵魂的获得性的秉性，或者说，获得性的稳定状态。因为，在亚里士多德看来，尽管人类天生就具有获得这些秉性的自然能力，但发展它们却需要适当的教育。当然，需要发展的不仅仅是实践理性和品格美德。这里也包括那些运用于技艺和科学的理智美德；只不过，亚里士多德把它们看作不同的秉性，因为人们获得它们的方式不同于伦理上的这两种美德。

那么，区别这两种美德的理由又是什么？为什么要把品格美德归为灵

---

① 中译文参考 [古希腊] 亚里士多德：《尼各马可伦理学》，廖申白译，商务印书馆 2003 年版。根据英文引文略有修改，下同。——译者注

魂的非理性部分，而把实践理性归为另一个部分？两者之间互动的本质何在？如亚里士多德所说，品格美德是一种秉性，它们与人性中情感或情绪的方面有关，并且，它们通过这个方面来决定行为：

> 所谓"秉性"（hexeis），我指的是我们在情感（pathê）方面或好或坏的处理方式。例如，就愤怒而言，如果我们对愤怒的感受过于强烈或微弱，那我们就没有处理好同愤怒之间的关系，而如果我们以适度的方式感受它，那我们就同愤怒处于好的关系，别的情感也是如此。
>
> （*NE* II 5, 1105b25-28）

亚里士多德在这一点上更聚焦情感而非行动并不是偶然，因为，正是作为欲望性因素（desiderative element）的情感使人们采取或规避某个行动。像这样的情感或情绪属于人性与生俱来的一部分；但是，童年以来的训练却会使之变好或变坏（Kosman 1980）。与之相反，实践理性涉及把我们的欲求和厌恶转化为行动的方式和手段。于是，两种美德之间看起来有明确分工。正如亚里士多德所说："品格美德使得目的正确，而理智美德使得实现该目的的手段正确。"（*NE* VI 12, 1144a7–9）因此，品格美德决定了我们所欲求或回避的目的，而实践理性则着眼于凭借行动而实现该目的的正确途径。

然而，更仔细的考察表明，这种"力量的区分"（separation of powers）并非没有问题。我们想通过自己的行动而实现的目标，在根本上，真是由非理性的欲望决定的吗？而且，实践理性的功能仅限于为那些通过非理性的方式而确定的目标提供正确手段吗？正如我们将看到的，二者的分工并非上面这种简洁说法听起来那么简单，这两种"力量"之间的合作关系实际上也相当复杂。但是，为什么亚里士多德要先讨论品格美德，并且花了《尼各马可伦理学》将近一半的篇幅（第 2 卷到第 5 卷）来考察它们，而关于实践理性的讨论仅占其中一卷（第 6 卷）——在那里，还跟其他类型的理智美德一并进行比较——呢？一个简单的解释是，之所以优先讨论品格美德，是因为亚里士多德把这个概念看作自己的主要创新，因此，他将大部分精力用于澄清它们，并对其中每一个美德都做了详细分析。如果亚里士多德是从实践理性亦即从理智方面的秉性出发，那么，情感方面的秉性也许看起来仅仅就是理性决定能力的附庸。不过，突出强调品格美德的这种写作顺序也有一个缺陷，那就是，实践理性在伦理行动中的角色变得不确定，这让人们很难理解实践理性的精确作用，也不好理解它与品格美德之间的互动关系。

尽管"力量的区分"作为一种策略使得许多讨论要点得以凸显，但是，它最突出的作用还是在于对品格美德的"正式"定义，因为，该定义清晰地展示了品格美德与实践理性之间的合作关系："因此，美德是一种与选择有关的秉性，它在于适度，亦即，一种相对于我们而言的适度。这种适度是由逻各斯规定的，就像一个有实践智慧的人将会决定的那样。"（*NE* II 6, 1106b35-1107a2）如果读者觉得这个定义难以理解，那不仅是因为它的形式精简，而且因为它诉诸的基本上全是实践理性（"选择""逻各斯"以及"有实践智慧的人"）。唯一的例外就是"相对于我们而言的适度"。对这个定义的每个部分进行分析，都会为我们理解品格美德及其与实践理性的关系带来启发。

虽然前面已经提到品格美德是一种秉性，但是，在这个正式定义中，它又被称为"与选择有关的秉性"。正如亚里士多德在接下来的第 3 卷第 2—5 章、第 6 卷第 5 章、第 7—9 章以及第 12—13 章中所展现的那样，"选择"是实践理性的功能，它选择的是用于实现由品格美德所决定的那些目的或目标的手段。而这种秉性被认为"由逻各斯（logos）决定，就像有实践智慧的人（phronimos）将会决定它的那样"，则进一步证实了"品格美德"与这种理性能力之间的密切联系。因此，实践理性及其功能就在品格美德的概念中扮演了重要角色。如果亚里士多德随后在《尼各马可伦理学》中说明品格美德时诉诸它们，那么他之所以这样做，是因为他认为它们对于定义品格美德来说至关重要，而且，这也要依赖观众／读者们的预备知识。

在这个定义中，看起来唯一与品德美德相关的就是"在于适度"（mesotês）。《尼各马可伦理学》第2卷的开头几章已经充分阐明这一点，而它也是亚里士多德的品格美德概念最具特色的地方，因为，它同时解释了品格美德与情感／情绪之间相关性。

美德：介于过度与不及之间的适度

在上文引用的那个正确对待愤怒的例子中，情感的重要性已有所展现：情感既不能过强也不能过弱，而是处于适度。这一原则不仅适用于情感，而且适用于相应的行动：一个人的行动既不能过于激烈，也不能过于软弱。这个听起来像是劝诫性的日常智慧的内容却是亚里士多德伦理学最原创、最核心的方面之一，同时也是它最具争议性的观点之一，这种争议性既涉及它的确切含义，又涉及对它的评价。在亚里士多德看来，每一种品格美德都介于两种恶德，即过度和不及之间。例如，勇敢（courage）介于鲁莽（rashness）与怯懦（cowardice）之间；后两者可能包含更多或更少的恐惧和信心，它们都是勇敢美德所特有的情绪。而节制（moderation）则是在身体的快乐方面介于作为过度的放纵（licentiousness）和作为不及的冷漠（insensibility）之间。亚里士多德会参考一张挂在他教室墙上的德目表（*NE* II 7），该事实进一步确认了这种三分法设置，即每一种美德都是介于两种恶德之间的适度状态。不仅如此，在有的情况下，由于日常语言无法提供合适的词，因此亚里士多德为一些美德、恶德或中间秉性创设了名称；而另一些情况下，他会说，这里的秉性无法命名。在亚里士多德以前，美德与恶德是成对出现的：勇敢与怯懦相对，慷慨与贪婪相对，正义与不正义相对。那么，现在的问题是，为什么亚里士多德会对自己的三分框架如此有信心？

在《尼各马可伦理学》第2卷开头的预备讨论中，亚里士多德没有仅仅依靠日常经验，因为人们在日常经验中总是做得过多或做得过少，总是感觉得过强或感觉得过弱。他援引健康和体力作为范例而表明，最佳状态不仅是正确的中道，也分别是相关学科如医学和锻炼的主题（*NE* II 2, 1104a11–26）。在锻炼身体时，练得过多或过少会损害最佳状态，吃得太多或太少也会损害最佳状态。类似的关系也适用于医学。古希腊的医学，在很大程度上建立在"健康是体内各元素保持正确平衡"的理念上。因此，治疗只是为了通过药物和调节饮食而恢复这种平衡（正确数量的热或冷、湿或干）。于是，就跟医学和锻炼一样，亚里士多德预设了一种最佳的品格状态存在，它是介于过度和不及之间的适度。这样的类比是否使得亚里士多德以为，要从数量关系上理解中间、过度和不及？亚里士多德对于数学概念的偏爱似乎暗示了这一点。因为，在讨论"相对于我们的适度"时，他诉诸了某种连续而可分的事物：

> 存在于事物中的适度，我指的是距离每个极端都相等的地方，它是一，而且对所有人来说都一样。而相对于我们的适度，我指的是既不太多也不太少的地方——它不是一，也不是不对所有人来说都一样……如果10磅食物对某个人来说太多，而2磅又太少，这并不能

推论说教练将指定 6 磅食物。

(*NE* II 6, 1106a26–b7)

亚里士多德的注释者对这种说法提出很多批评(Hursthouse, 1980-81, 2006),其中既有针对亚里士多德本人的,也有针对其辩护者的,不仅包括那些忠实于文本的(literalist)辩护者(Urmson 1973),也包括那些不拘泥于文本的(non-literalist)辩护者(Brown 1997)。因为,甚至亚里士多德也相信这种标准不可能对所有人都一样,而是因人而异,就像"相对于我们"这种限定说法大致表现的那样,它提供的只是一种淡淡的安慰。因为,人们还是很难搞清楚,什么才是情感和行动上介于过度与不及之间的那种正确的中间。然而,有明确的迹象表明,尽管亚里士多德偏爱数学语言,但他并未从数量关系角度来考虑中间。这一点充分体现在亚里士多德关于情感和行动何为过度与不及的规定上:"在适当的时间、适当的场合、对于适当的人、出于适当的原因、以适当的方式感受这些情感,就既是适度的又是最好的,而这便是品格美德。"(*NE* II 6, 1106b20–24)亚里士多德在不同情形反复提及这些规定,证明了他的理解并不是在数量关系上进行的。因为你可能对错误的人发怒,可能出于错误的原因发怒,或是以错误的方式和手段发怒。而这些状况都无法通过数量来表达,尽管有些方面可能量化(你发怒了多长时间,你说了多少句脏话,你打人有多重)。但是,既然如此,亚里士多德为什么还要首先刻画出一种介于过度与不及之间的正确适度的模型呢?他确实假设,行动和情感方面的秉性会发生"过度"和"不及"两种错误,但是,这不过意味着,我们认为某个人具有行为过度和反应过度的倾向,或者,这种倾向发展得还不够,此时,对于行为过度或(反应)行为不足的量化处理,仅仅构成我们批评中的一个微不足道的对象。在亚里士多德看来,进一步思考人们获得品格美德的方式,将会使这种解释更具说服力。

品格美德的获得

对于如何获得品格美德,亚里士多德依据他的标准给出了明确答案。在《尼各马可伦理学》第 1 卷第 13 章的末尾,在介绍完理智美德和品格美德的区别之后,他处理了这个问题。"美德分为两种:理智美德和伦理美德,理智美德通过教导而产生和发展,而伦理美德则是习惯养成的结果。"(*NE* II 1, 1103b14-16)那么,"习惯养成"又是什么意思呢?亚里士多德解释说:"就跟技艺的情形一样,我们是先运用美德而获得美德。对于要靠学习才能会做的事情,我们是通过做它们而进行学习的。"(*NE* II 1, 1103b31-33)因此,美德的获得是通过实践,亦即,通过恰当的行动而获得:通过做勇敢的事而成为勇敢的人,通过做公正的事成为公正的人,同样的情况也适于那些激发这类行动的情感。而且,这样的实践会让人以做好事为乐,以做坏事为苦。而一个人在实施正确行为时所产生的快乐和痛苦,也会为进一步采取此类行为提供动机。于是,便不再需要任何额外的奖励和制裁。与此同时,这些快乐和痛苦也成了一个人的品格的表征:

> 因此,我们必须将伴随着行动的那些快乐或痛苦当作品格的表征;因为,只有当一个人践行节制时感到身体愉悦并以这么做为乐,他才是节制的,而如果他以这样做为痛苦,他就是放纵的……因为,品格美德与快乐和痛苦相关;快乐会使我们去做卑贱的事情,而痛苦会使我们逃避高尚的事情。
>
> (*NE* II 3, 1104b3–11)

尽管快乐在亚里士多德的伦理学中扮演重要角色，但他绝不是一个享乐主义者，因为快乐在他的伦理学中并不作为最终的目标或最高的善。之所以要采取好的行动，是因为它本身的缘故，而不是因为这种行动会带来快乐；快乐只是如此行动和感受过程中的一个组成环节。

现在，关于习惯养成，还有一些重要的问题：教育是如何发挥作用的？谁是教育者？他们的标准从何而来？在讨论品格美德的获得时，亚里士多德对这些问题表现得异常沉默。我们知道，道德教育必须从小开始；它通过实践而起作用；好的实践导致好的秉性，坏的实践导致坏的秉性，它也因此而受到称赞和谴责。亚里士多德在解释实践时提到的两个例子，乍看起来也没提供多少信息。因为，弹奏竖琴和建造房屋依靠的是"技艺"，而不是品格美德。然而，它们却是要求很高的技艺，并且这两个例子告诉我们，所谓"习惯化"，在亚里士多德心里并不是指那些"简单的习惯（mere habits）"，亦即，那些一旦获得就无需更多思考的习惯——比如，游泳、阅读、写字或使用刀叉。即便古希腊的建筑学不需要现在这么多的数学知识，建造寺庙或房屋也绝非一项简单的工作。而弹奏竖琴也不仅仅需要灵活的手指和训练有素的耳朵，还需要熟练地掌握复杂的和弦（爱奥尼亚、多里克、吕底亚、米索里底等）。音乐家不是照谱宣歌，而是必须能够即兴创作、切换自如。选择诉诸竖琴演奏和房屋建造的例子，其重点在于说明，理论知识是不够的，只有不断的实践才能达到熟练和精通，而只有卓越的实践才能让人成为优秀的音乐家或建筑师（NE II 1, 1103b6-13）。

演奏竖琴和建造房屋的类比表明，在这些领域都有专家。那么，在伦理美德这里，谁又是"专家"？有两种可能：(1)家人、朋友和大型共同体，以及（2）立法者。理想地说，他们应该全都一起发挥作用，但是，亚里士多德在这里仅仅提到了立法者：好的立法者通过塑造公民的好习惯使他们变好，而不好的立法者则背弃了使命，最终使公民变坏（*NE* II 1, 1103b2–6）。在《尼各马可伦理学》的开篇，政治学就被视作"人类生活的最高科学"：

> 而政治学似乎就是这门最权威的科学。因为正是这门科学规定了在城邦中应当研究哪门科学，哪部分公民应当学习哪部分知识，以及学到何种程度。……既然政治学使其他科学为自己服务，既然政治学规定人们该做什么、不该做什么，那么它的目的就必定包含着其他学科的目的，因此，这种目的必定是属人的善。
>
> （*NE* I 2, 1094a25–b11）

这看起来像是一种井然有序的（如果不是过分有序的）生活，一种通过训练而受教育的生活。但是，这个假设似乎不符合亚里士多德在介绍这门"权威科学"时给出的一个**提醒**：它不具备数学那样的精确性。相反，它的规则"仅仅适用于大多数人"，而且，只能是以一种大致的和粗略的方式（*NE* I 3, 1094b11-27）。亚里士多德多次重复过这个警告，在某种意义上，他似乎排除了任何确定性：

> 与行动相关的问题以及对我们而言何为善好的问题，就像健康问题一样，不包含任何确定的东西。如果总的逻各斯是如此，那么，具体行动的逻各斯就更加不确定，因为具体的行动谈不上有什么技艺和规则，行为者必须自己考虑在每种情况下什么才最合适，就跟医疗和航海的情形一样。
>
> （*NE* II 2, 1103b34-1104a10）

这种看法又会怎样影响第 2 卷第 6 章中关于美德的"正式定义"呢？即，美德"由逻各斯规定的，就像一个有实践智慧的人将会决定的那样"。我们要注意亚里士多德承认了哪些东西，又否认了哪些东西。他没有否认总的逻各斯、规则或标准。它们之所以不精确，是因为行为者需要根据前面提到的方式（应该对谁，应该做什么……），针对具体的情况而作调整。同样地，医疗和航海活动也基于一定的规则，但在具体情况下，尤其是在例外情况下该如何应用它们，则取决于实践者的决断。就像如何应对一场具体的风暴取决于船长一样，什么时候给什么样的患者开什么样的药物、开多大的剂量，都取决于医生的判断。这也是为什么亚里士多德会常常强调经验的重要性，甚至有时候，他对经验的重视程度似乎比对知识和一般规则的重视程度更高。只不过，通过习惯养成而获得品格美德，由此我们又能得出什么结论呢？

关于这个问题，有两派观点："特殊主义者"（particularists）认为，规则和法律是立法者的事情，不会对道德行动产生直接影响。因为，在他们看来，道德教育塑造个体的习惯，使他们在做决定时通过情感和直觉来回应特殊情境的要求，而不会诉诸一般的考虑。偏向适当的目标并谋求正确的手段，已成为人的"第二天性"，因此，他既没有必要也没有机会从一般规则出发，通过演绎而推出结论（Burnyeat 1980, McDowell 1998, 2009）。这种阐释的优点在于，它解释了经验的重要性，解释了"知觉"这种关键功能的重要性。所以，当人们在具体情境中行动时，他们通常既没有时间也没有必要去援引一般规则。而"普遍主义者"也倾向承认这些观点，但他们坚持认为，一般规则在特定场合的决定以及通常的道德教育中仍发挥重要作用（Irwin 1980）。如果行为者在困难的情况下不得不做"调整"，那么，他必须得有可以"调整"的东西——于是，思考一般情境下的正确行动方案，在此时的考虑中就起到了重要的作用。即使是例外的情况，也必须能在一般的意义上得到论证，由此，每个受过良好的道德教育的人才会同意说这是一个正确的决定。就此而言，仅仅依靠某个人的感觉和直觉是不够的。更何况，每一个受到良好的道德教育的人也必须知道，什么是公正、勇敢、自由等等。道德训练不能仅仅在于模仿榜样的行动，它还必须在一般的意义上解释，为什么某个行动是公正的、勇敢的或自由的行动。换言之，道德教育不是在沉默中进行。尽管亚里士多德在这一点上不是十分明确，但在《尼各马可伦理学》的不同地方，他都提到了对普遍原则知识的需要（参见 NE III 1, 1110bb31-33; VI 7, 1141b23-26; VII 3; X 9, 1180b7-23）。而在《政治学》中（Politics I 2, 1253a9-18），亚里士多德经常指出，正是因为有了语言，人类内部才可以针对什么是有益的和有害的、什么是公正的和不公正的、什么是好的和坏的展开交流。

如果说普遍原则在《尼各马可伦理学》中没有获得太多关注，那是因为，亚里士多德把针对具体情境而做出调整的那种行动能力当作他的首要的关注核心。如前所述，这也是亚里士多德之所以坚持认为"正确的中道"对每个人而言都不一样的原因。既然行动总是涉及特殊性，那么，我们既要抓住恰当的目标，也要正确地对手段进行慎思："一个人应该做什么""一个人应该对谁做""一个人应该怎样做"等等。这些问题无法通过一般规则一劳永逸地解决，而是需要行动者对其进行调校，从而使得当下情境与那些必要且可行的手段相匹配。

目的与手段的分离

由于引入"习惯养成"最初是为了解释品格美德的获取方式，因此，这使得道德训练看起来仅仅关注正确的目的。因为，如同亚里士多德多次说过的那样，行动的目的是由品格美德确定的。但是，这种训练"通过做来学"的事实却揭示了一个假设，即习惯养成其实也包含实践理性的训练。因为，如果我们通过做勇敢的事而成为勇敢的人，通过做公正的事而成为公正的人，那么，这些行动就不能仅限于追求正确的目的，还必须包含对正确手段的考量。于是，实践理性的训练也必须成为恰当的道德教育的一部分。要知道，这种训练不仅教导我们要有什么欲望，而且教导我们如何将这些欲望在具体的行动中实现出来，而这样的行动需要慎思和选择。在《尼各马可伦理学》第6卷对实践理性的讨论中，亚里士多德并没有解释如何获得实践理智。但是，很显然，与理论知识不同，实践理智的获得不是仅仅依靠指导，而且需要实践。正是通过在不同情况下一次又一次地做出决断，人们才能获得这种亟需的秉性。亚里士多德在这个问题上的沉默使得一些评注者以为，只有行动目的才有道德价值，而手段则是道德中立的。但这显然是一种误解。相反，对正确目的的欲望引导着人们去寻求恰当的手段，并做出行动的决定。亚里士多德一度声称，手段不仅应该是最容易促成目的的手段，还应该是最好的手段（*NE* III 3, 1112b17）。而且，当亚里士多德说因为不可能获得某些手段所以不得不放弃某个令人欲求的行动时，他其实也是在说，"不可能合乎道德地"获得这些手段。如果我们想帮助朋友却拿不出钱来，那么，抢劫也并不是一个选项。

因此，把目的与手段区分开来，并把目的交给品格美德，而把手段交给实践理性，这只是一种分析策略。但是，将品格美德归给灵魂的非理性部分，而将实践理性归入灵魂的理性部分，这却表明两者的区分不仅仅是功能上的区分（参见 Coope, 2011）。阐释者采取许多种方式，试图弥合"非理性部分决定目的"而"理性部分选择手段"之间的隔阂。于是，有些阐释者认为，对手段的慎思是从"上面"开始的，也就是说，是从对目的的"阐释"开始的。这种观点及其类似解决方案的问题在于，他们缺乏文献依据。相反，我们应当注意的是，亚里士多德曾经说过"希望"（boulêsis）乃是决定目的的能力（*NE* III 4）。而根据他在《论灵魂》中的表述，"希望"则是一种理性的欲望（*On the Soul* III 9, 432b5-7; 10, 433a22-30）。这与他在《尼各马可伦理学》第 3 卷第 4 章中所说的"希望"的功能是高度一致的：

> 好人对每种事物都判断得正确，每种事物真的是怎样，就对他显得怎样。每种品格的秉性都有高贵的东西和愉悦的东西，而好人同其他人的最大区别就在于，他能在每种事物中都看到真，他仿佛就是这些事物的标准和尺度。
>
> （1113a29-33）

这里既谈到了"看到"（seeing）又谈到了"判断"（judging），而问题就在于，这是不是一种对于可欲之善的"理智直觉"（intellectual intuiting）（Irwin 1980），或者像人们所争论的那样，这是不是一种感知性的认知（perceptual cognition）（McDowell 1998a, Moss 2012）。上面这段关于"希望"的简短文字似乎认为，品格美德既蕴涵着正确的判断，也蕴涵着正确的欲望。在论据不足的情况下，我们可以说，这一发现就包含着问题的答案：在一个道德成熟的人身上，那些出于自然而具有的人类情感和欲望——在这方面，他跟动物一样——已经被浸入了理性，因此每一种善都既被他认识，也被他欲求。于是，灵魂中那个"听从理性"的情感部分，也就不再是听从某个外在的声音。而这种程度，只有当一个人不仅获得品格美德而且获得实践理性时，才能达到；要知道，在好人和良法的指导下所进行的道德行动将会同时获得两者。因此，道德成熟的人会承认，好的目的是值得欲求的，并且，他同时也能发现适于实现该目的的手段。因为，正如亚里士多德在《尼各马可伦理学》第 6 卷第 12 章和第 13 章中所说的那样，没有实践理性，自然的品格美德是盲目的，而没有品格美德，有效的推理要么是陷于机巧要么沦为邪恶。亚里士多德所设想的道德人格，属于我们所说的"有机整体"；这也是为什么他会认为，拥有实践理性的人同时也拥有了全部的品格美德。

结论

实践理性与品格美德之间的合作保证了人类的善，这一假设使得人们必须论证两者赖以建立的标准。什么是人类的善？怎样识别它们？亚里士多德诉诸人类的"功能"（ergon），这是他们为了过上满意的生活而必须实现的东西，并且他解释说，实践理性的运用使人区别于其他动物（*NE* I 7, 1097b22-1098a20, Barney 2008）。既然活着意味着活动，人类的生活便意味着以人类独有的方式活动。那么，亚里士多德的伦理学是否有其生物学基础呢？就生物学同样依赖于形而上学原则——成为某个物种的成员意味着要实现这个物种的特定潜能——而言，是有的。不过，生物学仅仅表明，理性使人区别于其他动物，但并未规定人类的潜能如何发展。因为，人类的独特能力不是自然地产生，而是通过理论科学的教导、通过在理性指导下进行伦理事务的实践而获得。那么，又是什么决定了一项特定的实践活动的好坏呢？亚里士多德关于最佳人类生活的看法反映了他的信念，即"人是城邦的动物"（*Politics* I 7, 1097b6-14），也就是说，生活在一个运转良好的城邦，对于人获得幸福来说乃是必要且充分的。为了实现充分的活动状态，人类需要生活在一起，并相互交往。只有城邦的生活才会给人们提供条件，使他们既可以获得又可以运用他们的最好能力（美德）。因此，一个**城邦**（polis）不仅仅是法律的、经济利益和共同防御的共同体，它还承担着教育公民和让公民追求自我天赋的职能。所以，很显然，被亚里士多德挑出来并详加分析的那些品格美德乃是共同生活的必需品。既然政治学是"生活的统领科学"(master-science of life),既然政治家通过法律而规定公民应当学什么、做什么,那么,他们的幸福就取决于城邦的治理方式。并非所有城邦都适合人的发展,正如亚里士多德所说,尽管世界上存在多种政体,但只有一种是出于自然地最好,亦即,一种公正对待人类自然/本性的政体(*NE* V 6, 1135a5)。于是,对亚里士多德伦理学的基础展开研究,就需要对其《政治学》进行研究,因为对他来说,伦理学和政治学是同一学科的两个方面(参见 Frede 2013)。

正如进一步考察会揭示的那样,亚里士多德对于好生活的定义,在某种程度上,是由他那个时代的社会与政治状况所决定的;他把奴隶制当作一种天然的制度而加以辩护,并且对女性具有较差的实践理性进行解释,就可以印证这一点。那么,亚里士多德的美德伦理学又有哪些方面与我们今天的关切相关呢?我们大多数人都会同意亚里士多德的如下观点,即所有人都应当被赋予发展和运用自己最佳才能的机会,尽管我们痛苦地意识到,用以实现这种理想的机会其实分配得相当不平衡。我们大多数人也会同意亚里士多德的如下主张,即世界上存在着积极和消极的品格特征(美德与恶德),而教育,无论是私人的还是公共的,都应当关注它们的发展和培养。尽管亚里士多德对于美德的分类及分析在很大程度上反映了他那个时代的价值观,但他关于品格美德需要培育并且在共同体中通过实践而获得的看法,以及,每种美德都介于过度和不及之间的观点,如今看起来依然合理。对于任何好事,人们确实常常可能做得过头或做得不够。最后,品格美德并不能抵御来自权力、财富和彼此敌意的侵蚀。然而,尽管如此,这些美德仍然是每个运行良好的社会不可或缺的支柱。这个看法正是亚里士多德的美德伦理学留给我们的的永恒遗产。

【相关主题】

第 1 章 "Plato and the Ethics of Virtue," Nicholas White

第 3 章 "The Stoic Theory of Virtue," Tad Brennan

第 11 章 "Aquinas," Andrew Pinsent

第 14 章 "Eudaimonistic Virtue Ethics," Liezl van Zyl

第 19 章 "Virtue Epistemology and Virtue Ethics," Heather Battaly and Michael Slote

第 24 章 "Virtue Ethics and Right Action," Ramon Das

第 33 章 "Virtue Ethics and Moral Education," Randall Curren

【参考文献】

关于亚里士多德伦理学的研究作品浩如烟海，不可计数，因此，这里提到的二手文献并不能完全公正地反映当代讨论的复杂性。

Barney, R. (2008) "Aristotle's Argument for a Human Function," *Oxford Studies in Ancient Philosophy* 34, 293–344.

Brown, L. (1997) "What is the Mean Relative to Us in Aristotle's Ethics?" *Phronesis* 42, 77–93.

Burnyeat, M. (1980) "Aristotle on Learning to Be Good," in A. O. Rorty (ed.) *Essays on Aristotle's Ethics*, Berkeley: University of California Press, 69–92.

Coope, U. (2011) "Why does Aristotle Think that Ethical Virtue is Required for Practical Wisdom?" *Phronesis* 57, 142–163.

Frede, D. (2013) "The Political Character of Aristotle's Ethics," in

M. Deslauriers, P. Destrée (eds.) *The Cambridge Companion to Aristotle's Politics*, Cambridge: Cambridge University Press, 14–37.

Hursthouse, R. (1980–81) "A False Doctrine of the Mean," *Proceedings of the Aristotelian Society* 81, 57–72.

Hursthouse, R. (2006) "The Central Doctrine of the Mean," in R. Kraut (ed.) *Blackwell Guide to Aristotle's Nicomachean Ethics*, Oxford: Blackwell, 96–115.

Irwin, T. (1980) "The Metaphysical and Psychological Basis of Aristotle's Ethics," in A. O. Rorty (ed.) *Essays on Aristotle's Ethics*, Berkeley: University of California Press, 117–156.

Kosman, A. (1980) "Being Properly Affected", in A. O. Rorty (ed.) *Essays on Aristotle's Ethics*, Berkeley: University of California Press, 103–117.

McDowell, J. (1998) "Two Sorts of Naturalism", in J. McDowell, *Mind, Value, and Reality*, Cambridge, MA: Harvard University Press, 167–197.

McDowell, J. (1998a) "Some Issues in Aristotle's Moral Psychology," in J. McDowell, *Mind, Value, and Reality*, Cambridge, MA: Harvard University Press, 23–49.

McDowell, J. (2009) "Deliberation and Moral Development in Aristotle," in J. McDowell, *The Engaged Intellect. Philosophical Essays*, Cambridge, MA: Harvard University Press, 41–58.

Moss, J. (2012) *Aristotle on the Apparent Good. Perception, Phantasia, Thought, and Desire*, Oxford: Oxford University Press.

Urmson, J. (1973) "Aristotle's Doctrine of the Mean," *American Philosophical Quarterly* 10, 223–230.

【延伸阅读】

Bostock, D. (2000) *Aristotle's Ethics*, Oxford: Oxford University Press（清晰明快而又极具批判性的评价）

Broadie, S. (1991) *Ethics with Aristotle*, Oxford: Oxford University Press（对其核心观点的全面考察）

Broadie S. and Rowe, C. (2002) *Aristotle Nicomachean Ethics. Translation, Introduction, and Commentary*, Oxford: Oxford University Press（信息量丰富的导论，颇有帮助的简要评注）

Cooper, J. (1975) *Reason and Human Good in Aristotle*, Cambridge, MA: Harvard University Press（对文本背后蕴含的理论进行重建）

Urmson, J. (1988) *Aristotle's Ethics*, Oxford: Blackwell（信息量丰富的导论）

第 3 章
斯多亚学派的美德理论

[美] 泰德·布伦南 / 著
程天民　杜亚男 / 译　李义天 / 校

引言①

斯多亚学派说，美德是世间最好的事物，它超越了快乐、财富，甚至是生命本身，就像太阳的光芒超过了蜡烛一样。事实上，它是唯一的善，而我们错误地赋予价值并加以追求的一切东西都不过是无关紧要之物，它们不会使我们幸福。美德是我们实现幸福的必要条件，也是充分条件，实际上，它是我们幸福的唯一构成物和唯一贡献者。任何美德之人都是完全幸福的，事实上，他们跟宙斯本人一样幸福。

唉，我们都没有美德！因为美德是如此苛刻，要求尽善尽美，以至于我们所知道的所有人——甚至包括斯多亚学派的创立者本人——都不能算作真正有美德。甚至不能说接近于真正有美德。我们都十足邪恶，因而也完全悲惨和痛苦。在我们这些人中间，没有谁比其他人更善良：所有邪恶之人都一样邪恶。斯多亚学派坚持认为，尽管一个人有可能趋向美德，但在这个进步的过程中，你仍是完全邪恶的，甚至不具备部分美德。向美德

---

① 感谢编者邀请我撰写本章，感谢斯蒂夫·曼恩（Stephen Menn）对我的敦促，让我的报告不那么片面，也感谢伊安·亨斯利（Ian Hensley）在形而上学方面给我的帮助。同以往一样，我要把最深的谢意献给丽兹·卡尼斯（Liz Karns）。

靠近的人，就如同处于海平面之下某个位置的溺水之人：无论你是在水下5英尺还是5英里，你都是处于溺水中。你可能越来越接近你能呼吸的地方，但这并不意味着，当你更接近，你就更能呼吸。只要你是邪恶的，你就是疯狂的，就是被奴役的，就是全人类的敌人。而只有美德之人——斯多亚学派称之为"圣人"（Sages）——才是理智的、自由的、友好的，而且，只有他们才是富有的、英俊的、可爱的。

这些是斯多亚学派在美德问题上所持有的一些独特而且反直觉的论点。如果脱离了斯多亚学派思想体系的语境来孤立看待，那么，这些观点似乎十分可笑，难以置信。如果根据斯多亚学派更为广泛的承诺和理论框架来理解，那么，它们（在我看来）的可信性虽然没有太多提高，但至少具备了一些哲学动机和原理。无论斯多亚学派的美德理论有何哲学旨趣，对此，我们都只能通过在更大的结构中考察其角色而有所发现。

因此，在我们转而更深入地研究他们的美德理论之前，为了聚拢某些理论和分析资源，我现在想对斯多亚学派的思想体系做一概述。我不仅试图勾勒美德在斯多亚伦理学中的角色地位，而且试图证明，关于其美德定义的某种通常理解乃是错误的。

斯多亚学派体系及相关学说概述

历史背景

公元前300年左右，基提翁的芝诺（Zeno of Citium）创立了斯多亚学派。公元前232年至公元前206年之间，在第三代领袖索里的克吕西波（Chrysippus of Soli）带领下，学派的哲学智慧达到顶峰。几个世纪后，它的影响如日中天，塞涅卡（Senece，公元1—65）、爱比克泰德（Epictetus，公元55—135）和马可·奥勒留（Marcus Aurelius，公元

121—180)等人使斯多亚学派成为罗马帝国的道德良知。尽管德尔图良（Tertullian，公元160—225）试图将斯多亚学派的形而上学思想纳入基督教神学，但是，后者严格的唯物主义及其对非物质实体的排斥，使得它不仅为主流基督徒所据斥，而且遭到追随普罗提诺（Pltinus，公元205—270）而出现的新柏拉图主义者的谴责。到4世纪，几乎没人再被当作斯多亚学派的成员了。然而，斯多亚的伦理学作品仍受到非学派成员的关注和阅读，而且，爱比克泰德的《手册》（"Manual"）——它把简短实用的指令和禁令逐一编号——则被早期基督教的修道院运动广泛采用，并成为圣本笃规章（Rule of Benedict）以及后来诸多行为准则的模板。[①]

学派创立前，芝诺与柏拉图学院和犬儒学派的成员一起学习。亚里士多德的继承者提奥夫拉斯图斯（Theophrastus）在芝诺时代尽管很活跃，但逍遥学派（Peripatetic school）几乎没有给斯多亚学派造成影响。克吕西波跟随芝诺的继任者克里安西（Cleanthes，公元前331—前232）学习，并从斯多亚学派早期最好的批评者、怀疑论者阿凯西劳斯（Arcesilaus，约公元前320—前242）那里收获良多。

据说，克吕西波创作了700多本书。其中，大约有150本书被保存在一份古代文献目录中，包括他的逻辑学和伦理学部分；从这些部分的规模、多样性及其可能有的缺失来说，整个数字是完全可信的。[②] 在这一惊人的产出中，除了后世作者（其中，许多人是斯多亚学派的批评者）引用、阐释以及归入他名下的内容外，其余的均未幸存。晚期斯多亚学者始终把克吕西波的观点视作权威，因而，如果有某种学说被归为"斯多亚学派"但又不知具体人名时，我们一般认为它出自克吕西波。

---

① 参见波特（Boter 1999）关于基督教改编"手册"的论述，以及索拉布基（Sorabji 2000）关于（尤其是）基督教七宗罪教义的斯多亚来源的论述。

② Diogenes Laertius（以下简称DL）7.189.

学说背景

斯多亚学派将其哲学分为物理学、逻辑学和伦理学，他们确实是第一个以这种三分法来构建体系的学派。在某种程度上，这三个部分的内容不同于它们的现代含义。例如，斯多亚学派的物理学包括了神学、本体论、决定论和因果本质学说，以及宇宙学和动植物研究等主题。而逻辑学则除了形式逻辑和语义学方面的突破性研究，还包括我们眼里的认识论、语言理论和修辞学。斯多亚学派的伦理学与我们现代所讲的伦理学区别不大，不过，也包括了政治理论。

物理学

斯多亚学派的物理学的最显著特征也许就在于它彻底的物质主义；这种观点认为，所有的存在物都是物质的。斯多亚学派主张，只有物质才能行动或成为行动的载体；既然宙斯和诸神都可以行动并且与宇宙发生互动，那么，它们必然是物质的存在；既然我们的灵魂也可以行动并且基于物理事件而行动，那么，我们的灵魂也必然是物质性的。

所有的物质实体都由四种元素组成：土、水、气和火。普通的物体，如椅子、树木或人类，都包含以上四种元素的某些样本。其中前两种，土和水，被视为被动的元素，而气和火则被视为主动的元素。火和气结合而成一种叫作"普纽玛"（*pneuma*）的东西，它促成所有物体的凝聚与属性；正是石头的普纽玛使它成为一块石头，使它坚硬，正如树的普纽玛使它成为一棵树，使它成为一种生物。在每件事物中为其赋予属性的这种积极原则，在一定意义上，就是宙斯或神；尽管我们远远不清楚细节如何展开，但源头就是如此。因而，斯多亚学派认为，宙斯存在于宇宙的每个角落，无论多么微小或平凡，而且，它会主动地使泥土成为泥土，使天空成为天空。如果宙斯可以被认为是因果相互作用中的普遍的运动主体，那么，他也可以被称为"命运"。世界上发生的每一件事,包括我们心中的每一个心理事件,都因宙斯而起,并且自宇宙初创之时起就注定了它们的发生。

当我们问,是什么让红宝石成为红色时,斯多亚学派首先告诉我们,是普纽玛的流动造就了它。① 然而,蓝宝石之所以是蓝色,当然也是由于普纽玛的流动;所以我们想知道,为什么有时普纽玛会让事物变成蓝色,而有时又会让事物变成红色。这里我们知道,普纽玛之所以有不同作为,是由于事物的内在秉性(internal disposition)使然,秉性的这种差异被形象地用各种例子说明,例如站和坐的不同,或摊开手掌和握紧拳头的不同。其他学派也许会得出结论说,导致红宝石发红的这种秉性,意味着一种不同于物体当前物质状态的非物质元素或结构属性;而这也是斯多亚学派的对手有时会强加给他们的结论。然而相反,斯多亚学派声称,秉性应该等同于物体的当前状态:红宝石的红色性质,可以被等价地描述为红宝石的积极因素(火和气),或它的普纽玛,或处于这种状态的它的普纽玛,或它的普纽玛的秉性。②

现在,有一类普纽玛扮演的角色,有点类似于亚里士多德本体论中的实体式形式(substantial forms)。成年人的理性灵魂或理性(logos)就是这类普纽玛的一种情况;其他的情况还包括低等动物的非理性灵魂。动物的灵魂赋予动物以本质和统一性;它们是某种凝聚原则,同时决定着动物的其他属性。不仅如此,植物也是由"自然"(而不是由灵魂)支配的,斯多亚学派用的是 physis 这个含义极其模糊的术语。最后,那些无生命实体,如陶罐或铜钟,则被认为凭借某种"张力"(tenor)而结合在一起,并实现凝聚。每一种这样的普纽玛组织原则——理性、灵魂、"自然"

---

① Plutarch 1053F = LS 47M
② 参见曼恩(Menn 1999)关于性质何以通过普纽玛的不同存在方式而表现的完整讨论。

和"张力"——都被认为是某个更大事物的统一性、本质和属性的来源。① 如果我们敲一下铜钟,它会发出铃声,此时它是作为一个统一的整体在行动,而不是作为一堆离散的粒子在行动。弥漫于响铃中的这种复杂振动犹如一幅图像,让我们理解斯多亚学派所设想的那种在每个宏观的统一体中起作用的普纽玛。这里,宙斯和命运同样无处不在:如果铜铃响起,那么,它的原因就可以追溯至宇宙开端,并且,这些原因不会导致别的事件。在"张力""自然"、灵魂、理性灵魂这个等级系统中,每一种更复杂的原则同时也是相对不那么复杂的原则的一份子。因此,我的理性灵魂也是我作为动物的灵魂,也是我作为生物的"自然",也是我作为一个凝聚性统一体的"张力"。全部这四种都可以被称为"张力";其中三种可以被统称为"自然";最后两种也可以被统称为"灵魂"。②

逻辑学和认识论

外部世界的感知材料通过感官进入灵魂,并在灵魂中留下**印象**

---

① 并非每个宏观事物都有这样的组织原则:船只与合唱队都只是部分的组合,无论这些部分相互毗邻还是相距甚远。看起来,斯多亚学派似乎采用了某种不受限制的事物组成原则,于是,任何事物的集合,无论它们相距多远或有多么不一样,其本身都是一个事物。但是,只有某些事物是因为拥有统一的普纽玛而是统一的,它的普纽玛的振动(vibration)恰好充满这个事物。比如,在军队中,没有一个统治所有事物的普纽玛流,而只有组成军队的各种事物。军队中的每个人都具有一个统一的普纽玛原则(即,他们的理性、理性灵魂,或逻各斯)。存在着许多个普纽玛流,充斥于军中所有事物;但最起码,作为一个整体的宇宙是统一的,它保证了宇宙的"和谐",使得宇宙保持融贯。但这种普纽玛却远远超出军队的范围。不存在遍及全体的统一的普纽玛,而只有组成军队的具体的人;因此,军队是一个事物,但不是一个统一的事物。

② 参见 SVF 2.1013 = Sextus Empiricus 9.78。要理解理性灵魂也是一种"张力",首先请注意,我们已经知道,每个统一体都包含一种"张力"。而这类事物必定包括植物和动物,因为,这些统一体与链条这样的大致组合以及军队这样分散的具体物之间有明显的不同。其次,缺乏灵魂或"自然"的统一体被刻画为一种包含"单纯张力"(*psilē hexis*)的事物,而这种"张力"既非自然,亦非灵魂。最后,请注意,据说每个统一体都只由一种"张力"支配。因此,我便不可能既被我的理性灵魂统一,又被某种不同于我的理性灵魂的"单纯张力"统一。在 SVF 2.368 中,每个统一体只能包含一种"张力",这种观点再次得到申明。

(*phantasia*)，斯多亚学派（跟柏拉图和亚里士多德一样）把它们比作印章在蜡板上留下的印记。在成年人这里，这种印象同时与一定的命题内容（*an axiôma*）有关，因此，他不仅会形成一个苹果的印象，而且会形成（比如）这个苹果是红色的印象。如果印象的部分内容是意动性的、规范性的或评价性的，那么，该印象就属于冲动印象（impulsive impressions）这个具体亚类。对成年人来说，这可能就会跟"我想吃掉那个苹果"、"我应该吃掉那个苹果"或"那个苹果看起来很好吃"等命题联系起来。但是，非理性动物的印象与命题内容无关，它们仍是凭借某种非概念的方式——比如，希望占有或觉得危险、想要追逐或想要避免——来形成指向对象的冲动印象。

当动物有了这样的印象，它们就有了行为的冲动，并按冲动而行动。但人不是这样；成年人可以接受印象，无论是感知印象还是冲动印象，但他无需因此就形成某种信念、判断或冲动。人既可以同意（assent）印象，也可以不同意印象。（人的）信念和冲动是同意的产物，如果没有同意，就不会形成信念和冲动。

有些同意构成知识，例如，当我知道这是我的手时，这意味着我对"这是我的手"的印象表示同意。而构成知识的同意与仅仅构成信仰的同意之间存在两点差别：一个差别是这类同意本身的内在差别，而另一个差异则来自它所指向的那种印象。对于构成知识的同意，必须是强烈的，而不是软弱的，它意味着不会有什么压力能使我推翻我的同意：苏格拉底的反诘法不能，诡辩论的反驳不能，快乐的诱惑不能，酷刑的威胁也不能。对这些印象来说，它必须具有"把握性"（*kataleptic*）的特殊特征，这要求它必须真实，如其所是地真实，因而不同于任何由非事实所产生的印象。（在古代思想源头，这一点有时被当作是明显的、清晰的和明确的，然而，把握性印象与非把握性印象的关键区别是否内在于其内容从而可以内省，抑或，它们的区别是否还包括其历史原因和其他可能无法内省的外部特征，学界仍有争议。）

把握性印象并不罕见，无论美德之人还是恶德之人一直都接收它们，亦即，我从清晰明确的感知对象那里通常接收的感知印象。然而，强烈的同意却和圣人一样罕见，因为，只有圣人才能在同意了把握性印象之后，完全不再改变他们的想法。他们当然不会被快乐所诱惑，也不会被折磨所吓倒。但他们也不会被任何诡辩所欺骗，因为他们知道如何解决所有悖论，包括连锁悖论和说谎者悖论。并且，由于他们没有错误的信念，因此他们不会陷入矛盾。其实，这也就部分地说明了，为什么他们只会同意把握性印象，而从来就不会同意那种哪怕仅仅接近虚假的印象。从一开始，斯多亚的圣人就被设想为一个理想化的认知主体；从他们完美的认知能力中，又派生出他们完美的伦理地位。而这便是斯多亚学派对于以往苏格拉底的观点——美德即知识，恶德由错误的信念所致——的具体阐述。

由于对事物当前的感知状态具有把握性印象，所以，圣人可以获得关于周遭世界的知识。由于对数学和逻辑公理及其论证也具有把握性印象，所以，圣人不仅很好地储备它们，而且掌握着许多分析真理，比如"正义是一种美德"、"好东西是无害的"。但是，圣人并非无所不知，也没有先见之明。她无法获得关于"自己明天还活着"的把握性印象，所以，她不可能知道"自己明天还活着"，也无法同意"自己明天还活着"这种印象（即便它是真实的印象）。

圣人无法形成关于未来状况的信念，这似乎会阻止他们的日常慎思，使他们不能形成欲望和意图并发动其行为。但是，通过构造那种无需未来信念的一般行动理论，斯多亚学派避免了上述情况。我在今天买东西时，我并不需要相信明天我还活着（如果我不想过得鲁莽和匆忙，我就不应该相信这一点）。我需要的只是如下信念，即明天我还会活着，这很合理。

35

这是一种关于事情当前状态的信念,亦即,某个命题为真的当下合理性。虽然我无法对事情未来的偶发状态形成把握性印象,但是,我可以对事情当前的偶发状态形成把握性印象,也就是说,某个事态当前是合理的。而支撑这种印象的证据基础,就跟使之为真的因素一样,将是许多具体可感的事实,再加上一些一般的自然法则。从关于世界通常运转的知识出发,圣人不知道从她手中释出的石头会掉在地上,但她可以知道的是,该情况将会发生,这是合理的。她并不知道今晚的面包会给她带来营养,但她可以知道的是,面包将会给她带来营养,这是合理的。具备了这些内容的知识,将足以产生行为与冲动。①

印象与同意会产生三种后果。第一,记忆,它们是被存储的印象。第二,行为;当我们同意某种冲动印象,比如"我们现在应该吃",那么,吃的行为就会随这种冲动而直接发生。第三,改变某人的同意倾向。一个人在多大程度上有可能同意某个印象,比如"吃这块巧克力是好事",既受到他之前对巧克力的印象的影响,也受到他之前对相似印象给予同意的影响。因此,虽然斯多亚学派赞成亚里士多德,认为(比如)我们通过自己的行为而形成品格,但他们仍会指出,我们是通过先前对这些印象实际给予的同意而形成了我们同意它们的稳定秉性。

美德理论

我们对美德定义的最佳表述是,它是一种"连贯的(consistent)秉性",或者更书面的说法是,它是一种"具有一致性的(agreeing)秉性":一种心理素质方面的一致状态(a *disthesis homogoumenê*)。通过回答以下三个问题,我们将对这个定义了解得更多:

---

① 关于合理的印象在行动中具有何种作用的更多细致讨论,参见布伦南(Brennan 1996, 2014)。

1. 美德是一种怎样的秉性？（用亚里士多德的话来说）它的基质是什么？

2. 美德是一种做什么的秉性？

3. 美德是与什么相连贯，或具有一致性？

美德是一种怎样的秉性？

下面是几段最有用的主要论据：

> 有人说，美德是一致的/连贯的秉性。通常，一类美德是指任何特定事物（例如，一座雕像）的完美状态。另一类是非理论的美德，例如健康。而第三类美德则是理论的美德，比如，智慧。①
>
> （SVF 3.197 = DL 7.89-90）

> 认为美德仅仅反映了意见，而非出于自然，这是不可思议的。因为，无论树的美德还是马的美德（正如我们较宽泛地使用该词而称呼它们的那样）都不是基于意见，而是出于自然。相应地，道德上的正直和堕落也必然由自然决定。
>
> （SVF 3.311 = Cicero de Legibus I.16,44）

> 克吕西波犯了一个大错，不是因为他否认美德是一种能力（因为这样的失误不是大问题，我们并不反对他这一点），而是因为他说，虽有多种知识和美德，但灵魂只有一种能力。要知道，一种能力不可能有许多美德，就像一件事物不可能有许多种完美状态。正如他自己

---

① 正如我们将在下文中看到的那样，当美德是由理论知识构成的时候，它就是"理论的"，反之，则是"非理论的"。

同意的那样，对每个存在物来说，都有一种完美状态，而美德只不过是每个事物的自然的完美状态。

（SVF 3.257 = Galen PHP V.5.167, 446）[①]

美德就是自然，是实现了完美并发展到最高水平的自然。

（SVF 3.245 = Cicero de Legibus I.8.25）

我们可以从这些引文中得出一些观点。一个是，在某种意义上，"美德"可适用于任何完美的事物。任何堪称完美的东西，在这个意义上，都是有美德的：即使雕像这样的人工物，亦是如此。这是"美德"最宽泛、最普遍的含义，对此我们很熟悉，（比如）《理想国》（*Republic*, 353b）中的苏格拉底就坚持认为，修枝刀也有美德。

"美德"还有一种较窄的意义，适用于自然和具有自然的事物，因此，它可适用于树和马，但不适用于雕像或修枝刀。在西塞罗那里，这种意义仍被视为含义宽泛或用词不当，但它并非与我们所说的人的美德完全不同或无关。事实上，西塞罗把它当作前提，证明人的美德也必须以自然为基础，因为树和马的美德（宽泛说来）就是基于自然的。

现在，从"美德"最严格的意义来看，只有人才有美德——事实上，只有成年人才有美德。这就是为什么那种适用于所有自然事物的更普遍的"美德"仍然属于含义宽泛或用词不当的原因。不过，在这里，美德与自然之间的分析性关系仍是一样的，而且，为了论证的顺利展开，它们也需要是一样的。世界上只有一种自然，其完美状态堪称最严格意义上的美德：即，理性的自然，理性存在物的自然。我们可以说雕像有雕像的美

---

① SVF 3.260 = Hippocr.de humoribus ‖ XVI p.303："凭借'美德'概念，他们[斯多亚学派]意图实现每个事物的自然的完美状态。"

德，因为它作为雕像是完美的，我们也可以说树或马有美德，因为它们的自然得到了完美发展，但严格说来，这些完美状态都不能算作美德，因为呈现出完美状态的不是最恰当的事物。并非任何自然的完美状态都可成为严格意义上的美德。然而，除非允许事物的自然达到完美，否则，就不可能出现适用于人类的那种最严格意义的美德，甚至不可能有适用于马和树的那种相对宽泛的美德（当我们进一步放宽"美德"的意义，谈及雕像和刀的美德时，我们其实是进一步放宽了我们对"自然"的用法，使之可被借来描述人工物的本质或功能）。

> 人的本质是什么？理性。当它是正确和完美时，它就构成了人的幸福。如果每件事物，当它实现自身的善时，那它便是值得称赞的，并且实现了其自然的目的；如果人的善就是理性，那么，只要人实现了理性的完美状态，她便是值得称赞的，并且把握了她的自然的目的。这种完美的理性就被称为"美德"。①
>
> （SVF3.200 = Seneca ep.76.10）

这里，我们再次发现了一个一般模式，它适用于所有存在较好状态或较坏状态的事物。无论这个事物的本质是什么，只要它实现了其本质的完

---

① 塞涅卡对这番论证的表述反映了一种言说倾向（下面就要提到），仿佛人们可以识别某种秉性，识别如此这般的事物，以及识别事物本身。他首次使用"比例"（ratio）一词指称理性，它是人类的本质，但可以处于较好或较坏的状态。那么，当他后来说人类的善是一种"比例"时，他指的是某种处于特殊状态的比例，即，正确的理性或完美的理性。但人类需要完善的不是这第二种意义上的比例，即，正确的理性或理性的善——这个比例已经完善了。人类需要完善的是第一种意义上比例，即，使人成为人的那种理性，它可以被塑造成更好的，也可以被塑造成更坏的。这种理性虽然是我的本质，但在我或其他的邪恶之人身上，它却不是我的善。事实上，既然它就是我的恶习，那么，我的这种反常的理智也就构成了我的痛苦之源，因而它是一件坏事情。

美状态，那么它就获得了自己的善，达到了它的自然的目的，并值得称赞（例如，我们说，这是一把一流的修枝刀，或者，这是一匹好马）。而人类的本质是理性；所以，如果人类实现了理性的完美状态，那么他们就获得了他们的善，实现了他们的自然的目的，并以唯一适于人类的方式而值得称赞，比如，我们说这是一个好人、正派的人、令人钦佩的人（等等）。

如果我们想一想人、马、树和雕像，想一想是什么使得每个事物被称为有美德的，那么，我们就会得到我们这里第一个问题的答案。因为，我们先前已经看到，这里的每个事物都是通过分别被称作理性、灵魂、"自然"和"张力"的那些普纽玛原则而成型，并实现凝聚、获得属性的。所以，当我们问"美德是一种怎样的秉性？"时，答案就是："一个有美德事物的普纽玛原则所具有的秉性；如，人的理性，或者，树的'自然'。"

我们还注意到，斯多亚学派习惯于把秉性同其所附着的物体等同起来，从而坚持他们的物质主义。在一段阐述美德是理性灵魂之秉性的文字中，我们可以发现这样的例子，该段文字写道，"毋宁说，美德不过是一致的、稳定的和无可争议的理性（逻各斯）。"① 由此，我们可以说，马的美德就是其灵魂的秉性，或者我们可以说，马的美德就是马以某种特定的方式所设置的灵魂。我们可以说，任何具有自然的事物的美德都是其自然的正确秉性，或者我们可以说（正如上面西塞罗的看法），美德就是以某种特定的方式所设置的自然，而这里的"自然"乃是每个有生命物都会具备的普纽玛原则。

美德是一种做什么的秉性？

我们的第二个问题是，这种秉性是一种做什么的秉性？在某种意

---

① SVF 3.459 = Plutarch 441C.

义上，答案不过就是：实现一致（to agree）。然而，这里的"一致"（agreeing）或"具有一致性"（in agreement）更像是个副词，而不是动词。如果你和我就我们的计算实现一致，那么，你计算，我计算，并且我们得到同样的答案。如果我们就吃饭的时间实现一致，那么，你吃饭，我吃饭，并且我们都在 8 点吃饭。在第一个层次上，我们所做的行为不是实现一致，而是计算或吃饭；一致性只是这些更基础行为的某种性质。

38

美德也是同样的道理。一只有美德的獾不是在一阶行为上实现一致；毋宁说，它做的行为只是进食、睡觉、捕猎和挖洞。而它之所以成为一只有美德的獾，则是因为它在进食方面具有一致性，在睡觉方面具有一致性；这种一致性改变了它所做的那些一阶行为。（它的行为同什么之间具有一致性，这个问题我们留到下节再谈。）我们可以（像斯多亚学派那样）说，动物靠冲动生存——即靠获取周边事物的印象并对其做出反应而生存——此时，我们就对捕猎、进食这样的一阶活动给出了某种更一般的描述。獾的所有捕猎、挖洞和交配行为，它作为这种动物而进行的所有活动，都是它凭借灵魂对印象的反应而实施的。因此，獾是否有美德的问题，就在于它的冲动是否具有一致性。

同样的观点，向下推可以适用于植物，向上推可以适用于人类。植物不能活动：它们不会形成印象，也没有冲动。但它们却会在其"自然"的引导下生长、维持和繁衍，从而，某株具体的植物是否有美德，将取决于它在生长、繁殖和自我维持方面的行为是否具有一致性。人类确实有冲动，但只有当他们对冲动赋予同意时，人类的整个生命才可被重新描述为一段关于同意和悬置的历史（这就是爱比克泰德所说的"对印象的使用"）。一位美德之人，乃是一位其所有的同意都具有一致性的人；他身上赋予同意的那种秉性，将会以具有一致性的方式给出各种具体的同意。

所以，我们回答了我们的第二个问题：某个具体事物的美德，就是以一致的或连贯的方式去采取这类事物之行为——赋予同意、产生冲动、不断成长，生生不息——的秉性。如果暂时把焦点重新放在人身上，我们就能够注意到，对于一个人身上赋予同意的那种秉性，爱比克泰德有一种特殊的说法：他的"**抉择**"（*prohairesis*）。①一个人的**抉择**，无非就是他对任何可能的印象赋予同意的秉性总和。我倾向于相信应该吃甜食，以及我相当有把握地倾向于同意"3+4=7"，都属于我的**抉择**。如果我的秉性有美德，那么，我的**抉择**就跟我的美德是一码事。如果我的秉性缺乏美德，那么，我的**抉择**就跟我的恶德是一码事。在这两种情况下，我的美德、我的恶德或我的**抉择**都和我的理性灵魂是一码事，它们在某种意义上就是我本身，因而，我们同意爱比克泰德的看法，即，在最根本的意义上，一个人无非就是他的**抉择**。②

美德与什么相连贯，或具有一致性？

最后，我们可以问：一致性或连贯性的标准是什么？一株有美德的蜘蛛抱蛋（aspidistra）、一头有美德的羚羊，或者一位有美德的雅典人，其行为是跟什么东西相一致或相连贯？诸多证据指向的答案是：自然。所以说，一位有美德的人，将会使他的同意与自然相一致；一只有美德的动物，将会使它的冲动和行为与自然相一致；一株有美德的植物，将会使它的生长与自然相一致。

在对美德定义的这番解释给出支持证据之前，我要指出的是，我的观点与目前广为接受的看法是冲突的，根据后者，上述定义被解读为，它在

---

① 该词在亚里士多德伦理学中的含义截然不同；它不是一种秉性，而是根据此前的慎思结果来决定行动过程的一种行为，它是深思熟虑的决定。而学者们尚未找到很好的解释，来说明这个词是如何从亚里士多德的含义转变为爱比克泰德的这种非常不同的含义的。我自己的推论，可参见布伦南与布里坦（Brennan & Brittain 2002: 22-24）合编的著作。

② 例如：Diatribes 1.17.27.1; 2.23.22.1; 3.1.40.1; 4.5.12.1.

声称"美德是一种连贯的秉性",而其中的"连贯"又被理解为"自我连贯"的缩写。根据这种观点,"美德秉性与什么相一致或相连贯"的正确答案是"它自身"。比如,下面这段文字是朗(Long)和塞德利(Sedley)针对他们的翻译——"美德是一种连贯的品格"——而给出的解释。

> 因此,美德是理性的连贯状态,是灵魂下命令能力的某种品质……一个人的推理能力被认为要么是连贯的,要么是不连贯的;而这种连贯状态,或者说,推理能力所造就的美德,就好比一条完美的直线所具有的笔直性(staightness)。①

这种看法有时会发展出如下观点,即,斯多亚学派关心的是行为在不同时间的规律性:圣人的品格具有连贯性,因为他每天早上6点醒来。或者,有时候,连贯性被认为建立在他们所依赖的一套稳定准则和行为规则的基础上:圣人通过诉诸一系列伦理原则而决定如何行动,并且,这些原则不会随时间推移而改变。

但是,无论我们怎样推进"美德是一种逻辑上连贯的品格"这个观点,在我看来,它们都是对美德定义的误读。即使按照我提倡的解读方式,可以证明圣人的灵魂确实具有不同的自我连贯性,那也是误读。因为,如果它鼓励我们在圣人灵魂的内部寻找连贯性或一致性的标准,但实际上这个标准处于他们的灵魂之外,那么,这就是一种误读。一致性的标准,亦即,美德之人的秉性将会赞成与之保持一致的那种东西,乃是贯穿万事万物的自然;既包括人的自然,也包括宇宙的自然,亦可被视作对于宙斯本身的信念与冲动——对于宙斯本身的同意。

---

① LS 1.383. 让人有点困惑的是,就在几行字之间,朗和塞德利先是说这种连贯性就是美德,后来又说这种连贯性促进了美德(Long and Sedley 1987)。

现在，从自然出发，从这种外部标准出发，我们可以说，如果圣人的信念或产生信念的秉性是充满矛盾的，那么，他们就不可能与这个标准保持一致。宙斯自身的思想不包含任何矛盾，而我们也根本无法想象连贯的事物会包含不连贯。因此，圣人在理性方面的自我连贯（因为他们从未同时赞成 P 和非 P）乃是由外在标准所保证，而他们的美德也是与这个外在标准相一致。所以，关于美德的定义指的实际上是这样的一致性，而不是自我的连贯性。

还有另一种方式可以表达同样的看法：斯多亚学派在理解美德之人所持有的正当理由之正当性时，他们是符合论者，而不是融贯论者。你灵魂的完美状态，你灵魂的恰当实现，是指它与宙斯的意志相符合。这意味着，你是在向外关注世界，关注你可以从中获知多少宙斯的意图，而不是向内关注你自己的内在连贯性。当然，对于一个真正的斯多亚哲人来说，在不同时刻保持一致性也没什么意义：如果宙斯现在要我 5 点醒来，那我每天习惯 6 点醒来又有什么重要的呢？更看重自己以往的行为而不是更看重宙斯当下的命令，还有什么要比这种做法在本质上更邪恶、更自我、更不虔诚呢？

我对美德定义的阐释之所以值得支持，有一个原因在于，这个定义显然是为了适用于更多事物，而不是仅限于理性的人类。如果把这个定义理解为某种一致性的标准，那么，我们就会懂得，说一匹马或一棵树有美德究竟意味着什么。它意味着，这个生物的活动与这类生物的自然规范是相一致的。如果它是一匹马，那么，它的美德就在于出色地完成了一般意义上的自然以及具体层面上马的自然所要求任何一匹马去做的事情。而且，我们若想明白这种模式如何适用于理性的人类，如何对人类的美德给出正确的描述，也没有问题：即他们应该出色地完成一般意义上的自然以及他们作为人类的自然所要求他们去做的事情，其中最重要的就是，以某种特定的方式给予同意或悬置，以便根据他们对自然的认知而调节自身的信念与冲动。然而，假如我们是从如下观念出发，即该定义仅仅表明"美德是人的推理能力所具有的逻辑连贯性"，那么我们就很难理解，该定义又何以能够更为宽泛地被用在马和植物身上。

还有一种方法可以得出同样的结论。美德之人的所有行为都是"合宜的"（kathêkonta），它有时被译为"恰当的功能"（proper functions），有时被译为"合适的行为"（befitting actions），有时又被译为"责任"（duties）等等。广义上讲，它们是一个人在任何情况下，无论是否有美德，都应该去做的行为。如果（没有美德的）我做了正当的事情，采取了正确的行动，那么无论我在实施该行为时的想法或动机是什么，我都已经做出了一个合适的行为。如果圣人处于同样的情境，她也会做同样的事情。然而，圣人在实施合适的行为时是出于其特殊的美德秉性，这使得她的行为变成了一个完全合适的行为、一个完美的行为，或一个**有美德的行为**（a katorthôma）。然而，就该行为是合适的行为而言，出于特殊的秉性并非关键因素：使之成为合适行为的，是它所能获得的一种论证，一种合理的论证，以表明圣人何以能够通过反思自然的可能过程以及宙斯的命令而形成冲动，从而采取这样的行为。我无法提供这种论证也并不妨碍我做出一个合适的行为，尽管它确实使我无法实施一个完全合适的行为，即，有美德的行为。

41

最重要的事实是，在斯多亚学派看来，"合适的行为也可以拓展到动植物；因为在它们身上同样可以看到合适的行为。"① 当然，动植物无法像圣人那样，为其行为的合适性提供论证。类似地，如果我们在严格的意义上使用"美德"，那么，任何动植物也都做不出真正有美德的行为。但是，

---

① SVF 3.493 = DL 7.107.

动植物仍可以发挥其恰当的功能或实施其合适的行动，而当它们这么做时，它们就非常接近于人类在严格的意义上所能成就的美德状态，从而，在较宽泛的意义上，它们也是有美德的。所以，斯多亚学派认为存在某种适用于全部自然物的一般的合适行动理论，这个事实理应让我们愈加确信，他们也设计了适用于同样范围的美德定义。如果情况是如此，那么，美德就不能被理解为"一种展现逻辑连贯性的推理能力"。即便当它具体适用于人类时确实满足了这项要求，那也并不意味着，美德在一般情况下都是这样。

思考这个问题还有一条路径，即从**目的**（*telos*）或最终目的（final end）出发。在结构上，人类的最终目的可以被说成是，合理地或恰当地去做所有其他事情都是为了它，但做它却不是为了任何更进一步的事情。或者，对它进行价值层面的描述，把它等同于**幸福**（*eudaimonia*）或过得开心、过得好。不过，在最实质性的意义上，斯多亚学派将它定义为"合乎某种标准或规范的生活"。对于这种规范，不同的斯多亚哲人给出不同说法，但他们都认为，这些说法在某种意义上是一样的，它们只是用略有不同的术语表达了相同的学说。

因此，我们可以说，最终的目的就是**合乎美德地**（*kat'aretên*）生活。也可以说，目的就是与自然相一致地（*homologoumenôs têi phusei*）生活。对于这一点，克吕西波讲得很清楚。他说，当一个人努力与自然相一致地生活时，他就是在凭借自己关于自然事物的知识和经验而生活，在这里，自然包括一个人自己的自然以及宇宙的自然，而后者就是统治万物的宙斯。此时，一个人关于自然的知识和经验合乎自然本身，某种程度上，就如同康德主义的准则合乎实践的法则一样：它们是同一个规范的主观方面和客观方面。"他说，当一个人做每件事都能使她的个人想法同宇宙统治者的意志**达成一致**（*sumphônia*）时，这便是幸福之人的美德。"①

因此，以这种方式生活从而实现自己的目的，就是按照某种外在的自然标准而生活，其中既包括人的自然，也包括宇宙的自然，亦即，宙斯的意志。但是，以这种方式生活，也等于是依照美德而生活。因此，我们更有理由得出结论说：美德是同某种外在标准相一致，而不是向内的逻辑连贯性。因此，关于美德的定义，正确的译法就不是"美德是一种连贯的秉性"，而是"美德是一种具有一致性的秉性，或一致的秉性"，在这里，规范是由这个美德之物的自然，以及一般意义上，宇宙的自然所赋予的。

如果我们想一想出现在"至善"（*summum bonum*）定义中的"一致"概念，那么，我们就能发现更多的理由，可以解释为什么自我连贯不会成为斯多亚学派的议题。我已经承认，圣人在任何时候都不会持有矛盾的信念或承诺，因为他们一直都努力让自己的信念和冲动符合宙斯的意志，而后者任何时候都是连贯的。但是，这种内在的连贯性或许构成了幸福生活的一个可能的必要条件（至少古往今来的理性主义者这么看），然而，作为一种针对行为者目的的完整解释，它似乎极度贫乏。那么，被当作目的一样的东西、被当作终极善的这种逻辑连贯性，又是什么呢？

支持内在解读的人有时会给出一个答案，即，宁静（tranquility）——内在无纷扰——本身就是值得欲求的精神状态。但是，这却混淆了斯多亚学派和伊壁鸠鲁学派。斯多亚学派从来没说过，宁静是他们的目的。② 对于一个斯多亚哲人来说，精神无纷扰所可能产生的感觉，并不比思想动荡所产生的感觉更值得欲求。这样的感觉，就跟所有的快乐和痛苦一样，都

42

---

① SVF 3.4 = DL 7.87，SVF 3.12 = Stobaeus 2.76.3.
② 克吕西波几乎没有提到过这个术语；在 Stobaeus SVF 3.111 中，也只出现过一次。爱比克泰德经常讨论宁静，把它看作是激情的缺乏，也就是说，宁静被看作是进步或美德的一个必要条件，一种已经具有美德之人的好状态，但它不是目的。

是完全无关紧要的。① 提倡把不动心的快乐作为自己的目的，其实是伊壁鸠鲁学派；对他们来说，内在无纷扰似乎足以构成目的本身。而对斯多亚哲人来说，最精致的精神痛苦也不过是另一种形式的痛苦，因而无关紧要。当然，痛苦也可能由错误或冲突的信念、或者轻率的同意所致，这些全是真正的坏事情。但它们之所以坏，却是出于认知的原因，而不是因为它们所引起的感觉。那一套用以取代它们的连贯的信念，尽管是善的必要条件，但不是善本身。

支持内在解读的人还会给出一个不同的但更好的回答是，内在的连贯性——逻辑连贯性——之所以构成人类的目的，是由于它是人类理性的完美状态，而人在本质上是理性的行为者。这个回答更好，因为它没有把斯多亚学派变成逃避精神痛苦、追求精神快乐的主张内省的伊壁鸠鲁学派。可是，它仍把重点放错了位置。像圣人那样拥有广博的知识——关于自然、物理、神学、善恶、命题逻辑等等方面的知识——之所以有价值，是因为它使人触及世界；它让一个人在人类的最大可能程度上遵循自然和宙斯的命令。它让我们知道宇宙中什么是善的，让我们采取行动去推进它。这些方面同样也是我们的理性自然的完美状态，并且是积极意义上的完美状态，而不仅仅是邪恶的匮乏。最后，那些仅仅把内在连贯性当作斯多亚学派目的的人会很容易陷入怀疑论；因为，要想不持有矛盾的信念，最便捷的方法就是根本不持有任何信念。

---

① 斯多亚学派区分了两种意义的快乐和两种意义的痛苦；当这些术语指向某种价值时，它们是假的判断，因而是完全错误的，并非中性的（例如 SVF 3.85.6 = Plutarch 1042F, SVF 3.113.7 = Stobaeus 2.77.6）。当这些术语指向某种现象时，无论是肉体的柔顺感觉还是心灵的粗糙感觉，它们都是完全中性的（例如 SVF 3.70.6 = Stobaeus 2.57.19, SVF 3.136.13 = Stobaeus 2.80.22）。有时，这种差异直接体现在用词上，用 "*ponos*" 来表示无关紧要的痛苦，而用 "*lupê*" 来表示虚假的判断，但 "*hêdonê*" 则被认为是模棱两可，参见 SVF 3.178.10 = DL 7.85。

回顾与比较

从关于斯多亚美德概念及其在斯多亚伦理学中所扮演角色的观点出发，我们可能想对有美德的人、有美德的行为、正当的行为、善与幸福之间的关系追问一系列的问题。在这些观念中，是否有一些可以支撑或论证另外一些？在这些观念中，是否有一些衍生于或依赖于另外一些？对它们的回答，将有助于我们了解斯多亚的美德理论与其他美德理论和其他伦理理论之间的异同。

后果主义倾向于把美德当作产生好结果的秉性，而义务论则把美德视为采取正当行为或强制行为的秉性。在这两种情况下，美德概念皆后于善概念或正当概念。而更具雄心的美德伦理学的特征则在于，它声称美德具有很强的优先性；什么行为是正当或强制的，这要由它们与美德之间的关系来决定。①

例如，一种美德伦理学理论认为，行为的正当性仅仅在于它是有美德的人将会判断为正当的那种行为，而行为者的品格美德优先于且独立于行为的正当性。另一种美德伦理学理论则认为，行为的正当性在于它是有美德的行为（善良的行为、勇敢的行为，等等），而如果一个人特别善于辨别和实施有美德的行为，那他就是有美德的。在这里，美德首先是行为的属性，而作为品格特征的美德则从中衍生出来，行为的正当性同样如此。

"幸福"也可以不同的方式出现在理论中：有的理论可能发展出一套无需诉诸美德的实质性的人类幸福学说，然后它会说，美德只是一些特

---

① 德里夫介绍了美德理论与美德伦理学之间的明显差异，后者仅限于指称那些把美德放在基础位置上的伦理学理论（Driver 1995, 111 fn.1）

征，展现这些特征将会最有助于实现如此这般的幸福。相反，另一种理论则可能提供独立的美德学说，然后声称幸福的生活包含诸多美德的行为，从而填充它的幸福学说。[①]

在斯多亚主义中，又是什么优先于什么呢？答案并不一目了解。我们遇到许多双条件情况（biconditionls）：当且仅当某物是有美德的，它才是善的；当且仅当行为者的全部行为都有美德，他才是有美德的；当且仅当一种生活是有美德的生活，它才是幸福的；当且仅当一个行为是有美德的，它才是完全正确的。可是，这里最根本的东西又是什么呢？

首先，在我看来，斯多亚学派并没有把美德之人的品格当作其体系的根基，所以，他们没有采取如下说法——比如，行动之所以正当，或者结果之所以好，正是由于它们在一定程度上源自于或产生于行为者的某种特定品格——来给行为的"正当"与结果的"好"提供证明。

这并不是说，美德行为者的行为就不可以在认知上充当行为正确性的标识：当我们试图决定采取行动时，我们可以确信的是，当且仅当我们做了圣人将会做的事情，我们便是做了正确的行为。[②]（由于经验世界并不存在真实的圣人，因而，这种方法所具有的启发便利在一定程度上就打了折扣。）

同一个行为，当它由圣人实施时就是一个有美德的行为（katorthôma），而当它由非圣人实施时则仅仅是一个合适的行为（kathêkon），这一事实并不会让圣人的行为不再构成行为之正当性的稳定

---

① 前面这段主要参考了斯洛特的观点（Slote 2000: 327–328）。
② 这里当然有些令人困惑的情况，例如，当圣人应该说"我是圣人"时，非圣人应该做什么呢？但我之所以把这些放在一边，不仅是因为它们会出现在任何把理想行为者用作标准（无论是认知标准或是其他标准）的思想体系中，也是因为它们有可能通过更加密切地考察"做相同的事情"中所蕴含的那些相关的相同方面而得到解决，例如，使用圣人使用过的相同词语，或者，当圣人说真话时也说真话。

标志。(这里所说的"同一个行为"只是大致而言。圣人与非圣人的所作所为其实是同一行为类型下的两种行为,此时,行为类型的同一性严格限定于它的外部属性或可观察属性,而无论行为者的秉性和动机是什么)既然我不具备美德,那么,我就无法实施有美德的行为;但是,我仍可实施同样类型的行为,而且,事实上,我应该实施那种类型的行为,因为只有它是正确的。

然而,决定行为正确性的并不是"有美德的人将会实施它"这个事实。行为的正确性,建立在圣人自己在思索行动方案时所进行的考虑基础上:使得该行为成为正确行为的原因乃是某种可以赋予给它的特定论证,一般来说,这种论证可以合理地表明,这个行为合乎自然和宙斯的意志。①而圣人的美德,只是让他自己非常善于理解自然,辨别宙斯的意志;在使某个行为成为正确行为的问题上,圣人的美德其实并未发挥更深刻的作用。就此而言,斯多亚的伦理学不是一种美德伦理学。

使得某个正确的行为成为"完全正确的"行为,亦即,一个完美的行为,而不仅仅是一个合适的行为,在此过程中,美德确实发挥了一定作用。但这不过是一个定义的问题,因为,完全正确的行为被定义为一种出于美德秉性的、正确的行为。所以,我们可以说,一个美德行为的美德性(virtuousness)源自于实施该行为的行为者的美德——同一个行为,如果不是由美德行为者所做,就不会是有美德的行为——而同时,一个美德行为的正确性(correctness)却绝对不是建立在行为者的美德之上。

同时,幸福也无法充当斯多亚思想体系的锚点,因为,除了作为一种有美德的生活,"幸福生活"缺乏其他任何稳固的内容。对于以往可用来描述人类繁荣的那些东西,亦即,有决定意义的生命活动、经验、目标或

---

① 参见 SVF 3.493 = DL 7.107,SVF 3.494 = Stobaeus 2.84.13 等处,在那里,"合适的行为"(kathêkon)被定义为"一旦完成便能得到合理辩护的东西"。

目的，斯多亚学派却声称它们不属于幸福的关键内容。幸福的生活，不再是（比如）享受健康、温饱有余、与家人朋友之间的温暖亲密关系。不仅所有这些都与幸福无关，而且，如果有什么品格特征可以让一个人的生活更有可能包含这些东西，那么，它们也不会是斯多亚学派眼中的美德。况且，斯多亚学派的幸福学说甚至要比（例如）亚里士多德主义的幸福学说更不确定，后者认为，幸福的生活应该包含大方（liberality）或勇敢（courage）。而这里的麻烦在于，斯多亚学派却说，圣人的每个行为都是有美德的行为，每个行为都包含着所有美德。于是，圣人制作三明治也是勇敢的行为，圣人抱起双臂也是大方的行为。即使圣人一生在荒漠中，从不面对他人，他也依然可以通过冲刷脚上的沙子来展现其合群（sociability）与博爱（philanthropy）的美德。我们不清楚，对于一种生活要成为幸福生活而必须具备的那些具体的可辨识内容，斯多亚学派施加了哪些限定；但我们知道的是，这种生活必须是有美德的。如果这种生活是圣人的生活，那么，它就会是有美德的生活。当然，让圣人在任何情况下都是胜利者，这是斯多亚学派渴望确立的学说特质之一：亚里士多德所说的"大方"需要行为者能获得金钱，亚里士多德所说的"勇敢"需要他们暴露于危险之中。而斯多亚哲人却无论处于怎样的周遭环境，都可以过上完美的美德生活、完美的幸福生活。但这种终极适应性（ultimate adaptability）所付出的代价却是，他们的幸福观念过于单薄、过于形式化，从而无法支撑他们的美德观念。

对于幸福生活的唯一限定是，这种生活所包含的合乎自然的事物必须多于违背自然的事物；如果斯多亚哲人（不管他是不是圣人）目前拥有更多违背自然的事物，并且认为拥有更多的违背自然的事物（如，不健康、被折磨、被奴役）乃是合理，那么，正确的行动就是消灭他们。① 斯多亚

---

① 参见 SVF 3.763 = Cicero de Fin 3.60.

学派会把这种冷漠——对健康和折磨表现出绝对的冷漠——视作自然和宙斯想要他们灭亡的证据，从而，他们会按照最佳证据的指引来行动。同别的地方一样，这里起根本作用的不是美德、幸福或正确的行为，而是自然，不仅涉及行为者的自然，也包括宇宙的自然。

【相关主题】

第 1 章 "Plato and the Ethics of Virtue," Nicholas White
第 2 章 "Aristotle's Virtue Ethics," Dorothea Frede
第 22 章 "Kant and Virtue Ethics," Allen Wood

【参考文献】

Boter, G. (1999) *The Encheiridion of Epictetus and its Three Christian Adaptations*. Leiden: Brill.

Brennan, T. (1996) "Reasonable Impressions in Stoicism," *Phronesis*.

—— (2014) "The Kathêkon at Cornell," *Philosophie Antique*.

Brennan, T. and Brittain, C. (2002) *Simplicius: On Epictetus' Handbook*. London: Duckworth/ Ithaca, NY: Cornell.

Driver, J. (1995) "The Virtues and Human Nature," in R. Crisp (ed.) *How Should One Live?* Oxford: Oxford University Press, pp. 111–129.

Long, A. A. and Sedley, D. N. (eds.) (1987) *The Hellenistic Philosophers*. 2 vols. Cambridge: Cambridge University Press.

Menn, S. (1999) "The Stoic Theory of Categories," *Oxford Studies in Ancient Philosophy*, 17, 215–247.

Slote, M. (2000) "Virtue Ethics," in H. LaFollette (ed.) *The Blackwell Guide to Ethical Theory*. Malden, MA: Blackwell, pp. 325–347.

Sorabji, R. (2000) *Emotion and Peace of Mind: From Stoic Agitation to Christian Temptation*. Oxford: Oxford University Press.

【延伸阅读】

Algra, K., Barnes, J., Mansfeld, J., and Schofield, M. (eds.) (1999) *The Cambridge History of Hellenistic Philosophy*. Cambridge: Cambridge University Press.

Barney, R. (2003) "A Puzzle in Stoic Ethics," *Oxford Studies in Ancient Philosophy* 24, 303–340.

Bénatouïl, T. (2006) *Faire Usage: la pratique du Stoicisme*. Paris: Vrin.

Bobzien, S. (1998) *Determinism and Freedom in Stoic Philosophy*. Oxford: Oxford University Press.

Brennan, T. (1998) "The Old Stoic Theory of Emotions," in J. Sihvola and T. Engberg-Pedersen, T. (eds.) *The Emotions in Hellenistic Philosophy*. Dordrecht: Springer, pp. 21–70.

—— (2000) "Reservation in Stoic Ethics," *Archiv für Geschichte der Philosophie* 92, 149–177.

—— (2003) "Stoic Moral Psychology," in B. Inwood (ed.) *The Cambridge Companion to the Stoics*. Cambridge: Cambridge University Press, pp. 257–293.

—— (2005) *The Stoic Life: Emotions, Duties, and Fate*. Oxford: Oxford University Press.

Brunschwig, J. (2005) "Sur deux notions de l'éthique stoïcienne: de la 'réserve' au 'renversement', in G. Romeyer Dherbey and J.-B. Gourinat (eds.) *Les Stoïciens*. Paris: Vrin, pp. 357–380.

Cooper, J. (1998) "The Unity of Virtue," in J. Cooper, *Reason and Emotion*. Princeton, NJ: Princeton University Press, pp. 76–117.

Crisp, R. (ed.) (1995) *How Should One Live?* Oxford: Oxford University Press.

Graver, M. R. (2007) *Stoicism and Emotion*. Chicago, IL: Chicago University Press.

Hicks, R. D. (ed. and trans.) (1931) *Diogenes Laertius: Lives of Eminent Philosophers*. 2 vols. Cambridge, MA: Harvard University Press.

Ierodiakonou, K. (ed.) (1999) *Topics in Stoic Philosophy*. Oxford: Oxford University Press.

Inwood, B. (1985) *Ethics and Human Action in Early Stoicism*. Oxford: Oxford University Press.

Jedan, C. (2009) *Stoic Virtues*. London & New York: Continuum.

LaFollette, H. (ed.) (2000) *The Blackwell Guide to Ethical Theory*. Malden, MA: Blackwell.

Long, A. A. (1971) *Problems in Stoicism*. London: The Athlone Press.

——(1974) *Hellenistic Philosophy: Stoics, Epicureans, Sceptics*. Berkeley, CA: University of California Press (second edition, London 1986).

——(1991) "The Harmonics of Stoic Virtue," *OSAP*, Suppl. vol., 97–116 (repr. in Long 1996, 202–223).

——(1996/2001) *Stoic Studies*. Berkeley, CA: University of California Press.

Marcovich, M. (ed.) (1999) *Diogenes Laertii Vitae Philosophorum*. 2 vols. Stuttgart and Leipzig: BG Teubner.

Menn, S. (1995) "Physics as a Virtue," *PBACAP* 11, 1–33.

Romeyer Dherbey, G. and Gourinat, J.-B. (eds.) (2005) *Les Stoïciens*. Paris: Vrin.

Roskam, G. (2005) *On the Path to Virtue: The Stoic Doctrine of Moral Progress and its Reception in (Middle-) Platonism*. Leuven: Leuven University Press.

Schofield, M. (1984) "Ariston of Chios and the Unity of Virtue," *Ancient Philosophy* 4, 83–96.

Sihvola, J. and Engberg-Pedersen, T. (eds.) (1998) *The Emotions in Hellenistic Philosophy*. Dordrecht:Springer.

Striker, G. (1991) "Following Nature: A Study in Stoic Ethics," *OSAP* 9, 1–73.

第 4 章
印度教美德伦理学

[新西兰] 罗伊·W. 佩雷特　[美] 格伦·佩蒂格罗夫 / 著
雒少锋 / 译　李义天 / 校

引言

有印度教美德伦理学吗？显然，这个问题的答案取决于（1）我们所说的"美德伦理学"是什么，以及（2）我们如何限定"印度教伦理学"的范围。不过，它还取决于（3）我们是否将这个问题当作印度教伦理学的"外部"或"内部"历史来建构。让我们依次处理这三个问题。

"美德伦理学"

在 20 世纪的大部分时间里，后果主义者、义务论者与（过去二十年）美德伦理学者之间的辩论一直主导着英语世界的规范伦理学讨论。由于从这些辩论开始其哲学生涯的伦理学者很少会将注意力转向非西方的伦理思考资源，因此，不出所料，他们首先会问的一个问题便是："这些非西方的伦理学者究竟是结果论者、义务论者，还是美德伦理学者？"或者，更准确地说，考虑到这些辩论的派别特征，当持有这三种理论中任一主张的学者拿起不熟悉的文本时，他们提出的第一个问题往往是："他们是朋友还是敌人，他们是我们中的一员还是他们中的一员？"

因此，美德伦理学者可能会从印度教典籍中拿起一部经典文本，问道："这位作者是一位美德伦理学者吗？"或者更宽泛地问："印度教伦理学是美德伦理学的一种形式吗？"毋庸置疑，这些问题的答案取决于"美德伦理学"的意思是什么。让我们考虑一种关于美德伦理学的熟悉说法，比如，"美德伦理学不是行为规范或一般的道德主张，而是一组关于如何将特定概念予以最佳组合以理解道德的抽象命题"，并且，这些命题的核心在于"美德概念具有某种理论主导地位"（Watson 1990: 451）。如果这样理解的话，那么，琳达·扎格泽布斯基（Linda Zagzebski）的著作《神圣的动机理论》（*Divine Motivation Theory*）便提供了一部美德伦理学的典范之作。她首先列出一组命题，涉及善、正当、美德等概念之间的可能关系。接着，她发展出一套理论，在那里，美德居于这些概念的头牌地位。在其理论框架中，责任、正当、错误、善都是通过美德而定义："责任（义务）是美德的必然要求"；"一个正当的（被允许的）行为是不违背美德的行为"；"一个错误行为是违反美德的行为"，等等（Zagzebski 2004: 159-160）。

然而，通过美德来定义其他的关键规范概念，并不是发展出一种让美德具有解释优先性的框架的唯一办法。责任、义务、善良，以及诸如此类的概念，都可以被纳入一个无需诉诸美德的内部概念结构（internal conceptual structure）。而与此同时，美德依然可以扮演重要角色，以解释这些因素为何具有规范意义，或它们何以能够构成一个融贯的规范性框架。只要美德在伦理学框架中发挥根本作用，只要它的规范地位不是因为促进其他的规范属性而获得的，那么，它就仍有充分的解释优先性，从而使得这样的理论可以被认定为美德伦理学。（进一步讨论参见 Perrett 2005; Pettigrove 2014。）

最后，罗杰·克里斯普（Roger Crisp）还提供了第三种用以确定何为美德伦理学的方法：美德伦理学"主要在于倡导美德"（Crisp 1996: 5）。显然，对于何为美德伦理学，这是一个宽松得多的标准，因为，许多通常不被当作美德伦理学者的伦理学人也会因此而成为美德伦理学者，只要他们论述美德并且提倡培养美德。

我们这里不说，在这些理论中，哪一个才是对美德伦理学的"正确"说明；我们只是强调，当我们追问印度教"美德伦理学"时，弄清楚我们究竟在何种含义上谈论它，这很重要。

印度教伦理学

类似地，当我们追问"印度教伦理学"时，我们也应该搞清楚自己是在什么意义上谈论它。让我们从古典印度哲学中的伦理学概念开始。印度哲学传统虽然有认识论、逻辑学和形而上学方面的大量严谨讨论，但是，伦理学方面的类似讨论少得可怜。当然，跟"量论"（pramāṇavāda）（印度哲学的一部分，大致对应于认识论和逻辑学）一样，伦理学并不是印度哲学的一个专门领域。相反，印度教的伦理讨论分散在许多作品和流派中（Holdrege 1991）。不过，尽管古典印度伦理学相对印度哲学的其他分支尚不发达，但印度哲学家对于伦理学确实所言甚多，因为，他们积极讨论过诸如生命目的、道德行为与这些目的之关系等主题（Perrett 2013）。此外，古典梵文文本所表达的思想在当代印度教内部也一直都有影响，尽管它们同样因为印度教遭遇现代性而发生了一定程度的改变。

印度教伦理传统是复杂的，绝非单一整体，但就我们的目的来说，从概述着手会很有帮助。非常粗略地说，古典印度教伦理学最发达的两个部分是它关于善和正确的理论。前者主要表述为 puruṣārtha 或人生目的。传统上讲，印度教哲学家承认四类价值：法（dharma）、利（artha）、欲

（kāma）和解脱（mokṣa）。利，是财富和政治权力；欲，是感官的愉悦；法，是法律和宗教典籍中被规定的职责和禁令体系。而且，这三类价值是按等级排列的，利为最低，法为最高。

然而，最高的价值是解脱，一种从轮回（saṃsāra）的束缚中完全解放的状态。由于所有处于轮回中的存在者都为普遍的痛苦（duḥkha）所束缚，因此，从苦中解脱乃是印度教伦理学的终极目的。这一目的可以表现在积极和消极两个方面。所以，有些人会认为，解脱是一种绝对狂喜（absolute bliss）的状态；而另一些人则主张，解脱只是无一切苦的状态。不过，这种差异可能不像最初出现时那么重要，因为，后来的印度教各派的哲学心理学都倾向于将快乐视为暂时和相对的痛苦匮乏。无论如何，解脱作为绝对的狂喜（或没有痛苦）都不同于欲（kāma），因为一旦获得解脱，便是纯粹而永恒的快乐。

根据印度教某些派别的说法，解脱的状态能够于当下获得。也就是说，一个人可以在活着的时候实现解脱。而其他派别则认为，这种（解脱）理想只能在肉身死亡后才可以完全实现。但我要再次申明，两者之间的差异可能没有那么大。因为双方都同意，人们可以在此生达到这种境界，即，一旦肉体毁灭，他们便立即达到解脱，也就是说，无需他们采取任何进一步的行动。

在印度哲学文本中，解脱及其与知识和行动的关系得到广泛的讨论。然而，还有不同种类的梵文论书，对法（宗教和道德法则）、利（政治和经济权力）和欲（性和审美愉悦）进行了专门阐述。

法的规则体现于《法典》（*Dharmaśāstra*），其中最著名的是《摩奴法典》（*Manusmṛti*）（Olivelle 2005）。它涉及两组不同的义务。第一组是每个人，无论什么年龄什么职业，都要担负的普遍责任。它们包括不杀生（ahiṃsā）、诚实、忍辱、戒偷等。第二组，也是对于确定某人的特殊个体责任或自法（svadharma）来说更重要的，是社会义务的要求。事实上，在两组职责之间发生冲突的情况下，占优势的是特殊义务而不是普遍义务。

一个人的自法内容由其种姓和所处的人生阶段（varṇāśrama dharma）决定。四个社会阶层是：婆罗门（Brāhmaṇa），祭司种姓；刹帝利（kṣatriya），统治者和战士种姓；吠舍（vaiṣya），商人种姓；首陀罗（śūdra），劳工种姓。这些阶层的成员承担着各种职责，它们对应着各个阶层在整个社会运作中的功能。不过，决定自法的不限于种姓。个人的生命阶段（āśrama）也很重要。理想的印度教生活模式（至少对那三个较高阶层的男性成员来说）可分为四个阶段。首先是学生期（brahmacarya）①。然后是家居期（gārhasthya）②。完成了这些职责后，在晚年则适宜进入隐士期（vānaprastha）③。最后，一个人可进入弃绝阶段（saṃnyāsa）④，舍弃一切世俗的烦恼，完全专注于解脱。理想情况下，完整的（印度教徒的）生活允许一个人在其一生中实现人生目的的每一个目标：学生时期学习法；居家期（根据法的要求）追求利和欲；隐士阶段追求解脱，但仍通过日常祭祀行为来维护法；而弃绝阶段则完全致力于解脱。

转向印度教的正确（行为）理论，我们会发现，在这个影响深远的传统中需要承认三种行为：（1）义务的行为（nitya-karma）；（2）可选的行为（kāmya-karma）；（3）禁止的行为（pratiṣiddha-karma）。而法，等于做职责之事、不做禁令之事。这可能表明正确的行动仅仅涉及履行义务、执行禁令。不过，事情要比这稍微更复杂，因为所有的行为都会产生（好的或坏的）业（karma），而解脱的状态应该是从一切业力中摆脱出来。在这个

---

① brahmacarya，梵文字面意思是梵行期。——译者注
② gārhasthya，梵文字面意思是住在家中。——译者注
③ vānaprastha，梵文字面意思是退居森林，又译为"林栖期"。——译者注
④ saṃnyāsa，梵文字面意思是弃绝阶段，又译为"遁世期"。——译者注

意义上，对正确行为的要求与达到最高的善之间存在着明显的张力。

根据某种传统的印度教分类方式，美德被分为（1）身体的美德（例如，布施（dāna）或慈善），（2）言语的美德（例如，真实语（satya）或诚实），以及（3）心灵的美德（例如，怜悯（dayā）或仁慈）。还有一种特别受到高度赞扬的美德是不杀生，它被视为暗含其他美德，以至于像诚实、戒偷、梵行和不执取等美德都被认为建立在这种不杀生的精神之上。

但是，尽管培养这些理想美德始终值得称赞，可对普通人来说，这不一定是必须的。解脱虽是最高的价值，但一个人终其一生都未能体现它，也不代表他就应该受到道德谴责。借由这种方式，圣人的理想得到了承认（甚至得到了肯定），但印度教对普通的人性局限仍然保有了一份宽容，而这份宽容意味着，未能实现圣人理想并不会被视为道德上的失败。换句话说，在印度教伦理中，普通的道德理想和圣人的超道德理想各有一席之地。

要想成就解脱，一个人需要能够区分永恒和非永恒，放弃对行为结果的渴望，控制心灵和感官，并对解脱有种热切的欲求。因而，解脱仅仅适用于那些通过秉性和训练便能满足这项任务要求的人，通常，只有苦行者（saṃnyāsin）可担此任。然而印度教传统也承认，有志于解脱的苦行者，其物质需求有赖于居家者的布施。因此，就算每个人没有道德义务要在自己身上体现出那种超道德的解脱理想，他们也有义务确保社会能够最好地促进这一理想。我们需要某种社会政治结构，以有效地协调道德要求和超道德要求，就像传统的种姓和人生阶段设想能够根据行为者的种姓和生活阶段来为他们分配职责一样。

印度教美德伦理学？

诚然，我们对印度教伦理学的概述有点粗糙。尽管如此，它能使我们在回答我们的最初问题——"有印度教美德伦理学吗？"——时取得一些进展。因此，请回想一下我们提到的"美德伦理学"的第一种描述，它是说，提出一种美德伦理学，就是要提出一种以行为者的美德来界定正义、善良、职责或义务的学说。试图在印度教典籍中寻找这种意义的美德伦理学的读者，可能会失望地离开。

相反，假设我们满足于采用前面提到的第三种描述，将美德伦理学确定为"主要在于提倡美德"。在这种情况下，印度教伦理学家当然有资格提出一种美德伦理学，因为，他们显然希望鼓励其读者培养一些这样的美德品质。但是，对许多人来说，这种"美德伦理学"似乎太过包容了，没有什么兴趣展开对比。

更具挑战的可能性是考虑前面提到的第二种"美德伦理学"。根据这种描述，通过美德来定义其他主要的规范概念，并不是发展出一种让美德具有解释优先性的框架的唯一方法。职责、义务、善良和诸如此类的概念，可以被纳入一个无需诉诸美德的内在概念结构。同时，美德也可以在解释这些因素为何具有规范意义或它们何以组成一个融贯的规范框架等问题上，扮演重要的角色。只要美德在伦理学的框架中发挥了根本作用，只要其规范地位不是因为促进了其他规范属性而获得的，那么，它就仍具有充分的解释优先性，从而使得这种理论被认定为美德伦理学。

如果"美德伦理学"是这个意思，那么，印度教美德伦理学又有何前景？这个问题不好回答。为了更有效地处理该问题，我们最好不再延续此前对印度教伦理的粗略概括，而是聚焦于一个特定的印度教哲学传统：瑜伽学派。

瑜伽伦理学

瑜伽派是印度最古老的哲学流派之一。它的基础文本是钵颠阇利①（Patañjali）的《瑜伽经》（*Yogasūtra*，约公元3世纪）。不过，一直以来，这份基础文本都是同后世的各种梵文注释本一起被阅读，尤其是，毗耶娑（Vyāsa）的《瑜伽注疏》（*Yogabhāṣya*，约公元8世纪）和遮塞波底·弥室罗（Vācaspati Miśra）②的《真谛解析》（*Tattvavaiśāradī*，约公元900年）。（有关这三个文本的英文译本，参见 Woods，1927）

我们认为，把钵颠阇利的《瑜伽经》理解为符合上述第二种意义的"美德伦理学"的印度教伦理，乃是非常恰当的。因为，钵颠阇利发展出来的理论架构，在许多方面，都类似于西方读者更熟悉的美德伦理学说。同时，它又有许多特征可以将自己区别于这些为人熟知的学说。而我们的目标则在于，既突出它的熟悉性，又凸显它的独特性。

瑜伽派坚定地承认印度教的普遍理想，解脱即至善。（事实上，瑜伽哲学专注于弃绝阶段的解脱，甚至根本没处理在《法典》中提出的人生阶段框架所勾勒的自法内容，即特殊种姓和各生命阶段的义务。）对瑜伽学派来说，解脱被认为是真我与常人经验的彻底隔绝（kaivalya）。然而，瑜伽学派还提供了一个独特的方案，逆转我们陷入痛苦的进程，以便修行者能够重新发现我们作为纯粹意识的原始本性。

因此，认为钵颠阇利提供了一种目的论伦理学，这似乎很自然。我

---

① 又译波颠阇利、帕坦伽利。"钵颠阇利"取自《瑜伽经》的黄宝生译本（商务印书馆，2016年）。——译者注

② 又译伐洽士帕提·密希拉。——译者注

们的生命所应指向的目的是，逐渐发现并居留于我们自身的真实本性（*Yogasūtra* I.3）。如果任由我们的感官来决定，那么，我们的注意力通常会被感觉对象、记忆、想象以及从一个对象飞快地转向另一个对象的混乱意识流所俘获。而注意力的这些不断变化的对象通常也是执着或厌恶之心的对象。因此，我们不断流变的注意力，也常常伴随着不断流变的渴望与恐惧。如果任由这些不断变化的想法和欲求来决定我们，那么，终其一生，我们只会获得缺乏连贯的生活。我们的执着和厌恶之心会把我们先拽到这边，然后又拉到那边，而这完全取决于哪些对象在我们的注意力中占据最大位置。一直处在这样的不稳定状态中，非但不能满足我们欲望，规避我们的恐惧，而只会让我们的欲望受挫，使我们的痛苦增加。根据以钵颠阇利为代表的瑜伽派的说法，《瑜伽经》描述了一种取代我们日常状况的方案，以及一条从我们发现自身当下所在到我们所应在的路线。（在这方面，请跟阿拉斯戴尔·麦金泰尔（Alasdair MacIntyre）所界定的"道德体系的一般形式"作比较，后者强调，在"偶然所是的人与实现其本质性而可能所是的人之间有一种对照。而伦理学就是一门使人们能够理解他们如何从前一状态转化为后一状态的科学。"（MacIntyre 1984: 52）。

瑜伽过程由八个阶段构成（故 astāṅga-yoga 意为"八支瑜伽"）。这在《瑜伽经》(II.28f.) 和梵文注释中有详细的描述。简言之，前四个准备阶段是（1）自制（yama）和（2）遵行（niyama），这是进一步的苦行实践所必需的道德约束；（3）坐姿（āsana），瑜伽体式练习，可离弃身体的干扰；（4）调息（prāṇāyāma），控制呼吸的练习，这些初步的练习让瑜伽行者为下一组的禅修练习做好准备；（5）制感（pratyāhāra），让感官撤离对象；（6）专注（dhāraṇā），将感官长时间集中于一点；（7）沉思（dhyāna），专注地沉思，此时，瑜伽行者的意识摄持于禅修的对象；（8）入定（samādhi），一种静谧状态，在其中，瑜伽行者只觉察到真我，完全摆脱世俗束缚。①

在这个精心设计的身心训练计划的前两个阶段，自制和遵行的许多内容都被描述为行动，但很明显，这样教导的目的是塑造行动者的秉性，而不仅仅是他们的外在行为。因此，他们关注于消除贪、嗔、恨、色欲、妄羡、痴等恶习，也专注于"毁灭"或"去除不净"（II.28 和 43）。而成功实施这些行为的人，其执着和厌恶之心将在结构上发生根本的转变。不过，这是一个漫长而艰难的过程；即便一个人认为自己控制了自己的恶习，最明智的做法也只是假设，自己不过是暂时遏制它们。就算是老练的瑜伽行者的成就也往往很脆弱。

与这两支相关的行为，例如，不行偷盗或讲求洁净，可以被理解为"厚"的道德概念。对于此类概念，伯纳德·威廉姆斯（Bernard Williams）是这样说的：

> 如何运用这些概念，取决于世界是怎样的（比如，人们已有的行动方式是怎样的），同时，对它们的运用，也往往涉及对情境、人或行为给出特定的评价。不仅如此，它们还常常（尽管不一定直接）提供行动的理由。
>
> （Williams 1985: 129–130）

把某行为说成一个偷盗的行为，这就是在把它标记为令人反感的事情。

相比之下，接下来的三支——坐姿、调吸和制感——则是从纯粹的身体运动方面来说的。例如，坐姿和调息没有任何明显确定的规范要求。这一事实愈加清楚地表明，我们不可能通过行为本身的某种规范性质来证明

---

① 以上八支的汉译名称，取自《瑜伽经》的黄宝生译本（商务印书馆，2016 年）。——译者注

这些指令的正当性。毋宁说，这些行为的意义植根于更深层次的东西。练习它们，是帮助人们为最后三支做好准备：即，专注（detachment）、沉思（concentration）、入定（absorption）。每一支显然都旨在塑造瑜伽行者的潜在秉性，消除那些有可能妨碍行为者了解并认识其真实本性的执着与困惑。这样，修习后六支的目的，就是为了塑造人的秉性并引导其注意力，使之不会滑入执着之地，而是继续在通往证悟之路上前行。

钵颠阇利所代表的传统不同于当代西方美德伦理学的一个关键之处，其根源就在于它们对美德生活所指向的目的（telos）概念有不同的理解。茱莉亚·安娜斯（Julia Annas）颇为有效地将目的论的美德理论划分为两类：一类指向"超出人类生活的善"，一类指向"人类生活之中的善"（Annas 2011: 114）。前一类包括柏拉图和部分基督教理论。根据这种看法，

> 不同的美德所承诺的不同类型的善，被视为超越之善的影像或零星反映，人们无法在其生活中完整地或不加扭曲地实现它。

而后一类，相比之下，"通常被描述为自然主义，因为它从来不诉诸超出我们在日常生活中所发现的人性之外的任何事情"。钵颠阇利的伦理思考介于两者之间。它既不像柏拉图或某些基督教理论那样，围绕"超出人类生活的善"的概念而建立，但它也不符合富特、赫斯特豪斯或安娜斯提出的自然主义框架。钵颠阇利的伦理目标是一种超出我们日常生活的善，但它终归是人类的善，是瑜伽行者可以希望在此生、而我们这些不那么有悟性的人则会希望在来生实现的善。不仅如此，与安娜斯的看法——"我们的'最终目的'是什么，对此，我们充其量只有一种模糊的、可能混乱的想法，[而且]这种想法很可能只是一个不确定的、本身也没啥帮助的念头，关于'好生活'（a good life）或'一生过得好'（a life lived

57

well）的念头"（Annas 2011: 123）——不同，钵颠阇利的《瑜伽经》描绘了一种已然界定清晰的目标。毫无疑问，当一个人越是接近目标，他对那个目标的本质就越清楚。不过，钵颠阇利的作品及其悠久的注解传统，正在为那些刚刚开启人生旅程的人们尽可能清楚地勾勒出这种最终目标。

外部历史和内部历史

迄今为止，我们一直在富有成效地把我们开始提出的那个问题——"有印度教美德伦理学吗？"——当作一个哲学史问题来处理。然而，哲学意义上的哲学史（*philosophical* history of philosophy）常常会给我们考察的文本提出一些有点不合时宜的问题。尤其是，当哲学家针对我们正在讨论的某些问题所发表的观点非常不足以得到现有文本的支持时，哲学史家就会超出文本的明言内容，转而进行理性重构。在这最后一节，我们将借用拉卡托斯关于"外部"历史和"内部"历史的区分（Lakatos 1971）。也就是说，我们会在印度教伦理学的"外部历史"（比如，古典印度哲学家实际表达的内容）和它的"内部历史"（大致说来，在这个例子中就是指，一位熟悉现代道德哲学的、现代印度教伦理学者对这些问题最可能表达的内容，而这些内容必须同印度教伦理学的外部历史相兼容）之间自由穿梭。

让我们从瑜伽伦理学外部历史的一个问题开始。显然，任何美德伦理学者（或实际上，任何对美德感兴趣的伦理学者）都必须回答两个问题："是否有些美德比其他美德更基本？若如此，是哪些？为什么？"

古典瑜伽派对这些问题的回应可以在《瑜伽经》（II.30-45）和《瑜伽注疏》的注释里找到。在那里，我们能看到关于自制（yama）和遵行（niyama）的讨论，它们都属于八支瑜伽。《瑜伽经》II.30 提到了自制的五个组成部分：不杀生（ahiṃsā）、诚实（satya）、戒偷（asteya）、梵行（brahmācārya）和不执取（aparigraha）。在这五个部分中，不杀生被认为是最基本的。

正如毗耶娑在《瑜伽注疏》中所说的那样，自制和遵行的其他内容都"植根于"不杀生。

> 不杀生的意思是，任何时候对任何生命都不能有任何恶意。其他方面的自制和遵行皆植根于此。因为其他方面的自制和遵行都是为了做到完全不杀生，因此，它们是为了教会不杀生而被教授的。
>
> （Woods 1927: 178）

而后来的注解者遮塞波底·弥室罗甚至将"植根于此"解释为，如果没有做到不杀生，那么，即便执行了其他禁戒或仪式，"它们也像没被执行一样，因为它们绝不会有任何效果"（Woods 1927: 179）。

由于我们认为这里讨论的是秉性，而不仅仅是行为，因此我们自然会解释认为，这些文本提出了一种关于各种美德之间结构的实质性命题，即不杀生是基本美德，其他美德都依赖于它。

截至目前，我们还处在瑜伽的外部历史领域。然而，对于它们所呈现的美德伦理学的本质，这些经典瑜伽文本并没有明确讨论过一个相当不同的议题，即瑜伽伦理学是以行为者为基础的（agent-based）美德伦理学，还是像亚里士多德的伦理一样，仅仅是一种以行为者为中心的（agent-foused）美德伦理学。该区分是由迈克尔·斯洛特（Michael Slote）引入的，旨在将他自己的美德伦理学进路同亚里士多德的进路区别开来。"以行为者为基础的美德伦理学进路，将行为的道德或伦理状况视为完全从动机、品格特征或个体的独立且基本的德性论（与道义论相反）伦理学的特性中衍生出来的"（Slote 2001: 5）。另一方面，以行为者为中心的进路则可能将某些行为视为美德，即使作出该行为的人并不具备美德，而只是像那些确实拥有美德之人那样去行事。以行为者为中心的进路还可能认为，某些特定的美德行为意味着，美德行为者认识到了什么是令人钦佩的或优秀的东西，并试图在其行为中再现这种特征。而针对这些优秀的、可敬的或有德的行为的评价，在某种意义上，又独立于针对行为者及其品质的评价。另一方面，以行为者为基础的进路，使得针对所有优秀的、令人钦佩的、美德或正确行为的评价，都取决于做出这些行为的行为者的品质。如果行为者在采取某种行为时展示了某种动机或品格，那么，这将使得该行为成为优秀的（Slote 2001: 5）。

请注意，对我们这里的目的来说，重要的是要明白，以行为者为基础的美德伦理学不一定就是我们先前讨论过的第一种意义上的"美德伦理学"，即一种致力于通过美德来定义所有其他主要规范概念的伦理学。这是因为，虽然以行为者为基础的伦理学确实会从针对行为者动机和品格特征的评价中得出针对行为的道德评价，但是，"关于人类幸福的主张或理论却派生于美德和正当……**或者（也许更合理地）被看作是部分或完全地独立于此类主张**"（Slote 1997: 210，黑体为作者所加）。

斯洛特坦率地承认，无论古代还是现代，如此激进的以行为者为基础的美德伦理学在西方都鲜有明确案例。（在符合这种角色的候选者中，斯洛特自己最喜欢的是詹姆斯·马蒂诺（James Martineau, 1891）的以行为者为基础的道德概念，它将同情心视为最高的（世俗）动机。然而，瑜伽伦理学有可能是这样的以行为者为基础的美德伦理学在印度教中的一个范例吗？

从瑜伽的**外部**历史的角度来看，可以肯定的是，梵文文本对这个问题几乎没有给出任何明确回答。但是，从瑜伽的**内部**历史的角度来看，我们又可以说些什么呢？换言之，我们怎样才能最合理地回答这个问题，而同时又使得我们的回答内容与瑜伽伦理学的外部历史相一致？我们的建议是，在有关不杀生的瑜伽文本以及前面所讨论的美德结构的基础上，我们可以发展出一种以行为者为基础的瑜伽美德伦理学（an agent-based Yoga virtue ethics），它既与瑜伽的外部历史相兼容，又能单独作为一种伦理学选项而引人注目。

正如我们已看到的，根据瑜伽派的说法，其他的美德"植根于"不杀生，这意味着在任何时候、以任何方式、对任何生命都没有恶意。而其他美德之所以被教导，也是为了彻底实现不杀生。不仅如此，遮塞波底·弥室罗甚至声称，即使恪守自制和遵行的其他方面，但若没有遵守不杀生的诫命，那么"它们也像没被执行一样，因为它们绝不会有任何效果"。这自然就暗示着，人们有可能构思一种以行为者为基础的美德伦理版本的瑜伽伦理学，在其中，行为评价有赖于行为者评价；后者虽是基础，但美德动机本身尚不足以赋予行为以价值。

在这里，有人可能会反对说，我们提出的这种以行为者为基础的瑜伽美德伦理学，其实跟瑜伽的文本不兼容；这些文本之所以为自制和遵行的积极价值提供一种目的论论证，主要是因为它们中和了令我们受苦的不良境遇。正如钵颠阇利所说（II.34）：

> 杀生等恶念造成行动、引起行动和怂恿行动，伴随贪欲、嗔怒和愚痴，轻度、中度和重度，而后果是无尽的痛苦和无知，因此，应该修习对治。①

（Woods 1927: 183）

《瑜伽经》II.35-45 接着详细阐述了这一点，它一开始便说，不杀生何以防止敌意的产生。

---

① 此处译文参考（古印度）钵颠阇利：《瑜伽经》，黄宝生译，商务印书馆，2016 年，第 67 页。——译者注

然而，这一反对意见是误解了我们提议的结构。我们的建议是，可以将瑜伽伦理学视为一种有所调整的以行为者为基础的美德伦理学，在其中，行为评价依赖于本身作为基础的行为者评价。在这种情况下，瑜伽伦理学就是美德伦理学，因为，对美德和正确行为的判断可以独立于对"解脱"这项价值的判断。然而，这并不意味着，瑜伽美德的培养就不会促进"解脱"这一终极目标，也不意味着就不可能存在其他更加终极的评价形式。换言之，我们建议，我们可以将瑜伽美德伦理学——实际上，更一般而言，印度教伦理学——视为一种具有**多个层面**的基础多元主义（a foundational pluralism）（Perrett 2005: 327）。这里的观点是，在较深的基础层面上，可能存在某种（或更多的）基础理论，能够为较浅的基础理论的多元性提供依据和解释，就如同隐含在传统印度教中的那些针对人生目的（puruṣārtha）与各种目的之间相互关系的讨论那样。当然，我们坦承，要想更详细地阐述这些建议，则必须对印度教伦理学的外部历史和内部历史进行更加广泛的考察才行。不过，就目前而言，只要我们成功地激起了读者对此议题做进一步考察的兴趣，那就很满足了。

【相关主题】

第 1 章 "Plato and the Ethics of Virtue," Nicholas White

第 5 章 "Why Confucius' Ethics is a Virtue Ethics," May Sim

第 7 章 "Virtue in Buddhist Ethical Traditions," Charles Goodman

第 16 章 "Pluralistic Virtue Ethics," Christine Swanton

第 17 章 "Varieties of Contemporary Christian Virtue Ethics," Jennifer A. Herdt

第 30 章 "Roles and Virtues," J. L. A. Garcia

第 32 章 "World Virtue Ethics," Stephen C. Angle

第 33 章 "Virtue Ethics and Moral Education," Randall Curren

第 34 章 "Virtue Ethics as Political Philosophy," Yang Xiao

【参考文献】

Annas, J.（2011）*Intelligent Virtue*, Oxford: Oxford University Press.

Crisp, R. (1996) "Modern Moral Philosophy and the Virtues," in R. Crisp (ed.) *How Should One Live? Essays on the Virtues*, Oxford: Oxford University Press.

Holdrege, B. (1991) "Hindu Ethics," in J. Carmen and M. Juergensmeyer (eds) *A Bibliographic Guide to the Comparative Study of Ethics*, New York: Cambridge University Press.

Lakatos, I. (1971) "History of Science and its Rational Reconstructions," in R. Buck and R. Cohen (eds) *Boston Studies in the Philosophy of Science* 8: 91–135. Dordrecht: Reidel.

MacIntyre, A. (1984) *After Virtue*, 2nd ed., Notre Dame: University of Notre Dame Press.

Martineau, J. (1891) *Types of Ethical Theory*, Oxford: Oxford University Press.

Olivelle, P. (2005) *Manu's Code of Law: A Critical Edition and Translation of the Mānava-Dharmaśātra*, Oxford: Oxford University Press.

Perrett, R. (2005) "Hindu Ethics?" in W. Schweiker (ed.) *The Blackwell Companion to Religious Ethics*, Oxford: Blackwell.

Perrett, R. (2013) "Hindu Ethics," in H. LaFollette (ed.) *International Encyclopedia of Ethics*, Oxford: Blackwell.

Pettigrove, G. (2014) "Virtue Ethics, Virtue Theory, and Moral Theology," in S. van Hooft, (ed.) *The Handbook of Virtue Ethics*, Durham: Acumen.

Slote, M. (1997) "Virtue Ethics," in M. Baron, P. Pettit and M. Slote, *Three Methods of Ethics*, Oxford: Blackwell.

Slote, M. (2001) *Morals from Motives*, Oxford: Oxford University Press.

Watson, G. (1990) "On the Primacy of Character," in O. Flanagan and A. Rorty (eds) *Identity, Character, and Morality: Essays in Moral Psychology*, Cambridge, MA: MIT Press.

Williams, B. (1985) *Ethics and the Limits of Philosophy*, Cambridge, MA: Harvard University Press.

Woods, J. (1927) *The Yoga-System of Patañjali*, 2nd ed., Cambridge, MA: Harvard University Press.

Zagzebski, L. (2004) *Divine Motivation Theory*, Cambridge: Cambridge University Press.

【延伸阅读】

Hiriyanna, M. (1973) *Indian Conception of Values*, Mysore: Kavyalaya.（研究传统印度价值论的上乘之作）

Larson, G. and Bhattacharya, R. (2008) *Yoga: India's Philosophy of Meditation*, Delhi: Motilal Banarsidass.（对瑜伽文献的百科全书式考察）

Perrett, R. (1998) *Hindu Ethics: A Philosophical Study*, Honolulu: University of Hawaii Press.（对古典印度教伦理学的逻辑结构的刻画，证明至少其伦理体系的核心部分能够为西方人理解）

Maitra, S. (1956) *The Ethics of the Hindus*, 2nd ed., Calcutta: University of Calcutta.（对古典印度教论辩开展了一番博学而正统的概述）

第 5 章
孔子伦理学为何是美德伦理学

[美] 沈美华 / 著
乔 珂 / 译 李义天 / 校

孔子的伦理学是不是美德伦理学？人们对此颇有争议。如果将美德伦理学理解为一种与义务论和后果主义相匹敌、用于评价行动的道德性质的伦理学理论（Tiwald, 2010: 56; Huang, 2005: 510），那么，评论者会说，孔子在《论语》中的道德论述不能被界定为美德伦理学，因为，孔子本人从未意识到这些互竞的伦理学理论（Chong, 2006: 60），而且，他也没有将美德与（仪节的、"礼"的）规则完全分开（Liu, 2006: 226, 228–230），没有将美德与义务完全分开（Lee, 2013: 52–53），因而，孔子没有让美德成为一个独特的概念以适配美德伦理学。此外，一些反对者断言，孔子的伦理学实际上是角色伦理学（Nuyen, 2009; Rosemont and Ames, 2009; Ames, 2011）。有些诠释者甚至认为，孔子特别注重实践，因此很难将他归于任何一种伦理学理论（Hansen 1992; Ames 2011: 164–165）。相反，如果以较为宽松的方式，将美德伦理学定义为一种在道德评价时注重行为者的性情、品格、动机和美德的伦理学理论，简言之，一种着眼于行为者卓越典范性的伦理学（Slote 2000; Santas 1993; Buckle 2002），那么，许多诠释者都会认同孔子的伦理学是一种美德伦理学（Cua 2003; Huang 2005: 511; Tiwald 2010; Van Norden 2003, 2013; Wilson 2001; Wong 2003）。

有些怀疑者觉得，孔子没有提出一种理论化解释的伦理学，更不用说一种与采取普遍规则或原则来评价道德行动的伦理学相抗争的美德伦理学。针对这一看法，有两种回应：(1) 即使孔子未曾面对义务论者或后果主义者——在他们眼里，所有的道德行动都可以凭借一些普遍规则而得到评判——也不能因此认为，如发生争辩的话，孔子就不能提供一种与其思路相抗衡的解释。如果孔子并不认为遵从一系列普遍规则便可以开展道德行动，如果孔子倡导的是一种凭借美德而理解道德价值的思路，那么，他就是在提供一种与义务论、后果主义相抗衡的解释，而无论孔子的意图是否旨在挑战它们。(2) 仅凭孔子更加重视实践而不是理论，这并不能得出结论说，孔子的伦理学没有提供理论性的内容。想想孔子在君子之行与小人之行之间所做的区分，以及他对拥有最高美德（"仁"——将亲亲之爱渐次推及至天下同胞）的那些人的境界的描画。就算孔子本人没有把这些内容系统地组织为一种像万白安（Van Norden）所说的那种"厚实"理论，对于诠释者而言，也仍可以实现一种伦理学"理论"式的融贯解释，而无论这种解释与亚里士多德主义、康德主义、功利主义的解释相比显得如何"稀薄"（Van Norden 2003: 99–102）。

在评判正确行动时，美德伦理学既区别于康德的义务论（强调遵从绝对命令——如果支配行动的准则能够经由意志准予而成为一条普遍法则，那么行动就是正当的），也区别于功利主义原则（追求最大多数人的最大幸福）。与这两种方法相反，美德伦理学的特点在于，关注行为者的品格如何使其在特定情况下做出有美德的行动；而"什么是正当的"并不能像义务论和功利主义所展现的那样从一些普遍的原则中获知。美德伦理学并未停留于行动的正当性，也并未驻足于如何用普遍原则来规定正当行动，而是着眼于一种整体的关注，在这种关注中，行为者品格所具有的美德不仅构成他在特定情境中的善，而且使得他拥有一个繁荣的人生。借用黄百锐（David Wong）的话来说，美德伦理学"主要通过描述理想人格和需要实现的品格特征，而非运用一般原则来识别正当行动或义务行动的一般特征，从而为个体提供指导"（Wong 2003: 52）。

让我们考察一下，在《论语》中，孔子的伦理学是如何强调通过君子的美德品格来进行道德解释和评价的。这个考察将会表明，尽管孔子的伦理学并未对义务论和后果主义这样的伦理学理论给出明确回应，但是，它合乎一种宽泛定义的美德伦理学解释。孔子不仅给必要的道德美德提供解释，而且就美德的培育亦有所阐发。通过进一步澄清孔子的美德观念，将能使我们理解为什么他的伦理学是一种美德伦理学，也能使我们评判某些否认这点的说法是否站得住脚。在《通过亚里士多德和孔子重思美德伦理与社会正义》（"Rethinking Virtue Ethics and Social Justice with Aristotle and Confucius"）一文中，我已经阐明了如下论点，即，孔子的美德伦理学可以为社会正义的实践提供思想资源。而且，在近年来的研究中，我也表明，孔子对美德的思考可以为保护人权提供思想资源（Sim 2013a），还可以为人与经济利益的关联、人与环境的可持续关系提供规范（Sim 2013b）。

孔子笔下典范人格（"君子"）的"信"（truthful）和"忠"（does his best），不仅涉及君子自己的品格，也体现在君子与他人的关联之中。除此之外，君子重"知"（knowledge）、重"学"（learning）、为"恕"（reciprocity）、行"义"（appropriateness）、循"礼"（ritual proprieties）。最根本地，"君子"拥有至德——"仁"。

具体说来，"信"是遵守诺言的美德。当孔子说一个不守诺言的人无以为人（2.22），当他断言一个巧舌如簧之人是家国的破坏者时（17.18）[①]，这就表现出"信"的重要性。对于获得信任来说，守信至关重

[①] 本文对孔子《论语》的参考和引用均来自安乐哲（Roger T. Ames）和罗思文（Henry Rosemont, Jr.）的英译本 The Analects of Confucius: A Philosophical Translation（New York: Ballantine Books, 1998）。

要；而获得信任，对于我们所做的任何事情来说，无论是交往亲友、对待民胞、侍奉君主抑或为政一方，也都是至关重要的。故，孔子将"信"作为一种美德而纳入治国之道（1.5），视为善治之方（13.4），强调它是出言之据（1.6）、交友之则（1.7）。然而，这并不是说，"信"这种美德就要遵循诸如"永远说真话"的普遍法则。在孔子与叶公关于何谓"直者"（a true man）的争论（13.18）中，便有明证。叶公认为，那个告发自己父亲攘羊之举的乡人是所谓"直者"，而孔子则认为，在那种情境中，为父隐瞒或为子隐瞒才更是"直者"的典型举动。

为了给孔子所倡导的亲亲相隐进行辩护，我们可以想见的是，孔子主张不告发父亲的偷盗行为，并不是说那个儿子在父亲攘羊一事中应当违弃"信"德，而是说，在此情景中，儿子的行为行应当合乎"义"。这或许意味着，如果那位父亲是因年老心痴而攘羊，那么儿子就应当替父还羊，并且就父亲的痴愚向父亲劝谏，共同谋划以后该如何行事以免重蹈覆辙。正如罗思文和安乐哲所说："儒家传统重视筹谋在先，意即努力建立一种能够减避罪行的社会结构，而不是要在事发之后把心思花在如何裁决疑难案件上。"（Ames and Rosemont, 2008: 18）这样的做法要比对父亲诉诸司法更妥当，孔子不赞成将攘羊之父移交司法，因为他怀疑司法是否真的可以让人改过迁善。司法裁决会让犯错者试图逃避惩戒，而并不是停止犯罪。相较于诉诸司法，孔子认为以自身的典范性美德去导引他人更加有效，因为，这会让犯错者心生羞愧，改过自新（2.3）。需要注意的是，那个儿子的如此举动不仅会让丢羊者失而复得，对于丢羊者来说是公正而妥善的，而且，这种行为也保守了他对父亲应有的恭敬并且消弭了其攘羊的罪行，所以，对他的父亲来说也是合乎"义"的。如果一个人仅仅遵从诸如"你当如此行动以使你行动的准则可成为一条普遍法则"或"追求最大多数人的最大幸福"这样中立于行为者的普遍原则，那么，他是不可能做出这种妥善之举的。与绝对命令相比，父子之间的这种行为是不可能普遍化的。出于同样的原因，考虑到劝责父亲的罪行或痴愚可能引发不快，因此，追求快乐或幸福最大化的功利主义也会阻止儿子那么做。通过各自的普遍原则而得以申张的义务论或后果主义方法显然都会带来缺憾，正如安靖如（Stephen Angle）指出的那样，"依照儒家伦理判断的模式……通过将某种单一价值'最大化'的方式来理解我们的责任……将其从情境及其他诸多价值当中剥离出来，这对我们的伦理生活而言是一种极其贫乏的方式"（Angle, 2008: 39）。因此，在美德伦理学的框架中，强调"信"这种美德或信任，乃是出于多重关切交叠而成的：行为者自身的卓越、他所处情境（或所要解决的具体问题）的特殊性、他与行动相关者之间的关系，以及合乎"义"的行动。面对所有这些相关因素，只有有美德的行为者才能将"信"这种美德恰当地施展出来。

在儿子对父亲攘羊罪行做出妥善回应的这个例子中，我们还能够发现，尽己之谓"忠"这一美德。"忠"关乎个人品格的培养以及与他人的关系，而无论他人是否为家人至亲。更确切地讲，曾子每日三省其身，他说："为人谋而不忠乎？与朋友交而不信乎？传不习乎？"（1.4）在所有三省之中，省察的对象是自身的品格，而这些品格关注的是有没有践行对他人尽心竭力的美德、诚实守信的美德，以及尽职尽责的美德。同样地，他的自省也展示出，如何通过修身成为有仁德的君子而"忠"于自己。

在上面那个儿子对其父和丢羊者做出妥善回应的例子中，他的偿还行为展现出他对丢羊者的"信"与"忠"，他恭敬父亲而又使之不再重蹈覆辙则体现出他对父亲的"信"和"忠"，而他在特定情境中的这些有德且合宜之举，也是他在成为一个好人方面对自己尽忠的体现。故而，"忠"不仅与"信"并举，成为孔子勉励门下弟子所应践行的美德，它也与"恕"相连，构成夫子之"道""一以贯之"所在（4.15）。如果说美德伦理学聚焦于行为者的性情、动机、美德和品格，那么，孔子对"忠"的重视——既对他人尽心竭力，也通过自省而自我培育——不仅契合美德伦理学的架构，而且，对于这种伦理学来说，它也恰当地强调了个人的动机与努力在获得美德过程中的重要性。

在孔子伦理学的诸多重要美德中，"恕"意味着"己所不欲、勿施于人"，或者说"道德银律"（silver rule），它看起来是一条类似于义务论和后果主义的普遍原则。当子贡问："有一言而可以终身行之者乎？"孔子回答说："其恕乎！己所不欲，勿施于人。"（15.24，同见于5.12 和 12.2）这番有关"恕"的问答，似乎将"恕"视为一条统驭一切伦理行动的规则。我已详细讨论过（Sim, 2007: 41–45），为什么"恕"虽然看起来能够帮助人们直接判定道德行动而无需依凭美德、传统礼仪规则或君子人格，但它仅凭自身仍无法将无德之人引向道德行动。这是因为，如果一个人认为自己可以躲过他人不道德行为的伤害，那么，仅凭"恕"本身是无法阻止此人在追求自己的所欲之物时实施类似的不道德行为。例如，假若他一直都能挡住别人的强力，那么，他便会倾向于选择使用强力来索求自己的所欲之物。正如我所说的："道德银律若要行之有效，就必须预置某种道德的标准"（Sim, 2007: 42）。类似地，我认为，王庆节想要将"恕"解释为"彼此关心爱护"从而充当忠、信、礼等儒家美德的根基，也面临着同样的批评，即，仅凭"恕"本身并不能法给出行动的判定标准（Wang, 1999）。王庆节将"恕"译作遵从"个体之心（情感/理智）"（Wang 1999: 423）。然而，由于他侧重的是情感之心而非理智之心，因此，他将情感性的爱——首先体现为对家人的爱——作为美德的根基。正如刘清平指出的那样，爱本身（尤其是对家人的爱）是"儒家思想的理论缺陷和实践弊病"（Liu 2007: 16）的根源。这是因为，刘清平坚持认为，当血亲之爱（kinship love）与理想之"仁"（由至亲之爱渐次扩充至天下同胞）发生冲突时，儒家必定会维护前者而贬损后者。他说：

> 我的批评核心在于，儒家将血亲之爱视为人类生活的终极原则而不惜牺牲其他一切事物，因此，指向天下人的普遍仁爱必定会在与血亲之爱发生冲突时无法实现。（Liu 2007: 16）

即便刘清平批评儒家过于拔高血亲之爱，他也和王庆节一样，认同血亲之爱乃是根基性的。而我将在后面表明，对美德的培育来说，血亲之爱就算在时间上可能占先，但在原则上，它也并不优先于被孔子视为道德标准的"仁"。

毋庸置疑，在孔子那里，传统礼仪是一个人成为美德之人的关键法门，其中孝亲之礼（the rituals associated with filial piety）占据首位，这要求对待父母尊长须恭敬顺从。在上文有关血亲之爱的讨论中，对孝亲之礼的偏重即已呈现。总体而言，礼规定了对待亲眷、长上、臣属、同侪以及天下同胞的妥善举止，它是对自我的约束，也是"为仁"（becoming humane）的要求（9.11, 12.1）。一个人若是通晓不同身份与关系所要求的妥善举止，便会达到"和"（harmony）的状态。如有子所言："礼之用，和为贵。先王之道斯为美，小大由之。"（1.12）要求关爱、恭敬、顺从父母尊长的孝亲之礼之所以意义重大，是因为我们与家人最亲近，我们可能最先体悟到对家人的爱与关怀，而这种爱与关怀扩展至更大的共同体就成为"仁"这种美德。在孔子看来，养成对家人的恰当礼仪，是培养公共领域中关爱他人之礼的途径，概言之，是实现"和"的方法。借用有子之言：

> 其为人也孝弟，而好犯上者，鲜矣；不好犯上，而好作乱者，未

之有也。君子务本，本立而道生。孝弟也者，其为仁之本与！（1.2）

礼不仅能推使一个人自身养成美德，还能激励他人修身明德（1.9, 15.33, 8.2）。依礼而行之人具有某种魅力。孔子反对将极刑作为善治的必要部分，他说：

> 焉用杀？子欲善，而民善矣。君子之德风，小人之德草。草上之风，必偃。（12.19）

并且，孔子认为，只有心怀仁德之人才能真正依礼而行（3.3）。孔子所说的依循礼仪并非仅仅是遵循一系列功利原则或绝对命令式的规则。相反，像美德伦理学那样，格外重视行动之外的品格特征才是孔子伦理学的本质所在。具体而论，他注重的是一个人在依循礼仪时所展现的品格特征，诸如恰当的性情、动机与情感。例如，在谈论丧礼时，孔子申言，应当表达真实的悲戚之情而非拘泥于形式性的细琐仪节（3.4）。同样地，他强调在祭礼中重要的是亲身投入。他说："吾不与祭，如不祭。"（3.12）再者，他批评那些只做表面文章的行礼之人。有些人将孝亲仅仅理解为奉养，而他将这些人的赡养之举同饲养犬马进行比照（2.7）。与此相对，他强调，在施行美德之举时必须要有恰当的动机（2.10）与合宜的神情（2.8）。

正如上述讨论清楚表明的，对孔子来说，美德并非只靠遵行礼仪形式便可获得。恰恰相反，施行礼仪必须辅以恰当的动机、态度、身心投入和情绪感受。仅仅遵循礼法条目，是无法获得这些品格特征的。这里需要的是良善之心（right spirit），对此，任何普遍规则都无可置喙。在了解了遵行礼仪必须附加的这些额外条件后，我们就能理解，为何刘余莉将孔子伦理学视为美德与规则的简单结合（2006）是错误的；这种错误使得她反对将孔子的伦理学视为美德伦理学，在她眼中，美德伦理学意味着拒斥一切规则。与康德的那种绝对命令式的规则将情感隔绝在外不同，孔子所言之礼需要展现出恰当的情感。与此相应，不同于功利规则无视行为者的动机而只是计较行为结果，孔子所言的遵行礼仪也必须出于恰当的动机。因此，即使在孔子那里我们也谈论礼仪规则，但它们与义务论者和后果主义者所尊崇的规则迥然相异，这些礼仪规则并不会使孔子的伦理学成为那种规则至上的（rule-governed）道德理论。

上面所说的这些品格特征无法通过普遍规则获得，这与孔子对"义"的看法密切相关。"义"也无法凭借那些适用于所有人、所有情境的普遍规则来界定。恰恰相反，如孔子所言，"君子之于天下也，无适也，无莫也，义之与比。"（4.10）美德才是"义"的目标，这在如下文字中说得很清楚：

见利思义，见危授命，久要不忘平生之言，亦可以为成人矣。（14.12）

同样地，孔子又说："不义而富且贵，于我如浮云。"（7.16）从这些章节我们可以推断，"义"似乎关涉那些造福我们的外在利益，如，盈利、安全、财富与荣誉。像这样被人们汲汲以求的外在利益常常诱人背弃"义"的美德，而"义"取决于人们所处的境遇，并且倡导公平、勇敢、真诚或忠厚从而实现"义"。因此，这里需要人们对特定情境提出的要求进行正确的判断，而绝非不顾个人的角色或关系便运用普遍的规则。

一个人除了通过遵行礼仪提升自己正确判断"义"的能力、从而实现修身之外，通过"知"与"学"也可以做出正确的判断。具体而言，"知"是明晓自己知道什么、不知道什么（2.17,19.5）。这种"知"反过来又会促使一个人去"学"其所未知。在孔子那里,"好学"(love of learning)是一种美德,它可以在趋近明道以修正己身的人那里找到(1.14)。实际上,在孔子看来,好德却不好学的人必将屈从于自身的拙劣品格。他曾说过:"好仁不好学,其蔽也愚;好知不好学,其蔽也荡;好信不好学,其蔽也贼。"(17.8)并接着指出,"直"之弊在"绞"、"勇"之弊在"乱"等等。我认为,对好学之德的重视得自于:(1)孔子坚信,即便是君子也可能有过失,因此需要修己正身,而笃学便是一种修正之道。诚如子贡所云:"君子之过也,如日月之食焉:过也,人皆见之;更也,人皆仰之。"(19.21)(2)孔子认为,君子修身不仅是为了给他人带来安宁,也是为了给天下百姓带来安宁(14.42)。既然君子修身的目标广博远阔,那么,君子之学也就没有止尽(1.6)。最后,在孔子对樊迟问仁与知的回答中,也可以看出"知"与"学"对于"仁"这种美德的重要性。具体来说,孔子在回答樊迟之问时说,"仁"即"爱人","知"即"知人"(12.22)。这意味着,一个人需要了解他人才能做出如何爱人的恰当判断,同时还需要"信""忠""恕""义"等其他美德,它们共同铸就了"仁"的品格。

至此,事情应该很清楚了,"仁"的美德首先在家庭中得到培育,在那里,一个人学习孝亲之礼,而孝亲之礼所彰显的对家人之爱可以渐次扩展至共同体内部的其他人。如果儒家的这种至德有赖于"信""忠""恕""义""好学""知"等促使一个人行有德之举、过美满生活的美德品格,那么,为什么有些注疏者还要判定孔子的伦理学并非一种美德伦理学呢?比如,阮英俊(A. T. Nuyen)和安乐哲就坚持认为更应将其界定为一种角色伦理学。既然孔子格外重视履行职分对于社会的善治和个人的修养的重要性,那么,我们的确应当考察一下,孔子的伦理学是否是角色伦理学而非美德伦理学。比如,孔子在回答齐景公问政时说:"君君,臣臣,父父,子子。"(12.11)此外,在被问及为何不事政治时,孔子引用《尚书》答道:"孝乎惟孝、友于兄弟,施于有政。"(2.21,亦参见前引1.2章,其中将孝悌视为仁之本)让我们来检讨一下安乐哲和阮英俊提供的理由,根据这些理由,孔子对角色的关注使其伦理学无法成为美德伦理学。

安乐哲之所以认为孔子的伦理学是角色伦理学而非美德伦理学,是因为他认定美德伦理学与其他伦理学理论一样都诉诸抽象的、还原式的原则(Ames 2011: 161, 171),而这些原则既无法令人信服,也不能提供具体的行动指南(Ames 2011: 168)。我们具体承担多重角色,这些角色规定了随之而来的具体行为,再加上母亲、父亲、儿子、朋友、老师等各种角色已有诸多规范和"伦理律令"教导我们如何为人父母、师友等等,所以安乐哲说,"它们可以充当具体的指导,帮助我们决定下一步该如何行动"(Ames 2011: 168)。最后,安乐哲说:"角色伦理为如何更有效地行动给出指引,并提供了一套关于正当行动的解释,它可以容纳人类活动所无法避免的复杂性特征。"(Ames 2011: 161)。

安乐哲看重角色,而不屑于各种伦理学理论对"美德"的具象化处理或形而上学的理解;跟约翰·杜威(John Dewey)一样,他也将诉诸抽象原则的弊病称为"哲学的谬误"(the philosophical fallacy)(Ames 2011: 181)。安乐哲是这样解释这种谬误的:

> (当我们诉诸道德原则时)我们把某种固定的、终极的东西置于经验之先,(当我们诉诸美德之人时)我们错误地把某些类别或范畴当作是对复杂的、基于关系的社会情境的精准表达,而(当我们诉诸于"勇敢""公正"等美德时)我们觉得,既然我们拥有了抽象的名称,那么我们也把握了与之匹配的那些事物。(Ames 2011: 181)

安乐哲并没有把"仁"当作一种可以归诸人的品格、而且可以不依赖情境而得到刻画的抽象美德,他说,"仁""不是一种抽象的'善',而是'在什么方面为善''以什么为善''对什么为善''因什么为善''与什么交善',它描述的是在各种社会经验中的关系灵活性。"(Ames 2011: 182)他进而总结说,仁"并非某种特定行动,首要的在于境遇,境遇本身决定了什么是最妥善的行为。"(Ames 2011: 182)不过,安乐哲进一步说,"仁""要求某种特定的行动"以实现"义",又说一个人的动机、他在具体情境中同他人的关系,以及各种结果,全都与"仁"的行动有关(Ames 2011: 182)。

正如我在对安乐哲的《儒家角色伦理学》(*Confucian Role Ethics*)的评论中指出的那样,他的矛盾之处在于,他既极力避免以固定的、本质的、可定义的、普遍的和特定的方式来讨论"仁"(还有其他美德),但他又详细刻画了行动的若干品质,比如动机和结果,更不用说"义""恕""守礼"等"仁"所必需的其他具体美德了。由于动机和结果,还有"仁"所要求的其他美德,无论在何种情况下都是不可或缺的,因此它们就刻画出了那种界定"仁"的行动**类型**,从而与安乐哲的如下看法——即,"仁"和其他美德不可能是不依赖情境便能加以刻画的行动类型——相矛盾。换言之,如果在任何情况下,君子的行为都会因为未带有"义"与"恕"或不合乎"礼"而无法实现"仁",那么,无论具体情境如何,这些美德对"仁"来说都是根本性、普遍性的要求。毫无疑问,具体采取何种"仁"行,这取决于情境。例如,某个情境可能需要勇敢或慷慨。但是,一个有"仁"德的人所做出的勇敢或慷慨之举,却不可能是不义的、非恕的或背礼的,也不可能无视君子式的动机或其后续结果。如果这些美德与条件始终伴随着"仁"行,那么,即便不考虑情境,我们也很难发现它们何以不是根本的、普遍的或可以被刻画出来的。

同样地,阮英俊也反对将孔子的伦理学理解为一种美德伦理学,因为,他认为美德伦理学设定了一种道德主体性观念，而这与孔子的观点相去甚远。在他看来，孔子的自我观念建立在自我所处的角色与关系上。阮英俊断言，与孔子的观念不同，"传统道德理论的行为者是一个自足、自主的个体，他认为自己独立于他人，并可以选择与他人建立关系"，而这些关系仅仅是偶然的，因此道德义务也是偶然的（2009：2）。说的更具体点，阮英俊指出，在美德伦理学中，"义务源自美德或是能让独立自主的行为者生活得好的品格特征，行为者可以选择培养这些特征……于是……行为者必定将自身视为……纯粹理性的、自主的和独立的自我"（2009：2）。由于阮英俊将亚里士多德伦理学视为他所刻画的美德伦理学的范例，因此我们必须看看，亚里士多德的论述是否需要这些被阮英俊加上去的自主性、自足性和独立性。

就像孔子一样，亚里士多德并未忽视我们生于其中的那些角色与关系，他强调，有些特定的义务就源自我们的角色与关系；对于这点，我们可以从《尼各马可伦理学》第八卷有关不平等友爱（unequal friendship）的讨论中明显看出。亚里士多德认为，子女与父母之间的关系是一种不平等的友爱，就如同人类与上帝之间的友爱，因为它反映的是一种"对良善者和优越者"的爱（Aristotle 1999: 1161b5–6）。由于父母不仅是子女存在的根源，而且养育子女，所以子女应该尊重父母、爱父母（1161a20–21，1159b1），而殴打自己父亲也就要比殴打他人更可恶（1160a6）。在亚里士多德那里，家庭关系比公共关系更亲近，所以，拒绝帮助自己兄弟要比拒绝帮助陌生人更可恶（1160a6）。

对亚里士多德来说，同伴之间的友爱，在一定程度上同阮英俊所描述的角色与义务相匹配，都是我们可以选择的东西。据此断言，依据亚里士多德的看法，我们所培养的某些友爱乃是经过选择获得的。不过，在亚里士多德的思想中，确凿无疑的是，人一旦离开朋友就无法生活，因为人天生就是城邦的动物，需要与朋友一道生活。事实上，亚里士多德将友爱列为最重要的外在善，人类生活缺少它将无法实现繁荣。这是因为美德的完善需要朋友，因而朋友也就构成人生幸福的必需品。比如，我们需要朋友帮助我们表现出有美德的行为（Aristotle 1999: 1099b1）。亚里士多德认为，我们的繁荣源于人的功能，而人的功能又基于人性，所以放弃友爱并不是一个可选项。亚里士多德认为某些友爱是出于自愿的，这一点并没有使他的伦理学区别于孔子的伦理学，因为在孔子那里，友爱也是出于自愿的。孔子反复告诫弟子，不要结交那些不如自己的朋友，而应当结识贤于自己的朋友，这样才能修正己身（16.5, 1.8, 9.25）。而且，在孔子那里，除了朋友关系外，还有一些角色与关系同样是选择性的。对孔子来说，主上与臣下之间的关系，乃至统治者与被统治者之间的关系，都是可以自愿选择的。例如，他劝告人们不要进入腐坏之国（8.13, 15.7）；他还谈到一个人可以选择拒绝出任公职（2.21, 5.2, 14.1）。

　　以上讨论说明，亚里士多德的伦理学对于孔子来说也是可接受的，因为前者同样把家庭角色和关系置于其他角色和关系之上。由于家庭、友谊与政治关系在亚里士多德有关人类繁荣生活的解释中占据必要的位置，因而，阮英俊认为亚里士多德伦理学要求一种自主、自足、独立且与他人相隔绝的主体，这种断言仍然值得商榷。最后，《论语》中的一些章节表明，有许多家庭之外的关系都是出于自愿的，例如，友谊、统治者与被统治者之间的关系，以及其他家庭以外的关系等等。而这与阮英俊在两种义务之间所做的区分是相矛盾的，即美德伦理学的义务是偶然负载的，而角色伦理学的义务则是自我本质所在，因此并非偶然。恰恰相反，无论美德伦理学还是角色伦理学，都包含着偶然结成的关系和并非偶然结成的关系。

　　通过反驳安乐哲和阮英俊的观点，我们已经指出，孔子的伦理学具有美德伦理学的全部品质而不能被限定为角色伦理学，后者把角色放在至高地位上而无论其是否偶然；现在该表明的则是，孔子的伦理学为什么没有将角色，尤其是家庭角色，拔高到一种可以始终优先于"仁"这种美德的程度。换言之，我想讨论的是，对孔子而言，为何血亲之爱虽然在时间上具有优先性，但当涉及道德标准的问题时，它在原则上却并不占先。相较而言，在原则上居于优先的是"仁"。

血亲角色之所以在原则上对道德来说并不具有优先性，一个关键原因在于，并非所有角色都会践行其规范，而且，不同角色之间的冲突也无法在内部得到解决。具体说来，并不是每个父亲或母亲都会履行与其角色有关的伦理律令。我曾讨论过（Sim, 2007: 163），当不同角色——例如，对家庭的义务与对国家的义务，或是对朋友的义务与对国家的义务——之间发生冲突时，仅凭这种或那种角色本身是无法解决的。即便像前面讨论的，孔子在"其父攘羊"的例子里倾向于站在父亲那边，并且主张，一般来说，须对父母尊长表示恭敬与顺从，这也并不一定呈现出不同角色之间的冲突。那位儿子选择隐瞒父亲的攘羊之举，并不属于角色之间的冲突，因为他只有人子这一种角色，而非同时身兼公职人员。一般而言，"孝"的要求也是如此。孔子没有在冲突的情景中谈论"孝"。不过，当孔子谈论"仁"这种美德以及由"仁"推定的"义"时，有一点十分明确，那就是，在判定一个人面对冲突而应该如何行动时，"仁"与"义"享有优先性。一个例证便是孔子的那句名言："当仁，不让于师。"（15.36）与此类似，他认为君子居于天下之中而修明己身，无需固执于对某事某物的支持或反对，而是应当与"义"偕行（4.10）。对于孔子来说，"仁"是至德，"孝"是培育仁德、将家庭之爱扩展至天下之爱的门径，故而居于优先地位的是"仁"而非"孝"。与美德伦理学的解释相契合，孔子的君子成仁观念正构成了道德行动的准则和尺度：君子无需借助外在的普遍原则来规导自己，他凭借自身所具有的美德、动机、态度和情感而展现的卓越品格，就会源源不断地导向道德的行为。

【相关主题】

第 2 章 "Aristotle's Virtue Ethics," Dorothea Frede

第 3 章 "The Stoic Theory of Virtue," Tad Brennan

第 9 章 "Xunzi and Virtue Ethics," Eric L. Hutton

第 14 章 "Eudaimonistic Virtue Ethics," Liezl van Zyl

第 15 章 "Sentimentalist Virtue Ethics," Michael L. Frazer and Michael Slote

第 18 章 "Contemporary Confucianism," David Elstein

第 21 章 "Agape and Virtue Ethics," Timothy P. Jackson

第 22 章 "Kant and Virtue Ethics," Allen Wood

第 23 章 "The Consequentialist Critique of Virtue Ethics," Julia Driver

第 24 章 "Virtue Ethics and Right Action," Ramon Das

第 25 章 "Virtue Ethics and Egoism," Christopher Toner

第 29 章 "Care Ethics and Virtue Ethics," Nel Noddings

第 30 章 "Roles and Virtues," J. L. A. Garcia

第 32 章 "World Virtue Ethics," Stephen C. Angle

第 33 章 "Virtue Ethics and Moral Education," Randall Curren

第 34 章 "Virtue Ethics as Political Philosophy," Yang Xiao

第 35 章 "Law and Virtue," Lawrence B. Solum

【参考文献】

Ames, R. (2011) *Confucian Role Ethics: A Vocabulary*, Hong Kong: Chinese University Press.

Ames, R. and Rosemont, H. Jr. (trans.) (1998) *The Analects of Confucius: A Philosophical Translation*. New York: Ballantine Books.

Angle, S. (2008) "No Supreme Principle: Confucianism's Harmonization of Multiple Values," *Dao* 7: 35–40.

Aristotle. (1999) *Nicomachean Ethics*, Terence Irwin (trans.), Indianapolis, IN: Hackett.

Buckle, S. (2002) "Aristotle's Republic or, Why Aristotle's Ethics is not Virtue Ethics," *The Royal Institute of Philosophy* 77: 565–595.

Chong, Kim Chong. (2006) "Virtue and Rightness: A Comparative Account," in Chong Kim Chong and Liu Yuli (eds), *Conceptions of Virtue: East and West*, Singapore: Marshall Cavendish, pp. 59–77.

Cua, A. (2003) "Confucianism: Ethics," in A. Cua (ed.), *Encyclopedia of Chinese Philosophy*, New York: Routledge, pp. 72–79.

Hansen, C. (1992) *A Daoist Theory of Chinese Thought: A Philosophical Interpretation*, New York: Oxford University Press.

Huang, Y. (2005) "Some Fundamental Issues in Confucian Ethics: A Selective Review of Encyclopedia of Chinese Philosophy," *Journal of Chinese Philosophy* 32 (3): 509–528.

Lee, Ming-Huei. (2013) "Confucianism, Kant, and Virtue Ethics," in S. Angle and M. Slote (eds), *Virtue Ethics and Confucianism*, New York: Routledge, pp. 47–55.

Liu, Qingping. (2007) "Confucianism and Corruption: An Analysis of Shun's Two Actions Described by Mencius," *Dao* 6: 1–19.

Liu, Yuli. (2006). "The Unity of Rule and Virtue in Confucianism," in Chong Kim Chong and Liu Yuli (eds), *Conceptions of Virtue: East and West*,

Singapore: Marshall Cavendish, pp. 215–236.

Nuyen, A. T. (2009) "Moral Obligation and Moral Motivation in Confucian Role-Based Ethics," *Dao* 8: 1–11.

Rosemont, H. Jr. and Ames, R. T. (2008) "Family Reverence (xiao 孝) as the Source of Consummatory Conduct (ren 仁)," *Dao* 7: 9–19.

—— (2009). *The Chinese Classic of Family Reverence: A Philosophical Translation of the Xiaojing*, Honolulu, HI: University of Hawaii Press.

Santas, G. (1993) "Does Aristotle have a Virtue Ethics?" *Philosophical Inquiry: International Quarterly*, 15 (3–4) : 1–32.

Sim, M. (2007) *Remastering Morals with Aristotle and Confucius*, New York: Cambridge University Press.

—— (2010) "Rethinking Virtue Ethics and Social Justice with Aristotle and Confucius," *Asian Philosophy* 20 (2) : 195–213.

—— (2012) "Review of Roger Ames' Confucian Role Ethics," *Frontiers of Philosophy in China* 7 (4) : 616–621.

—— (2013a) "Confucian Values and Human Rights," *Review of Metaphysics* 67 (1) : 3–27.

—— (2013b) "Economic Goods, Common Goods and the Good Life," in Roger T. Ames and Peter D. Hershock (eds), *Value and Values: Economics and Justice in an Age of Global Interdependence*, Honolulu, HI: University of Hawaii Press.

Slote, M. (2000) "Virtue ethics," in Hugh Lafollette (ed.), *The Blackwell Guide to Ethical Theory*, Malden, MA: Blackwell Publishing, pp. 325–347.

Tiwald, J. (2010) "Confucianism and Virtue Ethics: Still a Fledgling in

Chinese and Comparative Philosophy," *Comparative Philosophy* 1 (2) : 55–63.

Van Norden, B. W. (2003) "Virtue Ethics and Confucianism," in Bo Mu (ed.), *Comparative Approaches to Chinese Philosophy*, London: Ashgate Publishing, pp. 99–121.

—— (2013) "Toward a Synthesis of Confucianism and Aristotelianism," in S. Angle and M. Slote (eds), *Virtue Ethics and Confucianism,* New York: Routledge, pp. 56–65.

Wang, Qingjie. (1999) "The Golden Rule and Interpersonal Care: A Confucian Perspective," *Philosophy East and West* 49: 415–438.

Wilson, S. (1995) "Conformity, Individuality, and the Nature of Virtue," *Journal of Religious Ethics* 23 (2) : 263–289.

Wong, D. (2003) "Comparative Philosophy," in A. Cua (ed.), *Encyclopedia of Chinese Philosophy*, New York: Routledge, pp. 51–58.

第6章
孟子的美德伦理学与道德基础理论

[美] 罗世荣 / 著
乔 珂 / 译 李义天 / 校

引言

本章讨论孟子的美德伦理学。孟子是一位古典儒家，活跃于公元前4世纪，正处于卡尔·雅斯贝尔斯（Karl Jaspers）所说的"轴心时代"中期。关于孟子的道德哲学已有许多文章、专著和书籍，但是，本章对这个熟悉的主题采用一种全新的方法。近年来，涌现出很多道德心理学文献，在我看来，这丰富了我们对许多重要道德议题/方面的理解。本章采取的这种全新的理论框架，正是乔纳森·海特（Jonathan Haidt）和克雷格·约瑟夫（Craig Joseph）所提出的道德基础理论（moral foundations theory）（2007）。

道德基础理论可以被概括为如下几个命题。第一，当代西方道德话语过于强调权利/正义（rights/justice）和关怀（care）（Haidt and Joseph 2007）；大部分道德哲学家（自由主义者）倾向于相信，这两个领域便是道德的全部；而在此之外的其他议题则常常被边缘化，甚至不被当作道德议题。西方道德/政治话语几乎完全关注正义/权利和福利，甚至从近年来最重要的一部政治/道德哲学著作——约翰·罗尔斯（John Rawls）的《正义论》（1971/2009）——的标题中，就可以明显看出这一点。各类人权组织在美国政治和外交政策中发挥突出作用，也很能说明问题。第二，从全球视野来看，道德领域可以被认为包含五种关切，而不是只有两种。"在大多数文化中（以及，对西方文化的社会保守派而言），道德其实广阔得多，它包括团结/忠诚（ingroup/loyalty）、权威/尊重（authority/respect），以及纯洁/神圣（purity/sanctity）等议题"（Haidt and Joseph 2007; Haidt 2007）。根据海特的说法，正义和关怀尽管可能重要，但它们只是五种道德关切中的两种（随着自由/压迫 [liberty/oppression] 越来越成为一种基础的关切，这个数目已经变成六种）（Haidt 2012）。这五项道德基础是：关怀/伤害、公平/欺骗、忠诚/背叛、权威/颠覆、纯洁/玷污①（为简单起见，我将它们称为关怀、正义、忠诚、尊重和纯洁）。我们对它们的关切似乎与生俱来，换言之，是先于经验的。就这五项道德基础而言，每一项都有其美德与恶德。例如，与"关怀/伤害"基础相关的美德是关心（caring）或善良（kindness），而相伴的恶德是残忍（cruelty）。不过，与某项道德基础相关的美德可能不止一种。例如，公平（fairness）、正义（justice）、可信（trustworthiness）三种美德都与"公平/欺骗"这项基础相关。这似乎表明，道德基础是一些广泛的范畴，而不是有特定所指的狭隘范畴。第三，道德美德是在那些类似开关的先天神经模块（neural modules）的基础上发展而来，后者经过了进化的选择和保存。它们是进化的产物，能够应对我们这样的社会动物所面临的适应性挑战。有两种刺激类型会让我们以典型的方式做出反应——原初诱因（original triggers）和即时诱因（current triggers）。"原初诱因是这些模块被设计用来应对的一组目标。"（Haidt 2012）例如，"所有的蛇是蛇类探

---

① 此处的英文是"care/harm, fairness/justice, loyalty/betrayal, authority/respect, and purity/pollution"，与上下文的意思不对应，故根据海特的《正义之心》原文予以调整。参见 Jonathan Haidt, *The Righteous Mind: Why Good People Are Divided by Politics and Religion*,（Vintage, 2012），ch.7.——译者注

测器模块的原初诱因"（2012）。这种诱因可以引发我们的恐惧反应。类似地，某人的亲生子女所表达出来的痛苦、悲伤或需要也构成了同情模块的原初诱因。原初诱因源于天生，而即时诱因则是经验与教育的产物。即时诱因是世界上可以碰巧触发某个模块的任何事物（Haidt 2012）。"如果注意到文化会收缩或扩展任何模块的即时诱因的范围，那么，我们就可以解释道德中文化差异的部分原因了。"（Haidt 2012）随着一个人认知能力的发展和成熟，这种模块的功能会变得更加灵敏有效。第四，道德教育或美德的发展可以被视为一个"编辑"过程。先天的道德敏感性就像一本书的**初稿**，它需要**扩充**和**修改**，以便我们能够有效应对社会存在的复杂性和多样性。在这种编辑过程中，叙事（narrative）或说讲故事（storytelling）发挥着至关重要的作用。我们既是创作故事的动物，也是被故事所塑造的动物（Smith 2009）。第五，不同的文化或亚文化所侧重的道德基础是不一样的。正如我们看到的，当代西方文化赋予权利和关怀以首要位置，而中国文化则强调社会和谐和稳定。对西方自由主义者来说，社会的和谐稳定问题不如人权问题重要。如果我们拿古典儒家道德哲学同当代西方主流道德话语作比较，那么，也可以看到这种差异。古典儒家思想家，尤其是儒家思想的创始人孔子（公元前551—479年），格外重视忠诚和尊敬。这种强调从其美德清单（"仁""义""敬""忠""信"）中就能看出来（Luo 2012）。作为孔子的主要继承者，孟子提出了四种主要美德："仁""义""礼""智"。而本文的重要目标就在于，从道德基础理论出发，介绍孟子的美德伦理学。

关于美德伦理学的讨论，有几个重要问题亟待回答：道德美德从何而来？它们如何发展？哪些是重要的道德美德？它们可教吗？在孟子的美德理论中，我们能够找到这些问题的答案。孟子认为，道德的根源在于人之本性。两千多年前，他提出了一个大胆的、前所未有的命题：人性本善（性善论）。在他看来，所有人都具有天生的、萌芽的向善倾向，若加以适当培养，则会发展为道德美德。当然，我们也可以进一步问，比如说，这些天生的向善倾向又从何而来呢？孟子的回答是："天"（其字面意思是"天空"[sky]或"天国"[heaven]）赋予人与生俱来的道德潜质，构成人类之善的终极根源。这些天生倾向又如何发展为美德呢？孟子认为，道德美德的养成是一个"推"（其字面意思是"推动"[push]，不过通常被译作"推展"[extension]）的过程。培养道德美德，就是将我们本能的情感从偏狭的范例中扩充到更加广泛的情境之中。本章的许多部分将会集中讨论与此论题相关的问题。尽管古典儒家思想家与古希腊先哲在道德美德的本质——某种在社会意义上值得欲求的品格特征，或某种稳定的、一贯的亲社会秉性——问题上观点一致，但他们在枝节处却存在分歧。柏拉图的四主德是勇敢、正义、节制与智慧，而孟子的则是仁、义、礼、智。有趣的是，在柏拉图和亚里士多德的美德清单中，显然缺少与关怀这项基础相关联的美德。而柏拉图的清单与孟子的清单的一个显著共同之处就是"智慧"，只不过，孟子更多地是在一种严格的意义上理解智慧，也就是，做出正确道德判断的能力，而不是像亚里士多德的美德伦理学那样在一种整体意义上讨论它。

　　孟子认为，人性中有四种道德萌芽（2003）。他称之为"四心"。因为，在古代中国，"心"被认为既是认知的器官，也是情感的器官，所以它在英文中常常被译作heart/mind以求能够容纳其微妙的原义。"四心"通常也被称为"四端"，以强调它们是成长的萌芽与潜质。因此，在本章，笔者将交替使用"心"和"端"这两个术语。每一"端"与美德之间的对应关系是这样的：首先，每个人都有不忍看到他人受苦的心（恻隐之心），这一"端"是"仁"德的萌芽。其次，每个人都有羞耻和厌恶的心（羞恶之心），这一"端"是"义"德的萌芽。再次，我们都有谦逊和推让的心

（辞让之心），它可以被转化为"礼"德。最后，所有人都有辨别是非的心（是非之心），它可以发展为"智"德。显然，恻隐之心是一种情感；羞恶之心亦如此。辞让之心则是一种初步的尊敬，而尊敬也是一种情感（Li and Fischer 2006）。因此，在孟子那里，作为道德根源的大部分"心"都是一些亲社会的情感。

在孟子的理论中，不难发现关于美德是否可教的答案。尽管先天的道德敏感性（或萌芽）不可教，但它们的推展物——美德——却是可教的。对孟子来说，道德教育包括帮助受教育者感知到自己的亲社会之"心"，并学会将其扩展到新的情境中。孟子教导国君要将对牺牲之牛的怜爱推广到**他的百姓**身上，这正是"孟子作为道德教师的明证，也是他自我修养之道的清晰展示"（Ivanhoe 2002）。他曾讲过一则关于揠苗助长的寓言，说明培养美德需要时间和耐心（Mencius 2003）。在其同名著作《孟子》中，孟子运用过大量的**故事**或**事例**，以帮助他的弟子和其他人实现道德的成长。

通过五种道德基础来理解"四心"

无需细究即可看出，道德基础理论与孟子的"四心说"之间有着惊人的相似。这两种理论都肯定了道德基础/维度/方面的多元性，都认为道德美德来自人天生的向善倾向。而且，两者都强调叙事在道德教育中的作用。而我想讲的是，孟子所说的"推"，本质上可以被理解为模块的诱因由原初式转向即时式的推展过程。例如，我们不仅应该善待和尊敬自己的长辈，也应该这样去对待他人的长辈。如果说，看见自己的父母乃是善意情感与帮扶之意的原初诱因，那么，看见别人的父母则可以构成如此感受和行动的即时起因。不过，这两种理论也有差别。例如，孟子肯定人性本善，而道德基础理论对此没有明确表述。在孟子的美德伦理学中，伦理耻感（Ethical shame）的作用显著，而在道德基础理论中，其作用（如果有的话）不甚明确。

恻隐之心与关怀基础之间的惊人一致是不难发现的。这种恻隐之心在孟子道德哲学中似乎极为重要，甚至于《孟子》的其他章节都留给人这样的印象，即，恻隐之心是唯一重要之心。我经讲过，依据我对这些章节的解读，孟子可以被理解为一位关怀伦理学家。然而，别的心和美德也很重要，尤其是羞恶之心以及由它们推展而来的美德——"义"。这里的"它们"只是暂且使用。尽管"羞"和"恶"乍看起来是两种情感，但很多注疏者都主张应把它们当作同义词。在万白安看来，"孟子有时会把'羞'和'恶'互换使用，所以任何想要精确区分'羞'与'恶'的努力都注定失败"；"'羞'与'恶'指的是某些与耻感有关的态度，而不是等同于耻感的态度"。（Van Norden 2004）羞恶之所以不等于耻感，是因为它们指向一种伦理耻感，例如，与**品格**的败坏相关的耻感。而在道德基础理论中，羞恶之心居于何处？这一点很难讲。因为在道德基础理论中，令人惊讶的是，羞耻并没有被列为任何一种道德基础的典型情感。

孟子的要点是，如果你可以将羞恶之心推展到你本应因为做某事而感到羞愧或厌恶但你实际上并未如此的情境，那么，你就能成为拥有义德之人。然而，在缺乏道德教育的情况下，我们很难知道一个人应该因什么事情而羞愧。换言之，在接受教育之前，我们并不知道什么才是伦理耻感的即时诱因。而道德教育有两种途径：一种是逻辑的方法，教导受教者如何根据抽象的道德原则而做出道德决策、判断和评价；另一种是叙事的方法，给学习者举例子、讲故事或寓言，等等。孟子大体上采取的是后者。他通过举例而非抽象推理来解释道德概念。然而，这并不意味着他认为逻辑推理或论证在道德教育中一无是处。相反，孟子认为，正是"思"

（理智活动）将有德之人与无德之人区别开来。他心目中的认知活动并非自上而下的演绎，而是类推。在《告子上》的第 12 章，他讲述了一则寓言：一个因手指只能弯不能伸而羞愧的人（如果没人专门教导他应当为此羞愧，那么，他注意到自己身体的这种异常状况就可能构成了一个原初诱因）会不远万里去治疗自己的手指。孟子认为，大多数人就像寓言中的那个人一样，会因为自己身体的残疾而羞愧，但他们却没有注意到自己道德或精神的缺陷。如果我们对待自己的道德缺陷都能像寓言中人一样，迫切地不远万里都要治疗自己的身体残疾，那么，世界将会变得更好。在孟子看来，时常将人类生活的物质方面同道德方面进行类比并据此行动，这很关键。换言之，我们应当把在道德上不可欲的品质转化成激发伦理耻感的某种即时诱因。

孟子对义德的阐释明显地体现了叙事的方法。他没有诉诸抽象概念，而是将几个事例纳入"义"的名下（Shun 1997）。其中包括三个反面事例，即"不义"，和一个正面事例。（A）拿走不属于自己的东西（"非其有而取之"）；（B）以不恰当方式娶妻（"不告而娶"）；（C）接受他人侮辱对待（"嘑尔而与之""蹴尔而与之"）；（D）尊敬他人的兄长（"从兄"）。（A）（B）（C）都是不义之举，而（D）是义举。（A）似乎很容易就能跟公平这种道德基础对应起来，因为，像抄袭或偷窃这样拿走不属于自己东西的行为都是不诚实/不公平的。（B）似乎是一种藐视社会习俗/文化规范或不尊重父母的情况，因为在古代，结婚必须得到父母的同意。所以它涉及两种道德基础——对共同体的忠诚和对权威的尊重。而（C）很难归类，因为，接受侮辱性对待可以从反面反映出一个人的尊严（dignity）。另一方面，不接受侮辱性对待则似乎体现了一种健全的自重（self-esteem）。尊重这种基础可以轻松地包括尊重权威或不尊重权威的各种情况，然而，当问题是关于自尊（self-respect）时，例如在（C）当中，我们可能就得考虑其他因素。或许有人认为，它应该涉及正义基础，因为对于拥有健全自重的任何人来说，受到傲慢无礼的对待都是不公平或不正义的；而正确做法则是不接受这种对待。很清楚，（D）是非常契合于权威这项基础的。我们可以看出，孟子归于义德名目之下的几个事例似乎覆盖了这五种道德基础中的若干种。而同时，它们似乎又都关系到尊重——尊重财产（A）；尊重自我（C）；尊重社会习俗（B）；尊重权威（B和D）。

孟子的清单中还剩下两种基本美德，"礼"与"智"。智德的萌芽是"是非之心"。最近的研究表明，一岁大的婴儿似乎就能够以基本的方式分辨对错（Bloom 2010）。因此，就是非之心而言，孟子对道德之心的观点或许是正确的。然而，很难将这种道德萌芽对应于五种道德基础，因为它似乎与后者不处于同一个概念层面。是非之心更多是关乎道德判断，而非道德情感或行动。对于每一种道德基础来说，都可以给出道德判断。比如，帮助别人是正确的，伤害别人是错误的；热爱国家是正确的，背叛国家是错误的。因此，是非之心似乎是一种更高阶的本能倾向。孟子所说的四心也许就该分为两类：一阶之"心"与二阶之"心"。而我们也可以对那五种道德基础提出同样的问题：它们处于同一个概念层面吗？纯洁这种基础似乎可以运用于其他四种基础，可以把每一种基础都转化为一个没有讨价还价余地的绝对价值。此外，对每一个行为来说，也都存在着一个动机是否纯粹的问题。不纯粹的动机往往会减损行为的价值。

我们现在来讨论辞让之心，它的成熟形式是"礼"德。根据信广来的研究（Shun 1997），《孟子》的"礼"指代多种行为规则，例如，正确举行祭祀、尊崇神灵和祖先、埋葬悼念已故的父母、举行婚礼、晋谒君王、拜访声名显赫的思想家（例如孟子自己）、馈赠他人礼物、作为主人或客人、赠与或接受异性的馈赠等等。礼德是一种成熟的秉性，使人能够坚定地遵守礼的规则。它赖以养成的基础是辞让之心。而人类天生就是谦虚和恭敬的吗？对此，孟子没有给出任何论证，所以这也许只是他的一种推测。他自己注意到，小孩子长大点便会尊重他们的兄长（Mencius 2003）。因此，人类是否天生就具有尊重和顺从的倾向，只能通过经验调查来解答。不过，中国传统文化中有些轶事却可以作为证据支持孟子的看法。孔融（公元153—208年）是东汉末年的一位学者和高级官员。根据《三字经》的记载，他四岁时，母亲拿给他和兄长一些梨，他主动把大一点的梨让给兄长吃。不过，有人或许说，一个四岁孩子的所作所为可能正是后天成长的结果。但我们也许应该从更大的视角来理解孟子的观点，即，人经由教化而可以为善，这正是因为我们从一开始便具有向善的天性。只有顺应人性而不是违背人性，才能实现道德教化。由于礼德具有宗教维度，因此，它很容易便可以同纯洁这项道德基础构成对应。中国作家鲁迅在他的短篇小说《祝福》（2003）中，描写了中国传统社会的一个寡妇的悲惨生活。由于她结过两次婚，而两个丈夫都死了，于是人们认为她在精神上和道德上都"不纯洁"。雇她做家务的主人家也不允许她触碰新年祭祀用的物品。显然，对纯洁的关注，在中国一度与宗教方面的虔诚密切相关。但是，我们不应将礼德仅仅局限于纯洁这项基础，因为，它与尊敬/顺从的态度也有内在的关联（Shun 1997）。孟子在《离娄上》第4章中说，如果你对人以礼相待，但对方并未以礼相应，那你就要反省自己是否对人表达了恰当的尊重。有可能存在某种不恰当的尊重。在《滕文公下》第1章，孟子还讲了个故事：一个负责狩猎的官员拒绝国君的征召，因为国君在征召他时没有使用与他身份相称的物品（皮冠），而是用了旌旗——这是高级官员才配使用的物品。狩猎官并未因此受宠若惊。他拒绝征召，因为用以征召的物品与其身份不符。由此可以看出，"义"与"礼"是紧密交织在一起的。请回想一下义德之人——他不会拿走不属于自己的东西——我们就能明白这一点。因此，辞让之心及其推展形式——礼德——可以对应三种道德基础：公平、尊重与纯洁。

推展：道德萌芽如何转变为美德

孟子认为，我们可以将先天的道德萌芽从亲近之人向外推展，从而使之发展成为美德。这如何实现呢？推展的本质又是什么？下面我们将考察《孟子》中的一些相关篇章。我们从《梁惠王上》第7章关于"推恩"的谈论开始。该如何阐释孟子所说的推展恻隐之心这一特殊的道德萌芽，对此，注疏者们并未达成共识。这一章包含了孟子与一位封建诸侯的对话。在对话中，孟子试图劝告这位君王要减轻百姓的痛苦；而他采取的方法是，提醒这位君王意识到自己也有恻隐之心，因为这位君王刚刚阻止宰杀一头牛来充当祭品。孟子劝谏说，这位君王需要做的就是将他对待牛的仁爱推展到他的百姓身上。只要能够做到这一点，他就可以成为真正的君王。

著名学者倪德卫（David Nivison）认为（1996），孟子对仁爱的推展，可以被理解为一种逻辑策略（logical maneuver），亦即，通过逻辑的力量而把恻隐之心从一种情况推展到另一种情况。倪德卫清晰地提炼出孟子的论述前提和结论，并将它们构成一组论证。他认为，孟子正是想凭借这组论证来说服君王。该论证由如下前提和结论组成：只要我（这位君王）能够仁爱我的百姓，那么我就应该这么做；但我恰恰不能；而仁爱人类要比仁爱动物更加容易；现在，我对这只动物（这头牛）施以仁爱；所以，我能够仁爱动物；所以，我能够仁爱我的百姓；所以，我应当仁爱我的百姓；所以，我没理由不这么做（仁爱我的百姓）。这一论证看似很有道理，可君王却没有为之所动。我认为，其中原因有三。第一个原因，涉及知觉的当下性（perceptual immediacy）在移情产生过程中的作用（Slote

2007）。君王虽然看到了正在经受痛苦的、活生生的牛，它可怜的外表引发了他天生的移情反应，但他大概并没看到他的百姓；后者的苦难对他来说只是抽象的概念。要想将他的仁爱萌芽推展到他的百姓，就需要将百姓们的痛苦转化为一种即时诱因。假如当下情况与原初诱因没有相似之处，那么这种推展便很难实现。不幸的是，就知觉的当下性而言，它们并不相似。况且，两种情况还存在着巨大的数量差异：牛只有一头，而百姓却有千千万万。第二个原因，即使不考虑知觉的当下性在移情发生过程中的作用，我们也需要考虑另一点，或许可以称之为"牺牲因素"（sacrifice factor）。彼得·辛格（Peter Singer）为了呼吁救济海外饥荒，曾提出过一个浅塘溺水儿童的假想案例（1972），他特别提到，与不作为而可能造成的生命损失相比，营救这名儿童所付出的牺牲微乎其微。辛格在论证中加入牺牲因素似乎是正确的，因为我们都是占有有限资源的有限生命。但在这位救牛而不救百姓的君王这里，请注意，消除牛的痛苦不过举手之劳，然而百姓众多，要改善他们的生活条件必须耗费大量资源。第三个原因，这组论证中的第2个前提似乎是有问题的。我们可以轻而易举地构造出一个反例——请试着用你心爱的宠物的名字来代替命题中的"动物"，并且，用你的死敌的名字来代替"人类"。

在讨论了恻隐之心的推展问题后，现在转向如何推展羞恶之心的问题。但在此之前，我首先要指出这两种推展之间的一个重要区别。当谈到恻隐之心时，其典型情况（或原初诱因）是一种能够轻易推动行为者去同情和帮助他人的情景。但是，当谈及羞恶之心的推展时，其典型情况则从一开始就涉及一个艰难的决定。正如孟子笔下那个乞丐的例子所展示的那样，当你生命危在旦夕时，你很难拒绝别人带有侮辱性而施舍的食物。看起来，这个例子涉及自尊感或一个人的尊严意识，而它似乎不取决于这个人的社会地位或财富。如果乞丐都会因为被人侮辱对待而心生厌恶，那么很可能每个人都有这种心理。如果说，为了活下去而接受一碗带有侮辱意义的汤食是错误的，那么，接受一座豪宅的馈赠而以去做一些有损自身尊严的事情为条件，则更加错误了。这就是我为什么认为，对孟子来说，关于羞恶之心的典型情况会涉及一种艰难的决定。伦理耻感的萌芽应该被推展到那些不太难决断的情形中。为了换取一大笔钱，我应该做有损尊严的事吗？只要我把它与孟子所说的典型情况做比较，答案就很清楚——我应该拒绝这笔钱，体面地离开。因此，培养义德的正确方式就在于，将伦理耻感的萌芽由典型情况（生命岌岌可危）推展至不那么极端的情况——也许损失一些利益，但至少不会危及生命。然而，并非每个人都愿意牺牲自己的生命来维护自尊或其他崇高之事，例如，出于对国家或天命的热爱。有些人认为，一个人的物质性存在是最有价值的。中国古代思想家杨朱便宣扬另一种信条：为获得名望与权力而做出的任何牺牲都是不值得的（Lieh-tzu 1974）。他坚持认为，即使你可以损失像一根头发这样的细微之物而获得整个世界，也不要这样做。无怪乎，孟子视杨朱为大敌！

　　自尊要比生命更有价值吗？在这个问题上，意见纷纭不一。正如丹尼尔·丹内特（Daniel Dennett）观察的那样（2007），人类确实是唯一的物种，愿意为了一种想法、一种坚定的信念或一种想象的存在而牺牲。然而，这是不是一种积极的属性，仍说不清楚。根据格拉汉姆和海特的看法（2011），很多东西都可以被神圣化；而神圣化又常常导致意识形态的暴力。当你将某物神圣化，它就变得无价、不容侵犯，再多钱也无法改变你觉得它不容侵犯的观念，而且你愿意为了它牺牲你的生命。你的国家、你最喜欢的球队、你的宗教等等，都可以被神圣化。在我看来，孟子就是将自尊的价值神圣化了——一个人在任何情况下都不能接受侮辱。然而，并不是每个人都会同意孟子的这个观点。大将军韩信是汉朝（公元前 206 年—前 220 年）的缔造者之一。根据《史记》的记载（Sima 1995），韩信年轻时喜欢仗剑游侠。某天，一群当地恶霸在街上拦住他，其中一个设局嘲弄他："你要么用剑来刺我（那将是杀人之举），要么从我胯下钻过去（这是个极大的侮辱）！"韩信选择了后者，这引来了旁观者的哄堂大笑，他们觉得韩信是个懦夫。后人常常讲述这则轶事用作一种激励，即，一个人可以通过一路忍辱负重而成就伟大。

道德之心的推展并非没有害处，它可能会有两种弊端：不足，或过度。如果君王拒绝仁爱自己的百姓可以被视为一种推展的不足，那么，如下情境便是一种推展的过度。孟子讲过一则关于贵族伯夷的故事，他不愿与无德之人有任何牵连。伯夷将其羞恶之心推展到如此程度，以至于如果他的同乡把帽子戴歪了，他会看也不看，转头就走，似乎怕被玷污一样（Mencius 2003）。在这个意义上，伯夷对于恶（犯罪或不道德）的羞恶之心已然过度。让我们看看他的这种道德严苛性能否说得通。虽然一个恶棍可能与某个把帽子戴歪或戴反的乡民有些共同之处，但是，如果我们从道德基础理论的角度来看这个例子，却会得到更好的理解。依据该理论（Haidt and Joseph 2007），我们每个人天生就关心纯洁。在世界各地的宗教中，纯洁是最重要的关切对象。古典儒家对"正"（"直率"、"正直"；在形容颜色或味道时也有"纯正"之意）的关注，亦可被看作是在意纯洁的一个例证。席地而坐是中国古代习俗。孔子十分看重坐席的摆放，如果席子放歪了，他就不会坐（Confucius 1979）。孔子和孟子都很关注如何让统治者拥有美德。他们在关于这个问题的论说中使用得最频繁的一个概念就是"正"，一个充满了道德/政治意涵的空间性概念。两位哲学家都认为，如果统治者自己没有做到"正"（人品正直或心灵纯粹），那么，他将无法赢得人民的信任。毫无疑问，帽子没戴正虽然不一定给人的道德品质带来负面影响，但是，这的确会冒犯到我们对纯洁的关切。

结语

在本章，我从一个全新的道德心理学框架——道德基础理论——出发，对孟子的美德理论作了概要性的介绍。这种比较方法带来了一些有趣的发现和问题。在文章开头，我列举了道德基础理论的一些重要主张。接着，我介绍了孟子的美德伦理学，概括起来有以下几个要点：人性本善；每个人天生都有四种道德萌芽，若培养得当，它们可以发展成为四种基本美德；道德萌芽通过所谓"推展"的过程而发展为美德。随后，我将孟子的美德伦理学同道德基础理论的要素进行比较，发现了一些有意思的相同和差异。最后，我以仁之端与义之端的推展为例，阐释了孟子的推展观念及其作用方式。我认为，道德基础理论丰富了我们对道德的本质与界域的认识，而孟子的美德伦理学正是那种具有包容性和延展性的道德理论的典范。我希望本文的工作能够为这样的研究铺平道路，能够让我们从道德基础理论出发，对孟子的道德哲学进行更深入、更细致的探讨。

【相关主题】

第 5 章 "Why Confucius' Ethics is a Virtue Ethics," May Sim

第 9 章 "Xunzi and Virtue Ethics," Eric L. Hutton

第 16 章 "Pluralistic Virtue Ethics," Christine Swanton

第 32 章 "World Virtue Ethics," Stephen C. Angle

第 33 章 "Virtue Ethics and Moral Education," Randall Curren

【参考文献】

Bloom, P. (2010, May 5) "The Moral Life of Babies," *New York Times*, retrieved from http://www.nytimes.com.

Confucius (1979) *The Analects*, trans. D. C. Lau, Hong Kong: The Chinese University Press.

Dennett, D. (2007) *Breaking the Spell: Religion as a Natural Phenomenon*, New York: Penguin Books.

Graham, J. and Haidt, J. (2011) "Sacred Values and Evil Adversaries: A Moral Foundations Approach," in M. Mikulincer and P. R. Shaver (eds), *The Social Psychology of Morality: Exploring the Causes of Good and Evil*, New York: APA Books.

Haidt, J. (2007) "The New Synthesis in Moral Psychology," *Science* 316 (May): 998–1002.

——(2012) *The Righteous Mind: Why Good People Are Divided by Politics and Religion*, New York: Pantheon Books.

Haidt, J. and Joseph, C. (2007) "The Moral Mind: How Five Sets of Innate Intuitions Guide the Development of Many Culture-Specific Virtues, and Perhaps Even Modules," in P. Carruthers, S. Laurence, and S. Stich (eds), *The Innate Mind*, New York: Oxford University Press.

Ivanhoe, P. J. (2002) *Ethics in the Confucian Tradition*, Indianapolis, IN: Hackett.

Li, J. and Fischer, K. W. (2006) "Respect as a Positive Self-Conscious Emotion in Europeans and Chinese," in J. L. Tracy, R. W. Robins, and J. P. Tangney (eds), *The Self-Conscious Emotions: Theory and Research*, New

York: Guilford.

Lieh-tzǔ. (1974) "The Yang Chu Chapter of the Lieh-tzǔ," in W. Baskin (ed.), *Classics in Chinese Philosophy*, New York: Philosophical Library.

Lu, X. (2003) *The New-Year Sacrifice and Other Stories*, Hong Kong: The Chinese University Press.

Luo, S. (2012) "Confucius's Virtue Politics: Ren as Leadership Virtue," *Asian Philosophy* 22: 15–35.

Mencius. (2003[1970]) *Mencius*, trans. D. C. Lau, New York: Penguin Books.

Nivison, D. (1996) *The Ways of Confucianism: Investigations in Chinese Philosophy*, B. W. Van Norden (ed.), LaSalle, IL: Open Court Press.

Rawls, J. (1971[2009]) *A Theory of Justice*, Cambridge, MA: Harvard University Press.

Shun, K. (1997) *Mencius and Early Chinese Thought,* Stanford, CA: Stanford University Press.

Sima, Q. (1995) *Records of the Grand Historian*, trans. B. Watson, New York: Columbia University Press.

Singer, P. (1972) "Famine, Affluence, and Morality," *Philosophy & Public Affairs* 1(Spring): 229–243.

Slote, M. (2007) *The Ethics of Care and Empathy*, London: Routledge.

Smith, C. (2009) *Moral, Believing Animals: Human Personhood and Culture*, New York: Oxford University Press.

Van Norden, B. W. (2004) "The Virtue of Righteousness in Mencius," in K-l. Shun and D. B. Wong (eds), *Confucian Ethics: A Comparative Study of Self, Autonomy, and Community*, Cambridge: Cambridge University Press.

第 7 章
佛教伦理传统中的美德

[美]查尔斯·古德曼 / 著
雒少锋 / 译　李义天 / 校

什么是人类的卓越？又要怎样实现它？对于这些问题，佛教传统在历史上所述甚多。整个佛教传统的核心要义就在于，修行者如何改变自己，成为智慧慈悲之人，摆脱情绪困扰及其带来的痛苦，进而帮助他人实现类似的转变。佛教伦理学的几组最重要的概念框架，比如，八正道（the Eightfold Path）、十善行（the Ten Good Paths of Action）、十波罗蜜（the Ten Perfections）①，都可以被理解是在罗列各种美德。不仅如此，佛教在亚洲对在家人（lay people）的传播，包括对每一代新人的传播，涉及的也主要是通常被称为佛陀"本生"（Jātakas）或佛陀前世生活所经历的那些非凡布施和英勇舍身之事。因此，无论是在智识佛教（intellectual Buddhism）②还是在民间佛教（popular Buddhism）③中，对美德的分析和示范都起到了至关重要的作用。

梵文和藏文中至少有两个与英文 virtue 大致对应的术语。其中，梵文 guṇa，对应于藏文 yon tan，意思是"良好的品质"（good qualities）或"能力"（abilities）。在有些情况下，多义的梵文术语 dharma 或藏语中的 chos

---

① 又译为"十度"。——译者注
② 又译为"精英佛教"或"义理佛教"。——译者注
③ 又译为"大众佛教"或"民众佛教"。——译者注

可以指"属性"（properties）或"特性"（characteristics），专指那些有助于推动更大程度的精神发展和慈悲行动的属性或特性。而专门从事藏文文本的译者则经常把 *dge ba* 一词译为"美德"或"有美德的"；不过，这不是其梵文对应词 *kuśala* 的合理翻译。*kuśala* 这个梵文词——在某些语境中，它具有英文 skillful 的意思——是在后世佛经中才逐渐出现的，更多是被当作一个非常笼统的赞誉词来使用，就像英文中的 good 一样——尽管它仍然主要用于指称众生的内在状态，而不是外部对象。与此同时，巴利语翻译者也经常将巴利语中的对等词 kusala 译为"wholesome"。

无论我们使用南亚语言的哪个词来对应我们的术语"美德"——或者说，就算没有哪个单一的南亚语词具有相同的语义范围——很明显，佛教徒也拥有大量的名称，用以指称在他们眼里极具伦理意义的具体美德。在大乘佛教传统中，对美德进行分类的最重要体系，也许就是十波罗蜜的列表。许多佛教传统学说都特别强调十波罗蜜的前六项。尽管出现这份列表中的术语会让我们面临诸多艰巨的翻译难题，但是，既然我们理解在有些情况下可能不存在确切的对等词，那么，我们就可以将这份列表以如下形式呈现：

1. 布施（Generosity）(*dāna*)
2. 持戒（Moral Discipline）(*śīla*)
3. 忍辱（Patient Endurance）(*kṣānti*)。
4. 精进（Perseverance）(*vīrya*)
5. 禅定（Meditative Stability）(*dhyāna*)
6. 般若（Wisdom）(*prajñā*)
7. 方便（Skillful Means）(*upāya*)
8. 愿（Vow）(*praṇidhāna*)
9. 力（Power）(*bala*)

10. 智（Pristine Awareness）（jñāna）

在佛教有关值得称赞的人类品质的看法中，有意思的是，它跟亚里士多德所讲的道德美德和理智美德之间关系密切。佛教徒并不承认基督教或康德主义的假设，即，人人都能知道在特定情况下什么才是正确的行为。相反，他们认为，道德上令人钦佩的行为往往取决于对现实情况的准确理解，以及，对行为者自身情绪和内在驱动力的积极洞察。八正道的第一个方面便是"正见"。而在大乘佛教的十波罗蜜列表中，作为第六个方面的"般若"，即"智慧"（wisdom）或"明辨"（discernment），以及作为第十个方面的"智"，即"原始的觉知"（pristine awareness）、"智慧"（gnosis）或"知道"（knowing），在一定意义上，也是认知性的。尽管我们必须承认，把"智"描述为理智的认知非常具有误导性。在这份列表中，"智"指的是一种非概念性的、非二元性的直接知晓，它只有通过非常高水平的禅定成就才能实现。

有许多佛经的段落都指出，与智慧有关的某些活动要比布施行为更加重要。在《学处要集》（Śikṣā-samuccaya）①一书中，寂天（Santideva）援引了一段这方面的代表性文字：

> 陛下，若您自取十万年的开销，以作一个僧人的供养，再给所有僧人每人相同的一份。又若有一菩萨，勤学法，勤教法，恭敬法，欲求法，受信众供食，应想："以此，我将继续求法。"布施和赠送东西的功德，甚至达不到该菩萨之善的百分之一。②

（ŚS 146; Vaidya 1999: 81，作者翻译）

---

① 又译为《大乘集菩萨学论》。——译者注
② 尽管此论在宋代已被译为汉语，但学界普遍认为错谬颇多，且与如今发现的梵文本出入甚多。目前，此论的梵文本已被译为英文，但尚无中译本面世。——译者注

在我看来，解释这些教义的最自然和最佳的方式是，这段文字在发展智慧和践行布施之间断言了一种词典式的优先性（lexical priority）。这里所给出的庞大数字，以及类似段落中出现的更大的天文数字，似乎都在表明，再多的布施也比不上对智慧的真诚坚定的追求。

在《大乘最上秘义论》（*Mahāyāna-uttaratantra-śāstra*）中，还有一段极富教益的话，为我们提供了关于此类断言的切实理论依据。首先，我们读到，投身于佛经本身，这对读者来说要比诸多布施、持戒甚至禅定都更有益。随后，该文继续解释道：

> 为什么［这样做如此有益］？因为布施只会产生财富，戒律会引向更高存在，禅定会消除烦恼。而"分别慧"（Discriminative wisdom）完全舍弃了一切烦恼和知识的障碍。因此，分别慧至高无上，实现它就在于学习这些（经文）。
>
> （Fuchs 2000: 74）

对于这种解释，我们最好诉诸佛教中的一种基本区分来理解；这种区分在藏传佛教传统中表现为"高位"（high status）[①] 和"定善"（definite goodness）之间的对比。"高位"意味着在轮回之中享受有利条件。而"定善"涉及的却是能够摆脱轮回的那些条件和过程。根据传统的佛教世界观，"高位"就像囚壁上的精美装饰，而"定善"则如同越狱之法。因此，人们很容易意识到，"定善"更重要。智慧就是引发定善，而布施和戒律往往只是产生高位，因此，智慧更重要。

佛教传统文本之所以如此重视广义上具有认知性质的人类卓越，还有

---

① 因修善法而转生天界，它高于人界。——译者注

另一个原因。佛教徒通常认为，一个人在多大程度上体现出特定的道德美德，部分取决于此人能在多大程度上精确观察事情的本来状况。关于这种看法，有一个特别重要的例子就是三轮清净（Threefold Purity）①的教义，它由月称（Candrakīrti）等大乘佛教哲学家提出。该教义旨在解释十波罗蜜的两种表现方式之间的差异。对于这十种波罗蜜，一个人践行其中任何一项都要么是世俗式的②（梵文：lokiya）、要么是超越式的③（梵文：lokottara）。在月称看来，如果布施者认为自己、所施物和受施者在终极意义上、在本体层面上是实在的，那么，这一布施行为就属于世俗行为。另一方面，如果她能够进行布施，却不把自己、所施物或受施者严格地摆在本体层面上，而知道它们仅仅存在于俗谛的层面，那么，其所施物就体现了三轮清净，构成了超越性的波罗蜜的一个范例。（Huntington 1989: 150）。

尽管佛教哲学家非常强调智慧，但我们不应错误地认为，他们仅仅是从认知的角度来思考被其称作"觉悟"（梵文：bodhi）的那种转变。觉悟之人还经历了深层次的情绪转变，后者破除了愤怒、仇恨、贪婪、竞争和骄傲等烦恼（梵文：kleśa）对心理的操控，并用一系列被称为四无量心（the Four Immeasurables）的利他情绪加以取代。它们就是，慈（梵文：maitrī）、悲（梵文：maitrī）、喜（梵文：pramudita）、舍（梵文：upekṣā）。虽然这些术语，就其主要含义而言，是指正在发生的情绪状态，但它们似乎也被用来指称拥有这些情绪的秉性。因此，它们可以被视为一套独立且非常重要的佛教意义上的道德美德。

出现在这些清单上的美德以及佛教徒推崇的其他品质，又是如何融入

---

① 又译为"三轮体空"或"三事皆空"。——译者注
② 该词梵文原意是"世间"，此处指佛教二谛之一的世俗谛。——译者注
③ 该词梵文原意是"出世间"，此处指佛教二谛之一的胜义谛。——译者注

佛教伦理学的整体框架呢？在关大眠（Damien Keown, 1992）的那本为人熟知的著作中，他认为，对于上座部佛教的规范思想结构，我们所拥有的最佳理论模型其实跟亚里士多德的美德伦理学很像。关大眠提出了几个有说服力的论据来支持该论点。他指出，佛教中的涅槃（Nirvana），作为其精神生活的最终目标和激发整个修道进程的至善，可以与亚里士多德体系中的幸福（eudaimonia）概念——happiness 或 human flourishing——所具有的功能相提并论（Keown 1992: 22）。关大眠表明，至少在上座部，从痛苦中解脱和从轮回之梦中觉悟并不是要超越道德，而是要让道德行为达到圆满境地，使之不仅毫不费力，而且流溢着深深的慈悲。（Keown 1992: 72）。

事实上，与关大眠所做的相比，佛教伦理学与亚里士多德美德伦理学之间的相似性可以有更多。例如，上座部佛教认为，俗家之人要过上好生活，财富发挥着积极作用，而这一态度极易让人联想到亚里士多德的看法，即我们可以从财富中获得某种价值（Goodman 2009: 60-63）。同时，在细节上，亚里士多德与佛教伦理学又有显著的差异。亚里士多德认为，可以在恰当的时间、通过恰当的方式、以恰当的理由对恰当的人生气；但在佛教文本中，一般认为，不论如何被激怒，都不存在恰当的愤怒。而且，与基督徒一样，佛教徒也不会赞同亚里士多德对于骄傲美德的讨论。只不过，这种细节方面的差异并不能推翻亚里士多德和佛教在高度抽象层面上具有理论相似性的主张。

关大眠采取的美德伦理学解释，并未捕捉到佛教传统中重要的后果主义要素。即使在上座部，也非常强调促进一切众生福祉。更重要的是，在巴利语佛典中，有些段落列出了区分正确与错误行为的一般标准，而这些标准恰是根据行为后果来阐明的。尽管有这样的段落，但是，关大眠对上座部的解释仍有许多可圈可点之处。不过，一旦我们将目光转向南亚和西藏的大乘佛教，有效促进众生福祉的行为便会成为核心，以至于任何没有在一定程度上包含后果主义衡量方式的解释方案都很难行得通。

彼得·哈维（Peter Harvey）在其《佛教伦理学导论》（Introduction to Buddhist Ethics）一书中也处理了这些问题。他认为，佛教思想无法被有效地描述为美德伦理学、义务论或后果主义中的任何一种，但它又包含了这三者的若干元素（2000: 49-51）。不过，这种漫不经心的做法忽略了将这些元素整合为一个单一体系的解释任务，进而忽视了造成一种在哲学上不融贯的解释方案的危险。学界已有许多尝试，将不同形态的佛教伦理解读为某种包罗万象的结构，它不仅可以得到精细的描述，而且能将美德伦理学和后果主义的各个方面协调起来。例如，在《慈悲的后果》（Consequences of Compassion）一书中，我曾建议把佛教教义创始者的伦理学论述理解为一系列后果主义观点，其中，美德和快乐构成了福祉的内在要素（Goodman 2009）。而马克·塞德里茨（Mark Siderits, 2000）也提出了另一条进路，美德论的后果主义（aretaic consequentialism）；在那里，后果主义的主要评价对象是品格特征，而评价的内容则是快乐主义式的。因此，美德论后果主义告诉我们的是，要在自己身上培养那些最能减轻众生痛苦、带给众生幸福的品格特征。两种建议的相似之处在于，它们都将美德伦理学的某些方面带入后果主义框架，然而，美德究竟是佛教徒眼中美好生活的本质方面，抑或仅仅是获得最值得一过生活的必要手段，两者对此仍有分歧。

正如本书读者将会意识到的，如今，任何赋予美德核心地位的伦理学体系都必须面临基于社会心理学的经验发现而提出的强有力的全新批判。众所周知，这种情境主义挑战采纳了大量的实验，而这些实验表明，人们在做选择时，其所处环境中一些看似微不足道的细节会深刻影响他们的选择，其力量远远超过长时段的人格特征。例如，有一项著名的研究，面向的是神学院学生，其中有些学生被告知要赶紧赴约，而他们面前还有一位似乎很痛苦并且需要帮助的人。对那些不着急赴约的学生来说，他们更可能帮助这位病人；但"在预测一个人是否会伸出援手的问题上，人格变量（personality variables）并不管用"（Darley and Batson 1973: 54）。

与西方的美德伦理学家一样，佛教徒也有理由担心这类实验结果。假如不存在品德修养这样的事情，那么，佛教修行的大部分内容都是没有意义的。然而，佛教徒可以凭借独特的方式来回应这种批评。他们能够争辩说，真正的美德，只有那些通过大量的禅定练习并且已经训练获得专注力的人才会获得。

在《入菩萨行论》（*Bodhisattvacaryāvatāra*）的"静虑品"一章中，寂天建议他的读者要寻求独处，不要把时间花在未修禅之人的身上，他把这些人称为"愚人"。寂天写道："同愚人交往能获得什么呢？他们这一刻是朋友，下一刻是敌人"（Crosby and Skilton 1995: 88-89）。这段文字以及类似的段落都在强调，那些未参禅之人的情绪不稳定，而追随佛陀之道的人则心平气和。根据《法句经》（*Dhammapada*）的说法，"犹如坚固岩，不为风所摇。毁谤与赞誉，智者不为动"（Ananda Maitreya 1995）①。

这样的段落也许是暗示说，没有通过修行而培养专注力的人很容易受到微不足道的外部环境影响。对于占社会绝大多数的凡夫俗子而言，他们可能真的缺乏稳定的品格。但是，经过大量禅修的人，内心的稳定程度会更高。可以说，他们的情绪不那么容易波动，所以，他们的行动会比较少地受到无关情况的影响，并且，他们也会对真正重要的事情更敏感。当然，这种说法还有待实验的验证。如果实验表明，具有丰富禅修经验的人也跟其他人一样容易受到情境的操纵，那会给佛教的真理主张带来严重挑

---

① 译文参考《南传法句经》（了参译），《大藏经补编》第 7 册，第 47 页上。——译者注

战；然而，如果实验结果是相反的，则又将有力地肯定佛教修行与实际生活行为之间的相关性。

如今的美德伦理学同元伦理学中的特殊主义常常保持一种密切而微妙的关系。当然，这两种伦理观点都没有给对方提供任何逻辑承诺。然而，如果你认为正确的道德选择需要一种必须经过长期训练才能获得的、不可法典化的判断力，就像许多美德伦理学家认为的那样，那么，你也很可能得出结论说，正如特殊主义所言，伦理学无法通过一般性原则而被把握。

佛教传统的许多方面似乎都在朝着特殊主义的方向发展。佛经上常常强调，道德楷模的善巧（skills）是无穷多样的，它们能够凭借充分灵活性而适应每一种新情况。法称（Dharmakīrti）等哲学家也强调说，我们经验中出现的任何事物都有不可言喻的独特性，而一般性的陈述和推论只是内在具有扭曲性的概念建构的产物。在禅宗传统中，禅师会不遗余力地传达直接或直觉之知的重要性，并尽可能地削弱算计和推理在达成恰当行动方面的作用。所有这些，似乎都可归为对佛教伦理进行特殊主义解读的有力例证。为了评价这种解读，我们需要更加清楚特殊主义的确切内涵。

哲学家们已经逐渐意识到，仅仅表明不存在普遍正确、绝无例外的道德原则，并不足以让我们充分把握特殊主义的独特性。正如几位作者指出的，一位罗斯式的普遍主义者会坚持认为，存在许多道德原则，它们有时发生冲突，而当它们发生冲突时，我们则必须通过判断来决定遵循哪些原则。像这样的观点就不是特殊主义的，但它也不会认为它的各种原则就是绝无例外的原则。

相反，把特殊主义描述为一种关于实践理由的整体论（a kind of holism about practical reasons），可能更好。作为第一步，我们对特殊主义的粗略陈述如下：所有的实践理由都服从于整体论，因为它们的力量会随情境而变化，以至于对任何理由来说，只要它在一种情境中支持某类行动，那么，它就会在另一种情境中反对这类行动。

乔纳森·丹西（Jonathan Dancy）为了说明这方面的问题，拿理论理由（theoretical reasons）进行类比。在通常情况下，毫无疑问，如果我觉得我看到了一个红色物体，这便是一个证据，证明我面前有一个红色物体。然而，正如丹西指出的那样，

> 如果我最近服用了一种药物，使蓝色的东西看起来是红色的，而红色的东西看起来是蓝色的，在此情形下，我也会相信，在我面前的那个外表上是红色的东西，对我来说，可以合理地被认为是一个蓝色的东西，而不是红色的。

（Dancy 2000: 132）

理论理由经常表现出这种整体论，这没任何争议。那么，我们为什么不能指望实践理由也以类似的方式起作用呢？当然，很明显，有些实践理由就具备这样的整体论特征。正如丹西指出的，如果某个地方将出现很多人，那么，有时候这是去那里的好理由，有时候这是不去那里的好理由。如此等等。

认为**所有的**实践理由都以这种方式起作用，这种观点是极其错误的。在我看来，那些塑造了佛教传统的关键人物尤其不可能接受这样的论点。如果某行为阻碍了我的觉醒（梵文：*bodhi*），那么，这件事在什么情况下才会成为要我做它的理由呢？如果某行为会给另一个生命造成痛苦，那么，这件事在什么情况下才会成为要我做它的理由呢？就丹西自己的观点而言，他认为，如果对他人施加痛苦是他们应得的惩罚，那么，我们就有很好的理由，出于此事自身的缘故而这么做（Dancy 2000: 139）。不过，正如我在以往作品中表明的那样，佛教徒不会认为有谁应该受到这样矫正

性的惩罚（参见 Goodman 2009: ch. 9）。顶多，我们会因为这种痛苦有助于实现其他某种善而推翻那种不要给他人施加痛苦的理由；可这又不是丹西心里的想法。因此，我们只好得出结论说，佛教徒应该拒绝这种粗略版本的特殊主义。

正如罗杰·克里斯普（Roger Crisp）在其精彩的《特殊主义的特殊化》（"Particularizing Particularism"）一文中指出的，我们对理由整体论的评价，取决于我们是否认为我们正在考察的话语领域包含了他所说的"奠基性理由"（grounding reasons）（Crisp 2000: 33-34）。丹西举的那个颜色的例子很不错，但是在涉及"奠基性理由"的时候，我们会得到不同的结果。在牛顿力学中，作用于物体 X 上的力的矢量之和（vector sum）指向东北，这将始终是让我们相信物体 X 将朝着东北加速的理由，并且永远不会构成反对这种信念的理由。因此，佛教伦理学是否应被视为特殊主义的，这取决于它是否承认，有些理由可以发挥像牛顿物理学中关于"力的总和"的思考所发挥的那种作用。而我们可以去哪里寻找这样的理由呢？

读者可能知道，被称为"四圣谛"的佛教核心教义，是从苦谛开始。许多西方学者都将第一圣谛概括为"人生皆苦"，但在巴利经典或其他佛教典籍中，并没有出现这种说法。况且，这种表述似乎暗示说，任何生命都不可能免于痛苦——但这却是佛教徒明确否认的。佛教经文断然没有人生皆苦的说法，它们只是列举了各种苦的特定形式，并且声称，在证悟之前，一切众生都充满了大大小小的痛苦。了解四圣谛的恰切方法莫过于借助医学模型。"苦谛"辨识出疾病：佛教试图克服的人生问题就是苦。"集谛"辨识出疾病的原因：苦由爱欲引起，爱欲本身由贪、嗔和痴三毒组成。"灭谛"辨识出预后（prognosis）：人有可能克服痛苦并从中解脱。而"道谛"则是辨识出实现良好预后所必需的治疗过程：建立一种在伦理行为上善待他人并专注于禅修、正念和智慧的佛教生活。

第一部分　美德伦理学的历史

如果我们结合当代西方的美德伦理学和特殊主义论述来反思上面的说法，那么，我们不仅可以理解美德在佛教中有多么重要，而且理解，为什么特殊主义的美德伦理学解释最终不太可能成功。要实现"超越痛苦"这一佛教的基本目标，培养个人美德是必不可少的。因此，对佛教教义的任何理解都不能放弃，甚至不能削弱，那些旨在改变我们的为人以及我们与自身经验的关联方式的各种实践和教义。用以理解这种转变各个方面的佛教概念框架，同西方美德伦理学家有关品格卓越性的观点，有着重要的相似之处。另一方面，整个佛教信仰都在对"苦"这个根本问题做出有力的回应。佛教实践和教义的每一方面的价值及其证成，都来自于它在减轻痛苦、带来幸福方面发挥的作用，而这些痛苦和幸福不仅是佛教徒的，也所有的有情众生的。因此，我们很难拒绝这样的结论：即，对佛教徒来说，行为或修行是对痛苦的有效回应，这一事实构成了佛教受到支持的奠基性理由。当我们学习第四圣谛时，我们必定聚焦于美德；但是，当我们学习第一圣谛时，我们则又会被提醒，"苦"的问题发挥着基础作用。统一这些看似不同的看法，或许正是现代佛教伦理学解释者的最重要的任务。

【相关主题】

第 4 章 "Hindu Virtue Ethics," Roy W. Perrett and Glen Pettigrove

第 6 章 "Mencius' Virtue Ethics meets the Moral Foundations Theory," Shirong Luo

第 8 章 "Respect for Differences," Yong Huang

第 9 章 "Xunzi and Virtue Ethics," Eric L. Hutton

第 27 章 "The Situationist Critique," Lorraine Besser-Jones

第 32 章 "World Virtue Ethics," Stephen C. Angle

第 34 章 "Virtue Ethics as Political Philosophy," Yang Xiao

【参考文献】

Ananda Maitreya, trans. 1995. *The Dhammapada*. Berkeley, CA: Parallax Press.

Crisp, Roger. 2000. "Particularizing Particularism." In Brad Hooker and Margaret Little (eds), *Moral Particularism*. Oxford: Oxford University Press, pp. 23–47.

Crosby, Kate, and Skilton, Andrew, trans. 1995. *The Bodhicaryāvatāra*. Śāntideva. New York: Oxford University Press.

Dancy, Jonathan. 2000. "The Particularist's Progress." In Brad Hooker and Margaret Little (eds.), *Moral Particularism*. Oxford: Oxford University Press, pp. 130–156.

Darley, John M., and Batson, C. Daniel. 1973. "'From Jerusalem to Jericho': A Study of Situational and Dispositional Variables in Helping Behavior." *Journal of Personality and Social Psychology* 27:1. Reprinted in Aronson, Elliot, ed. 2003. *Readings about The Social Animal*. New York: Worth Publishers.

Fuchs, Rosemary. trans. 2000. *Buddha Nature: The Mahayana Uttaratantra Shastra with Commentary*. Arya Asanga. Ithaca, NY: Snow Lion.

Goodman, Charles. 2009. *Consequences of Compassion: An Interpretation and Defense of Buddhist Ethics*. New York: Oxford University Press.

Harvey, Peter. 2000. *An Introduction to Buddhist Ethics*. New York: Cambridge University Press.

Huntington, C. W., trans. 1989. *The Emptiness of Emptiness: An Introduction to Early Indian Mādhyamika*. Honolulu: University of Hawaii Press.

Keown, Damien. 1992. *The Nature of Buddhist Ethics*. New York: Palgrave.

Siderits, Mark. 2007. "Buddhist Reductionism and the Structure of Buddhist Ethics." In P. Bilimoria, J. Prabhu, and R. Sharma (eds.), *Indian Ethics: Classical Traditions and Contemporary Challenges*, vol. 1, pp. 283–296. Burlington, VT: Ashgate.

Vaidya, P. L. 1999. *Śikṣā-samuccaya of Śāntideva*. Darbhanga: Mithila Institute.

第8章
尊重差异：道家的美德

[美]黄勇/著
谢廷玉/译 李义天/校

在西方，美德伦理学的复兴令人瞩目，它挑战了在现代伦理话语中占据主导地位的义务论和后果主义。由此，人们进行了诸多尝试，试图也在亚洲传统中——包括印度教、佛教，以及，最为突出地，儒家思想——探索美德伦理学的潜力。然而，迄今为止，还很少有人注意到中国道家思想的美德伦理学潜力。因此，不得不说，本章对道家美德伦理学的讨论只是一种试验。虽然《道德经》和《庄子》同为道家哲学最为伟大而又十分不同的两部经典，但本章仅以后者为依托。

自在行动

美德伦理学尽管种类繁多，但它们都有个共同点，并由此区别于其他伦理学类型，那就是，它们强调美德之人在行动时是自然的、轻松的、优雅的、愉悦的，也是自在的（with ease）。比如，丹尼尔·斯塔特曼（Daniel Statman）就说："美德之人'自然地'做出正确的事情，而无需同情感、倾向或品格特征抗争，也不必深陷'灵'与'肉'或'理性'与'激情'的冲突之中。"（Statman 1997: 16）因此，在这种语境下探索《庄子》美德伦理学的可能性，人们自然就会被那些所谓的绝技故事

（knack story）吸引，其中的各式高手，就像阿兰·福克斯（Alan Fox）所说的自动驾驶仪（autopilots）一样（Fox 2002: 83），能够轻松自在地完成各自的行为。其中，庖丁解牛的故事最为家喻户晓："手之所触，肩之所倚，足之所履，膝之所踦，砉然向然，奏刀騞然，莫不中音。合于桑林之舞，乃中经首之会。"（《庄子·养生主》）面对文惠君的惊讶之情，庖丁讲述了自己的经验：

> 臣之所好者道也，进乎技矣。始臣之解牛之时，所见无非牛者。三年之后，未尝见全牛也。方今之时，臣以神遇而不以目视，官知止而神欲行。依乎天理，批大郤，导大窾，因其固然。技经肯綮之未尝，而况大軱乎！良庖岁更刀，割也；族庖月更刀，折也。今臣之刀十九年矣，所解数千牛矣，而刀刃若新发于硎。彼节者有间，而刀刃者无厚；以无厚入有间，恢恢乎其于游刃必有余地矣，是以十九年而刀刃若新发于硎。虽然，每至于族，吾见其难为，怵然为戒，视为止，行为迟。动刀甚微，謋然已解，如土委地。提刀而立，为之四顾，为之踌躇满志，善刀而藏之。（《庄子·养生主》）

《庄子》"外篇"还有不少类似的绝技故事。比如"轮扁斫轮"，轮师扁经过多年练习，在切割造轮时既不会太快（太快会使车轮太松），也不会太慢（太慢会使轮子太紧），而是以合适的速度（使轮子的松紧程度恰到好处）切割出一个车轮。在谈到他的制轮技术时，扁说："得之于手而应于心，口不能言，有数存焉于其间。臣不能以喻臣之子，臣之子亦不能受之于臣。"（《庄子·天道》）而在《达生》篇中，庄子还讲述了一系列这样的故事，比如，善游者、操舟者、捕蝉者，以及，最重要地，木匠梓庆的故事；梓庆所削之鐻精美绝伦，犹如出自神明之手。在解释自己的制鐻之技时,梓庆告诉我们,只有经过多日静心,使得精神逐渐集中时,他才会"入山林,观天性。形躯至矣,然后成见鐻,然后加手焉。不然则已。则以天合天。器之所以疑神者,其是与!"(《庄子·达生》)

由于这些故事向我们展示了道家圣贤所共有的诸多典型品质,自发、自然、优雅轻松和愉悦,因此,一些庄子研究者认为,在这些故事里描述的行为就是道德上的美德行为。例如,在阐释他所说的庄子的"具体伦理学"(concrete ethics)时,阿兰·福克斯就声称,庄子的伦理学是"一种'美德伦理学'……它所要求的不是遵守伦理准则,而是发展人的品格"(Fox 2002: 80)。根据福克斯的看法,正如在美德认识论中(他也觉得庄子持有这种认识论),唯有真实之人才能知晓真理一样,在美德伦理学中,唯有善好之人才能做出善好之事。安格斯·格拉汉姆(Angus Graham)同样认为,

对庄子来说,列出各种选项并且追问"何者有利,何者有害?"或"何者正确,何者错误?",这些都是生活中的大错。真正知道自己在做什么的人——如厨师(庖丁)、木匠(梓庆)、游泳者、操舟者、捕蝉者,其意见常常会给倾听他们的哲人或君王带来收获——并不热衷分析,也不罗列选项,亦不从第一原则出发进行推理。他们甚至忘掉了做学徒时被教授的任何规则。他们关注的是整体情况,他们信任那些自己无法用语言来解释的绝技,他们的双手伴随着全神贯注的凝视而游走移动。(Graham 1983: 7)

沿着相同的思路,在谈到庖丁、木匠梓庆、轮师扁时,艾文贺(P. J. Ivanhoe)也指出:

这三位匠人都已在某种程度上合于道；他们依从天性深处的隐秘缝隙，达到了成效丰盈而又游刃有余的境界。面对自己生活中遭遇的各种事物，他们抱以顺应，而非冲撞，并尽力穿透它们又不带来伤害。……这些故事让人相信，庄子不是一个道德怀疑论者；在庄子看来，有些人不仅懂得更好的方法，更懂得道。（Ivanhoe 1993: 644）

显然，在这些绝技故事中，所有这些技艺高超之人都是作为积极的典范人物出场的。换言之，他们是令人钦佩之人，做出令人钦佩之事。问题在于，他们的典范意义是仅仅对其各自行业而言，还是也对一般人而言，他们所理解的**那种**道只是从事各自活动的**那种**道，抑或同时也是伦理之道。尽管上述阐释者对我们的问题做出了肯定回答，但也有一些人的回答是否定的。对于《庄子》描述的这些绝技故事，比如，克里斯蒂安·赫尔穆特·温策尔（Christian Helmut Wenzel）就抱怨说，它们"只是教我们在设定目标后如何达到它，却没有告诉我们应该接受哪个目标并把它当作我们自己的目标。"（Wenzel 2003: 119）。在温策尔看来，《庄子》不仅可以教我们成为一个好厨师，同样地，它也可以教我们成为一个好的小偷或职业杀手，即，轻松地、愉快地、自发地、极为自在地偷窃和杀人（Wenzel 2003: 119）。罗伯特·伊诺（Robert Eno）也给出了同样的结论：

在我看来，"内篇"不足以支撑如下看法，即我们能够把这种针对高超技艺的评价转换为一种融贯的伦理理论。对道的践行可以适用于任何目的：杀人之道可能与屠牛之道具有同样的精神自发性——就像日本武士多次证明的那样。《庄子》在描述道的时候，并没有筛选它可能适用的目标。（Eno 1996: 142）

陈汉生（Chad Hansen）站在他所谓的弱相对主义（即，不仅仅是主观主义）立场上，也认为《庄子》的伦理学不会同意我们谴责希特勒，尽管它也不会同意我们说希特勒的视角跟我们的一样好："它只是说，'希特勒出现了'，发生这件事是自然规律的结果。人们不能从道枢，也就是宇宙的视角，作出任何具体的评价"（Hansen 1992: 290）。由此，亚瑟·丹托（Arthur Danto）得出的结论是，因为老庄哲学"瓦解了令道德得以可能的条件，所以按照我们的标准，他们有悖于道德。因此，他们在某种程度上应当受到指责"（Danto 1987: 119-120）。

我同意艾文贺等人的观点，即，《庄子》那里存在一种强有力的伦理学。但我也同意温策尔等人的观点，即，这些关于绝技的故事，如果挑出来读的话，它们在伦理上是中性的。然而，重要的是，我们应该把绝技故事同《庄子》的其他部分，特别是同另外一组故事放在一块；我将后者称作"差异故事"（difference stories）。当这么做时，我们会发现一种庄子式的美德伦理学（a Zhuangzian virtue ethics），它特别强调最重要的道家美德，尊重差异（respect for difference），这是一种目前为人熟知的各种美德伦理学通常都没有涉及的美德。

尊重差异

《庄子》非常强调，不仅要承认和尊重道德行为者（moral agents）和道德接受者（moral patients）之间的相关差异，而且要承认和尊重不同的道德接受者之间的差异。出于我们自身利益而向他人施加某种行为，固然不对；但以我们眼中对他人有利的方式而向他们施加某种行为，可能也不对。原因在于，我们觉得对他人好的事情，不一定被他们自己觉得好，而一些人认为是好的事情，另一些人却未必这么看。由于我们行为的接受者总是与我们和其他人不一样的具体他人,因此,我们必须以我们行为的实际接受者的标准,而不是以任何其他人的标准来评价我们的行动。如果我们认为对自己好的东西也一定对别人好,从而把我们的标准强加给别人,那么,灾难很可能随之而来。

这恰恰就是下面这则《庄子》的故事所蕴含的道德规范:

> 南海之帝为倏,北海之帝为忽,中央之帝为混沌。倏与忽时相与遇于浑沌之地,混沌待之甚善。倏与忽谋报混沌之德,曰:"人皆有七窍,以视听食息,此独无有,尝试凿之。"日凿一窍,七日而混沌死。(《庄子·应帝王》)

虽然这则故事的含义极其丰富(参见 Wu 2007),但在本章这里,特别要承认的是,倏帝和忽帝对于混沌完全没有恶意。相反,他们非常感激混沌并且想报答混沌的款待。为此,他们认为,由于混沌与他们不同(没有七窍),因此它尚有不足之处。于是,出于给混沌弥补不足的"善意",他俩决定为混沌修补缺憾。然而,接下来的行动却是(真正)致命错误,因为他们不明白,宇宙中的事物虽然不同,但有同等的价值。他们没有意识到,为了实现万物平等,要做的不是使它们整齐划一,而是无论它们有多么不同,都承认它们的同等价值。

在《庄子》的另一则故事中,这种观点得到了更加生动和清晰的表达:

> 昔者海鸟止于鲁郊,鲁侯御而觞之于庙。奏《九韶》以为乐,具太牢以为膳。鸟乃眩视忧悲,不敢食一脔,不敢饮一杯,三日而死。此以己养养鸟也,非以鸟养养鸟也。(《庄子·至乐》)

在这里,《庄子》明确指出,鲁侯养鸟的问题就在于,他是"以己养养鸟也":他喜欢酒,所以他就让鸟饮酒;他喜欢九韶,所以他就让鸟"享用"九韶;他喜欢宴席,所以他就用宴席"取悦"此鸟。结果,鸟儿死了。换言之,鲁侯并不在意是否了解这只鸟的特性。相反,他只是将自己的标准视为普遍的标准,并将其应用于这只鸟的身上。在《庄子》看来,鲁侯应该"以鸟养养鸟":"栖之深林,游之坛陆,浮之江湖,食之鳅鲦,随行列而止。"(《庄子·至乐》)这恰恰是庄子的差异伦理所要求的内容。

儵忽报恩和鲁侯养鸟这两则故事所蕴涵的道德规范,在传奇驯马师伯乐的故事中却表现得略有不同。伯乐虽然时至今日被称赞为驯马高手,而且被比喻为高明的教育家,但《庄子》对其评价不高。伯乐在训马时,

烧之,剔之,刻之,雒之,连之以羁縶,编之以皂栈,马之死者十二三矣;饥之,渴之,驰之,骤之,整之,齐之,前有橛饰之患,而后有鞭筴之威,而马之死者已过半矣。(《庄子·马蹄》)

不同于儵、忽对待混沌的行为,也不同于鲁侯对待海鸟的行为,在这里,伯乐显然没有按照他自己希望被对待的方式来对待马。可是,伯乐在此受到批评的原因却和儵、忽以及鲁侯是一样的:他没有按照马的天性,或者说,他没有按照马喜欢的方式来对待马。如果他这么做,他就得让它们"蹄可以践霜雪,毛可以御风寒,龁草饮水,翘足而陆,此马之真性也。虽有义台路寝,无所用之。"(《庄子·马蹄》)。在这个意义上,伯乐对待马的行为,同儵、忽对待混沌的行为,以及,鲁侯对待海鸟的行为,就没有什么不一样:它们都损害了各自行为对象的真实本性;而且,结果也是一样的——它们都让各自的道德接受者一命呜呼。

只要把上一节的绝技故事同这里的差异故事放在一起来读，《庄子》就能避免温策尔担心的情况，它不会认可或容忍小偷与职业杀手的行为；它不会像伊诺害怕的那样去欣赏日本武士的屠杀技巧；它也不会像陈汉生讲的，仅仅是说"希特勒出现了"，而是能够谴责这种行为。原因很简单，盗贼、职业杀手、武士、屠夫和希特勒都没有尊重各自道德接受者的差异性。而尊重差异的伦理学却尊重不同的生活方式，认为它们具有同等价值，因此从逻辑上讲，它不可能尊重任何否认其他生活方式具有同等价值的生活方式。

尊重差异的美德

因此，绝技故事与差异故事传递了两种不同的伦理信息。后者告诉我们，什么是合乎伦理的行动：承认不同的生活方式具有同等的价值；而前者则告诉我们，如何执行合乎伦理的行动：以自发的、自然的、轻松的方式行动。一个庄子意义上的美德之人，能够自然地、自发地、轻松地行动（或不行动），从而尊重不同生活方式的同等价值。换言之，一个美德之人，能够让自己的"天"（自然秉性）合于道德接受者的"天"（以天合天）。(《庄子·达生》)

然而，表面看来，我们并不具备这样的自然秉性，愿意承认和尊重道德接受者的差异性。作为事实，《庄子》承认"世俗之人，皆喜人之同乎己而恶人之异于己也。同于己而欲之，异于己而不欲者，以出乎众为心也。"(《庄子·在宥》)。这就是庄子所说的"成心"（opinionated mind），它构成了人们试图把自身的是非标准强加于他人的根源(《庄子·齐物论》)。事实上，正因为这种**成心**，使得鲁侯以自己想要的方式而不是鸟儿想要的方式对待鸟；也正因为这种**成心**，让倏和忽要在混沌头上开窍。

《庄子》的差别故事恰好表明成心为何不好以及如何克服它。

然而，在庄子看来，**成心**并非本心（original mind）。本心并不抱有成见，就像镜子没有灰尘一样。为了论证这点，《庄子》采取了两种策略。首先，《庄子》试图论证我们天生具有的本心并不抱有成见。因此，《庄子》在解释养生之道时，借老子之口提出了一连串问题（"能抱一乎？能勿失乎？能无卜筮而知吉凶乎？能止乎？能已乎？能舍诸人而求诸己乎？能翛然乎？能侗然乎？"）并最终落脚于"能儿子乎？"。接着，《庄子》解释了这种新生儿的样子：

> 儿子终日嗥而嗌不嗄，和之至也；终日握而手不掜，共其德也；终日视而目不瞬，偏不在外也。行不知所之，居不知所为，与物委蛇而同其波。是卫生之经已。（《庄子·庚桑楚》）

随后，《庄子》又描绘了"至人"的形象："夫至人者，相与交食乎地而交乐乎天，不以人物利害相撄，不相与为怪，不相与为谋，不相与为事，翛然而往，侗然而来。"（《庄子·庚桑楚》）。不过《庄子》依然认为，即使是这种至人，相比于新生的婴儿，他们的境界也不是最高的，因为新生儿"动不知所为，行不知所之，身若槁木之枝而心若死灰"（《庄子·庚桑楚》）。

"身若槁木之枝而心若死灰"这样的描述，也出现在道家圣人被衣对其学生啮缺的描述中，被衣试图教导啮缺如何才能成为一个犹如初生牛犊的人。他告诉啮缺说：

> 若正汝形，一汝视，天和将至；摄汝知，一汝度，神将来舍。德将为汝美，道将为汝居。汝瞳焉如新生之犊而无求其故。（《庄子·知北游》）

当被衣看到啮缺睡着了，犹如初生牛犊时，他说："形若槁骸，心若死灰，真其实知，不以故自持。媒媒晦晦，无心而不可与谋。"（《庄子·知北游》）更为明显的是，庄子还用相同的说法来形容道家圣人本尊。在全书最重要的章节《齐物论》的开头，道家圣人南郭子綦倚几而坐，神情有异，他的学生颜成子游问道："何居乎？形固可使如槁木，而心固可使如死灰乎？今之隐几者，非昔之隐几者也？"南郭子綦答道："今者吾丧我。"（《庄子·齐物论》）他所说的已丧之"我"，正是那种把自己的是非标准强加给别人的成心，而那个有此一丧的"吾"则是他与生俱来的本心。于是，南郭子綦通过摆脱成心，复归为婴儿，成为道家圣人。

由于人一出生似乎就有成心，因此《庄子》又采用了另一种策略，表明人的本心不包含偏见。《庄子》说，在上古黄金时代，即所谓"至德之世"，各种关于是非的学说特别是儒墨学说尚未出现并腐蚀人类之前，所有人都有一颗纯洁的心灵。在某个地方，《庄子》说道：

> 至德之世，不尚贤，不使能，上如标枝，民如野鹿。端正而不知以为义，相爱而不知以为仁，实而不知以为忠，当而不知以为信，蠢动而相使不以为赐。是故行而无迹，事而无传。（《庄子·天地》）

以伯乐训马——前面考察过的一则差异故事——开头的那个短章，就集中讨论了这样的黄金时代。紧接着这则故事之后，《庄子》说道，善于治世之人与善于治马之人（伯乐）不一样，因为"彼民有常性，织而衣，耕而食，是谓同德；一而不党，命曰天放"（《庄子·马蹄》）。随后，《庄子》描绘了至德之世的两幅图景：（1）"故至德之世，其行填填，其视颠颠"；（2）"夫至德之世，同与禽兽居，族与万物并。恶乎知君子小人哉！同乎无知，其德不离；同乎无欲，是谓素朴"（《庄子·马蹄》）。在该章结尾,《庄子》又举了个例子进一步阐明至德之世,即赫胥氏统治的时代:"夫赫胥氏时,民居不知所为,行不知所之,含哺而熙,鼓腹而游"(《庄子·马蹄》)。

培养尊重差异的美德

因此,成心使我们无法尊重那些与我有别的生活方式。然而,尽管它不是人们与生俱来的,也不是至德之世就存在的,但如今(几乎)人人都有这种成心,从而(几乎)无人具备尊重差异的美德。所以,为了摆脱成心,恢复尊重差异的美德,我们有必要开展某些道德修养。《庄子》提出了许多修养道德的方法,如坐忘、见独(《庄子·大宗师》),其中最著名的是心斋。庄子曾虚构了一段孔子和颜回之间的对话。颜回问道:"吾无以进矣,敢问其方。"(《庄子·人间世》)孔子告诉他,有一个简单的办法,那就是斋戒。颜回说自己家里很穷,已经好几个月没吃肉,所以已经斋戒了。孔子说,他所讲的斋戒是指心斋。对于心灵的斋戒,孔子告诉颜回:

> 无听之以耳而听之以心,无听之以心而听之以气!听止于耳,心止于符。气也者,虚而待物者也。唯道集虚。虚者,心斋也。(《庄子·人间世》)

只要一个人的心灵不再被"成心"占据,他就复归了新生婴儿的心灵状态。所以,《庄子》说:"无思无虑始知道,无处无服始安道,无从无道始得道。"(《庄子·知北游》)

因此,心斋的目的在于清空所有的偏见、意见和前见,即所有的成心之见。《庄子》常把圣人之心比作明镜,它映照出事物的本来面目,既不增也不减。故《庄子》说,"至人之用心若镜"(《庄子·应帝王》);在另一处中,又说:"圣人之心静乎!天地之鉴也;万物之镜也。"(《庄子·天道》)。这里强调的是,要摆脱自己的固执之见,不把它当作普遍的是非标准投射于物,从而使我们的心灵像一面明镜,如其所是地映照他物,而不将任何主观的东西强加给它们。由于充满成见的心灵就如同布满灰尘的镜子,所以《庄子》说:"鉴明则尘垢不止,止则不明也。"(《庄子·德充符》)

对于这种关系,《庄子》还用"水"来比喻圣人之心。尽管水喻同镜喻一样,都是为了表明心灵可以无成见地反映事物(《庄子·德充符》),但是,水喻也被《庄子》用来说明心无成见的另一方面:"在己无居,形物自著。其动若水,其静若镜,其应若响。芴乎若亡,寂乎若清。同焉者和,得焉者失。"(《庄子·天下》)。《庄子》试图通过水喻来说明的是,本心不与异己之物相争,而总向它们让步。这便是圣人和人打交道的方式。水与模具不同,模具是只有当事物被塑造成自己的形状时才会接受它们,而水则可以完整接受事物的原貌:正方的,长方的,圆形的,并不强求改变它们的原有形状。同样地,圣人也不把自己的标准强加于人,而是"有莫举名,使物自喜"(《庄子·应帝王》)。

不过,在《庄子》看来,人有成心不全是他们自己的错。正如我们看到的,在上古黄金时代,没人试图把自己的标准强加给他人。那么,黄金时代是怎么消失的呢?庄子归咎于儒墨二家的圣人。比如,在描述至德之世后,《庄子》指出:

及至圣人,蹩躠为仁,踶跂为义,而天下始疑矣。澶漫为乐,摘僻为礼,而天下始分矣。故纯朴不残,孰为牺尊!白玉不毁,孰为珪璋!道德不废,安取仁义!性情不离,安用礼乐!五色不乱,孰为文采!五声不乱,孰应六律!夫残朴以为器,工匠之罪也;毁道德以为

仁义，圣人之过也。(《庄子·马蹄》)

类似地，在描述了赫胥氏的黄金时代后，庄子紧接着说道："及至圣人，屈折礼乐以匡天下之形，县跂仁义以慰天下之心，而民乃始踶跂好知，争归于利，不可止也。此亦圣人之过也。"(《庄子·马蹄》)

出于这种原因，人们若想克服把自我标准强加于人的倾向，那么，社会也必须克服圣人企图用他们眼中的单一是非标准来治理天下的做法。故《庄子》说："闻在宥天下，不闻治天下也。在之也者，恐天下之淫其性也；宥之也者，恐天下之迁其德也。天下不淫其性，不迁其德，有治天下者哉？"(《庄子·在宥》)而在另一处，《庄子》引用了《老子》的名言"鱼不可脱于渊，国之利器不可以示人"，进而指出："彼圣人者，天下之利器也，非所以明天下也。故绝圣弃知，大盗乃止。"(《庄子·胠箧》)在《庄子》笔下，理想的道家统治者不同于那些试图将自我标准强加于人而使天下一统的圣人，他们"游心于淡，合气于漠，顺物自然而无容私焉，而天下治矣"(《庄子·应帝王》)。其"明王之治：功盖天下而似不自己，化贷万物而民弗恃。有莫举名，使物自喜"(《庄子·应帝王》)。

虽然摆脱成心并培养尊重差异的美德不容易，然而，一旦成功，一个人便可以像庖丁、梓庆、轮扁那样，自然、自发、轻松、快乐地践行自己的美德。事实上，道家圣人的行为是如此地自然和自发，以至于不仅他们自己，甚至连他们的行为对象，似乎也没有意识到他们的所作所为："圣人之爱人也，人与之名，不告则不知其爱人也。"(《庄子·则阳》)。因此，《庄子》说：

以敬孝易，以爱孝难；以爱孝易，而忘亲难；忘亲易，使亲忘我难；使亲忘我易，兼忘天下难；兼忘天下易，使天下兼忘我难。(《庄子·天运》)

忘掉父母之所以比爱他们更难，是因为，如果要爱他们，你至少可以勉强做到，但忘掉父母却是在以另一种方式爱他们，这种方式如此自然，以至于你都没有意识到你是在爱他们，这当然更难做到；然而，还有一种更难达到的境界，那就是让父母忘记你，因为这意味着，当你在爱他们的时候，你并没有让父母感觉到你是在爱他们。换言之，你对他们的爱无踪可循。为了表明道家圣人的这种境界，《庄子》比喻说：

> 忘足，屦之适也；忘要，带之适也；知忘是非，心之适也……始乎适而未尝不适者，忘适之适也。(《庄子·达生》)

【相关主题】

第 6 章 "Mencius' Virtue Ethics meets the Moral Foundations Theory," Shirong Luo

第 9 章 "Xunzi and Virtue Ethics," Eric L. Hutton

第 14 章 "Eudaimonistic Virtue Ethics," Liezl van Zyl

第 15 章 "Sentimentalist Virtue Ethics," Michael L. Frazer and Michael Slote

第 26 章 "Models of Virtue," Nancy E. Snow

第 33 章 "Virtue Ethics and Moral Education," Randall Curren

【参考文献】

Danto, Arthur C (1987) *Mysticism and Morality: Oriental Thought and Moral Philosophy.* New York: Columbia University Press.

Eno, Robert (1996) "Cook Ding's Dao and the Limits of Philosophy." In Paul Kjellberg and P. J. Ivanhoe, eds., *Essays on Skepticism, Relativism, and Ethics in the Zhuangzi*. Albany: SUNY Press.

Fox, Alan (2002) "Concrete Ethics in a Comparative Perspective: Zhuangzi Meets William James." In Michael Barnhart, ed., *Varieties of Ethical Reflection: New Directions for Ethics in a Global Context*. Lanham: Lexington Books.

Graham, A. C. (1983) "Taoist Spontaneity and the Dichotomy of 'Is' and 'Ought'." In Victor H. Mair, ed., *Experimental Essays on Chuang-tzu*. Honolulu: University of Hawaii Press.

Hansen, Chad (1992) *A Daoist Theory of Chinese Thought: A Philosophical Interpretation*. Oxford & New York: Oxford University Press.

Ivanhoe, P. J. (1993) "Zhuangzi on Skepticism, Skill, and the Ineffable Dao." *Journal of American Academy of Religion* 61.4: 639–654.

Laozi 老子 (2008) In *Translation of and Commentary on the Laozi* 老子譯注, by Xin Zhanjun 辛戰軍. Beijing: Zhonghua Shuju.

Statman, Daniel (1997) "Introduction to *Virtue Ethics*." In Daniel Statman, ed., *Virtue Ethics*. Washington, DC: Georgetown University Press.

Wenzel, Christian Helmut (2003) "Ethics and Zhuangzi: Awareness, Freedom, and Autonomy." *Journal of Chinese Philosophy* 30.1: 115–126.

Wu, Kuang-ming (2007) "'Emperor Hundun 混沌': A Cultural Hermeneutic." *Dao* 6: 263–279.

Zhuangzi (1995) In *Zhuangzi jie jie* 莊子集解. Comp. by Guo Qingfan 郭慶藩. Beijing: Zhonghua shuju.

【延伸阅读】

Chong, Kim-chong (2011) "Zhuangzi's *Cheng Xin* and Its Implications for Virtue and Perspectives." *Dao* 10.4: 427–444.

Fraser, Chris (2014) "Wandering the Way: A Eudaimonistic Approach to the Zhuangi." *Dao* 13.4: 541–565.

Huang, Yong (2005) "A Copper Rule versus the Golden Rule: A Daoist-Confucian Proposal for Global Ethics." *Philosophy East & West* 55.3: 394–425.

——(2010) "Respecting Different Ways of Life: A Daoist Ethics of Virtue in the Zhuangzi." *Journal of Asian Studies* 69.4: 1049–1070.

——(2010) "The Ethics of Difference in the Zhuangzi." *Journal of American Academy of Religion* 78.1: 65–99.

Ivanhoe, P. J. (1996) "Was Zhuangzi a Relativist?" In Paul Kjellberg and P. J. Ivanhoe, eds., *Essays on Skepticism, Relativism, and Ethics in the* Zhuangzi. Albany: SUNY Press.

Perkins, Franklin (2005) "Following Nature with Mengzi or Zhuangzi." *International Philosophical Quarterly* 45: 327–340.

Slingerland, Edward (2003) *Effortless Action: Wu-wei as Conceptual Metaphor and Spiritual Ideal in Early China*. Oxford: Oxford University Press.

Wong, David (2006) *Natural Moralities: A Defense of Pluralistic Relativism*. Oxford: Oxford University Press.

Yearley, Lee H (1996) "*Zhuangzi*'s Understanding of Skillfulness and the Ultimate Spiritual State." In Paul Kjellberg and P. J. Ivanhoe, eds., *Essays on Skepticism, Relativism, and Ethics in the* Zhuangzi. Albany: SUNY Press.

第9章
荀子与美德伦理学

[美] 何艾克 / 著
乔　珂 / 译　李义天 / 校

引言

荀子是对中国古代思想家荀况的尊称。他的生卒年月已不可考,但学者们大体上认同他生于公元前4世纪后半叶,卒于公元前3世纪后半叶,去世时年事已高。以其名命名的著作《荀子》流传于世,据传是他的文章与对话的辑录。与许多其他古籍一样,学者们质疑《荀子》到底在多大程度上反映了历史人物荀子的观点。但这些疑虑并不能妨碍我们,因为我们在此关心的是该书的哲学意涵。在接下来的讨论中,我将用"荀子认为""荀子谈到"作为一种简单的方式来指称《荀子》书中可被视作融贯性观点的哲学思想,不过,这样的措辞并不是为了给出什么明确的历史归属。(对这些问题的更多讨论,参见英译本 *Xunzi*(2014)一书的"导论"。)

荀子将自己视为某一思想与实践传统的传扬者与守卫者,他认为这一传统源自远古的圣王。他还将孔子(公元前551—前479)纳入这一传统中,将其视为最重要的成员。荀子常常将孔子称为典范,甚至圣人,而且,他批评那些在他看来歪曲了孔子真实教义的人。基于这一原因,尽管他置身其中的这个传统"儒家",在他看来并非由孔子所创——"儒家"这个中文词与孔子的名字也没有任何词源联系,但是,把荀子归为

"Confucian"（英文中对"儒家"的惯常译法）仍是非常恰当的，特别是因为，他与孔子以及其他大部分通常被称为"儒家"的人在重要的伦理与政治价值上有着相同的看法。事实上，在中国思想史的古典时期（即，公元前221年秦朝建立之前），《荀子》一书对这些价值做出了最详尽、最精致的阐发，从而成为儒家传统中的一部卓越经典。

正如本书的其他篇章所阐释的那样，我们有充分理由认为，孔子和许多其他儒者都提倡某种形式的美德伦理学。但是，仅仅从荀子与他们有共同价值观，便推断荀子必定是一位美德伦理学家，这难免过于草率。并且，这么做也谈不上什么新知，因为美德伦理学本来就有多种版本。因而，在思考荀子的思想与美德伦理学之间关系的过程中，我将首先探讨，在何种意义上荀子的道德哲学可以被理解为一种美德伦理学，继而考察，荀子有哪些独到的见解可以为美德伦理学（或更宽泛意义上的美德理论）做出贡献。

作为美德伦理学家的荀子

要问荀子是不是美德伦理学家，区分如下两个不同的问题十分重要：（1）将荀子视为美德伦理学家是否是**最好的**解释；（2）将荀子解释为美德伦理学家是否有**充足的依据**。若想对第一个问题给出肯定回答，那么，我们就得考察，那些支持将荀子理解为美德伦理学家的文本证据同那些支持将荀子理解为其他类型伦理学家的文本证据孰轻孰重，并且表明，在总体上，文本证据倾向于支持前一种理解。而这项计划过于庞杂，不适合在这里进行，所以，此处的讨论将限定在第二个问题。接下来，我将论证，我们有充分的理由将荀子解释为一种特定类型的美德伦理学家，而至于什么才是在总体上对荀子最令人信服的解读，对这一问题，我们留待他处再解决。

现在，当人们通读《荀子》时，很快能注意到这部经典的两个重要方面。首先，书中关于生活方式的许多建言，依据的都是两种理想形象——即"君子"与"圣人"——的作为或不作为。在荀子看来，"圣人"是道德发展达到最高境界的人，而且，他常常把"君子"差不多等同于"圣人"，尽管有些篇章也视"君子"比"圣人"略逊一等。这部经典引人关注的第二个方面是，它花了相当多笔墨来描述、提倡和颂扬这些理想形象的若干特征。其中，最频繁提及的特征包括"仁"（关怀他人的秉性）与"义"（遵循和维护社会秩序的特定规范的秉性）。如果采取一种宽泛的美德概念，我们可以把这部经典提倡的这些特征以及其他一些特征称作荀子眼中的"美德"，从而把荀子对"君子"和"圣人"的描述看作是在解释美德之人的想与不想、说与不说、做与不做，等等。

在这个意义上，美德与美德之人在荀子伦理学中地位十分突出。然而，正如康德在其《德性论》中围绕相同主题的讨论并不足以让道德理论家把他当成美德伦理学家一样，我们也不能仅仅因为荀子的讨论聚焦于美德和美德之人，就将荀子视为美德伦理学家。毋宁说，一种观点之所以是美德伦理学，这跟美德在其中发挥的建构性功能有关。因而，为了评估荀子可以在何种程度上被理解为美德伦理学家，我们必须考察其伦理学的基础结构，并将之与美德伦理学的结构进行比对。

在进行这种比对之前，我们必须先认识到两个复杂情况。一个是，美德伦理学是否预先就有某种独特的理论结构，这是有待讨论的：有些人愿意把它看作是对义务论和/或后果主义的补充，而非一种独立的互竞观点。另一个是，即便是认为美德伦理学在伦理理论中具有独特地位的人，也可能在它的典型结构是什么这一问题上存在分歧——正如本书其他文章表现的那样。这里，我无法展开全部这些话题，因此，我只是假设美德伦理学确实构成一种独特的道德理论,进而继续推动我的讨论;同时,在理解美德伦理学的独特结构时,我也将直接从一种为人熟知的方案——即约翰·麦克道威尔(John McDowell)的方案——出发。我将证明,荀子的伦理学与麦克道威尔的模式具有相同的结构,而在这个意义上,我们有充分的理由把荀子归入美德伦理学家之列。

让我们从麦克道威尔开始。在著名的《美德与理性》("Virtue and Reason" 1979)一文中,他有两个核心观点。第一个是正确的道德判断**不可法典化**(uncodifiability)命题。虽然麦克道威尔并未明确用该命题来攻击后果主义和义务论,但是,对于熟悉现代道德理论的人们来说,他的靶子是没有搞错的,因为这两种伦理学进路的标准表述都是想要努力提供一种或一套原则,用以确定行动正当性的必要条件和充分条件,并由此谋求适用于所有情境的正确判断。由于采取了不可法典化命题,所以,麦克道威尔不仅避免了后果主义者和义务论者之间应该采用哪方原则的争论,而且,从一开始,他就放弃了制定原则的企图。不过,即便如此,就某个重要方面而言,麦克道威尔的立场仍然显得模棱两可。换言之,不可法典化命题也许只是针对行动者的**慎思**,即,针对行动者在决定行动方案的思考过程中所明确运用的原则。但除此之外,它也可以针对行动的**证成**,即针对那些用以解释行动**何以**正当的原则,而这些原则并不一定在行动者的慎思过程中出现。各种"间接"或"双层"("indirect" or "two-tier")的后果主义便主要是将它们的原则用作证成而非慎思(如,Railton 1984)。所以,如果麦克道威尔的不可法典化命题是对这些观点的驳斥(看起来很可能是这样),那么,它就应当被宽泛地理解为同时也指向行动的证成;而这正是我在这里的理解。

《美德与理性》中的另一个核心观点,涉及我们所说的美德之人的**认知特权**(epistemological privilege)。(该说法并非来自麦克道威尔,而是借用自施尼温德（Schneewind）(1990)，虽然施尼温德是在贬义上提出，但我在这里不做贬义使用）。尽管麦克道威尔否认正确的道德判断可以法典化，但他并非道德怀疑论者。相反，他认为道德知识是可能的，但仅对美德之人是可能的。他一度这样表达自己的观点："在一个个场景中，某人知道该做什么，如果他确实知道，他也不是通过使用普遍的原则，而是**通过成为某种特定类型的人**——某种以独特的方式看待情境的人——而做到这一点的"（McDowell 1979: 73，着重号由我所加）依据上段的讨论，麦克道威尔在这里所说的"知道"，最好被理解为不仅包括确认采取**何种**行动，而且包括论证**为何**如此行动。此外，麦克道威尔还指出，美德之人看待事物的独特方式构成了某种特定"生活观"的一部分，而这种观念正是通过那些培养美德的实践和过程获得的。因此，他的道德知识观具有强烈的反基础主义色彩：无德之人，单凭理性是无法把握美德之人所作判断的可理解性与准确性的，也是在这个意义上，美德之人享有一种认知方面的特权。

在这两个观点的共同作用下，美德与美德之人成为伦理学研究的核心问题。对美德之人来说，尽管认知特权主张，一个人只有成为美德之人才知道该做什么，但是，不可法典化命题却排除了通过一条或一套原则来把握美德本身的可能性。因此，道德哲学不能直接回答在所有情况下应当如何行动的问题。相反，它所能提供的最类似的知识是，通过描述和分析美德与美德之人，而给予那些有志于拥有美德的人一个更明确的目标。麦克道威尔正是将这一系列的假设及其相应的方法作为亚里士多德（和柏拉图）的道德哲学的基础。在他看来，这些构成了美德伦理学独特而根本的特征。

有了这种基本框架，我们现在转向讨论荀子。尽管荀子常常谈论君子、圣人及其美德，但他的思想中还有另一个很重要的元素——"道"，它是组织社会和其中每个个体生活的正确模板。道是荀子思想中的最高规范标准，人们正是通过遵循道而拥有荀子所提倡的美德，从而达到君子、圣人的境界。

然而，在《荀子》的文本中，我们却无法找到任何一条关于道的明确定义。相反，荀子在很多地方对道提出了不同描述。在这些描述中，似乎没有哪种可以充当对道的根本解释。综合看来，这些不同描述虽然不矛盾，但也无法形成一种统一而系统的解释。更何况，荀子还十分明确地批评过他的哲学论辩对手所试图提供的（在荀子自己看来）关于道的还原论解释：

> 墨子蔽于用而不知文。宋子蔽于欲而不知得。慎子蔽于法而不知贤。申子蔽于埶而不知知。惠子蔽于辞而不知实。庄子蔽于天而不知人。故由用谓之道，尽利矣。由欲谓之道，尽嗛矣。由法谓之道，尽数矣。由埶谓之道，尽便矣。由辞谓之道，尽论矣。由天谓之道，尽因矣。此数具者，皆道之一隅也。夫道者体常而尽变，一隅不足以举之。（《荀子·解蔽》）

正如最后一句话表明的那样，认为道仅仅包含一种最高价值，任何这样的尝试都是错误的：这是误将道之一"隅"当作全部。然而，请注意，尽管这段话揭示出论辩对手们所忽视的"隅"，但我们并不能据此认为，这里提到的全部价值就构成了道的整体。换言之，虽然这段话拒斥对道的任何还原论解释，然而，它也没有提出某种替代性的复杂说明。事实上，最后两句合起来的意思是，**因为**道"尽变"（亦即，道提供了一种标准以回应可能出现的任何新情况），所以，并没有哪一"隅"能够充分把握它。这段话大体上将"变"等同于不可预料，因而也就暗示着，仅仅试图纳入更多的"隅"而给出一种关于道的更复杂表述,这不太可能充分把握道。总之,荀子似乎认为道是不可法典化的,而这也解释了荀子为何从未就道提出任何定义解释,而只是在不同地方给出不同的描述。

不过,不可法典化存在程度差别。在麦克道威尔那里,我们不太清楚,他的意思是说正确的道德判断**根本**不可法典化(从而,规则与原则在道德生活中没有任何位置),还是说道德判断无法**全盘**法典化(从而为原则与规则的**部分**法典化留出空间)。考虑到麦克道威尔似乎并未打算采取极端做法,并未将法律和其他类型的规范——它们是对正确道德判断的**部分**法典化——也拒之门外,所以,后面这种弱阐释意义上的不可法典化命题似乎更有可能是对麦克道威尔立场的正确阐发。

而荀子的立场相对更明晰,他允许对道予以部分的法典化。特别是,他提倡礼。他认为,礼由过去的圣王创制,而且能"表"道(《荀子·天论》)。这些礼是类似规则的行为标准,它们具体规定了一个人在各式各样的情境——要比"ritual"一词对大多数说英语的人所寓示的情境广泛得多——应当如何行动、说话、穿衣、吃饭,等等。不过,尽管荀子认为礼在几乎所有的人类生活领域都提供了指导,但他并不觉得它们就是终极的、不容违背的标准。他承认,由于上面指出的"变",因而总有些礼所无法顾及的情境存在。还有一些情况,尽管礼适用且规定了特定的行动,可是,依礼而行实际上却是错误的。在这个意义上,礼只是对道的部分法典化;荀子希望,那些真正把握道的人能够基于对道的理解,在必要时背离甚至改变礼的规定。(关于这个话题的更多讨论,参见 Hutton(2002: 361–364)。)

礼与道之间关系的一个重要方面是,知道了礼提出何种要求以及如何行礼,并不等于就知道了道。相反,与我们所说的法律的指导性"精神"(the guiding "spirit" of the laws)有点相似,道也是礼的指导性"精神"。要想把握道,除了学习礼的规定及其实践方式,我们还需要一些别的东西。在这个问题上,荀子有段话对于这里的讨论特别重要:在一段颂扬礼的篇章中,他是这样总结的:"非顺孰修为之君子,莫之能知也"(《荀子·礼论》)。既然荀子清楚地认为,除了君子,其他人也一定能学会礼的规定以及如何行礼,那么,这里所提到的"知"礼,就不仅仅是关于礼的规定及其实践方式的知识,而必定还有关于能够作为礼之根基且解释礼之标准的知识,亦即,关于道的知识。反过来,需要注意的是,只有"顺孰修为之君子"才能具有这种"知"。故而,荀子倡导的是一个十分复杂的道德修养过程,其中包含:学习特定的"经"书;进行礼仪、音乐、舞蹈方面的实践;接受老师的指导,以及其他因素。尽管在这里我无法详细展开这一过程(对该主题的深入讨论,参见 Stalnaker 2006),但是,说清楚荀子所设想的修养过程不仅仅是发展行动者的理性能力,这就够了。最重要的是,当荀子说只有经历了这一修养过程的君子才能理解道时,他实际上是以一种与麦克道威尔的反基础主义高度相似的方式肯定了如下观念,即美德之人在认知方面享有特权。

将上面这项观察同前文所说的荀子的道不可法典化命题结合起来看,我们可以发现,荀子的思想呈现出与麦克道威尔的思想轮廓相同的基础结构。而且,如前所述,荀子主要是通过描述君子与圣人以及他们的美德来呈现其伦理思想的,这也跟麦克道威尔所认同的伦理学方法一致。麦克道威尔认为,这一方法可以取代把正确道德判断加以法典化的方法,而且可以将亚里士多德视为其中典范。如果麦克道威尔(和麦克道威尔所解读的亚里士多德)的思想可被看作某种形式的美德伦理学,那也就有充分的理由来同样界定荀子的思想。

我将对上述论证给予评论,从而结束本节。首先,重申一下,我从未试图表明荀子**最好**被理解为美德伦理学家,而只是表明,他的思想契合了某种广为人知的建构美德伦理学的模式。其次，需要强调的是，这也仅仅是其中的**一种**模式。正如本书其他作者表明的那样，有许多种不同的可能模式可以建构美德伦理学，而荀子的思想或许（也）契合某些其他模式。因此，如果有人认为，麦克道威尔的观点不足以表现美德伦理学的独特结构，而荀子与该模式的相似性也不足以使他成为一名美德伦理学家的话，那么，荀子仍有可能是另外一种类型的美德伦理学家，尽管对荀子采取的解读还需做一番论证。最后，即便有人断定荀子的思想不能被解读为美德伦理学，或最好以其他的方式来解读，也并未排除那些想要发展美德伦理学或美德理论的人可以从荀子这里汲取养分的可能性，因为，荀子相当重视美德与美德之人。接下来，我就转向讨论这种可能性。

对当代伦理学家的可能教诲

对当代美德伦理者和美德理论家来说，可以从荀子的许多思想要素中获得教诲：他具体的美德清单、他对这些美德之间关系的看法、他的美德培养过程，等等。然而，由于篇幅有限，我在这里仅仅提出一项这方面的建议。特别是，我将集中讨论，我们可以从荀子的礼学思想学到什么。一方面，礼的问题一直不是多数西方美德伦理学家关注的主要问题。另一方面，在中国传统中，尽管重视礼是儒家同其他学派相比颇为独特的特征，但是，即便在儒家内部，荀子关于礼的讨论却也凭其洞察力与深刻性而脱颖而出。因此，若要探求荀子对当代美德研究和当代美德伦理学研究的独特贡献，那么，他对礼的阐释将是理所当然的起点。

首先要注意的是，如果把荀子的观点当作某种美德伦理学，那么，它就为美德伦理学家融合某些规则和原则提供了一种思考模式。这是因为，尽管礼不完全是规则（它们也是**传统**），但它们确实具有类似规则的特性，而荀子思想最显著的特征之一就在于它赋予礼极其重要的分量。在许多地方，他甚至使用押韵的骈文来颂扬礼。要不是前文已明确指出，礼是如何被用来指称一种不可法典化的更高标准（道）的，荀子很可能被误认为是一个规则崇拜者。

像这样热衷于规则，说得客气点，在当代美德伦理学者和美德理论家中间并不常见。前文说过，对麦克道威尔的不可法典化命题的某种解读有可能使之导向一种观点，即规则与原则在伦理学中毫无用武之地。这样的理解对他也许不是最合理、最包容的解读，可是，许多当代美德伦理学家在提出自己看法时，确实轻视或干脆忽视了规则与原则在美德之人生活中的作用。与这一倾向相反，罗莎琳德·赫斯特豪斯（Rosalind Hursthouse）尝试在她对美德伦理学的阐释中为规则留出一席之地：她引入了像"做诚实的事情，不要做冷漠的事"这样一些"美德规则"，也考察了像"信守承诺"这样一些"母亲膝下"的规则（Hursthouse 1999: 36–39）。不过，她认为后一种规则主要用来培养儿童的美德，而对成熟的道德行动者来说不重要，并且，她引入美德规则也主要是为了反驳那种认为美德伦理学根本无法拥有任何规则的观点——而这些规则，在她探讨美德之人的慎思时，并未占据突出的位置。（事实上，她在讨论这个问题时没有明确提到这些规则（Hursthouse 1999: 121–136），她一些说法表明，对于美德慎思而言，美德规则甚至在很大程度上是可有可无的。）

荀子之所以重视礼，很大一部分原因在于礼的**表达力**（expressive power）。礼多以习俗为依据，表达了特定的态度与情感，例如对亲人的关心、对长辈与主上的尊敬、幸福与吉庆时的喜悦、败落与困厄时的悲伤等等。因此，当人们对各种礼的意义有共同的理解时，践行礼就成了一种表达那些态度与情感的方式，而这种表达要比单纯借助言语更加具体、更加有力。

对荀子来说，这样的表达之所以重要有很多不同原因，其中三个特别值得注意。第一，它为各种情绪提供了一个出口，从而有助于行礼之人实现良好生活。例如，家人逝去的悲痛如果未能表达出来或是以失控的方式表达出来，就会变成一种危害。第二，既然人们的社会交往会受到那些促动他人的情感与态度的高度影响，所以，这些心理状态的成功表达，对于培养和谐有序的人际关系来说至关重要：比如，若一个人没有可靠的方法正确地辨识他人的关心行为，那她就很难对他人的关心抱以积极回应。第三，在荀子看来，表达特定的情感，这至少是某些美德的部分含义。例如，他曾谈到仁者会尊重他人，而这种情况必定包含着一个目标，那就是要让他人**感到**尊重；于是，这就要求仁者以他人所认为的尊敬方式去对待他（《荀子·臣道》）。既然践行礼就是做出如此表达的主要方式，尤其是表达美德之人的态度与情感的主要方式，那么，我们就不难理解，为何荀子如此重视礼，并且，进一步地，把守礼本身当作美德。（在《荀子》一书中，"礼"通常指礼法本身，但也被用以描述**一个人**对礼的持守，也就是我们所说的"得体"（propriety）或"礼仪得体"（ritual propriety），而荀子常常将其作为仁与义之外、君子与圣人所拥有的另一种基本品质。）因此，当我们通过礼的这种类似规则的特征来思考它们时，我们也就能够理解，荀子的观点何以提供了一种范例，使得某些规则及其遵守在美德伦理学或美德理论中获得了重要的位置。

当代理论家并未完全忽视这种观点。在一篇富有洞见的文章中，后来又在一本书中，卡伦·斯托尔（Karen Stohr）证明，拥有美德的一个重要方面就是彬彬有礼，而这一般需要遵循礼仪规则（Stohr 2006, 2012）。由于荀子所说的礼有很大一部分就是我们今天所界定的礼仪（etiquette），因此，斯托尔的立场在很多方面都和荀子非常接近，尤其是她为此展开的论证，因为她同样诉诸的是礼仪的表达和交流的方面：

> 我认为……彬彬有礼的确十分重要，礼貌的确很有意义。更具体而言，它有一种道德意义。我将表明，礼貌行为的规则之所以得到证明，是因为它们建立在被普遍接受的道德原则与理念之上，它们在促使我们依照这些原则和理念而行动时发挥了关键作用。社会习俗帮助我们根据共同的道德目标而交流和行动。它们充当工具，让我们得以表达出重要的道德价值，例如，尊重和考虑他人的需求、想法与意见。（Stohr 2012: 3–4）

此外，斯托尔还提出，塑造礼貌的那种礼仪知识最好被看作亚里士多德意义上的实践智慧的一部分。所以，即便斯托尔本人的思路（尤其是 Stohr 2012）更多依赖于康德而非亚里士多德，但其作品却清晰地表明，新亚里士多德主义的美德伦理学何以能够把遵循礼仪规则同彬彬有礼整合为道德生活的核心方面。

在这个意义上，荀子的观点不仅弥补了美德伦理学诸多论述中的某种缺漏，而且荀子跟许多当代思想家之间也有着相当多的共同之处，而后者同样正在给出建议以填补这一缺漏。与以往一样，由此出发，人们可以沿着许多方向进一步发展双方的对话，但我并不打算在这篇文章里涵盖所有方向。因此，我会把讨论限定于若干问题，尤其关注荀子可能会给斯托尔的研究增添哪些东西。

首先，尽管斯托尔关注礼仪，但荀子的观点表明，斯托尔的论证可以被运用得更加广泛。为了看清楚这一点，让我们回到荀子所说的"礼"。尽管这个观念包含许多我们眼中的礼仪，但除此之外，它还广泛涵盖各种仪式，其中既包括我们所认为的世俗性仪式（例如，外交仪式），**也**包括宗教性仪式（例如，祭祖），这也是为何"ritual"并不适合作为"礼"的标准译法的原因。荀子将所有这些不同条目纳入"礼"这个单一概念中，该事实立刻就引出一个有意思的问题,即,礼仪的边界是什么,而斯托尔对此未置一词。荀子没有给他的这种更宽泛概念提供明确辩护,我在此也无意替他给出辩护,但是,至少请允许我尝试提出一条在荀子观点中可能指明方向的隐含思路。正如大多数人理解的——也正如斯托尔意图谈论的——那样,礼仪是由具体情境所规定的:它是一套规则,教人在给定情境下应当做什么。然而,当我们超越了这些规则针对每个个体所提出的要求,而是考虑它们如何在多个个体之间协调一系列行动时,我们便可以将这些规则理解为它们组成了某种"脚本"(script),而脚本本身就构成了特定的情境。换言之,礼仪不仅是人们**在**(例如)婚礼上观察到的东西,它也帮助我们将某个事件**界定为**一场婚礼;大量的和/或过分的违反礼仪的行为将严重破坏婚礼的惯常运行方式,也同样会使得婚礼不成其为一场婚礼。

从这个角度出发,我们便能理解,为何人们要把礼仪当作具体事件类型的一部分,例如,各种世俗的和宗教的仪式。若是这样的话,那么,斯托尔对于礼仪的论证(即,我们应践行礼仪以表达正确的道德承诺,但是,当这些礼仪不再表达此种承诺时,我们也应当随时放弃或改变实践)似乎同样适用于令诸多人类活动得以结构化的更大整体——事件、情景,乃至制度。荀子本人的讨论也是朝着这个方向发展的,只不过这些讨论略显粗糙,而且它们适配的是一个与当今明显不同的时代和生活方式。所以,正是在这里,当代美德伦理学家和美德理论家可以从荀子那里获得教诲并进一步发展荀子的洞见。

荀子的思想对斯托尔那样的努力可能有所增益的第二种方式是,提供另一种理念,以扩大她的讨论范围。斯托尔将彬彬有礼视作实践智慧这种美德的一部分,它主要关切在个人交往中对正确道德承诺的表达。然而,荀子将外交仪节和祭祖仪式也纳入他的"礼"之中,从而归入守礼的**美德**;这表明,对人际交往礼貌的种种思考,也可以类似地适用于政治和宗教领域。如果此言不虚，那么，在分析美德及其组成部分时，人们就应当寻找礼貌在政治与宗教方面的相似物。或者，如荀子的观点（把所有这些品质统统纳入"礼"这个单一概念）暗示的那样，斯托尔的礼貌概念最好仅仅被理解为某种更宽泛品质的一个方面，而后者关注的是要在生活的**全部**领域中都表达出正确的道德承诺，包括私人领域、政治领域和宗教领域。同样地，我在此也不打算对该问题做出裁决：我的意图仅仅在于发现，如果人们把礼貌视作一种美德（的一部分），那么荀子的模式则将这种美德（的这个部分）的范围拓展得相当宽广；这是值得进一步思考的观点，它可能构成了对斯托尔观点的合理延伸。还需补充的是，荀子把宗教领域纳入其视野，这指明了一种足以补充斯托尔研究工作的内容；因为，宗教研究者正在发展许多精致的礼仪理论，而在此过程中，他们的论证立场在某些方面同斯托尔极为相似（例如 Seligman et al. 2008）。

最后一方面的启发是，荀子关于礼的讨论，或许还可以用来丰富斯托尔在其观点中所使用的实践智慧概念。在谈论礼貌时，斯托尔把移情式的想象力和对细微之处的洞察力树立为个体为了卓越地表达道德承诺而亟需的理智能力。不过，荀子的观点还提出了另外一种要素。尤其是，他的礼学思想的一个优势就在于，他注意到了**象征性**（symbolism）。请想一想他对于葬礼实践的规定：

> 具生器以适墓，象徙道也。……貌而不功……明不用也。（《荀子·礼论》）

通过这种事实——随葬品没什么用，因而也不会被使用——所蕴涵的象征性，上述做法既缓解了人们不忍逝者离去的悲痛（这就是为何人们表现得如同逝者是在搬家一样），同时也表达了对斯人已逝这一事实的认同。在荀子看来，礼所具有的诸多表现力正来自于这种象征性，因此，一个通礼之人也必须充分掌握这段文本中所展示的象征性。如果荀子关于象征的重要性及其在各种表达中的作用的看法是对的，那么，同样的方面也可能适用于斯托尔的观点，即，对于被她视为构成实践智慧一部分的礼仪知识来说，还需要有一种能够感知、理解和掌控象征物的熟练能力。不过，跟前面一样，到目前为止，这还只是个提议，而不是对这点的充分论证。

概言之，在本节，我试图指出，对于那些有兴趣思考美德与美德伦理学的人来说，荀子的思想可以提供一些许多值得思考的资源。本文对荀子思想的讨论必然只是冰山一角，因此，仍有许多这样的资源亟待进一步的研究，加以发掘和发展。最后，我真诚地希望，我们将尽快看到，那些已经注意到荀子诸多优长之处的美德理论家和美德伦理学家可以在这个领域大有作为。

【相关主题】

第 2 章 "Aristotle's Virtue Ethics," Dorothea Frede

第 5 章 "Why Confucius' Ethics is a Virtue Ethics," May Sim

第 6 章 "Mencius' Virtue Ethics meets the Moral Foundations Theory," Shirong Luo

第 18 章 "Contemporary Confucianism," David Elstein

第 34 章 "Virtue Ethics as Political Philosophy," Yang Xiao

【参考文献】

Hursthouse, R. (1999) *On Virtue Ethics*, New York: Oxford University Press.

Hutton, E. (2002) "Moral Reasoning in Aristotle and Xunzi," *Philosophy East and West* 29 (3) : 355–384.

Lau, D. C. 劉殿爵 and Chen, F. C. 陳方正 eds. (1996) *A Concordance to the Xunzi* 荀子逐字索引 , Hong Kong: The Commercial Press 商務印書館 .

McDowell, J. (1979) "Virtue and Reason," in his (1998) , *Mind, Value, and Reality*, Cambridge, MA: Harvard University Press.

Railton, P. (1984) "Alienation, Consequentialism, and the Demands of Morality," *Philosophy and Public Affairs* 13 (2) : 134–171.

Schneewind, J. B. (1990) "The Misfortunes of Virtue," *Ethics* 101: 42–63.

Seligman, A. et al. (2008) *Ritual and its Consequences: An Essay on the Limits of Sincerity*, New York: Oxford University Press.

Stalnaker, A. (2006) *Overcoming Our Evil: Human Nature and Spiritual Exercises in Xunzi and Augustine*, Washington, DC: Georgetown University Press.

Stohr, K. (2006) "Manners, Morals, and Practical Wisdom," in T. Chappell, ed., *Values and Virtues: Aristotelianism in Contemporary Ethics*, New York: Oxford University Press, pp. 189–211.

Stohr, K. (2012) *On Manners*, New York: Routledge.

Xunzi. (2014) *Xunzi: The Complete Text*, trans. E. Hutton, Princeton: Princeton University Press.

【延伸阅读】

对荀子思想的许多重要方面，本文尚未涉及，进一步的探讨可参见我编写的 *Dao Companion to the Philosophy of Xunzi*（Springer 即将出版）一书。

另有两本文集值得参考：克莱恩（T. Kline III）与艾文贺（P. Ivanhoe）合编的 *Virtue, Nature, and Moral Agency in the Xunzi*（Indianapolis: Hackett, 2000），以及克莱恩（T. Kline III）与蒂瓦尔德（J. Tiwald）合编的 *Ritual and Religion in the Xunzi*（Albany: SUNY Press, 2014）一书。本文只是简单涉及礼的诸多方面，而后一本书则提供了更丰富深刻的讨论。至于荀子的思想如何能够用于回应美德伦理学所遭遇的情境主义批评，莫厄尔（D. Mower）在"Situationism and Confucian Virtue Ethics"（*Ethical Theory and Moral Practice* 16:1（2013）: 113–137）一文中做出了富有启发的讨论。在亚洲的研究成果中，这方面的讨论资源相对较少，因为亚洲学者直到最近才开始将美德伦理学框架用来解读荀子。中文读者可参考王楷的著作《天然与修为——荀子道德哲学的精神》（北京：北京大学出版社，2011）。

第 10 章
神圣的美德：奥古斯丁的神学心灵

[美] 詹姆斯·维策尔 / 著
谢廷玉 / 译　李义天 / 校

根据通常的哲学史断代方式，奥古斯丁一方面太晚而不属于古典时期，另一方面又太早而不能被归入中世纪。作为公元 4 世纪中叶出生于罗马帝国北非地区的人（生于公元 354 年），他是一位古代晚期的人物，一个辽阔而纷乱的帝国的外省人；同时，作为希波勒吉斯（Hippo Regius）这个不大却繁忙的港口城市的老主教，他又是一位有影响力的人，一位不屈不挠的著述家，他注定在其身后（卒于公元 430 年）成为巨人，准确地说，拉丁教父学（Latin Patristics）的巨人。可是，对于我们这个时代的许多哲学家来说，古代晚期让人嗅到的是哲学衰败的气息，希腊人的才华在罗马帝国的干瘪藤蔓上日渐枯萎，此时，教父学在基督教的记忆中占据了神圣地位，它自成经典，但其哲学思想往往只是点缀，而远远谈不上深刻。

罗马共和国晚期，当西塞罗讨论幸福生活（*beata vita*）及其同源概念——至福（*beatitude*）——时，他可以不用涉及任何神圣性，后者围绕有福的或受神祝福的生活展开；比如，在《论善恶的目的》（*De finibus*）这部西塞罗篇幅最长的伦理学著作中，幸福的内涵只有哲学家才能定义。而数百年后，写作《上帝之城》（*De civitate Dei*）的奥古斯丁虽然对异教徒蔑视基督教的行径深感痛心，但他仍深受西塞罗界定哲学的方式影响；

在谈论至福时,他往往涉及一些不完全属于世俗世界的内容。奥古斯丁所偏爱的哲学家全都成了上帝的信徒,由此,他们更接近于天使,而不是世俗之城的居民(terrena civitas),也不是任何投身于帝国功业或以其他方式荣耀自身(self-aggrandizement)的人。

在《上帝之城》最有名的一章,也是所有人阅读《上帝之城》时的必读章节,即第19卷第25章,奥古斯丁简洁明快地确认了至福的两个基本要素,对他来说,这两个要素构成了伦理学的终极目标:即,身体服从灵魂,灵魂服从上帝。奥古斯丁十分确信,除了异教的柏拉图主义者(在奥古斯丁看来,他们对神的崇拜与他们的柏拉图主义不兼容),任何异教伦理学(典型表现为斯多亚派的完善论和亚里士多德主义常识观的某种综合)在上帝的问题上都毫无头绪。因此,无论异教伦理学希望通过自我操练而获得何种美德,都是不可能实现的。奥古斯丁写道(civ. Dei 19.4; Babcock 2013: 385):

> 灵魂对身体的统治、理智对恶德的统治,无论在表面上多么值得称道,只要灵魂和理智本身没有像上帝所教导的那样侍奉他,那么,它们就根本没有正确地统治身体和恶德。

奥古斯丁继续略显牵强地推论说:如果美德没有正确地指向上帝,它们就只是恶德而非美德。在这里,我们可以说,奥古斯丁对于那些缺乏基督教印记的美德是完全不屑一顾的。他是否真的打算声称,没有任何异教徒,甚至没有任何他所喜爱的柏拉图主义者拥有美德?对此,有些评注家,如李斯特(Rist 1994)和埃尔文(Irwin 1999),倾向于软化奥古斯丁的言辞;而另一些人,尤其是威廉姆斯(Williams 1987)和奥多诺万(O'Donovan 2004),则愿意在适当的限定下接受他的绝对断言。

指向上帝显然是奥古斯丁伦理学的核心，如果这个核心不成立，其他东西也无从谈起。美德没那么重要。但这里需要注意的，不是奥古斯丁对异教徒美德的批判足够决绝（我对这个问题不置可否），而是他对非宗教美德的批判**不仅**否定了异教的自主性伦理学，**也**否定了基督教的自主性伦理学。为了要在灵魂上侍奉上帝，仅靠抵制诱人分心的快乐或者用自我意志来对抗（身体或其他方面的）痛苦以及对痛苦的恐惧，这些是远远不够的。我们还需要更多东西，那就是爱。但是，怎么才算满足了这种要求，怎么才算意愿着这种伟大的爱，对上帝、对邻人的爱，同时又毫不犹豫地接受那种以离散的方式维系其同伴关系的自爱呢？奥古斯丁坚持认为，爱无法被命令，但爱的最高形式却是真正美德的必需品。意志与爱之间的不相协调，正是困扰我们理解奥古斯丁伦理学的障碍之一。而另一个障碍，正如我已指出的那样，源于他在古典和中世纪之间所处的特殊位置，他既不属于古典时代也不属于中世纪，所以他在哲学上既没有完全继承，在宗教上又显得不合时宜。我们这里不应过分突出奥古斯丁的基督教思想，进而把它单挑出来，仿佛它就是古代晚期伦理学唯一的宗教选项。

奥古斯丁认为，伦理的缺陷，无论是观念上的还是行为上的，都与不良的宗教有关。他从不认为自己面对的是一个世俗的反对者，这种反对者不施敬拜，在伦理生活中能免受宗教影响，其美德也是因为美德本身之故而被践行。这种伪装起来的自主性，对奥古斯丁来说，就跟把所有人的努力都付诸于道德上的自我觉醒一样，具有同样的混淆：它混淆了灵魂与上帝的关系，从而误认了伦理的主体，进而未能意识到伴有肉欲的灵魂性（carnal soulfulness），或说，具有肉身的生命（life in the flesh）究竟是怎样一回事。接下来，我将进一步具体阐述，奥古斯丁如何将伦理学构建为真正的宗教，并且表明，他又是如何把意志归结为爱，并揭示出爱欲（eros）才是美德的核心。

上帝与至善

奥利弗·奥多诺万（Oliver O'Donovan）是一位极为出色的奥古斯丁评注者。他把《上帝之城》第 19 卷称为"教父学文献的一座巅峰"，任何人，若要描述奥古斯丁对于西方政治思想的贡献，都必须将该卷置于核心（O'Donovan 2004: 48）。按奥多诺万的说法，无论是关于该卷的伟大，还是对于奥古斯丁影响力的评价，无疑都是对的。尽管如此，《上帝之城》第 19 卷仍是一部十分晦涩、迂回曲折的作品，而且，至少在某一个方面，它肯定具有误导性。

该卷伊始，奥古斯丁告诉我们，他旨在"讨论两座城市即世俗之城与天国之城的应有结局。"（ civ. Dei 19.1; Babcock 2013: 346）。对两座城的区分是贯穿《上帝之城》的主线。首先，存在上帝之城，它属于天上的天使和地上的人，但只是其中那些根据神意而承受着成圣锤炼与劳作的人们。与此相反，还有一座浅薄的世俗之城，它意味着不断走向灭亡的世俗世界，它由地狱中的恶魔和人类中的大部分组成，他们的生活正在把自己的灵魂埋葬于谎言和混乱之中。奥古斯丁解释说（ civ. Dei 14.28; Babcock 136）："两种爱创造了两座城。对自我的爱，甚至到了蔑视上帝的地步，造就了地上的城，而对上帝的爱，甚至到了蔑视自我的地步，造就了天上的城。"从这样想法出发，奥古斯丁还有什么必要用一整本书来阐述两座城的"应有结局"（ debitis finibus ）呢？显然，尘世之城的结局是痛苦，永远在通往毁灭的途中；而同时，驻扎于人间的天国之城，则朝向归家之路，从而认识到那超越自爱的快乐。

但是，如果真可以如此轻易地读出两座城的开始和结局，那么，就很难像奥古斯丁所说的那样，在末日审判之前，遭遇在尘世间的这两座城一直是"相互混杂和相互纠缠"的（*civ. Dei* 1.35; Babcock 2012: 35）。毫无疑问，有些人不仅无视对上帝的爱，而且对上帝或自我几乎都无感。他们寄居于世俗之城，任由自己晦暗不明。而对那些更具自我意识的人，也就是那些帝国生活的参与者，奥古斯丁是否认为他们是在追求虚无，其内心满是永恒的痛苦呢？这一看法尽管方便，但不太可能。事实上，奥古斯丁接受了古典幸福主义的基本假设；所有人在根本上都渴望幸福（*beatus, eudaimon*），也正是幸福最终决定了他们行为的价值。在这个意义上，两座城的成员都在追求同样的目的——幸福，但只有上帝的追寻者才会被满足。而那些自爱之人，他们的寻求方式南辕北辙，以至于比起他们极其残破的成果，死亡才是他们应得的更好结局。奥古斯丁不得不向我们展示，我们之中这么多人何以至此。

现在我们就来处理这个有误导性的部分。在《上帝之城》第19卷的前三章，奥古斯丁试图囊括世俗之城中所有样式的幸福主义（eudaimonism），或者，更确切地说，囊括所有偏离上帝的幸福指南。他希望自己的概括绝对完备，毫厘无遗，为此，他追随瓦尔罗（Varro）这位伟大的罗马多神论者和学者，构想了288个假设的思想流派。不过，瓦尔罗划分学派的标准并不全都引起奥古斯丁的兴趣，因此，我在这里只考虑奥古斯丁眼中的核心重要内容。让我们从人作为灵肉结合体的图景开始。一种以灵魂为基础的幸福会展示各种美德，在这里，美德主要是为了将肉身的体验转变为某种形式的自我决定。比如，我不得不承受身体上的某种痛苦，但我拒绝向这种折磨屈服，我的勇气是自愿的，因而是我自己的。一种以肉体为基础的幸福则会让美德从属于快乐、安逸，以及带来更大快乐与安逸的物质条件。在这种幸福中，尽管我可以运用意志来改善自己的前景，但由于肉体的命运终归不在我的控制之内，因此我不再能仅仅通过自己的美德而确立幸福。在奥古斯丁看来，最极端的基于肉体的幸福是最低端的，或者说，它直接就不讲美德。不过，奥古斯丁确实勉强尊重某种基于灵魂的幸福，它同时对肉体方面的善保持一种有限度的欣赏。此时，我会重视我的勇气而非安逸，但当面临健康和重病的选择时，我仍然想要免除疾病。

奥古斯丁所描绘的世俗之城的幸福主义，就其核心而言，是对美德的理想化。如果你是一名世俗之城的哲学家并被赋予权力为自己的幸福设定条件，那么你自然会认为，自己的幸福完全得益于美德的作用。任何其他的想法都会妨碍你那具有自我决定功能的灵魂。

而这一图景的误导性就在于：在世俗之城的幸福中，上帝完全被遗漏了。回想一下《上帝之城》第19卷第25章的推理：如果灵魂要恰当地（即有美德地）统治身体，那么上帝必须首先恰当地统治灵魂。正是在这里，我们遭遇了一个令神正论大为头疼的问题，那就是邪恶的起源问题。在奥古斯丁看来，上帝对灵魂和任何事物的统治都无可挑剔，这没问题。因此，即便我们不快乐，即便我们世俗之城的幸福主义不可避免地摧毁我们，也都不是上帝的失败。然而，一方面声称上帝成功地统治了灵魂，另一方面又声称灵魂未能成功地统治身体，这怎么可能呢？按照定义，难道不是说，上帝对灵魂的统治本就是灵魂对身体的统治吗？奥古斯丁试图在上帝和灵魂之间插入自我决定（self-determination）的因素——灵魂可以选择侍奉上帝，也可以选择不侍奉上帝——从而剥离这里所蕴涵的"本就是"含义。现在，情况就成了，只有当灵魂选择服从上帝，上帝对灵魂的统治才会直接带来灵魂对身体的统治。

第25章提供了幸福主义的一种等级体系：上帝统治灵魂，而灵魂在服从上帝之后又统治身体，但问题在于，它是根据世俗之城的幸福主义来塑造上帝之城的虔敬。美德仍在被理想化；被改变的只是它的根基。这里的观点大致是：我通过选择而自我决定服从于上帝，上帝给我的自我控制（self-control）注入新的效力，使我能与自己的肉体和谐相处。由此获得的自主性（autonomy）虽然和人造假肢（它只是凭借我对它的使用才成为我的肢体）非常类似，但无论如何，它是一种建立在选择基础上的自主性，而这种选择把上帝降低为单纯的手段。我选择侍奉上帝；上帝（必然）尊重我的选择；我运用上帝所赋予的作为**自我**控制的自制天赋。但我们远未触及上帝之城的爱，那种让自爱相形见绌的上帝之爱。

在其神学生涯的这段时期——《上帝之城》第19卷作于他生命最后几年——非常清楚的是，奥古斯丁早已不认为，在因罪引起的软弱无能（incapacity）和慕道者（convalescent）的恩典生活之间，还存在自成一体、发自于人的祈求，可以使得神的眷顾倾向于这位而不是那位有罪之人。他最后一次主张这种观点还是在《论自由意志》，当时，奥古斯丁是以牧师而非主教的身份来写作的（*lib. arb.* 3.19.53; Williams 1993: 107）：

> 你受责备，不是因你所不情愿的无知，而是因你没有追问你的无知。你受责备，不是因你没有包扎自己的伤口，而是因你拒绝想要为你疗伤的人。这是你自己的罪。因为，没有谁不可以摆脱无知的坏处而寻求知识的益处，没有谁不可以谦卑地承认自己的弱点，好让施以援手不费吹灰且万无一失的上帝给予帮助。

到了担任希波主教时期，奥古斯丁倾向于限定上述说法。祈求上帝恩典固然重要，事实上极为重要，但他现在会说，祈求动机的纯洁性、祈求时对爱的表达——也就是说，使得祈求有效的所有东西——本身都是上帝的赐予。在回顾其主教时期所撰写的第一批作品（这是一套关于《罗马书》和《列王记》的注解本，得到其师友辛普里西安 [Simplician] 的帮助）时，奥古斯丁写道（*retr.* 2.1; Bogan 1968: 120）："我努力捍卫人类意志的自由选择，但上帝的恩典征服了它。"

我觉得很难相信，在他的晚年，在他对世俗之城的幸福主义及其美德理想化的处理已做出如此充分的反驳之后，奥古斯丁竟会退到一个连他自己都不相信、而且主要是其对手——佩拉纠派（Pelagian）基督徒、斯多亚派和逍遥学派的美德理论家——所采纳的神学立场。事实上，我并不认为，这是《上帝之城》第 19 卷第 25 章（它是奥古斯丁伦理学中指向上帝的核心章节）想要表达的意思。我个人的解读是，奥古斯丁激进地强调爱对于美德的重要性，这一点已在撕扯他的幸福主义。事实上，在我看来，奥古斯丁越来越难以调和他那蔑视自我的上帝之爱（这是衡量他属于上帝之城一员的标准）与他关于古典幸福主义的承诺。在其最伟大的道德和政治哲学著作《上帝之城》中，奥古斯丁可能已经不再是一个幸福主义者，这也许就是该书最权威的一卷（第 19 卷），尤其是该卷的开篇部分（*civ. Dei* 19.1–3）表现得令人费解地晦涩的原因。

在奥古斯丁学界，很少有人认为，奥古斯丁完全抛弃了古典幸福主义或其变体。李斯特（Rist 1994: 148-202）以及最近的赫特（Herdt 2008: 45-71）认为，奥古斯丁持有古典幸福主义的某些精致版本。而沃尔特斯多夫（Wolterstorff 2008: 180-237）则通过聚焦不断扩大的邻里之爱的范围，给出了一种复杂情况，因为他认为，奥古斯丁在《上帝之城》第 19 卷中明确摆脱了幸福主义。不过，要判断他的论证会给传统看法带来何种影响，还为时尚早。在这里，我不打算陷入奥古斯丁是否坚持幸福主义这个迷宫式问题。我想简单强调的一点是，大概从《忏悔录》开始，也就是在他担任主教期间，奥古斯丁已不再把上帝和至福都看作是至善（*summum bonum*）的同义词。正是因为追寻幸福不等于追寻上帝，奥古斯丁的伦理学才开始呈现出真正的复杂性。

意志与蒙难

奥古斯丁的最著名作品,《忏悔录》,可以被理解为一场发生在记忆中的实验。他试图从被"本我"(ego)视作已完成画面的各式影像中,回忆得出灵魂;更根本地,他是要在碎片化的自我意识的心灵剧场中寻求永恒真理——真正真实的东西,因而也是其灵魂的塑造物——的存在迹象。在该书第 10 卷,奥古斯丁尤其认识到,要从记忆的当下提炼出一个自我(self)有多么困难,因为,相较于记忆的一瞬间所包含的内容,自我所拥有的内容要比它更加深刻和鲜活。从记忆中提炼出的自我是不完整的;搞不清自己是什么的那种迷茫的自我,既是又不是它所记忆的东西。从自我图像的遗迹出发,奥古斯丁说出了这番令人难忘的话(*conf.*10.8.15; Boulding 1998: 206):"记忆的力量真伟大,我的上帝,太伟大了! 真是一所广大无边的庭宇! 谁曾进入堂奥? 这是我与生俱来的精神能力之一,但我却无法知晓我的全部所是。"① 在奥古斯丁看来,自我的这种无可救药的不完整性,对于他希望从时间之流中回忆得出上帝而言,并不是什么好兆头。不存在什么框架;他要能根据上帝来框定自己,而不能陷入根据自己来框定上帝的泥沼。然而,如果他已经能够以上帝的观点看待自己,那他还需要记忆干嘛呢?

心灵向永恒延伸的尝试多半是徒劳的。奥古斯丁很快意识到,上帝并不是通过寻常的途径进入他的记忆:上帝不像物质事物那样具有形象;不像数学公式或几何图形那样可以让人迅速把握其中的关系;也不像人们强

---

① 译文参考 [古罗马] 奥古斯丁:《忏悔录》,周士良译,商务印书馆 2017 年版,第 206 页。——译者注

烈感受过的东西那样产生情感的残留。所有这些记忆方式在不同程度上都太远了，无法成为一种记忆上帝的方式。然而，奥古斯丁很快意识到，得把问题的焦点放在他之所以要记忆上帝的原因上（*conf.* 10.20.29）。他想要的东西也是每个人在根本上都想要的东西，即过上幸福生活，而上帝，作为其幸福观念的拯救者，必定在他的记忆中同这个观念密切相联。奥古斯丁并未因为幸福观念极其多变而烦恼，它不仅因人而异，甚至在同一个人的不同生命阶段也会有不同的幸福观。他之所以不烦恼，是因为上帝在这里对他来说充当了幸福观念的**真理**。如果这种真理证明其观念存在不足（这样的情况很可能发生），那么，他将被这种真理引向一个新的、更好的观念。事实证明，奥古斯丁给他自己的幸福所提供的唯一的真正实质性内容，就是他对幸福的渴望；正因这种渴望是真实的，所以才驱使他追寻真理。否则，他就会驻足于虚假的幸福，而虚假的幸福根本不是真正的幸福。

但是，这种推理却使奥古斯丁陷入某种困境。上帝从一个难以被记住的对象，突然就转变为一个无法被忘怀的对象。奥古斯丁不必描绘壮丽的形象，解出令人眼花缭乱的方程或是体会难以言表的感觉，就能把上帝铭记在心；他需要做的仅仅是欲求幸福，而上帝，作为其欲求的真理，必定表现为这种欲求的真正实现。回忆一个真理，就是回忆唯一的真理。假如奥古斯丁是笛卡尔，那我们在这里谈论的就会是数学，以及简单的数学真理如何让我们进入上帝的心灵。但奥古斯丁就是奥古斯丁，我们谈论的是欲求，以及完美的欲求如何充分地实现；这正是上帝之爱的奥秘所在。但奥古斯丁无法不注意到，许多把幸福看得高于一切的人其实相当痛苦。既然他不大可能把欲求及其实现之间的真理割开，那么，人类普遍不幸福这一残酷的事实，就会促使他思考意志本身具有自我冲突的可能性。"因此，我们不能不加限定地断言，"他写道（conf.10.23.33; Boulding 1998: 219），

"人人都渴望幸福"。

这并不是说有一些人渴望幸福而另一些人不渴望幸福。我们都渴望幸福，又都不渴望幸福。在奥古斯丁进一步探究这个问题时，他指出，我们都希望在如下的意义上是幸福的：我们希望我们所拥有的任何幸福都是真实的、真正的。我们非常不喜欢，事实上我们痛恨的是，不得不改变我们的幸福观和自我观以符合真理。我们如此牢固地持有某种自我形象，一旦失去它，就会让我们开始感到挫败乃至死亡的威胁。

虽然奥古斯丁没有解释，人类灵魂中为什么会存在这种怪诞的自相矛盾——称其为"原罪"（*peccatum originale*），这仅仅给它一个命名，却没有给予解释——但是，他把这种状况植根于灵魂内部的看法却彻底地影响了他的美德观点。请回想一下，在世俗之城的幸福主义中，美德的功能在于，把自我决定置于幸福的核心位置并在理想情况下将二者等同起来。于是，最幸福的人便成为了自身的自我价值的根源。奥古斯丁对这种美德观的最尖锐批判，不是出现在《上帝之城》中他因为尘世的美德缺乏超越性而诋毁它们的那个地方，而是出现在该卷的更先前部分，在那里，他声称任何美德，无论真假，都是一种内部分裂的东西（a divided house）。（*civ. Dei* 19.4; Babcock 2013: 355）：

> 而美德本身又怎样呢……？即便它在人类诸善中占据最高地位，但它在这个世上的任务，除了抗衡邪恶之外，还能是什么呢？这些邪恶不是外在的，而是内在的，不是他人的，而恰恰是我们自己的。

奥古斯丁的部分意思是说，任何人，即便是使徒保罗那样的圣人，在生活中也难免受到诱惑。因此，在奥古斯丁看来，节制的美德并不是（像亚里士多德认为的）以正确的方式渴望正确的事情，而是一种自我克制力。

不过，人们这里很容易产生误解，以为奥古斯丁仅仅关注的是未加抑制的性欲这一灵肉交战的惯常诱因（参见 Sorabji 2000: 400–417）。而奥古斯丁的美德批判思想却要深刻得多，直至意志的经络之中。

为了理解这一点，让我们想象另一幅场景。不要去想那位在花园里尚未开悟的奥古斯丁，他正因侍奉上帝而不得不最终放弃花天酒地倍感苦恼（*conf.* 8.8.19）。让我们想想马库斯·阿提利乌斯·雷古鲁斯（Marcus Atilius Regulus）的命运，他是第一次布匿战争期间罗马军队在非洲地区的指挥官。奥古斯丁在《上帝之城》（*civ. Dei* 1.15）里讲过他的传奇故事。当时，雷古鲁斯被迦太基人擒获，迦太基人与他约定，让他回罗马并告诉元老院交换战俘。如果罗马不同意交换，那么，他得依其诺言返回迦太基，面对愤怒失望的迦太基人。当雷古鲁斯站到元老院面前，他却利用这个机会说服元老院（事实证明，他成功地说服了他们），交换战俘不符合罗马的最大利益。后来，雷古鲁斯真的遵其诺言返回迦太基，而迦太基人也毫不食言地把他关在布满尖钉的笼子里，将他折磨致死（Babcock 2012: 17）。

当奥古斯丁谈及雷古鲁斯，说"没有比他更棒的罗马人"（*civ. Dei* 1.24; Babcock 2012: 27）时，他似乎没有意识到，有关雷古鲁斯在元老院演讲及其慷慨赴死的传说几乎肯定是假的；它是罗马人的一次宣传，出现于公元前 2 世纪晚期，一方面是为了说明迦太基人的卑鄙，另一方面是为了说明罗马人的荣誉和勇气等美德（Miles 2010: 358-359）。不过，出于我们的目的，我们假定这个传说为真。雷古鲁斯被赋予了钢铁般的意志。而这种意志是可能存在的。在接受这个传说时，奥古斯丁就已经承认了上述可能。只不过，现在要说的是针对这个场景的挑战：是什么使得勇敢美德——就按罗马人的这种宣传来设想它——变成了一种内部分裂的东西？

我想，我们可以假设，雷古鲁斯受到诱惑而背弃诺言，因为他很清楚敌人何其凶残。然而，这种"诱惑"实际上意味着，他在遵守诺言时表现出极大的勇气。如果他的勇气很弱，那一定是其他方面出了问题。让我们更细致地考察一下"自我决定"，它能够在理想层面上定义美德。雷古鲁斯拥有一个自由的灵魂，主要是因为他的意志能够对他的身体实行绝对的统治；这也意味着，他在遵守诺言方面的更高利益，同他在身体福祉方面的较低利益是完全相反的，并且，较高利益此时占据了主导地位。对于世俗之城，奥古斯丁会说，它处于"它渴望统治的那种欲望的统治之下"（*civ. Dei*, preface; Babcock 2012: 2）。这不是说它的每位公民都可以成为帝国的拥护者。想成为永恒帝国的一员，甚至想打败敌人并且征服被征服者（参见 Virgil, *Aeneid* 6.853），这只是迷恋统治的一种表现而已。

更一般意义上，奥古斯丁是在说，人为发明的自我决定（美德中的美德）总是要以各种方式找个敌人来统治。这里的"敌人"不是天生的敌人，而是从曾经统一的意志中异化出去的某种元素。雷古鲁斯并非天生就反对他的灵魂试图绝对控制的身体。与天使鲜明对立、不惜出卖神来换取自身幸福的恶魔，也并非天生就反对他们常常力图扑灭的光。如果我们记住自我决定实际是在利用敌意，这种被装扮成外在之物的东西实际是内部冲突，那么，我们就不大可能把"有美德的"自我决定看作是一种理想但不够完美的能动性。对奥古斯丁来说，为了自我决断（self-assertion）而进行自我征服（self-conquest）的理想，乃是一种颇有诱惑力的病态：它将自身的异化看作根本的关系。由此，意志不得不自我吞噬、左右互搏。

我们已经花了一些篇幅，了解雷古鲁斯及其所代表的一种完全自我掌控的意志，现在，让我们回到花园里的奥古斯丁，他正努力解决他的意志在肉体之爱与精神之求（即，上帝之爱）之间的分裂。在描述自己的挣扎时，他坚持认为，自己同时支持两边。这个故事讲的不是两个不同的意志在交战，一个真正属于奥古斯丁，另一个则来自恶魔的干扰；而是，意志以不可思议的方式自我折磨，从而造成了某种蒙难。关于他服侍上帝的竭力决心，奥古斯丁是这样说的（*conf.* 8.9.21; Boulding 1998: 163）：

> 在我决意侍奉我主上帝时，如同我早已有此打算的，我既愿意这么做，又不愿意这么做。这些都是我。我既不是完全愿意，也不是完全不愿意。我和我自己斗争，和我自己分裂。发生这种分裂虽然并非我意，但也不意味着它来自我身上的某个异己之心，而是盘踞在我身内的罪。①

奥古斯丁觉得，尽管在某种程度上，他需要对自己内心的麻痹负责（这是一种惩罚），但他也清楚这种麻痹非他所欲，他没有同意沉沦其中。而缺乏这种同意是很重要的；它表明，奥古斯丁并未被他所描述的冲突完全吞噬。如果他被完全吞噬了，那他会认同冲突双方中的一方，比如，受到阻碍的精神意志，也就是有美德的一方。人们很容易想象，奥古斯丁会这样祷告："主啊，给我力量，让我战胜我的肉体。"

然而，奥古斯丁实际给出的解决方案却大相径庭。并无一个新的意志闯入其内心进行统治，甚至连仁慈的神圣意志都找不到。他听到的只是一个孩子的声音从附近的房舍中传来，唱着："拿着，读吧！拿着，读吧"，他的内心知道，要把这个声音当作神圣权威。他想起，沙漠中的大圣安东尼（Anthony）在一次偶然听到福音之后便洗心革面。奥古斯丁赶到他的朋友阿利比乌斯（Alypius）一直等待他的地方，看到阿利比乌斯留下的使徒书信。他打开书，想记下书上的每一段话。当保罗的话映入眼帘时，平安之光（*lux securitatis*）充满他的内心："不可荒宴醉酒；不可好色邪荡；不可争竞嫉妒。总要披戴主耶稣基督，不要为肉体安排，去放纵私欲。"

---

① 译文参考 [古罗马] 奥古斯丁：《忏悔录》，周士良译，商务印书馆 2017 年版，第 163 页。——译者注

(Romans 13:13–14; *conf.* 8.12.29)

在这里，关键是注意到，被奥古斯丁铭记于心的两条律令——服从基督，远离令人绝望的欲望——并不是要压制或抛弃肉体。这种召唤是要看护肉体并爱它，但不是以酒鬼爱酒的方式，而是以父亲爱儿子的方式。奥古斯丁很清楚，儿子对父亲来说意味着什么；被他孕育和抚养的私生子阿德奥达徒（Adeodatus），就是他欲望的产物（*conf.* 4.2）。现在，带着依然破碎但不再伤痕累累的意志，他将开始学习有关父爱的新课程；这次，他是儿子，也是牧师，他向人们传递着很少有人敢于了解的父爱。基本上，这是关于谦卑的一课。

如果《上帝之城》第19卷第25章所说的"指向上帝"仅仅在奥古斯丁批判世俗之城的幸福主义的语境下来理解，那么，人们很容易就形成这样的印象：奥古斯丁的上帝，不过是一个比他本人的灵魂更擅长主宰其肉体的"专制者"。但我们最好记得，这个被诱导去服从无上权力的奥古斯丁，同时也是那个被召唤去效仿上帝之仁慈的奥古斯丁。在《上帝之城》的第10卷，该卷常常被遮蔽于第19卷的阴影之下（参见 Dodaro 2004: 111-112），奥古斯丁说得很清楚，谁才是统治地上天国的上帝。上帝所要求的仅仅是他已经做出的牺牲：放下暴力，抱以怜悯，献出赤诚。耶稣基督，跟雷古鲁斯一样，都知道钉子的痛苦，但与雷古鲁斯不一样，耶稣是为了他所爱的人而受苦，是为了消除力量的虚幻而受苦——雷古鲁斯本质上就是这样的虚幻物。那些将从基督耶稣那里获得宽恕而不是苦难的人们，必须服从这位洞察其中差别的上帝。"因此，真正的牺牲，"奥古斯丁解释道（*civ. Dei* 10.6; Babcock 2012: 310），"是为了能在神圣的团契中亲近上帝而做的各种行为，也就是，指向我们能在其中获得真正赐福的至善的各种行为。"这就是你的"指向上帝"。

尾声：美德之爱

就全文而言，我试图表现出奥古斯丁幸福主义观念的某种复杂性，但我并不打算回答如下问题：他究竟是一个不那么复杂的幸福主义者，还是一个更为简单的其他立场者。这个问题不啻于是在追问从古代美德伦理转向古代晚期神圣理念的大转型的本质，它考验着我们哲学叙事的现代想象力。这个问题固然值得思考。但现在，也是本文行将结束之际，我只想就这种复杂性稍微多说几句。

奥古斯丁认为，为了上帝而牺牲是可接受的，这种念头使他投身于自我蔑视的（self-disregarding）同情，但对他来说，付出牺牲的情境仍然主要围绕上帝展开，而不是围绕自我蔑视展开。在《忏悔录》第10卷，就在他关于记忆的沉思的结尾处，奥古斯丁用抒情般的语言描述了，一旦同万物之始发生关联将会发生怎样的情况（*conf*.10.27.38）：

> 我爱你已经太晚了，你是万古常新的美善，我爱你已经太晚了：你在我身内，我驰骛于身外。我在身外找寻你；丑恶不堪的我，奔向着你所创造的炫目的事物。你和我在一起，我却不和你相偕。这些事物如不在你里面便不能存在，但它们抓住我使我远离你。你呼唤我，你的声音振醒我的聋聩，你发光驱除我的幽暗，你散发着芬芳，我闻到了，我向你呼吸，我尝到你的滋味，我感到饥渴，你抚摸我，我怀着炽热的神火想望你的和平。①

---

① 译文参见 [古罗马] 奥古斯丁：《忏悔录》，周士良译，商务印书馆2017年版，第223页。——译者注

那些吸引奥古斯丁、使之远离最初亲密关系而陷入自我歧途的各种美,本身并不是上帝的异物。它们是奥古斯丁的邻人,并且,同奥古斯丁一样,它们也完全处于上帝的怀抱。人们可以想象,在这里,奥古斯丁对那些重要的诫命——忠爱上帝,爱邻如己——进行了灵活运用。只不过,奥古斯丁发现,自己的内心还有一种无比强烈的召唤。这不禁让我想起了艾略特的诗句(Eliot 1971:39):

我们有过经验/但未抓住意义/对意义的探索恢复了经验/在不同的形式中/超越了所能归于幸福的任何意义。①

【相关主题】

第 1 章 "Plato and the Ethics of Virtue," Nicholas White

第 3 章 "The Stoic Theory of Virtue," Tad Brennan

第 11 章 "Aquinas," Andrew Pinsent

第 14 章 "Eudaimonistic Virtue Ethics," Liezl van Zyl

第 17 章 "Varieties of Contemporary Christian Virtue Ethics," Jennifer A. Herdt

【参考文献】

Babcock, William, trans. (2012) *Augustine: The City of God, Books 1–10*, Hyde Park: New City Press.

---

① 译文参见 [美] 艾略特:《四个四重奏》,裘小龙译,南京:译林出版社 2017 年版,第 214 页。——译者注

Babcock, William, trans. (2013) *Augustine: The City of God, Books 11–22*, Hyde Park: New City Press.

Bogan, Mary Inez, trans. (1968) *Augustine: The Retractations*, Washington, DC: The Catholic University of America Press.

Boulding, Maria, trans. (1998) *Augustine: The Confessions*, New York: Vintage.

Dodaro, Robert (2004) *Christ and the Just Society in the Thought of Augustine*, Cambridge: Cambridge University Press.

Eliot, T. S. (1971) *Four Quartets*, New York: Harcourt Brace.

Herdt, Jennifer A. (2008) *Putting on Virtue: The Legacy of the Splendid Vices*, Chicago: University of Chicago Press.

Irwin, T. H. (1999) "Splendid Vices? Augustine For and Against Pagan Virtues," *Medieval Philosophy and Theology* 8: 105–127.

Miles, Richard (2010) *Carthage Must be Destroyed: The Rise and Fall of an Ancient Civilization*, New York: Viking.

O'Donovan, Oliver (2004) "The Political Thought of City of God 19," in Oliver O'Donovan and Joan Lockwood O'Donovan, *Bonds of Imperfection: Christian Politics, Past and Present*, Grand Rapids: Eerdmans, pp. 48–72.

Rist, John (1994) *Augustine: Ancient Thought Baptized*, Cambridge: Cambridge University Press.

Sorabji, Richard (2000) *Emotion and Peace of Mind: From Stoic Agitation to Christian Temptation*, Oxford: Oxford University Press.

Williams, Rowan (1987) "Politics and the Soul: A Reading of City of God," *Milltown Studies* 19/20: 55–72.

Williams, Thomas, trans. (1993) *Augustine: On Free Choice of the Will*, Indianapolis: Hackett.

Wolterstorff, Nicholas (2008) *Justice: Rights and Wrongs*, Princeton: Princeton University Press.

【延伸阅读】

Brown, Peter (2000) *Augustine of Hippo: A Biography, new edition with an epilogue*, Berkeley: University of California Press.（该书把奥古斯丁思想的发展置于其生活经历之中加以叙述）

Kent, Bonnie (2001) "Augustine's Ethics," in Eleonore Stump and Norman Kretzmann (eds.) *The Cambridge Companion to Augustine*, Cambridge: Cambridge University Press.（一篇杰出的概论）

Wetzel, James, ed. (2012) *Augustine's City of God: A Critical Guide*, Cambridge: Cambridge University Press.（聚焦奥古斯丁的道德和政治哲学的文集）

第 11 章
阿奎那：灌注的美德

[英]安德鲁·平森特 / 著
谢廷玉 / 译　李义天 / 校

美德伦理学与阿奎那的反常地位

托马斯·阿奎那（1225—1274）给后续伦理学史带来的非凡影响，以及他作为亚里士多德阐释者的卓越声名，使其作品对于今天的美德伦理学研究而言理应具有核心性的重要意义。凭借信息技术，当代美德伦理学研究者足以更便利地获得海量的研究资料。阿奎那为后人留下了大量哲学和神学著作财富，其中有很大一部分与美德伦理学相关。比如，阿奎那最为人所知的作品，《神学大全》(Summa thrologiae)，仅仅用了一个篇目（ST 1.2.3）介绍他那著名的关于上帝存在的五项论证，但却用了 1004 个篇目，约占全书三分之一，专门讨论美德和相关问题。这方面的材料主要见于《神学大全》第二集上部的第 55—89 问，以及，第二集下部的第 1—170 问；前者是对美德的总体概述，后者则是他对具体美德的论述。此外，阿奎那还给亚里士多德的《尼各马可伦理学》做过巨细靡遗、影响深远的注释；而在别的作品中，他也处理过有关一般美德以及圣爱（caritas）这种神学美德的争议性问题。在许多其他文本里，我们能够发现阿奎那对于各种美德的进一步讨论，其中就包括他给彼得·伦巴德（Peter Lombard）《语录》(Sentences)一书（Super III Sent., 33-35）以及《圣经》所做的注疏。

尽管材料如此丰富，可是，阿拉斯代尔·麦金太尔（Alastair MacIntyre）却给出了一个令人惊讶的评价——在美德伦理学史上，《尼各马可伦理学》一直位居"经典"，而阿奎那却是一个"出乎意料的边缘人物"（MacIntyre 2007: 147）。虽然对这种边缘化状况的程度不无争议，但人们普遍承认，要充分利用阿奎那的作品存在着各种困难。归根结底，这些困难来自于对阿奎那作品的恰当解释，尤其是，对他的作品与古典文本之间关系的恰当解释。阿奎那相当钦佩亚里士多德，经常把他称为"哲学家"，而《神学大全》所描述的诸多美德，也有很多细节就出自《尼各马可伦理学》。尽管如此，在《神学大全》第二集上部第55—89问以及第二集下部第1—170问的各处，其主题、结构、提问和回答却与《尼各马可伦理学》最相关的对应段落之间常常存在出入。比如，阿奎那笔下的许多美德，如谦卑（ST 2-2.161）以及信、望、爱（ST 2-2.1-46）等神学美德，基本上都出自神学资源，而在亚里士多德那里找不到对应之处。

不过，最大的困难也许在于澄清一个基本问题：即，阿奎那所说的真正的或正确的"美德"究竟是何含义。长期以来，阿奎那对于在他看来构成人类真实繁荣的那些真正的或正确的"美德"的看法，一直没能得到令人满意的解释。除非解决好这个问题，否则，我们就很难解释阿奎那对于具体美德的论述细节，也很难理解他所采取的进路与人们更熟悉的亚里士多德进路之间的关联。更何况，要理解阿奎那除了作为著名的亚里士多德注疏者之外还能对当代美德伦理学做出什么贡献，同样也需要我们解决这个问题。因此，在聚焦阿奎那美德伦理学的一系列现有研究中，本章的重点就在于处理这些研究共同面临的根本挑战，即，理解阿奎那所说的真正的美德（a true virtue）究竟是何含义。

灌注的美德面临的挑战

什么是美德？亚里士多德把美德定义为"一种与选择相关的状态，存在于相对我们而言的适度之中，这种适度被理性决定，就像被实践智慧之人决定的那样被决定"（*EN* 2.6.1106b36-1107a2；Barnes 1984: 1748）。一般来说，道德美德虽然塑造了我们的"激情"（*passiones*），使之善于追求或避免特定对象，但在人身上，这些秉性需要逐渐形成，而这是美德伦理学在实际应用过程中最为核心的一个过程。亚里士多德对这一形成过程的看法，是从音乐家和运动员的训练中得到的启发；也就是说，按照美德标准反复践行，最终会使得这种行为，用通常的话来讲，成为"第二天性"并很容易表现出来（参见 *EN* 2.1.1103b6–22）。由于获得诸多日常经验的确证，这种说法后来成为理解美德如何形成的主流观点，即，美德借习惯而形成。通过选择实践智慧之人所做出的选择，并对这些选择进行反复的践行，这些行为就会熟能生巧，变得自然而然。

美德凭借习惯而形成，这种说法既合理又广为人知；阿奎那也同意，人们完全有可能通过习惯而获得某些特定的秉性（*ST* 2-1.63.2）。但出人意料的是，阿奎那所说的真正的或完美的美德却与此大不相同。正如许多注释者指出的那样（比如 Jordan 1993: 237-241），阿奎那在《神学大全》中对美德之属（genus）的介绍（2-1.55.4）并非来自亚里士多德，而是借鉴了彼得·伦巴德的一段文字，后者又是受到奥古斯丁《再思录》（*Retractiones*）一书的启发："美德是心灵的一种良好品质，我们可以凭借它而正直地生活，没有人可以错误地使用它，没有我们，上帝也会把它赋予我们。"（1.9.4）正如埃莱奥诺雷·斯通普（Eleonore Stump）所言，这一定义显然不属于亚里士多德主义，特别是因为，它说"一个人不可能通过实践而获得上帝无需此人也会赋予他的某种秉性"（Stump 2011: 32）。假如上述说法还有含糊而造成的可疑之处，那么，我们应该补充说，阿奎那在《神学大全》中所描述的这种方法，同样明确见于其第一部主要作品，即他对彼得·伦巴德《语录》一书的评注之中；在那里，阿奎那区分了可以通过亚里士多德的方式——反复践行的良好行为——而获得的（acquired）美德，以及，那些由上帝"灌注"且只能由上帝灌注的（infused）美德（*Super III Sent.*, 33.1.2, qc. 4, co.）。在灌注的美德中，有些可以在亚里士多德那里找到对应物。比如，除了有获得的正义，还有灌注的正义；除了有获得的谨慎，还有灌注的谨慎。一对对美德虽然名号相同，实际却相差甚远；这不仅因为它们的形成方式不一样（*ST* 2-1.63.4 ad 3），而且，阿奎那在不同地方（*ST* 2-1.47.14; 100.12）还明确表示，一个人完全可能拥有其中的这种或那种秉性，但并不拥有它的同名对应物。而另外一些灌注的美德，在亚里士多德那里则根本找不到对应物，比如前面提到的谦卑（*ST* 2-2.161）以及信、望、爱这三种神学美德（*ST* 2-2.1-46）。

既然阿奎那认可那些更加熟知的、后天获得的秉性，那么，人们就有可能把这些全新的"灌注的美德"当作是附着于亚里士多德主义核心观念之上的、偶发的神学点缀，可是，阿奎那不会允许这样的解读。《神学大全》以及其他文本明确指出，对于最终实现在天国的真正的人类繁荣而言，灌注的美德至关重要，下面这段讨论灌注的神学美德之必要性的文字就表明了这一点：

> 那些自然赋予的原则所形成的美德[获得的美德]并未超出自然的能力。因此，人还需要与自身超自然目的有关的其他原则来加以完善。
>
> （*ST* 2-1.63.3 ad 3; trans. 1911–1935）

另一段说法略有不同的文字则出自《论美德问题集》（*Quaestiones disputatae de virtutibus in communi*），如下：

> 为了按照某种对我们而言自然的方式成为一个完善的人，就像我上面所讲的，我们不仅需要自然的原则，而且需要美德的秉性。因而，同样地，上帝不仅赋予我们刚才提到的那些超自然原则，而且赋予我们某些灌注的美德，通过这些美德，我们可以践行实现永生目标的一切要求从而完善自身。（QDVC 1.10; trans. 2005）

这些段落强调了一个在许多其他地方同样存在的普遍主题，即当且仅当凭借灌注的美德，一个人才能永生。这种永生，在上述段落中也被称为"超自然的"生活，因为它超越了（比如）《尼各马可伦理学》所说的那种自然的繁荣。在阿奎那看来，永生所要求的这些灌注的美德，才是真正的或完美的美德，也是他眼中堪称绝对的或无条件美德的唯一秉性（ST 2-1.65.2）。

既然灌注的美德如此重要，那么，阿奎那在哪些地方提供了相关的例子和细节呢？这个问题并不那么直截了当，因为，纵览《神学大全》的大部分篇幅，阿奎那很少明确表示，他所讨论的美德究竟是"灌注的"还是"获得的"。因此，尽管某些美德，如神学美德，显然属于灌注的美德，但那些可以在亚里士多德伦理学中找到对应物的美德——如"正义"和"审慎"——则初看起来会比较含糊。在《神学大全》第二集下部第47—170问关于"四主德"讨论的开头，阿奎那对这些秉性的描述，也跟《尼各马可伦理学》的相应段落有诸多相似之处。因此，如今有些学者依然认为，亚里士多德的思想就算不是阿奎那的唯一渊源，也主导了阿奎那的美德观念（McInerny 1993: 25-26），而且，至少在《神学大全》第二集下部的第

47—170问中，有些美德多多少少都可被视为对《尼各马可伦理学》中对应内容的拓展（Flannery 2013: 145）。

然而，提倡这种看法的人们面临一个挑战，那就是，他们需要解释，既然在《神学大全》第二集下部第1—170问的这815条篇目中，阿奎那所描述的许多别的完美属性（pefective attributes）显然不属于亚里士多德主义的范畴，那么，为什么就该把其中的一部分秉性挑出来，按照亚里士多德主义的方式加以处理呢？如前所述，阿奎那的论述包含三种主要的神学美德，但是，在四主德之下，他又列出了许多新的附加性美德。例如，在"正义"美德下，阿奎那设置一个分支，其中包括109条关于宗教美德的篇目（ST 2-2.81-100），涵盖了奉献、敬拜、侍奉和祈祷等宗教行为。这些篇目涉及大量的细节，比如，关于主祷文的祷告以及是否应该用歌声赞美上帝等（83.9; 91.2），而这些问题显然不是《尼各马可伦理学》关心的对象。此外，除了新的美德，还有一些新的恶德。例如，他在处理"正义"美德时，还论述了诸多恶德，如谩骂、诋毁、说闲话、诅咒、买卖圣职等（ST 2-2.72-76；100），这些行为充其量只能说与《尼各马可伦理学》所讲的恶行大致相似。阿奎那列出所有这些美德和恶德，就好像它们是某个极其缜密且相互联系的整体——塞瓦伊斯·平卡恩斯（Servais Pinckaers）所说的"有机统一体"（Pinckaers 2001: 87）——的元素。因此，把其中一部分美德视为《尼各马可伦理学》中同名对应物的同义词，而将其他美德视为非亚里士多德主义的灌注式美德，这种做法再怎么说也是有问题的。

即使表面看起来为人熟知的美德也是被镶嵌在一种非亚里士多德主义的全新结构中，除此之外，《神学大全》的美德伦理学还有另一个特点值得格外注意。阿奎那提出一个意味深远的主张，即，灌注的美德是**瞬间**被灌注的，而不必依靠反复践行良好行为的渐进过程。反过来说，灌注的美德也可以即刻丧失，而无需通过积恶成习的渐进过程，只要出现某种堪称"不赦之罪"（mortal sin）的恶行或不作为就够了：

> 因为每一种不赦之罪都背离了爱，而爱是所有灌注的美德成其为美德的根源；因此，只要犯下一次不赦之罪，爱便被驱逐，所有灌注的美德也不再是"美德"。……至于那些获得的美德，它们不会被任何罪行毁坏。因此，不赦之罪与灌注的美德虽不相容，但与获得的美德却能协调：而轻微 [即，可赦] 之罪与美德则是相容的，无论这种美德是灌注的还是后天获得的。
>
> （*ST* 2-1.71.4; trans. 1911–1935）

在这段文字描述中，"任何美德会在即刻丧失"的看法是如此奇特，以至于不仅简·波特（Jean Porter）认为阿奎那完全颠覆了异教的美德观（尽管他的美德理论也是从这种观念发展起来的），而且使得灌注的美德，在传统的亚里士多德主义看来，只能在一种严格限定的意义上被称作"美德"（Porter 1992: 20）。除了上述段落，在《神学大全》第二集下部第1—170问的各处，美德都不仅与恶德相对，而且与不赦之罪、与那种能够摧毁或"丧失"美德的单个行为相对。美德与不赦之罪的这种对立性进一步证实了，除非阿奎那在具体情形中明确指出它们是后天获得的，否则，在默认的意义上，这些美德就是灌注的美德。

无论是足以使美德因一次行为便遭沦丧的"不赦之罪"，还是那种瞬间灌输的过程，都会让人注意到一个尖锐的问题。既然在主流说法中，美德的形成往往被理解为习惯的产物，那么，我们又怎么可能理解任何可以被瞬间灌输或即刻丧失的美德呢？

对挑战的回应

关于灌注的美德这个问题，除了认为阿奎那搞错了或这个问题根本无解从而简单地拒绝讨论之外，对阿奎那处理灌注美德的方式还有一个令人惊讶的常见反应，那就是，直接忽略这个问题。说得更精细点，人们常常承认阿奎那的论述带有一些非亚里士多德的特质，但依然会在亚里士多德主义的基本框架内对其作品展开研究。由于阿奎那对美德的处理大多源自亚里士多德，且在历史上也有诸多先例，因此，这样的进路不无道理。例如，对中世纪晚期美德伦理学的研究，就往往等同于讲授或辩论阿奎那所涉及的《尼各马可伦理学》问题（Flüeler 2007: 277），后者被视为屈指可数的最关键评注者之一。在这种条件下，阿奎那的作品中往往只有那些同《尼各马可伦理学》所提出的问题及其议程最相关的片段，才得到重视。结果，阿奎那的美德概念有何内涵，或者，他的系统论述与亚里士多德的美德理论又有何区别，这些问题极易被人忽视。不过，如前所述，针对获得的美德与灌注的美德之间差异性的重新审视，使得当今许多评论家注意到，这种进路是站不住脚的。灌注的美德，就其类型而言，不等于它们在《尼各马可伦理学》中的同名对应物，尽管这些范畴之间具有何种关联仍处争议之中（Knobel, 2010）。

第二种反应与19世纪末的新托马斯主义密切相关，它采取的进路是，承认灌注的美德存在，并重申阿奎那的部分看法，但在总体上，仍保留一种堪称亚里士多德主义的解释。该进路的出发点一般来自于阿奎那的如下主张，即在源自上帝的恩典生活中，人类拥有双重目的，自然的和超自然的（*ST* 2-1.62.1）。灌注的美德是为了实现超自然的目的，实现与上帝同在的永生，而获得的美德则是为了实现人性所具有的能力。

在新托马斯主义的论述中，这两种人类繁荣目的之间的关系，长期以来一直是个备受争议的问题，但从美德伦理学的角度来看，最重要的却在于，这种区分影响了人们对于获得的美德和灌注的美德的思考方式。"超自然"（*supernaturalis*）一词的本义是"超越自然"或"高于自然"，这些短语倾向于唤起更高层次的体验，或沿着某种共同的尺度发生位移。出于这种或那种原因，许多新托马斯主义评注者常常谈论"成比例等价"（proportional equivalence），或是使用比例的隐喻来讨论获得的美德与灌注的美德之间的关系。例如，20 世纪初极具影响力的新托马斯主义者里吉纳尔·加里歌-拉格朗日（Réginald Garrigou-Lagrange），就经常使用有所增加的高度、能量或广延等意象来讨论阿奎那对灌注的美德与获得的美德的区分。如，灌注的节制（infused temperance）与获得的节制（acquired temperance）被比作琴键上相隔一个八度的两个音符，而灌注的正义（infused justice）也被认为要比获得的正义（acquired justice）更能为意志增添十倍的能量（Garrigou-Lagrange 1946: 442, 534）。

因此，究其核心，新托马斯主义对美德伦理的理解仍是亚里士多德主义的，因为，那些"更高级"的灌注的美德被看作是"较低级"的亚里士多德式美德的成比例的等价物。可是，这种进路有一个关键问题，那就是，比例的隐喻根本无法使人理解阿奎那的诸多断言（Hause 2007: 16）。在他的断言中，灌注的美德的许多特征，比如，可以即刻得到或丧失（Sherwin 2009），同亚里士多德式的获得的美德相比，存在的都是类型上的差异，而不仅仅是程度上的不同。除此之外，阿奎那所说的许多灌注的美德，如神学美德和谦卑，也谈不上跟《尼各马可伦理学》中的任何美德有什么成比例的等价关系。仅仅通过对新托马斯主义作出特定修正而试图处理这些问题，并不是有效的解决办法。整合阿奎那的主张，却又缺乏具体经验方面的理解,这"就好比是在从未见过活人的情况下,便知道了体内每块骨头的细节"(Pinsent 2012: xi)。正因为缺乏这方面的理解,到了20世纪六七十年代,新托马斯主义的这种反应被嘲笑为"双级的"、"两层的"和"准亚里士多德式的进路"(Küng 1980: 522 [F.II.2]);很多学者都反对,但也没有提供什么明确的替代方案。

VGBF 结构与第二人称阐释

近年来,在当代实验心理学的推动下,针对灌注的美德的第三种反应也发展起来。这条进路完全是非亚里士多德主义的,其出发点基于如下事实,即阿奎那的美德伦理学描述的不仅仅是美德,因为他在讨论美德这个主题之前的引言中就明确指出,"我们必须首先谈论良好的秉性,也就是美德,以及与之相关的其他事项,即恩赐(gifts)、至福(beatitudes)与果实(fruits)"(*ST* 2-1.55 pr.)。换言之,阿奎那关于人类完美状态的论述至少包含四种不同的属性——美德、恩赐、至福和果实(VGBF)——其中,前两者属于秉性(*habitus*),后两者则是这些秉性的实现。尽管对恩赐、至福和成就的讨论在《神学大全》第二集上部的第 55—89 问以及第二集下部的第 1—170 问中只占不到 7% 的篇幅,但是,在讨论美德——不仅有一般的美德,也有特殊的美德——的几乎全部主要篇目后,它们同这些文本之间所表现出来的一致性却强烈地意味着,阿奎那是把它们当作自己学说的内在组成部分来对待的。更何况,阿奎那还指出,同那些灌注的美德一道被注入的恩赐,对于实现他所说的真正的人类繁荣来说,乃是至关重要。

VGBF 结构的存在固然早已得到承认,但它的实际意义却往往被忽视,这或许是因为它看起来提供不了什么帮助。事实上,存在更多的完美属性，尤其是存在一些与通常理解的美德伦理学毫无联系的属性，这似乎让阐释阿奎那的任务变得愈发棘手。除了获得的美德和灌注的美德这两类秉性，现在又出现了第三类秉性，恩赐，它所包括的内容同美德一样多。其中，有的恩赐甚至与其相对应的美德或其他美德同名。比如，像"勇气"这样的术语，如果没有语境或限定，那么，原则上，它可以表达阿奎那笔下三种可能的、特别是具有不同含义的同名秉性之中的任何一种：获得的美德、灌注的美德，或恩赐。尽管如此，这些进一步增加了阿奎那思想复杂性与丰富性的内容，也有如下好处：阿奎那比较详细地描述了恩赐的运作方式，从而提供了一种途径，使得人们可以把他基于 VGBF 而对真正的人类繁荣所做的论述当作一个整体来理解。

主要看法是这样的。一项细致的研究（Pinsent 2012: 31-63）表明，附着于《神学大全》第二集下部第 1—170 问的各项基本美德之上的有七种恩赐，其中，每一种恩赐都会促使人们面对各类事务而采取某种立场（stance），这里的"立场"指的是"由心灵的理解所促成的一种思维态度"（Stump 2011: 41）。然而，此类立场不是由训练而成的习惯的产物，而是肇因于同上帝的特殊结合，它以友爱为导向。特别是，凭借恩赐，一个人可以分有上帝对各类事务的立场，实现阿奎那所说的灵魂与上帝的结合（*ST* 2-2.45.3）。比如，凭借知识（knowledge, *scientia*）的恩赐，一个人可以分有上帝对真理的判断而获得确凿无疑的真理，这个过程不是迂回的，而是依靠单纯的直觉（*ST* 2-2.9.1 ad 1）。同样，通过虔敬（piety, *pietas*）的恩赐，一个人可以分有上帝的立场，把他人看作上帝潜在的或现实的子民（*ST* 2-2.121.1 ad 3）。类似的说法也适用于其他五种恩赐（智慧 [wisdom]、理解 [understanding]、谋划 [counsel]、勇气 [courage]、敬畏 [fear]），它们的运行同样被描述为上帝针对各种秉性所涉及的特定事项而施加的"感召或推动"（*ST* 2-1.68.1），尽管这是以一种完全非强制的方式进行的（*ST* 2-1.68.3 ad 2）。

然而，既然恩赐附着于灌注的美德并与这些美德涵盖同样的内容，那么，纵然某个人通过美德而给予自己的推动不同于上帝通过恩赐而施加的感召，一种灌注美德的最完善的运作也会跟与之相应并指向恰当对象的恩赐的运作具有相同的形式。就此而言，灌注的美德在形式上是"类似上帝的"东西；尽管它们是美德，从而也是一个人推动自己的秉性，但是，它们之所以涉及其对象的形式或模式，却是因为它们分有了上帝对于这些对象的立场。这样的理解符合阿奎那对于神爱（divine love）或友爱（friendship）——双方选择相同的东西，喜欢并厌恶相同的东西——的一般解释（ST 2-2.29.3；参见 EN 9.4.1166a6-10）。在这个意义上，比如，灌注的正义（虔诚的恩赐附加于其上）就跟亚里士多德所说的那种更为人熟知的正义具有不同形式。特别是，如前所述，许多在古代的公民美德概念中相对不重要的行为，如一个人的祷告方式或散播谣言的恶德，在阿奎那这里就变得格外重要，因为，这种经过改造的善标准是人对上帝所爱之物的分有。

这种说法也许看起来奇怪，其特有的神学框架似乎也限制了它的吸引力，然而，日常生活中却不难发现熟悉的场景。例如，请想一想，小孩子是如何学会节制饮食这一美德的？一般来说，他们并不是用实践智慧，在过剩和不足两种恶德之间选择一个亚里士多德式的中道，然后通过习惯来养成。更常见的情况是，孩子们通过社交互动，通常是跟父母一块做游戏，从而学会了节制饮食。说得更具体点，孩子之所以对食物感兴趣，是因为食物成为游戏的一部分，而在游戏中，家长也对食物表现出兴趣，以至于孩子"分有了对于共同关注对象的意识"，而这种分有也常常伴随着对他人指向关注对象的立场的分有（Hobson 2005: 185）。对这种互动过程，实验心理学家和哲学家通常称其为"共同注意"（joint attention）。出于各种原因，共同注意的现象与所谓的第二人称（second-personal）关系模式有很大关联，该模式在语言中表现为"我"——"你"的语法形式，而且在马丁·布伯（Martin Buber 1923）和伊曼纽尔·列维纳斯（Emmamuel Levinas 1961）的开创性工作中也得到突出的强调。举一个这方面的经验案例，自闭症谱系障碍（autistic spectrum disorder, ASD），这种疾病的典型特征就是难以实施共同注意，同时也常常伴随着难以注意面孔或难以学会正确使用第二人称语法形式等问题（Tager-Flusberg 1994）。

通过运用这种互动过程所告诉我们的东西来重新表述阿奎那的观点，我们可以说，与美德附加在一起的那些恩赐，可以促成我们与上帝之间的共同注意或第二人称关系，进而达成友谊。换言之，恩赐使一个人可以获得上帝的感召或推动，不是通过任何强制，而是通过对上帝指向该恩赐所涉及事物的那种立场的充满爱意的调用，通过阿奎那所说的灵魂与上帝的结合。因此，恩赐可以被描述为**第二人称秉性**（second-person dispositions），即，一个人在秉性上很轻松地被某个第二人称行为者推动；它跟一个人被自己的理性推动时所凭借的**第一人称秉性**（first-person dispositions）或美德形成了对比。然而，在阿奎那这里，即使是第一人称秉性或灌注的美德，也必须通过与上帝之间的第二人称关系才能形成。由于上帝的善恶标准在许多细节方面都不同于公民美德的善恶标准，因此，阿奎那所列出的事物优先性也就跟亚里士多德的看法十分不同。在这些灌注美德中，神学美德直接关乎人与上帝的结合（更具体地说，直接关系到对上帝的第二人称认识，对某人自身与上帝之和谐关系的认识，以及，倾向于把这类和谐关系视为善的秉性）。而那些灌注的世俗美德及其次级美德，关乎的则是所有其他事项。

既然阿奎那的灌注式美德伦理学的根本在于第二人称关系，而不是习惯养成，那么，这种进路又怎样帮助处理一些有关灌注美德与恩赐的难题呢？特别是，它怎样处理"灌注的秉性可以在瞬间得到或失去"这一主张呢？如前所述，从习惯养成的角度来看，这不可能，但从人际关系的视角出发，或许却提供了一条更有前途的道路。例如，请想一想，某人通过采取极其卑劣的行为，背叛了亲密的朋友或配偶。此时，背叛者的美德会发生什么变化？仅凭一次行为，背叛者的日常习惯就算有变化，可能也变化不大。比如，他仍会清扫房间，节制饮食，合乎阿奎那所说的，习惯养成的秉性不会因某次单一的行为而丧失。但是，这些秉性将不再促进他们的关系繁荣；除非有和解的行为，否则，他们的关系实际上已经中断或暂停了。而这种中止状态符合阿奎那的判断，因为他说过，尽管获得的美德可以延续，但灌注的美德却会因一次严重的恶行而被"割断"。反过来，一旦有了和解的行为，这些秉性又可以重新被整合进一种人际繁荣的生活。因此，以友谊为目标的关于第二人称关系的根本隐喻，澄清了亚里士多德主义解释方案中显然最含糊的一个问题：灌注的美德何以可能瞬间获得或丧失。

结论，以及第二人称美德伦理学的未来方向

与亚里士多德的美德伦理学，事实上，与《尼各马可伦理学》作为核心文本的整个美德伦理学传统相比，《神学大全》的美德伦理学都存在着惊人的差异性。对阿奎那来说，那些关键的秉性并非经由习惯获得的美德，而是由神圣者灌注的美德与恩赐。尽管对这些灌注的秉性有何含义仍争论不休，但是，有一种解释似乎可以把阿奎那的许多反直觉断言统一起来，那就是，它们都是在第二人称关系中形成的秉性。在此类关系中，灌注的恩赐使得一个人容易被第二人称行动者"推动"，从而赞同对方的立场；灌注的美德也使得一个人容易与第二人称行动者立场协调一致，从而推动自己。这些秉性的根本原则就在于，与他人一起，爱他人之所爱，由

此实现的和谐或成就便是友谊。相反，如果缺乏这些灌注的秉性，那么，即使一个人已经获得了有助于良序生活的其他各种秉性，从神的视角来看，也可以在隐喻意义上被视为一种"精神自闭"状态。

虽然在阿奎那的进路中，第二人称行为者就是人格化的上帝，但是，这条一般原则却有着更广的适用范围。日常经验表明，对于共同焦点的任何共同意识，包括与父母、看护者、朋友和熟人之间的共同意识，都会或多或少地使得人们对于共同注意的对象拥有相同的倾向。不仅如此，越来越多的实证数据也开始支持如下观点：人们确实可以分享他人的倾向，而且，当人们运用这种能力时，会产生可以识别的神经状况及其生理状态。在社会神经科学中，这方面课题的例子包括，对"镜像神经元"的研究、对"变色龙效应"的研究，以及，对凭借"母语"、语调和其他的非语言交流方式分享立场的研究（Decety and Cacioppo 2011）。而对婴儿惊人复杂的道德感的研究（Bloom 2013）也提供了确凿的证据；婴儿与他人之间的互动几乎完全是第二人称式的，在这种关系遭到抑制的情况下，他们就连最基本的美德——如，有节制的食欲——也无法获得（Legge 2002）。随着这些科学发现对于美德伦理学意义的进一步发掘，针对阿奎那灌注的美德的研究可能会促成某种更加普遍的范式转换：一种美德伦理学的"哥白尼革命"，它将会把解释的焦点从第一人称视角转向第二人称视角。

【相关主题】

第 2 章 "Aristotle's Virtue Ethics," Dorothea Frede

第 10 章 "Consecrated Virtue," James Wetzel

第 14 章 "Eudaimonistic Virtue Ethics," Liezl van Zyl

第 17 章 "Varieties of Contemporary Christian Ethics," Jennifer A. Herdt

第 21 章 "Agape and Virtue Ethics," Timothy P. Jackson

第 28 章 "Testing the Empathy-Altruism Hypothesis against Egoistic Alternatives," C. Daniel Batson

第 29 章 "Care Ethics and Virtue Ethics," Nel Noddings

【参考文献】

Aquinas, T. (trans. 1911–1935) *The "Summa Theologica", of St. Thomas Aquinas, literally translated by the Fathers of the English Dominican Province*, London: Burns, Oates and Washbourne Ltd.

Aquinas, T. (trans. 2005) *Thomas Aquinas Disputed Questions on the Virtues*, E. M. Atkins and Thomas Williams (eds.), Cambridge: Cambridge University Press.

Barnes, J. (ed.) (1984) "Nicomachean Ethics," trans. W. D. Ross and J. O. Urmson, in *The Complete Works of Aristotle*, The Revised Oxford Translation, vol. 2, Princeton: Princeton University Press.

Bloom, P. (2013) *Just Babies: The Origins of Good and Evil*, New York: Crown Publishing Group.

Buber, M. (1923) *Ich und Du*, Leipzig: Insel-Verlang.

Decety, J. and Cacioppo, J. T. (2011) *The Oxford Handbook of Social Neuroscience*, Oxford: Oxford University Press.

Flannery, K. (2013) "Being truthful with (or lying to) others about oneself," in T. Hoffmann, J. Müller, and M. Perkams (eds.) , *Aquinas and the Nicomachean Ethics*, Cambridge and New York: Cambridge University Press, pp. 129–145.

Flüeler, C. (2007) "Teaching Ethics at the University of Vienna: The Making of a Commentary at the Faculty of Arts (A Case Study)," in I. Bejczy (ed.), *Virtue Ethics in the Middle Ages: Commentaries on Aristotle's Nicomachean Ethics, 1200–1500* (Brill's Studies in Intellectual History), Leiden: Koninklijke Brill NV, pp. 277–346.

Garrigou-Lagrange, R. (1946) *La Synthèse Thomiste. Bibliothèque française de philosophie*, Paris: Desclée de Brouwer.

Hause, J. (2007) "Aquinas on the Function of Moral Virtue," *American Catholic Philosophical Quarterly*, 81 (1) : 1–20.

Hobson, P. (2005) "What puts Jointness into Joint Attention?" in N. Eilan et al. (eds.), *Joint Attention: Communication and Other Minds: Issues in Philosophy and Psychology*, New York: Oxford University Press, pp. 185–204.

Jordan, M. (1993) "Theology and philosophy," in N. Kretzmann & E. Stump (eds.), *The Cambridge Companion to Aquinas*, Cambridge: Cambridge University Press, pp. 232–251.

Knobel, A. M. (2010) "Can Aquinas's Infused and Acquired Virtues Coexist in the Christian Life?" *Studies in Christian Ethics*, [Online] 23 (4) : 381–396.

Küng, H. (1980) *Does God Exist? An Answer for Today*, London: William Collins.

Legge, B. (2002) *Can't Eat, Won't Eat: Dietary Difficulties and Autistic Spectrum Disorders*, London and Philadelphia: Jessica Kingsley Publishers. Available from: http://site.ebrary.com/id/10035686 (accessed 2 October 2013).

Lévinas, E. (1961) *Totalité et Infini: Essai sur L'Extériorité*, London: M. Nijhoff.

MacIntyre, A. (2007) *After Virtue: A Study in Moral Theory*, 3rd ed., Notre Dame, IN: University of Notre Dame Press.

McInerny, R. M. (1993) *The Question of Christian Ethics*, Washington, DC: Catholic University of America Press.

Pinckaers, S. (1995) *The Sources of Christian Ethics*, trans. Sr. M. Noble, Washington, DC: Catholic University of America Press.

Pinckaers, S. (2001) *Morality: The Catholic View*, South Bend, IN: St. Augustine's Press.

Pinsent, A. (2012) *The Second-Person Perspective in Aquinas's Ethics: Virtues and Gifts*, New York and Abingdon, UK: Routledge.

Porter, J. (1992) "The Subversion of Virtue: Acquired and Infused Virtues in the 'Summa theologiae'," *Annual of the Society of Christian Ethics*, pp. 19–41.

Sherwin, M. (2009) "Infused Virtue and the Effects of Acquired Vice: A Test Case for *the Thomist*ic Theory of Infused Cardinal Virtues," *The Thomist*, 73 (4) : 29–52.

Stump, E. (2011) "The Non-Aristotelian Character of Aquinas's Ethics: Aquinas on the Passions," *Faith and Philosophy*, 28 (1) : 29–43.

Tager-Flusberg, H. (1994) "Dissociations in Form and Function in the Acquisition of Language by Autistic Children," in H. Tager-Flusberg (ed.), *Constraints on Language Acquisition: Studies of Atypical Children*, Hillsdale, NJ and Hove: Erlbaum, pp. 175–194.

【延伸阅读】

讨论阿奎那美德伦理学的文献汗牛充栋，但是，近年来关于灌注的

152 美德的重要作品却数量十分有限，而且，其中大多都已被列在参考文献中。有关阿奎那在基督教历史上的关键地位以及美德伦理学复兴的一般讨论，参见 S. Pinckaers, *The Sources of Christian Ethics* (Catholic University of America Press, 1995)。参考文献里列出的 A. Knobel 和 J. Porter 的文章，对于充分展示灌注的道德美德所面临的重大挑战是格外重要的。围绕共同注意的研究而给出富有洞见的概述，参见 N. Eilan et al. (eds.) *Joint Attention: Communication and Other Minds: Issues in Philosophy and Psychology* (New York: Oxford University Press, 2005)。将这项研究更细致地运用于阿奎那的伦理学，参见 A. Pinsent, *The Second-Person Perspective in Aquinas's Ethics: Virtues and Gifts* (New York; Abingdon, UK: Routledge, 2012)。关于受阿奎那的启发而提出一种基于第二人称视角的人类繁荣学说，亦参见 E. Stump, *Wandering in Darkness: Narrative and the Problem of*

153 *Suffering* (Oxford: Oxford University Press, 2010)。

第 12 章
休谟

[美]杰奎琳·泰勒 / 著
李义天　丁　珏 / 译　朱慧玲 / 校

尽管在其早期著作《人性论》(*A Treatise of Human Nature*)中，休谟就使用过"优点"(merit)这个词，比如，他把不轻信他人观点或奉承的人形容为"感觉敏锐和富有优点的人"(Hume 2007: 3.3.2.7)，但是，在成熟时期的道德哲学著作《道德原则研究》(*An Enquiry Concerning the Principles of Morals*)中，"优点"却包含更具技术性的涵义，发挥更具颠覆性的功能。在探讨休谟哲学与美德伦理学之关系的本章，我的目标是，刻画《人性论》与《道德原则研究》关于品格、道德评价和责任的不同看法，进而判断我们可以在何种程度上把他的观点视为美德伦理学。虽然我会考察《人性论》的主要相关论证，但是，出于若干原因，我将把精力聚焦于《道德原则研究》。首先，这部晚期作品存在很重要的区别；它对道德采取了更加复杂细致的论述，并且更加符合休谟在其随笔中提出的那种得到历史与经验支持的人性科学；其次，休谟精心修改了很多版，使得《道德原则研究》成为一部漂亮而精致的作品，不再像《人性论》那样冗长（Hume 2007: 2.3.9.32）。最后，休谟自己也宣称《道德原则研究》是他最好的作品，而我将试图表明，为何我们应该采信他的这番说法。

《人性论》中的美德

在考察"骄傲"（pride）与"谦卑"（humility）的具体原因伊始，休谟声称，美德和恶德是"导致这些激情的最明显原因"（Hume 2007: 2.1.7.2）。他介绍了涉及道德及其与快乐之间关系的两个"假设"，一个源自"利己"学派，而另一个源自道德感的传统。前者坚持认为，美德建立在自利或教育的基础上；后者则认为，道德是真实的，并且根据"自然的某种原始结构"，美德使我们愉悦，而恶德让我们痛苦（Hume 2007: 2.1.7.5）。从这两个假设中，休谟都借鉴了一些内容：他指出，正义是约定俗成的，而父母和政治家则努力向青年灌输一种"坚定的荣誉感"；与此同时，同情（sympathy）构成了赞同和指责等真正道德情感的源泉，后者的对象乃是一些人们所公认的品格特征（美德和恶德）。在《人性论》的第三卷中，休谟的主要目的之一就是要表明，当我们与那些因为受到某人的品格影响而产生的愉悦、痛苦或利益发生同情时，道德情感是如何产生的。例如，当一个人因为另一个人的仁慈（benevolence）而向后者表示感激时，我们会对感激的愉悦感产生同情，并指引我们对后者的仁慈品格施加一种经由同情而产生的道德赞许。休谟把"同情"作为一个技术性术语来使用，指的是一种人性原则，它解释了我们如何相互沟通我们的情绪、情感和观点。今天，我们可能认为休谟的同情类似于移情能力（empathic capacities），这种能力囊括了从情绪传染（例如，具有感染力的笑声或恐慌情绪），到对我们的同情对象所处状况或处境进行更高层次的想象重构。同情解释了我们为什么会对正义、仁慈这样的社会美德给予道德赞许。它也解释了我们为什么会赞许那些对其拥有者有益的品质，比如节俭（frugality）或勤奋（industriousness）。因为，同情能让我们感受到某人从她自己的勤奋中所获得的那种愉悦感，而我们会把这种愉悦感，作为道德的赞许，转而指向她的品格。出于同样的原因，同情还解释了我们为什么会对天赋（natural talent）、美貌（physical beauty）、力量（strength）以及财富（wealth）、名声（fame）、权力（power）表示赞许或钦佩。休谟把美德和恶德严格地限定为一种精神品质（mental qualities），并且认为我们的情感必须经历不断的校正，才能恰当地做出道德赞许或道德谴责的反应。

产生道德情感的"同情"必须不偏不倚（impartial），不受自我利益、空间或历史距离以及只看后果而不看品格倾向的做法的干扰。因此，我们必须采用休谟所说的**普遍的或共同的观点**。我们把自己的利益搁到一边，通过对那些受到某个行为者品格影响的人们所产生的愉悦或痛苦发生同情，从而更清晰地聚焦于该行为者的品格。关于我们怎样以及为何要采取共同的观点，休谟是这样说的：

> 每个人的快乐和利益各不相同，除非他们选取一种共同的观点，据以观察他们的对象，并使这个对象在所有人看来都显得是一样的，否则，人们就不可能在情感和判断方面达成一致。在判断品格时，只有在每个旁观者看来都一样的利益或愉悦，才是其品格正在被考察的那个人自己的利益或愉悦，或者，才是与他有关联的那些人的利益或愉悦。尽管这样的利益和愉悦对我们的触动，与我们自己的利益或愉悦相比要更加微弱，但是，由于它们更为常见和普遍，因此它们甚至在实践中抵消了后者，被认为是美德和道德的唯一标准。只有它们，才产生了道德区分所依赖的特殊感觉或情感。
>
> （Hume 2007: 3.3.1.30）

休谟强调，我们必须对自己和他人品格展开评价。对此，他给出两条重要的理由。第一，尽管对品格做出准确的评价十分重要，但同时，我们也很容易让我们的偏见扭曲这些评价。我们有一种天性，偏爱那些对我们有利的人，而责备那些妨碍或破坏我们利益的人。对品格的准确评价，也就是我们从共同的观点出发所做出的评价，可以带来更好的个人决策和公共决策（Cohon 2008）。正如休谟所说，虽然我们的道德情感也许不会直接指导我们的行为，但是，对于学校、布道讲台和剧院来说，它们却是足够有用的。它们帮助指导我们形成共同的价值体系，该体系告诉我们在礼仪、宗教和娱乐等方面要如何教育我们的孩子，并且指导我们进行政策和法律方面的推理与选择。强调道德评价的第二条理由则涉及品格的范围，涉及在我们眼里值得赞赏或值得谴责的各种特征的范围。休谟在《道德原则研究》中对此说得更清楚，因此我们将要考察一下，他在该作品中关于这个问题的讨论。

《道德原则研究》中的同情与情感

在讨论个人优点（personal merit）之前，让我们看看《道德原则研究》与《人性论》之间的一些区别。《道德原则研究》首次出版于 1751 年，它（特别是 1764 年和 1777 年这两版）给休谟的道德哲学带来了很大的变动和补充，使之比《人性论》更加有序，也更加精致。其目的仍是为了表明，同情乃是我们赞扬和责备的道德情感的来源。重要的是，休谟承认了理性在道德评价中的根本地位，同时放弃了《人性论》的争辩立场，后者在讨论慎思（deliberation）和意志（will）时表现得最为明显。我们对品格的评价依据的是情感，情感给品格打上了"光荣或耻辱的印记"；情感"让道德成为一条活跃的原则"，从而使得美德有助于实现我们幸福，而恶德则会给我们带来悲伤（Hume 1998:1.9）。但为了恰当地辨别美德和恶德，理性必须做出严格的区分和比较，考察各种关系，搞清楚关于某人品格和处境的事实，从而得出正确的结论（Falk 1986; King 1976; Taylor 2003）。

《道德原则研究》的一般进路也不同于《人性论》。在早期作品中，休谟曾诉诸某些心灵的原则，这些原则基于相似关系（resemblance）、接近关系（contiguity）或因果关系（causation）而把各种知觉（perceptions）联系在一起。这些关联原则解释了特定类型的知觉何以产生，其中包括信念、关涉自我或关涉他人的复杂情感（比如，骄傲或爱）以及各种道德情感。在《道德原则研究》中，休谟放弃了这一方法，转而从道德话语和那些构成美德或"个人优点"的精神性质的清单入手。我们道德话语中的术语，反映了我们的赞成或责备的情感。从仁慈（benevolence）和正义（justice）这两种美德着手，休谟考察了这些性质，试图发现它们会在什么条件下得到赞同。而在我们针对友谊（friendship）、怜悯（compassion）或正义的反应中，又是什么使这些性质成为美德？休谟的答案是效用（utility）。正义，其首要原则是确立财产权，对于社会的秩序和安全来说绝对不可或缺。而仁慈之人的善举则有助于实现他人的幸福和福祉，因此，美德的有用性是使其变得有价值的原因之一。

同情解释了我们为什么会对那些对别人有用的东西感兴趣。我们自然而然就会同情他人的幸福或苦难，其中既包括生活在遥远过去的人们，也包括虚构出来的角色。休谟以一种他在《人性论》中未曾有过的方式，完善着自己的立场。当我们对某人的幸福或苦难产生同情，并且，这是由于这个人自己或他人的品格的某种有用或有害的倾向所致，那么，我们的赞成或责备就反映了我们本性的另一条原则，即，人道（humanity）原则。休谟在两种不同的意义上使用**人道**这个词：人道的原则或情感表现为一种稳定的偏好，即，更偏爱有用的品格特征而甚于有害的品格特征；人道的法则或动机使得人们温柔或体面地对待他人。这两种意义上的"人道"都可以是美德，尤其是当它们发展成熟之际。休谟注意到，"尽管一个人可以比另一个人有明显的优势，但没有人……会对自己同胞的利益完全漠然"。优秀的人被描绘成：他们"对人类的利益抱以热切的关怀……对一切道德区别有着细腻的感觉；对人们所遭受的伤害表示强烈的愤怒；对人们的福祉则给予热烈的赞美"（Hume 1998: 5.39）。在《道德原则研究》中，尤其是在后来随笔集中，休谟指出，在一个社会安排更加公正的社会里，人道的情感和人性的态度更为常见：温和而节制的政府、自由的人民、努力和教育的机会以及社交的机会，对优雅行为方式的欣赏（Debes 2007a, 2007b; Taylor 2013）。正如休谟在他的文章《论技艺的进步》（"Of Refinement in the Arts"）中所指出的，在这样的社会中，我们发现，"**努力、知识和人道**，被一条不可分割的链条紧紧连在一起"（Hume 1985: 271）。

除了对仁慈和正义等社会美德的有利影响产生同情，同情和人道也使我们赞成或钦佩那些对拥有者自身有用的特征，比如，审慎（prudence）、勤劳（industriousness）或节俭（frugality）。同情还使我们赞成或钦佩另外一些优点，它们的价值来自它们为其拥有者带来**直接的快乐**（immediate pleasure），而同它们可能具备的任何效用无关。它们提供一种直接令人愉快的感受，一种道德旁观者"通过感染"而把握到的感受（Hume 1998: 7.2）。高兴（Cheerfulness）就是这样的一种性质，它使高兴之人直接就感到愉快。它还会把满足和愉悦传给他人，赢得他人的友谊。而有些性质既有可能具备有用性，但除此之外，也能够直接令人感到愉快。骄傲和勇敢都是有用的，但是，骄傲的人对自己还有令人愉悦的崇高之情，而勇敢"还有一种特别的光辉，这种光辉完全来自它自身，来自与它自身不可分离的那种高贵的升华"（Hume 1998: 7.11）。骄傲和勇敢的这个方面令其拥有者直接感到愉悦，而经由同情，这个方面也触动旁观者，使之形成一种类似于崇拜（sublime）的直接感受（休谟确实告诫过人们，不要把这些品质英雄化，也不要盲目崇拜英雄）。其他有用的品质，比如仁慈，也能够直接使人感到愉悦。在休谟的笔下，仁慈的动机对其拥有者而言是"甜蜜的、平静的、温柔的和愉悦的"，而且，同情会再次激发旁观者，使之对仁慈的品格产生一种"更加温和"（softer）或更加亲近（kindly）的情感（Hume 1988: 7.26）。直接令他人愉悦的品质还包括谦逊（modesty）、有礼（good manners）、机智（wit）、雄辩（eloquence）和端庄（decency）。我们可以解释，对于其中有些品质，比如有礼和谦逊的起源，在休谟看来，就跟正义的约定有关，并且它们之所以值得称赞，就是因为它们能够提供更好的社会交往与合作。但是，其中另一些陡然便抓住我们感情的品质，比如优雅（grace）和风度（genteelness），则"必须托付给品味或情感所提供的那种盲目但又确凿的证明"，这也使得哲学"意识到自己狭隘的边界和微小的所得"（Hume 1998: 8.14）。对于精神品质这种直接令人愉悦方面的赞许之情，休谟注意到：

> 效用的观点或将来有益后果的观点并未进入这种赞许的情感；然而，这种情感却跟由公共或私人效用的观点所引起的另一种情感有相似之处。这两种情感都产生于同一种社会性的同情……或者说，都产生于对人类幸福或苦难的同胞感（fellow-feeling）。（Hume 1998: 7.29）

因此，休谟将**个人优点**定义为"拥有对自己或他人有用的，或者能让自己或他人感到愉悦的精神品质"（Hume 1998: 9.1）。有些品质既是有用的又是令人愉悦的，比如仁慈。而有些品质对其拥有者和他人来说都是有用的，或都是令人愉悦的，比如高兴或勇敢。我们已经看到，这些不同的精神品质皆因某种源于同情的情感而得到赞许，但是，赞许分为三种不同的形式：**人道**赞许的是对自己或他人有用的品质；**崇拜**情感钦佩的是骄傲、勇敢、大度（magnanimity）和沉静（tranquility）的直接令人感到愉悦的方面；而**更温和的**情感赞许的则是仁慈、谦虚、机智和优雅这些品质的直接方面。

道德推理：慎思与人道

当我们对那些因其有用性而饱含价值的品质进行评价时，休谟指出，"**理性**必定在所有这类决定中发挥重大作用；因为，只有这种能力可以给我们指示品质和行动的趋向，并指明它们对社会以及对它们的拥有者的有益后果。"当我们对自己的行为进行慎思时，理性也起着至关重要的作用。道德评价和道德慎思都不一定是直截了当的："可能产生各种怀疑，可能出现各种对立的利益；必须根据充分的观点并且略微偏重于效用，从而偏向某一边"（Hume 1998: App. 1.2）。在数学推理中，我们可以从已知的东西中推出新的关系，例如某种几何图形的关系，与之相比，**道德**推理本身无法给出正确的评价或选择："在所有的道德慎思中，我们必须预先熟悉所有对象以及这些对象彼此之间的所有关系，并通过整体的比较，确定我们的选择或慎思。"在这里，不会发现任何新的事实或新的关系，而"知性（understanding）也没有进一步发挥作用的空间"；凭借我们的品格，我们可能会做出勇敢或怯懦的选择，可能很有耐心或很不耐烦，可能是悲天悯人或冷酷无情的。就道德评价而言，当推理完成了它的工作之后，"那种随即发生的赞许或谴责不可能是判断力的作品，而是心（heart）的作品；……是一种生动活泼的感觉或情感"（Hume 1998: App. 1.11）。因此，"**理性**给我们指示了行动的各种趋向，而**人道**则会做出区别，以偏向那些有用的和有益的趋向"（Hume 1998: App. 1.3）。

在进行道德选择时会出现两种错误。我们可能忽略了一些关键的事实，就像俄狄浦斯（Oedipus）杀死拉伊俄斯（Laius）时，他并不知道他杀死的是自己的父亲。或者，事实可能是已知的，就像尼禄（Nero）杀死他的母亲阿格里披娜（Aggripina）时，然而"复仇、恐惧或逐利的动机却占据了他残酷的内心，压倒了义务和人道的情感"。这种"**事实**方面的错误和**正当**方面的错误之间的巨大差异"就反映在我们的情感中（Hume 1998: App. 1.12）。对俄狄浦斯来说，无论我们如何理解杀戮，我们都能看到，他无法对他的行为进行恰当地推理，因为他对一个关键事实缺少信息。而尼禄糟糕的品格以及他对自己行动能够进行准确推理的事实，则引起我们的道德谴责。

我们在前面讨论《人性论》时就已发现，休谟强调要校正我们的道德情感，从而纠正过度的自爱（self-love）或其他偏见。尽管《道德原则研究》也承认同样的歪曲以及进行校正的必需，但他提出的方法却依赖于彼此的对话、辩论和协商；其中使用独特的道德话语，而非更为主观的自爱的语言（language of self-love），在后者这里，我们采用的是有关友爱（friendship）或敌意（enmity）的术语，而不是指称品格的术语（Hume 1998: 9.6）。休谟认为，人道的情感是人类普遍具有的，而且它的适用范围十分广泛，我们可以通过它而对那些距离我们时空遥远的人进行评价。因此，当我们为了使自己能够相互理解而彼此采取共同的观点时，我们所依赖的就是这种情感。我们也应努力践行好评价（good evaluation）的美德，其中包括恰当的道德推理，精确识别品格、行为或处境的特征，以及对我们同胞给予温暖的关怀。通过反思自己的偏心或偏见，我们纠正了我们情感的不均等性。通过共同对话和辩论，我们形成了"一种关于美德和恶德的普遍标准，它主要建立在普遍有用的基础之上"（Hume 1998:7.5.42, n.25）（Falk 1986; King 1976; Taylor 2009）。

个人优点的范围

在《道德原则研究》的较晚版本中,休谟使用了"个人优点"这个术语,并将它与**美德**联系在一起。在附录4中,他告诉我们他之所以这么做的原因。请回想一下,他的策略是不仅考察那些被我们责备(blame)、责难(censure)或谴责(reproach)的品质,而且考察所有被我们赞扬、热爱或尊重的品质。事实证明,有些值得赞美的品质会被我们看作**天赋**(talents)而不是美德,如机智(wit)、理解力(understanding)、雄辩(eloquence)或机敏(ingenuity),而有些值得责备的品质,我们则会认为它们是缺点(defects)而不是恶德。休谟的许多同时代人愿意把某些社会性品质主要看作美德,比如仁爱、正义。但是,如果我们也会因为天赋而尊重他人,那我们为什么就不应当说,天赋帮助人们成为优秀的人?休谟的回答是肯定的,而且他为我们提供了四个理由。首先,语言并不能准确地区分天赋和美德。美德并不仅仅就是某种自觉的习惯。一些公认的美德,例如,勇气、耐心或自制,可能更多地与机遇(fortune)或运气(luck)有关。重要的在于承认,我们确实会因为人们具有某些更多源自运气而非培养或教育的品质而称赞他们,正如我们会沉溺于人们的美貌或是羡慕富裕之人,尽管这种美貌或财富并不是他们挣得的。类似地,我们也会要求人们对他们由于愚蠢或是出于恶意或怨恨而做出的事负责,哪怕是他们禁不住要这么做。其次,我们的情感也不能准确地区分美德与天赋、缺点与恶德。博学之人会为自己的学识而骄傲,而我们也往往因此而钦佩他们,就像我们钦佩勇敢之人和正义之人一样。再次,不仅历史学家,古代的道德学家(比如西塞罗或亚里士多德)也承认诸多品质的价值。决定一个人是否有耐心或他们具有多大勇气的往往是命运而非培养，这一点使得很多古代人都对美德是否可教产生了怀疑。最后，休谟指出，正是那些有神学倾向的现代道德学家希望把所有的美德和恶德归结为自愿之物，将所有品质都视为"类似民法的东西，通过奖惩的制裁来加以维护"。这些道德学家认为，我们不一定选择恶德，因此我们如果选择了它就应该受到惩罚。休谟认为，这些道德学家已经导致推理和语言都"偏离了它们自然的轨道"（Hume 1998: App. 4.21）。相比之下，他自己的经验研究则揭示出许多为我们所尊重或责备的不同品质，从而揭示出更大范围的个人优点。

我们不应过分强调美德或优点的非自愿性（involuntariness）。休谟显然确实认为，通过父母、教师、政府和政策制定者的教育实践获得，我们可以让人们尤其是年轻人变得更好。社会交往提升了人的理解力、创造力、智力，使人知礼节并更富人道。在他的《随笔集》中，尽管运气因素仍然存在，但休谟采取了一种更为宽广的社会视角来看待较好品格的塑造。例如，在他的文章《论中等水平的生活》（"Of the Middle Station of Life"）里，休谟就指出，社会地位常常影响一个人的品格。富有之人或权势之人必定担心那些奉承者的动机。而一贫如洗的人则可能几乎没机会了解，更不用说培养好的礼节或接受好的教育。休谟指出，那些处于中等生活水平的人，即中产阶级，有最多的机会展示自己，培育美德，并与他人建立起真正的友谊。在另一篇文章《论民族性》（"Of National Characters"）里，休谟突出了道德/精神原因（moral causes）在塑造社会和社会关系中的重要性。道德/精神原因，如政府形式，可以影响各种制度的性质，例如宗教、教育、婚姻家庭、工业和经济以及风俗习惯。在有时被人称作他的**经济学**文章中，休谟考察了在商业上成功的现代社会对其他制度的影响，他认为奢侈品和其他商品可以带来更多的工作岗位；而科学和机械工艺的进步则促进了知识的增长和通识教育方面的更多机会。交流中的彬彬有礼和互相尊重促进了社会交往，不仅带来更多的人道态度，而且创造出更多的观点和知识。温和中庸的政府使臣民享有更大的自由。总之，更好的社会安排提供更多的机会来培育个人优点，并使得公民的道德和文化生活具有更大的包容性。历史也让我们有机会反思，一个重视正义和仁慈的社会有什么益处。休谟批评了他眼中古代帝国的野蛮行为和不人道态度，谴责他们对成千上万被征服或被殖民的人民的奴役，而这正是土地经济（land-based economy）以及过度崇拜尚武精神的不幸的副产品。经验告诉我们，自由、仁慈和人道会让更多人过上更加繁荣的生活。

休谟与美德伦理学

我们如何理解休谟道德哲学与美德伦理学之间的关系，这取决于我们如何理解美德伦理学。正如我们看到的，休谟确实使用了关于美德和恶德的语言，以及关于个人优点的言辞，并把它们视为人类品格的特征。一些当代道德哲学家拿美德伦理学，或者更精确地说，拿美德理论与义务论（以责任或义务为核心概念的道德理论）或后果主义（追求利益最大化结果的理论）进行比较，并将它们视作当代分析的规范伦理学的三大主要理论。例如，罗莎琳德·赫斯特豪斯（Rosalind Hursthouse）就采用亚里士多德主义的方法来论证，正确的行为就是一个有美德的人将会做的行为，而有美德的人就是具有全部美德的人，因此在她必须做出决定和采取行动的那些情境中，有美德的人要根据情境的最重要细节恰当地调整自身。这种策略使得赫斯特豪斯聚焦于如下问题，即，美德如何引导慎思和选择（Hursthouse 1999）。

虽然我们看到休谟简要地讨论过慎思与美德、恶德之间的关系，但引人关注的是，他的主要重点在于如何评价品格，以及培养精准可靠的道德情感所具有的重要性。休谟不像亚里士多德那样主张美德的统一性，所以他并不认为，由于美德使得有美德的人能洞察情境而缺少美德的人做不到这一点，故而有美德的人在认识上更具优势。正如休谟在《人性论》中所说："认识美德是一回事，使意志符合美德是另一回事"（2007: 3.1.1.22）。在《道德原则研究》第九章中，休谟以克里安提斯（Cleanthes）为例展示了一个似乎完美的角色形象，他具备在各种关系和活动中表现卓越而需要的全部美德和能力。不过，休谟呈现出这样的理想人物，主要是为了表明，美德的生活不仅有助于实现身边人的幸福，而且有助于实现一个人自己的幸福。我们有关个人优点的知识，以及我们对它的赞成，都是通过反思经验和历史而共同建立起来的（Taylor 2006）。

不过，休谟也明确表示倡导那种有美德的或个人优点的生活。正如我们已经看到的，同情不仅是道德情感的来源，而且还能使我们调整自己，以适应他人对我们的态度。当别人称赞我们的品格时，我们对他们的赞赏经由同情而获得的愉悦会给我们带来一种骄傲感。而对我们品格的骄傲，反过来又会给予我们信心，亦即，在追求能力过程中的"一种踊跃的干劲"（Hume 2007: 3.3.6.6）。我们可以把这种骄傲看作是一种对自身道德能力的信心。作为有道德能力的行为者，我们看到，我们的优点允许我们采取各种行动方式，它们使我们自己的生活与他人的生活各有千秋（Baier 1984; Besser-Jones 2010）。而他人的持续称赞得以让我们对自身优点感到骄傲，因为对优点的赞许乃是我们共同珍视的东西。

【相关主题】

第 15 章 "Sentimentalist Virtue Ethics," Michael L. Frazer and Michael

Slote

第 16 章 "Pluralistic Virtue Ethics," Christine Swanton

第 22 章 "Kant and Virtue Ethics," Allen Wood

第 28 章 "Testing the Empathy-Altruism Hypothesis against Egoistic Alternatives," C. Daniel Batson

第 29 章 "Care Ethics and Virtue Ethics," Nel Noddings

【参考文献】

Baier, Annette C. (1984) "Master Passions," in Amelie O. Rorty (ed.) *Explaining Emotions*, Berkeley/Los Angeles: University of California Press, pp. 403–423.

Besser-Jones, Lorraine. (2010) "Hume on Pride-in-Virtue: A Reliable Motive?" *Hume Studies* 36:171–192.

Cohon, Rachel. (2008) *Hume's Morality: Feeling and Fabrication*, New York: Oxford University Press.

Debes, Remy. (2007a) "Humanity, Sympathy, and the Puzzle of Hume's Second Enquiry," *British Journal of the History of Philosophy* 15: 27–57.

Debes, Remy. (2007b) "Has Anything Changed? Hume's Theory of Association and Sympathy After the Treatise," *British Journal of the History of Philosophy* 15: 313–338.

Falk, W. D. (1986) "Hume on Practical Reason," in *Ought, Reasons, and Morality: The Collected Papers of W. D. Falk*, Ithaca: Cornell University Press, pp. 143–159.

Hume, David. (1985) *Essays: Moral, Political, and Literary*, edited by

Eugene F. Miller, Indianapolis: Liberty Fund.

Hume, David. (1998) *An Enquiry Concerning the Principles of Morals*, edited by Tom L. Beauchamp, Oxford: Oxford University Press.

Hume, David. (2007) *A Treatise of Human Nature*, edited by David Norton and Mary Norton, Oxford: Oxford University Press.

Hursthouse, Rosalind. (1999) *On Virtue Ethics*, Oxford: Oxford University Press.

King, James. (1976) "The Place of the Language of Morals in Hume's Second Enquiry," in Donald Livingston and James King (eds.) *Hume: A Reevaluation*, New York: Fordham University Press, pp.343–361.

Taylor, Jacqueline. (2003) "Hume on the Standard of Virtue," *Journal of Ethics* 6: 43–62.

Taylor, Jacqueline. (2006) "Hume on Virtue and the Evaluation of Character," in Saul Traiger (ed.) *The Blackwell Guide to Hume's Treatise*, Malden, MA: Blackwell Publishing, pp. 276–295.

Taylor, Jacqueline. (2009) "Hume's Later Moral Philosophy," in David Norton and Jacqueline Taylor (eds.) *Cambridge Companion to Hume* (2nd ed.), Cambridge: Cambridge University Press, pp.311–340.

Taylor, Jacqueline. (2013) "Hume on the Importance of Humanity," *Revue internationale de philosophie* 67: 81–97.

【延伸阅读】

Baier, Annette C. (1991) *A Progress of Sentiments: Reflections on Hume's Treatise*, Cambridge, MA: Harvard University Press.

Cohon, Rachel. (2006) "Hume's Artificial and Natural Virtues," in Saul Traiger (ed.) *The Blackwell Guide to Hume's Treatise*, Malden, MA: Blackwell Publishing, pp. 256–275.

Dees, Richard. (1997) "Hume on the Characters of Virtue," *Journal of the History of Philosophy* 35: 45–64.

McIntyre, Jane. (1990) "Character: A Humean Account," *History of Philosophy Quarterly* 7: 193–206.

Swanton, Christine. (2007) "Can Hume be Read As a Virtue Ethicist?" *Hume Studies* 33: 91–114.

第 13 章
尼采与美德

[英]爱德华·哈考特 / 著
李义天　卢淑慧 / 译　朱慧玲 / 校

引言

柏拉图和亚里士多德开启了一项探究，针对人类本性、人类卓越与人类最佳生活样式之间的关系。令人沮丧的是，这项探究还缺少一个为人普遍接受的名称：要不是美德伦理学如今承诺通过某种让美德概念优先于其他特定概念——比如，良好的事态或理性的行为者——的方式来处理行为的正当性问题，这个名字也不会是"美德伦理学"（Slote 1992; Baron 2011）。虽然在近年的一些文献中，有人问，对于这个意义上的"美德伦理学"，尼采是否有贡献（Slote 1998; Swanton 2003, 2005; Hurka 2013），但这并非我在本文要关心的问题。不过，就柏拉图和亚里士多德所开启的这项没有名字的探究来说，只要我们把探究本身同针对其问题——比如，人类的最好生活就等于人类的幸福吗？一个卓越之人的生活，对他来说，就是最好的生活吗？就"道德美德"（moral virtues）这个短语的一般解释而言，人类的卓越性是否就在于甚或包含着道德美德？——而做出的各类回答加以区别，那么，毋庸置疑，尼采是有贡献的；事实上，自这项探究出现 2500 年以来，他的贡献属于最为杰出的贡献之一。本文旨在通过比较尼采与亚里士多德以及当代新亚里士多德主义者——这项探究如今的大多数（尽管并非全部）贡献皆出自他们——观点之间的异同，对尼采的贡献进行描述和评价。

尼采的美德思想虽说很难概括，也可以借由《快乐的科学》(*The Gay Science*)中的这段话而得到很好的说明："美德只是把幸福和祝福给予那些对美德失去信念的人们——而给不了那些更精致的灵魂，他们的美德就在于对它们自身和所有美德的极不信任"（1882/2001: 143[§ 214]）。

美德——所有美德——不值得信任，这就是美德：尼采显然很喜欢这个看似的悖论（the seeming paradox）。然而，有一种解决这个悖论的方法是，把那些"更精致的灵魂"正确地加以不信任的美德（即，上述段落中第一个、第二个和第四个"美德"概念所指称的内容）——无论它们是什么——同他们在这么做的时候所展现出来的美德（即，第三个"美德"概念）区别开来。尼采的道德观念，在这里，就出现了一种明显的对称性。如果说尼采在伦理学上有什么被人铭记的话，那就是他对"道德"或"道德价值"的抨击（1887/1994: 8 [Preface § 6]）。但是，由于尼采在抨击道德时又引入了价值（"这些价值的价值……应该得到审视"（1887/1994: 9 [Preface § 6])），所以，这听起来也充满了悖论：正如尼采所说，他的抨击实际上针对"每一种道德"（1887/1994: 9 [Preface § 6]），那么，只要尼采的方案是自我确立的道德，它不就必定是自我挫败吗（Clark1994: 15）？不过，这里也不一定会出现悖论，因为尼采区分了"广义的道德"（1886/2002: 90 [§ 202]; Clark1994: 17）和"狭义的道德"或"迄今为止所是的道德"（1886/2002: 32–33 [§ 32]），并指出——就像伯纳德·威廉姆斯在"道德"和"伦理"之间所做的区分（Williams 1985）那样——在有关人类品格和行为的所有可能的评价性思考方式中，道德具有特殊性。于是，对尼采的道德观进行阐释的任务，大致说来，就是要把他所抨击的那些评价性观点同他用以抨击别人的评价性观点区分开来。但是，在尼采的上述某种用法中,"美德"属于"狭义"道德的概念范畴。因此,尼采的美德观不就是其道德观的直接应用吗?就这项任务的消极方面而言,讨论尼采的美德思想,其实就是要确认在狭义道德的范围内被当作美德的那些品格,以及尼采之所以抨击它们的理由,而这些都源自尼采通常抨击狭义道德的理由。就这项任务的积极方面而言,毋庸置疑,尼采的评价性观点涉及人类生活的理想,或关于人们最佳生活方式的看法。但是,对人类生活理想(等事情)的某种描述,是否恰好就是对(所谓)美德的某种具体说明?有人已经指出,美德的含义受制于非常严格的概念限定——它必须跟正义和其他的社会生活要求联系在一起(Foot 2001: 219),或是跟繁荣联系在一起(Swanton 2003: 3,虽然斯沃顿本人不提倡这种限定)。可是,把身体的卓越(比如,好的视力)和技艺的卓越从作为美德的人类卓越性的范围中抹去尽管很有诱惑力,但我的工作将从如下前提出发,即,给出比上述限定更加严格的界限,是为了让"美德"概念从事专门的实质性伦理思考(substantive ethical thinking):如果某种理想(等)不能给出某些美德或卓越性是有更深原因的,那必定是因为它们是坏的理想,而不是因为,它们没有通过某个假设的概念测试。

尼采、"道德"和新亚里士多德主义

自伊丽莎白·安斯康姆(1958/1997)以来,在对当代道德思想的建构方案展开新亚里士多德主义的批判中,尼采对"广义"道德与"狭义"道德的区分,就跟威廉姆斯对"道德"和"伦理"的区分一样,激起了明确的反响。因此,问题就成了,尼采对"道德"及其相关美德的抨击是否属于新亚里士多德主义的早熟版本。若是如此,那么,尼采就会因为先于安斯康姆和其他人七十年或更多时间提出这一点而获得嘉奖,但是,这也使得"回到尼采"给当代哲学带来的东西，就不会比我们熟悉的"回到亚里士多德"所带来的东西多出太多。

我不认为，尼采只是新亚里士多德主义的一个早熟版本，但这需要对其中原因提供说明，因为，尼采与当代的新亚里士多德主义之间至少存在三点令人印象深刻的相似之处。（我不是说，所有的当代新亚里士多德主义者都同意这些方面，但我希望在我展示的综合图景里并不包括严重的歪曲。）

首先，尼采和新亚里士多德主义者都反对狭义的道德，因为，这种道德虽然具备律法体系的结构，但由于缺乏一个神圣的立法者——上帝——这个结构便是空洞的；这种看起来是律法的东西，事实上并没有对我们提出真正的要求。尼采说，"当你放弃了基督教的信仰，你也不再信奉基督教的道德"（1888a/2005: 194 [IX: 5]），请对比一下安斯康姆的如下这段话：

> 义务和责任的概念——即，道德义务和道德责任——以及，道德正确和错误的概念……如果在心理上可能的话，都应该被抛弃；因为，它们是通常不再存在的某种先前的伦理学观念［即，律法式观念］的残留物或衍生物，而且，在缺乏这种观念的情况下，它们只会有害无益……具有一种律法式的伦理学观念，就是认为人们需要做的事情……乃是由神圣的律法所要求的……除非你就像犹太人、斯多亚派和基督教徒那样相信有作为立法者的上帝存在，否则，你肯定不可能具有这样的观念……这就好像在刑法和刑事法庭已被废除和遗忘的情况下，"罪犯"概念还依然存在一样。（Anscombe 1958/1997: 26, 31）

如迈克尔·坦纳（Michael Tanner）所说："对于这种无意间表现出来的尼采

门徒般的语气，人们屡屡感到惊讶"（Tanner 1994: 33-34）。

第二个和第三个相似之处则与亚里士多德的美德概念有关，也跟亚里士多德把美德同完美之物联系在一起有关，我们姑且——因为原因很快便会揭晓——对后者不作翻译，称之为 eudaemonia（幸福），尽管 happiness（快乐），flourishing（繁荣）和 well-being（康乐）等译法目前都很流行。对亚里士多德而言，一个美德之人就是他或她那种类型中的卓越之人，他们在品格方面的自然能力得到了充分的发展。诚然，在美德范畴内部，他区分了"道德"美德和"理智"美德，但是，由于他把"道德"美德解释为通过习惯而获得的（Aristotle 1984: 1742 [1103a14–25]），并且与幸福和痛苦（Aristotle, 1984: 1744 [1104b4–12]）以及行为和激情有关（Aristotle 1984: 1747 [1106b8–28]），因此，这个概念就不同于"狭义"道德所刻画的概念（Anscombe 1958/1997: 26）；而且，既然如他所说，拥有任何的道德美德都意味着具备实践智慧的"理智"美德，那么，道德美德和理智美德之间的区分，也许在所有情况下都没有该术语所暗示的那么大。进一步讲，亚里士多德的"功能论证"正是为了表明，一个卓越之人的生活，同时也是对那类人来说最好的生活（Aristotle 1984: 1735 [1097b23–1098a19]），即，幸福生活。

现在，尼采似乎也在努力恢复一种"前道德"（pre-moral）意义上的"善"，以及，事实上，恢复一种"前道德"意义上的"美德"。因此，正如丹托指出的那样，在《论道德的谱系》中，尼采笔下的主人阶层就提出了某种善恶之别——这种区分只是到了后来才被"奴隶道德"的善恶之别所替代——其中，"善"仅仅意味着，"那些不如他们的人无非是……不够格的人"（Danto 1965: 159; Nietzsche 1887/1994: 12 [I: 2]）。可是，如果"够格"意味着亚里士多德所说的卓越，那么这就可以解释，为什么尼采对"狭义"道德的抨击能够得到如下看法的支持，即"狭义"道德妨碍了我们自然能力的全面发展。("如果人类,这个物种,从来没有实现过他的最大潜能和辉煌,那么,[该要]谴责的是道德本身")(1887/1994: 8 [Preface § 6])

第二个相似之处就说这么多。至于第三个相似之处,则是尼采对"狭义"道德的抨击还得到了某种特别的(LeBar and Russell 2013: 52)但也相关的看法支持,即"狭义的"的道德对我们有害;在当代新亚里士多德主义那里,呼应这种看法的不多(尽管可以参见 Wollheim 1999: 204–205):

> 难道道德不是……带来了诸多的不快,以至于人们可以说……迄今为止,道德的每一次完善,都会让人对自己、对邻人、对生存的命运更加不满?难道迄今最道德的人不是认为,在面对道德时,人类唯一正确的状态只是最深的痛苦吗?(1881/1997: 62 [§ 106];参见 1887/1994: 8 [Preface § 6]; 1888a/2005: 218 [IX: 45]; Leiter 2001: 234; Geuss 1999: 185)

相反,在尼采看来,应当重新思考在道德的"奴隶起义"(slave's revolt)之前——亦即,在"狭义"道德处于统治地位之前——的主人阶层的生活:

> 骑士-贵族阶层的价值判断基于强健的体格,一种[蓬勃]、饱满、甚至[太过]良好的健康状况,它包括用以维持自身所必需的各种东西、战争、冒险、狩猎、舞蹈、比武,以及其他所有包含着强健、自由和快乐活动的事情。"(1887/1994: 18 [I: 7])

显然,尼采是想用这种生活来描绘人类(或其某个分支群体)的繁荣

第一部分 美德伦理学的历史

或成功：在"贵族阶层的价值等式"看来，"善＝高贵＝力量＝美丽＝幸福"（1887/1994: 19 [I: 7]）。正如尼采之所以谴责狭义道德、部分是因为它对我们有害一样，他至少看起来相信，之所以真正的美德——不管它们是什么——就在于这些方面，那不仅是因为，展现出它们的生活使得我们的自然能力得到最充分实现（"强健的……活动"，"[太过]良好的健康"），而且是因为，对那些过上这种生活的人来说，这是好的。

> 道德中的每一种自然主义——就是说，每一种健康的道德——都受到生命本能的支配，——生命的规则通过某种确定的"应当"和"不应当"的准则而实现，生命道路上的阻碍也由此而清除。（1888a/2005: 174[V: 4]; Bergmann 1988: 44）

尽管存在这些相似之处，然而，我们也至少有三条理由可以认为，尼采不可能是一位早熟的新亚里士多德主义者。

尼采与幸福

其中一条理由涉及尼采本人对整个亚里士多德伦理学的严苛看法，尤其是对幸福（eudaemonia）的看法。在他的笔下，"苏格拉底的等式：理性＝美德＝幸福"乃是"与同早期希腊人的全部直觉相对立的最怪异的等式"（1888a/2005: 163 [II: 4]）。而且，无论他会怎样理解幸福与美德之间的关系，他都蔑视那种把快乐（happiness）当作生活目的（end of life）的看法——请注意"目的"在下面这段话中的双关用法：

> 享乐主义、悲观主义、功利主义或幸福主义：这些全是根据快乐

和痛苦来衡量事物价值的思维方式……但凡意识到创造性力量和艺术家良知的人，都会蔑视它们……你们所理解的康乐（well-being）——那不是目标，它在我们看来就像是终结（end）！——一种……使人们变得可笑而卑鄙的状态。（1886/2002: 116 [§225]；参见 Wingler 1979: 43）

然而，我们应当慎重对待这些看法，以及，其他的类似看法。尼采之所以蔑视幸福——通常被译为快乐（happiness）——是因为在他看来，幸福排除了苦难（suffering）："你们这些［享乐主义者，悲观主义者等等］想要……取消苦难"（1886/2002: 116 [§225]; cf.1882/2001: 191 [§338]）。可是，尽管这种译法会造成这样的含义，然而，我们是否可以不再认为，当幸福被理解为对于过上这种生活的人而言的最好生活时，幸福就必须排除苦难呢？难道幸福——不是"你们所理解的那样"，而是准确地理解它——就不可以包含苦难吗？如果这样的话，那么，尼采就会失去一个反对苏格拉底（还有亚里士多德）的"美德=幸福"等式的理由，因为，这将使我们可能构造出某种人类卓越性的清单（虽然它也许不是"狭义"道德的清单），根据这种清单，上述等式便会成立，从而为我们提供另一个理由来把尼采看作是一位提前出现的新亚里士多德主义者。如今可以确信的是，许多杰出的、有创造性的人——包括尼采在内——都遭受过许多苦难，而且，他们遭受苦难的部分原因就在于他们的杰出才能（维特根斯坦："逻辑就是地狱！"（McGuinness 1988: 154））。人们很容易想象，他们会为自己的苦难而悲叹（尼采显然没有这样做）。但人们同样很容易想象，就算他们确实受到邀请，他们也不会拿他们的生活——痛苦和所有事情——来换取更容易的生活，因为，他们表现出他们杰出的才能，这不是一种选择，而是一种必然。不过，我们与其扩展幸福这个概念，使之包含苦难，从而断言这些人的生活无论如何都是幸福的，还不如说幸福概念在这里已经到了它的效用极限，因而，为了刻画这些生活对于拥有它们的人的价值，我们需要一个不同的概念——比如，特定的生活方式，或者，对人们来说有意义的生活方式（参见 Wiggins 1998: 88）。因此，尼采确实有理由拒绝"苏格拉底的等式"，而我们也会看到尼采与新亚里士多德主义者之间的一个清楚的差别。

尼采，无私和"资产阶级"美德

否认尼采是新亚里士多德主义者的第二条理由，与雷蒙·盖斯（Raymond Geuss）所说的"资产阶级"——人们也可以说"市民"——美德（2005: 85）在当代新亚里士多德主义那里的核心地位有关（Geuss 2005: 85），这些美德涉及"正义……共同善……社会的行为准则"（Foot 2001: 218–219）。如果这些美德必须归属于每位新亚里士多德主义者的德目表，而又不能恰当地归属于尼采的德目表，那么，尼采就不可能是新亚里士多德主义者。不过，这个问题却因为我一直以来有意回避的某个话题而变得复杂，那就是，新亚里士多德主义者的德目表究竟包括什么，而这一点又取决于人们如何理解新亚里士多德主义者的抱负。

对有些人来说，亚里士多德主义复兴的吸引力在于，它似乎有望解决一种起码可以追溯到西季威克的、在自利要求（claims of self-interest）与道德要求（claims of morality）之间存在的所谓二律背反（Sidgwick 1907/1962: 508）。新亚里士多德主义提出的解决方案是，不存在二律背反，因为既然有美德的生活是繁荣的生活，那么，它也是自利理性将会指引人们去过的生活。无论这一方案是否成功，它的全部重点大概都是为了维护"狭义"道德——"以无私为本质"的道德——所提出的各种美德

(Nietzsche 1887/1994: 7 [Preface § 5]; Janaway 2007: 9): 若非如此, 又怎样理解这个明显的二律背反呢? 不过, 正因如此, 该方案不可能是尼采的, 因为尼采坚持认为, 这些美德会使其拥有者付出沉重的代价:

> 致教导人们应当无私的教员们——一个人的美德被称为善, 不是因为它们可能对他有效果, 而是因为它们可能对我们和社会有效果……否则, 一个人必定意识到, 美德(比如, 勤奋、顺从、贞洁、虔诚、正义)对其拥有者来说大多有害……当你拥有一种美德时……你就是它的受害者!(1882/2001: 43 [§ 21])

然而, 如果新亚里士多德主义者的德目表只是在为了解决西季威克的二律背反而选择德目表时才给"资产阶级"美德留出空间, 那么, 把尼采列入新亚里士多德主义者之中, 这种打算当然不会成功。

可是, 尼采的抱负与某些当代新亚里士多德主义者的抱负之所以不合拍, 或许不是因为尼采与亚里士多德之间有隔阂, 而是因为, 后者的一些当代后继者并未敏锐地意识到他们的基督教道德观或后基督教道德观同亚里士多德本人的道德观之间有隔阂。(参见 Hursthouse 1998: 8):"仁慈或者仁爱……不是一个亚里士多德式的美德, 但所有的美德伦理学家现在都以为它在清单之列"。可是, 也许美德伦理学家应该意识到他们在这方面的自以为是。)因为, 就像人们常常注意到的, 亚里士多德的德目表中存在着大量的"自我"(Harcourt 2007: 99; Hurka 2013: 16)。没有哪个亚里士多德式的美德对应着当代的谦逊(modesty)美德(即, 对自身成就的谦逊, 而不是性方面的谦逊): 在亚里士多德那里, 与自夸(boastfulness)这种恶德相对立的, 是诚实(trustfulness)的美德, 以及, 与之相反的自贬(understatement)的恶德(Aristotle 1984: 1749 [1108a10–30])。同样地，亚里士多德所说的真正的朋友可能会"牺牲自己的利益"，但他这么做却是为了"让自己获得最好、最高贵的东西"，即这种行为所拥有的荣誉（1984: Aristotle 1846–7 [1168a28–1169a11]）。亚里士多德把"小气"（*aphilotimia*）看作一种恶德，而他所说的大方（*megaloprepeia*）美德则表现在"同公共荣誉联系的事情上，比如……为合唱队提供设备，修建三层舰，或者举办体面的公共宴会"（1984: 1771 [1122b11–12]）。亚里士多德会很难理解一个捐助建造了三层舰却又不留姓名的人。而尼采则非常理解这一切："不能展示出来的美德，[在古人那里]又有何用呢？"（1881/1997: 22 [§29]; cp.1881/1997: 129 [§207]; Lloyd-Jones 1979: 3）

那么，问题来了：是否可能存在某种新亚里士多德主义德目表，其中有足够的"自我"，它不是尼采反对的那种"狭义"道德的德目表，而是仍有空间可以容纳正义和其他"资产阶级"美德。回答是，这样的德目表不仅可能存在，而且确实存在：亚里士多德本人就关心正义，在他的正义观中，包含守法（law-abidingness）（比如，要求做节制和耐心的行为，或"任何有助于产生并维系政治共同体……幸福的事情"（Aristotle 1984: 1782 [1129b17–19]））和关乎平等分配的分配正义（Aristotle 1984: 1784 [1130b30–34]）。不过，尽管在拒绝"狭义"道德的同时仍可以坚持"资产阶级"美德，但进一步的问题在于，这是否就是尼采本人的立场。

在莫德马莉·克拉克（Maudemarie Clark）看来，答案是肯定的。根据克拉克的解读，尼采对"狭义"道德的批评，关键不是让我们采取不同的行动方式，而是要让我们改变对于我们如此行动的基础的理解——尤其是对自由和责任概念的理解，以及，对道德情感的理解（参见 Bergmann 1988: 45）。因此，一个尼采式的"后道德"行为者还是会像我们一样，必须遵守承诺，欠债还钱。这种解读的说服力出自《朝霞》中的一个知名段落：

无需多言，我不否认——除非我是个傻瓜——应该避免和抵制许多被称为不道德的行为，或是应该实施或鼓励许多被称为道德的行为，但我认为，一种行为应该得到鼓励而另一种行为应该得到避免的理由，并不是迄今以来所说的那些理由。（1881/1997: 60 [§103]）

然而，正如坦纳指出的那样，"遗憾的是，尼采对我们所讲的那些'无需多言'之事，正是他因此很少花工夫说清楚的内容"（Tanner 1994: 28）：要想相信这种对尼采的最低限度的修正主义解读，人们可能还需更多证据。更何况，尼采说过，"我们坚信，应当在世界上建立一个正义与和谐的国度，这绝不是值得追求的目标"（1882/2001: 241 [§377]）。如果尼采真的认为我们必须遵守承诺（等），就跟现在一样，那么，信守承诺（fidelity to promises）为什么没有被更频繁地描述为尼采德目表中的一项美德呢？更一般地讲，如果要求我们做的行为多多少少还跟从前一样——就算它们重新建立在不同的基础上——那么，既然被当作美德的那些品格同正确行为之间必有某种联系，那么，我们需要用以实施这些行为的品格为何就不再跟从前一样了呢？尼采并不觉得"我们的"美德还跟从前一样："我们的美德？——很有可能，我们也还有美德，尽管它们不再是那些率真粗朴的美德，那些我们因之敬重我们的先辈——但也因之疏远他们的美德"（1886/2002: 109 [§214]）。

正义仅仅是我们作为其"受害者"的诸多美德之一（1882/2001: 43 [§21]; 224 [§359]）；"公共精神、善良意志、深思熟虑、勤勉、温和、谦逊、宽容和怜悯"都不过是"牧人"（herd man）赞美的品质，因为这些品质使他们"驯服、随和，对群体有用"（1886/2002: 87 [§199]）。因此，在"狭义"道德之外，尼采似乎从未设想过"资产阶级"美德的存在可能，所以，一旦我们预设了亚里士多德的德目表同那些当代新亚里士多德主义者的——更加无私的——德目表之间的真实差别，那么，反对把尼采理解为新亚里士多德主义者的这第二条理由就依然成立。

尼采与内在冲突

造成尼采同亚里士多德或其当代追随者之间存在差距的第三条理由，与内在冲突（internal conflict）这个问题有关。无论是在亚里士多德那里，还是在当代新亚里士多德主义者那里，实际上，就跟在有些受亚里士多德主义启发的早期现代哲学那里一样，"美德之人的生活不存在冲突"乃是一个最显著的主题（Bradley 1876/1952）。对亚里士多德来说，它表现为"真正的善和谐地结合在一起"这样的信念（1984: 1734 [1097a36–b6]），这似乎是亚里士多德更深入主张的必然推论，即拥有任何美德都意味着具备实践智慧这一理智美德（1984: 1808 [1144b31–2]; Cooper 1998: 266）。而在新亚里士多德主义者那里，呼应该主题的则是如下主张——尽管仁爱和正义提出的要求可能彼此冲突（如，一个人可能通过盗窃而捐助一大笔钱），但是，没有人能够因为在正义方面变得更不完美而在仁爱方面变得更完美，反之亦然（Foot 2002b: 14–15）——以及"屏蔽"（silencing）这个概念，即在特定情况下，具有实践智慧的人将感受到，施加在他身上的要求有且只有一种行动理由（McDowell 1998: 56）。顺便说一句，请注意，（新）亚里士多德主义的观点并不等于是道德考虑压倒一切。为了论证方便，如果我们假设友谊或者正确的抱负所提出的要求是非道德的（non-moral），那么，就没有理由预先排除如下可能性，即在某些情境中，这些要求中的某一个有可能"屏蔽"那些来自道德卓越性的要求。

尽管如此，这种认为最好的人类生活不存在冲突——要么是道德目的之间不存在冲突，要么道德目的与非道德目的之间不存在冲突——的观点，在尼采的思想中是完全找不到的，在他那里，事实上，在特定的条件下，这样的冲突是值得庆贺一番：

> 在分崩离析的时代……一个人的身上所拥有的是一种来源驳杂的遗产，这意味着相互冲突的……冲动和价值尺度，它们相互斗争，少有安宁。像这样的一个人……往往是较为虚弱的人：他最根本的愿望就是结束他自身的这场战争。而他的幸福观念 [是一种观念]……首先就是休息、不受干扰、餍足、无限的统一……但是，如果冲突和战争作为生命的刺激和挠痒而对这种天性起到了更多的作用——，而且，如果除了强劲而不肯和解的冲动之外，那种与自我作战的真正精通（即，控制和智胜自己的能力）也是继承和培养而来的话，那么，那些令人惊异、不可理解和不可思议的人，那些注定赢得胜利和魅力的谜一般的人，[比如] 阿尔西比阿德和凯撒，也就诞生了。（1886/2002: 87 [§ 200]; 153 [§ 260] ）

我们再次看到尼采对"快乐"的蔑视。不过在这里，他的理由不再是，"快乐"因为排除了苦难，所以不能够完全担当"增强'人类'物种"的必要条件：在这里，快乐之所以受到谴责，是因为被快乐所排除的内在冲突乃是人类最好生活的构成要素。因此，既然对（新）亚里士多德主义来说，目的之间或美德之间的和谐性居于核心地位，那么，无论一个人的德目表是否被限定在"狭义"道德所支持的范围内，尼采与亚里士多德关于好生活的看法之间的对立都不会消失。

概言之，尼采不仅和当代新亚里士多德主义者一样抨击"狭义"道德，而且他还跟他们，包括跟亚里士多德本人一起，至少分享了同一个重要的积极承诺,那就是,就人类能够过上的生活而言,对他们来说,最好的生活样式乃是他们在其中展现出各种卓越性的生活,它被理解为人类自然禀赋的最充分发展。不过,在尼采那里,这种承诺具有特殊的内涵——它反对以快乐之名来判定最好生活;它削弱了"资产阶级"美德(无论是非基督教的还是后基督教的)在他的德目表中的地位;并且,如他认为的,内在冲突在最好的生活样式中发挥着构成性作用——这些足以不再把尼采归为一个早熟的新亚里士多德主义者。

尼采的美德?

有时人们认为,既然"美德"这个概念总是跟"资产阶级"美德绑在一起,那么,就有必要通过其他方式来思考尼采所说的人类卓越性——比如,把它理解为一个美学概念或准美学概念(Foot 2002a: 147)。但是,在完全搞清楚什么才是在美学意义上欣赏某种品格特征之前,对人类的卓越性引入这种二分法——这些是仅仅具有美学意味的品质,而那些才是正儿八经的美德——这看起来似乎会造成问题,不利于尼采主张借由"善恶之彼岸"的视角来评价人类品格的做法(Harcourt 2011; Conant 2001: 221–222)。然而,如果我们没有理由不去把尼采所赞赏的品格当作美德,而非某种其他类型的卓越性——尼采本人也确实没有将"美德"这个词仅仅留给所谓的"道德"美德(1882/2001: 133 [§159]; 1886/2002: 109 [§214])——那么,这些品格又是什么呢?它们是像他认为的那么有价值吗?

尼采对美德或人类卓越的积极看法,三言两语说不清楚。值得注意的一点是——这一点对于把尼采不仅仅同新亚里士多德主义者区分开来很重要——通过强调柏拉图和亚里士多德在多大程度上已经偏离了他所赞赏的那些希腊文化,尼采不断让自己同后基督教的新亚里士多德主义者拉开距离，也同柏拉图和亚里士多德本人拉开距离（"从柏拉图开始，希腊哲人的道德主义都是有病理根源的"（1888a/2005: 166 [II: 10]; 1881/1997: 105 [§172]；并参见，上文同"早期希腊人"的对比，1888a/2005: 163 [II: 4]））。这一点，同他对"英雄"（竞争的、以成功为导向的）美德而非"资产阶级"美德的赞赏是一致的（Geuss 2005），比如，至少有"勇敢"（courage, 1881/1997: 224 [§556]; 1886/2002: 171 [§284]）、"力量"（strength, 1887/1994: 107 [III: 18]; 95[III: 14]; 1886/2002: 134 [§242]）、"礼貌"（courtesy, 1881/1997: 224 [§556]）和"荣誉"（honor, 1886/2002: 162 [§265]），尽管后者受到过批评（1882/2001: 210 [§352]）。而"诚实"（*Wahrhaftigkeit*, 1886/2002: 154 [§260]; 1887/1994: 15 [I : 5]）与"正直"（*Redlichkeit*, 1881/1997: 224 [§556]; 1886/2002: 117 [§227]）也肯定是称赞的对象（参见对"理智良知"的若干讨论（1882/2001: 29-30 [§2]; 200-201 [§344]））。

然而，重要的是，我们要注意到，尽管尼采对古希腊或前基督教的日耳曼主人阶层的刻画确实令人钦羡，但它并不能被当作尼采那时（"[今日]更高级的天性"1887/1994: 34 [I: 16]））或未来某时的（可能）最佳的人性图像，因此，我们并不能从他那真实的或想象的各种历史范型中，解读出可以适用于我们的尼采式的人类生活理想（"诚实"是一种古代的高贵美德，而"正直"则是一种完全现代的美德（White 2001: 63）。)但是，对于尼采所说的卓越性，既然他认为它们有可能具体呈现在我们或我们子孙的身上，那么，这就会有一件事引人注目，那就是，在这些卓越性中，有许多都是"形式的"（formal）品格（Hurka 2007: 22, 27），即相对于稳定的品格状态而言的"过程性"（process）品格（Reginster 2007: 52; Guay 2007: 73; Swanton 2006: 188），或者，可以称之为"副词性"（adverbial）品格，它们与做事方式相关，比如，活力四射（exuberance）或激情四溢（overflowing）（Solomon 2001: 141）。我们有必要从两个方面来理解"形式的"这个说法。从消极方面来说，一种形式的卓越性（a formal excellence）是指其本身不带有任何目的或善的卓越性：就此而言，尼采所说的"形式的卓越性"类似于我们所熟知的"勇敢"这类"执行性"美德，它们是在我们实施其他美德要求的过程中被体现出来的，而这个事实不仅至少可以解释"勇敢"的英雄性质，而且可以解释尼采对它的钦佩之情。从积极方面来说，尼采所说的"形式的卓越性"也揭示出一个人同自己的态度或其他心理部分之间的关联方式，或者，揭示出这些心理部分彼此之间一度或持久的关联方式。在尼采提出的这些卓越性中，最突出的被认为是创造性（creativity）（1886/2002: 107 [§212]; Reginster 2007），即，赋予事物以形式的能力，尤其是赋予自身以形式的能力（1882/2001: 163–164 [§290]; Ridley 1998: 136），健康（1887/1994: 18 [I: 7]; 97-101 [III: 15-16]; Harcourt 2011），自爱或自我肯定（1882/2001: 194-195 [§341]; Janaway 2007: 253），自由或自我主宰（1888a/2005: 213-214 [IX: 38]; Pippin 2006: 108），自我超越（1886/2002: 151 [§257]；Pippin 2006: 120; Reginster 2007: 51），找出并且超越障碍的能力（Swanton 2005: 189; Reginster 2007: 36），以及（"未被扭曲的"）权力意志（Reginster 2007: 42; Swanton 2005: 179）。

现在，在一定程度上，我们可以勾画出这些概念之间的联系。自爱和自我肯定与尼采的"永恒轮回"想法有关（1882/2001: 194–195 [§341]）：只有最大程度自我主宰之人，才准备打算让自己的生命进入永恒轮回，而无需改变生命的任何细节，包括苦难在内。然而，接受或忍受苦难（尤其是源自内在冲突的苦难）的能力不仅可以被描述为斯多亚式的自我主宰、健康，或是对理智良知的要求的遵守（Janaway 2007: 264），而且可以被描述为赋予某人生活以形式——它不是和谐或"巧夺天工的统一体"(Janaway 2007: 262),而是持续存在冲突的形式——的那种能力的表现(Harcourt 2011: 278),从而,也就是对赋型者的美德(即,创造性)的表达(Ridley 1998)。更何况,这样的赋型并不简单,因此这也表现出创造性——在尼采所采用的 16 世纪的美学语言中,它被称作美德(virtù)(1888b/2005: 4 [§2])——在什么意义上就等于找出各种需要克服的障碍。找出需要克服的障碍,而不仅仅是在发现它们之后加以克服,才是权力意志的本质(Reginster 2007: 36; Pippin 2006: 115)。尽管如此,我们仍然很难讲清楚,尼采的这些惯用说辞究竟是在指称许多不同的卓越性,抑或只是在以不同的方式指称某种单一的卓越性(Pippin 2006: 115; Hurka 2007: 22)。如果指的是一种卓越性,那么,在尼采自己表述它的那些说法中,哪一种才是优先的呢?或者,我们是否必须在尼采提供给我们的话语之外去寻找某种优先的说法(Pippin 2006: 119)?如果指的是多种卓越性,那么它们之间的优先顺序又是什么?由于我们很难确定任何特定的项目是否重复涉及,因此,我们也就很难给出一份尼采主义的德目表。

在偏向形式的("包括"过程性的")卓越性时,尼采表现出很强的现代色彩:正直(integrity)、本真(authenticity)、自主(autonomy)、自我发展(self-development)以及(也许还有)精神健康(mental health),都将是进一步的例证(它们在名号上不是尼采的)。问题是,关于人类卓越性的有效概念能否仅由形式的卓越性构成,这一点远远超出了尼采的考虑范围。比如,以自我超越(self-overcoming)为例:一位艺术家为了创作出更加伟大的艺术作品而同贬抑(inhibition)和自满(complacency)作斗争,当然是一种卓越性。但是,一个人为了变得更加吝啬小气(parsimonious)和谨小慎微(circumspect)而同他的自在大方(relaxed open-handedness)作斗争,这又算怎么回事呢?固然,我们不清楚为什么会有人打算采取这样的自我转变，但是，如果我们在把自我超越视为一种卓越性时并不会轻易想到这一点，那么，这可能是因为我们已然假设，以自我超越为名义的各种目的都是值得去做的事情。一旦我们揭示出这个假设，那么，认为德目表只能包含形式的（包括"过程性的"）卓越性的那种建议也就不再成立了。

不过，以为尼采持有一种纯粹形式的人类卓越性概念，这可能是错的。根据克里斯蒂娜·斯沃顿的理解（参见 Slote 1998），健康、未被扭曲的权力意志、创造性、自爱等等典型的尼采主义特质（Swanton 2006: 183）都不是独立存在的卓越性，而是具有"深层心理学"意义的特质；它们的存在与否，乃是把实质性美德同那些表面类似它们的非卓越品格区分开来的关键（Swanton 2011: 308; 2003: 10）。因此，正是未被扭曲的权力意志的存在，使得"泰然容忍"（turning the other cheek）、"十足慷慨"（overflowing generosity）这样的实质性美德，同"受气包"（being a doormat）、"可怜虫"（pity）有所不同（Swanton 2011: 295; 2005: 181）；更一般地说，它也使得"成熟的利己主义（善）"与要么"不成熟的利己主义"、要么"牺牲自我的利他主义"（恶）有所不同（Swanton 2011: 288）。而在一种既跟新亚里士多德主义、又跟柏拉图和亚里士多德本人关系紧密的谋划中，尼采所提出的那些独特的卓越性却出乎意料地变成了附属品。之所以跟新亚里士多德主义关系紧密，是因为它解决了西季威克的二律背反：那些或多或少传统美德的动机可以同利己主义的动机并行不悖，只要后者采取其成熟的形式。而之所以跟柏拉图和亚里士多德也关系紧密，则是因为它再次申明了"苏格拉底的等式"——尽管不是先前提到的那个让尼采惊掉下巴的等式——即，"美德 = 精神健康"（Plato 1953: 300 [444]）。可现在，如果"精神健康"是一种完全形式的品格，那么它就会独立于任何实质性美德，而又会（如我们已经看到的那样）给其真实价值带来严重困扰。另一方面，如果"精神健康"就被解释为绝对有价值，那么人们又会怀疑，这种解释也许暗地里引入了实质性美德。可如此一来，这个概念就不再独立于那些实质性美德了，而这种独立性本是为了给那些美德提供深层次的解读而为它所需的东西。于是，对于尼采与柏拉图和亚里士多德的这个新联盟来说，问题就是，我们能否获得一种"深层心理学"——也就是柏拉图和亚里士多德所说的"精神健康"——它完全独立于实质性的美德，但又能够让"苏格拉底的等式"成为现实。

【相关主题】

第 2 章 "Aristotle's Virtue Ethics," Dorothea Frede

第 14 章 "Eudaimonistic Virtue Ethics," Liezl van Zyl

第 16 章 "Pluralistic Virtue Ethics," Christine Swanton

第 25 章 "Virtue Ethics and Egoism," Christopher Toner

【参考文献】

Anscombe, Elizabeth (1958/1997). "Modern Moral Philosophy". In R. Crisp and M. Slote (eds.), *Virtue Ethics*, pp. 26–44. Oxford: Oxford University Press.

Aristotle (1984). *Nicomachean Ethics*. Tr. W. D. Ross, rev. J. O. Urmson. In J. Barnes (ed.), *The Complete Works of Aristotle* vol. 2. Revised Oxford Translation. Princeton: Princeton University Press.

Baron, Marcia (2011). "Virtue Ethics in Relation to Kantian Ethics". In L. Jost and K. Wuerth (eds.), *Perfecting Virtue: New Essays on Kantian Ethics and Virtue Ethics*, pp. 8–37. Cambridge: Cambridge University Press.

Bergmann, Frithjof (1988). "Nietzsche's Critique of Morality". In R. Solomon and K. Higgins (eds.), *Reading Nietzsche*, pp. 29–45. Oxford: Oxford University Press.

Bradley, F. H. (1876/1952). *Ethical Studies*. Oxford: Oxford University Press.

Clark, Maudemarie (1994). "Nietzsche's Immoralism and the Concept of Morality". In R. Schacht (ed.), *Nietzsche, Genealogy, Morality*, pp. 15–34. Berkeley & Los Angeles/London: University of California Press.

Clark, Maudemarie (2001). "On the Rejection of Morality: Bernard Williams's Debt to Nietzsche". In R. Schacht (ed.), *Nietzsche's Postmoralism*, pp. 100–122. Cambridge: Cambridge University Press.

Conant, James (2001). "Nietzsche's Perfectionism: A Reading of Schopenhauer". In R. Schacht (ed.), *Nietzsche's Postmoralism*, pp. 181–257. Cambridge: Cambridge University Press.

Cooper, John M. (1998). "The Unity of Virtue". *Social Philosophy and Policy* 15: 1, pp. 233–274.

Danto, Arthur (1965). *Nietzsche as Philosopher*. New York: Macmillan.

Foot, Philippa (2001). "Nietzsche: The Revaluation of Values". In J. Richardson and B. Leiter (eds.), *Nietzsche*, pp. 210–220. Oxford: Oxford University Press.

Foot, Philippa (2002a). "Nietzsche's Immoralism". In Foot, *Moral Dilemmas*, pp. 144–158. Oxford: Oxford University Press.

Foot, Philippa (2002b). *Virtues and Vices*. Oxford: Oxford University Press.

Geuss, Raymond (1999). "Nietzsche and Morality". In Geuss, *Morality,*

Culture and History: Essays on German Philosophy, pp. 167–198. Cambridge: Cambridge University Press.

Geuss, Raymond (2005). "Virtue and the Good Life". In Geuss, *Outside Ethics*, pp. 78–96. Princeton & Oxford: Princeton University Press.

Guay, Robert (2007). "How to Be an Immoralist". In G. von Tevenar (ed.), *Nietzsche and Ethics*, pp. 55–88. Oxford & Bern: Peter Lang.

Harcourt, Edward (2007). "Nietzsche and Eudaemonism". In G. von Tevenar (ed.), *Nietzsche and Ethics*, pp. 89–118. Oxford & Bern: Peter Lang.

Harcourt, Edward (2011). "Nietzsche and the 'Aesthetics of Character.'" In S. May (ed.), *Nietzsche's On the Genealogy of Morality: A Critical Guide*, pp. 265–284. Cambridge: Cambridge University Press.

Hurka, Thomas (2007). "Nietzsche: Perfectionist". In B. Leiter and N. Sinhababu (eds.), *Nietzsche and Morality*, pp. 9–31. Oxford: Oxford University Press.

Hurka, Thomas (2013). Aristotle on Virtue: Wrong, Wrong and Wrong. In J. Peters (ed.), *Aristotelian Ethics in Contemporary Perspective*, pp. 9–26. London: Routledge.

Hursthouse, Rosalind (1998). *On Virtue Ethics*. Oxford: Oxford University Press.

Janaway, Christopher (2007). *Beyond Selflessness*. Oxford: Oxford University Press.

LeBar, Mark and Daniel Russell (2013). "Well-Being and Eudaemonia: A Reply to Haybron". In J. Peters (ed.), *Aristotelian Ethics in Contemporary Perspective*, pp. 52–68. London: Routledge.

Leiter, Brian (2001). "Nietzsche and the Morality Critics". In J.

Richardson and B. Leiter (eds.), *Nietzsche*, pp. 221–254. Oxford: Oxford University Press.

Lloyd-Jones, Hugh (1979). "Nietzsche and the Study of the Ancient World". In J. C. O'Flaherty et al. (eds.), *Studies in Nietzsche and the Classical Tradition*, pp. 1–15. Chapel Hill: University of Carolina Press.

McDowell, John (1998). "Virtue and Reason". In McDowell, *Mind, Value, and Reality*, pp. 50–76. Cambridge, MA: Harvard University Press.

McGuinness, Brian (1988). *Wittgenstein: A Life. Young Ludwig 1889–1921*. London: Penguin.

Nietzsche, Friedrich (1881/1997). *Daybreak*. Tr. R. J. Hollingdale. Ed. M. Clark and B. Leiter. Cambridge: Cambridge University Press.

Nietzsche, Friedrich (1882/2001). *The Gay Science*. Tr. J. Nauckhoff. Ed. B. Williams. Cambridge: Cambridge University Press.

Nietzsche, Friedrich (1886/2002). *Beyond Good and Evil*. Tr. J. Norman. Ed. R.-P. Horstmann and J. Norman. Cambridge: Cambridge University Press.

Nietzsche, Friedrich (1887/1994). *On the Genealogy of Morality*. Tr. C. Diethe. Ed. K. Ansell-Pearson. Cambridge: Cambridge University Press.

Nietzsche, Friedrich (1888a/2005). *Twilight of the Idols*. Tr. J. Norman. In A. Ridley and J. Norman (eds.), *The Anti-Christ, Ecce Homo, Twilight of the Idols, and Other Writings*. Cambridge: Cambridge University Press.

Nietzsche, Friedrich (1888b/2005). *The Anti-Christ*. Tr. J. Norman. In A. Ridley and J. Norman (eds.), *The Anti-Christ, Ecce Homo, Twilight of the Idols, and Other Writings*. Cambridge: Cambridge University Press.

Pippin, Robert B. (2006). *Nietzsche, Psychology, and First Philosophy*. Chicago & London: University of Chicago Press.

Plato (1953). *Republic*. In *The Dialogues of Plato* vol. 2. Tr. B. Jowett. 4th edn. Oxford: Clarendon Press.

Reginster, Bernard (2007). "The Will to Power and the Ethics of Creativity". In B. Leiter and N. Sinhababu (eds.), *Nietzsche and Morality*, pp. 32–56. Oxford: Oxford University Press.

Ridley, Aaron (1998). "What is the Meaning of Aesthetic Ideals?" In S. Kemal et al. (eds.), *Nietzsche, Philosophy and the Arts*, pp. 128–147. Cambridge: Cambridge University Press.

Sidgwick, Henry (1907/1962). *The Methods of Ethics*. 7th edn. London: Macmillan.

Slote, Michael (1992). *From Morality to Virtue*. New York & Oxford: Oxford University Press.

Slote, Michael (1998). "Nietzsche and Virtue Ethics". *International Studies in Philosophy* 30: 3, pp. 23–27.

Solomon, Robert C. (2001). "Nietzsche's Virtues: A Personal Inquiry". In R. Schacht (ed.), *Nietzsche's Postmoralism*, pp. 123–148. Cambridge: Cambridge University Press.

Swanton, Christine (2003). *Virtue Ethics: A Pluralistic View*. Oxford: Oxford University Press.

Swanton, Christine (2005). "Nietzschean Virtue Ethics". In Stephen M. Gardiner (ed.), *Virtue Ethics Old and New*, pp. 179–192. Ithaca & London: Cornell University Press.

Swanton, Christine (2006). "Can Nietzsche be both an Existentialist and a Virtue Ethicist?" In T. Chappell (ed.), *Values and Virtues*, pp. 171–188. Oxford: Oxford University Press.

Swanton, Christine (2011). "Nietzsche and the Virtues of Mature Egoism". In S. May (ed.), *Nietzsche's On the Genealogy of Morality: A Critical Guide*, pp. 285–308. Cambridge: Cambridge University Press.

Tanner, Michael (1994). *Nietzsche*. Oxford: Oxford University Press.

White, Alan (2001). "The Youngest Virtue". In R. Schacht (ed.), *Nietzsche's Portmoralism*, pp. 63–78. Cambridge: Cambridge University Press.

Wiggins, David (1998). "Truth, Invention and the Meaning of Life". In Wiggins, *Needs, Values, Truth*, pp. 87–138. 3rd edn. Oxford: Oxford University Press.

Williams, Bernard (1985). *Ethics and the Limits of Philosophy*. London: Fontana.

Wingler, Hedwig (1979). "Aristotle in the Thought of Nietzsche and Thomas Aquinas". In J. C. O'Flaherty et al. (eds.), *Studies in Nietzsche and the Classical Tradition*, pp. 33–54. Chapel Hill: University of Carolina Press.

Wollheim, Richard (1999). *The Thread of Life*. New Haven & London: Yale University Press.

第二部分

当代的进路

第 14 章
幸福主义美德伦理学

[新西兰] 丽兹·范·齐尔 / 著
赫秋晨 / 译　李义天 / 校

引言

"幸福主义"（Eudaimonism）指的是从"我应该如何生活？""最好的生活方式是什么？""对人来说好生活什么？"等问题开始展开伦理探究的传统。这个概念源自希腊语 *eudaimonia*，意思是幸福（happiness）、繁荣（flourishing）或人的好生活（a good human life），它构成了古代伦理学家——最著名的当数柏拉图、亚里士多德、伊壁鸠鲁学派和斯多亚学派——著作的核心概念。虽然大多数幸福主义者声称人需要美德才能生活得好，因而又被称为"幸福主义的**美德伦理学**"，但是，对于美德与幸福之间联系的确切本质为何，他们的看法却存在分歧。亚里士多德认为美德是幸福的必要条件，但也认为人同时需要财富和健康这样的外在善，与之相比，斯多亚学派则认为美德对幸福来说既是必要的也是充分的。在本章，我主要聚焦于当代幸福主义者的作品，特别是茱莉亚·安娜斯、罗莎琳德·赫斯特豪斯和丹尼尔·罗素（其他一些重要人物还包括伊丽莎白·安斯康姆、菲利帕·富特、约翰·麦克道威尔以及玛莎·纳斯鲍姆）。我将首先依次考察幸福主义的幸福概念和美德概念，然而再讨论二者之间的联系。

在我们开始之前，有必要先思考一下这个问题："最好的生活方式什么？"因为，幸福主义者选择以这个问题作为道德反思的起点，从而给出了一些重要的假设。其中一个假设是，存在某种东西，堪称"人的好生活"。有些人也许认为这个问题存在误导性，他们声称，每个人都能自由地发现对他们自己来说什么是快乐的和有意义的，什么构成了**他们自己的好生活**，并且，他们认为这就是问题的全部。所以，在询问什么是好生活的问题时，哲学家表现出一种反对相对主义的倾向。正如我们将看到的，当代幸福主义者追随亚里士多德，认为存在一个终极目的（telos），我们作为人，是因其本身而追求它，也是因为它才追求所有其他目的。而这个目的，不论它具体是什么，就被称作**幸福**。

184

另一个假设是，好生活是一个可以凭借理智的反思而有所获得的问题。如果在不同的场合，比如在晚宴上，询问什么是好生活，那么，这可能被看作是邀请某人分享他的梦想、愿景以及他对未来的渴望。但如果是在哲学的语境中问及该问题，那么，这里的假设便是，理性的思考会引导我们获得答案；换言之，"如何生活"乃是一件可以被**算出来**（figured out）的事情。这样的反思不仅仅是脱离现实的哲学思辨，因为它也是一个具有实践重要性的问题。毕竟，它是一个关于"如何"的问题，因此我们可以期待，关于它的答案可以对我们所选择的生活方式产生影响。

第三个假设是，好生活是一种**存在方式**（way of being），它更多地是一种活动，而不是被动的状态。在考虑怎样的生活才会是好生活时，一个人很有可能想到的是"**拥有某些东西**"，如财富、成功和地位，或是"**拥有某些感觉**"，如快乐、激动或愉悦。但是，"我应该如何**生活**"这个问题中的那个动词，却引导我们拒绝上述答案，而去思考那些构成好生活的活动。显然，财富本身并不能造就好生活；相反，是财富使我们得以享受的那些活动可以带来好生活。在这点上，人们会再次质疑，是否可能存在一份活动清单，构成了所有人的好生活。正如我们将看到的，幸福主义者对这种担忧的回应是，好生活不是某种活动，而是某种从事各类活动的方式。

最后，重要的在于领会幸福主义者**没有**问的那些问题。幸福主义者首先问的是"我应该如何生活？"而不是"什么行动是正确的？"，这就把道德哲学从一个众人偏爱的方向带向了另一个不同的方向。道德哲学的两大主流传统——义务论和后果主义——都关注正确行动的问题，经常涉及对他人行动的评判。这类道德反思的出发点乃是某些具体的道德问题——"一个人在这种情境下应该做什么"，而其核心任务便是确立一些采取如下形式的规则，即"在情境 x 中，任何人都应该做 y"。相比之下，幸福主义者关切的问题则要宽泛得多。"我应该怎样生活？"的问题不仅让我们反思一些具体的道德困境，而且，在更一般的意义上，它让我们反思那些在我们眼里有价值、有意义的东西，反思这些价值呈现于我们的感觉、反应、态度和欲望中的方式。这样的思考不会（至少不会直接地）导向关于正确行动的规则，而是导向对美德的思考："我应该成为什么样的人？""什么样的品格特征能让我过上好生活？"以及"什么使得一个特征堪称美德？"当涉及更具体的问题时，幸福主义者的做法是向我们展示获得我们自己的道路的方法：思考什么才是真正重要或有价值的东西，以及，思考如何才能最好地实现这些目的。

幸福，好生活

对幸福主义者来说，伦理反思是从思考"我该如何生活"这个问题开始的。例如，我可能想要知道，在工作中投入更多时间是否真的值得。难道我不应该花更多时间和家人在一起吗？还有，为什么我如此关心饮食和锻炼？我应该在这些事情上更放松一点吗？对于这些问题，我的回答可能会是，"努力工作会让我取得成功，而健康的生活方式会让我精力更充沛。"这些答案引出了进一步的问题：为什么我想要获得成功和精力充沛？这一系列提问将会带来更具一般性的回答，并最终会以"我做这些事情是为了幸福"作结。于是，我们追求的全部目标所指向的那个最终目的，就是真正的幸福（参见 Annas 2011: chapter 8; Russell 2013）由于这样的反思可以有效地回答我一开始提出的问题——"在工作中投入更多时间是否值得，或者，我是否应该花更多时间和家人在一起？"——因此，我需要理解什么是真正的幸福。我将不得不承认，我错误地以为成功的事业将使我幸福。这表明，获得幸福需要某种理智；我们需要理解幸福的内涵并知道如何实现它。而这种理智就是实践智慧。

如果我们考虑如下观点，我们就能体会到，在构建幸福学说的过程中存在着一个难题：

> 真正的幸福只有在家庭生活中才能发现，只有通过我们与我们的爱人之间共有的亲密关系才能发现。而其他东西，比如收入和健康，只不过是达到这个目的的手段，而像成功和名声之类的东西则是坏的，因为它们是以牺牲家庭生活为代价。

在这里，我们可能都同意，说这话的人对于**他自己**的好生活想得很清楚。但是，如果他是在建议别人如何生活，那么就会出现两种反对意见。首先，这里所描绘的生活并不适合于所有人，其他的好生活选项（比如，拥有一份成功的事业，投身于社区服务，等等）也同样如此。其次，不是每个人都渴望家庭生活（或一份成功的事业，等等）；事实上，每个人都有相同的好生活，这是不大可能的。所以，如果有谁想要给出什么规定，那他就是个家长主义者；他在把他的好生活观念以及如何实现它的想法强加于我们。可以肯定的是，对于"**我**应该如何生活"这个问题，我们所应该期待的是**从我自己**这里得到答案；它不可能是以某种从外部强加于我的计划或蓝图。因此，看起来让人满心疑惑的是，我们是否可以找到关于幸福的有效答案，某种适用于全体人类的东西。幸福似乎是一件私人的、主观的事情；什么东西被看作真正的幸福，这完全相对于个人而定。

为了规避这些问题，安娜斯区分了"**生活的环境**"（the circumstances of a life）和"生活的过程"（the living of that life）（Annas 2011: 92–95, 128–131）。"生活的环境"包括年龄、性别、职业、婚姻状况和财富等方面。研究幸福问题的社会科学家往往关注这些因素，从而发现，比如说，有工作的人（或已婚的人，等）要比失业的人（或未婚的人，等）更幸福。然而，试图利用这些结果来影响个人的选择，很快就会陷入困难。首先，构成你生活环境的因素并不完全在你的控制之下。正如安娜斯所说，你可以在某种程度上改变它们，但你无法改变自己所处的时代或是获得不同的生活机会。其次，统计数据对个人来说不是很有用。结婚的人通常比未婚的人更幸福也许是真的，但是，结婚是否就是一个好主意却取决于个人。

安娜斯继续论证说，对于"幸福是什么"这个问题，应该通过思考**生活的过程**来回答。幸福并非一个你是拥有某些东西（如美貌、权力、财富）还是从事某些活动（如养育、娱乐、旅游）的问题。相反，它是一个你该如何处理你的生活环境的问题。正如罗素所说："幸福不是一种活动，而是一种从事活动的方式。"（Russell 2013: 16）如果我们这样思考幸福，就会得到如下几种答案：无论做什么，都要以成功为目标。（根据这种观点，一个想在俱乐部中赢得每座奖杯的退休选手就和那些雄心勃勃的年轻学者有更多共同点，而不是和这个俱乐部中的那些"以社交为目的"的选手有更多共同点。）或者：无论生活的环境如何，都要在生活中体验更多的快乐。又或者：幸福就是欲望的满足，所以，无论有什么欲望，都要尽力满足它们。这些都是各种版本的幸福主义。然而，大多数幸福主义者（无论古代的还是当代的）都是美德伦理学家。换言之，他们都认为，**有美德的活动**是实现幸福的最重要的途径。围绕美德的思考，为我们提供了具体的生活指南并且使我们避开了家长主义的批评意见。比如，无论我们的生活环境怎样，要实现幸福，我们都需要成为勇敢的人才行。因为，作为人类，我们总会遇到一些为了实现某个有价值的目标（无论它是自由，正义，他人的善，我们自己的荣誉，等等）而必须克服恐惧的情况（无论它是死亡、伤害、嘲笑，还是失去我们的财产）。

美德与有美德地生活

美德是品格特征；它们是以特定方式而行动的秉性。因此，一个诚实的人出于品格——可靠地、习惯性地——会做诚实的行为。美德（与恶德相反）是值得拥有的好特征；它们通常有利于其拥有者和社会，而且，人们也往往重视美德并赞美和羡慕那些有美德的人。标准的美德清单包括了诚实（honesty）、正义（justice）、慷慨（generosity）、勇敢（courage）、忠诚（loyalty）、节制（temperance）、善良（kindness）和仁慈（benevolence）。

这些关于美德的一般主张基本没有争议，但是，当我们要为美德给出一个更确切的解释时，普遍的分歧便出现了。有些哲学家从道德规则的角度来思考美德：一个有美德的人，就是一个习惯于并致力于遵循一系列道德规则或原则的人。而后果主义者则通常认为，使某种特征成为美德，其原因在于它往往（尽管不是一成不变地）产生好的结果，因此，后果主义会把机智（wit）、魅力（charm）和整洁（tidiness）这样的特征添加到标准的美德清单中（参见 Driver 2001）。相比之下，幸福主义者将美德视为人的卓越。它不仅仅是遵循道德规则或是有用的特征；毋宁说，美德是**使**一个人成为好的人并让他们实现繁荣或者生活得好的东西。一个有美德的人是一个好的人，一个做得好的人，在这里，"做得好"不仅仅是指去做某些特定的行为（比如，帮助有需要的人、说真话，等等），而且是伴随智慧和恰当情绪地去做这些行为。美德既有情绪的方面，也有理智的方面，而且，尽管两者联系密切，但我们最好将二者分开讨论。

关于美德的情绪方面，亚里士多德指出，一个真正有美德的人——不同于单纯节制的人——可以在有美德的行动中发现快乐（*NE* II. 3）。如果我们考察一下慷慨、善良和适度（moderation）这样的美德，那么，这种观点似乎是合理的。真正慷慨的人乐善好施；她关心他人福祉，因此，当他能为他人做些什么的时候，她自然会感到快乐。可是，当我们考虑勇敢这样的美德时，认为有美德的行为必定伴随快乐的说法就不那么有说服力了，因为，似乎只有愚蠢或不负责任的人才会在面对危险时感到快乐。绝大多数需要勇气的情况——战争、事故和紧急事件——是根本无法从中获得快乐的。安娜斯讨论过这个问题，她论证说，有美德的活动并不伴随着愉快、兴奋这样的快乐感觉。相反，这里的快乐是"在有美德的活动没有受到挫折和内在冲突的阻碍时所体验的东西"（Annas 2011: 73）。美德之人在做正确的事情时"毫不费劲，也不纠结"（Annas 2006: 517）。有一个很好的例子是，一名警察对于跳入河中营救溺水之人时自己脑海中的想法，是这样描述的：

> 我觉得，我从来没有想过我干不了这事；这很难解释。我从来没有像这样感到害怕过。我一直在发抖，我不确定那是因为天气冷还是我对自己将要做的事情的反应。就在我爬过栏杆时，我其实在想"我

在做什么？"然后，我看到那个人再次沉了下去，在那一瞬间一切都平静了下来，我就跳下去了。

（《新西兰先驱报》2013年8月16日）

在亚里士多德看来，情绪并不是非理性的、难以捉摸的、有时还会征服我们的那些感觉。相反，它们是人类记录重要事物的独特方式；之所以有情绪，是因为某些东西在某种程度上对某人来说很重要（Bennett 2010: 99）。有美德的人之所以具有适当的感觉，是因为他对事情具有正确的态度。勇敢者能够克服自己的恐惧，是因为他重视人的生命；他明白，拯救一个生命虽然危险，但却是应该去做的正确行为。赫斯特豪斯指出，"因为他认为这是正确的"的归因表述已经远远超出了行动的那一刻；它同时是一种关于未来的主张（也就是说，我们可以信赖这位行为者将会勇敢地行动），也是一种关于行动者是怎样的人的主张——一种"全方位"的断言（Hursthouse 1999: 123）。比如，关于诚实，她写道：

> [一个诚实的人]不赞成、不喜欢并谴责不诚实；对那些欺骗的故事不感兴趣，对那些通过不诚实的手段取得成功的人抱以蔑视、觉得遗憾，而不是认为他们聪明；当诚实的一方赢得胜利时，她并不惊讶，或是（适当地）感到高兴；当亲近的人做了不诚实的事情时，她会感到震惊或痛苦等等。
>
> （Hursthouse 2013: section 2）

美德之人的态度和情绪表现出他对于善的**承诺**。如果我们将慷慨和勇敢与机智和整洁这样的特征进行比较，就会明白为什么前者被认为是美德，而后者仅仅被视为有用的特征。一个勇敢的人不会一时兴起，冒着生命危险去帮助别人，相反，他这样做是因为他关心或致力于实现他们的善，他在做这件事的时候是全心投入的。相比之下，机智和整洁并不意味着对善的承诺，它们不是一个人的"**深层特征**"（deep festures），这就是为什么幸福主义者不认为它们是美德的原因（Annas 2011: 9, 102）

　　对美德的情绪方面的考察指向了**理智的方面**。美德之人不会只是碰巧关心某些事情；相反，他关心正确的事情并持有正确的欲望。这蕴涵着理智，蕴涵着那种让一个人认识到某些事情是好的或有价值的或真正可欲的理智。以勇敢为例，它涉及关于哪些事情值得冒险的知识。就诚实而言，它涉及如下理解，即诚实之所以是好的，是因为它使人们可以相互信任，结成友谊，彼此学习等等。

　　尽管大多数美德理论家都同意，至少有一些美德涉及或需要道德知识或理智，但是，幸福主义则将实践智慧作为美德的必备条件。一些人认为美德**就是**实践智慧（参见 McDowell 1979），而另一些人则持稍弱一点的观点，即实践智慧尽管不等于美德，但它对美德来说乃是充分必要的（Hursthouse 1999: 124）。要搞清楚为什么幸福主义者会认为实践智慧是美德的必要条件，我们首先需要了解他们是怎样看待实践智慧的。

　　实践智慧，就其最一般意义而言，指的是使其拥有者过得好并做得好的那种知识或理解。当我们有意识地思考"如何生活"这个问题时，我们就已经有了筹划、目标和承诺；而当我们考虑这些目标和承诺是否真正有意义，以及如何将它们贯穿幸福的一生（毕竟，持有太多的或彼此矛盾的承诺也不利于实现幸福）时，我们就在运用实践智慧。这听上去似乎非常笼统，但举个例子可以说明，将一个人的生活作为整体来思考的方式是可以指导那些更具体的决定的。让我们考虑这样一位上班族，她有孩子，有成功的事业，也有时间陪伴家人和朋友，并且身体健康。当她得到一个升职机会时，突然之间这些目标发生了冲突：接受升职会带来更高的社会地位和更可观的薪水，但同时也会减少陪伴家人的时间，等等。所以，她面临着是否接受这份升职的艰难决定。

她有好几种回应这个问题的方式。她可以不假思索地断然接受（或拒绝）这份工作机会，或者她可以按照在她看来别人期望她所做的方式去做。但是，如果这些回应方式就是她生活的典型方式，那么，她将不会生活得很好。单纯签署一份就业协议不等于对一份职业作出承诺，也不意味着把它当作一个值得追求的目标。根据幸福主义者的观点，为了生活得好，一个人应该具备可以给自己的存在指明方向与目的的那些目标或承诺。正如罗素所解释的，缺乏这样的目的就像是在挨饿，因为，只有当一个人具备了这些目的，他的生命才真正属于自己。（Russell 2012: 19）一位明智之人会思考什么是值得的、什么是真正重要的，或者换句话说，什么是真正的幸福，从而再做决定。她会考虑家庭时间、财富、事业成功、孩子过得好不好这些事情的相对重要性。重要的是，这需要她自己去弄明白，而现成的答案，比如"为了你的孩子暂时搁置你的事业"，是做不到这一点的。明智的父母可能会决定不接受这份升职，因为，为了自己的地位和享受而牺牲自己和孩子在一起的宝贵时间是不值得的。而对另一个面临类似选择的人来说，正确的答案可能是接受这份升职，因为额外的收入让她显著地改善自己的生活质量。"关键不在于每个人都应该过同样的生活，而是每个人都需要发现好的生活。"（Russell 2012: 20）

在最一般层面上，实践智慧涉及对生活目的的发现，而这要求人们对于什么是生活中有价值的东西有所理解。当需要做出更具体的决定时，这种对重要之事的意识可以使行为者发现，在当下处境中，哪些特征是重要的或是具有道德意义的，并且知道该如何权衡它们。就上面那个例子而言，这位女性因为获得升职机会而感到的喜悦，既不会让她无视这可能需要她做出一定牺牲的事实，也不会阻碍她足够重视其他因素。而那位勇敢的警察之所以关心那个溺水之人，则是**因为**他认识到人的生命的价值。正如赫斯特豪斯指出的那样，"完整的美德包含着正确地体验情感，这一主张清楚地表明，如果缺少理性的影响，体验情感（一般来说）将是不可能的"。（Hursthouse 1999: 109）

此外，实践智慧还是一种技能（know-how），一种发现手段以实现既定目标的能力。例如，一个仁慈的人不仅渴望帮助别人，他还知道在特定情况下怎样才能表现出仁慈，也就是说，他懂得什么才是真正有帮助的事情。而明智的父母也知道，与孩子共同度过高质量的时光要比拥有时尚的衣服和电子产品更重要。这种知识，使得美德之人会因正确的理由而做出正确的事情：她接受升职是因为这将使他改善家庭生活的质量，而不是因为这将给邻居留下好印象；他跳进河里是为了救人，而不是为了凭勇敢获得奖励。

对于道德动机来说，美德在理智方面和情绪方面之间的密切联系具有重要的意义。正如茱莉亚·安娜斯指出的，有些道德理论是从确定一个道德规则开始，比如"帮助有需要的人"，然后再解释一个人怎样以及为何能够产生遵循这个规则的动机。相比之下，美德伦理学家无需给出一种单独的道德动机学说。美德就是一种在行为、推理和感觉中通过特定方式而展现出来的秉性。勇敢者并不是一个先学习勇敢、然后决定自己应该勇敢并且需要发现勇敢动机的人。相反，他的品格倾向已经如此这般地形成了，从而他会勇敢地采取行动、实施推理、做出反应（Annas 2011: 9–10）。

关于实践智慧的上述说明应该清楚地表明了，为什么幸福主义者坚持认为道德知识不能拘泥于一套规则而只能通过经验获得。（这种观点有时被称为"特殊主义"或"反普遍主义"。）美德伦理学可以给出一份赫斯特豪斯所说的"美德规则"（v-rules）清单（美德和恶德的规则），比如"要诚实"、"做善良的事"、"不要残忍",但如果不完全掌握美德的概念——其中包括对什么是有价值的、重要的、真正有帮助的、令人愉快的、有利的等等的理解——这些规则就不会得到正确的应用。因此,赫斯特豪斯声称,对实践智慧的获得"与对(完整的)美德的获得是分不开的",而美德"只能通过习惯性地采取有美德的行动来获得"。通过授课讲演,或是通过记忆一套凭借纯粹描述性的语言而刻画的一般规则,是不可能获得道德知识的。(Hursthouse 2010: 46–49)

美德与幸福

幸福主义的核心主张是,美德与幸福之间存在着密切的联系。正如赫斯特豪斯所说:"美德是一种人类为了幸福、繁荣或生活得好而需要的品格特征"(Hursthouse 1999: 167)。要想理解这一主张,我们就得知道它是针对什么问题的回应。人们很容易想到这样一个问题:"我为什么应该成为美德之人?"而前面提到的那个断言(即,美德使其拥有者受益)则为人们获得美德提供了某种动机性的理由。就此而言,一个明显的问题便是,美德之人似乎在根本上是以自己的幸福为动机的,因此他便成了一个开明的利己主义者。而为了避免这种反对意见,赫斯特豪斯强调说,上述断言并不是针对"为什么要有道德?"这个问题的回答,而是在回答另一个完全不同的问题,即"哪些特征是美德?",以及更根本地说,"是什么让一种特征成为美德?"美德伦理学家之所以需要解决这些问题,就是为了避免被指控为文化相对主义。我们也许非常清楚哪些特征是美德,但我们需要能回应那些批评者,他们会说,比如,某种特征是否是美德完全取决于它所属的群体或文化环境。如果你是一位小学老师,耐心和善良或许是美德,但如果你是一名帮派成员,或许这些就不是美德。此外,即使人们同意某个特征是美德,他们对于这个美德也会有不同的设想,所以,在定义特定的美德术语时,我们遇到了文化相对主义的问题。(我们下面将考察一个例子)

美德是一个人为了实现繁荣或真正的幸福而需要的特征,这一主张包含了如下两个命题:

  1. 美德使其拥有者受益,也就是说,美德使他实现繁荣或生活得好。

该命题的强版本认为,美德对于人的繁荣来说既是必要条件也是充分条件。(参见 McDowell 1980)。而亚里士多德主义的美德伦理学家支持一个较弱的版本,即美德是繁荣的必要条件但不是充分条件;一个人还需要外在的善而获得幸福。赫斯特豪斯指出,虽然坏运气会妨碍美德之人过上幸福的生活,但是,拥有美德却是过上幸福生活的唯一的可靠方式。美德之人可以期待事情进展良好,但如果没有变好,那也是由于不幸的运气,而不是因为美德本身的倾向性(Hursthouse 1999: chapter 8; Annas 2011: chapter 9)

第二个命题则是关于"**是什么使一种特征成为美德**",进而使其拥有者**成为一个好人**的断言:

  2. 使一种特征成为美德的必要条件是,它可以使其拥有者实现幸福,也就是说,使其作为一个人而生活得好。

该命题基于一种人性观:即美德是让人过上幸福的或充分实现的生活的那些特征。例如,当我们与他人打交道时,诚实能让我们信任他人并与他们建立亲密关系,而对自己诚实则能让我们找出并且克服自己的弱点,并且，搞清楚我们关心的人和事到底是什么，等等。现在，我们就该更清楚了，为什么诚实不仅仅等同于讲真话的习惯。习惯于一直讲真话的人最终会遇到各种麻烦：无缘无故地伤害他人的感情，在未授权的情况下违反保密协定，以及常常损害了人际关系。而真正诚实的人知道为什么诚实是重要的，并且，这使得他能够在正确的时间以正确的方式说真话。（参见Hursthouse 1999: ch. 9; Foot 1995, 2001）

思考人性，思考它对于过上好的人类生活意味着什么，这有助于支持我们在上节所讨论的幸福主义的美德学说，即美德——或者，人的卓越——存在情绪和理智两个方面：它关注于或致力于某些有价值的目的，并且在追求这些目的时伴随着智慧和健全的情绪而行动。根据这种观点，使得人类的生活与众不同的，乃是实践理性的能力。因为人类的行动是出于理性而不仅仅是本能，所以，人类有别于其他生物。因此，一种愉快、舒适的生活对猫来说可能是好生活，但对人来说不是。当然，对理性的强调，并不意味着否认了我们的生理需求和心理需求的重要性。正如罗素解释的那样：

> 我们的实践推理能力塑造了并且"渗透到"我们本性的各个方面，它使我们人类的整个本性与众不同。就连我们最基本的行为动力，也是如此，比如是否吃饭、什么时候吃饭、吃什么，因而，这使得人类的**就餐**完全不同于动物的**饲养**。
>
> （Russell 2013: 13）

幸福主义美德伦理学的许多批评者总是质疑，美德和幸福之间的联系是否如其支持者所说的那般牢固。例如，斯沃顿承认，大部分美德不会破坏个人幸福，但她认为至少有些美德还是会破坏它。为了说明这点，斯沃顿举了一个道德圣贤的例子：一位女性极其致力于促进他人福祉，因此，她在丛林中不停工作，试图拯救生命和减轻他人痛苦。为此，她常常深感疲惫，总是生病，最终过早地死亡。斯沃顿认为，这位女性显然是有美德的（令人钦佩的、值得称赞的），但她不可能被描述为幸福的，而这个例子表明，将美德定义为幸福的必要特征乃是错误的。(Swanton 2003: 81ff)

对于这样的反对意见，一种回应是，坚持认为这位道德圣贤**是**幸福的。她的生活包含了某种个人的满足；她的生活之所以有意义，因为这是她认为有价值的事业。对此，斯沃顿进行了反驳，其理由是有意义的生活与有吸引力的生活是不同的，前者是行为者认为有价值的生活，而后者是个人感到满足的生活。尽管斯沃顿不想将幸福简化为一种快乐的生活，但她（合理地）认为，幸福的生活必定包含某些快乐；它必须对于过这样生活的人有**吸引力**（Swanton 2003: 84–87）。

另一种可能的回应是，尽管仁慈通常会造就行为者的繁荣，但是，道德圣贤的例子却属于很少发生的例外和不幸情况之一。所以，这个例子仅仅支持的是亚里士多德的如下观点，即，美德对于幸福来说并不充分，除了美德之外，一个人还需要身体的善和其他外在的善。可是，这种回应似乎也存在缺陷，因为这位女士的不幸福并不是悲剧性的厄运。相反，完全可以预见的是，如此深度地致力于他人的善是会导致行为者自身衰亡的。而这恰恰是可预测的，因为，她致力于进而专注于的是保障他人福祉，而不是自己的福祉。当一个人把精力集中在实现 A（比如，度过一个充满乐趣的周末）上时，他也不会因为自己没有实现 B（打扫出一栋干净的房子）而感到惊讶。

这揭示出幸福主义的一个令人相当费解的地方，**即使得一种特征成为美德的理由似乎不同于美德行为者为了实施行动而采取的理由**。一方面，美德是一个人实现幸福所需要的品格特征；另一方面，一个行为者在特定情况下实施美德行为的理由却不是她自己的繁荣；相反，她是为了美德而行动。于是，看起来，幸福主义者似乎相信，有美德的行为者在以一件事物（比如，他人的善）为目标时，也将会在某种程度上实现另一件事物（她自己的繁荣）。这个问题促使斯沃顿针对"是什么使某些特征成为美德"提出了另一种可供选择的看法，即，这些特征是"与美德事物之间存在恰当关联的习惯，是与它们的价值、地位，善和纽带相一致的习惯"（Swanton 2003: 86）。比如，在道德圣贤的那个例子中，她的仁慈之所以是一种美德，就因为它是对人们苦难的恰当反应。因此，使得该特征成为美德的理由，就跟行为者在此情形下采取美德行动的理由——即帮助他们是对他们痛苦的适当反应——是一致的。

针对这种不一致难题，幸福主义者的回应办法是，让人们重新关注有美德的行动怎样增进了行为者的幸福。罗素给出的一种解释是，要在某个目的上取得成功，可以等于是为了它本身而选择追求另一个目标。他举了个例子，某人想要度过美好的假期，所以他选择这天打高尔夫球。他的目标是打高尔夫球，如果他打得好，那么他将拥有一个美好的假期。所以我们可以说，他打高尔夫球是**为了**拥有一个美好的假期，但是，这不能推论说，他把打高尔夫球**当作**拥有美好假期的**手段**。毋宁说，在假期打高尔夫球是**拥有美好假期的一种方式**。为了成功地做到这一点，他需要为了打高尔夫球本身而去打高尔夫球（Russell 2012: 16–17 and 2013: 8–11；亦参见 Annas 1993: 258）。同样地，有美德的行动也是由于它本身而被选择，而不是为了达到进一步目的——行为者的幸福——的手段而被选择。这与行动者为了自己的幸福而有美德地行动的说法并不矛盾，因为在这里，"为了幸福"而行动仅仅相当于说，有美德地行动乃是幸福生活的**一种方式**。因此，幸福主义者可以说，使得一种特征成为美德的原因在于它通常促进了行为者的幸福。那么，以仁慈为例，仁慈之人把帮助别人当作目的本身（因为他重视他人的福利），而这样做的同时他也就是在幸福地生活。

回到道德圣贤的例子中，我们如何看待斯沃顿的反对意见，即尽管她有美德（仁慈的），但她并不幸福？如果我们接受了上述论证线索，那么，对于幸福主义者来说，最有前途的回应办法是，不承认这种特殊形式的仁慈是美德。它之所以不能成为美德，是因为像这样的无私使其拥有者很难（如果不是不可能的话）过上幸福或繁荣的生活，不仅有时如此，而且通常如此。我们之所以对于否认她的仁慈是美德还有点犹豫，也是因为她投身于他人福祉的做法要比我们经常遇到的那些对他人漠不关心的做法更加令人钦佩。然而，她帮助他人的方式并非无可指责。如果她的一个亲密朋友可以提醒她，重视人类的福祉必须包括重视自己的福祉，一个人只有在照顾好自己的情况下才能够成功地帮助别人，那当然就很合适了。

【相关主题】

第 1 章 "Plato and the Ethics of Virtue," Nicholas White

第 2 章 "Aristotle's Virtue Ethics," Dorothea Frede

第 3 章 "The Stoic Theory of Virtue," Tad Brennan

第 22 章 "Kant and Virtue Ethics," Allen Wood

第 23 章 "The Consequentialist Critique of Virtue Ethics," Julia Driver

第 24 章 "Virtue Ethics and Right Action," Ramon Das

第 25 章 "Virtue Ethics and Egoism," Christopher Toner

【参考文献】

Annas, J. (1993) *The Morality of Happiness*, New York and Oxford: Oxford University Press.

Annas, J. (2006) "Virtue Ethics," in D. Copp (ed.), *The Oxford Handbook of Ethical Theory*, New York: Oxford University Press.

Annas, J. (2011) *Intelligent Virtue*, Oxford: Oxford University Press.

Bennett, C. (2010) "Aristotelian Virtue Ethics," in *What is this Thing called Ethics?*, New York: Routledge.

Driver, J. (2001) *Uneasy Virtue*, Cambridge: Cambridge University Press.

Foot, P. (1995) "Does Moral Subjectivism Rest on a Mistake?" *Oxford Journal of Legal Studies* 15: 1–14.

Foot, P. (2001) *Natural Goodness*, Oxford: Oxford University Press.

Hursthouse, R. (1999) *On Virtue Ethics*, Oxford: Oxford University Press.

Hursthouse, R. (2010) "What does the Aristotelian phronimos know?" in L. Jost and J. Wuerth (eds.), *Perfecting Virtue: New Essays on Kantian Ethics and Virtue Ethics*. Cambridge: Cambridge University Press, pp. 38–57.

Hursthouse, R. (2013) "Virtue Ethics," *The Stanford Encyclopedia of Philosophy*, Edward N. Zalta (ed.), http://plato.stanford.edu/archives/fall2013/entries/ethics-virtue/

McDowell, J. (1979) "Virtue and Reason," *Monist* 62: 331–350.

McDowell, J. (1980) "The Role of Eudaimonia in Aristotle's Ethics," in A. Rorty (ed.), *Essays on Aristotle's Ethics*, Berkley: University of California Press, pp. 359–376.

Russell, D. C. (2012) *Happiness for Humans*, Oxford: Oxford University Press.

Russell, D. C. (2013) "Virtue Ethics, Happiness, and the Good Life," in D. C. Russell (ed.), *Cambridge Companion to Virtue Ethics*, New York: Cambridge University Press.

Swanton, C. (2003) *Virtue Ethics: A Pluralistic View*, Oxford: Oxford University Press.

第 15 章
情感主义美德伦理学

[美] 迈克尔·L. 弗雷泽　迈克尔·斯洛特 / 著
李义天　丁 珏 / 译　朱慧玲 / 校

古典的道德情感主义与美德伦理学

我们所说的"道德情感主义"（moral sentimentalism）哲学运动起源于 18 世纪的英国。沙夫茨伯里伯爵（Earl of Shaftesbury）如今被视为该运动的奠基人，在他的思想中，混合了理性主义和情感主义的元素。而后来的情感主义者，弗朗西斯·哈奇森（Francis Hutcheson）和大卫·休谟（David Hume），其理论进路则表现出更纯粹的情感主义，尽管在 18 世纪情感主义的另一位代表人物亚当·斯密（Adam Smith）那里又再度包含较多的理性主义元素。不过，要理解其意义内涵，我们有必要区分道德情感主义的元伦理方面与规范伦理方面。

哈奇森和休谟的情感主义观点（以各自不同的方式）将关于道德判断的元伦理理论同规范理论结合在一起；前者强调感受在道德判断中的作用，而后者则认为，美德就在于具备仁慈（benevolence）、感恩（gratitude）、同情（compassion）、爱子（love of one's own children）等温暖的动机性情感（或间接源自这些动机的情感），并遵循这样的情感而行动。但是，情感主义的这两个方面并不总是同时出现，特别是，在斯密这里，同情感主义的元伦理学相结合的是这样一种关于道德美德的规范

第二部分　当代的进路

性观点，即道德美德更多是准斯多亚的（quasi-Stoic）或准亚里斯多德的（quasi-Aristotelian）行为规范，而不是在根本上涉及温暖的情感。不过，我们也经常可以在更早的伦理学史上发现相反的现象——即只有规范层面的情感主义，而不伴随情感主义的元伦理学。

基督教就以一种与希腊罗马的道德理论几乎完全不同的方式，高度强调了怜悯（mercy）、同情、善良（kindness）和爱（love）的规范性意义。例如，在《约翰一书十讲》（"Ten Homilies of the First Epistle of St. John"）中，奥古斯丁为我们提供了一种完全情感主义的圣爱标准，用以指导道德正确的行为（Augustine 1955）。而在印度和中国思想中，也能发现规范层面的情感主义。佛教道德的核心思想是对痛苦挣扎于生命轮回之人抱以同情和仁慈，这使其表现出强烈的情感主义特征。同样，至少在把"仁"视为人性之本的孟子的规范伦理学说中，情感主义的因素也是存在的。只不过，无论是佛教还是孟子，都没有对道德判断的本质是什么做出详细的说明。

可是，被我们称作道德情感主义的这场历史运动，它的主体部分出现在18世纪，并且既包含规范性的成分，又包含元伦理的成分。为了更好地理解道德情感主义如何与美德伦理学相关联，我们需要跳过沙夫茨伯里的较为初步的贡献，而讨论哈奇森、休谟和斯密。随后，我们将考察这个问题更晚近的发展。

弗朗西斯·哈奇森让人更熟知的可能不是他跟美德伦理学有什么关系，而是他"凭借道德感而进行道德判断"的看法，以及他最早在英语世界提出的功利原则（principle of utility）。但是，在他的规范理论中，却蕴含着强烈的美德伦理因素。如果我们将他提出功利原则的方式与后来的功利主义哲学家对类似问题的思考进行一番对比，就能很容易地看到这一点。后来的功利主义者，尤其是边沁，采用了一种根本上后果主义的功利原则来检验行为和动机：当且仅当动机给人或可感觉的幸福已经或将会带来好后果时，该动机才被认为是好的。相比之下，哈奇森认为，我们的道德感会直接对普遍仁慈的动机——即同等仁慈地对待每一个人——表示赞同。他的结论是，这个动机本身在道德上就是善的，与它是否带来好后果无关，并且，他还从他所说的普遍仁慈中推出了一种功利主义的正确行为标准。由于这样的普遍仁慈谋求最好后果，因此，一个正确的行为就可以被理解为是一种产生了这种最佳动机想要看到发生的结果的行动，而这带来某种功利原则。

对动机进行规范性评价，哈奇森采用了一种典型的美德伦理方式，即，把动机当作内在品质来评价，而不是根据动机所导致的后果或是它们所具有的那种促使我们遵循某些独立自主规则的趋势来评价（Hutcheson 1725/1738）。不过，即便运用他的美德伦理标准来判定什么是好动机，在判定什么是正确行为时，他也依然导向了后果主义的标准，并且，这种标准与美德伦理学之间有何关联，我们恰恰是不清楚的。当代亚里士多德主义的美德伦理学家，如罗莎琳德·赫斯特豪斯就认为，如果一个行为是由一个有美德的人出于品质而做出的，那么，这个行为就是正确的行为（Hursthouse 1999），而哈奇森的标准似乎有点类似：正确的行为就是那些具有完美的美德动机并且充分了解周边情况的人将会采取的行为。尽管这导向了行为后果主义（act-consequentialism），但是，这种原创性想法的来源似乎极具美德伦理的特征（Darwall 1995）。因此，我们不难把哈奇森视为一位美德伦理学家、一位情感主义类型的美德伦理学家，因为，他强调把仁慈而不是把在两个极端之间选择中道的那种亚里士多德主义的理性洞察力，作为道德美德和道德行为的基础。

而要把休谟称为一位美德伦理学家，在某种程度上，就没有那么好说了。在《人性论》的第3卷第2章第1节，休谟说："一切有美德的行为只是出于有美德的动机而是有功的"（Hume 1740/2000）。这听起来当然很像美德伦理学。但与哈奇森不同（如果我们忽略待会就将讨论到的一点），休谟认为，动机的美德状态以及针对这种状态所作的判断，在很大程度上，源自对动机所带来的后果（包括它们是否会让人直接感到愉悦）的考虑。这就不是纯的美德伦理学了，而且，当休谟（从《人性论》第3卷第2章第1节开始）围绕财产权、忠于承诺而引出他的正义观念以及其他的"人为美德"时，问题就变得更加复杂或模糊。在休谟来看，即便我们不归还借来的钱而能够实现更多的社会善，归还它们也是一项义务；然而，用于支撑这一行为的动机，却包含着对该行为所具有的义务性质的自觉，因此，这个动机就无法独立于"去做该行为"的义务而获得详细说明。如果我们试图解释还钱行为的正当性或正义性，却又诉诸我们通常这么做时所基于其上的动机，那么，（用休谟自己的话说）我们似乎是在"循环论证"。因此，休谟一开始给我们提供的那种针对正确行为的美德伦理解释就必须加以限定：至少，正确行为具有某种独立于我们当下动机的地位。而这恰恰**不是**在用美德伦理的方式去思考正确行为的问题。因此，认为休谟是美德伦理学家或者与美德伦理学有什么关系，这样的说法至少是模糊或含混的。

有一种理解休谟道德情感主义的方式（这种方式在不同程度上也适用于18世纪的其他情感主义者）是，把它看作对道德判断的心理状况进行正确的经验描述的主要理论或唯一理论。这使得休谟的情感主义成为近年来许多心理学与神经科学研究的思想来源，后者表明，大多数实验对象的道德判断都包含了重要的情感要素（参见 Prinz 2007）。事实上，休谟把他的《人性论》就描述为"一次将实验推理方法应用于道德主体的尝试"；有些评论家也坚持认为，休谟的伦理学作品的目标完全是描述性的。不过，另一些学者指出，休谟及其同道同样打算在规范层面上运用他们的情感主义命题。毕竟，休谟认为自己的道德哲学极具原创性，而几乎没有哪位哲学家或心理学家会否认情感在大多数的道德判断中发挥着某种作用。以往，道德理性主义者认为，这种经验的实在代表了规范层面的失败，代表了非理性的情感不幸战胜了具有道德合法性的理性权威。然而，休谟的革命性观点却表明，理性不仅"是"、而且"应该是情感的奴隶"（Hume 1740/2000: 266）。就其古典形式而言，道德情感主义既可以是一种描述理论，也可以是一种规范理论（参见 Frazer 2013）。或者，用更符合当代哲学的话来说，道德情感主义不仅可以阐明或暗示道德判断的意义，而且可以给出它自己的道德判断。在 18 世纪，有很多这样的规范性内容都是接近美德伦理学的。

然而，被视作元伦理理论——它讨论的是情感如何（在经验上和 / 或在定义上）介入道德判断的形成——的道德情感主义，**无需**承诺任何一种特定的规范伦理学，更不必承诺某些具体的道德判断。把恰当的道德判断理解为某种颇受情感影响的东西是一回事，把品格特征（而不是行动、规则或好的结果）当作道德判断的基础是另一回事，两者之间没有必然的联系，而且，这种元伦理学在关于行为、规则、结果或品格特征的判断上也是或可以是完全中立的。美德和恶德，遵守规则的行为和违反规则的行为，事情的好后果或坏后果，以及许多其他的道德现象都可以是我们情感反应的对象。人们可以对不公正的品格感到愤怒，也可以对一条不公正的法律或社会规范、一次不公正的具体行为感到愤怒，甚或对那种让许多人遭受不公正的可怕事态感到愤怒。

正如我们待会看到的，尽管许多当代元伦理学家在为某种情感主义辩护时觉得完全可以在规范议题方面保持中立，但是，在启蒙时代的那些古典情感主义者中间，也已有先例。比如，亚当·斯密在《道德情操论》第 7 部分（也是最后一部分）的开篇就说，道德哲学要努力回答两个专门的问题。"第一，美德存在于什么地方？……第二，内心的什么力量或能力使我们认识这种品格——不管它是什么？"斯密坚持认为，第二个问题的答案"虽然在推理中最为重要，但在实践中却毫不重要"（Simth 1759/1790/1984: 265, 315）。

然而，斯密用于提出他的这两个问题的说法却意味着，道德情感主义可能并不像它最初显得的那样在规范层面上具有中立性。如果我们断定，我们的道德情感确实是一种心理官能，并且它们（无论是什么）"使我们认知到"何为有美德的品格，那么，尽管我们可能不会继续深究"该如何生活或行动"这些问题的具体答案，但我们其实已经假设了，这些规范性问题可以借由情感对品格特征的评价来回答，而不是借由行为、规则或事实状态来回答。

就跟他之前的哈奇森和休谟一样，斯密或多或少算得上一位美德理论家。在18世纪，人们普遍认为哲学没有价值，除非它能成为生活的实践指南，而启蒙运动的道德学家们也意识到，出于责任，他们不能完全局限于思辨议题。而当他们处理规范性问题时——他们都这么做过——启蒙时期的情感主义者基本上都采取的是美德伦理的模式或方法。

情感主义的道德判断理论与美德之间所具有的这种联系，可能只是某种历史的偶然。在受康德启发的义务论和经由边沁发展起来的古典功利主义出现之前，美德伦理学是西方伦理学占主导地位的进路。所以，斯密完全可以把整个伦理学史视为一系列关于美德内容的争论，以及，关于我们用以决定这种内容的能力的争论，就像他在《道德情操论》的最后一部分所做的那样。在回答他那两个伦理学问题的第一个问题时，斯密认为，美德可以是审慎和对开明自利的追求（如伊壁鸠鲁学派所说），或仁慈（如哈奇森、剑桥柏拉图学派，以及许多阐释者眼里的休谟所说），或我们的行为相对于情境的合宜性与合适性（如斯密自己所说的那样，他觉得自己同柏拉图、亚里士多德、斯多亚学派和塞缪尔·克拉克是一边的）。而在回答他的第二个问题时，斯密认为，我们可以通过自爱（如霍布斯和普芬多夫所说）、理性（如柏拉图、柏拉图主义者和理性主义者通常所说）或情感（如哈奇森、休谟、斯密及其情感主义同道所说）而认识到美德。但斯密从来没有直接考虑过，美德有可能只是一种依赖于更基本伦理范畴（如，义务论的规则或后果主义的善）的随附现象。

不过，尽管时代的铁律限制了古典情感主义者，使他们想不到后来由康德、边沁和其他人发展出来的美德伦理学以外的替代方案，但是，人们也很容易过于夸张地说，他们对美德伦理学的承诺只是一桩历史环境使然的事情，而不是哲学的原则。每个古典的情感主义者都以自己的方式（有时只是顺便）解释了，为什么美德和恶德一直分别是我们饱含情感的那种认同或谴责的主要对象，而为什么其他的道德范畴只具有次要的或衍生的作用。不过，现在我们还要注意，斯密的规范美德伦理学与休谟或哈奇森有何不同。在休谟和哈奇森看来，道德美德包含或者可被视为包含（直接的或间接的）仁慈，但在斯密看来，美德是一个有关合宜性和/或合适性的问题，与后者相比，前者的美德内容囊括了一些更温暖、更有情感的东西。因此，这表明，抛开美德伦理学的议题不谈，哈奇森和休谟还都是规范性的情感主义者（normative sentimentalists），而斯密则不是。

然而，斯密的道德判断理论在很大程度上仍属于哈奇森和休谟所开创的情感主义模式。《道德情操论》把道德判断刻画为一个过程，借此，我们想象自己就处于我们判断对象所处的那个情境中。只要我们针对这种情况所想象的反应与评价对象的实际反应相符，那么，我们就跟行为者完全感同身受，我们会判定这些反应是恰当的，而且这些反应背后的品格也是有美德的。当其他个体受到行为者行为的影响时，我们会判断行为者从他们那里获得的反应。如果这个行为者是他人感激的恰当对象，那么，我们可以判断该行为者不仅具有合宜性的美德，而且具有功绩性的美德。如果这个行为者是他人怨恨的恰当对象，那么，我们就会判断该行为者具有不合宜和不公正的恶德。不过，即便斯密聚焦于美德，他也从未否认道德同样可以被理解为一种规则体系。但是，我们是通过关注我们赞成或不赞成哪些行为而选择规则的——因此，对斯密来说，规则在道德上只是次要和衍生之物（Frazer 2010: 89-111）。

我们还应该提一下情感主义在18世纪后期跟随斯密的足迹而出现的新发展。约翰·戈特弗里德·赫德尔（Johann Gottfried Herder）通过运用斯密的同情理论，捍卫了一种超越历史与文化差异藩篱的多元主义的美德伦理学（充分的讨论，参见 Frazer 2010: 139 167）。赫德尔建议他的读者，试着去感受那些其道德情感在界定何为美德时与自己不同的人们的立场。（人们普遍认为，是赫尔德最终促进了后来在英语中被译为"移情"（empathy）的"Einfuehlung"这个词出现，它指的就是情感的自我投射。）通过与其他文化的移情式互动，赫德尔逐渐明白，许多被他的那些18世纪欧洲同行斥为奇怪之物和不自然之物的东西，其实体现了与众不同的人类卓越形式。"人性"，他写道，具有"如此的灵活性和可变性，以至于能够在最多样的环境中发展自身……其行为的最多样理想发展成为我们所说的**美德**，其感觉的最多样理想发展成为我们所说的**幸福**"（Foster 2002: 270）。不过，赫尔德的多元主义并非相对主义，因为赫尔德本人并没有对他在其他文化中遇到的一切东西都表示赞同。尽管他赞同许多不一而足且互不相容的美德，但是他也捍卫了一种建立在共同人性与互惠之爱基础上的普遍正义感——尽管这种正义概念依然保留了明显的美德伦理形式。

晚近的道德情感主义与美德伦理学

从本章的观点和标题来看，讽刺的是，确切的情感主义美德伦理学其实出现在18世纪的古典道德情感主义**之后**。19世纪，杰出的英国情感主义者是詹姆士·马蒂诺（James Martineau）。（尽管马蒂诺的理论如今可能被认为比较含糊，但情况并非一直如此，西奇威克[1907/1981]在他的《伦理学方法》一书中专门用整整一章来论述马蒂诺的规范理论。）在他的两卷本《伦理理论的类型》（*Types of Ethical Theory*）一书中，马蒂诺明确表示自己和早期的道德情感主义者（特别是哈奇森）持相同立场，而且他还提出了一种正确行为标准，体现出最纯粹的美德伦理学形态（Martineau 1885/1891）。马蒂诺认为，动机可以通过其内在品格而在道德上进行评估，并且，他认为在世俗动机的等级层次中，恶意（malice）处于最底层，而同情（compassion）居于最上层。于是，通过假设每个真正的道德选择情境基本上都包含着互相冲突的两个动机，马蒂诺认为，一个行为是正确的，当且仅当，它是道德选择情境中彼此冲突的两个动机之中的那个较高者的产物。

与哈奇森或休谟的理论相比，这种规范理论居于更纯粹的美德伦理性质。然而，西奇威克严厉批评了马蒂诺的道德标准，并且，自此以后，马蒂诺的观点开始被许多人所忽视了（Sidgwick 1907/1981）。不过，近年来，规范情感主义又出现复兴，而其中有些观点就跟美德伦理学密切相关。

这种规范情感主义近几十年来的最突出形式也许就是关怀伦理学。它由卡罗尔·吉利根（Carol Gilligan, 1982/1993）和奈尔·诺丁斯（Nel Noddings, 1984）率先提出，其进路在于强调道德动机的情感特征，并且认为我们的道德义务的根源不在于理性，而在于某些与情感相关的关系。在大多数关怀伦理学看来，正确的行为必须是关怀的（至少不是冷漠的或恶意的）行为，但关怀不仅是试图帮助他人，还要普遍地维持或提升关怀性的关系。而且，大多数关怀伦理学家认为，关怀伦理学不是美德伦理学的一个分支，甚至不是情感主义美德伦理学的一个分支，因为，他们采用伦理美德的资源是为了解释好的关怀关系具有何种性质，而不是为了解释个体作为个体怎样才算得上是有美德的。

然而，近年来，迈克尔·斯洛特发展了一种关怀伦理学形式，既试图成为美德伦理学的，又试图完全处于情感主义的框架之内。他实际上是情感主义美德伦理学在当代的唯一支持者，而他的《道德情感主义》(*Moral Sentimentalism*)(Slote 2010)一书，也相应地提供了一种正确行为标准，即当且仅当一个行为没有表现或反映出缺乏对他人的移情关怀，它才是(完全)道德正确的行为。(一个人，如果没有尽可能对他人产生移情，也不一定就是缺乏移情。)与先前的关怀伦理学相比，这种标准更清晰、更自觉地引入了移情，而且，斯洛特将该标准锚定在一种以移情为基础来阐述道德术语之意义的元伦理学中。同时，他还反对如下观点，即，关怀伦理学必须基于良好的人际关系，而不是个人的良好品质，它至少在一定程度上基于我们**在**良好的关系**之内**、根据其中相关个体的不同角色、动机和行为而进行的道德区分。斯洛特指出，母子关系作为一种关系所具有的美好性质就不能构成所有道德区分的源泉，因为，在这种关系中，母亲的关怀性(caringness)和孩子可能表现出来的对于被关怀的开放性(openness)之间存在着伦理意义上的差异。这种关系所具有的十足的善，并不能区分处于该关系之中的那些个体的上述特质，但是，一种聚焦个体特质和动机——并且强调移情关怀这种美德——的关怀伦理学却可以很容易做到这一点。

斯洛特进一步论证说，一种严格意义上的情感主义美德伦理的关怀伦理学，可以通过颇不同于康德—罗尔斯式的自由主义(Rawls 1971)——近年来，它占据了政治哲学图景的主导地位——的方式而解释义务论、尊重、自主、权利和正义。比如，尊重(respect)可以被设想为，对他人的想法、愿望和一般观点加以移情——而不是把我们自己的想法强加给他们。这种进路声称，它能比自由主义和其他理论更加充分地解释我们当前的正义观念。

美德伦理的情感主义者试图凭借独特的关怀伦理术语，解释为什么否定人们的宗教自由是错的，为什么把病人和穷人抛入变幻莫测的社会竞争中也是错的。然而，如果情感主义的进路在**更具争议的**问题上所表达的看法要比自由主义之类的观点在这些问题上所得出的相反结果更加具有直觉的正确性，那么，这就使得人们在思考政治问题时更愿意采取情感主义的方法，而不是自由主义对待它们的那种更熟悉的方式。例如，罗尔斯的自由主义认为，在发达社会中，自由优先于对幸福的考虑（Rawls 1971, 1993）；但这意味着，即使某个人告诉法官，她和她的孩子受到了她丈夫的暴力威胁，法官也不应该立即（而且后续也没有进一步的法律程序）签署针对这位丈夫的限制令。在过去和现在的许多司法案件中，法官事实上很犹豫是否签署这样的临时限令，尤其是当妻子是首次提出这类诉求时，而这符合自由主义（或自由至上主义）所认为的处理问题的公正方式，也符合它所认为的对待法律本身的公正方式。

然而，情感主义的关怀伦理学，无论美德伦理式的还是非美德伦理式的，对此却有不同看法。它认为，女性在安全保障（方面的福祉）要比她们丈夫的行动自由更具有道德重要性，而且，它声称，对他人施以普遍的移情关怀将会敏锐地察觉到这种重要性的差异，从而证明立即签署限制令的正义性。在某种程度上，这似乎是我们如今（部分也受到了妇女运动的影响）解决上述法律／司法问题的正确方法，并且，作为政治正义或法律正义的一般学说，这种情感主义的进路似乎要比罗尔斯或康德的自由主义进路具有更大优越性。此外，斯洛特的情感主义美德伦理学针对自由主义的如下观点——即法律应该始终允许仇恨言论——也提出了类似的批评。

仅仅是冒犯性的言论不同于真正有害的言论，而典型的康德式自由主义的观点——比如说，20世纪70年代，应该允许新纳粹分子在有许多大屠杀幸存者定居的伊利诺伊州斯科基市（Skokie）进行游行和演讲——则似乎混淆了这个重要的道德区别：从情感主义美德伦理学的关怀概念来看，关键在于，新纳粹分子试图在斯科基市采取的行径很可能会给幸存者造成严重的伤害。

最近十年，美德伦理学与后果主义伦理学、康德主义伦理学一道，构成了规范伦理学的三大主要研究方法。（这在一些主要的教科书、百科全书和论文选集中均有所体现。）虽然在最近的讨论中，亚里士多德主义的理性主义美德伦理学要比其他形式的美德伦理学都更突出，但是，随着学界对休谟和斯密研究兴趣的重燃，情感主义美德伦理学在过去数年间也备受关注。当代美德伦理学的情感主义和关怀伦理学的情感主义，其实要比亚里士多德主义和新亚里士多德主义的美德伦理学具有某些优势。亚里士多德不喜欢民主，甚至新亚里士多德主义者用当代方式处理正义问题时也有一定困难（Hursthouse 1990）。这在一定程度上，甚至在很大程度上，是因为亚里士多德主义的理性主义传统没有考虑移情。移情使我们能够理解和充分尊重那些在政治和道德问题上跟我们持不同观点的人，从而，它对于现代多元社会的运转而言是绝对必要的（更不用说在国际关系的问题上）。因此，概言之，一种强调移情的规范情感主义似乎要比（新）亚里士多德主义的观点更适合于当前环境。这或许可以解释为什么情感主义近年来不仅在美德伦理学内部，而且在更为一般的道德哲学内部，都越来越占主导地位。

然而，为了总结我们对情感主义晚近发展状况的讨论，我们还需要思考当前的情感主义理论关于道德判断的看法。我们对此可以说的很简短，因为，与18世纪的情感主义不同，近年来"新情感主义的"（neosentimentalist）元伦理学观点在规范性议题上十分明确地保持中立态度，因此，它无论在历史上还是在概念上都跟美德伦理学没有关系。而那些更新近的观点，则把道德判断理解为关于人们针对评价对象所做出的特定情感反应——比如，针对他人的不当行为所表达的愤怒，或，针对自己的不当行为而感到的内疚（Gibbard 1990; D'Arms and Jacobson 2000）——是否具有恰当性或合理性的判断。可是，根据这种假设，道德判断是针对情感的判断，但它们本身却可能始终是十足冷静和无情的（并且是基于理性的）。相比之下，在休谟、斯密和哈奇森的经典论述中，伦理判断本身就被理解为"道德情感"，理解为（尽管经过理想化或"矫正化"处理的）富含情绪因素的赞同或不赞同的感觉。（这些感觉在哈奇森那里来自于道德感，但在斯密和休谟那里则来自于我们今天所说的移情。）因此，更为晚近的这种新情感主义，作为元伦理学的一种形式，不像古典情感主义那样纯粹是情感主义的，因而它有时也被称作"理性的情感主义"（rational sentimentalism）。这种观点同样跟美德伦理学几乎甚或根本没有关系：在它这里，适当的愤怒或内疚不仅很容易导致规则的破坏或做出有害行为，而且同样很容易就造成坏的道德品格；此外，在最近的这种元伦理学中，本身也没有什么要求我们必须对伤害抱以愤怒或内疚，而不是对帮助抱以愤怒或内疚。

因此，我们这里谈到的哈奇森、休谟、斯密、赫尔德、马蒂诺和斯洛特等人的作品，就要比最近的新情感主义者的写作内容，同本章主题的关系更加密切。但这并不是要否认，元伦理意义上的新情感主义以及那些蕴涵规范性承诺的情感主义形式在当代哲学中的潜力。而且，不仅如此，我们还有充分的理由相信，当代对于18世纪情感主义理论——尤其是休谟和斯密——的历史学和伦理学兴趣的复兴，可能将会有增无减。

【相关主题】

第 2 章 "Aristotle's Virtue Ethics," Dorothea Frede

第 5 章 "Why Confucius' Ethics is a Virtue Ethics," May Sim

第 6 章 "Mencius' Virtue Ethics meets the Moral Foundations Theory," Shirong Luo

第 12 章 "Hume," Jacqueline Taylor

第 19 章 "Virtue Epistemology and Virtue Ethics," Heather Battaly and Michael Slote

第 20 章 "Feminist Virtue Ethics," Karen Stohr

第 21 章 "Agape and Virtue Ethics," Timothy P. Jackson

第 28 章 "Testing the Empathy-Altruism Hypothesis against Egoistic Alternatives," C. Daniel Batson

第 29 章 "Care Ethics and Virtue Ethics," Nel Noddings

第 30 章 "Roles and Virtues," J. L. A. Garcia

【参考文献】

Augustine (1955) *Ten Homilies on the First Epistle of St. John*, in John Burnaby, ed., *Augustine: Later Works*. Philadelphia: Westminster Press.

D'Arms, J. and Jacobson, D. (2000) "Sentiment and Value," *Ethics* 110: 722–748.

Darwall, S. (1995) *The British Moralists and the Internal "Ought":*

1640–1740. Cambridge: Cambridge University Press.

Forster, M. N., ed. (2002) *Herder: The Philosophical Writings*. New York: Cambridge University Press.

Frazer, M. L. (2010) *The Enlightenment of Sympathy: Justice and the Moral Sentiments in the Eighteenth Century and Today*. New York: Oxford University Press.

Frazer, M. L. (2013) "Sentimentalism without Relativism," in J. E. Fleming, ed., *Nomos LIII: Passions and Emotions*. New York: New York University Press, pp. 19–37.

Gibbard, A. (1990) *Wise Choices, Apt Feelings: A Theory of Normative Judgment*. Cambridge: Harvard University Press.

Gilligan, C. (1982/1993) *In a Different Voice: Psychological Theory and Women's Development*. Cambridge: Harvard University Press.

Hume, D. (1740/2000) *A Treatise of Human Nature*. Edited by D. F. Norton and M. J. Norton. New York: Oxford University Press.

Hursthouse, R. (1990) "After Hume's Justice," *Proceedings of the Aristotelian Society*, New Series 91: 229–245.

Hursthouse, R. (1999) *On Virtue Ethics*. Oxford: Oxford University Press.

Hutcheson, F. (1725/1738) *An Inquiry Concerning the Original of Our Ideas of Beauty and Virtue; in Two Treatises*. London: W. and J. Smith.

Martineau, J. (1885/1891) *Types of Ethical Theory*. Oxford: Clarendon Press.

Mencius (2003) *Mencius*. Edited by D. C. Lau. London: Penguin Books.

Noddings, N. (1984) *Caring: A Feminine Approach to Ethics and Moral*

Education. Berkeley: University of California Press.

Prinz, J. (2007) *The Emotional Construction of Morals*. New York: Oxford University Press.

Rawls, J. (1971) *A Theory of Justice*. Cambridge: Harvard University Press.

Rawls, J. (1993) *Political Liberalism*. New York: Columbia University Press.

Sidgwick, H. (1907/1981) *The Methods of Ethics,* 7th edn. Indianapolis: Hackett Publishing.

Slote, M. (2010) *Moral Sentimentalism*. New York: Oxford University Press.

Smith, A. (1759/1790/1984) *The Theory of Moral Sentiments*. Edited by A. L. Macfie and D. D. Raphael. Indianapolis: Liberty Fund.

St. Augustine (1955) *Augustine: Later Works*. Edited by J. Burnaby. Philadelphia: The Westminster Press.

第 16 章
多元主义美德伦理学

[澳] 克里斯蒂娜·斯沃顿 / 著
李义天　卢淑慧 / 译　朱慧玲 / 校

引言

现代以来，有两种主要的道德理论占据主导地位：功利主义和基于权利的（rights-based）道德理论。后者的两种极端表现形式，即，建立在个人权利基础上的资格"伦理"（the 'ethics' of entitlement）以及敬重权利的义务（the duty of respecting rights），严重地导致曾居于伦理思想核心位置的丰富的美德与恶德话语完全消失。关于这些话语，人们想到的不仅是古代和中世纪的哲学，还有休谟和尼采这些看起来相距甚远的哲学家的著作。伦理学语言的日益单薄催生了反叛，其标志便是这些哲学家关注的问题复兴以及现代美德伦理学的发展。这场复兴的特征可归纳为如下观点。最基本的伦理概念是良好生活（living well），而良好生活的核心在于拥有和践行美德。不过，良好生活是一个比较单薄的概念，它可以通过不同方式变得饱满，因此就有了不同类型的美德伦理学。对休谟来说，良好生活基本就是一种符合人性的生活，其特征在于，它体现了各种各样对自己与他人来说有用的和使其愉悦的美德；对于这些美德，具备高雅而有教养的"道德感"的人们会加以赞赏。而在源自古希腊的幸福主义传统中，良好生活意味着过上一种自身繁荣的生活，所以，良好生活对人来说是好的。

按照这种有关良好生活的看法,我们不是那么容易就把良好生活同拥有和践行美德联系起来。正如赫斯特豪斯(1999)表明的,**幸福主义的**美德伦理学(*eudaimonistic* virtue ethics)的特点就在于,试图要把那种被理解为人类卓越性的善,同对行为者而言的善拼在一起。结果出现了一种(我们希望)把良好生活同因此有美德的生活相整合的观念。① 另一种看法则是,良好生活是对人们来说有意义的生活(Wolf, 2010)。尼采认为,这种生活展现了"肯定生命"(life affirming)、培育个体个性的美德。在尼采看来,好生活(good life)的核心在于具有美德的创造性,它表现出纪律、坚强、无悔,以及(自己给自己设定标准的)原创性。这种涉及创造性的生活意义观念,不是亚里士多德主义美德伦理学的特征,它或许反映的是亚里士多德主义在**制作**(基本上是创作性生产)与**实践**(行动)之间的基本区分:亚里士多德主义将后者而不是前者当作伦理学的主题。相比之下,尼采和海德格尔则把得到恰当理解的**制作**摆到了"良好生活"的核心位置。

迄今为止,在如下意义上,美德伦理学仍是"一元主义的"(monistic)。大多数的现代版本主要是在发展亚里士多德主义的良好生活概念,赫斯特豪斯(1999)尤其明显。在更一般的意义上,人们尚未采取任何步骤,把多种传统都囊括在一个(相对)综合的多元主义的美德伦理学版本中。相比之下,多元主义**美德**伦理学(pluralist virtue ethics)认为,多种多样的良好生活概念都具有力量,都应该在美德伦理学的综合形态中占有一席之地。

然而,对于任何形态的伦理多元主义,包括罗斯的多元义务论(pluralistic deontology)在内,一种主要的批评意见认为,它导致实践的碎片化。人们指责罗斯提供了一堆"无甚关联的义务"(参见

---

① 最近有一本不错的文集,包含了对这种良好生活概念的辩护和批评,参见 Peters(2013)。

McNaughton, 1996）；多元主义美德伦理学难道不会同样遭到人们的指责，认为它提出的是一大堆指向彼此无关的美好生活观念的"无甚关联的美德"吗？不一定，因为这样的伦理学可以通过若干方式予以系统化处理。其一，尽管仍会存在不可公度的情况，但是，它可以将美德建立在相对较少的几种基本特征上（第 3 节）。其二，它会认为某些美德要比其他美德更加重要、更加严格，也更加核心。比如，在亚里士多德和休谟那里，机智（wit）是一种美德，但是，当人们特别机智地进行玩笑嘲讽却给一个生性敏感之人造成伤害时，机智就没有顾及到关怀，也就谈不上是有美德的机智。其三，凭借我所说的美德的约束（Virtue Constraint），美德的基础也许可以得到部分整合（第 4 节）。最后，正是美德本身，作为品质的卓越性，能够使行为者欣赏美好生活的复杂性、善的多重来源，以及正当处理这种多重性的方式。在美德基础的核心部分总会存在一定程度的不统一，而这并不意味着，合乎美德的各种良好生活方式就不能在某种程度上被整合为一种良好生活。我的目的就是要表明，多元主义美德伦理学具有独到之处，它可以将不同形式的善和实践理性整合起来（尽管不是统一起来）。

虽然历史上有先例，可是，在当代美德伦理学形态中，多元主义仍处边缘。在我看来，其中包括尼采和休谟，尽管尼采也许比多元主义更加坚信碎片化。然而，他对于恶德是因心理弱点——例如，怨恨、残忍的变态，以及能够解释那些生活在"禁欲主义理想"中的人们的神经病症——所致的看法，却可能带来了一种更系统的处理模式。而休谟有关美德基础的看法，我相信，也跟第 3 节勾勒的多元主义相融贯（Swanton 2009; forthcoming（b））。

正如我呈现的那样，多元主义美德伦理学的基本主题在于，激进的多元主义可以与整合性共存。第 2 节对人们所熟知的"美德统一性"（Unity of the Virtues）命题展开简单的讨论。其结论是，在多元主义美德伦理学中否定该命题，并不会背离我所说的整合性命题（Integration Thesis）。第 3 节详细阐释了美德的多元基础。而第 4 节表明，这种多元性怎样给美德伦理学的实践合理性（practical rationality）概念带来不统一和多元性，但这种不统一却又能够通过美德而被整合起来。

美德的统一性

多元主义美德伦理学虽然否认"美德统一性"命题，但在本节，我将论证，尽管如此，这种伦理学仍可以接受说，美德在一定程度上具有整合性：它们不是"碎片化"的。多元主义美德伦理学所否定的美德统一性命题是什么？这里有一种经典的说法：亚里士多德声称，你若要拥有一种美德，就必须拥有全部美德。照这种理解，美德统一性命题可以被描述如下：

美德统一性命题：拥有一种美德，意味着拥有所有美德。

可是，什么才算拥有一种美德？是不是说，要**纯然**拥有一种美德，一个人就必须完美地拥有它？如果这样，就会出现一个问题。比如，有人指出，"一个人不可能同时拥有完美的坦诚（frankness）和圆融（tactfulness）两种品质"（Slote 2011: 42）。这种论证基本上是讲，"如果一个人是坦诚的，那么，他 [在特定的例子中] 对朋友就不会完全采取友善（或圆融）的行为……他的行为会被看作是还没达到伦理方面的理想程度"（Slote 2011: 42）。作为回应，我们也许可以说，作为美德的完美坦诚，并不是指最大程度的坦诚，而是指卓越的坦诚，并且，由于坦诚的美德与圆融恰当地结合，因此，只有当它们针对不同领域（关切领域）时，两者才有所不同。它们之间不可能发生冲突。即便描述该行为的美德概念没有反映这一点，事实也是如此——就此而言，一种美德意义上的坦诚行为不可能被恰当地描述为一个圆融的**行为**，因为，前者并不符合用于刻画后者本质的那些描述性特征。但是，尽管不能被描述为圆融的行为，它也不是一种与圆融美德背道而驰的行为。因为，在这些情况中，无论是就顾及他人感受而言，还是就诚实对待他人而言，它都是一种正确的行为。

然而，在缺乏美德的不完美的现实世界里，由于坦诚旨在实现交流的诚实、稳健与有效性，而圆融的目的却是不去伤害敏感的灵魂，因此，像这样统一的卓越性乃是不可能实现的。① 这种看法就属于我所说的：

> **不可能完美命题**（*Impossibility of Perfection Thesis*）：至少有一些美德，人们不可能完美地拥有它们，在这个意义上，它们互不兼容。因此，如果不可能同时完美地拥有美德 X 和 Y，那么，它们就是互不兼容的。（详见 Badhwar 1996）

为了容纳不完美的现实世界，一些美德理论家把美德理解为某种**让人满意的**（*satis*）或某种阈值性概念，于是，一个人拥有一种美德，当且仅当，他是在足够程度上而不一定是在完美程度（无论那可能是什么）上拥有该美德（Russell 2009; Swanton 2003）。按照这种看法，对一个人来

---

① 马基雅维利对这种情况的看法是极为悲观的："一个想在各方面都做出美德行为的人，必定会在如此众多的无德之人中间陷入不幸"（Niccolo Machiavelli, *The Prince*, trans. George Bull, Harmondsworth, Penguin, 1975, 91-92; 转引自 Oakley and Cocking（2001: 117, n. 3）。显然，马基雅维利是说，在许多方面拥有美德，这与审慎美德是相冲突的。在马基雅维利看来，当我们考虑领袖的角色美德时，这种冲突甚至会更加严重。斯托克尔（Stocker 1997: 119）也注意到，很难列出"在坏社会中好人的美德"清单。

说，他完全有可能足够公正而拥有正义美德，但却不够关怀而不具备关怀美德。根据这种阈值论，美德之间基本上不统一，在这个意义上，前面所说的美德统一性命题便是错的。不过，阈值论的美德观念却和如下命题兼容，即：

整合性命题（*Integration Thesis*）：
（ⅰ）拥有一种美德，就是在足够的程度上拥有它。
（ⅱ）要在足够的程度上拥有一种美德，就有必要在足够的程度上将它同足够丰富的其他美德整合起来。

整合性命题是多元主义美德伦理学的核心，它既要避免关于美德基础的一元论观点（见下文），又要避免美德的完全碎片化或不统一。关于（ⅰ）和（ⅱ），尽管存在模糊、不确定以及合情的争议，但这绝不意味着，多元主义美德伦理学就会承认"一大堆没有关联的美德"。

美德基础的多元性

美德是有"基础"（grounds）的：即那些使得品质成为卓越品质而非恶劣品质或坏品质的特征。问题在于：美德的基础，在根本上是多元的还是一元的？这里说的"在根本上"意味着什么？"美德"又意味着什么？如果各种美德的基础（作为美德的基础）本身并非奠基于仅仅**一个**自身无所奠基（ungrounded）的特征，那么，美德的基础**在根本上**就是多元的。比如，一些人认为，（有的）美德最终奠基于其拥有者的繁荣（**幸福**），但不存在更进一步的基础（比如，上帝的意志）使**幸福**本身构成美德的基础。而多元主义美德伦理学则会说，幸福是美德的**一个根本基础**

（a fundamental ground），但它不是唯一的基础。这里的"美德"又指什么？限于篇幅，我只考虑被称作基本美德（basic virtues）或卓越品质——比如，慷慨、正义和友善（无论怎样具体地理解它们）——的基本基础（basic grounds）。这些美德是在一个高度抽象的层面上被描述的，它们没有根据人类生活与重要角色的核心方面（Oakley and Cocking 2001）、文化历史的语境性和叙事的特殊性（Walker 2007）以及像贫困和压迫这样的"负担"（Tessman 2005）进行区分。而一种完全充分的多元主义美德伦理学则需要容纳与这些特征有关的美德规范；对这些特征的关注，将会成倍地增加这种理论的复杂与丰富程度。

大多数道德理论家，包括美德伦理学者在内，都承认美德具有某种根本的基础。例如，克劳德（Kraut 2012）虽然不赞成"绝对的善"（absolute goodness）概念，但他声称，在根本上，所有美德都奠基于对个人有益的东西。相比之下，亚当斯（Adams 2006）将道德与美德建立在价值或"善"的基础之上。这里所描述的多元主义美德伦理学立场则认为，美德的根本基础有四种：价值（value，事物的属性，它们使事物值得被尊重、欣赏、创造、保存、喜爱、促进等等）；纽带（bonds，从中表现出各种依恋和认同的关系）；地位（status，个人可以凭此对他人提出权威性的要求）；以及，对个体而言的善（good）。

我在前文说过，美德是有"基础"的：即使品质成为好品质的那些特征。难道这不意味着美德只有一种最终的客观基础：就像布鲁尔（Brewer 2009）所说的善（goodness）或一般的善（good in general）吗？只要"客观的善"（objective goodness）是一个"薄"的简单概念，而不是布鲁尔笔下的那种"厚"的价值观念，那么，多元主义美德伦理学就可以同意布鲁尔的立场。这个概念同多元主义美德伦理学兼容，后者会在这种薄的意义上承认若干基本的"善"，它们全都是客观的。

是什么构成了美德这几种根本基础所具有的"客观的善"？在**美德伦理学**中，人们认为，不可能完全独立于美德概念去理解它们的客观善。尽管这一立场不如那种认为价值（比如说）**完全是从**美德概念**中推出来**的看法（如，斯洛特的基于行为者的美德伦理学 [Slote 2001]）强硬，但它确实意味着，尽管财富、荣誉、快乐如同亚里士多德相信的那样是善（或者，有价值），然而，也正如他所言，它们不是"无条件的善"。当这些善遭到至少某些恶德污染（或完全污染）时，它们便不再是任何意义的善。就此而言，恶毒的虐待所带来的快乐绝不是善。① 美德伦理学通常拒绝承认"善的清单"，这种清单会列举出一些所谓的价值或善，比如"快乐"，把它们当成完全独立于美德的东西（Swanton 2003, 2013）。类似地，纽带、地位以及对一个行为者而言的善，也是美德不可或缺的基础，是人类过上好生活的本质或核心特征（在第 1 节所说的那种稀薄的意义上），但它们也并非无条件的善。纽带可能有缺陷，地位可能带来压迫，对某个（已然）邪恶之人而言的善（就像亚里士多德承认的那样）对某个人道之人来说并不是善。在美德伦理学看来，充满虐待的或种族主义的纽带不是善，根本不尊重人类各个阶层的等级制度，诸如种姓制度，也不是善，而**对于**一个过着十足邪恶的生活、但却拥有大量财富和快乐的人来说，谈不上有任何善可言。

有位当代理论家（Dancy 2004）提供了一种关于价值的分析模式，它可以被更广泛地用来理解上述（薄意义的）一般的善与美德之间的关系。丹西认为，快乐状态就是一种内在价值，因为，它的价值（快乐）建立在

---

① 按照一个比我能够在这里提供的更加精细的观点，一个人可以声称，对于是否应该禁止虐待，价值的回应方式和其他语境（例如，性方面）乃是重要的。比如，在特定的审美语境中，一个人可以论证说，某快乐所蕴含的虐待本质，并不构成不让人们以某种特定的审美方式来欣赏这种快乐的限制条件。

某些不以其他事物为基础的属性上。然而，如果使这种状态获得快乐价值的"启动条件"（enabling conditions）未能得到满足，或者，满足的只是"限制条件"（disabling conditions）（Dancy 2004, 171），那么，该价值"将会消失"。在虐待狂的快乐中，由于虐待行为是"限制条件"，因此，快乐所具有的典型的内在价值就会消失了。同样地，我们可以说（正如我们后面进一步描述），地位和纽带（在薄意义上）具有"内在善"，因为，一般来说，地位和纽带对于恰当的人类生活形式以及由此过上良好生活而言必不可少。然而，在特定情形中，比如，在某种邪恶的身份体系或充满虐待的纽带中，"限制条件"却会使地位与纽带所具有的内在善消失。让我们把这些基于美德的限制条件称为"美德的约束"。

从"价值"这个属性着手，我们目前简要描述了美德的四种根本基础。这种属性带来了相关的恰当反应，如，促进、欣赏、尊重和热爱。因此，如果事物的某种属性（比如，理性的、美丽的、快乐的）是有价值的，那么，它就值得人们（通过对拥有该属性的对象进行创造、保存、维系等等）加以促进。而且，这些有价值的属性也使得拥有这些属性的事物本身，凭借它们对这些有价值的属性的持有，而值得被尊重、欣赏、创造、保存和热爱。因此，日落之美值得人们欣赏，某种鸟的稀有性值得人们制定保护计划，培育该物种的新成员并保护其现有成员。这类价值构成了许多美德的基础，如，仁慈心（benevolence）、鉴赏力（connoisseurship）、创造性（creativity），以及不伤害（nonmaleficence）；它们对应着许多类型的反应。

达沃（Darwall 2006）指出美德的另一种根本基础：来自于可向他人提出权威性要求的个人地位，这些要求不能被还原为"价值"，而且是通过"第二人称的理由"被表达出来。像这样的理由，是"一种相对于行为者而言的理由，其有效性建立在人与人之间所预设的规范关系的基础上……

因此，它独立于任何结果或状态的价值"（Darwall 2006: 78）。许多基于尊重的（respect-based）美德就建立在各种类型的个人地位的基础上：从理性自律和不被侵犯这类具有高度普遍性的地位，到比如说老板这样的具有权威的角色属性。

在《动物及其重要性》（*Animals and Why They Matter*, 1983: 103）一书中，米格雷（Midgley）指出了美德的第三种根本基础。她声称："现在，从广义上来说，有两种东西可以使得一种偏好变成合理的东西，那就是，价值和纽带"。

纽带一直受到忽视，没被当成道德的核心特征，而且事实上，它们常常被看作是一种超道德的东西（extra-moral）。纽带并非一种个体属性，而是一种心理的、关系的属性，它意味着两个人或更多人之间的情感联系。纽带不是某种主要依靠感知或观测所获得的东西，而是某种或多或少需要成功参与其中的东西。要想更具体地理解纽带的本质、它对人类生存与繁荣的重要性和起源，以及什么才算得上**成功的**或有缺陷的纽带关系，我们需要转向心理学。在心理学看来，纽带表达了人类对于依恋关系（attachment）的根本需求，由此出发，人们得以发展出认同与承诺关系。20世纪60年代，精神分析学派的精神病学家约翰·鲍比（John Bowlby 1969）通过吸取进化论和人类行为学首次阐述了依恋理论，该理论承认情感纽带和爱在人类发展和繁荣过程中的核心作用。成功的情感纽带，关键在于爱。当爱不存在或有缺陷时，依恋关系就会遭遇各种失败；在那个影响深远、精心设计的"陌生情境测试"（Strange Situation Test）——旨在测量安全的依恋关系和不安全的依恋关系——的实验中，就证明了这一点（Ainsworth 等, 1978）。各种依恋问题的出现，或是因为不安全的或有缺陷的爱，或是因为完全缺乏爱，从而造成了被称作逃避型（avoidant）、抵抗型（resistant）或无序型（disorganized）依恋的综合征。

对个体而言的善是美德的第四种基础。根据克劳德（Kraut 2012）的看法，"对某个人而言的善，无论是在部分的还是在全部的意义上，都不应该根据某种绝对善物来定义。"① 况且，要"理解什么才是对某个特定之人而言的善，我们必须既要了解一般意义上的人类，还要了解那个特定之人"。尽管有的活动，比如完成某些项目，对一般意义上的人类来说是好事，但对某个人来说，从事自己的项目才可能是好事，而从事别人梦寐以求的某种更具整体价值的项目则可能不是好事。多元主义美德伦理学的这个特点是对良好生活的一个极为重要层面的承认，即良好生活赋予个人生活以目的和意义。其实，在关于"对某个行为者而言的善"的一般看法中，幸福、繁荣、成功以及生活意义之间的关系问题也是非常复杂的（Raz 2010）。

对个人而言的善，其中有一种极其重要的类别，库里蒂（Cullity）将其描述为"偏倚的善"（partial goods），亦即，那些"由个人偏倚性的态度组成"的善（2004: 129-131, 129）。一些哲学家，比如劳伦斯·布鲁姆（Lawrence Blum 2000: 226）论证指出，"体现于各种美德的特殊性和偏倚性，就跟公正性和普遍原则一样，都是道德生活的根本特征"。对他们来说，充分的道德理论必须在这个根本层面上体现出不可还原的多元性。显然，人类建立纽带的倾向性，以及纽带、偏倚的善与对个人而言的善之间的关联，至少部分地解释了这种多元性。然而，请注意，并非一切有美德的纽带都会因其合理而有益于那些身处纽带关系中的**行为者**。

---

① "对什么而言的善（Goodness for）不是一种**绝对的**（simpliciter）善，而是一种**专属的**（sui generis）善，在本质上，它是一种相对于个人而言的评价属性"（Brewer 2009: 211；转引自 Kraut 2012: ch. 5, n. 1）。

以美德为中心的实践合理性概念的多元性

在第 1 节，我曾声称，多元主义美德伦理学可以是真正多元化，而又不必是碎片化，不必涉及"一大堆没有关联的"美德。为了表明这一点，我们需要刻画一种多元主义美德伦理学所适用的实践合理性（practical rationality）概念。本节旨在表明，由于实践合理性以不同方式支撑着各类善，所以，上文所指出的各种客观善所具有的根本多元性，便具有了实质和激进的意义。然而，我将论证，实践理性或实践合理性的模式多元化并不意味碎片化；我们可以把美德看作是能够对这些模式予以合理整合的卓越之处。

正如拉兹（Raz 1978: 129）指出的，人们普遍认为，"所有的实践冲突都遵循一种逻辑模式：理由之间的冲突，可以通过诉诸这些冲突理由的相对分量或力量来解决，后者决定了哪种理由能够胜过其他理由"。对于一元论的实践合理性而言，存在着某个根深蒂固的原因。按照这种观念，理由是依据价值的通货（the currency of value）而标定的，价值的程度或数量决定了理由的分量或力量。在这种观点看来，我们在**回应**价值时虽然可能持有、也可能不持有一元论立场，但标准的一元论观点却是，合理性要求人们增进价值，而不是，比如说，增进欣赏。在回应方式不一而足的情况下，可能就会在，比如说，增进价值与欣赏或创造有价值的事物之间出现不可公度的状况。然而，当涉及分量时，一般的想法则是：**如果其他条件不变**，那么，我们应该增进更多的而不是更少的价值之物，创造具有更大价值而不是更少价值的东西，欣赏具有更高价值而不是更低价值的东西，等等。

拉兹反对通过诉诸"排他性理由"(exclusionary reasons)来衡量合理性；根据这类理由，一个行为者（例如，当他发号施令或说出誓言时）所具有的权威地位，通常削弱了其他那些（如，反对上述命令的）理由的分量。当一个排他性理由（如，向自己的配偶发誓不再慷慨对待此人）击败了另一个支持行动（慷慨对待此人）的理由，但不是通过反对该行动或支持其相反行动，而是凭借前者作为不可撼动的（排他性）理由的地位（发誓），从而阻止人们出于某种理由去行动，而无论该理由具有什么分量或优点（比如，慷慨会带来许多好处）时，出现的就是某个行动理由遭遇"排他性失败"(exclusionary defeat)。概言之，拉兹（Raz 1975: 40）认为，"如果一个不可撼动的排他性理由把那些破解平衡的理由都排除掉了，那么，人们就不应该再通过权衡理由而采取行动"。

对于建立在排他性理由之上的权威地位，有一种论证是诉诸协作的可欲性(desirability of coordination)。正如拉兹（Raz 1975: 64）所说，"只有当相关个体服从权威的判断，并且，不是通过权衡各种理由，而是按照权威的指示"从而将这些指示当作排他性理由"来行动时，权威才能确保协作"。不是所有的权威地位都因为需要协作或合作而获得论证。承诺，以及不可侵犯的权利，也构成了排他性理由。

问题出现了：在一个多元的但整合性的实践合理性概念中，依赖于权威地位的排他性理由同权衡性理由(weighing reasons)之间又是怎样互动的呢？拉兹把那些失败的排他性理由称作"被取消的(cancelled)理由"，可是，又有什么东西能够取消一个排他性理由？在多元主义美德伦理学中，如果由美德所决定的其他理由（纽带、价值、对个人的善）的来源足够有力，那么，排他性理由就能够被取消。这方面的例子包括，出于美德而违背那些如果在特定情况下遵守便会对无辜者造成严重伤害的命令。像盲目服从(blind obedience)这样的恶德，往往使其拥有者忽视了以价值为中心的权衡性理由的重要性，并且错误地以为，在服从官员指令甚至军令的语境中，排他性理由具有绝对的地位。这也许是一个值得严重谴责的缺陷，就像我们在纽伦堡审判的纳粹分子身上看到的那样。相比之下，那些与权威情结、傲慢无礼、喜欢扮演上帝的秉性相关联的恶德，则是无视权威或贬低权威要求的恶德，无论这些要求表现为契约、协议、老板、上级、程序、规则，还是表现为仲裁结果和承诺誓言的权威决定。

多元主义的美德伦理学可以承认多种形式的实践合理性，而不限于权衡性理由和排他性理由。其中一种形式是表达合理性（expressive rationality）。我们把纽带当作美德的一个根本来源，从而也是实践理性的一个根本来源。许多行动之所以合理，就在于它们是对纽带的表达：它们并非出于权衡性或排他性理由（这些行为是否依然出于某种理由，我在这里不置可否：这取决于一个人如何理解"出于理由而行动"）。当我出于喜爱而揉弄我儿子的头发时，我心里没有要服务某种价值的更进一步目的（在这里，"服务"是广义上的，它包括各种反应，而不仅仅是促进），我也不认为，我是**欠**我儿子一个喜爱或温柔的行为，或者，他有权威要求我这样做。毋宁说，表达行为（expressive behavior）"映射、反映、表示或表达了有机体的某些状态"（Maslow 1949: 262）。尽管它是被有意指引的，但它"**在本质上**却是品质结构的一种副现象（epiphenomenon）"（Maslow 1949: 264）。

这里的合理性是表达合理性——一种尽管如此但依然可以为行动提供客观论证的合理性形式。因为，表达可以是适宜的，也可以是不适宜的，可以是贴切的，也可以是不贴切的。我跟同事之间的友谊纽带，不会允许我们在一个需要尊严或正式的场合中采取那些体现喜爱之情的表达行为。在多元主义的美德伦理学中，表达行为的适宜性或贴切性根据美德概念而调节。对美德来说，与表达恰当性有关的实践智慧至关重要。它包括了，比如说，用来处理表达合理性的牵引与排他性理由的要求之间关系的智慧。在这个语境中，过度关怀的秉性会使人忽视那些排他性理由或基于价值的（value-based）理由的力量。与之相比，麻木不仁、冷酷无情、沉迷规则或死板僵化等恶德，则会让人（比如说）在家庭关系中过分强调契约或协议的权威力量。这再次说明，对表达合理性进行理性的思考必定意味着，人们可以通过运用美德概念而证明表达合理性的失败。

因此，很显然，在多元主义的美德伦理学中，爱（love）作为一种以美德为中心的理由的基础，具有"道德"地位。根据这种看法，爱的美德（比如，温柔 [tenderness] 和喜爱 [affection]（它们在《人性论》中被休谟视为爱的美德））所提供的合理性考虑，并没有被基于第二人称的（second-personal status-based）理由或是以价值为中心的（value-centred）理由所穷尽。不过，这种考虑能否构成义务的基础？莎士比亚的《李尔王》提供了肯定的答案（Zangwill 2011）。当考狄利娅（Cordelia）被问及是出于什么理由（价值）而爱自己的父亲时，她只是说："没有什么。"不过，她随后给出了自己的说法："我因为我的纽带而爱您；不多也不少。"服从、爱和尊敬的义务，都建立在一条纽带的过去和现在的时间性上："你生了我，养了我，爱了我"（第1幕：第1场）①。

最后，对行为者而言的"善"，这种合理性同其他形式的合理性又是怎样的关系？那些讨论"负重的美德"（burdened virtue）——即"无助于"实现其拥有者繁荣状态的美德——的文献（Tessman 2005），向我们展现了一个人同其人民之间纽带的牵引力，它激发起一名自由战士（比如，曼德拉）展开反压迫的斗争，或者，激发起一名环保主义者在面对残酷的反对行为时、为了拯救"并不对谁有好处"但拥有不可估量价值的岩石群而

---

① 华莱士认为，爱可以支持那些特殊的"专属"义务，它们无法被还原为"信任、脆弱和感激的一般道德原则"（Wallace 2012：179）。

具有的热情。众所周知,西季威克(Sidgwick 1884)对实践理性的二元论深表不满:"明智"所提出的理性要求,是为了追求对个人而言的善,因而与功利主义所理解的"道德"善可能发生冲突。在这里,美德伦理学再次允许人们,可以在一定程度上整合这些明显存在冲突的要求。为了表明这点,请考虑一下尼采关于乐于助人(helpfulness)的讨论(Nietzsche 1974: Bk 4,Sect. 338):

> 对于那些无需我们立马放弃自己拥有的东西而加以帮助的对象,我们很少会关注到。我知道,冠冕堂皇地**把我引入歧途**的方式有千百种,它们真的都很"道德"!

在这里,尼采并不是说我们永远都不该去帮助别人,除非我们把这种帮助合理地看作是促进了自己的部分利益(比如,自己的计划)。相反,他是说,如果你仅仅为了遵守帮助的要求——即使你提供的帮助是为了实现更大的价值——而放弃自己的计划,那么,乐于助人也谈不上一种美德。多元主义的美德伦理学把"对行为者而言的善"当作伦理学的核心特征之一,就此而言,乐于助人作为美德,其核心乃是自爱(self-love),①而(按照这种看法)自爱也并不总是只根据偏倚性的价值考虑而行动。当然,被如此理解为一项美德的乐于助人,也可以变成恶德。因为,一个人往往容易夸大自己的计划,以至于错误地认为,这些计划的价值足以让他始终拒绝别人希望获得帮助的合法请求。或者,在一个人根本没有意识到自己缺乏天赋时,他的坚持其实就是盲目和痴迷。或者,一个人对自己的计划如此执著,以至于都没有注意到这项计划已毫无价值,而他其实应该

---

① 作为一种真正的美德或美德的某个方面,自爱(self-love)不同于人们经常想到的自尊。更多讨论参见 Swanton(2003)。

把更多时间花在亲子关系上。

结论

美德伦理学虽有多种类型，但它们都承认美德概念在伦理理论中的核心地位（Swanton 2013）："美德的约束"便是这种核心地位的标志。尽管幸福主义的美德伦理学是大趋势，但它不应该借由美德的某个基本基础——对什么而言的善，尤其是对行为者而言的善——来**定义**。多元主义美德伦理学的特点主要表现为，美德的基本理由具有不可还原的多元性，而整合性的多元主义美德伦理学的特点则主要体现在整合性命题（第2节）。特别是，该命题预先相信，那些刻画了基本理由的实践理性模式可以通过美德而被整合起来。对各种美德的正确理解，比如（有美德的）服从、对权威的尊重、正义、对有价值事物的积极欣赏（鉴赏美德）、（有美德的）创造性、忠诚以及仁慈，也促进了这种整合性。因为，正如整合性命题所设想的那样，忠诚、服从、仁慈等等美德，其地位都取决于实践智慧，而实践智慧不仅要求行为者知晓事实，而且要求行为者在偏倚性的善、与他人之间的纽带、尊重地位和服务价值等方面具有正确的情感导向和动机导向。搞清楚什么才算得上是这种整合性谋划中的实践智慧，确实是一项很大的任务：我在这里仅仅指出了这项任务的基本性质。

因此，就其本质而言，一种多元主义的美德伦理学包含了广阔的道德理论领域，从情爱伦理学（ethics of love）到福利主义理论、价值理论以及基于地位的理论（status-based theories），更不用说，还有那些为了理解因为（比如说）角色和叙事的特殊性而凸显出来的美德所需要的理论。一种整合性的多元主义**美德**伦理学的独特之处就在于，它相信，这些领域都应该借由美德概念的通道而被整合起来（尽管不是统一起来）。

【相关主题】

第 2 章 "Aristotle's Virtue Ethics," Dorothea Frede
第 12 章 "Hume," Jacqueline Taylor
第 13 章 "Nietzsche and the Virtues," Edward Harcourt

【参考文献】

Adams, Robert Merihew (2006) *A Theory of Virtue: Excellence as Being for the Good*, Oxford: Oxford University Press.

Ainsworth, M., Blehar, M., Waters, E., and Wall, S. (1978) *Patterns of Attachment: A Psychological Study of the Strange Situation*, Hillsdale, NJ: Lawrence Erlbaum Associates Inc.

Badhwar, Neera K. (1996) "The Limited Unity of Virtue," *Nous* 30 (3) : 306–329.

Blum, Lawrence (2000) "Against Deriving Particularity," in Brad Hooker and Margaret Little, eds.,*Moral Particularism*, Oxford: Clarendon Press, pp. 205–226.

Bowlby, John (1969) *Attachment,* London: Pelican.

Brewer, Talbot (2009) *The Retrieval of Ethics*, Oxford: Oxford University Press.

Cullity, Garrett (2004) *The Moral Demands of Affluence*, Oxford: Oxford University Press.

Dancy, Jonathan (2004) *Ethics Without Principles*, Oxford: Clarendon Press.

Darwall, Stephen (2006) *The Second-Personal Standpoint*, Cambridge, MA: Harvard University Press.

Hume, David (1978) *A Treatise of Human Nature*, edited by L. A. Selby-Bigge, Oxford: Clarendon Press.

Hursthouse, Rosalind (1999) *On Virtue Ethics*, Oxford: Oxford University Press.

Kraut, Richard (2012) *Against Absolute Goodness*, Oxford: Oxford University Press

Maslow, Abraham (1949) "The Expressive Component of Behavior," *Psychological Review* 56: 261–272.

McNaughton, David (1996) "An Unconnected Heap of Duties?" *Philosophical Quarterly* 46: 433–447.

Midgley, Mary (1983) *Animals and Why They Matter*, Harmondsworth: Penguin.

Nietzsche, Friedrich (1974) *The Gay Science,* trans. Walter Kaufmann, New York: Vintage/Random House.

Oakley, Justin, and Cocking, Dean (2001) *Virtue Ethics and Professional Roles*, Cambridge: Cambridge University Press.

Peters, Julia ed. (2013) *Aristotelian Ethics in Contemporary Perspective*, New York: Routledge.

Raz, Joseph (1975) *Practical Reason and Norms*, London: Hutchinson.

Raz, Joseph (1978) "Reasons for Action, Decisions and Norms," in Joseph Raz, ed., *Practical Reasoning*, Oxford: Oxford University Press, pp.

128–143.

Raz, Joseph (2010) "Susan Wolf on the Meaning of Life: A Review," *Ethics* 121 (1) : 232–236.

Russell, Daniel C. (2009) *Practical Intelligence and the Virtues*, Oxford: Clarendon Press.

Shakespeare, William (1959) *King Lear,* in *The Complete Works of William Shakespeare*, London: Oxford University Press.

Sidgwick, Henry (1884) *The Methods of Ethics* (3rd ed.) , London: Macmillan. Slote, Michael (2001) *Morals from Motives*, Oxford: Oxford University Press.

Slote, Michael (2011) *The Impossibility of Perfection: Aristotle, Feminism, and the Complexities of Ethics*, Oxford: Oxford University Press.

Stocker, Michael (1997) "Emotional Identification, Closeness and Size: Some Contributions to Virtue Ethics," in Daniel Statman, ed., *Virtue Ethics: A Critical Reader*, Edinburgh: Edinburgh University Press, pp. 118–127.

Swanton, Christine (2003) *Virtue Ethics: A Pluralistic View*, Oxford: Oxford University Press.

Swanton, Christine (2009) "What Kind of Virtue Theorist is Hume?" in Charles R. Pigden, ed., *Hume on Motivation and Virtue*, Basingstoke: Palgrave Macmillan, pp. 226–248.

Swanton, Christine (2011) "Nietzsche and the Virtues of Mature Egoism," in Simon May, ed., *Nietzsche's "On the Genealogy of Morality": A Critical Guide*, Cambridge: Cambridge University Press, pp. 284–308.

Swanton, Christine (2013) "The Definition of Virtue Ethics," in Daniel C. Russell, ed., *The Cambridge Companion to Virtue Ethics*, Cambridge:

Cambridge University Press, pp. 315–338.

Swanton, Christine (2014) "Nietzsche's Virtue Ethics," in Stan van Hooft, ed., *The Handbook of Virtue Ethics*, Chesham: Acumen Publishers, pp. 105–117.

Swanton, Christine (forthcoming a) *The Virtue Ethics of Hume and Nietzsche*, Oxford: Wiley Blackwell.

Swanton, Christine (forthcoming b) "Hume and Virtue Ethics," in Paul Russell, ed., *The Oxford Handbook of Hume*, Oxford: Oxford University Press.

Tessman, Lisa (2005) *Burdened Virtues: Virtue Ethics for Liberatory Struggles*, Oxford: Oxford University Press.

Wallace, R. Jay (2012) "Relationships and Obligations," *Proceedings of the Aristotelian Society Supp. Vol.* LXXXVI: 175–198.

Williams, Bernard (1985) *Ethics and the Limits of Philosophy*, London: Fontana Paperbacks.

Wolf, Susan (2010) *Meaning in Life and Why it Matters,* Princeton: Princeton University Press.

Zangwill, Nick (2011) "Cordelia's Bond and Indirect Consequentialism," in Mark Timmons, ed., *Oxford Studies in Normative Ethics, Vol. 1,* Oxford: Oxford University Press, pp. 144–165.

第17章
当代基督教美德伦理学的多样性

[美]詹妮弗·A.赫特/著
李义天 杨磊/译 朱慧玲/校

当代基督教美德伦理学，就跟当代哲学美德伦理学一样，通常被认为出现于20世纪下半叶，表达了对于占据道德思想主流的康德主义和功利主义的不满情绪。人们提出诸多批评意见：批评这些道德理论具有抽象化和形式化特征，批评它们对道德困境抱有成见，批评它们忽视情感以及更一般的道德心理问题，批评它们过分强调个体，以及，批评它们仅仅关注正确行动却错失了对于善、卓越或繁荣等更大问题的思考（Anscombe 1958; MacIntyre 1981; Pincoffs 1986; Williams 1985; Baron 2011）。神学家抓住人们对现代道德理论的不满所产生的契机，进而论证说，基督教伦理学中某些曾被视为负累的方面如今却被认为具有独特的力量：它对传统的依赖性，它对通过核心叙事和道德典范而塑造性格的强调，以及它的目的论取向（Hauerwas 1985; Meilaender 1988; Murphy et al. 1997）。安斯康姆和麦金泰尔的工作尤其重要，它们激发了神学界对托马斯—亚里士多德主义传统（Thomistic-Aristotelian tradition）的美德伦理学的全新关注。

然而，这并不是说，基督教美德伦理学就铁板一块。毋宁说，它由若干截然不同的对话组成，这些对话相互争论、彼此影响，但它们基本上是独立发展的。我们可以有效地区分特殊主义神学的美德伦理学（Particularist Theological Virtue Ethics）、自然法神学的美德伦理学（Natural Law Theological Virtue Ethics），以及分析神学的美德理论（Analytic Theological Virtue Theory）。它们同时还跟非神学的美德理论（non-theological virtue theory）、圣爱伦理学（agapist ethics）、比较宗教伦理学中的美德理论浪潮（the virtue-theoretical wave in comparative religious ethics）以及公民共和主义的美德反思展开对话。我将依次简要讨论每个问题，搞清楚它们之间的重要张力点、彼此可能的趋同领域，以及未来的发展轨迹。无论各派由于关注美德的伦理意义而共同具有哪些东西，它们都横跨非常重要的神学和哲学讨论，特别是对于"自然"作为伦理范畴所具有的地位和作用的讨论，以及，对于系统性道德理论所具有的价值的讨论。

神学传统中的美德

尽管当代基督教美德伦理学是从 20 世纪下半叶的哲学发展中获得推动，但是，基督教神学内部更为宏大的反思美德的历史传统，对于理解当代各种思潮来说却是根本性的。无论在教父时期还是在中世纪，基督教的伦理反思和实践都是通过古代异教的美德伦理学而塑造的：最突出的或许是，奥古斯丁对斯多亚主义和新柏拉图主义思想的选择性挪用，以及，托马斯·阿奎那（Thomas Aquinas）对亚里士多德思想的持续介入和"浸润"。教父思想家接受柏拉图的"四德说"；4 世纪的安波罗修（Ambrose）一直把这些美德称为"主德"（Houser 2004: 32）。除了它们，教父思想家还补充了信（faith）、望（hope）和爱（charity）三种神学美德，并且针对如何理解这些美德之间的相互关系展开了广泛的讨论。奥古斯丁捍卫苏格拉底的美德统一性立场，认为各种美德全都是单一核心美德的表现。然而，这里的核心美德不是苏格拉底所说的智慧，而是对上帝的爱。虽然教父思想家通常认为所有美德都由恩典灌注而来，但是，后来的经院神学家则先是区分了市民美德和神学美德，后又区分了自然获得的美德和超自然灌输而得的美德。因此，针对美德的神学反思，构成了思考神的力量与人的力量、超自然秩序与自然秩序、基督教智慧与异教智慧之间关系的重要方面。当阿奎那，还有他的老师大阿尔伯特（Albert the Great），共同致力于将重现天日的亚里士多德《尼各马可伦理学》全文同当时有关神学主德的理解结合起来的时候，这类讨论便进入了一个新的阶段。尽管阿尔伯特和阿奎那断言说，亚里士多德缺乏获得神启真理的途径，因而他的智慧存在局限，但他们借用了亚里士多德的伦理学，而不是质疑它（Hoffman et al. 2013）。事实上，阿奎那成熟的道德神学的完整形态，就是通过对亚氏伦理学的神学吸收，再加上恩典对自然的完善，从而构造起来的。人们后天获得的品格美德（这种美德帮助他们始终为了理性所揭示的善而行动）受到灌注美德的指引，超越了它们原本接近的自然目的。"爱"这一灌注的美德，作为所有美德的形式，具有特殊的重要性；它是通过信仰而非自然理性，将所有的行动都引向上帝。在阿奎那关于出离（*exitus*）和复归（*reditus*）——世间万物由上帝所造，又回归上帝——的宏大神学视野中，美德扮演了关键的角色。既然按照上帝形象创造出来的人类能够具备理智的道德能动性，那么，他们就可以通过自己的行动而回归上帝，而美德——稳定的品格秉性——则使之成为可能，因为，美德帮助人们始终为了他们所理解的善而行动，而不是仅仅成为以往恐惧和幻想的玩偶。因此，《神学大全》（*Summa Theologiae*）第一部分关于上帝和创世的讨论，就让位于对人类行动及其内在、外在原则的广泛讨论，这些原则涉及各种习惯（包括美德和恶德）和法律，它们一方面可以带来好的行为，另一方面也会带来恶的行为。而且，正是因为基督及其完美的美德使得世间万物回归上帝成为可能并开始实现，所以，在阿奎那对基督和教会的探究中，便延续了对人类能动性和美德的讨论（Wawrykow 2012）。

正如我刚刚提到的，阿奎那将法律视为指引人类向善的外在原则。他对法律的讨论很复杂，因为，他不仅把上帝所颁布的永恒的神圣法同世俗法以及旧约和新约中所揭示的神圣法联系在一起，而且，还跟自然法（自然法是那种永恒法中涉及理性生物的特殊部分）联系在一起。阿奎那试图表明，如何能够整体地理解全部这些问题；他并未打算把自然法概念用作一种指导行动的道德理论。他对自然法的处理只是《神学大全》的一个论题，而且，他对自然法原则的论述充其量只是概括性的。然而，正是自然法而不是美德，成为了近代早期伦理反思的基本框架。随着对自然法的反思不断开展，一种在根本上独立于上帝认知与崇拜的道德概念得以蓬勃兴起。人们认为，即使为了理解特殊的宗教义务而仍然需要神启，道德义务也可以通过理性而获得普遍理解。虽然对美德的反思并未消失，但它有点边缘化了，主要存在于那些有关精神渴望、自我修养和宗教教育的文学作品中（Pinckaers 1995: 230–233; O'Meara 1997）。"七美德"（Seven Virtues）与"十诫"（Ten Commandments）、"七宗罪"（Seven Deadly Sins）、"圣灵的恩赐"（Gifts of the Holy Spirit），以及"摩西七书"（Seven Works of Mercy）一道，共同构成了伦理教导的原则。

尽管如此，路德（Luther）依然相信，亚里士多德主义的美德伦理学是当时神学中的一个有害因素。路德抨击那些对不依赖于神的伦理成就进行拔高的做法，这种做法既没有意识到人类堕落之深，也没有意识到堕落的人性除了诉诸纯粹外在或与救世神学无关的方式之外根本不可能改善自己，还没有意识到人类对于上帝赋予基督的那种无偿的恩典之赐有多么的依赖。路德摒弃了对于渐变的美德伦理学解释，也摒弃了关于义务的法律伦理学解释；在他看来，正是对基督的信仰，使得那些甚至始终被认定为有罪的人也可以自发地去爱邻人。不过，路德尽管拒绝亚里士多德主义有关美德养成的说法，但他又确实留有空间，可以讨论"信"的逐步发展，而正是"信"使得基督徒变成基督的模样。在改革宗的传统中，随着对成圣（sanctification）的描述日益丰富，出现了更多的概念空间可以维系基督教的美德观及其培育观。18世纪，在各种异教的道德思想——最早的、也最重要的是西塞罗（Cicero）思想——的古典主义复兴的推动下，新教关于美德的神学反思获得了新的激发；这一点不仅在约翰·卫斯理（John Wesley）的完善论中很明显，而且在乔纳森·爱德华兹（Jonathan Edwards）对真正的（灌注的）美德的辩护中也很明显，后者认为，真正的（灌注的）美德既优越于也会反对他在同时代人，比如哈奇逊、休谟和其他人身上看到的世俗化趋势。讽刺的是，18世纪美德理论背后的动力，很多是为了抵制唯意志论的道德，它们无论来自于神还是来自于统治者，都被视为任意强加的法则（Schneewind 1997）。尽管休谟努力表明，通过美德理论就可以把道德解释为一种彻底的人为之物，尽管爱德华兹认为，只有神圣灌注的美德才能超越自爱，然而，康德针对所有这些方案的他律特征所展开的影响深远的批判，却有效地把人们的注意力从美德伦理学这里引开，而转向现代义务理论的发展。康德主义伦理学，及其功利主义的替代方案，很快成为当时的主流选项。

自然法神学的美德伦理学

我所说的特殊主义神学的美德伦理学，在很大程度上是但并不只是新教的事业；自然法神学的美德伦理学，在很大程度上是但并不只是罗马天主教的事业。让我从后者谈起。19世纪和20世纪，罗马天主教的新经院哲学的道德神学主要致力于编纂手册，协助牧师管理赎罪事务；这些工作的重点是确定罪行，评估其相对严重性，并处以适当的刑罚（Pinckaers

1995: 230–233; Mahoney 1987: 251–252）。天主教神学家对美德重新发生兴趣，是受到 20 世纪中叶更广泛的神学"溯源运动"（Ressourcement）的影响，该运动反对日益僵化和乏味的新经院主义，主张返回圣经和教父神学，然后通过这些透镜而非新经院主义教科书的透镜返回经院神学（Levering and Hütter 2010）。虽然托马斯·阿奎那仍是卓越的权威，但"溯源运动"开始从根本上改变人们阅读阿奎那的方式，为更充分地理解美德在其神学中所处的核心地位铺平了道路。自 1934 年开始，在数十年的时间里，约瑟夫·彼珀（Josef Pieper）撰写的关于四主德和三种神学美德的著作就体现了这一趋势，它们远远超出天主教道德神学的飞地而深入到广大的受众中（Pieper 1966, 1997）。

当代天主教对美德的反思一直主要聚焦于托马斯·阿奎那，并且，通过阿奎那而聚焦于他的哲学和神学渊源及其对话者。这些内容构成了我所说的自然法神学的美德伦理学的主流。这一派美德伦理学的显著特征包括，对阿奎那思想权威性的隐含承诺，以及，对于一种将美德伦理学和自然法整合起来的论述方案的辩护（Pinckaers 1995: 452-455; Porter 2005: 163-202）。该进路肯定了前理性的（pre-rational）自然所具有的道德意义，并且断言，一定程度的道德知识通常可以通过人类的理性获得，而无需神启。人们认为，即使这并不等于承认有一套普遍接受的、确定的道德规则或原则（比如，新经院主义对自然法的理解），它也为跨越宗教和文化分歧的、共同的伦理思考提供了某种强有力的基础。它发现，阿奎那在获得的美德与灌注的美德之间、在通过自然能力而掌握的善与通过信仰而掌握的善之间所做的区分，乃是有益的；通过运用这种区分，一方面可以捍卫一种共同的自然伦理的完整性，另一方面，也可以捍卫一种独特的基督教伦理的完整性。

特殊主义神学的美德伦理学

特殊主义神学的美德伦理学更加受惠于哲学资源，特别是晚期维特根斯坦以及20世纪下半叶对康德主义和功利主义道德理论的批判，而且，它更加固守于基督教美德的独特特征。特殊主义者坚持认为，只有在共同的传统和生活方式中，基督教的美德才能得到理解；他们不仅怀疑普遍的道德规则，而且怀疑一般的自然美德（Hauerwas and Willimon 1989：78）。他们诉诸一种叙事神学，宣告自由主义神学传统的破产，后者试图将传承至今的神学承诺转化为现代人能够理解并且觉得有说服力的主张。然而，他们努力矫正自由主义神学，却并不打算回到传统主义者的正统学说，为此，他们放弃了基础主义的认识论及其相应的形而上学，而转向强调那种因其在共同的语言游戏和生活形式中被使用而获得意义的宗教语言。在这方面，神学家斯坦利·哈弗罗斯（Stanley Hauerwas）是一个代表人物。然而，天主教哲学家麦金太尔，因其强调社会角色和实践、叙事形成的身份、维系传统的美德秉性及其共同促成的对于美好生活的追求，因而对哈弗罗斯的思想，更一般地说，对特殊主义神学的美德伦理学都产生了重要的影响，尽管麦金泰尔一直想把他的美德观念同至少某些自然法思想调和起来（MacIntyre 2009）。

特殊主义者对基督教独特性的强调往往伴随着对自然法话语的质疑，而这在很大程度上要归因于神学家卡尔·巴斯（Karl Barth）20世纪30年代对自然神学展开的尖锐批判（Grabill 2006）。当然，有人争辩说，传统的托马斯主义在道德美德与神学美德之间所做的区分，以及，在获得的美德与灌注的美德之间所做的区分，也为阐明基督教美德的独特性提供了强有力的思想资源。然而，特殊主义者通常都不会承认，存在一套奠基于人性和基本自然倾向的普遍美德。他们认为，人性只是某种剩余概念（remainder concept），我们从未遇到过如此这般的人性，我们遇到的只是各种各样经由社会建构的人性。因此，把美德理解为那种完善我们的自然能力并且促进个体和公共福祉之秉性的任何说法，反映的都是关于我们"自然"能力和繁荣兴旺的特定概念，而不是普遍共享的理解。这种对社会建构性的强调，其实是传统上的新教对圣言（Word of God）加以强调的当代版本。如果像新教徒坚持认为的那样，人的理智和意志是人类堕落的妥协产物，那么，努力回到堕落之前，以求洞察被造物的形态、其繁荣兴旺的特点，以及各种既有助于促进又有助于构成其繁荣的美德的形态，就成了一件很成问题的事情。尽管有大量的、越来越多的证据表明，在 18 世纪末现代道德理论出现之际，自然法的话语一直是新教徒和天主教徒的通用语言，但是，自巴斯以来，新教徒已经在很大程度上认识到，自己是反自然法传统的继承者（Grabill 2006）。因此，特殊主义基督教的美德概念，在特点上，就更倾向于奥古斯丁主义。正如奥古斯丁坚持认为真正的美德必须承认上帝是绝对的善，必须把一个人所有的爱都朝向这种善，同时还必须把罗马异教徒的英雄美德批判为骄傲与邪恶的自爱的表现形式一样，当代的特殊主义者也专注于教会，认为教会才是形成真正美德的场所，并对"异教的""自然的"或非基督教的美德问题基本不置一词（Herdt 2008）。

因此，特殊主义神学的美德伦理学，为新教徒提供了一种避免路德的反对意见从而主张美德伦理学的方式：讨论美德，成为一种实现路德所说的让信仰之赐不断增长的方式，而不是某种自主的、自然的人类成就（Herdt 2008: 184-189）。以往新教徒会强调对圣言启示的信仰，并把伦理学主要理解为面对神命（有罪之人无法实现这种神命），而当代的特殊主义者则强调，经由共同的实践和叙事，特别是经由教会的礼拜和类似于礼拜的仪式，基督教的美德和品格将在恩典之中逐步形成（Hauerwas 和 Wells, 2006）。因此，通过不仅发展出更加强有力的美德论述，而且发展出更加强有力的关于传统的地位、关于教会以及关于礼拜仪式之重要性的论述，特殊主义神学的美德伦理学为新教徒提供了一种方法，使之把教父思想和中世纪思想重新连接起来，构成一项共同的基督教遗产的一部分。

分析神学的美德理论

特殊主义神学的美德伦理学与推动 20 世纪晚期哲学转向美德伦理学的那种反理论冲动（anti-theoretical impulse）密切相关（Williams 1985），而分析神学的美德理论家则接受了美德理论的传统任务：使伦理话语和实践系统化、简明化并得到论证（Zagzebski 1998: 538）。总的来说，这项事业是由基督教哲学家协会（Society of Christian Philosophers）的相关学者推动的，他们的学科归属是哲学系，而不是宗教系、神学系或神学院。这些学者的主要对话者是另外一些非神学的美德理论家，以及更广义的分析道德哲学家，而不是神学伦理学家。这些思想家致力于研究一系列颇有特点的问题。其中有的可以追溯到柏拉图和亚里士多德，而且，在这里，它跟自然法神学的美德伦理学以及特殊主义神学的美德伦理学所追问的问题之间还有着重要的交集：美德的统一性和/或相互性问题、意志软弱问题、作为最终目的的幸福的特征问题以及习惯问题。而其他一些特征，比如，对伦理属性、陈述和判断的本质，对道德价值的基础，以及对如何从某些单一的基本道德概念中衍生出的道德概念全部谱系等元伦理学问题感兴趣，则是分析事业更加独特的特征。

义务和美德之间的关系问题出现于 20 世纪中期的辩论中，迄今仍是分析神学美德理论的核心问题。在 20 世纪中叶，人们普遍认为，美德不属于恰当建构的道德生活的一部分，因为它没有建立在义务的基础上（例如，Prichard 1949: 11–14）。而安斯康姆在 1958 年发表的《现代道德哲学》一文，极大地改变了这种看法。安斯康姆认为，在神圣立法者缺席的情况下，道德义务的概念是没有意义的，而且她建议，为了发展出一种融贯的道德哲学和心理学，我们最好回归古代的美德概念。一些基督教哲学家不仅赞同她的判断，即道德义务在概念上依赖于作为立法者的上帝，而且运用分析哲学的工具捍卫关于道德义务的神命论（Helm 1981）。另一些人则追随安斯康姆的提示，试图表明美德理论足以超越并反对神命论的概念优势。

例如，琳达·扎格泽布斯基（Linda Zagzebski）在美德认识论方面做出开拓性工作——这些工作发展了亚里士多德的理智美德概念，旨在为认识论的基本概念提供新的解释——之后，又继续发展了一套基于动机的美德理论（1998, 2004）。扎格泽布斯基认为，所有的道德概念都派生于"良好动机"概念，而动机可以被理解为美德的最基本组成部分。上帝的动机是完美的善，上帝因此被恰当地认为是一切道德价值的基础；人类要效仿上帝，并且，在美德方面（美德与我们这种有限而具体的生物之间存在必然联系），人类还要效仿上帝的具体化身：耶稣基督。扎格泽布斯基说，她的神圣动机理论除了表明三位一体（Trinity）和道成肉身（Incarnation）等神学教义（它们似乎与神命论无关）的伦理重要性，还可以化解困扰大多数神命论的问题。而罗伯特·罗伯茨（Robert Roberts）同样致力于美德认识论以及关于"情绪美德"（emotion virtues）核心地位的研究，他认为，在结构上，别的基督教美德都依赖于基督徒的情绪（1992, 2007）。

还有一些哲学神学家，比如，罗伯特·梅里休·亚当斯（Robert Merrihew Adams），一直致力于超越神命与美德之争。亚当斯发展并捍卫关于道德义务一种修正的神命论，他反对美德理论家试图用美德分析义务，或将义务还原为美德的渴望（1999: 231-276; 2006: 5-6）。尽管如此，他还是认为，关于行动的伦理学需要得到美德伦理学的补充，并且，他发展了自己的一套广义柏拉图主义的美德理论（2006: 6）。

圣爱论

基督教伦理思考的另一个重要流派聚焦于爱或圣爱（agapic love）。从爱在约翰福音和约翰书信中的突出地位，到奥古斯丁强调所有美德统一于爱，再到阿奎那把爱解释为诸美德的形式，以及17世纪的寂静主义（quietism）和关于"纯粹之爱"（pure love）的辩论，还有克尔凯郭尔的《爱的作品》（*Works of Love*）等等，"爱"一直被认为是基督教伦理学的一个核心而独特的特征。通常，基督教在思考爱的时候，特别愿意把爱视为一种美德，甚至在某种程度上视为"这种"美德（"the" virtue）。不过，当代圣爱论的基督教伦理学尽管在某些方面与美德伦理学的复兴存在交集，它也仍有自己独特的知识谱系和核心关切。尤其是安德斯·尼格伦（Anders Nygren）的《圣爱与爱欲》（*Agape and Eros*, 1982 [1930]）一书，引发了几代人围绕圣爱的神学反思。尼格伦确立了一组鲜明的对立关系，一方面是基于需求和欲望的、以自我为中心的爱欲（eros），而另一方面则是自发的、无条件的、以神为中心的、自我牺牲的圣爱（agape）；尼格伦为后者辩护，并且批评长期以来在他看来融合二者从而遭受异教爱欲玷污的任何情况。在尼格伦的笔下，马丁·路德是伟大的英雄，他恢复了圣爱伦理学的纯洁性；他的论述很容易被理解为是对新教而非天主教伦理敏感性的辩护。即便新教徒同样批评和改进尼格伦自己关于圣爱的看法，他们也仍会对如下指控反应敏感：即，长期以来对称义教义（doctrine of justification）的强调，一直阻碍了新教徒发展出一种迫切把握圣爱的神学伦理学的努力。而目前的讨论则涉及，爱所反映出来的神和人的能动性，上帝之爱、邻里之爱与自我之爱的关系，爱与正义，以及特殊情感或偏爱的地位，等等（Outka 1972; Santurri and Werpehowski 1992; Jackson 2003）。

随着20世纪后期美德伦理学的复兴势头渐强，圣爱伦理学与基督教美德伦理学之间的交集也变得格外明显。约瑟夫·弗莱彻（Joseph Fletcher）的《情境伦理学》（*Situation Ethics*）一书，声称基于新约的圣爱论，于1966年一经出版便引起广泛的批评关注。弗莱彻认为，伦理规则和伦理原则只能充当大致的行动指南。在特定情境中，一个人最终应以最能实现圣爱和普遍仁慈的方式行事，即使这意味着他必须放弃某些公认的原则（1966: 26）。因此，情境伦理学表现为后果主义的某种形式，从而引起了它能否建构充分的基督教伦理学的争论。有一种对弗莱彻的回应是，圣爱伦理学更应被看作美德伦理学，它关注行为者、动机和性格特征，而不是像情境伦理学那样，关注具体的行动（Frankena 1973）。因此，对后果主义的抵制，尤其是对情境伦理学的抵制，推动了当前关于圣爱伦理学和基督教美德伦理学的讨论，并且产生重大的交叉效应。这里涉及两个问题：基督教伦理学是不是完全基于行为者的，以及，完全基于行为者的伦理学是不是充分的。弗兰克纳认为不是（1973: 33）。更加晚近地，哲学家迈克尔·斯洛特则在为一种完全基于行为者的伦理学辩护；他承认基督教的圣爱伦理学确实非常关注动机的性质，尽管他同时也认为，用上帝之爱来奠基人类关怀和关心的善，这种做法是没有必要的（2001: 9, 27n. 17, 117-118）。

反思美德的其他立场

正如上述所有情况表明的那样，当代基督教美德伦理学的各种形态都在受到当代道德哲学的影响,其中不仅包括新亚里士多德主义和其他形式的美德理论,还包括新实用主义、围绕理解维特根斯坦的争论、针对后果主义的讨论,以及康德主义和新康德主义伦理学,等等。在这里,我不打算描绘所有这些关联。然而,还有两种反思美德的立场由于同当代基督教美德伦理学产生对话,因而值得简要提出:比较宗教伦理学中的美德理论浪潮,以及,公民共和主义传统对公民美德的反思。

比较宗教伦理学是宗教研究内部的一门学科,它不是通过反思宗教信念或仪式表现、而是通过反思不同信仰传统关于恰当生活方式的看法,来寻求对人类宗教表达的更好理解。近年来,比较宗教伦理学领域发生了从主要聚焦规则和原则的形式主义进路转向美德的变化。美德被当作一副透镜,使人们可能通过引入关于好生活以及被认为与追求这种好生活有关的美德的整体观念,而不仅仅是孤立的禁止和禁令,从而更加充分地关注社会历史的特殊性。执著于抽象原则被人批评为西方特色,然而,即便人们对好生活以及促进或助益这种生活的美德有不同理解,针对塑造良好品格的实践予以关切也仍被视为普遍的文化现象(Yearley 1990; Stalnaker 2006; Clairmont 2011)。皮埃尔·阿多(Pierre Hadot)对异教的精神修炼及其在基督教禁欲主义中得以吸收转化的研究成果,为比较伦理学的美德进路带来了决定性影响,使得这条进路特别沉迷于跨文化的修道实践以及对自我和自我修养的不同理解(Hadot 1995)。由于这种话语关注伦理普遍性、相对主义以及翻译问题,因此,它既跟自然法神学的美德伦理学,又跟特殊主义神学的美德伦理学存在着明显的关联。伦理学始终是一种文化建构吗?如果这样,那么,我们如何才能有意义地确认关乎每个人类社群的伦理学呢?如果伦理学存在基于人性的普遍特征,那么,这些特征又有多强健?存在普遍的基本美德(主德)吗?它们在不同文化之间又有多大差别?

最后，我们可以提一下共和主义传统对公民美德的反思。这种反思来源于罗马人的美德观，它意味着为自己的政治共同体和公民同胞服务；在这方面，西塞罗是一位关键的思想家，他给西方政治传统带来了定型而持久的影响。这条进路的一个核心观念是，只有共和国的公民具有美德——也就是说，具有保护和促进公共善的稳定的行为倾向——共和国才能实现繁荣（Dagger 1997; Mongoven 2009）。很多时候，共和主义思想培养的是英雄的美德观和对政治荣耀的追求，而这些观念与基督教的核心承诺之间存在张力：比如，我们会想到马基雅维利和卢梭。但是，奥古斯丁的政治思想确实跟西塞罗之间有着密切的对话，而且，教父思想家的公民美德观——阿奎那所说的"获得的道德美德"就包含这种美德观——也肯定受益于共和主义思想。当代基督教伦理学和政治神学的一个重要分支，便吸收了奥古斯丁在反思基督教美德与公民美德之关系的思想中所具有的共和主义元素。它可以被视为特殊主义神学的美德伦理学的分支，尽管它所专注的不仅是通过参与某种独特的生活形式而形成的基督教美德，还有那些不同的信仰和实践共同体在共同追求可被理性普遍把握的善的过程中所形成的基督教美德。为了回应神学方面的反自由主义（如，MacIntyre 1981）和世俗方面的反完美主义（如，Arendt 1996），最近有些作者提出了一种把"爱"理解为政治美德的看法，他们诉诸美德概念，为一种温和的完美主义的奥古斯丁式自由主义提供辩护（Mathewes 2007; Gregory 2008）。

结论

基督教美德伦理学不是一场对话，而是许多对话，它们具有不同的分歧与重叠之处，这一事实有助于推动它的发展，因为，特殊主义神学的美德伦理学、自然法神学的美德伦理学以及分析神学的美德理论，其支持者都在努力捍卫自身研究路径的优点。今天，在自然法传统中，人们更愿意承认，关于人类本性与繁荣的普遍主张总是来自于经过文化和历史塑造的特定视角（International Theological Commission 2009）。与此同时，特殊主义神学的美德伦理学内部也日益承认，发展创世神学并对人类的自然繁荣予以厚重的神学论述乃是重要的，因为这不仅完美，也为其他人信仰基督提供了可能，它既允许人们在某种程度上肯定自然法则和自然美德，也遏制了奥古斯丁主义对于异教或世俗美德的完全放弃。这些趋势是否会促成真的聚合，现在讨论这个问题还为时尚早，但是，它们至少有助于催生更多富有成果的探讨。还有另一个重要的趋势是，对于利用亚里士多德和阿奎那之外更广泛的历史资源，比如，柏拉图、斯多亚派、波拿文都（Bonaventure）和乔纳森·爱德华兹等，人们都产生了浓厚的兴趣（Clairmont 2011; Cochran 2010, 2011）。基督教美德伦理学也将通过与这些新兴话语的不断相遇而继续发展。例如，我们现在就可以注意到它与进化心理学之间的互动（Porter 2005: 105-106; Pope 1994, 1998），以及它对社会心理学中美德实证研究特别是当前发生的情境主义辩论的回应（Adams 2006）。此外，澄清因信仰的承诺而造成的实践差异，甚至论证神学的现实描述才能更加满意地解释道德经验，对于这些问题，基督教美德伦理学仍是重要的方案。它还将提供一种语境，让人们得以继续思考人性的规范特征、共同道德（无论它是被发现的还是被建构的）的存在可能、针对特定共同身份的维系方式，以及不仅通过相互接受形式上的是非原则，还通过分享即便是局部的和破碎的善观念，从而认可并弥合身份差异性的那种愿景。

【相关主题】

第 2 章 "Aristotle's Virtue Ethics," Dorothea Frede

第 3 章 "The Stoic Theory of Virtue," Tad Brennan

第 10 章 "Consecrated Virtue," James Wetzel

第 11 章 "Aquinas," Andrew Pinsent

第 12 章 "Hume," Jacqueline Taylor

第 14 章 "Eudaimonistic Virtue Ethics," Liezl van Zyl

第 19 章 "Virtue Epistemology and Virtue Ethics," Heather Battaly and Michael Slote

第 21 章 "Agape and Virtue Ethics," Timothy P. Jackson

第 27 章 "The Situationist Critique," Lorraine Besser-Jones

【参考文献】

Adams, R. M. (1999) *Finite and Infinite Goods*, Oxford: Oxford University Press.

——(2006) *A Theory of Virtue: Excellence in Being for the Good*, Oxford: Oxford University Press.

Anscombe, G. E. M. (1958) "Modern Moral Philosophy," *Philosophy* 33: 1–19.

Arendt, H. (1996) *Love and Saint Augustine*, ed. and trans. J. V. Scott and J. C. Stark, Chicago: University of Chicago Press.

Baron, M. (2011) "Virtue Ethics in Relation to Kantian Ethics: An Opinionated Overview and Commentary," in L. Jost and J. Wuerth (eds.) *Perfecting Virtue: New Essays on Kantian Ethics and Virtue Ethics*, Cambridge: Cambridge University Press.

Clairmont, D. (2011) *Moral Struggle and Religious Ethics: On the*

Person as Classic in Comparative Theological Contexts, Oxford: Wiley-Blackwell.

Cochran, E. (2010) *Receptive Human Virtues: A New Reading of Jonathan Edwards's Ethics*, University Park, PA: Penn State University Press.

——(2011) "Consent, Conversation, and Moral Formation: Stoic Elements in Jonathan Edwards's Ethics," *Journal of Religious Ethics* 39 (4): 632–650.

Dagger, R. (1997) *Civic Virtues: Rights, Citizenship, and Republican Liberalism*, Oxford: Oxford University Press.

Fletcher, J. (1966) *Situation Ethics*, Louisville, KY: Westminster John Knox Press.

Frankena, W. (1973) "The Ethics of Love Conceived as an Ethics of Virtue," *Journal of Religious Ethics* 1: 21–36.

Grabill, S. (2006) *Rediscovering the Natural Law in Reformed Theological Ethics*, Grand Rapids, MI: Eerdmans.

Gregory, E. (2008) *Politics and the Order of Love: An Augustinian Ethic of Democratic Citizenship*, Chicago: University of Chicago Press.

Hadot, P. (1995) *Philosophy as a Way of Life: Spiritual Exercises from Socrates to Foucault*, A. Davidson (ed.), M. Chase (trans.), Oxford: Wiley-Blackwell.

Hauerwas, S. (1985) *Character and the Christian Life: A Study in Theological Ethics*, San Antonio: Trinity University Press.

Hauerwas, S. and Wells, S. (2006) *The Blackwell Companion to Christian Ethics,* Oxford: Wiley-Blackwell.

Hauerwas, S. and Willimon, W. (1989) *Resident Aliens*, Nashville, TN: Abingdon Press.

Helm, P. (1981) *Divine Commands and Morality,* Oxford: Oxford University Press.

Herdt, J. A. (2008) *Putting On Virtue: The Legacy of the Splendid Vices*, Chicago: University of Chicago Press.

Hoffman, T., Müller, J., and Perkams, M. (2013) *Thomas Aquinas and the Nicomachean Ethics*, Cambridge: Cambridge University Press.

Houser, R. E. (2004) *The Cardinal Virtues*, Toronto: Pontifical Institute of Medieval Studies.

International Theological Commission (2009) "In Search of a Universal Ethic: A New Look at the Natural Law," *The Vatican*, http://www.vatican.va/roman_curia/congregations/cfaith/cti_documents/rc_con_cfaith_doc_20090520_legge-naturale_en.html

Jackson, T. (2003) *The Priority of Love: Christian Love and Social Justice*, Princeton: Princeton University Press.

Levering, M. and Hütter, R. (eds.) (2010) *Ressourcement Thomism: Sacred Doctrine, the Sacraments, and the Moral Life*, Washington, DC: Catholic University of America Press.

MacIntyre, A. (1981) *After Virtue*, Notre Dame, IN: University of Notre Dame Press.

——(2009) "Intractable Moral Disagreements," in Lawrence Cunningham (ed.), *Intractable Disputes About the Natural Law*, Notre Dame, IN: University of Notre Dame Press.

Mahoney, J. (1987) *The Making of Moral Theology*, Oxford: Clarendon Press.

Mathewes, C. (2007) *A Theology of Public Life*, Cambridge: Cambridge University Press.

Meilaender, G. (1988) *The Theory and Practice of Virtue*, Notre Dame, IN: University of Notre Dame Press.

Mongoven, A. (2009) *Just Love: Transforming Civic Virtue*, Bloomington: Indiana University Press.

Murphy, N., Kallenberg, B. J., and Thiessen Nation, M. (1997) *Virtues and Practices in the Christian Tradition: Christian Ethics After MacIntyre*, Notre Dame, IN: University of Notre Dame Press.

Nygren, A. (1982) *Agape and Eros*, Chicago: University of Chicago Press. Orig. pub. 1930.

O'Meara, T. (1997) "Virtues in the Theology of Thomas Aquinas," *Theological Studies* 58: 254–285.

Outka, G. (1972) *Agape: An Ethical Analysis*, New Haven, CT: Yale University Press.

Pieper, J. (1966) *Four Cardinal Virtues*, Notre Dame, IN: University of Notre Dame Press.

——(1997) *Faith, Hope, Love*, San Francisco, CA: Ignatius Press.

Pinckaers, S. (1995) *The Sources of Christian Ethics*, M. T. Noble (trans.), Washington, DC: Catholic University of America Press.

Pincoffs, E. L. (1986) *Quandaries and Virtues: Against Reductivism in Ethics*, Lawrence, KS: University Press of Kansas.

Pope, S. (1994) *The Evolution of Altruism and the Ordering of Love*, Washington, DC: Georgetown University Press.

——(1998) "The Evolutionary Roots of Morality in Theological Perspective," *Zygon* 33 (4): 545–556.

Porter, J. (2005) *Nature as Reason: A Thomistic Theory of the Natural*

Law, Grand Rapids, MI: Eerdmans Publishing Company.

Prichard, H. A. (1949) *Moral Obligation*, Oxford: Clarendon Press.

Roberts, R. (1992) "Emotions Among the Virtues of the Christian Life," *Journal of Religious Ethics*,20 (1) :37-68.

——(2007) *Intellectual Virtues: An Essay in Regulative Epistemology*, with Jay Wood, Oxford: Clarendon Press.

Santurri, E. N. and Werpehowski, W. (1992) *The Love Commandments: Essays in Christian Ethics and Moral Philosophy*, Washington, DC: Georgetown University Press.

Schneewind, J. (1997) *The Invention of Autonomy*, Cambridge: Cambridge University Press.

Slote, M. (2001) *Morals from Motives*, Oxford: Oxford University Press.

Stalnaker, A. (2006) *Overcoming our Evil: Human Nature and Spiritual Exercises in Xunzi and Augustine*, Washington, DC: Georgetown University Press.

Wawrykow, J. (2012) "Jesus in the Moral Theology of Thomas Aquinas," *Journal of Medieval and Early Modern Studies* 42 (1) : 13–33.

Williams, B. (1985) *Ethics and the Limits of Philosophy*, Harmondsworth: Penguin Books.

Yearley, L. (1990) *Mencius and Aquinas: Theories of Virtue and Conceptions of Courage*, Albany, NY: SUNY Press.

Zagzebski, L. (1998) "The Virtues of God and the Foundations of Ethics," *Faith and Philosophy* 15 (4) : 538–553.

——(2004) *Divine Motivation Theory*, Cambridge: Cambridge University Press.

第18章
当代儒学

[美]杜楷廷/著
陈乔见/译　李义天/校

随着中国哲学发展成为一门学科，如何解释儒家的伦理理论，便成为了一个主要的问题。许多学者（特别是在英语世界）认为，儒家伦理最好被理解为一种美德伦理学。其他学者对此持有异议。在汉语学界，对儒学采取义务论的解释更为显著。而角色伦理学则是另外一种重要的解释框架。显然，美德是儒家伦理的重要组成部分，但儒学是否恰如其分地符合美德伦理学，却是当代儒学的关键议题。

儒学依旧鲜活，这不禁让人有些惊讶：因为，在20世纪的大部分时间里，人们曾指责它妨碍了中国的现代化，并自信地预言它行将就木（Levenson 1964; Lin 1979）。的确，儒学以一种不同寻常的方式存活了下来（Elvin 1990）。它不再是官方意识形态，背诵儒家经典也不再是标准必修课程的一部分。事实上，儒学应该是什么，正是中国儒学的一个大问题。它应该仅仅以学术研究的对象存在于大学之中？抑或，它应该发挥更大的社会乃至政治作用？儒学如果应在政治中扮演某种角色，那它该是什么？简言之，在制度化儒学解体100年后，中国的儒者仍在纠缠，儒家现在意味着什么。

1949年革命以后，儒学在中国大陆基本式微。当时，许多杰出的儒家哲人出走港台。这种情形一直延续到20世纪80年代末，那时，中国政府开始提倡研究儒学，使得儒学再次有可能成为中国社会的一股积极力量。而在此期间，港台学人发展出一套富有创造性的儒家思想形式，以回应那些认为儒学是现代化阻力和障碍的批评意见。这些当代新儒家（人们通常这样称呼他们）论证说，儒学实际上支持现代性的主要特征，特别是科学与民主。

与此同时，对中国哲学的兴趣在美国也与日俱增，自20世纪80年代以来，美国学者对儒家伦理发展出他们自己的解释，通常旨在批判英美伦理学理论的一些主流趋势（Angle 2014）。当然，这些学者没像中国儒者那样面临存在论危机，因此，相较于复兴儒家实践，他们的学术研究更多地聚焦于伦理学问题。最初，汉语学界与英语学界的儒学分道而行，但是，随着与日俱增的学术交流和重要著作的翻译（英译汉远远多于汉译英），这些不同的学术共同体之间相互影响和论辩也愈来愈多。人们普遍承认，美德理论在儒学中是很重要的，不过，儒学是否最好被理解为一种美德伦理学，却仍有争议。在此，我将介绍关于儒家伦理的当代主要阐释方案，然后聚焦汉语儒学界，讨论另外一些当前发生的重要争论。

儒家义务论

汉语儒学（在港台地区）的主流取向，也许是由卓越的新儒家哲人牟宗三（1909—1995）开辟的义务论进路。尽管牟宗三不是研究康德的第一位中国哲学家，但在其哲学著作中，他与康德展开了独特、持续而深入的互动。不幸的是，由于牟宗三的著述丰富且艰深晦涩，特别是，他喜欢发明新词汇，因此，迄今为止尚无任何一本著作被完整地译成英语。接下来，我将概述牟宗三的儒学解释并基于李明辉的研究而做出澄清，后者是当今最重要的新儒家哲人之一，也是牟宗三哲学的紧密跟随者。

同许多新儒家哲人一样，牟宗三被康德所说的作为普遍有效伦理规范之基础的"自律"（autonomy）概念所吸引。在康德那里，这意味着道德法则必须是先天的（a priori），而不依赖于经验所给出的特殊目的。牟宗三同意道德必须是先天的，但他觉得康德遗漏了一个关键之处，从而使其整个道德哲学并不牢固：对康德来说，意志自由是使道德成为可能的必要条件，但我们并不知道我们是自由的。牟宗三批评康德把自由仅仅视为一个预设（postulate），而这使得道德陷入质疑（牟宗三 1987: 97）。他觉得，儒家哲学可以修补这一缺陷并为道德提供稳固的基础。因此，对牟宗三来说，思考的关键在于，不仅表明儒家伦理是自律的，而且表明我们何以知道我们是自由的。

让我们从自律开始。儒家哲学不像康德那样强调义务，而且，它显然也没有充当道德行动之形式结构的绝对命令。事实上，儒家道德似乎奠基于感觉（feelings），比如在孟子（公元前 4 世纪）那里；或者，奠基于某种道德直觉，比如在王阳明（1472—1529）那里。然而，康德坚持认为感觉不可能是自律的。因此，这里似乎就有这么一个问题：如果儒家伦理基于道德感觉，那么在康德的意义上，它就不可能是自律的。但在牟宗三看来，这其实混淆了两种不同类型的感觉。确实，有些感觉属于感受（sensibility），但也有些感觉属于本心（fundamental heart-mind）且先于经验。牟宗三把后者称为"道德觉情"或"明觉觉情"（牟宗三 1990: 77-78）。他认为，孟子的"四端"和王阳明的"良知"在本质上一样，都属于这种感觉。

而康德则错在把所有的感觉都当成感受，因此过于严格地区分了理性和感性（sentiment）。李明辉发展了这个观点，并帮助澄清了牟宗三的论证。李明辉承认，孟子笔下作为四德根基的"四端"或"四心"是感性的，但他对康德关于理性与感性的区分提出质疑，在这种区分中，感性

238

必定是经验的，而只有理性才是先天的。孟子所说的"四端"是先天的、普遍的，而不是康德理解的那种偏好倾向（inclinations）（李明辉 1990: 37-38）。李明辉指出，在孟子这里，道德感觉的实现并不依赖任何外在因素（《孟子·告子上》《孟子·尽心上》）。如果实现它们仅仅依赖个体的意志，那就无需经验的条件，而且必定完全处于这个人的控制之内（李明辉 1990: 36）。对它们的认知，也必定是先天的而非经验的。既然道德感觉的实现可能性（这是道德行动的基础）完全受制于个人，那么，孟子的伦理学就是自律的（对李明辉解释的质疑，参见 Angle 2014）。在李明辉看来，孟子与康德之间的差别不在于是他律的还是自律的伦理学，而在于自律必定要求有什么。

在这点上，显而易见的问题便是，我们何以拥有某种先天的知识，知道这四种道德感觉（四端）就是本心。这好比问，我们何以知道我们是自由的，因为对牟宗三来说，这些道德感觉乃是自由而自律的意志（牟宗三 1990: 77）。尽管这里的论证比较复杂，但是，从本质上讲，它归根到底是为了确认义务与道德行动的可能性。牟宗三相信，我们是在我们自身之中体验到道德感觉的运作（就像在孟子举出的那个乍见孺子入井的著名例子所表现的那样）。如果这些感觉是在我们的本性之外，那我们又为何体验得到它们施加的约束？它们为何总能驱动我们？也许有某种别的力量使我们感到那种压力，可这样的话，我们又能提出同样的问题：我们是如何感觉到这种力量的？这将导致某种无穷后退，而避免它的唯一方式就在于意识到，这些感觉正是我们的意志自身，它在给自己立法（牟宗三 1990: 81）。道德感觉不是外在于我们的东西，而是本心自身的活动。本心是真实的道德主体；当它给自己赋予一个道德义务时，它就是在自由地行动，而不为任何外在于它自身的事物所决定。这种通过自我立法而施加的约束的可能性，表明了我们是自由的。

这个过程就是"智的直觉",在其中,我们反思我们的道德反应,并被引导回来,把我们的本性理解为一种道德的存在。这是针对物自体的直觉,而不是针对现象的直觉。康德相信只有上帝才拥有如此直觉,但牟宗三哲学的一项主要任务就在于表明人类同样拥有它,尽管是通过一种更加有限的方式(Bunnin 2008)。"智的直觉"仅仅是对道德本质的非概念性把握(牟宗三 1987: 125, 136)。但它仍是一种直觉,并因此构成了知识的基础。所以,牟宗三把自己的体系称作"道德的形上学"(moral metaphysics),因为通过道德,我们实际上能够获得关于我们本性的物自身的知识。

儒家美德伦理学

美德伦理学的解释在美国的儒学界比较常见,但在汉语著作中并不常见。尽管一些台湾学者在 20 世纪 90 年代开始比较儒家与亚里士多德(潘小慧 1992;沈清松 1992, 1995),而且,许多中国大陆学者也相信这一进路颇有前途(陈来 2010;龚群 2011;刘梁剑 2011, 2013),但从总体上讲,这种方案仍未被东亚儒学学者所接受。他们同意美德在儒家哲学中具有重要性,但是,他们要么认为它不是一种严格意义上的美德伦理学(李明辉 2013a;刘余莉 2011),要么表达了这样一种担忧,即与西方美德伦理学作比较会导致对儒学的误解(黄慧英 2001, 2012)。而美德伦理学的解释在 20 世纪 90 年代的美国渐成气候,则与斯坦福大学的学者著作有关(Angle 2014)。随着美德伦理学日益普遍地被承认为伦理学的一个分支,儒家的美德伦理学也持续繁荣起来。出版过儒家美德伦理学作品或是对儒学和亚里士多德主义展开比较的学者有,安靖如(Stephen Angle 2009)、沈美华(May Sin 2007)、万百安(Bryan Van Norden 2007)和余纪元（2007）。最近，还有一部探讨这个主题的文集面世（Angle and Slote 2013）。

　　支持美德伦理学的最明显的论证是，在几乎所有儒家文本中，都不存在用于决定行动之道德价值的决策程序。在那里，没有类似于绝对命令或功利原则的明显的候选项。同儒家时时关注培养那些有助于伦理行动的品格和秉性相比，这一点反差很大。儒学文本中随处可见各种典范，他们展示出伦理行动何以需要具备语境的敏感性；这些文本也经常诉诸值得效仿的道德榜样，并且往往突显出相对于行动者而言的各项义务。所有这些特征都与美德伦理学相关。然而，可以证明的是，这些特征也完全能适用于宽泛的美德理论（virtue theory），而并不要求一种严格意义上的美德伦理学（virtue ethics）。

　　关于美德伦理学的充要条件，目前并无统一看法，因此，我将借助一些不同的理解方式来考虑儒学。让我们从万百安的定义开始，他是儒家美德伦理学最主要的支持者之一。万百安提出了四种关键特征：(1) 关于人类繁荣生活是什么的论述；(2) 关于哪些美德有助于人们过上这种生活的论述；(3) 关于如何获得这些美德的论述；(4) 关于人是什么的哲学人类学论述。毫无疑问，我们可以在儒家哲学中发现所有这些特征。一种繁荣的生活涉及关爱家庭、参与礼仪、社会关系和睦，以及对某些儒家来说，理解和确立自己的真实本性。虽然相关的必备美德清单在不同文本中略有不同，但它们几乎全都包括仁、义、礼、智、信。儒家对如何获得这些美德给出细致的论述，对人是什么也给出了详尽的解释。然而，我们在康德那里同样可以发现所有这些特征，因此，对于更精准地区别性理解美德伦理学，它们似乎还不够。实际上，万百安区分了温和版本和更强版本的美德伦理学，其温和版本就包含了我这里所说的美德理论。

　　儒家美德伦理学的另一条进路来自森舸澜（Edward Slingerland），他对美德的理解效法麦金太尔。森舸澜关注了几个略有不同的关键特征：（1）实践对于理解和发展美德秉性的相关性；（2）包含着自律与自发运用的主动性；（3）角色的特殊性；（4）传统的重要性；以及（5）对内在利益（它只有通过践行相关的美德才能获得）更甚于外在利益（它可以通过多种手段而获取，比如财富）的强调（Slingerland 2001）。在这篇文章中，森舸澜强调康德与孔子之间的差异，特别是，康德强调行动出于义务而非倾向。他认为这跟儒家的关切是对立的，后者注重培养人的倾向，使之自发和愉悦地采取正确的行动，而又无需强迫自己（Slingerland 2001: 101）。就像孔子自述的那样，"七十而从心所欲不逾矩"（《论语·为政》）。

一个潜在的问题是，展示出儒学与康德之间的反差，这并不足以表明儒学就不能被有效地理解为一种义务论。康德主义毫无疑问是最有名的义务论，但这不代表义务论者在所有方面都必须跟随康德。森舸澜强调康德对理性和偏好的区分，但如前所述，李明辉在十多年前就曾指出，康德对两者的区分过于严格而没有认识到先天感性的可能性。而当代康德主义者克里斯蒂娜·科斯嘉（Christine Korsgaard）同样反对理性与激情（passion）之间的强区分；在她看来，尽管情感（emotions）能够为我们提供行动的理由（reasons），可是，行动者还必须把情绪认定为理由（Korsgaard 2009: 111–121）。情感方面的联结也解释了某些义务的关系性本质；而它们并不都是普遍的（Korsgaard 1996: 127–128）。义务论与儒学之间的鸿沟并不像初看起来的那么明显。美德伦理学家做了很多推进工作，使得美德伦理学通常摆脱亚里士多德的具体形式。而认识到义务论在外延上不等于康德伦理学的类似看法，也会使儒学究竟是美德伦理学还是义务论的争论变得更富成效。既然牟宗三和李明辉区分了儒家伦理和康德伦理，那么，美德伦理学解释的支持者仅仅表明儒家不赞同康德，这并没有证明他们自己的观点。

儒家角色伦理学

角色伦理学是一种基于实用主义的解释框架，尤其是，它否认自我本质，拒绝承认根本价值或那些派生所有其他价值的价值。对儒学的实用主义解释，主要通过安乐哲（Roger Ames）、郝大维（David Hall）和罗思文（Henry Rosemont）等人的研究作品而发展多年。但直到最近，安乐哲和罗思文才开始用"角色伦理学"（role ethics）一词来刻画他们眼中的儒家伦理（Ames 2011; Rosemont and Ames 2009）。安乐哲和罗斯文之所以采用该术语，是因为他们觉得，儒家伦理不太适用于任何现存的西方哲学范畴，而应该**自成一体地**（*sui generis*）得到理解。在罗斯文和安乐哲之外，阮英俊也开始用"基于角色的伦理学"（Role-based ethics）一词描绘儒学（A. T. Nuyen 2007, 2009），尽管他认为西方伦理学中有其对应物。在本节，我将主要关注安乐哲的最新著述。

顾名思义，角色伦理学使角色成为伦理思想与行动的基础，甚至成为人自身的基础。在一系列文章中，罗斯文区分了儒家由角色构成的个人观念和自由主义所说的进入特殊关系的个体理念（1988, 1991, 1998）。对罗斯文来说，一个人不是在**扮演**一组角色，他**就是**这些角色：不存在从自身与他人关系中抽象出来的个人。安乐哲也采取了这种理解，并进一步同他所认为的居于中国思维核心的过程本体论（the process ontology）联系在一起：没有任何本质，没有任何承载属性的实体，所有的存在都是关系性和过程性的。既然是关系构成个人，那么，共同体就先在于个体（Ames 2011: 75-85）。安乐哲赞同儒家美德伦理学关于角色特定行为和语境十分重要的观点，但他反对把美德定义为个体所拥有的秉性特征，也反对本质性的人性概念。

相反，安乐哲认为，伦理品质也必须关系性地理解。它们并不代表个体拥有的某种属性，毋宁说，它们是"一种生机勃勃的、情境化的、实践性的和富有成效的造诣（virtuosity）"：是一种描述最佳关系的方式（Ames 2011: 181）。安乐哲特别重视家庭，他指出，古典儒家把家庭当作我们成就造诣的首要和重要环境。对美德本质的否定以及对语境的强调，导致儒学不是从普遍原则出发，而是特殊的、历史性的有效关系出发（Ames 2011: 96）。当然，一般化处理也是有的，但必须承认它们只是暂时的，跟不同的历史环境也不一定相关。

角色伦理学有两个关键的阐释主张：脱离其角色而谈论个体是没有意义的，以及，美德不是个体所拥有的秉性，而是对良好关系的描述。在儒家文本中，共同体对于道德个体发展的影响十分明显，而礼作为人际交往的一种形式，其重要性进一步展现了关系的重要性。角色是否完全定义个人，这是可以商榷的问题，因为有迹象表明，性格品质的某些方面即便在完全不同的共同体中也能保持稳定（《论语·子罕》）。而第二个主张更具争议。首先，尽管儒家认为有美德的行动往往引起相似的回应，但情况也可能只是单向。作为一位被儒家推崇的古代圣人，舜之所以特别受尊重，就是因为即便在他的父母兄弟想害死他时，他也依然保持孝悌（《孟子·万章上》）。没有儒家会认为舜的家庭关系是正常的，但舜无疑是孝悌之人。对上述美德概念的另一种主要挑战则出自儒家的一些篇章，最显著的是《孟子》（《孟子·公孙丑上》《孟子·告子上》），它们把美德的秉性描述为个体所固有的东西。新儒家王阳明也把良知视为一种与生俱来、近乎普遍的道德感。尽管安乐哲聚焦的是古典儒学而非宋明儒学，但是，孟子对美德的理解也给他的解释带来了挑战。

角色伦理学有一种重要而颇具争议的内涵，那就是，它可能导致文化

242

相对主义。在儒家角色伦理中，一个人确实会因为没有达到他的那个特殊共同体所理解的关系性造诣而遭到批评；但是，由于不承认（比如）孝行存在任何本质标准，因而，角色伦理学家似乎注定否认，我们有可能反思或判断自身的文化标准或其他共同体的文化标准。至少，我们很难看到，有什么东西可以开启这种反思。尽管这会阻止臭名昭著的文化帝国主义，即某个特殊群体把自己的价值观强加给其他共同体，但它也很难解释，针对某人自己的共同体（或其他共同体）的合理批评何以可能发生（Angle 2014）。

例如，在传统中国，上层社会的女性被指望成为满足于家庭生活的贤妻良母。她们被禁止参加科举考试，而这正是获取政府公职和社会声望的途径。根据儒家角色伦理学，我们似乎必定得出如下结论：在那个时候，女性的造诣就在于履行其（首先作为妻子与母亲的）社会角色，如果她想参与家庭以外的更大范围的生活，她将会受到正当的批评。角色伦理学的支持者当然不认同传统上具有限制性的家庭角色，并且，他们经常小心翼翼地把这些特殊价值从儒学中加以恰当分离。然而，安乐哲并未解释如何定义家庭角色，或者，是否有办法在其占据主导地位的特殊历史语境中批评它们。就算是跳出当时的语境，我们似乎也只能说，我们对角色的理解有所不同。在那些不平等的社会中，角色伦理学似乎正好固化了这种不平等。

相比之下，儒家义务论和儒家美德伦理学都能容许合理的批评。就妇女角色而言，美德伦理学家可以指出，孟子从未暗示过男性和女性的道德本质存在根本的差异。两者都有美德方面的能力，因此存在更加平等的基础。而义务论者也可以做出类似的断言：尽管本体层面的道德感觉会在不同的共同体有不同表现，然而，好的共同体能够做什么却是有边界条件的。一个系统性地剥夺女性充分发展其道德自我机会的共同体，不是一个好的共同体。

儒家政治学

如何定义儒家伦理学，关于这方面的问题在英美学界激起大量讨论，但是，这些问题在汉语儒学界却没那么盛行。李明辉虽然表明他对儒家美德伦理学和角色伦理学的反对看法（李明辉 2013a，2013b：129-148），但他仍要比多数汉语学者更多地参与到世界儒学研究中。汉语学界的争论往往更具实践性，侧重于儒学发展进程中的政治与社会功能问题，而其理论议题也通常跟这些问题密切相关。现代儒家的政治形态是一个主要关切点，英语世界对此的兴趣亦在不断增长。

现代新儒家认为，对于尊重个体的道德本性和实现自律而言，民主政治不可或缺。循着儒家传统，牟宗三和其他现代新儒家相信，政府有责任提供有助于个体道德发展的环境。然而，尽管基本的道德教育有必要，但也不能强迫，因为真正的道德乃是自律。强迫只能产生表面的道德，而非真正的道德（徐复观 1985：37-38，169-170）。因此，政府必须受到一定的限制，不要试图把某种道德观强加给公众，而同时，人民也必须分担政府的责任（牟宗三 1991：126-128，140）。这就有必要承认在道德本性方面的根本平等。因此，这就证明，即使早期儒家没有认识到这一点，民主对于实现儒家的道德理想来说，在实践上，也是必需的（Angle 2012: chap.2; Elstein 2011）。

在这个方面，美德伦理学如何拓展到政治哲学尚未引起太多关注，不仅儒家美德伦理学如此，一般意义上的美德伦理学也是如此。关于儒家美德政治学，最有名的著作当属安靖如的《当代儒家政治哲学》（*Contemporary Confucian Political Philosophy*, 2012），该书从牟宗三联结伦理与政治的方法出发。安靖如主张，儒家需要比历史上更多地思考独立的政治制度，因为，寄希望于圣人统治的传统模式存在诸多缺陷。安靖如指出，没人拥有完美的美德，因而这不能作为决定政治参与资格的依据。安靖如还在他的进步儒学（Progressive Confucianism）和自由主义之间做出了区分，因为，跟牟宗三一样，他也不承认国家的中立性，而是赞同一种温和的完善论，其中包含基本的道德教育，并希望减少对法律的依赖，不把法律当作解决冲突的默认方式（Angle 2012: 70-73）。尽管不认为自己属于美德伦理学的阵营，但陈祖为（Joseph Chan）也发展了这种作为温和完善论的儒学观，其中，政府不完全中立，但也不试图强加价值（2000，2012）。所有这些都意味着，虽然在伦理理论的层面存在分歧，然而，儒家义务论者和美德伦理学者却可以发现诸多共同的政治基础。

儒家角色伦理学在政治方面的最佳代表是郝大维、安乐哲合著的《先贤的民主》（*The Democracy of the Dead*, 1999），以及陈素芬（Tan Sor Hoon）的《儒家民主：一种杜威式的重建》（*Confucian Democracy: A Deweyan Reconstruction*, 2003）。他们都借鉴了约翰·杜威（John Dewey）的民主观，即民主首先是一种共同体而非政府制度。之所以有这样的洞见，是因为他意识到政府可能在形式上是民主的，但却不允许有真正的交流，而后者才使得共同的理解和对共同目标的追求成为可能（Tan 2003: 65-79）。郝大维、安乐哲和陈素芬都强调礼是如此交流的一种形式，它承认和强化关系性，使私人利益领域不再陷入在他们看来是由自由主义所造成的对抗性分离。在儒学中，他们发现了一种承认关系首要性的不同民主，也看到了一个共同体远不只是偶然生活在一起的一群人。尽管他们很好地证明了选举本身不足以实现民主，但是，我同样也不相信他们所描述的共同体就能做到这一点。安乐哲最近承认，客观的制度对于维持民主是必要的（Ames 2011: 268），但这些制度应该是什么，他又几乎什么都没说。

东亚儒学有一场正在进行的争论，关注的是贤能制（meritocracy）在政府中的位置。根据贤能来获得某些政府职位（如法官），这在民主政治和非民主政治中都被广泛接受。争议在于，贤能制是否应该应用于政治权力的分配：在进行政治决策的过程中，有美德的人和有知识的人是否应该得到区别对待。无论过去还是现在，当代新儒家都是为政治权力的平等性辩护，他们认为美德不应该是投票权利或担任公职的先决条件（何信全 1996；李明辉 2005）。而其他学者则指出，儒家政治思想中具有很强烈的贤能政治传统，他们相信当代儒家政治需要保持这点。白彤东和蒋庆就批评了愚昧自私的选民给民主决策造成的影响，并认为需要更多的贤能政治制度来弱化它们。贝淡宁（Daniel Bell）还指出，民意调查显示，贤能政治制度在东亚一直得到支持。贝淡宁和白彤东都提倡某种选举与贤能的混合制，他们建议立法机构应由两院构成：一个是由选举产生的，另一个则是由通过竞争性考试而确定的有关专业人士组成（白彤东 2009，2013；Bell 2006）。而李晨阳提出的贤能政治又有不同；他建议，在竞选公职之前，候选人需通过考试并且提供品格证明（character reference），但每个人仍有投票权（Li 2012）。

蒋庆值得特别关注，因为他提供了儒家对自由民主的最为详尽的替代方案，这是激起巨大争议的一系列提议。蒋庆认为，儒学一直以来都是中国的公共价值结构，而且必须维系这种结构，这意味着，如果接受民主，那么中国将会丧失其文化认同。相反，中国应该返回自己的王道政治传统（蒋庆 2012）。王道的核心在于它的政治合法性概念。蒋庆批评民主只有一种合法性资源，即民意。而儒家政治则基于三重合法性：神圣的、民众的和历史文化的，它们奠基于古典的天、人、地三元结构。神圣合法性代表天，民意合法性代表人，历史文化合法性代表地（蒋庆 2012: 28）。

在蒋庆看来，政治合法性的这种三重结构是或应当是普遍的，尽管其制度需要植根于自身的传统而在各个特殊文化中有具体的体现（蒋庆 2004: 298）。对中国来说，三重合法性应该具体化为"三院制"，其中每院代表一重合法性。它们是通儒院、庶民院和国体院。分别代表着神圣的、民意的和历史文化的合法性。通儒院类似白彤东和贝淡宁所说的贤能院（精英院），主要由考试产生。庶民院的代表由选举产生。国体院的代表则由象征性的君主即孔家后代（孔子的直系后裔）任命产生。这位君主将从中国历史上杰出人物的后裔和中国各大宗教中选出代表。通过赋予通儒院否决权，贤能政治的元素得到强调，这样一来，其他两院没有它的同意就不能够通过法案（蒋庆 2012: ch.1）。蒋庆认为，这一制度将避免民主的缺陷，因为民主仅仅关注选民的短期利益，而忽视了未来世代和人类全体。

蒋庆的三重合法性模式，以及更为精简的贝淡宁和白彤东的民主—贤能混合模式，都遭到了其他儒者的强力反对，尤其是那些大陆之外的儒学政治学者。香港的陈祖为和王绍光就批评蒋庆的合法性概念，并主张更多地而非更少地关注民意（Chan 2012; Wang 2012）。台湾的李明辉则认为，蒋庆试图重建一个抱残守缺的儒家政府，它在历史现实中从未存在过，在现在也毫无希望地不切实际。他坚信，民主才是儒家的前进之路（李明辉 2005, 2013c）。蒋庆无疑有其支持者（Fan 2011, 2013; 康晓光 2005），但大部分儒学学者都对其政治思想提出了强烈批评。

儒学与社会

还有一些汉语世界的儒者关注的是儒学在当代社会中的地位。人们普遍认为，曾经支持儒学的制度，尤其是使儒学成为教育核心的考试制度，已经一去不复返了（干春松 2012；黄俊杰 1995）。没了制度支持，儒学能否延续其重要性？就此而言，儒学主要存在于学术研究领域。一些儒者认为，学术儒学过于理论化，丧失了入世实践的真正儒家精神。林安梧就认为，在儒学中，实践是首要的，儒学不能变成一种通过理论来塑造实践的思维方式。他把这种情况称为儒学的"知识化"，并相信这会瓦解儒学的实践（林安梧 1992: 76-77）。郑家栋对于儒学知识化也有类似的观点。郑家栋哀叹，道德意识和道德实践的议题已经变成了与实际行动无关的学术研究，而儒家思考者的工作只是在完善理论而不是在现实生活中实现它们。这才是儒学面临的真正危机（郑家栋 1997: 6）。另一方面，李明辉认为，无需具体的儒家制度，儒学也能发挥政治和社会作用。他认为，儒者应当充当社会批评者，而这是他们在学术生涯中能够有效发挥的作用（李明辉 2013b: 21）。

在今天更加多元的中国社会内部如何恢复儒家实践，对此，林安梧和郑家栋并未提供更多细节，但有其他人提供了。蒋庆希望把儒学恢复成为统治的意识形态和国家宗教，尽管他也相信人们在私人生活中应该拥有宗教自由。而许多儒家草根组织，在一定程度上受到蒋庆启发，在中国如雨后春笋般涌现，旨在促进儒家教育和礼仪（Billioud 2010）。对于蒋庆试图通过政令自上而下地恢复儒学，张祥龙提出了商榷意见。他也认为，儒学目前力量太弱，无法借由自下而上的草根组织发挥太多影响。但他主张一种中间路线，即建立儒家文化保护区，致力于维系儒家生活方式。儒家文化保护区在很大程度上是自给自足的，提供了一个在某种程度上远离现代压力从而更加适合儒家式生活的环境。张祥龙希望，这样的保护区能够提供某种环境，让儒家价值得以成长，最终扩展到更为广泛的文化之中（张祥龙 2007, 2011, 2013）。

结语

这些有关儒家政治以及儒学如何影响社会的争论,体现出传统儒家关注人生美德发展的特征。尽管我认为林安梧和郑家栋夸大了理论与实践的界限,但我同意,儒学在历史上更关注的是伦理实践而非对伦理理论的完善。与他们不一样,我认为,东亚儒家一直且依然更多地关注那些与如何发展一个美德社会有关的政治和教育问题。由此观之,儒学是否是一种美德伦理学,抑或仅仅是一种美德理论,这个问题并不重要;而这也许可以解释,为什么这种争论在英语著述中才更流行。诚然,东亚儒家学者愈来愈多地参与到这样的理论论辩(陈来、李明辉和王慧英是很好的例子),这也许同中国大学现在强调在国际(英文)期刊发表文章有关。但是,英语学界同样重视儒家的美德修养实践(Angle 2009; Ni 2008; Olberding 2012)。随着这些互动在未来的继续,我们可以预期会产生更大的相互影响。无论儒学是否一种美德伦理学,它对于那种培育美德的心理学、对于突出在西方美德伦理学中并不显著的美德(诸如,仁和礼),都具有丰厚的资源。在这些领域,儒学可以为理解美德做出重要的贡献。

【相关主题】

第 5 章 "Why Confucius' Ethics is a Virtue Ethics," May Sim

第 6 章 "Mencius' Virtue Ethics meets the Moral Foundations Theory," Shirong Luo

第 22 章 "Kant and Virtue Ethics," Allen Wood

第 34 章 "Virtue Ethics as Political Philosophy," Yang Xiao

【参考文献】

Ames, R. (2011) *Confucian Role Ethics: A Vocabulary*, Honolulu: University of Hawaii Press.

Analects (2003) Trans. E. Slingerland, Indianapolis: Hackett.

Angle, S. (2009) *Sagehood: The Contemporary Significance of Neo-Confucian Philosophy*, Oxford: Oxford University Press.

——(2012) *Contemporary Confucian Political Philosophy*, Cambridge, UK: Polity Press.

——(2014) "The Analects and Moral Theory," in A. Olberding (ed.), *Dao Companion to the Analects*, Dordrecht: Springer.

Angle, S. and M. Slote (eds.) (2013) *Virtue Ethics and Confucianism*, New York: Routledge.

白彤东（2009），《旧邦新命：古今中西参照下的古典儒家政治哲学》，北京：北京大学出版社。

——(2013) "A Confucian Version of Hybrid Regime: How Does It Work, and Why Is It Superior?" in D. A. Bell and C. Li (eds.), *The East Asian Challenge for Democracy: Political Meritocracy in Comparative Perspective*, New York: Cambridge University Press, pp. 55–87.

Bell, D. A. (2006) *Beyond Liberal Democracy: Political Thinking for an East Asian Context*, Princeton: Princeton University Press.

Billioud, S. (2010) "Carrying the Confucian Torch to the Masses: The Challenge of Structuring the Confucian Revival in the People's Republic of

China," *Oriens Extremus* 49: 201–224.

Bunnin, N. (2008) "God's Knowledge and Ours: Kant and Mou Zongsan on Intellectual Intuition," *Journal of Chinese Philosophy* 35: 613–624.

Chan, J. (2000) "Legitimacy, Unanimity, and Perfectionism," *Philosophy and Public Affairs* 29: 5–42.

——(2012) "On the Legitimacy of Confucian Constitutionalism," in D. A. Bell and R. Fan (eds.), *A Confucian Constitutional Order*, Princeton: Princeton University Press, pp. 99–111.

Chen, L. (2010) "Virtue Ethics and Confucian Ethics," *Dao: A Journal of Comparative Philosophy* 9: 275–287.

Elstein, D. (2011) "Mou Zongsan's New Confucian Democracy," *Contemporary Political Theory* 11: 192–210.

Elvin, M. (1990) "The Collapse of Scriptural Confucianism," *Papers on Far Eastern History* 41: 45–76.

Fan, R. (2011) "Introduction: The Rise of Authentic Confucianism," in R. Fan (ed.), *The Renaissance of Confucianism in Contemporary China*, Dordrecht: Springer, pp. 1–13.

——(2013) "Three Ideas of Democracy and the Resources of Ru Thought," *Contemporary Chinese Thought* 45: 80–95.

干春松（2012），《制度化儒家及其解体》，北京：中国人民大学出版社。

龚群（2011），"儒家德性伦理的当代理论意义"，《哲学与文化》，38: 159–174。

Hall, D. and Ames, R. (1999) *The Democracy of the Dead*, Chicago, IL: Open Court.

何信全（1996），《儒家与现代民主：当代新儒家政治哲学研究》，台北:"中央研究院"文哲研究所。

黄俊杰（1995），"当代儒家对中国文化的解释及其自我定位——以徐复观为中心"，《当代儒学论集：传统与创新》，台北："中央研究院"文哲研究所。

蒋庆（2004），《生命信仰与王道政治》，台北：养正堂。

——(2012) *A Confucian Constitutional Order*, Princeton, NJ: Princeton University Press.

康晓光（2005），《仁政：中国政治发展的第三条道路》，新加坡：全球出版社。

Korsgaard, C. M. (1996) *The Sources of Normativity*, Cambridge, UK: Cambridge University Press.

——(2009) *Self-Constitution: Agency, Identity, and Integrity*, Oxford: Oxford University Press.

李明辉（1990）《儒家与康德》，台北：联经出版事业有限责任公司。

——(2005)《儒家视野下的政治思想》，台北：台湾大学出版社。

——(2013a) "Confucianism, Kant, and Virtue Ethics," in S. Angle and M. Slote (eds.), *Virtue Ethics and Confucianism*, New York: Routledge, pp. 47–55.

——(2013b)《当代儒学的自我转化》（修订版），台北："中央研究院"文哲研究所。

——(2013c) "A Critique of Jiang Qing's 'Political Ruism'," *Contemporary Chinese Thought* 45: 9–20.

Levenson, J. (1964) *Confucian China and Its Modern Fate*, Berkeley and Los Angeles: University of California Press.

Li, C. (2012) "Equality and Inequality in Confucianism," *Dao: A*

Journal of Contemporary Philosophy 11: 295–313.

Lin, Y. (1979) *The Crisis of Chinese Consciousness: Radical Antitraditionalism in the May Fourth Era*, Madison, WI: The University of Wisconsin Press.

刘梁剑（2011），"人性论能否为美德伦理奠基？"《华东师范大学学报》（哲学社会科学版），5: 33–38.

——(2013)"*Virtue Ethics and Confucianism*: A Methodological Reflection," in S. Angle and M. Slote (eds.), *Virtue Ethics and Confucianism*, New York: Routledge, pp. 66–73.

刘余莉（2011），《儒家伦理学：规则伦理与美德伦理的统一》，北京：中国社会科学出版社。

Mengzi (2008) Trans. B. W. Van Norden, Indianapolis: Hackett.

牟宗三（1987）《智的直觉与中国哲学》，台北：商务印书馆。

——（1990）《现象与物自身》，台北：学生书局。

——（1991）《政道与治道》（修订版），台北：学生书局。

Ni, P. (2008)"Gongfu: A Vital Dimension of Confucian Teaching," in D. Jones (ed.), *Confucius Now: Contemporary Encounters with the Analects*, LaSalle, IL: Open Court, pp. 167–187.

Nuyen, A. T. (2007)"Confucian Ethics as Role-Based Ethics," *International Philosophical Quarterly* 47: 315–328.

——(2009)"Moral Obligation and Moral Motivation in Confucian Role-Based Ethics," *Dao: A Journal of Comparative Philosophy* 8: 1–11.

Olberding, A. (2012) *Moral Exemplars in the Analects: The Good Person is That*, New York: Routledge.

潘小慧（1992），"德行与原则：孔、孟、荀儒家道德哲学基型之研究，"《哲学与文化》, 19: 1087–1096.

Rosemont, H. (1988) "Why Take Rights Seriously? A Confucian Critique," in L. S. Rouner (ed.), *Human Rights and the World's Religions*, Notre Dame, IN: Notre Dame University Press, pp. 167–182.

——(1991) "Rights-Bearing Individuals and Role-Bearing Persons," in M. Bockover (ed.), *Rules, Rituals, and Responsibility: Essays Dedicated to Herbert Fingarette*, LaSalle, IL: Open Court, pp. 71–101.

——(1998) "Human Rights: A Bill of Worries," in W. T. de Bary and W. Tu (eds.), *Confucianism and Human Rights*, New York: Columbia University Press, pp. 54–66.

Rosemont, H. and Ames, R. (trans., eds.) (2009) *The Chinese Classic of Family Reverence: A Philosophical Translation of the Xiaojing*, Honolulu: University of Hawaii Press.

沈清松（1992），"义利再辨：儒家价值层级论的现代诠释"，《传统的再生》，台北：业强出版社，第130–150页。

——（1995）"德行伦理学与儒家伦理思想的现代意义"，《哲学与文化》, 22: 975–992.

Sim, M. (2007) *Remastering Morals with Aristotle and Confucius*, Cambridge, UK: Cambridge University Press.

Slingerland, E. (2001) "Virtue Ethics, the Analects, and the Problem of Commensurability," *Journal of Religious Ethics* 29: 97–124.

Tan, S. (2003) *Confucian Democracy: A Deweyan Reconstruction*, Albany: SUNY Press.

Van Norden, B. W. (2007) *Virtue Ethics and Consequentialism in Early Chinese Philosophy*, New York: Cambridge University Press.

Wang, S. (2012) "Is the Way of the Humane Authority a Good Thing? An Assessment of Confucian Constitutionalism," in D. A. Bell and R. Fan (eds.), *A Confucian Constitutional Order*, Princeton, NJ: Princeton University Press, pp. 139–158.

Wong, W. (2001) "Confucian Ethics and Virtue Ethics," *Journal of Chinese Philosophy* 28: 285–300.

黄慧英（2012），"儒家伦理与德性伦理之再探，"《鹅湖学志》，48: 213–232.

徐复观（1985），《学术与政治之间》，台北：学生书局。

Yu, J. (2007) *The Ethics of Confucius and Aristotle: Mirrors of Virtue*, New York: Routledge.

张祥龙（2007），"建立儒家保护区的理由与方式，"《思想避难：全球化中的中国古代哲理》，北京：北京大学出版社，第 10–19 页。

——(2011) "21 世纪的儒学，"《杭州师范大学学报》（社会科学版），1: 52–56.

——(2013) "The Dangers of Reconstructing Ru Religion, Its Necessity, and an Intermediate Line," *Contemporary Chinese Thought* 45: 62–79.

郑家栋（1997），《当代新儒学史论》，南宁：广西教育出版社。

【延伸阅读】

Billioud, S. (2012) *Thinking through Confucian Modernity: A Study of Mou Zongsan's Moral Metaphysics*, Leiden: Brill.（对牟宗三与康德思想关联及其"道德的形上学"的详细研究）

Chan, N. S. (2011) *The Thought of Mou Zongsan*, Leiden: Brill.（对牟宗

三哲学的全景式鸟瞰）

Elstein, D. (2014) *Democracy in Contemporary Confucian Philosophy*, New York: Routledge.（对 20 世纪下半叶以来的一些主要儒学政治思想家的考察）

Ivanhoe, P. J. (2002) *Ethics in the Confucian Tradition: The Thought of Mengzi and Wang Yangming*, Indianapolis: Hackett.（对这两位杰出的儒家哲人的思想进行比较，并提供一种影响广泛的观点，为美德伦理学的儒学阐释方案奠定基础）

第 19 章
美德知识论与美德伦理学

[美] 希瑟·巴特利　迈克尔·斯洛特 / 著
章含舟 / 译　李义天 / 校

由于本书其他章节已对美德伦理学进行了大量论述，所以我们建议，暂且搁置关于美德伦理学本性的一般讨论，而是邀请读者领略美德知识论的最新进展。因此，本文的第一部分将介绍近期美德伦理学与美德知识论①的复兴，接下来的两部分将分别论述美德知识论的当代状况，以及美德知识论的历史背景。最后两部分会探讨当代美德知识论与当代美德伦理学的几个重要分野，进而试图展示一些新的可能性，以使这两条美德论进路可以更加亲近。

美德知识论与美德伦理学的当代复兴

过去几十年，各种强调美德的伦理学进路与知识论进路首次长期占据学界主流。在古代西方，只要不是持怀疑论或虚无主义的立场，美德伦理

---

① Virtue Epistemology 有时也被译为 "美德认识论"。但是，epistemology 存在两个维度：如果探讨的是 "认识何以可能"，那么，epistemology 可被译为 "认识论"；如果讨论的是 "知识的定义"，那么，epistemology 可被译为 "知识论"。1963 年，埃德蒙德·盖梯尔（Edmund Gettier）曾问道：除了 "辩护"（justification）、"真"（truth）和 "信念"（belief）这三元定义之外，"知识" 还有怎样的构成条件？本章的问题意识更多在盖梯尔的传统下展开，故此处 virtue epistemology 译为 "美德知识论" 更合适。——译者注

学便会占据主导位置:几乎每位希腊或罗马哲学家或多或少都是美德伦理学家,至于那些全然不同的理论进路,比如现代义务论或后果主义,则从未实际出现于(西方)古代的经典世界中(第一位真正意义上的后果主义者是中国古代思想家墨子)。然而,在17世纪以降,在现代性的压力之下,这种古老且天然的美德伦理学共识破裂了。权利理论和义务论似乎更加适合于现代世界多元而复杂的社会条件。

不过,1958年,伊丽莎白·安斯康姆的《现代道德哲学》一文开启了美德伦理思想的复兴;如果说此文发表后有什么变化发生,那就是,随着时间的推移,美德伦理的观念日趋增强。安斯康姆的后继者们,比如富特(Philippa Foot 1978)、冯·赖特(G. H. von Wright 1963)与麦金太尔(Alasdair Macintyre 1981),均聚焦美德从而介入伦理论题;像赫斯特豪斯(Rosalind Hursthouse 1999)、斯洛特(Michael Slote 2001, 2010)与斯沃顿(Christine Swanton 2003)这样的美德伦理学家,则明确致力于把美德伦理学引向系统化与理论化的道路。①

美德知识论的复兴是一个更加晚近的现象,其历史根源尚待追溯。人们可以从亚里士多德、柏拉图以及其他古代西方思想巨擘的著述中寻找到部分端倪,当然,在古代儒家的文本中也能发掘到一些踪迹。然而,无论是古希腊人、古罗马人还是中国儒家,他们对知识论的兴趣都比伦理学要小——毕竟,笛卡尔传统的"主体"转向,要等到笛卡尔的那个时候方才开始。因此,说美德知识论主导了古代的知识论思想,这显然不如说美德伦理学主导了古代伦理学那么精准(而且正如本书所展示的那样,关于西方经典理论的这番论断同样适用于中国古代思想)。不过无论如何,美德知识论还是在1980年,以索萨(Ernest Sosa)发表的《木筏与金字塔》

---

① 这一点在菲利帕·富特的晚期作品里也有所提及(2001)

("The Raft and the Pyramid")一文为标志，于当今横空出世。随着近几十年的发展，凭借詹姆斯·蒙玛克特（James Montmarquet 1993）、琳达·扎格泽布斯基（Linda Zagzebski 1996）、约翰·格雷科（John Greco 2000, 2002, 2010）以及索萨的后续工作（1991, 2007, 2009, 2011），美德知识论的复兴日渐增强。如今，在各自的探究领域里，美德伦理学与美德知识论均被视为严肃的理论选项。

当代美德知识论：美德责任论与美德可靠论

当代美德知识论者认为，理智美德（intellectual virtues）是使我们成为卓越思想家的品质。不过，或许由于成为卓越思想家的道路不止一条，所以理智美德也不可能只有一种（Battaly 2008）。其中，成为卓越思想家的一种方式是，可靠地产生真信念——即，得到的真信念多于假信念。对于知识论而言，获得真信念虽然至关重要，但并非唯一要紧。恰当地关心真理也同样有价值。相应地，通往卓越思想家的另一条道路便是，具备好的理智动机（intellectual motivations）。可以说，这两种持有美德的方式在理智层面并不一定重叠。一个孩子拥有好视力的美德，能够可靠地产生关于周遭环境的真信念，尽管她没有以恰当的方式关心真理。同样地，一位心态开放的成年人恰当地关心真理，但如果她不巧被困于一个不友好的环境里（比如，由恶魔创造的世界），那么，她产生的错误信念就会比真信念多得多。上述思考理智美德的两种不同方式，催生出美德知识论的两条分支：美德可靠论（Virtue-Reliabilism）与美德责任论（Virtue-Responsibilism）（这两个术语的流行始于 Axtell 2000）。

在扎格泽布斯基（1996）和蒙玛克特（1993）的带领下，美德责任论认为，理智美德需要拥有理智动机与行动秉性，而对此类秉性，行动者不仅要能掌控，而且要肩负起（至少也是部分肩负起）责任。蒙玛克特（Montmarquet 1993: 19–20）与扎格泽布斯基（Zagzebski 1996: 102–134）把他们对理智美德的分析明确地建立在亚里士多德的"道德美德"概念上。相应地，他们把理智美德视为品格特征，或是理智动机、行动、情感和知觉方面的秉性。在责任论者的笔下，美德的范式包括心态开放（open-mindedness）、理智勇敢（intellectual courage）和理智谦逊（intellectual humility）。

对责任论者来说，可靠地获得真信念并不是理智美德的充分条件，甚至也可能不是必要条件。责任论者主张，理智美德值得赞扬，但唯有当一个人有能力控制其品质时，才能获得赞扬。他们认为，我们可以控制诸如"心态开放"之类的品质，却对视觉这类可靠官能缺乏控制力。根据责任论的观点，我们既无法控制自己是否被赋予了某些可靠的先天官能（hard-wired faculties），也无法控制自己是否最终步入了恶魔创设的环境。但是，我们确实可以控制自己是否成为一个心态开放的人，因为只要通过努力和模仿榜样，那么随着时间的推移，我们总能够获得心态开放这样的秉性。相应地，责任论者认为，可靠的官能本身并不能算作理智美德；相反，他们把理智美德限定于品格特征，而为了拥有此类品质特征，我们需要练习控制力，并在一定程度上为其负责。

在如下关键问题上，扎格泽布斯基和蒙玛克特存在两点共识与一点分歧。第一，他们都认为，理智美德不是先天观念，而是后天获得的品质（Zagzebski 1996: 104–105）。第二，两者都同意，理智美德需要恰当的动机与行动秉性。具体来说，他们主张，所有的理智美德都要具备以恰当方式关心真理的动机（动机本身也必须是后天获得的）。此类根本动机将会产生出涉及每种具体美德的独特动机，比如，思考替代方案的动机（心态开放的特征）、面对反对意见仍坚守自身的动机（理智勇敢的特征）等等。

不过，两位学者也认为，仅以抽象的方式来关心真理是不充分的，换言之，一个人倘若真的拥有"心态开放"的美德，那么，她只想着接受新观念依然不够，还必须在事实层面上接受新观念。也就是说，他在思考恰当的方案时，还必须倾向于以特定的方式来行动。

就"理智美德是否需要可靠地获得真信念"这个议题而言，责任论者之间出现了分歧。蒙玛克特（Montmarquet 1993: 20, 27-30）认为，尽管理智美德往往是可靠的，但它本身并**不需要**可靠性（reliability）。即使行动者由于运气不佳而碰巧置身于一个她所持的大部分信念均为假信念的世界里，她也依然可以拥有心态开放的理智美德。相反，扎格泽布斯基（Zagzebski 1996: 99–100, 137）则主张理智美德需要可靠性：一个被恶魔摆布的受害者不可能具有心态开放的美德。

而在恩内斯特·索萨（Sosa 1991）和约翰·格雷科（Greco 2000）的带领下，美德可靠论则认为，理智美德乃是一种产生真信念多于假信念的可靠秉性（reliable dispositions）。与责任论者相似，索萨和格雷科都师法于亚里士多德。但他们更专注亚里士多德关于理智美德的分析，而并不关心道德美德（参见 Sosa 1991: 187; Greco 2000: 3）。相应地，他们也没有把理智美德限定为品格特征。相反，他们认为，美德是任何人或事物的稳定特征，而借助这些稳定特征，人或事物得以良好地履行其职能或是（在非目的论的意义上）产生好的效果。因此，理智美德既包括好视力或好记忆之类的先天官能/能力，也包括后天获得的技能，比如，辨识鸟类物种、逻辑推导甚至品格特征。

美德可靠论者有三点共识。第一，理智美德需要可靠性。如果某个特征不能帮助我们产生比假信念更多的真信念，那它就不是理智美德。索萨和格雷科指出，像好视觉这样的理智美德不一定会在异常的情境下（比如，当光线不佳或是物体极小时）倾向于产生真信念。但他们认为，我们依然不能说,身处恶魔创设世界里的受害者也拥有任何理智美德。第二,理智美德未必是后天获得,它们同样可以是先天官能(Sosa 2007: 85; Greco 2000: 177)。在早年著述里,索萨(1991)强调视觉等先天美德。但近年来(2007, 2009, 2011),他着重阐述后天获得的技能(acquired skills),甚至开始探讨认知主体身上那些与品格相关的积极特征。然而这并不意味着,他认为行动就是大部分理智美德的必要条件。在索萨看来,正常运作的认知过程便会展现出理智美德或认知美德,即使此类运作并不诉诸特定个体的任何行动。第三,索萨与格雷科认为,理智美德不必涉及后天的动机或行动秉性。有意思的是,索萨和格雷科的近期著述都论证了,理智美德需要具备指向真理的动机(Greco 2002: 304)。比如,根据索萨的观点,认知系统的良性运作涉及通达真理的"努力"(endeavoring)(Sosa 2011: 22),但他又认为这种努力是"不自觉的、无意识的和亚人格的(sub-personal)"(Sosa 2011: 23),当我们处于"默认模式"(default mode)时便会努力通达真理(Sosa 2011: 33)。因此,即使理智美德需要追求真理的动机,这种动机也未必是后天获得的(不同于责任论)。

理智美德简史:亚里士多德主义的沉思美德

美德责任论和美德可靠论都将自己的美德概念建立在亚里士多德的思想上:责任论沉浸于亚里士多德关于道德美德的论述;而可靠论则聚焦于亚里士多德的理智美德。当然,名垂青史的其他重要哲学家也谈论过理智美德,其中包括,柏拉图、笛卡尔、休谟、康德和杜威。但从当代美德知识论的线索来看,我们关注的还是亚里士多德对理智美德的相关论述,毕竟是这个概念构成了美德可靠论的基础。亚里士多德的道德美德理论也奠定了当代责任论的基本框架,本书其他章节将有所涉及。

在《尼各马可伦理学》第六章，亚里士多德认为，理智美德是使灵魂的理性部分得以良好施展其功能的品质。粗略地说，在亚里士多德看来，灵魂的理性部分的功能在于产出真理和避免谬误，于是他总结道，理智美德是使我们产出真理和避免谬误的品质（我们从中不难看出，理智美德为什么会如此吸引美德可靠论者）。

说得再具体一些，亚里士多德主张灵魂的理性部分还可细分为理论性的"沉思"（contemplative）部分和实践性的"推理"（calculative）部分，每个部分都有自己的功能与美德（NE 1139a12）。沉思部分的功能在于产生"不变的"（必然的）真理，数学与天文的真理当属此类（NE 1139A7）。相反，关于如何制造事物以及我们如何行动的真理则是"可变的"（偶然的），而推理部分的功能就是产出这类真理，为此需要辅以正确的欲望（NE 1139a30）。亚里士多德认为正确的欲望是必要的，因为，错误的欲望会妨碍我们认识道德的真理。不过，沉思的真理与欲望无关，它不会因为存在有缺陷的欲望而出现偏离。无论我们持有怎样的欲望，我们都知道1=1。

在辨析了灵魂的沉思部分与推理部分的功能之后，亚里士多德开始着手辨别两个部分各自对应的美德。用他的话来说："这两个理智部分的作用在于……把握真理。因此，严格说来，两个部分达至真理的那种状态便是它们的美德"（NE 1139b12-13）。在亚里士多德看来，沉思部分存在三种美德：认知（episteme）、努斯（nous）与智慧（sophia）。而推理部分则主要有两种美德：技艺（techne）与实践智慧（phronesis）。沉思部分的美德产生必然真理；推理部分的美德（在恰当的欲望伴随下）则产生关于行动与制作的真理。

总的来说，美德可靠论的养分源自沉思美德，而非推理美德。实践智慧与可靠论者的美德概念没有多大的共通之处。由于实践智慧知道何种行为有益于良好生活，因此，实践智慧蕴含正确行动的秉性。而且，实践智慧还涉及欲望与行动的学习倾向。但是，可靠论者的理智美德并不需要这些，他们眼中的美德既不依赖于学习，也不需要知道如何（正确地）行动。对美德可靠论者而言，技艺更有用，而获得技艺就类似于掌握理智美德（比如，辨识鸟类物种的能力）。大致说来，技艺知道如何操作，所以技艺是一种关乎制作的能力，是"与制作相关的状态，蕴含着真正的推理过程"（*NE* 1140a20–21）。与技艺一样，辨识鸟类的理智美德也是后天获得的，要求一种可靠的真理生产过程。但是，与技艺不同，可靠论者所说的美德无需生产关于"制作"的真理，也不必造出什么产品（product）。就可靠论者而言，理智美德的唯一目标或功能是生产真理。

  可靠论者的美德观念与沉思美德——认知、努斯与智慧——有更多的共通点。亚里士多德认为，认知是从自明的必然公理或定义出发而演绎得出必然真理的能力，其过程就如同几何证明一般。但是，公理与定义本身无法由认知获得，而是借助努斯来把握这些无法证明的原初真理（我们称之为先天洞见 [priori insight]）。由于似乎存在"无认知的努斯"与"无努斯的认知"，亚里士多德论证道：智慧乃是认知与努斯的结合体。无论什么时候，沉思美德都会产生必然真理；正是这一特征使得灵魂的沉思部分得以运作良好（Battaly 2014）。

  可靠论者的美德与沉思美德又有哪些共同特征呢？最重要的莫过于，两种美德都是产生真理的秉性，而不是行动的秉性，或者说，不包含欲望。但两者也存在重要差别。首先，与沉思美德不同，可靠论的美德不限于产生必然真理。亚里士多德错误地认为，所有的理论真理都是必然的，但可靠论者却不受此错误的影响。其次，亚里士多德坚持认为理智美德是通过教导（而非习惯）获得的，而可靠论者则主张，我们生来就拥有理智美德。① 当然，根据可靠论者的说法，某些理智美德（比如，逻辑推导）也依赖于大量的训练，所以，亚里士多德的沉思美德也许更加接近可靠论美德的某个子集，亦即，那些需要借助训练才能获得的美德。

美德知识论与美德伦理学的差异

显然，美德知识论与美德伦理学在本质上具有共通性，但与此同时，我们也要注意它们之间的差异。首先，可靠论视域下的美德知识论会强调亚人格层面的卓越运作以及记忆、知觉等人类先天认知系统。目前尚不清楚，在美德伦理学中有什么东西能够对应亚人格层面的美德：无论古代的美德伦理学，还是近年复兴的美德伦理学，强调的都是人格层面所获得/发展的人类品格，即，成为一位美德之人将会具有的特征。② 当然，前面所描述的责任论的美德知识论不仅强调而且聚焦人格维度的认知特征，而不是亚人格维度的认知特征，但是，在美德伦理学中，却没有任何东西对应着可靠论所强调和倚重的那些亚人格层面的卓越或美德。

不过，可靠论者之所以强调先天的亚人格官能的成功和良好运作，其实蕴含着重要的认识论旨趣，即为了有力地解释低级知识（low-grade knowledge）并为之辩护。例如，索萨曾论证，"动物知识"（animal knowledge）便要求且意味着主体具备理智美德：主体 S 拥有动物知识 P，当且仅当，主体 S 的信念 P 是准确的（为真）、熟练的（展现了一种理智美德）以及恰当的（它之所以为真，是**因为**它展现了这种理智美德）。③ 由

---

① 但在《尼各马可伦理学》第六章，亚里士多德宣称"男孩也许可以成为数学家"，这意味着"认知"与"努斯"美德非常倚重于我们的天赋能力（*NE* 1142a16）
② 休谟（1990）可能是个例外，因为他认为，自然能力就等同于美德。
③ 为了拥有动物知识，S 必须凭借其认知美德，形成一个真信念，而非诉诸运气。参见索萨（Sosa 2007: 22-43）。在 2007 年和 2009 年的文献中，索萨区分了"动物知识"与"反思知识"（reflective knowledge）。

于索萨也把视觉之类的先天官能的卓越运作视为理智美德,因此,他的可靠论就能以责任论所无法触及的某种方式而解释低级知识。通过这种方式,注重亚人格维度的可靠论者便可以解决一些其他美德伦理学流派恰恰难以处理的重要的知识论任务。

美德伦理学与美德知识论的另一个同样重要的差异是,美德伦理学已经接受了理性主义和情感主义的概念化,而这一过程尚未延伸到美德知识论领域。亚里士多德与柏拉图是理性主义者,他们相信,道德动机与道德知识主要通过我们拥有或行使理性来实现。然而,西方传统中的休谟与奥古斯丁以及东方世界的孟子则赞成一种强调情感与移情能力的伦理美德,并且,在我们看来,大部分佛教思想也论述过类似观点。因此,在美德伦理学那里,理性主义者和情感主义者之间存在深刻的分歧,但在美德知识论或整个知识论中,却从未出现过任何像这样的分歧。所以到目前为止,情感主义在美德知识论这里是缺位的(近期的知识论著述在情感主义方向上做出努力的作品,可参见 Roberts and Wood 2007: 205; Hookway 2003, 2008)。目前尚不清楚情感主义的知识论会是什么样子,但是我们建议:引入情感(主义)的成分或许会在事实层面对美德知识论有所助益。我们还坚持认为,情感成分既不会削弱知识所主张的客观性或有效性,也不会反对那些要求得到辩护的/理性的信念的主张,一言以蔽之,情感主义不会使我们陷入非认知主义(non-cognitivism)。一旦认识到情感成分的相关性,那么,美德知识论的版图就会发生变化。责任论与可靠论之间的抉择或许就会取决于其他论题(而不同于之前那些在作选择时被视若珍宝的事物),而这意味着,美德知识论将会涌现新的可能性。

所以我们希望,在某种程度上改变美德知识论的实践者或其他人对于美德知识论的态度,说得更具体些,我们希望表明,美德知识论在亚里士多德与(大体而言)休谟之间也存在某种选择,从而与当前美德伦理学公认的两种选择——即亚里士多德主义的美德伦理学与休谟主义的美德伦理学——对应起来。首先，倘若我们注意到美德知识论者都同样关注"心态开放"这一独特的认知美德，那么，我们就能明白"选择"的重要意义。像琳达·扎格泽布斯基（Zagzebski 1996: 131）这样的美德责任论者曾指出，在理智美德层面，"心态开放"是品格特征的一个特别好的例证。尽管亚里士多德从未倡导过心态开放，但希瑟·巴特利（Heather Battaly）近期指出（2011），可以把心态开放视为两种极端之间的一种中道状态——教条（dogmatism）或心态封闭（closed-mindedness）位居一端，而幼稚（naivety）或缺乏主见（suggestibility）位居另一端。由于亚里士多德支持中道原则，并且根据中道原则，伦理美德居于两个对立的伦理恶德之间，所以巴特利建议，我们可以把亚里士多德关于美德伦理的论述运用于"心态开放"的理智美德。正如亚里士多德把"勇敢"美德设想为介于"懦弱"与"鲁莽"这两种伦理恶德的极端之间的中道状态，巴特利也建议，在知识论层面，"心态开放"位于"教条"与"幼稚"这两类恶德之间。换言之，在巴特利看来，心态开放者在思考各种方案时总能达到中道状态。粗略地说，在思考各种可能性时，心态开放者倾向于把握那些可能为真的相关方案，忽视那些很可能为假的不相关方案。与之相比，教条之人思考得过少，遗漏了那些可能为真的相关方案，这便消解了选择该立场的理由；相反，幼稚之人则想得太多，甚至会涵盖那些很可能为假的方案。"心态开放"的美德还要求一种恰当关心真理的倾向，以便主体能够通过合适的方式去思考各类视角选项。

知识论的情感主义成分

然而，在很大程度上，围绕美德知识论的讨论却忽略了"心态开放"

的一个特征：即开放的心灵与移情、情感以及（过去被低估的）接受性美德之间的关系。一个心态真正开放的人，不一定要对所有事物都开放，也不一定要接受**所有事物**。有时，心态开放者拒绝疯狂的想法或不靠谱的观点，尤其是拒绝那些来自心灵闭塞或处事教条之人的意见，将是很恰当的，至少也不会显得不合时宜。但是，在需要心态开放的时候，不仅能够且愿意从那些与我们意见相左之人的视角来看待事物，就显得至关重要了；我们可以说，这个过程需要移情。

近年来关于移情的心理学和哲学文献（Hoffman 2000）提及了两种基本的移情：一种是投射型（projective）移情（或说模拟），它需要移情者有意识把自己放到别人的处境里面，进入他人的头脑，以便从被移情者的视角来看待问题；另一种是联想型（associative）、接受型（receptive）或感染型（contagious）移情，移情者不自觉地感受到他人之所感（当比尔·克林顿（Bill Clinton）说"我感到了你的痛苦"，其隐含的意思就是后一种移情）。

但是，对于心态开放来说，那些愿意且能够走进他人脑海的行为者足以不带任何感受或情感，便可以了解他人观念由来及其试图表达的诉求内容吗？联想型移情意味着一个人不由自主地或接受性地体会到他人的感受，但是，投射型移情在将自己置于他人心灵的境遇中时却不一定伴随情感；倘若后一种移情对于心态开放便是充分的，那么我们就很难搞清楚，美德在什么意义上需要我们拥有感受或情感。这样一来，情感主义在美德知识论中或许就没有立锥之地了。

然而，我们在这里应当有所质疑。假设某人能进入他人脑海，但对他人的观点缺乏同情，比如，此人只是想调查或探究他人的想法以及他人论点的软肋，以便能够立足自己的理智立场而给出更好的论证。那么，这个人的心态是开放的吗？很明显，不是。这里缺失的，似乎是一种真正意义上的开放性，亦即，一种指向他人观点中正确部分的开放性，换言之，此处缺少对他人所思所想（在最小意义上）的同情。所以我们认为，心态开放需要对（此人所能获得的）他人想法形成一定程度或一定数量的理智同情，并且，这类同情显然需要对他人想法给予某种支持。但是，支持某事或某人，至少意味着对他们抱以适当的积极态度，在一定程度上正向地感受他人，而且我们没有理由认为，以适当的支持态度对待这些观念、论点或理论有什么不妥。所以，如果心态开放需要某人针对自己借移情而感受的他人观点给予同情反应，那么，这一过程就会要求恰当的积极感受，至少也得明确含有情感的维度。

在道德领域，我们区分了"对他人的遭遇进行移情"（比如，感受到他人的痛苦）与"对他人的遭遇抱以同情"（对经受痛苦的他人感到抱歉）；面对正在经受苦难并对苦难抱以消极感受的他人，无论我们如何界定移情，从结果上看，同情似乎都蕴含着指向那个人的积极感受。而在信念、论证和理论方面，我们也会用同一个词"同情"来修饰类似现象，也绝非偶然。因为，同情蕴含着积极感受，只不过，此时的同情指向的是信念与论证等更抽象的事物。很难想到有什么好的理由来证明，指向观念的理智同情只是一种隐喻的说法。

现在，道德领域广泛认为，联想型移情（可能也包括投射型移情）是真正的"同情"和"利他"的必要条件（Hoffman 2000）；而在认知领域，移情与同情之间或许也存在相似关系。心态开放之人不会像反社会者或骗子那样进入他人脑海，而是对他人观点进行移情，在一定程度上按照他人看待事物时所采取的一致方式来看待事物，由此涉及或唤起了（我们在某种程度上称之为）"对他人观点的理智同情"，尽管这不意味着她最终就会顺从或同意他人的观点或信念。

所以，心态开放的理智美德需要具备特定的支持性感受或情感倾向。

有时，心态开放及其感情/情感成分依赖于高深的知识——比如，关于 DNA 结构的知识，或是关于某个（我们无从知晓的）凶手的身份知识。但是，如果我们可以表明，认知层面的辩护或知识其实更普遍地——而不是仅仅局限于心态开放或心态公平的单个情形——依赖于接受性，那么，我们就能在情感主义方向上把问题推得更远。心态开放要求我们（通过移情）对他人的不同意见保持接受性，但是，我们有时也可能需要某种接受性成分，来辩护那些构成我们大多数其他知识之基础的日常知觉信念。

对这个结论的论证依赖于实践合理性（practical rationality）与认知合理性（epistemic rationality）之间的类比。政治自由主义者（如 Nussbaum 1999）常常告诉我们，要把我们所有的信念、情感与关系置于批判性的理性审查和质询下——之所以应该这样做，是出于原则的理由，而不是因为我们必然持有（不同的）特殊理由可以质疑我们的每个信念、情感。如今看来，对信念甚至情感的质疑很可能既是认知问题，也是实践问题，但是，由于自由主义者也谈到了对关系的质疑，所以我认为他们是在实践理性的维度上展开讨论的。当他们说，我们应当对一切事物进行严肃而批判性的审查和质询时，他们是在给出实践层面的建议，亦即，通过最理性的方式来引导自己的生活。

可是，父母应当严肃地质疑自己对孩子的爱吗？在没有任何特殊理由去怀疑友谊的顺利进展或友谊（对彼此）基本是件好事的情况下，朋友之间是否应该质疑彼此的关系呢？自由主义者会给出肯定的答案，因为，不这么做的话将会是一种理性的失败：相对于自由主义者"本可以"或"本应该"开展的理性生活来说，不质疑彼此的友谊关系只会显得他们在生活中缺少实践理性。

但我们无法扭转局面吗？在没有令人担忧的特定事实或因素的情况下就贸然质疑一段友谊，这难道不是一种**不理性**吗？或者，请让我们设想一下那些并不直接影响他人的个人的兴趣或欲望。如果一个人对集邮感兴趣，在集邮时感到非常愉悦，那么，当他突然严肃地思考自己是否应该拥有这个兴趣时，这样的怀疑是否有意义呢？如果人们确实按照自由主义的建议来行动，这种行动将会以一种既非常陌生又毫无意义的方式败坏我们的生活。我不认为，应该基于实践理由而质疑生活中的一切；相反，我主张，除非有非常特殊的事由出现，以至于把我们拽入质疑的语境，否则，我们便应当继续从事目前正在做的事。这才是真正的理性，更能与实践理由保持一致。

虽然自由主义不是一种实践层面的怀疑论（practical skepticism），也不会必然导致怀疑论，但是，刚才有关自由主义的说法却似乎又表现为针对这类人际关系、活动或感受价值的怀疑论。如果某人严肃地质疑自己的集邮兴趣，把该兴趣悬置起来，直到他们能够回答自己提出的怀疑顾虑，那么，此人在生活中做事情的决心就会小于实践理性意义上的决心。让我们把视野从集邮这类在任何生活中都属于休闲范畴的爱好转移到实践生活中更为普遍或核心的兴趣——避免恶心或痛苦的欲望——上来，从而让论题呈现得更加尖锐。倘若有人严肃地质疑任何事情是否真的有价值抑或是否有好坏之别，那么，他就得严肃地询问自己，是否应该避免恶心或痛苦。只要此人认真提出这个问题，某种严肃的个人态度便会应运而生（即使只是暂时的）；于是，他**避免恶心或痛苦的积极动机就会减弱，弱于理性驱动下的行为倾向**。因此，就这种情况而言，正如我们从自由主义"质疑一切"的律令中所发现的那样，严肃地质疑事物意味着一种在实践理性层面上亟待批判的态度。

现在，让我们从情感的角度进行解析。自由主义的律令要求我们以严肃的理性审查来对待生活中的一切，这属于一种运用理性**控制**来引导自己生活的方式。但在这个意义上，自由主义的承诺也展示出某种态度，不接受既有生活所给予的事物。与此相反，我所捍卫的观点是：倘若没有明确的理由，那么，我们在理性层面上就有责任不去质疑自己的行动或诸如此类的事宜。这种观点针对我们现实生活的各种内容，它倡导一种（更加）具有接受性的态度。虽然这种接受性并不必然或并不始终是一种指向他人的移情接受性（empathic receptivity），但既然它关乎个体的实践活动与具体态度，那么可以确定的是，它无疑是接受性的一种重要形式。所以，我们的论述表明：实践理性蕴含着或包括了一种接受性的成分，自由主义的律令破坏了它，致力于实践理性理论研究的学者完全忽视了它。同样地，我们认为**认知**理性也蕴含着接受性，由此促使我们走向一种情感主义的美德知识论。

从某种角度来看，在知识论层面用理性来主导生活，就跟在实践层面用理性来主导生活是相似的。就实践层面而言，一方面，通过思考"生活中的一切事物是否都是善的，或是否都是值得追求的"等问题，我们能够辨识出（仅限于课堂里的）纯粹的理智或哲学怀疑；但另一方面，与上述论题相关的严肃怀疑又将削弱我们的实践动机，相应的行动也会被冠以不理性之名。而在知识论层面，我们也可以给出类似的区分。如果某人基于正常的视觉而相信眼前有一棵树，那么，简单地引入怀疑论并不会使其质疑自己关于树的那个信念。但是，如果知识论的怀疑主义更深刻地影响了某人，使她开始严肃地担忧自己是否看到过任何树木，这又该怎么办呢？如果真的如此，那我们便可以说，此人至少在知识论层面不那么理性了。在质疑对自己而言不够合理的信念时，她最终甚至可能会不再对周遭事物形成信念，甚至有可能，她在任何情况下都拒绝将周围环境视为自己的知识来源。

上述结论本身具有一定的合理性和吸引力，但是，通过与实践理性之间的类比，它将收获额外的力量。在实践层面，如果以某种不理性的姿态去行动与思考（就像虚无主义对待所有价值那样）是正确的，那么，在知识论层面，一个人非常认真地把笛卡尔式怀疑纳入自己的认知时，其行动与思考似乎也就不再是不理性的了——果真这样吗？不仅如此，实践与认知之间的类似关系还可以进一步延伸。假如严重怀疑自己利益与情感价值的人所表现出来的接受性匮乏与日常的实践理性的要求背道而驰，那么，在笛卡尔意义上严重怀疑自己感觉的人，难道不是同样显示出一种知识论意义上的不恰当，即对自己的感觉缺乏信任吗？换句话说，在知识论层面，此人对自身感觉的判断缺乏一种恰当的接受性。

类似地，当一个人持有在常识上能够被理解的特定理由时，她质疑自己的利益或情感就是有实践意义的；同样的道理，当存在明确相左证据的情形时，质疑一个知觉信念——比如，置身沙漠的某个人得知自己所看到的只是海市蜃楼——便具有知识论层面的合理性。但是，仅仅根据自由主义认同的那种极度抽象的理由或是采用一般意义的实践怀疑论的理由，就严肃地质疑自己的情感或利益，这显然不能被视为实践层面的合理性。同样可以说，在知识论的维度上，立足笛卡尔式的怀疑论而严肃质疑日常的知觉信念，这也是不理性的。

现在你可能会说，我们忽视了一个难题：只是支持常识世界观而不是基于各种怀疑论的假说，就试图给出反对笛卡尔式怀疑论的理由，这种做法不仅困难，甚至不可能。倘若在没有论证的情况下就排除了怀疑论，我们是否又真的为经验信念提供了辩护呢？不过，即使缺少这种论证，我们仍可宣称：某人严肃地、亲身地怀疑自己持有的大部分知觉信念，或是不相信基于自身的感官知觉而感受到的周遭事物，这在知识论层面就是不合理的。我们之所以可以如此断言，源于"实践怀疑"和"认知怀疑"之间的类比性，以及我们之前的主张所带来的底气：即，无论是倡导严肃质疑的自由主义还是针对实践价值的怀疑主义，反映出的都是一种对于生活的馈赠缺乏接受性的不理性态度。如果严肃质疑所有关系和感觉没有什么实践意义，那么，严肃地质疑自然而然产生于感官知觉的（所有）信念便意味着认知接受性（epistemic receptivity）的缺乏，由此证明这类质疑行为存在的认知不理性（epistemic irrationality）。

至少，情感主义的美德知识论可以给出这样的判断。而我们要想一想，这意味着什么。责任论的美德知识论之所以在解释知觉知识以及得到辩护的知觉信念时遇到困难，是因为它无法说清楚，这种知识和辩护必须具备怎样的品格特征。但是，如果我们把网撒得大一些，把假定存在的"接受性"的认知美德引入感官提供给我们的信息中（类似论证也可以应用于日常的记忆信念），那么，一种特定的认知方面的品格特征便会出现在"得到辩护的知觉信念"的核心位置。针对这类知觉信念所做的辩护也许就在于澄清，它是如何展现出一种理应展现的认知接受性的——就像那些基于怀疑论立场而抛弃了自己的知觉信念的人们之所以被视为认知不理性，是因为他们**没有成功**接受感觉"告诉"他们的信息。对他人的观点缺乏接受，这是一个人缺少美德的标志，体现出了他的不理性的教条主义立场。正如接受性在"心态开放"的认知美德中扮演着重要角色，对于知觉或记忆知识来说，接受性亦发挥着更加广泛的作用。

不过，接受性是人格层面的品格特征，而不是亚人格层面的东西；于是，这意味着，美德知识论者现在或许能够运用一种独特的人格维度的概念语汇来解释针对知觉（与记忆）信念的认知辩护。然而，美德知识论必须为此付出代价。我们的感觉器官（或日常感受和各种关系）所带来的日常接受性（ordinary receptivity）不属于必须加以培养的特征，所以，假如这种人格特征之中也存在美德，那么该美德既不是需要培育的美德，也不是通常意义上我们必须负责的美德。因此，当责任论者希望用"接受性"这个由情感主义所引入的人格品质特概念来解释关于知觉信念的认知辩护时，他就已经不再是一个完整意义的责任论者了。此时，用"美德知识论的人格主义（virtue-epistemological Personalism）"来描述他的观点可能更合适，而且，通过确认这种观点，它们便会更为靠近可靠论者的假设，即某些认知美德并不需要培养。

当然，由于此前的责任论强调要培养认知方面的品格特征，所以，它也可以算是一种人格主义。但正如我们刚才举出的"美德知识论的人格主义"所呈现的那样，这种情感主义版本的理论也可以回答许多责任论无法解决的难题——对日常知觉（或记忆）信念的辩护问题，抑或，其中的认知合理性问题。这是一个巨大的优势，也许为我们从责任论转向情感论视域下的人格主义奠定了良好基础，同时，这类美德知识论立场还可以被视为责任论和（以索萨与格雷科为代表的）标准的可靠论之间的一条**中间道路**（*via media*）。责任论致力于从人格层面的品格特征出发来理解认知美德并以此反驳可靠论，情感主义的人格主义（以下简称为人格主义）对此深表认同，但是，针对可靠论者对责任论者的如下驳斥——即认知美德无需培养也能存在——人格主义也会予以赞成。

况且，人格主义者主张"并非所有的美德都需要培养或发展"，这本身就很有意义。比如，卢梭和华兹华斯这类浪漫主义者就认为，童年时代的好奇心（curiosity）与新视野（fresh eyes）尤其值得赞美。而认识论中的情感主义者也会像浪漫诗人一般强调情感，并将其视为自身立场的优势，进而把哲学的肉身置于儿童那特别值得赞美的思想与美德之上；也就是说，童年时代以及成年后尚未被某种哲学所败坏的接受性，乃是人类身上积极的闪光点。

选择人格主义同样不会干扰情感主义美德伦理学与情感主义美德知识论之间的平行关系。美德伦理学的情感主义者（如休谟）承认，人类在童年时代便拥有仁慈（benevolence）与感激（gratitude）这样的美德，而且，真正的美德不必等到成年之后才成熟。因此，人格主义者同时也是一位美德知识论的情感主义者，他会按照类似于情感主义美德伦理学的方式来看待事物，换言之，他既注重情感成分，也会完全在人格层面处理事务。这就顺利地消除了迄今为止存在于美德伦理学与美德知识论之间的分歧：前者为情感主义留有余地，而后者则没有，以及后者在重要情形下会强调亚人格的能力，而前者却不会。

最后，即使人格主义允许责任论者按照之前的有缺陷方式来处理问题，它也为可靠论者提供了一个想要抓住的机会。正如此前提到的，索萨已经开始着手研究认知动机（epistemic motivations），就跟他研究求真动机（motivation for truth）一样，只不过他认为，基于亚人格层面来理解此类动机才是最佳途径。然而，上文所说的卢梭则提供了另一种可能性。尽管好奇心通常被认为是年幼**儿童**的特征，但我们没有理由不将之视为值得赞赏的认知美德，以及，一种有效通达真理的欲望或动机。如果可靠论者愿意承认这一点，那么，这将给他们带来极佳的机会——在人格层面的品格特征中运用他们的可靠论思想。具体而言，可靠论者可以把儿童的好奇品格当作一种美德，因为（进化论可以给出更多理由）好奇的品格能够帮助孩子获得真理（至于"儿童会对周围人产生移情"的倾向，也是如此）。上述所有内容均与可靠论者的一般观念相契合，并且在拓宽可靠论的适用范围同时，可以一种有意义的方式超越其亚人格的维度。因此，情感主义视域下的美德知识论的人格主义所给出的这条**中间道路**，不仅没有过分更改其他方案，反而基于这些方案的立场而提供了显著的新优势。

不过，这里需要指出一个术语问题。情感主义的美德伦理学在规范的层面上引入了怜悯、同情和仁慈等情感，但我们所说的情感主义的美德知识论则立足于"接受性"的品格特征；"接受性"虽是一种美德，却不能算作情感。而且正如前面简单提到的那样，即使接受某人的感觉给他带来的信念涉及某种信任，这种信任也显然不是情感（也不是缺少"焦虑"或

"担心"这样的情感)。尽管如此,前文基于接受性的情况仍可被视为情感主义美德知识论的**某种**形式,因为:其一,所有的道德情感主义者都会援引移情,从而把接受性悄然作为他们发现道德背后的情感动机的基础;其二,受亚里士多德启发的理性主义的美德知识论**没有**如此广泛地把自己的理论诉诸接受性。情感主义的美德知识论不依赖于情感,而是立足于"接受性"的事实。情感主义美德伦理学的基础是情感,而位于情感背后的接受性又为情感提供了根基。

情感主义进路下的美德知识论会把不靠谱的非认知主义引入我们的知识观吗?它是否会让"S 知道 P"这样的知识论主张仅仅成为某种"对赞许感受的表达",从而无法以真或假来进行衡量?首先,我们没有理由认为,在客观价值或美德的层面,"接受性"特征会比建立在它之上的"心态开放"更弱。其次,我们也没有理由认为,"S 知道 P"这样的表述会弱化为某种情感的表达。无论是理想观察者理论,还是斯洛特近年来在《道德情感主义》一书中倡导的指称固定进路(reference-fixing approach),都避免了元伦理层面的非认知主义,并顾及(不同程度的)道德客观性。所以,我们没有理由假设,知识论的情感主义进路必须要把日常知识与证据理解成为一种比我们有理由设想的主观性还要更加主观的东西。

对于这些新的可能究竟会把我们引向何方,我们还需讨论,但是,基于业已陈述的理由,我们或许可以发现,相比之前的种种怀疑,美德知识论的情况其实跟美德伦理学的处境更加具有近似之处。

【相关论题】

第 2 章 "Aristotle's Virtue Ethics," Dorothea Frede

第 12 章 "Hume," Jacqueline Taylor

第 15 章 "Sentimentalist Virtue Ethics," Michael L. Frazer and Michael Slote

第 21 章 "Agape and Virtue Ethics," Timothy P. Jackson

第 26 章 "Models of Virtue," Nancy E. Snow

第 27 章 "The Situationist Critique," Lorraine Besser-Jones

第 28 章 "Testing the Empathy-Altruism Hypothesis against Egoistic Alternatives," C. Daniel Batson

第 29 章 "Care Ethics and Virtue Ethics," Nel Noddings

第 32 章 "World Virtue Ethics," Stephen C. Angle

第 33 章 "Virtue Ethics and Moral Education," Randall Curren

【参考文献】

Anscombe, G. E. M. (1958) "Modern Moral Philosophy," *Philosophy* 33.

Aristotle. (1998) *Nicomachean Ethics*, New York: Oxford University Press.

Axtell, G. (2000) *Knowledge, Belief, and Character*, Lanham, MD: Rowman & Littlefield.

Battaly, H. (2008) "Virtue Epistemology," *Philosophy Compass: Epistemology* 3 (4) : 639–663.

——(2011) "Is *Empathy* a Virtue?" in A. Coplan and P. Goldie (eds.) , *Empathy*, Oxford: Oxford University Press.

——(2014) "Intellectual Virtues," in S. Van Hooft and N. Saunders (eds.) , *Handbook of Virtue Ethics*, Acumen.

Foot, P. (1978) *Virtues and Vices*, Oxford: Blackwell.

——(2001) *Natural Goodness*, Oxford: Oxford University Press.

Greco, J. (2000) *Putting Skeptics in Their Place*, Cambridge: Cambridge University Press.

——(2002) "Virtues in Epistemology," in P. Moser (ed.), *Oxford Handbook of Epistemology*, Oxford: Oxford University Press.

——(2010) *Achieving Knowledge*, Cambridge: Cambridge University Press.

Hoffman, M. (2000) *Empathy and Moral Development: Implications for Caring and Justice*, Cambridge: Cambridge University Press.

Hookway, C. (2003) "Affective States and Epistemic Immediacy," in M. Brady and D. Pritchard (eds.), *Moral and Epistemic Virtues*, Oxford: Blackwell.

——(2008) "Epistemic Immediacy, Doubt, and Anxiety," in G. Brun et al. (eds.), *Epistemology and the Emotions*, Hampshire: Ashgate.

Hume, D. (1990) *A Treatise of Human Nature*, 2nd ed., Oxford: Oxford University Press.

Hursthouse, R. (1999) *On Virtue Ethics*, Oxford: Oxford University Press.

MacIntyre, A. (1981) *After Virtue*, Notre Dame, IN: University of Notre Dame Press.

Montmarquet, J. (1993) *Epistemic Virtue and Doxastic Responsibility*, Lanham, MD: Rowman & Littlefield.

Nussbaum, M. (1999) *Sex and Social Justice*, New York: Oxford University Press.

Roberts, R. and W. J. Wood. (2007) *Intellectual Virtues*, Oxford: Oxford University Press.

Slote, M. (2001) *Morals from Motives*, New York: Oxford University Press.

——(2010) *Moral Sentimentalism*, New York: Oxford University Press.

Sosa, E. (1980) "The Raft and the Pyramid," *Midwest Studies in Philosophy* 5: 3–25.

——(1991) *Knowledge in Perspective*, Cambridge: Cambridge University Press.

——(2007) *A Virtue Epistemology*, Oxford: Oxford University Press.

——(2009) *Reflective Knowledge*, Oxford: Oxford University Press.

——(2011) *Knowing Full Well*, Princeton, NJ: Princeton University Press.

Swanton, C. (2003) *Virtue Ethics: A Pluralistic View*, Oxford: Oxford University Press.

Von Wright, G. H. (1963) *The Varieties of Goodness*, London: Routledge and Kegan Paul.

Zagzebski, L. (1996) *Virtues of the Mind*, Cambridge: Cambridge University Press.

第 20 章
女性主义美德伦理学

[美] 凯伦·斯托尔 / 著
张琳琳 / 译 李义天 / 校

概览

本章的任务是一项大任务,因为,什么是美德伦理学或什么是女性主义,对这些问题都没有单一的答案。我们能否证明美德伦理学与女性主义相容,取决于我们心中的美德伦理学是怎样的,以及,取决于我们最关心女性主义理论的哪些考虑因素。在有些方面,美德伦理学似乎特别符合女性主义思想的重要流派,而在有些方面,它却与女性主义的目标不相契合。

美德伦理学有一项显著特征,那就是,在它恢复其当代主流地位并成为其他道德理论的合法竞争者过程中,女性哲学家在一定程度上发挥了关键作用。女性哲学家发展和捍卫美德伦理学,这个事实当然并不足以使其与女性主义相容,也谈不上是对女性主义理论的重大贡献。然而,这种情况却是值得注意的,而且,本章或许会提供一些见解,说明美德伦理学为什么对女性哲学家有吸引力,而其他道德理论却并非总是如此。

请允许我一开始就承认,有许多伦理学框架都被称为美德伦理学。在这些版本中,最著名的当数是伊丽莎白·安斯康姆(1958)、菲利帕·富特(2003)、阿拉斯代尔·麦金太尔(1984)、罗莎琳德·赫斯特豪斯

（1999）等人所捍卫的广义的新亚里士多德主义版本。当然，这些哲学家之间存在重要的差异，其中一些将在下面加以讨论。但就目前而言，我会把他们放在一起。这种理论之所以构成我在本文的主要焦点，既是因为他们所占据的主导地位，也是因为亚里士多德臭名昭著的性别主义观点似乎在其理论中如此根深蒂固，以至于任何形式的亚里士多德美德伦理学都无法与女性主义相容；尽管我将论证，事实并非如此。

271

不过，还有一些其他版本的美德伦理学。克里斯蒂娜·斯沃顿（2003）发展了一种多元主义的美德伦理学，它在某些方面是亚里士多德式的，但在另一些重要的方面又与新亚里士多德主义的美德伦理学相背离。还有一些观点与休谟有着明显的渊源，比如，迈克尔·斯洛特（2001，2007）发展出的情感主义的美德伦理学。不同类型的美德伦理学与女性主义理论之间存在不同的亲和程度；当我们从女性主义的视角思考美德伦理学时，各种方法都有其各自的优势和劣势。

当代女性主义伦理学和当代美德伦理学的一个重要特征是，它们的发展，在一定程度上，都是因为对其他的规范理论有深深的不满。心理学家卡萝尔·吉利根（Carol Gilligan）对劳伦斯·科尔伯格（Lawrence Kohlberg）道德发展理论所蕴涵的性别偏见的批判，给女性主义伦理学的发展带来了深刻影响。在吉利根看来，科尔伯格的论述轻率地将道德推理归纳为对正义的关注，并将其列为优先事项。而吉利根则提出了另一种细微的道德推理图景，它建立在对关怀和同情的考虑之上，从而产生了所谓的关怀伦理学。吉利根的原创性工作表明，女人和女孩往往更频繁地采用基于关怀的推理，而不是基于正义的推理，结果使得她们在科尔伯格所提出的道德发展阶段上处于较低的位置。尽管这个具体判断被证明缺乏说服力，但从那时起，关怀视角的伦理学开始占据上风并在女性主义伦理学这里发挥重要的作用。最初有关正义和关怀的争论已被更复杂的图景所取代，后者既包括以正义为基础的伦理学，也涉及以关怀为基础的伦理学（Noddings 1984; Calhoun 1988; Card 1990），而且，在一些情况下，并不是所有的女性主义伦理学都可以被恰当地理解为关怀伦理学。即便如此，吉利根最初提出的那种考虑仍然构成了一系列从女性主义立场看待伦理理论的重要关切。

当代美德伦理学的根源则在于对道德理论的主流思维方式有类似不满。在伊丽莎白·安斯康姆的那篇基础性文章《现代道德哲学》中，这种不满也许得到了最好的体现。在文章中，她认为，亚里士多德式的美德伦理学为伦理学的有效思考提供了唯一融贯的路径（1958）。而伯纳德·威廉姆斯在他的《伦理学与哲学的限度》一书中则对伦理学理论进行了更为全面的批判（1985）。尽管威廉姆斯认为，相比于启蒙运动的同类理论，古代的伦理理论为伦理实践提供了更大的洞见，但是，他从来没有为某个轻易被归入美德伦理学的伦理学立场辩护。不过，他的反理论立场（anti-theoretical stance）在那些寻找伦理学其他思考方式的人那里获得了认可。

女性主义伦理学和美德伦理学的这些反理论情绪，在安尼特·拜尔（Annette Baier）的作品中体现得尤为充分（1994，2004）。拜尔对美德伦理学的看法是极为休谟主义的，并且，这种看法在许多方面同更为传统的亚里士多德主义美德伦理学存在分歧。尽管如此，她的作品——尤其是她对信任及其意义的论述——仍然对追求美德伦理的运动产生影响，促使人们从女性主义的视角去思考新的伦理学方法。

并非所有女性主义伦理学或美德伦理学都受到反理论承诺的驱动，因此，认为它们全都必须质疑道德的理论化（moral theorizing），这是不对的。但是，这两种理论的捍卫者有一个特点，那就是，他们对于康德主义和各种后果主义的道德理论资源在整体把握道德经验尤其是女性经验方面持怀疑态度。可问题是，任何一种美德伦理学是否能够做得更好。

我把女性主义伦理学的主要关切分为两大类。第一类是刚才讨论过的一系列关切，即道德理论需要解释全部的道德经验。显然，女性主义的焦点是女性的道德经验，但是，女性主义伦理学在传统上也会与那些提出类似的、有时是重合的经验问题的人——比如，有色人种、残疾人以及其他在历史上遭受压迫和不公的人们——站在一起。在女性主义伦理学中，人们普遍关心，康德主义和后果主义的传统表述由于过分强调理性，因而过于抽象且不关心重要的道德考虑。而女性主义伦理学的一个标准原则是，对伦理学的充分说明应该包括情感的道德意义——情感的表达及其在道德判断中的作用。这种观点认为，如果在情感上缺乏对特定情境的敏锐调整，那么，道德判断很可能会出错或者至少不完整。符合女性主义标准的伦理学也重视养育子女、照顾老病以及维持社会关系等活动的道德维度，所有这些在传统上都是女性的领域。

　　女性主义的第二类关切包括一些最好被称为正义和女性权利的问题。在道德上和政治上，女性仍未获得与男性完全平等的对待，这已不是什么新闻。在世界许多地方，女性都缺乏政治地位，并且由于不公正的社会结构和政策，她们的贫困率和普遍的经济困难程度更高。此外，世界各地的女性和女孩经常因为卖淫、强迫婚育、性暴力而遭到性奴役和性剥削。而女性主义的一个基本目标就是识别这些深层的压迫结构，并纠正它们强加的错误。任何女性主义伦理学都要能够采用正义和人权的语言，充分有效地把握这些问题的道德分量。

　　传统观点认为，就女性主义第一类关切而言，美德伦理学很可能比其他道德理论做得更好，但在第二类关切上不如其他理论。我想说，关于这一点，传统观点仍大体正确。对女性主义者来说，任何美德伦理学都是一个混合体，它既欢迎从女性经验的新视角来看待伦理生活，又似乎很难解释世界各地的女性仍在经历的剥削和不正义。在本章最后，我将指出，女性主义美德伦理学在我眼中最有前途的发展方向。

情感主义美德伦理学与女性主义

现在来考虑一下特定版本的美德伦理学在这两大类关切上的表现，让我从基于关怀的美德伦理学（care-based virtue ethcis）开始。基于关怀的美德伦理学在本书其他章节已有论述，所以我在这里对它的讨论相对较少。但是，既然基于关怀的美德伦理学的某些形态与女性主义伦理学之间存在深刻的理论联系，那么，如果不给出哪怕一个简短的讨论，将是不负责任的。

目前最著名的基于关怀的美德伦理学是情感主义的美德伦理学。迈克尔·斯洛特在《源自动机的道德》（*Morals from Motives* 2001）中为其辩护，并在《道德情感主义》（*Moral Sentimentalism* 2013）中对它加以完善。斯洛特强调了他从大卫·休谟、弗兰西斯·哈奇森、詹姆斯·马蒂诺那里受到的思想影响，并特别注重情感主义美德伦理学与女性主义之间的深度相容性（2007，2011）。我们可以将斯洛特的工作描述为，努力将关怀伦理学和美德伦理学置于同一理论屋檐下。在斯洛特看来，关怀是道德行为者的首要美德，所有其他的道德考虑都可以通过关怀而进行充分的描述。毫不奇怪，他对关怀的描述是相当有力的，并且，同吉利根和诺丁斯等伦理学家先前的关怀概念相比，他的关怀概念纳入了更多道德态度和判断的内容。但斯洛特很清楚，他的基于关怀的伦理学应该被理解为一种特意采用女性主义方法来思考美德的方式。斯洛特认为，在西方历史上，大多数（尽管不是全部）哲学家之所以没有注意到关怀的道德丰富性，部分原因在于，他们没有关注女性的经验。因此，在他看来，关怀在哲学上的边缘化是同女性在实际中的边缘化联系在一起的。

在涉及女性主义关切的第一类问题时，情感主义美德伦理学通常表现良好，尽管弗吉尼亚·赫尔德（Virginia Held 2011）认为斯洛特的情感主义在一些重要的方面偏离了关怀伦理学。由于情感主义美德伦理学强调关怀和移情，并且注意到关怀得以发挥作用的广泛语境，因此，它能把握到对情感进行调适、对具体的他人需求予以关注的道德意义。当然，斯洛特也意识到，对于源自正义和女性权利等第二类关切的问题，也必须加以解决。在他看来，只要正确地理解关怀，那么它是可以适用于这些关切的。一个人对女性所处的压迫环境予以美德意义上的移情，他便有动力行动，确保她们的权利得到尊重以及确保她们得到公平对待。然而其他人，包括我自己在内，都不太确定这一点。任何对关怀的描述是否把握了所有的正义关切？赫尔德（2011）对此表示怀疑，特别是在受压迫的受害者无法承认自己权利的情况下。况且，对正义的描述要求所有人都尊重女性的权利，而无论他们的动机和态度如何。全心全意地关心他人当然也涉及关心正义，斯洛特的这种想法无疑正确，但是，试图从关怀概念中引申出所有的正义要求，却不仅可能淡化正义的重要性，而且会使关怀概念过度延伸而超出其直观含义。

亚里士多德主义美德伦理学与女性主义

最为人熟知可能也是最有影响力的美德伦理学，是一套或多或少具有亚里士多德主义色彩的广泛理论。这也是最容易引起女性主义者质疑的美德伦理学，对此，并非没有理由。我将在下文再谈这个问题。让我先说一些值得注意的事情，那就是，将亚里士多德主义美德伦理学的更新版本引入伦理学理论前沿的大多数哲学家都是女性，仅举几例：伊丽莎白·安斯康姆（1958），菲利帕·富特（1978，2003）、罗莎琳德·赫斯特豪斯

（1999）、玛莎·纳斯鲍姆（1986，1988）、茱莉亚·安娜斯（1993）、南希·谢尔曼（1989）。正如我此前所说，仅仅是有高于正常数量比例的女性哲学家认为某种伦理理论具有吸引力，这一事实并不能说明它与女性主义相容。不过，它却可能给我们提供更加仔细考察的理由。

大多数新亚里士多德主义美德伦理学（也许所有接受这一称谓的美德伦理学）都是幸福主义的。我的意思是，位居其核心的乃是一个强有力的人类繁荣概念。并非所有借鉴亚里士多德思想的美德伦理学都具有这个特征。例如，克里斯蒂娜·斯沃顿的多元美德伦理学（2003）虽然含有重要的亚里士多德元素，但却刻意塑造为非幸福主义的（non-eudaimonist）立场。而女性主义者觉得新亚里士多德主义美德伦理学既吸引人又不吸引人的部分原因就在于它的幸福主义特征，因此值得进一步探讨。

在传统的亚里士多德主义图景中，人类繁荣与人类作为理性动物的本性是联系在一起的。一个人作为一个人的繁荣，就是他作为一个理性动物而在与他人的共同体中生活得好（亚里士多德认为，人类在根本上是社会或政治的生物）。而美德便是有助于促成繁荣的人类卓越性。在《尼各马可伦理学》中，亚里士多德本人似乎坚定地认为美德是繁荣的必要条件。这意味着，如果没有美德，人就不可能实现繁荣。然而它们却不是充分条件，这不仅因为有些美德如"大方"（magnificence）需要财富这样外在善来实现，而且因为还有一些外在善，比如朋友，其本身对于实现繁荣来说就必不可少（1101a15, 1122b28, 1169b10）。

亚里士多德还持有一种存在争议的观点，它有时被称作"美德的统一性"（the unity of the virtues），但更恰当的说法是"美德的互惠性"（the reciprocity of the virtues）。该观点认为，道德美德和实践智慧的理智美德是一种彼此互惠的关系，一个人在没有实践智慧的情况下，不可能拥有完满的道德美德，同理，他在缺乏道德美德的情况下，也不可能具备实践智慧（1144a8–10, 1144b31）。并非所有的新亚里士多德主义者都接受互惠性命题，但是，它在亚里士多德自己的美德伦理学中发挥了重要作用。在亚里士多德看来，践行美德是一种复杂的技艺，既涉及恰当的情感调适（道德美德的工作），又涉及通过经验而磨练出来的正确判断（实践智慧的工作）。

亚里士多德理论的所有这些方面都引起女性主义者的关注，她们关心亚里士多德的美德伦理学与女性主义的核心原则是否相容。而亚里士多德本人持有一些根深蒂固的性别主义信念，其中最相关的可能就是《政治学》的观点，即女性不可能具有完满的美德，因为她们没有能力按照美德所要求的方式遵循慎思而行动（1260a12）。当然，仅仅是亚里士多德持有性别主义信念的事实，并不意味着亚里士多德主义美德伦理学的捍卫者就会承诺接受同样的信念。一方面拒绝亚里士多德关于女性和奴隶天生能力不足的说法，但另一方面又仍然坚持他对美德和繁荣的更一般看法，这似乎不难做到。然而，还有一些其他担忧，那就是，幸福主义的新亚里士多德主义美德伦理学在多大程度上必然会跟某种可疑的本质主义（essentialism）纠缠在一起，或者至少，它会给人类的美德和繁荣带来一种过分指令性的理解（Conly 2001）。

假设有一种文化，认为女性和男性在本质上是完全不同的生物，而且，女性的繁荣主要在于以丈夫和孩子为中心的家庭活动。在这种社会和文化中，女性的美德或卓越可能包括顺从（submissiveness）、扶持（nurturing）、眷顾（caretaking）等品格特征。而没有表现出这些特征的女性（或表现出这些特征的男性）则被认为缺乏美德。

当然，新亚里士多德主义者会回应说，这种文化信仰是根本错误的。事实上，富特（2003）、赫斯特豪斯（1999）、麦金太尔（1999）所捍卫的伦理自然主义，看起来并未让新亚里士多德主义陷入任何基于性别的本质主义。然而，美德伦理学之所以对女性主义有吸引力，又部分在于它对人类生活的社会、历史和文化环境具有敏感性。这有时使得哲学家会出于女性主义的理由，对同一文本既赞赏又批评。因此，安尼特·拜尔（1994）赞扬麦金泰尔的《追寻美德》（1984），是因为它对于女性经验可能具有开放性，而苏珊·莫勒·奥金（Susan Moller Okin 1996）却批评它强化了可疑的父权制规范。（拜尔后来在文章中添加了一个后记，根据奥金的言论修改了自己对麦金泰尔的赞美。）

奥金担心，亚里士多德论述中所隐含的性别主义是如此根深蒂固，以至于无法完全根除（1996: 212–213）。而那些过于靠近亚里士多德的美德伦理学，有可能系统性地忽视了女性的生活和工作。对此，纳斯鲍姆（1992）持相反的观点；她认为，在阐明女性在不公正社会中的需求以及解决这些需求的重要意义方面，亚里士多德针对人类生活物质条件的关注使其理论成为一种理想的选择。稍后，我将回到纳斯鲍姆对亚里士多德的辩护。但首先，请允许我们考虑一下女性主义者批评新亚里士多德主义美德伦理学的另一个相当不同的方向。

在 2005 年的著作《负重的美德：面向解放斗争的美德伦理学》（*Burdened Virtues: Virtue Ethics for Liberatory Struggles*）一书中，莉莎·特斯曼（Lisa Tessman）指出，在压迫性的社会中，发展和践行美德的能力在一定程度上会受到损害，同样地，美德与繁荣之间的联系也是如此。特斯曼担心，在压迫环境下，美德的培育本身也许就不可能；不仅如此，有些对于生存或反对压迫所必需的美德也将被证明为"负担"，这意味着它们会与美德拥有者本人的繁荣整体脱节。例如，那些在压迫重压之下不断挣扎的人可能需要保持愤怒，而这种愤怒却可能阻碍行为者的繁荣。尽管特斯曼觉得新亚里士多德主义令人信服，但她想知道，它是否能够理解那些被压迫人民的道德经验。当然，亚里士多德并不认为每个人都能实现繁荣，因此，有些人无法实现繁荣（特别是由于物质条件而无法实现繁荣），这种事实对他的理论本身来说不是一个问题。但是，特斯曼的批评却着实要求我们更仔细地研究，美德和繁荣在压迫性的社会中是怎样的关系，以及，培育和践行繁荣所需要的那些美德又在多大程度上取决于没有压迫力量的存在。

特斯曼还考虑了压迫者能否在压迫性的社会中实现繁荣的问题；对此，玛丽莲·弗里德曼（Marilyn Friedman）也讨论过（2009）。如果我们理所当然地认为压迫者起码缺少某些美德，而亚里士多德说美德是实现繁荣的必要条件，那么，存在某个实现繁荣的压迫者，这似乎就给亚里士多德的这个说法提出了质疑。如果压迫者是因为他们作为压迫者的身份（尽管他们不只具有这种身份）而实现繁荣的，那么，这就会令人特别不安。其实，亚里士多德所描述的人类美好生活，似乎就取决于一个人能否摆脱日常生活的各种卑贱任务。而这些任务大概得由其他人来完成，这样，压迫者才可以自由地从事沉思和其他美好活动。

特斯曼的批评也潜在地威胁到亚里士多德的美德互惠性理论，因为，这种理论暗示人们——无论压迫者还是被压迫者——如果生活在不公正社会而缺乏一种美德，那必会缺乏其他美德。这意味着，如果被压迫者对她的环境感到愤怒而有所行动，那么，其行为不可能算作是在努力斗争中充分践行勇气。同样这也意味着，压迫者既然参与制造压迫社会从而有了恶德，那么，他们也无法拥有其他美德。新亚里士多德主义者当然接受这些结论，并且同意认为，压迫性的环境会使得美德和繁荣不复存在。我们可以把这种情况看作是新亚里士多德主义理论的理想化表达，超出这点，它仍构成一种思考伦理学的有益方式。或者，我们只能把它看作是人类生活中普遍存在的不幸事实，在这种情况下，新亚里士多德主义只会让人感到沮丧。

无论如何，为了使新亚里士多德主义的美德伦理学能够充分回应女性主义的关切，对于那些生活在似乎难以实现繁荣的环境中的人们来说，必须有一种方法来解释他们的道德经验。也许更重要的是，必须有一种方式来阐明这些环境存在的问题，阐明生活于其中的人们之所以必须改变它们的理由。几乎每个人都相信，压迫者有道德理由停止压迫。问题是，美德伦理学能否解释这一点。

在大多数新亚里士多德主义美德伦理学那里，我们有充分的道德理由为了我们的共同体利益而行动，因为，在缺乏蓬勃发展的社会和政治条件下，我们无法实现繁荣。如果我们可以合理地认为，压迫者在一个压迫性的共同体中不可能实现繁荣，那么，他们就有理由至少让自己的共同体变得更公正。但是，如果压迫者在压迫性的条件下确实能够实现繁荣，那么问题就会变得更加复杂，难以解决（Friedman 2009）。对于压迫者，美德伦理学可以给他们提供哪些道德理由，让他们去做哪些事情，使得他们身边那些更加不幸的人们也能获得繁荣呢？对美德伦理学来说，要真正回应女性主义的思考，针对上述问题给出某种答案将是有所助益的。

退一步，基于女性主义者所偏好的两类关切，我们来评估新亚里士多德主义的美德伦理学。第一类关切侧重的是道德经验的整体性（特别是女性的经验）以及伦理理论能否充分说明这些经验。在这方面，新亚里士多德主义的美德伦理学似乎做得不错。正确的道德判断需要情绪方面的敏感性和对情境细节的注意力，而没有直接经历过这种决断环境的人是不具备这些能力的。这一点非常契合那种呼吁承认女性经验——特别是在女性一直以来能够最充分发挥其能动性的领域中——饱含智慧的做法。尽管亚里士多德本人没有认识到女性角色对于孩子的道德教育的重要性，但是，他的理论却给对孩子施加应有的关怀和教育留下了足够的空间。

然而，无论是基于关怀的美德伦理学，还是新亚里士多德主义美德伦理学，它们吸纳女性道德经验的能力已不再像以前那样突出地表现出与女性主义之间的亲和性。美德伦理学刚出现时，在强调道德教育和情感对于道德判断的作用等问题上，它似乎是唯一的道德理论。但在这几年，其他理论也赶了上来。后果主义者开始对情感和道德判断展开更细致的解释。康德主义伦理学家拿出《道德形而上学》(*Metaphysics of Morals*)和《伦理学讲义》(*Lectures on Ethics*)，改变了康德伦理学的方向，并将新的重点置于康德的美德和情感论述。事实上，康德伦理学和美德伦理学典型要素之间长期以来的鲜明区别，目前已越来越难识别。与康德主义相比，美德伦理学在情感重要性等问题上的优势不再被视为理所当然，尽管这并不意味着该优势就已经消失。(Stohr 2002)

第二类关切包括了我们刚才围绕实现繁荣而讨论的问题。有些社会结构和政治系统迫使女性长期处于从属和受支配地位，对此，新亚里士多德主义能够施加必要的批判吗？有人声称某些做法和政策侵犯了女性的权利并且不公正地认为她们的道德地位低于男性，对此，新亚里士多德主义能够给予证明吗？亚里士多德认为正义首先是一种个人美德，同时，他对城邦的政治制度也做了大量论述；他似乎更愿意允许一种牺牲多数人而使少数人受益的社会安排。女性主义的新亚里士多德主义者必须找到某种办法，阻止这一点。

当涉及支配和压迫问题时，由于其他理论在这些方面的成功，新亚里士多德主义美德伦理学的相对劣势就更加明显。尽管康德本人并不完全是一位持有女性主义洞见的重要人物，但他的理论却颇有资源，可以针对女性在政治、社会、经济和性方面的从属地位进行强有力的批判。同样地，通过揭示那些身处不平等和不公正的人们所遭遇的毁灭性影响，功利主义能够提出令人信服的论点，反对不公正的社会。因此，如果美德伦理学不能以合理的方式处理这些问题，那么，就其对于女性主义伦理学的实践价值而言，它同其他理论相比将会处于下风。

女性主义美德伦理学的未来方向

在我看来，女性主义美德伦理学的一个更有前途的方向是，当讨论正义问题时，留出一些领域给其他理论。我想到的进路是"可行能力进路"（capabilities approach），尤其是由玛莎·纳斯鲍姆发展的那条（2000，2011）。在大多数情况下，可行能力进路被认为属于政治哲学领域而非伦理学领域，因为它关注的是与制度、实践和资源分配有关的社会正义问题。此外，由于自由主义的影响，可行能力进路在很多方面似乎更接近康德理论，甚或功利主义，而不是美德伦理学。然而，我们可以在美德伦理学的框架中运用它，使之更符合女性主义哲学的目标。

纳斯鲍姆的可行能力进路的核心思想是，人类具有一定的能力和功能，而实现这些能力和功能对人类生活的繁荣至关重要。它们是否成为能力或真正的机会，部分取决于是否满足了某些物质条件，正如一个人是否实现亚里士多德意义上的繁荣，部分取决于她是否能够持续地获得繁荣所必需的外在善。纳斯鲍姆始终认为，关于人类生活的实际条件以及这些条件对人类繁荣的影响（无论好坏），亚里士多德的理论一直都有高度的敏感性（1986，1992）。人类繁荣与特定的人类生活环境之间的相互关系，已成为新亚里士多德主义美德伦理学的核心部分。尽管纳斯鲍姆列出的十种能力与亚里士多德最初描述的作为卓越的美德有一些相似处，但是，能力并不完全等于通常所说的美德。当然，与亚里士多德的美德观念相比，纳斯鲍姆的能力概念为美好生活的多样性留下了更大空间。尽管如此，可行能力进路的很多观点似乎仍然与新亚里士多德主义美德伦理学相容，包括认为，政府的重要作用之一就是创造和培育人们实现自身能力的必要条件。对我们的目的而言,至关重要的是,可行能力进路能够抓住女性主义者尤为关注的许多问题,比如,资源获取的不平等,强制或鼓励女性屈从的法律和政策,生养孩子所造成的身体、社会和经济负担,缺乏有效的政治地位,等等。

可行能力进路建立在针对人类繁荣予以广泛描述但又获得普遍理解的基础上;运用它,可以不分性别。这与上文提到的美德伦理学家最近所做的努力非常吻合,他们致力于发展出一套可信的伦理自然主义(Hursthouse 1999; Foot 2003)。尽管纳斯鲍姆在阐述能力时采用了罗尔斯式自由主义的语言和框架,但恰恰是这些语言和框架,可以被广泛地理解为一种自然主义的繁荣概念。甚至,只要新亚里士多德主义美德伦理学将人类个体的繁荣与他们所处的共同体繁荣联系起来,那么,美德伦理学家就需要进一步去思考和讨论全球共同体,思考我们的繁荣如何与世界其他地方的陌生人的繁荣相联系。可行能力进路为新亚里士多德主义美德伦理学提供了有趣的可能性,不过,在回应女性主义的全部关切之前,它还有很多工作要做。

本文仅仅触及女性主义伦理学和美德伦理学可能发生作用的一些表面。我们在每一条进路中发现的纯粹多样性的特征使得难以开展详尽的讨论,但是,这种多样性也为两者交汇处的创造性工作开辟了相当大的理论空间。一段时间以来,女性主义伦理学与美德伦理学一直在彼此成就,如果幸运的话,它们将会继续这样,以求双赢。

【相关主题】

第 2 章 "Aristotle's Virtue Ethics," Dorothea Frede

第 12 章 "Hume," Jacqueline Taylor

第 15 章 "Sentimentalist Virtue Ethics," Michael L. Frazer and Michael Slote

第 16 章 "Pluralistic Virtue Ethics," Christine Swanton

第 22 章 "Kant and Virtue Ethics," Allen Wood

第 23 章 "The Consequentialist Critique of Virtue Ethics," Julia Driver

第 29 章 "Care Ethics and Virtue Ethics," Nel Noddings

【参考文献】

Annas, J. (1993) *The Morality of Happiness*, Oxford: Oxford University Press.

Anscombe, G. E. M. (1958) "Modern Moral *Philosophy*," Philosophy 33: 1–19.

Aristotle (1995) *Nicomachean Ethics*, trans. Terence Irwin, 2nd edition, Indianapolis: Hackett Publishing.

Aristotle (1998) *Politics*, trans. C. D. C. Reeve, Indianapolis: Hackett Publishing.

Baier, A. (1994) "What Do Women Want in a Moral Theory?" in *Moral Prejudices*, Cambridge, MA: Harvard University Press.

Baier, A. (2004) "Demoralization, Trust, and the Virtues," in C. Calhoun (ed.) *Setting the Moral Compass: Essays by Women Philosophers*, Oxford: Oxford University Press.

Calhoun, C. (1988) "Justice, Care, and Gender Bias," *Journal of Philosophy* 85: 451–463.

Card, Claudia (1990) "Review: Caring and Evil," *Hypatia* 5: 101–108.

Conly, S. (2001) "Why Feminists Should Oppose Feminist Virtue

Ethics," *Philosophy Now* 33: 12–14.

Foot, P. (1978) *Virtues and Vices*, Berkeley: University of California Press.

Foot, P. (2003) *Natural Goodness*, Oxford: Clarendon Press.

Friedman, M. (2009) "Feminist Virtue Ethics, Happiness, and Moral Luck," *Hypatia* 24: 29–40.

Gilligan, C. (1982) *In a Different Voice: Psychological Theory and Women's Development*, Cambridge, MA: Harvard University Press.

Held, V. (2011) "Care, Empathy, and Justice: Comment on Michael Slote's *Moral Sentimentalism*," *Analytic Philosophy* 52 (4) : 312–318.

Hursthouse, R. (1999) *On Virtue Ethics*, Oxford: Oxford University Press.

MacIntyre, A. (1984) *After Virtue*, Notre Dame, IN: University of Notre Dame Press.

MacIntyre, A. (1999) *Dependent Rational Animals*, Chicago, IL: Open Court Press.

Noddings, N. (1984) *Caring: A Feminine Approach to Ethics and Moral Education*, Berkeley: University of California Press.

Nussbaum, M. (1988) "Non-Relative Virtues: An Aristotelian Approach," in P. French, R. Uehling, and H. Wettstein (eds.) *Midwest Studies in Philosophy XIII, Ethical Theory: Character and Virtue*, Notre Dame, IN: University of Notre Dame Press.

Nussbaum, M. (1992) "Aristotle, Feminism, and Needs for Functioning," *Texas Law Review* 70: 1019–1028.

Nussbaum, M. (1996) *The Fragility of Goodness,* Cambridge: Cambridge University Press.

Nussbaum, M. (2000) *Women and Human Development: The Capabilities Approach*, Cambridge: Cambridge University Press.

Nussbaum, M. (2011) *Creating Capabilities: The Human Development Approach*, Cambridge, MA: Harvard University Press.

Okin, S. M. (1996) "Feminism, Moral Development, and the Virtues," in R. Crisp (ed.) *How Should One Live? Essays on the Virtue*s, Oxford: Clarendon Press.

Sherman, N. (1989) *The Fabric of Character*, Oxford: Clarendon Press.

Slote, M. (2001) *Morals from Motives*, Oxford: Oxford University Press.

Slote, M. (2007) *The Ethics of Care and Empathy*, New York: Routledge.

Slote, M. (2011) *The Impossibility of Perfection*, Oxford: Oxford University Press.

Slote, M. (2013) *Moral Sentimentalism*, Oxford: Oxford University Press.

Stohr, K. (2002) "Virtue Ethics and Kant's Cold-Hearted Benefactor," *Journal of Value Inquiry* 36: 187–204.

Swanton, C. (2003) *Virtue Ethics: A Pluralistic View,* Oxford: Oxford University Press.

Tessman, L. (2005) *Burdened Virtues: Virtue Ethics for Liberatory Struggles*, Oxford: Oxford University Press.

Williams, B. (1985) *Ethics and the Limits of Philosophy,* Cambridge, MA: Harvard University Press.

第 21 章
圣爱与美德伦理学

[美] 蒂莫西·P. 杰克逊 / 著
贾沛韬 / 译　李义天 / 校

> 听那妇人分娩时的号叫,看那垂死之人的挣扎,然后告诉我,那些有初始亦有终结之事还有什么值得喜悦。
>
> ——索伦·克尔凯郭尔①

> 爱是恒久忍耐,又有恩慈;爱是不嫉妒;爱是不自夸,不张狂,不做害羞的事,不求自己的益处,不轻易发怒,不算计人的恶,不喜欢不义,只喜欢真理;凡事包容,凡事相信,凡事盼望,凡事忍耐。爱是永不止息。
>
> ——《哥林多前书》13:4-8

引言:伦理的维度

让我们想象一下,伦理世界跟物理世界一样,至少存在三个维度。正如空间物体可以上下、左右、前后移动,道德行为者也涉及品格特质、行动形式和行动后果等三个维度。我们把第一个伦理维度称作美德论的(aretological,来自希腊语 *arete*,意为美德);把第二个维度称作义务论的(deontological,来自希腊语 *deon*,意为义务);把第三个维度称作目的论的(teleological,来自希腊语 *telos*,意为目的或后果)。美德论聚焦

---

① 中译文参考[丹麦]彼得·罗德编:《克尔凯郭尔日记选》,姚蓓琴、晏可佳译,北京:商务印书馆 2015 年,第 25 页。引用略有改动。——译者注

行动者的动机和秉性：可以说，问题在"谁？"如果我被某些特定的目标和欲望所激励，我会是谁（是何种人）？我会是勇敢的还是怯懦的，节制的还是纵欲的？等等。相比之下，义务论研究人类行动的形态，而不考虑意图及情感：问题在"如何？"。如果我做出这个特定行为，我的举止表现会是如何？我的行动会是正确的还是错误的，尽责的还是失责的？等等。至于目的论，着眼的则是行动的最终结果：问题在"什么？"。如果我如此这般行动，我会实现什么？我会带来最大多数人的最大幸福，建成受到热爱的共同体吗？等等。

一种合理的伦理理论所面临的挑战就在于，如何体现整全性，如何将上述三个维度整合进一个统一的视阈。相应地，伦理学各种立场的许多缺陷也可被归结为，单纯排他地或毫无限度地强调这三个维度中的某一方面。诚然，现代道德哲学的大部分历史都可以被视为对伦理单维度性的辩护、限定或反对。20 世纪下半叶，亚里士多德主义美德伦理学的广泛复兴被恰当地归功于伊丽莎白·安斯康姆、阿拉斯代尔·麦金太尔和玛莎·努斯鲍姆；同时，W. D. 罗斯、艾伦·格沃斯和约翰·罗尔斯为康德式的义务论传统的复兴做出了贡献。这些学界大家并非孤立著述，他们各有独特的侧重和洞见，但是，这六位全都反对目的论——即，功利主义——自杰里米·边沁、约翰·斯图亚特·密尔以来在道德理论中所占据的主导地位。美德伦理学家认为，功利主义专注于行动本身的有用或快乐后果，这导致它忽视行为者的品格，从而造成荒谬的道德生活景象。为了促进群体的最大幸福，人们可能会出于错误的理由，例如，出于对物质的贪婪或对权力的贪求。而义务论者则坚持认为，对后果的关注将使人忽视那些至关重要的行为形式，因此容易违反基本的正义原则。例如，人们可能会绞死无辜者或压迫少数族裔，以实现普遍的功利。

如同义务论和目的论各有其娴熟的捍卫者一样，美德论也被许多卓有能力的著述者进一步推入 21 世纪。尽管如此，仍有其他一些思想家争辩说，这三大阵营全都忽视了伦理学的另一个关键维度，一个对于整全性（holism）而言至关重要的维度。这些主要的"其他人"，在我心中，就是圣爱论者（agapists），他们把圣爱（*agape* 或 divine love）视作道德生活的基础。正如物理世界受到第四个维度即时间的限制那样，圣爱论者也断言说，伦理学受到第四个维度即永恒（eternity）的限制。①

"永恒"是一个在世俗哲学语境中并不常用的术语，所以让我解释一下我的用意。行动者、行动和后果总要有其开端，而"永恒"就是那种使其开端得以可能的实在（reality）的来源或源头。按我的理解，永恒并不仅是伦理现实的又一维度。它是包罗性和支撑性的维度，创造并维持着所有的其他维度：美德论、义务论及目的论。我把这第四个维度称为神学论的（theological，来自希腊语词汇 *theos*，指称神或某个神）。②

神学论通常与有神论有关，尤其关系到对《圣经》中人格化上帝的信仰，但是，就我的目的而言，它本质上代表着对于第一因（first causes）的关注，以及对于唯物论的生活经验解释之局限性的关注。一些古希腊哲学家——例如，巴门尼德、苏格拉底、柏拉图和亚里士多德等——在我看来都是神学家，尽管他们所说的"太一""至善"或"不动的推动者"显然并非某种具有自我意识的超自然人格。这种具备联结功能的神学纽带意味着某种双重肯定：(a) 人类行为者、人的行为和效果是真实、有意义的，但又是有限的；(b) 它们依赖于某种无限的——即超验的——价值和

---

① 不同版本的弦理论和膜宇宙学假设物理时空有十个或十一个（或更多）维度，但这些观点是高度推测性的（见 Smolin 2007; Woit 2006）。我不是物理学家，并不装作去解决这些技术问题。我针对伦理维度所做的类比多多少少是常识层面的。

② 网页 www.biblepages.net/go15.htm 的部分内容显示："在古希腊语中，theos 一词有多种用法和含义。它可指为数众多的希腊诸神和诸灵，以及'属天的（heavenly）力量'、'神性'和'神明'（即指涉古希腊偶像及其力量）。似乎，古希腊词 theos 的意思是'看顾者'或'观看者'。（注：在希腊神话中，有许多 theoi 时常会被认为是'看顾者'。）"

义务来源。①（在这方面，保罗·蒂利希（Paul Tillich, 1951—1963）追随马丁·海德格尔，谈到了"存在本身（Being itself）"。而圣爱论者的独特之处则在于，他们将这种超验的源头等同于无条件的爱。更具体地说，在基督徒这里，永恒通过某种圣爱行为，既创造了时间又赎回了时间。一切关乎美德、责任和效用的问题，其答案都有赖于对人类存在者进行仁慈教导与赋权的某种神恩。人类行为者要像上帝一样去爱，而且，他们也只能这样做，因为上帝首先爱他们（《约翰一书》4: 7-19）。这就是为什么圣爱通常被称为一种"神学美德"。

在本文主体部分，我会处理三个主要问题：(1)如何具体地定义圣爱；(2)圣爱与美德伦理学的两大主要流派——即幸福主义的和道德情感主义的——如何辩证地联系起来；(3)如何整体地阐释圣爱论，从而整合美德论、义务论和目的论。在下定义时，我参考安德斯·尼格伦（Anders Nygren）和尼古拉斯·沃特斯托夫（Nicholas Wolterstorff）的作品。在这里，我特别关注的是，圣爱与其他类型的爱之间的比较，以及，圣爱与正义美德之间的比较。在将圣爱与美德理论联系起来时，我将简要讨论亚里士多德、大卫·休谟和迈克尔·斯洛特。而这里的具体问题是：圣爱或美德可以等同于、还是可以独立于个人幸福和／或同情之感？在我的结论中，虽然我将圣爱论阐释为一种统合的伦理视阈，但是，我必须首先强调上帝的圣洁（holiness）以及它与神命论（divine command theory）之间的关联方式，才能做到这一点。

定义圣爱

对圣爱论的大多数演绎都会首先诉诸《马太福音》第 22 章第 34—40

---

① 有些人会把这种基本的"神学"立场称为"泛神论"。

节，耶稣对律法有一番概括：

> 法利赛人听见耶稣堵住了撒都该人的口，他们就聚集。内中有一个人是律法师，要试探耶稣，就问他说："夫子，律法上的诫命，哪一条是最大的呢？"耶稣对他说："你要尽心、尽性、尽意爱 [agapao] 主你的神。这是诫命中的第一，且是最大的。其次也相仿，就是要爱 [agapao] 人如己。这两条诫命是律法和先知一切道理的总纲。"

这两大爱的诫命对西方世界产生了不可估量的影响，不难理解，它们应该成为基督徒美德的试金石。尽管如此，我想说，基督教关于爱的最独特教导出现在《约翰福音》第13章第34节："我赐给你们一条新命令，乃是叫你们彼此相爱 [agapao]，我怎样爱你们，你们也要怎样相爱。"

基督给出的这条"爱的终极诫命"是对《马太福音》第22章的激进表达。自爱的标准被取代，代之以更接近十字架模式的基督式服务的要求。然而，与安德斯·尼格伦（Nygren 1969）的主张相反，《新约》并未把基督同其他形式的爱（例如欲爱 [eros]、友爱 [philia] 或自爱 [amor sui]）对立起来。如果耶稣要谴责浪漫爱情，他就不会祝福迦拿的婚礼；如果他打算避开友谊，他就不会选择十二门徒；如果他想彻底拒斥自爱，他就不会数次表现出明智，使自己远离暴民。

耶稣确实坚持说：

> 你们不要想我来是叫地上太平，我来并不是叫地上太平，乃是叫地上动刀兵。因为我来是叫"人与父亲生疏，女儿与母亲生疏，媳妇与婆婆生疏；人的仇敌就是自己家里的人"。爱父母过于爱我的，不配做我的门徒；爱儿女过于爱我的，不配做我的门徒；不背着他的十

字架跟从我的，也不配做我的门徒。得着生命的，将要失丧生命；为我失丧生命的，将要得着生命。

（《马太福音》10:34-39）

在这里，亲情之爱（*storge*）似乎受到诋毁，但更准确地说，它必定**服从于上帝的圣爱**，即便圣爱克服了对于和平与世俗繁荣（worldly thriving）的焦虑（保罗在《约翰一书》4:18中说："爱既完全，就把惧怕除去。"），情况也是如此。

尽管尼古拉斯·沃特斯托夫（Wolterstorff 2011）已有断言，但是，圣爱论未必就会导致爱与正义的对立。众所周知，尼格伦不仅把圣爱同欲爱相对立，而且把圣爱同各人的应得相对立，而沃特斯托夫对该立场的批评是正确的。但后者的问题在于，他试图认为，所有的现代圣爱论者——从索伦·克尔凯郭尔到卡尔·巴特（Karl Barth）再到保罗·拉姆齐（Paul Ramsey）——都持有同样的错谬立场。他论证道，他们对圣爱的描述，就跟尼格伦的观点一样，必定导致他们不仅忽视正当的应得，还会主动去做不义之事。

> 所有的现代圣爱论者都一致认定，如果一个人以圣爱的方式去爱某个人，就不会以正义所要求的方式去对待他；反之，如果一个人对待某个人的方式合乎正义的要求，那就不是在以圣爱的方式爱他。爱之以圣爱，与待之以正义，这两者在概念上是不相容的。圣爱消除了一切关乎正义与不义的想法。圣爱对正义与不义视而不见，充耳不闻。
>
> （Wolterstorff 2011: 42）

第二部分　当代的进路

> 圣爱造就不义之事。
>
> （Wolterstorff 2011: 57）

这是一种误读。根本就不存在像沃特斯托夫所描述的"经典的现代圣爱论"。他把正义描绘为基于权利的东西，这基本上令人信服，但是，他对"现代圣爱论"的刻画却陷入了戏仿。一些赞颂圣爱的现代人实际上将圣爱等同于正义（西蒙娜·薇依 [Simone Weil] 与约瑟夫·弗莱彻 [Joseph Fletcher]）；至少有人认为，圣爱与正义直接背道而驰（安德斯·尼格伦）；至少有人认为，圣爱与正义完全无关（索伦·克尔凯郭尔）；还有一些人认为，圣爱与正义相异但共存（卡尔·巴特、汉斯·乌尔斯·冯·巴尔塔萨 [Hans Urs von Balthasar]、马丁·路德·金、保罗·拉姆齐以及吉恩·奥卡 [Gene Outka]）。那么，谁才是真正的"现代圣爱论者"呢？抱歉了尼格伦，我们不应将基督的生平和教导与轻率的自毁或天使的不必负责混为一谈，只有后者才会罔顾包括正义在内的其他美德。抱歉了沃特斯托夫，也不是所有的现代圣爱论者都错失了上述真理（甚至可以说，大多数人并未错失）。

"圣爱"是新约圣经中的希腊词，它既表示上帝对世界的爱，也表示有限的人类彼此所应施与的爱。在人际之间，我认为圣爱具有三个特征，它们都与正义相容：（1）对他人利益的无条件承诺；（2）对他人幸福的平等关注；以及（3）为了他人而热情服务，愿意牺牲自我。① 这些都是显而易见的因素，但是，仍需做出进一步的限定。对他人利益的无条件承诺，并不等于对他人意愿的无条件顺从；平等关注他人，也不意味着完全相同的对待（奥卡强调过这点 [Outka 1972: 10]）；而愿意牺牲自我的前提，则是

---

① 关于这些主题，有专门一本书处理，参见 Jackson 2003。

出于爱的动机（无受虐倾向）、两厢情愿（无胁迫）并且具有建设性（无挥霍）。

正如圣徒保罗在他关于圣爱的颂词中所说（《哥林多前书》13:4–8）："爱是恒久忍耐，又有恩慈；爱是不嫉妒；爱是不自夸，不张狂，不做害羞的事，不求自己的益处，不轻易发怒，不计算人的恶，不喜欢不义，只喜欢真理；凡事包容，凡事相信，凡事盼望，凡事忍耐。爱是永不止息。"

圣爱与传统美德伦理的辩证关系

与幸福主义的对比：亚里士多德

在《尼各马可伦理学》中，亚里士多德将他的美德定义奠基于人类行为者的本性及其快乐和痛苦之上：

> 但我们要研究的显然是人的美德。因为，我们寻求的是人的善和人的幸福。①
>
> （《尼各马可伦理学》第 1 卷第 13 节，1102a）

> 所以说，美德与快乐和痛苦相关；美德成于活动，要是做得相反，也毁于活动。
>
> （《尼各马可伦理学》第 2 卷第 3 节，1105a）

相比之下，犹太教则更加看重神圣之爱（divine love）："你凭慈爱领了你所赎的百姓，你凭能力引他们到了你的圣所"（《出埃及记》15: 13）。"你

---

① 中译文参见 [古希腊] 亚里士多德：《尼各马可伦理学》，廖申白译注，北京：商务印书馆 2003 年。引用时略有改动，下同。——译者注

将生命和慈爱赐给我,你也眷顾保全我的心灵"(《约伯记》10: 12)。"他喜爱仁义、公平,遍地满了耶和华的慈爱"(《诗篇》33: 5)。正如旧约圣经呈现的那样,所谓"慈爱"(hesed)①,是将上帝的仁慈视作道德正当的首要内容及标准,而不是作为道德行为的外在激励。如果我们打算充分了解人性之善,那便不能让实践理性同上帝品格脱钩。事实上,道德和意义的试金石并不是人的幸福(希腊语 eudaimonia),而是神的圣洁(希伯来语 qodesh)。前者在根本上自我指涉(self-referential),是一个审慎修身的问题;而后者根本上关乎他人(other-regarding),是一个忠实服事上帝(及邻人)的问题。希腊人的理想当然不是麻木的自私:亚里士多德承认友谊、公民教养等因素的重要性。但人们之所以拥抱各种形式的社会性,最终却是为了自我实现,而不是为了他人或他们。对于这种观点,犹太教和基督教都是十分拒斥的(参见 Jackson 2013)。

对幸福主义的拒斥常常被认为同康德的义务论有关。一些评论者称赞这种拒斥,而另一些则表示叹息。在《荣耀之重》(*The Weight of Glory*)一书中,刘易斯(C. S. Lewis)声称,康德和斯多亚派颠覆了基督教伦理,使人们对那些为幸福而采取的行动感到不爽(Lewis 2001: 26)。对于康德所强调的自律高于神律(theonomy),圣爱论者持谨慎态度。康德关注的是"作为自律的尊严",而非"作为需要的神性",但这样的个人价值源头却排除了许多种人生状态,其中包括年幼者、残障者和年迈者。此外,康德还把各种道德情感(例如,同情心)贬低为"病理学",而这种将意志与实践理性凌驾于身体及其需求和潜能之上的倾向无法令人信服。只不过,

---

① 我另外写过一篇文章,关于作为一种基督教美德的"strong agape";在这里,我将犹太语"hesed"和希腊语"agape"粗略地视为同义词。虽然我意识到二者在含义上的细微差别(参见 Jackson 1999: 2, fn. 2),不过,它们都可被合理地翻译为"坚实的爱"(steadfast love)或"神圣的爱"(divine love)。

这位哥尼斯堡圣人还算不上是基督教质疑幸福主义的主要源头。源头的地位属于马丁·路德，或更确切地说，属于基督本人。

对路德来说，亚里士多德将善定义为"所有行动指向的目的"，乃是无稽之谈，至少，是在人堕落之后才会有这种看法。我们的意志悖谬而混乱，需要通过神的恩典获得医治，变得圣洁。无论受过怎样的教育，我们都无法依循我们的自然欲望而上升，直至上帝面前；相反，上帝出于超自然的爱，一种对人而言纯粹的幸运机缘，屈尊降至我们的需要之中，与我们相遇。如果以我们自身的利益和倾向为出发点，就像幸福主义试图贯彻的那样，那么，这会带来的要么是傲慢（如果我们认为自己很优秀），要么是绝望（如果我们意识到自己并非如此）。更根本的是，若为了自身的幸福或不朽之故而爱上帝，则会破坏圣爱的动机本身。圣爱就是它自身的回报，永生就是分有上帝的圣洁，如果一个人对神赐感恩而行，那么结果自会随之。幸福乃是基督教的信、望、爱的结果，而不是它们的根源。试图以个人发展的自然欲求作为出发点，也就相当于把人的车放在神的马之前。

简言之，圣爱论者对幸福主义（及其基督教版本）最基本的反对意见是，后者试图从自然出发而达致恩典，试图从自然主义的前提中获得超自然的美德。更具体地说，幸福主义试图从自利的欲爱出发，而达到对上帝和邻人的圣爱。在我看来，这来自雅典，而非耶路撒冷。问题不在于欲爱是不合法的目标，而在于，至少对犹太人和基督徒而言，它是一个不可能的开端。让我重申一下：犹太教和基督教的伦理学不以人的幸福这个目标、而是以神的圣洁（divine holiness）这个事实作为出发点。犹太教强调上帝公义的诫命，基督教则强调上帝无私无我的救赎之爱，但这两种传统都拒斥人类学的出发点，而支持以神为中心的立场。对幸福主义者来说，恰当的人类行动本质上是为了实现个人的福祉；而圣经信仰者的立场则相反，适当的人类行动根本上是为了服从上帝的律法或是为了效仿上帝之子。进一步说，对自我实现的关注尽管不同于纯粹自私，而对上帝的顺服和效仿也会带来个人健康或繁荣的后果，但是，幸福主义却不可避免地把后果与动机混为一谈。即使自利不是直接而自觉的意图，它也构成一个人的行动和激情的基本取向或最终取向。

在本章第一节，我坚持认为，将自爱与爱他人看作两种根本矛盾的倾向是错误的，但这两个概念也并不完全相同。尽管圣爱论者绝不会把圣爱与自爱、欲爱（意味着优先吸引）、友爱（意味着互惠友谊）或正义对立起来，但圣爱论者也确实坚称，它们各自相异且存在词典式的排序。肯定圣爱的优先性（如《哥林多前书》13: 13）并不是诋毁其他的人类价值，也不是诋毁其他类型的爱，而是将它们置于基督及其十字架的统治之下，从而将它们作相对化处理。行善（doing good）与成功（doing well）并不总是对立，但有时，行善意味着真的会牺牲世俗层面的福祉（就像基督受难那样）。

正如我在《无慰之爱》（*Love Disconsoled*）中论证的那样：自爱、欲爱、友爱、自律或正义都不可能居于基督教伦理的核心位置。关于爱的第二条诫命是要求"爱人如己"（《马太福音》22: 39），这看起来使自爱成为了道德生活的基础。但如前所述，耶稣新的和最后的诫命乃是"彼此相爱，[如同]我怎样爱你们"（《约翰福音》13: 34；另见 15: 12），这意味深长地取代了自爱的标准。① 看起来，当他走向生命的尽头时，耶稣开始确信人类其实并不懂得如何爱自己。他们很容易陷入扰乱、恐惧和恶意，以至于需要一个外在于他们的榜样，一个以超自然启示而非以自然倾向为

---

① 有些评论者认为，约翰所说的"彼此"仅指基督徒同胞，因此，相对于福音书的其他地方所呼吁的那种邻舍之爱的普遍范围，这里意味着一种退却。而反对这种观点的论据，参见 Jackson 2001。

伦理生活基础的榜样。这样，耶稣就不仅仅是用他自己的犹太式的"爱你自己"取代了苏格拉底的德尔菲式的"认识你自己"。潜伏于人性之核心的幽暗力量要比此涉入更深。倘若耶稣能从适当的自爱出发，甚或从追求幸福的训谕出发，就不会需要弥赛亚，也不会需要人们模仿弥赛亚走向十字架。上帝先爱我们（《约翰一书》4: 10），在我们"还做罪人的时候"即有此爱（《罗马书》5: 8），所以，从我们关于神圣者（the Holy）甚或受益者的自发知识或亲近关系出发，是没有问题的。

如果一个人以追求幸福为起点，他就无法摆脱一种对待世界的评价性态度，这种态度聚焦于"其中哪些东西对我有好处，对我手里的东西有好处"。相比之下，基督教的爱则是**赋予**他人以价值，关注他人的种种需要及潜质。① 否则，一个人就会错失上帝的权威和恩典。欲爱式的欲求有着人尽皆知的不稳定，但圣爱却是"永不止息"，因为上帝永不止息。"欲爱"一词没有出现在新约圣经中，而"幸福"概念在旧约圣经中也绝少出现，这并非偶然。请让我再说一遍，这并不意味着幸福毫无价值或不应追求，毋宁说，幸福只是基督教信仰与行动的一个结果，而不是对它们的启示或激发。我或许得说，"基督教的幸福主义"只是"繁荣福音"（Gospel of Prosperity）的一个精致版本，而耶稣本人反对这种福音。

当耶稣说"你施舍的时候，不要叫左手知道右手所做的"（《马太福音》6:3），我认为他的意思是，"不要让慷慨被自利所取代或扰乱"。更切中要害的，则是耶稣有名的一段话：

> 所以，不要忧虑说吃什么、喝什么、穿什么。这都是外邦人所求的。你们需用的这一切东西，你们的天父是知道的。你们要先求他的

---

① 我从辛格（Singer, 1966, 1984, 1987）那里借用了"评价"（appraisal）和"赋予"（bestowal）这样的说法。

国和他的义，这些东西都要加给你们了。所以，不要为明天忧虑，因为明天自有明天的忧虑。一天的难处一天当就够了。

（《马太福音》6:31-34）

所谓"不要为生命忧虑"（《马太福音》6:25）和"先求他的国和他的义"，就是为了反对把追求幸福当作基督教道德的基础。在这里，并不存在受虐倾向或对世俗的仇恨——事实上，"这些东西 [也] 都要加给你们了"——但是，这里同样也没有希腊人的明智或现代人的正义在其中起作用。①

与道德情感主义的对比：休谟

大卫·休谟的作品是关于同情（sympathy）的伦理学研究的**经典之作**。然而，对圣爱论者来说，休谟的核心问题在于，他经常将同情的情感与伦理的正确性混为一谈：如果我们没有体会到同情，我们也就不会产生义务。比如，在《人性论》中，他写道：

一个行动、一种情绪、一个品格可以是合乎美德的或充斥恶德的，为什么？因为人们一看见它，就会发生某种特殊的快乐或不快。

---

① 圣奥古斯丁和托马斯·阿奎那都被认为是基督教的"幸福主义者"。两人都使用拉丁词汇"caritas"来指代邻人之爱，罗马天主教学者经常将新约中的希腊词"agape"视为"caritas"的同义词。然而这是错的。对奥古斯丁来说，"caritas"是指受过训导的欲爱（schooled eros），即，对卓越的自然渴望，它被导向作为至善至美者的上帝。在我们的关注对象中，真正有价值和令人满意的只有神。以幸福主义的视角来看，受到正确引导的爱，就像经过柏拉图的辩证法那样上升至"乐福直观"（Beatific Vision）。然而，以圣经的视阈来看，正如安德斯·尼格伦多年前指出的那样，上帝之爱是下降的和救赎的，而不是上升的和欲爱的。圣子所做的主要是赋予价值，而非评价价值。用世俗的话说，如果他的伦理基于双方同意和建设性，那就会变得轻率。最后再说一次，欲爱并非邪恶的或无关紧要的，但是，就跟通常意义上的幸福一样，它是次要的，它从属于更高的东西。

> 因此，只要说明快乐或不快的理由，我们就充分地说明了美德与恶德。感受到美德，只不过是从思维某种品格的过程中**感觉**到了一种特殊的满足。正是那种**感觉**构成了我们的赞美或敬美。①
>
> （Hume 1978, p. 471）

这些评论清楚地表明，感觉对于赞美或指责是必要的，但这些评论似乎并未明确回答，又是什么构成了值得赞美的性质（praiseworthiness）和值得指责的性质（blameworthiness）。也许，我们是根据行动或行动者的属性是否给我们带来某种特定的感觉而对它或她加以道德评判。感觉或许构成了原因，但它们并不构成道德评价的内容或证成。即使我们赞美某人是因为我们有一种特定的感觉，这种赞美也可能意味着，我们正在将某种客观属性——例如美德——赋予我们所讨论的人。像这样的观点可以不被指控为激进的主观主义，但是，《人性论》的第三卷第一章显然没有采取这条论证路线。在该章第一节中，休谟坚持认为，在故意谋杀的情形中，"恶"并不存在于观察对象身上，而是存在于我们自己的内心；在第二节，他继续声称，在道德判断中我们"不再进一步远求 [于感觉之外]；我们也不必探索这个快感的原因。我们不是因为一个品格令人愉快，才推断那个品格是合美德的；而是在感觉到它在某种特殊方式下令人愉快时，我们实际上就感到它是合美德的"（Hume 1978: 471）。感觉是赞美和指责的唯一组成成分：它是构成性的（constitutive）。没有相关的情感，就没有美德或恶德。这也许就是《人性论》第三卷第一章的基本观点。

巴里·斯特劳德（Stroud 1977: 181–182）指出，休谟在这里腹背受敌。

---

① 中译文参见 [英] 休谟《人性论》，关文运译，郑之骧校，北京：商务印书馆 1996 年。引用略有改动。——译者注

一方面，作为对道德主张（moral claims）的一种解释，他的立场（"作为自我叙述的道德话语"）再怎么说看起来也违背直觉。我们通常认为，我们针对行动和行动者的道德判断并不仅仅是对我们自身心理状态的记述。但另一方面，如果我们缓和一下休谟学说的激进性，将值得赞美的性质等同于某种客观属性，那么，我们似乎就可以仅凭推理而确定一个行动或一个行动者是否具有恰当的品质。而这又与休谟的核心论点背道而驰：休谟认为理性是"完全不活动的"，而且永不能成为道德的源泉（Hume 1978: 458）①；休谟还认为，道德并不是"可证明的"（Hume 1978: 463），"美德与恶德并不是我们凭借理性就能推断其存在的事实"（Hume 1978: 468），等等。此外，还有一个斯特劳德没有指出的观点，如果我们可以从"X在客观上有美德"论证出"X应当激发起某种特定的感觉"，或者从"X激发起某种特定的感觉"论证出"X应当被视作在客观上有美德"，那么，我们就能够弥合休谟在《人性论》第三卷第一章第一节的结尾处所洞察的"是"与"应当"之间的鸿沟。

我相信，在《人性论》的后续部分，休谟被迫尝试建造"是"与"应当"之间的桥梁。然而，他在第一部分的立场却是毫不掩饰的主观主义。对圣爱论者来说，这种主观主义不可接受，原因主要有二：(1)对上帝的爱（"上帝"是宾语）预设了上帝的爱（"上帝"是主语），以及（2）对邻人的爱（即"爱人如己"的诫命）则预设了对方的客观需要和潜质对我提出的要求。换言之，圣爱论以上帝的恩典和邻人的神圣为前提。"休谟的谬误"乃是一种（贬义的）情感主义，在这里，上帝和他人实际都不在道德计算的范围之内：无论其行动的形式或后果如何，唯有行为者的感觉构

---

① 此处引用实则有误：休谟的原话是理性不能成为"道德感"（a sense of morals）的源泉，而非作者所称的"道德的源泉"。——译者注

成了对与错，仅此而已。①

如果休谟是对的，那么，一个恶棍为了证明其伤害弱者或脆弱之人的行为是正当的，他所需要做的就只是，让其他人很难（如果无法做到不可能）把自己与受害者等同起来。在这方面，纳粹是大师。正如阿尔伯特·施佩尔（Speer 1970: 33）承认和坦白的那样，第三帝国重构了社会，使得人们通常不会因虐待和杀害犹太人而出现良心冲突。犹太人已经被如此污蔑和边缘化，而普通德国人的感受力又已经如此钝化和分隔，因此，很少有"雅利安人"会关心那些以他们的名义对"劣等民族"所做的事情。大多数德国公民，包括公认的基督徒，都将逐渐显露的大屠杀事实抛诸脑后，因为他们对于这里涉及的"非人"（non-persons）毫不在意。于是，他们接受"最终解决方案"，也就不是出于无知或恐惧。面对犹太人，所有正常的人类移情都被系统性的混淆和伪造破坏了，这甚至使得人们愿意参与种族灭绝的行为（参见 Goldhagen 1996; Ericksen and Heschel 1999）。

与道德情感主义的对比：斯洛特

迈克尔·斯洛特近年来为"道德情感主义"的复兴做出诸多贡献。他赞成休谟，但与之也有重大分歧。休谟谈论"同情"（sympathy），而斯洛特（Slote 2007, 2010）指的是"关怀和移情"（care and empathy）。斯洛特教授（还有其他人）试图重新恢复道德情感在好生活中的地位，对于他们的努力，我十分赞赏。他坚持认为，"移情是对他人（之幸福）表达利他

---

① 弗兰西斯·哈奇森也关注道德情感，但与休谟不同，他拒绝还原论的解释方案；他认为，在这种解释中，道德情感只会成为伦理义务而完全不及其余。参见他的《我们关于美德或道德之善的观念之起源的探究》、《论情感和感情的性质与表现》、《对道德感官的阐明》，三篇论文均收入 Raphael 1969。

主义关注或关怀的重要源泉与支撑"(Slote 2007: 15),这无疑是对的。但是,这里存在一个深层次的危险。斯洛特似乎常常陷入休谟主义的主观主义。他似乎从赋予移情以**认识论**意义转向了赋予其**价值论**的重要性,从一种可信的观点(即一项行动越是有违移情,我们就越有可能**认为**它在伦理上值得反对)转向了一种不可信的观念(即**导致**该行动值得反对的原因,乃是它违背或削弱了移情)。

例如,想一想斯洛特对堕胎的分析。他写道,"堕胎的决定是正确还是错误,并不取决于它们是否符合独立存在的人权/政治权利或道德规则,而是取决于此类决定背后的品格或动机"(Slote 2007: 17)。这听起来当然像是,作者无视伦理存在的义务论维度和目的论维度。它似乎陷入了"休谟的谬误"。然而,这就是作者的意图吗?

斯洛特明确说:

> 与流产一个胎儿或胚胎相比,杀死一个新生儿更强烈地阻碍了正常的人类移情的流露或倾向。从关怀伦理学的视角看,这种情况表明,杀死新生儿的行为更加错误,或者说,在道德上更难被接受。
>
> (Slote 2007: 19)

他进一步将自己的观点总结为:"关怀伦理将行动视为正确还是错误,取决于它们展现的是行动者充满关心(caring)还是漠不关心(uncaring)的态度/动机"(Slote 2007: 21)。一切都取决于如何解释这里的"表明"和"取决于"。如果它们暗示这类关心与不关心足以**导致**或**构成**对与错,那么,斯洛特就向自古以来僭主们最爱的策略——无心(carelessness)——敞开了方便之门。

显然,缺乏关心或敏感不能成为不道德行为的借口,正如我们将看到的，斯洛特是一位足够优秀的哲学家，他不可能故意赞成这种主观主义。但是，他的言辞有时却暗示了休谟这个坏榜样的影响。一种善意的阐释可能更多地会从认识论的意义上来解释斯洛特所说的"表明"和"取决于"，而不会从价值论的意义上来解释它们。根据这样的阐释，他的意图只是为了论述美德的某种**标志或表现**，而不是为了论述美德的**本质或定义**。他是想说，关怀是实现道德洞见的一种**手段**，而不是它的**目标**。例如，我们对新生儿更强烈的个人依属感使得我们有更多理由相信，杀婴比堕胎更加错误。尽管如此，出于别的理由，堕胎仍然**是**错误的。

然而，这种纯认识论的解读很难成立。请想想斯洛特教授在讨论战争杀戮时的说法：

> 越战中，那些在美莱村惨案中开枪打死儿童和其他平民的人，亲眼目睹自己的受害者，对之冷血杀戮。我们对他们的所作所为，在我看来，要比对那些通过空袭而殃及儿童和平民、殃及从未见过其受害者的屠杀者的行为更感到寒意与恐惧。我们也容易相信，冷血地杀害无辜者，在道德上，要比空袭杀人（没有真正看到受害人）更糟。这里的差异，很可能与通常具有回应性的人类移情心理有关。
>
> （Slote 2007: 25）

我承认，我们（在主观上）对冷血杀戮"更加恐惧"，但在某种关键意义上，我并不认为它们（在客观上）"更加道德不堪"。从一种判断滑向另一种判断，却又不加任何解释，这就可能沦为休谟所说的"作为自我记述的道德话语"。在知情条件下直接夺走无辜者的生命就是谋杀，无论是冷漠超然地这样做，还是残忍欢愉地这样做，行为者在道义上一样有罪。（实证法可能不会以完全相同的方式惩罚两者，但这是另一个复杂问题；我在这里讨论的是道义上的罪责。）

斯洛特紧接着说：

> 愿意以冷血的方式杀死无辜者的人更加冷酷无情，显得比从空中远距离杀害他们的人更加缺乏（正常的或充分的）移情，因此我认为，对移情的考虑要跟"我们不可杀人"这项义务的强度联系起来，而不是仅仅跟"我们帮助他人"的义务的强度联系起来。
>
> （Slote 2007: 25）

至此，纯粹认识论的游戏似乎结束了，因为义务本身的程度与感觉的程度直接相关。甚至看起来，在斯洛特的逻辑中，一个设法故意杀人但没有感受到（有损）移情的人也可以因此摆脱所有的道德卑劣。然而，这个结论是错误的。斯洛特强调指出，"当且仅当行动反映或展现或表达出行动者缺乏（或缺少）对他人充分的移情式关心（或关怀），这些行动就是道德错误的并违反了道德义务"（Slote 2007: 31）。

那么，我们该如何理解？对斯洛特的第二种宽厚的解读，可能诉诸美德论、义务论与目的论这三个伦理维度之间的区分。就此而论，他在确切阐述某种立场，在这里，移情同时具有认识论和价值论的双重意义，只不过，价值论意义仅限于**美德论**维度。关怀可以有助于揭示道义方面的义务并帮助我们避开不良后果，但通常不会**产生**此类义务或**消除**此类后果。缺乏或损害移情，有时会构成邪恶的**动机**或**态度**，但这种美德论观点并没有解决围绕行动而产生的**义务论**或**目的论**问题。一个人可能出于错误的理由而做正确的事情，或者，以最富同情心的意图造成罪恶的结果。斯洛特本人一方面将移情称为"主观的"，称为一项"标准"，而另一方面，他又将之称为"客观的联系"（Slote 2007: 26）。

然而，像这样的美德论解读也难以为继。斯洛特写道：

　　我所捍卫的理论并未主张，人们有义务要按照某种特定的方式去感觉。尽管可以说，缺乏某些特定感觉的人是道德上有缺陷的人或坏的人（具备道德上有缺陷的品格或坏的品格），但是，该理论所强加的唯一道德义务乃是对人类行动的道德义务。它并未声称，任何人都有义务持有关怀的动机，或是有义务出于关怀的动机而行动；它只要求我们，**不要**出于漠不关心的动机而行动，**不要**以一种对他人缺乏移情关心的方式而行动。

（Slote 2007: 33）

这几行字令人费解。尽管斯洛特声称，不是要提出某种美德论观点从而告诉行动者应当如何感受或如何被激发，但是，如果他的理论"可能认为"缺乏移情的人"在道德上存在缺陷"，这不就是在暗示，假如这些人没有出于移情而行动，他们就有义务具备移情吗？如果他们没有义务具备移情，那么，说他们是"坏人"又有什么意义呢？即便转而说他们不作为，也于事无补。不要出于漠不关心的动机而行动的义务，在逻辑上，等价于出于关心他人的动机而行动的义务。从行为上讲，一个人要么施以关怀，要么不关怀；如果我决不能不出于移情而行动，那么，我也就必须出于移情而行动。斯洛特可能抗议说，他强调的是没有"反映"或"展示"一个人对他人移情的缺乏，而不是缺乏本身。但这却会使虚伪（mendacity）成为美德：一个人在行动中完全可以不关怀他人，只要你不让他们知道这一点就行。

因此，让我们再次追问，我们该如何理解？这令人困惑。意图与秉性至关重要，而我本人也写过支持关怀伦理学的文章（Jackson 2003，第5

章)。但是，合乎美德的关怀(virtuous care)不仅仅需要行动者的团结感，也不仅仅是在行动中(明显)没有表现出漠不关心。确实，**有时候**，一项言行之所以是善的，**部分**是因为它源于移情，而一项言行之所以是恶的，可能部分就在于它缺乏移情。但我们绝不能忽视其他伦理维度。让我们再次重申，在美莱村屠杀的例子中，空中的人和地上的人同样违反了不谋杀无辜平民的**道义层面的**义务。而**这项**义务的强度并不取决于他们对平民的情感认同。① 从义务论讲，在广岛投下原子弹的蒂贝茨(Tibbets)上校与在美莱村实施屠杀的凯利(Calley)中尉是同等程度的凶手。蒂贝茨可能不像卡利那般被仇恨驱使，因此，他在美德论意义上可能不那么值得指责；但是，当然，蒂贝茨造成的伤亡多得多，因此他在目的论意义上又更应受指责。

斯洛特用了专门一章的篇幅来处理义务论，在这一章中，他试图"把它奠定在移情的基础上"(Slote 2007: 43)。在那里，他坚持认为："起初合理的假设——认为我们的自然本性的情感方面**受制于某些外在于它的因素，而义务论的约束针对的就是这个方面**——将被证明是错误的。"(Slote 2007: 43，黑体为原文所加)。看起来，我们再次断然否认了道德实在论。而对道德实在论者包括圣爱论者来说，一项行动或不行动究竟正确还是错误，**并不**完全由我们对它的感受而决定。不过，令人高兴的是，斯洛特有一处脚注，清楚地说明了我们一直在寻找的内容：

> 尽管我有点犹豫地认为，这样的事实——比如说，我们对正在发生的伤害会出于移情而产生反应——是**使得**这种伤害成为错误的原

---

① 斯洛特写道："如果……我们认为空中轰炸与美莱屠杀同样糟糕或更糟糕，这可能是因为道德上值得谴责的东西太普遍了，而不是因为我们真的以为任何轰炸机飞行员个体的行为在道德上都跟凯利亲手所做的行为一样糟糕"(Slote 2007: 25)。对此，我并不同意。

因,但是,我确实想表明,我们目前的进路乃是试图通过考察移情而**理解**道德上的差异。

(Slote 2007: 54)

事实证明,对斯洛特来说,移情毕竟只是认识论层面的。我希望他可以尽早在文章中明确指出:(1)出于移情而产生的情绪,就跟并非出于移情而产生的情绪一样,都会在道德上产生误导或错误,以及(2)无论移情是否产生,行动或不行动都仍有可能因其实际执行方式或它所产生的外在结果而**是**对的或错的。但是,不管表现如何,斯洛特依然避免了坏的情感主义。在他关于移情的第二本书《道德情感主义》中,斯洛特小心翼翼地与休谟保持距离:

> 我相信,休谟是提出情绪主义、主观主义这类现代元伦理学观点的第一人或最初几人之一,但我眼下这本书……转而捍卫一种关于道德术语的准克里普克式的指称固定解释(a semi-Kripkean reference-fixing account)。这种解释使得道德话语与道德主张具有真正的客观有效性,要比休谟所提出的任何语义观念都更加有效。
>
> (Slote 2010: vii)

仇恨或嫉妒这类有违伦理的情绪也许相当于缺乏移情,但是,行为的正义性和病患的福祉,在伦理上,却跟主观感觉以及我们是否表现出这些感觉同样重要,甚至更加重要。

伦理学首先关乎的并不是我的快乐,甚至不是我的感知;它关乎的是**被感知的对象**。移情常常赋予我行动的能力,但它通常不是我行动的对象或目标。移情可以是一种值得钦佩的激发力,但我的主要目的却在于帮助、尊崇或模仿某人或某事。反过来说，我的行动依据是某人或某事处于匮乏或困境，是某人或某事对我提出正当的要求，或是某人或某事对我施以合法的权威。这样，关键问题就变成：为什么我一开始就应该体验移情，并且出于移情而行动？在我面前要求我给予实践关切的客观价值或神圣现实又有哪些？

较之先前的著作，斯洛特的《道德情感主义》改进很多。我针对《关怀伦理学与移情》（Slote 2007）一书而指出的许多矛盾之处，似乎随着他更具实在论色彩的元伦理取向而得到解决。正如前引段落暗示的那样，斯洛特承认道德判断具有"某种客观状态或认知状态"，承认休谟式的"主观主义"和"情绪主义"对许多人来说显然"难以置信"（Slote 2010: 7, 48-49）。因此，他用了一整章篇幅对索尔·克里普克（Saul Kripke）进行了细微而有趣的改造，详细阐明了一种"关于道德正确或道德善好的因果理论与指称固定理论"（Slote 2010: 61）。斯洛特的论点是："道德善好（或道德正确）先天地是这样的东西，它们引起那些指向行为者并通过移情机制而传递的温暖感觉"（Slote 2010: 61）。如果我的理解没错，那么，这意味着道德情感是可以揭示出世界上的真正价值，即，那些独立于情感本身的价值。就此而言，斯洛特后来的情感主义与圣爱论是相容的。

可是，正如斯洛特意识到的，他对于诉诸移情的那种不可化约的偏爱仍然构成了他与圣爱论者的伦理解释之间的重大鸿沟。① 斯洛特引用马丁·霍夫曼（Martin Hoffman）的话写道："我们不仅对于（在我们身边）被我们感知到的事物会产生移情的偏爱……而且，对于我们关注的事物也会产生移情的偏爱。"（Slote 2010: 22）在其他地方，他将这种偏倚性归结为"时空连续性和相似性"的函数（Slote 2010: 14）。诚然，如斯洛特所

---

① 斯洛特本人在 2013 年 10 月 3 日的一封电子邮件中提出了这点。

说，对于更加接近自己的人和情境，人们通常会有更强烈的感觉，这是"常识"（Slote 2010: 22）。**然而，关键问题在于，道德判断是否应当或必须受制于这种方式。**当事物靠近我时，我通常看得更清楚，但这是否意味着，我不可能或不能够使用望远镜来改善我的视力呢？事实上，我难道不可以通过归纳或演绎来确认我根本看不到的东西（例如黑洞或暗物质）的存在吗？况且，就算有些近在咫尺的东西，我有时也是看不见它们的——使用显微镜有错吗？甚至，我可能恰好是**因为**它们过于切近才无法看到它们的——退后一步，换个视角，有错吗？

如果一个人将自己的道德关怀局限制在自然而然感到温暖的事物上，如果（让我再说一遍）移情实际上**构成了**价值，那么，圣爱论者必须加以反对。更具体地讲，如果移情所带来的偏倚性，对斯洛特而言，意味着某些人比其他人更值得爱或更适合被关怀，那么，他就不符合圣爱那种无条件的、无所不包的品格标准。对圣爱论者来说，任何人及每个人，包括敌人在内（参见《马太福音》5:44）都具有神性，因此理当被爱。圣爱不会无视正义和个体差异——平等关注并不意味着完全相同的对待——但它确实超越了我们只关心与我们更接近的或是对我们有吸引力的人们的那种自然倾向。接近性（propinquity）并未穷尽所有的恰当性（propriety）。斯洛特颇有理据地认为，"总是偏爱那种不偏不倚的善，这并非某种形式的温暖，甚至（在很大程度上）是冷漠或冷酷的表现"（Slote 2010: 63）。然而，这并不构成对圣爱论的控诉。正如我已经指出的，圣爱不会诋毁欲爱、友爱、父母之爱、自爱、甚至爱国主义等，也不会与它们相抵触。①特殊关系只是生活的调味品。相反，圣爱确立了这些偏倚性情感的秩序和限度，并最终把它们引向它们的源泉和裁决者。（例如，就像克尔凯郭尔

---

① 安德斯·尼格伦（Nygren 1969）认为圣爱与欲爱对立，甚至与正义对立。然而，正如我在《无慰之爱》和《爱的优先性》两部著作中所论证的那样，尼格伦的过激观点并非典型的圣爱论。

坚持认为的那样（Kierkegaard 1995: 145），一个人爱自己的配偶，首先要将之作为上帝面前的邻人去爱，然后才将之作为浪漫伴侣去爱。）在这个意义上，至少渴望、占有、部落主义、沙文主义、裙带关系以及其他种种令人不满的忠诚感都不再有立足之地。

斯洛特并不认输，他强硬地声称：是圣爱论者"欠我们一个解释，应该说清楚我们人类如何才能以不偏不倚的、规避移情的方式去理解关怀或爱。"① 所以，让我最后回到犹太教与基督教道德生活背后的那个基本事实：上帝的圣洁。这才是爱与正义的终极源泉，而我自己的关怀并不如此。在前文，我称其为伦理的"第四维度"，并指出它既是其他三个维度的基础，又是其他三个维度的总体。它不仅是实践分析的又一个面向；它是所有美德和公义的那种"无之必不然"（sine qua non）的必要条件。对于宗教的信奉者而言，伦理学最终存在一种模仿上帝的神学基础。接下来，我后面的文字将从这类前提出发，它们是斯洛特这样的世俗主义者不会接受的。

圣爱是对上帝圣洁的模仿

> 你们要圣洁，因为我耶和华你们的神是圣洁的。
>
> （《利未记》19:2）

上帝本身既是"是"，也是"应当"，这带来了效仿的义务。慈爱与圣爱的拥护者常常觉得"这事说得够多了！"，然而，有人可能会反对说，尽管《利未记》第19章第2节提出上述主张，但我们仍不应企图像上帝那样行动。《创世记》的第3章第5节不就是将蛇的试探行为看作是要跟上帝一样吗？《创世记》的第2章第16-17节不就是把原罪等同于吃掉

---

① 斯洛特2013年10月3日的通信，参引如前。

"分辨善恶树上的果子"吗？这些段落难道不是在暗示我们，上帝希望我们**不要**有美德，希望我们保持道德无知而在伦理上永远愚昧吗？还有些人认为这种阻碍行为匪夷所思，因而接受了一种"幸运堕落"（*felix culpa*）的解读，即认为上帝**想要**人类始祖犯罪，违背诫命，从而在灵性方面获得成长。但这种解读的问题在于，它让故事变得混乱。原罪带来的并非成熟，而是灾难：是欲望、支配和死亡。况且，也并无迹象表明，上帝对于《创世记》第 3 章中发生的人的堕落感到高兴，就像他在《创世记》第 22 章当亚伯拉罕拒绝献祭以撒时明显表露出的高兴一样。设想上帝乐见其罪，这无异是说，神性要么是精神分裂的，要么是恶意伤人的；要么使其诫命自相矛盾，要么指望他但行恶事、善果自来。而这两种替代性解读都无法跟全知、全能、全善相兼容。

克服这种具有误导性的"幸运堕落"说的关键在于，我们要注意到，上帝并没有对亚当和夏娃说，他们不应该观察和学习善恶之树。相反，上帝说的是，他们不可以**吃**那棵树上的果子。他们不可以把这些智慧之果当作自己的产品或财产而加以攫取和消费。上帝允许这一对人类始祖从伊甸园的其他树上获取食物，因为后者为他们提供物质的食粮。非常普遍而且自然的是，人类也可以为自身而播种和收获庄稼。可是，善恶的知识却不归他们控制。事实上，《创世记》第 2-3 章是最早的、也是最伟大的反对道德主观主义的论证。亚当和夏娃很容易认为一切事物皆跟他们有关，想象是他们发明了对与错并由此创造他们的美德。这使得他们会去攫取和利用他们本应尊崇与请教的东西。因此，上帝必须教导他们，处于伊甸园核心地位的是律法（Torah），而不是人类。上帝告诫我们不仅要圣洁，而且要意识到我们不是自造之物。我们是上帝的形象——甚至可能是上帝形象的相似物——但不是上帝自身。

在上帝面前保持谦卑的犹太教诲，可以与希腊个体追求自我实现（即幸福）的理想再次进行一番对比。肯尼思·希斯金（Kenneth Seeskin）曾经提醒我，在《奥德赛》中，尤利西斯（Ulysses）放弃了与瑟西（Circe）的安逸和不朽，而是回到了充满挣扎奋斗的生活，并最终选择与珀涅罗珀（Penelope）一同赴死。① 在这段"幸运堕落"式的文学记述中，这位希腊英雄自由选择了有限与历史（即选择了知识），放弃了无限与永恒（即放弃了和平）。人们可能怀疑亚当和夏娃的《创世记》故事与之相似，只是通过神学的方式同样赞颂对人类境况的高贵接受。人们可能再次执着于"我们只能从自己的错误中吸取教训"的判断，从而推断说，上帝**想要**人类始祖违背神命——堕入混乱经历以迈向成熟，等等。然而，这种类比是完全错误的。它没有意识到在耶路撒冷与雅典之间、在神命论伦理与人世幸福伦理之间的深刻区别。

在荷马史诗的口述传统中，**正义**（*dike*）关乎荣誉和耻辱，关乎我们如何在生活的战斗中表现自己。生存是一种竞争，在这里，通过你我之间的对抗或是（更典型地）我们与他们之间的对抗而磨练卓越。不去参与争夺社会至高地位的斗争，就无法实现自己的美德——即男子气概（manliness）。即使在后来的幸福主义的传统中，无论就个人还是就集体而言，伦理生活的目标仍在于兴旺繁荣。正义此时获得了更加哲学的定义，其间具有重要权重的，不仅是社会期望（习俗），更在于普遍原则（道德）。不过，在某种意义上，人仍是万物的尺度，最主要的美德仍植根于人性或共同体：植根于良序的灵魂（柏拉图）或良治的城邦（亚里士多德）。而摩西的律法则完全不同。让我重申一下，律法的理想指向的是上帝的圣洁，而不是世间男女的幸福。尤利西斯可能面临永恒与时间、神性与人性之间的抉择，他也可以合理地选择后者。但是，对于约伯

---

① 语出我同希斯金在 2013 年 7 月 24 日的一次对话。

和犹太人来说，无法想象这样的或此或彼（either/or）。对犹太人（和基督徒）来说，上帝才是万物的尺度，而我们只需感恩和服从。假如远离造物主，转而依赖受造物——或者依赖物质的宇宙，或者依赖自身——这只会招来灾难。不过，这并不意味着人类就是棋子或机器。人类的自由和责任是至高的神赐；它意味着自由的形式是神律（theonomy），而非自律（autonomy）。我们自愿接受上帝之爱的约束，而不是接受我们自己的独立意志的约束。

结论：圣爱是品格、行动和后果的整合

在圣爱论者看来，上帝之爱是整合自身的品格、行动与后果的关键所在。圣爱论者不是因圣洁而爱，而是因爱而圣洁；圣爱论者的行为整全性不受上帝诫命的威胁，而是凭借这些诫命得以确立；圣爱论者不会以任何方式谋求好结果的最大化，因为她知道，即便最好的结果也是依赖于上帝恩典的有限度的善好。用基督教的话来说，圣爱论者模仿基督，因为基督就是善本身，而正是这个事实对她施加了要求。然而，满足这些要求，是对神的恩典说"是"，而不是在对属人的那种意志力说"是"。换言之，人类更近于价值与意义的接收者和渠道，而非它们的发送者或来源。[①] 我们的美德，包括关怀在内，都只有在永恒进入时间之后才成为可能。尽管存在某些可被称作共同人性的东西，但是，我们最好以需要和潜质、而不是以功绩和成就来描述它们。概言之，我们可以发现或扩充价值与意义，但不会发明或创造它们。我们是自由而负责任的，但这是一个神律问题，而非一个自律问题。对上帝及圣子（即对圣洁）进行模仿构成了美德的主要来源，因此，感恩与服事也就成为了比个人的自我实现或移情共感更加重

---

① 语出与西蒙·康威·莫里斯（Simon Conway Morris）之间的对话。

要的规范。

　　这并不是说，道德维度之间就永远不会产生张力。有时，要在政治上有效用，人们必须亲力亲为；有时，为了保护善物（例如，挽救生命），人们就必须违反表面的道德规则（例如，说谎）。我们需要在品格状态、行动形式与行动后果之间保持平衡，而且在此岸世界，我们无法逃避悲剧和取舍。圣爱论者认为，尽管悲剧意味着不可避免的痛苦和损失，但还不至于陷入严重的道德困境。严重的道德困境是指：尽管自己并无过错在先，但也不得不犯下重罪。圣爱论者相信，这类情况是不会出现的，因为，这意味着造物主创造了一个矛盾的世界。如此荒谬的创造与神圣之爱并不相容。对于这样的乐观主义，目前并无明确有效的论证，因此它只是一种信仰，而不是可证明的知识。

　　最后，一种偏倚性的情感主义（如，迈克尔·斯洛特的学说）也许可以在世俗层面发挥作用，但它却忽略了持守圣爱状态的宗教原则：对恩典的体验、对生存的感激。如果人们被作为万物起源的爱触发，那么，这样的神赐就有可能实现一种超越"我们和他们"之争的人类团结局面。它促使人们不偏不倚地去爱，就像上帝那样（吊诡的是，上帝其实偏爱每一个人）。这不是说，想要成为圣爱论者就得加倍付出，就得在被伤害时把另一侧脸也转过来；他们仍是有限的，仍是容易犯错的。这也不是说，圣爱论者与他人之间缺乏任何特殊的关系；欲爱、友爱和亲情之爱仍然保留各自的适当位置。只不过，对圣爱论者来说，理想情况是所有的生活都应由上帝安排并朝向上帝。这是一个赋予应得者以荣誉的问题，它并没有完全忽略移情，而是使之更牢靠。"在人这是不能的，在神凡事都能"（《马太福音》19:26）——其中包括了四海之内的兄弟姐妹之谊。

　　所以，当洪水来临时，不要试图往水下呼唤利维坦，不要指望同船者会施以援手，不要急于将你的灵魂送往天堂见上帝。不，要耐心默默等待上帝之爱的降临。若它迟迟不至，你亦纤毫无失；若它最终到来，你会得到难以言喻的安慰，以及更多的，给予他人的安慰。舍此，并无更高的美德，并无更对的行动，并无更高的成就。

【相关主题】

第 2 章 "Aristotle's Virtue Ethics," Dorothea Frede

第 12 章 "Hume," Jacqueline Taylor

第 14 章 "Eudaimonistic Virtue Ethics," Liezl van Zyl

第 15 章 "Sentimentalist Virtue Ethics," Michael L. Frazer and Michael Slote

第 17 章 "Varieties of Contemporary Christian Virtue Ethics," Jennifer A. Herdt

第 19 章 "Virtue Epistemology and Virtue Ethics," Heather Battaly and Michael Slote

第 23 章 "The Consequentialist Critique of Virtue Ethics," Julia Driver

第 24 章 "Virtue Ethics and Right Action," Ramon Das

第 26 章 "Models of Virtue," Nancy E. Snow

第 28 章 "Testing the Empathy-Altruism Hypothesis against Egoistic Alternatives," C. Daniel Batson

第 29 章 "Care Ethics and Virtue Ethics," Nel Noddings

【参考文献】

Aristotle (2011) *Nicomachean Ethics*, trans. by Robert C. Bartlett and Susan D. Collins, Chicago: University of Chicago Press.

Ericksen, R. P. and Heschel, S. (eds.) (1999) *Betrayal: German Churches and the Holocaust*, Minneapolis: Fortress Press.

Goldhagen, D. J. (1996) *Hitler's Willing Executioners: Ordinary Germans and the Holocaust*, New York: Alfred A. Knopf.

Hume, D. (1978) *A Treatise of Human Nature*, ed. by L. A. Selby-Bigge, second edition with revi- sions and notes by P. H. Nidditch, Oxford: Clarendon Press.

Jackson, T. P. (1999) *Love Disconsoled*, Cambridge: Cambridge University Press.

Jackson, T. P. (2001) "The Gospels and Christian Ethics," in Robin Gill (ed.) *The Cambridge Companion to Christian Ethics*, Cambridge: Cambridge University Press.

Jackson, T. P. (2003) *The Priority of Love: Christian Charity and Social Justice*, Princeton, NJ: Princeton University Press.

Jackson, T. P. (2013) "The Christian Love Ethic and Evolutionary 'Cooperation': The Lessons and Limits of Eudaimonism and Game Theory," in Sarah Coakley and Martin Nowak (eds.) *Evolution, Games, and God*, Cambridge, MA: Harvard University Press.

Kierkegaard, S. (1995) *Works of Love*, trans. by Howard and Edna Hong, Princeton: Princeton University Press.

Lewis, C. S. (2001) *The Weight of Glory*, New York: HarperCollins.

Nygren, A. (1969) *Agape and Eros*, trans. by Philip S. Watson, New York and Evanston: Harper and Row.

Outka, G. (1972) *Agape: An Ethical Analysis*, New Haven, CT: Yale University Press.

Raphael, D. D. (ed.) (1969) *British Moralists*: 1650–1800, Vol. 1, Oxford: The Clarendon Press.

Rohde, P. (ed.) (1960) *The Diary of Søren Kierkegaard*, Pt. 1, no. 31 (1854) , New York: Citadel.

Singer, I. (1966, 1984, 1987) *The Nature of Love*, Vols. 1–3, Chicago and London: University of Chicago Press.

Slote, M. (2007) *The Ethics of Care and Empathy*, London and New York: Routledge.

Slote, M. (2010) *Moral Sentimentalism*, Oxford: Oxford University Press.

Smolin, L. (2007) *The Trouble with Physics*, New York: Mariner Books.

Speer, A. (1970) *Inside the Third Reich*, New York: Simon & Schuster.

Stroud, B. (1977) *Hume*, London, Boston, and Henley: Routledge & Kegan Paul.

Tillich, P. (1951–63) *Systematic Theology*, Vols. 1–3, Chicago: University of Chicago Press.

Woit, P. (2006) *Not Even Wrong*, New York: Basic Books.

Wolterstorff, N. (2011) *Justice in Love*, Grand Rapids: Eerdmans.

第三部分

批判性的互动

第 22 章
康德与美德伦理学

[美]艾伦·伍德／著
李义天　丁　珏／译　朱慧玲／校

人们常常认为，康德伦理学和美德伦理学是两种对立的方法，而围绕它们的讨论也往往采取支持一方或另一方的争论形式。我自己甚至不止一次陷入两者相争的境地（Wood 2008, 2010）。在接下来的讨论中，我可能也无法避免这种取向，但我的主要目的将是，理解康德本人同现在被称作美德伦理学的某些观点之间有何共同之处和不同之处。可是，康德与美德伦理学的关系为什么总被假设为对立的呢？主流的解释并没有使这个假设更加可信。它们一部分是由各种令人反感但又广泛接受的康德伦理学形象构成，一部分又是受到了把伦理学假设分为目的论（或结果论）、义务论和美德论的做法（康德在这里被归为"义务论者"）的有害影响。人们常常采用的这种划分并非恰当的分类，而只是一套令人不敢恭维的刻板印象，它严重扭曲了这些伟大道德哲学家的思想。

康德的美德伦理学

认为康德伦理学是一种关于美德的伦理学（ethics of virtue），我们可以给出一个很好的例证。康德道德哲学被分为法权领域（受强制保护的外在自由）和伦理领域。尽管法权领域没有涉及美德，但康德自己给伦理领域的命名是："美德／德性论"（Doctrine of Virtue）。就其细节而言，康德的伦理学理论更多是以行为者为导向，而不是以行为（甚至规则）为导向。他首先针对美德的本质进行了拓展的讨论（MS 6: 379-413），然后对义务进行分类（对自己的义务，包括完全义务和不完全义务；对他人的义务，包括爱的义务和敬重的义务）（MS 6: 417-474）。然而，这些所谓的义务也同样可以被称为美德——例如，爱的义务包括：行善（beneficence）、感激（gratitude）、同情（sympathetic participation）（MS 6: 452-458）。康德对具体伦理义务的大量思考催生出他关于美德的一般看法，即美德就是使得一个有美德的行为者履行相关义务的那种品格特征。而这样的讨论，有许多又是跟揭露那些与之相反并且违反义务的恶德放在一起的：贪食（gluttony）、酗酒（drunkenness）、不贞（unchastity）、撒谎（mendacity）、贪婪（avarice）、奴性（servility）（MS 6: 424-437）、嫉妒（envy）、忘恩（ingratitude）、恶毒（malice）（MS 6: 458-461）、自大（arrogance）、诽谤（defamation）、嘲讽（ridicule）（MS 6: 465-468）。那么，什么是康德的**美德／德性论**呢？

康德将美德／德性定义为"意志的道德力量"，或"**人的**意志在履行其义务时所具有的道德力量，而义务乃是由他自己的立法理性所产生的一种道德约束，只要这理性把自己构造为一种执行法则的权威"（MS 6: 405）。之所以必须如此，是因为人的意志具有一种朝向恶的极端取向，由此，我们是在心不甘情不愿地遵守道德法则。作为理性的存在者，我们最想去做的事情同时也是我们必须**约束**自己去做的事情。因而，康德将美德描述为"斗争的道德倾向"（KpV 5: 84）。在这个意义上，美德乃是"一种永远不能达到神圣意志的自然获得的能力"（KpV 5: 33）。**拥有**美德不是一项义务，因为只有凭借一定程度的美德，人才有可能完全被置于义务的自我约束中（MS 6: 405）。不过，更大的美德当然是我们意志的完善，因此，争取实现更大的"内在自由"（inner freedom），亦即，更大的美德，就成了我们的一项宽松的或值得嘉奖的（meritorious）义务（KpV 5: 161, MS 6: 380-381, 446）。

康德说，就其理念（或纯粹概念）而言，美德只有一种，因为义务的原则只有一种（MS 6: 447）。然而，我们意志的力量在面对不同的道德规定的目的时却可能有不同（MS 6: 395）；我们对于一个值得嘉奖的目的的承诺力量也许会大于另一个目的，因而，可能存在许多美德。与各种目的一样，这些美德可以得到很好的区分，而且，它们还可以跟那些增进意志的道德力量的其他品质区别开（MS 6: 447）。正如我们看到的，尽管康德没有提供一份美德清单，但他确实提供了一份冗长的恶德清单（康德没说这就是全部）。

康德显然不是按照"美德伦理学"哲学家通常采用的方式来思考美德的。但是，关于康德的惯常误解却常常夸大这些差异。对康德来说，美德就是力量，我们根据其克服阻碍的能力大小来衡量它。在行应当之事而面对反对的偏好时，一个人的意志的内在力量越大，他便越有美德。美德是一种"熟巧"（Fertigkeit, habitus），也是选择上（Willkür, arbitrium）的主观完善性（MS 6: 407）。但康德坚持认为，美德是一种"自由的熟巧"，而不仅仅是"通过重复而成为某种必然性的千篇一律的行动"（MS 6: 407）。这和亚里士多德没什么不同（NE II 1-3）；两者都把美德看作**理性的**习惯，一种后天获得的、在实施因其自身有价值而被选择的行动时的轻松状态（参看 Annas 1993: 53n）。对于那些在缺乏美德的情况下将会比较困难的事情，美德使它们变得更容易。

康德把美德看作是对反抗偏好的克服，从这一事实出发而推论说，康德认为有美德的行为乃是人们勉强为之或带着厌恶情绪去做的事情，这样的刻画是草率的。美德包括理性地设定和追求目的（自我的完善，他人的幸福）。促成一个目的就是欲求它，而欲望则是伴随着快乐感觉的针对某个对象的表象（或者，在厌恶的情况下，伴随着不愉快的感觉）。因此，康德跟亚里士多德一样，都认为美德包含着对正确事物的欲望，同时也涉及快乐和痛苦（NE 1104b3 1105a17）。此外，康德常常坚持说，美德的典型气质是愉悦（joyous），而不是恐惧（fearful）、沮丧（dejected）和（苦修会的）禁欲（ascetical）（R 6: 23-24）。他经常赞成伊壁鸠鲁，因为后者认为快乐是美德的标志（R 6: 60; KpV 5: 111-113, 116; MS 6: 485; VE 27: 249-250, 483, 29: 603）。对康德来说，就像对亚里士多德来说一样，我们借以产生美德行为的那些欲望是**理性的**欲望（而**不是**偏好，后者是由感官冲动产生的经验的欲望，通常随社会状况而改变）。在康德这里，通过美德行为而表现出来的主要动机不是偏好，而是一系列直接源自理性的情感——道德情感（moral feeling）、良知（conscience）、人类之爱以及敬重（MS 6: 399-402）。因此，有美德的行为，即使它与我们的偏好相反，也是我们**因其本身的缘故**而想要去做的事情。

由此我们可以发现，当麦金太尔写下如下这段话时，他是错误的："采取有美德的行为并不像康德（以为的）那样是违背偏好而行动；美德的培养塑造了偏好，出于这种偏好而行动便是有美德的行为"（MacIntyre 1984: 149）。在康德看来，**当偏好与义务相反时**，美德乃是一种克服这些偏好（**习惯性的经验**的欲望）的力量；但是，康德也认为，行为从来就不可能脱离欲望，或者说，行为从来就不可能与我们作为理性存在者所持有的最强烈欲望相反。同样，认为在康德那里美德总是涉及那些反对偏好的行为，而从来就不是出于偏好的行为，这也是不对的。因为，有些偏好（如，爱和同情）增进了我们履行自身义务的能力（我们的内在力量），而我们也有义务培养这样的偏好（MS 6: 256-257; ED 8: 337-338）。

人们有时声称，康德的美德概念不是根据亚里士多德所说的"美德"

（arete），而是根据亚里士多德所说的"自制"（enkrateia）来界定美德，后者是指一个具备基本欲望的人用以抵抗它们并且不受其干扰而按照正确理性来行动的能力（NE VII, 9）。这种说法是极其错误的。对亚里士多德来说，自制是一种抵抗坏欲望的力量，而美德也同样如此，且美德的力量更强（NE 1146a5）。就此而言，亚里士多德的"自制"顶多是康德意义上的某一类美德——那类较低级的美德（参见 Engstrom 1996: 125-126）。况且，亚里士多德意义上的美德——比如，节制——会让行为者乐于不做坏事，而缺乏该美德但没做坏事的人（这里也可能包括自制者）则会因此感到痛苦（NE 1104b7-9）。当康德说我们是不情愿地服从道德法则时，他的意思是，我们必须对我们的意志加以理性的自我约束才能实现服从，然而美德之人的独特之处却在于，她愿意并且乐于施加这种自我克服。正如我们刚刚看到的那样，康德坚持认为"美德的审美属性、它的气质"就是"勇气十足从而充满愉悦"（R 6: 24n）。简言之，把康德的美德仅仅当作亚里士多德的自制，这种看法完全是对康德美德观念的可笑歪曲。

一些真正的差异

我认为在康德的美德 / 德性论和典型的美德伦理学之间确实存在明显的差异，我现在尝试列出一个简短的清单，说明这些差异。不过，我这么做并不是要在这里判定"谁是对的"，甚至也不是想要判定这些差异在更深的伦理学或道德心理学层面上意味着什么。在我看来，最突出的反差有如下三点：

1. **美德与实践判断**。对康德来说，美德是一种恪守道德原则并促进值得嘉奖的目的的力量（尤其是品格的力量）。他把好的实践判断（在特殊情况下识别出道德原则之具体要求的那种能力）看作一种不同于美德的能力。相反，沿袭亚里士多德"实践智慧"（*phronesis*，或中世纪所说的*prudentia*）观念的美德伦理学，则倾向于把实践判断当作所有美德的必要条件，甚至是所谓美德统一性的基础（参见 Annas 2011: ch.6）。康德之所以认为美德只有一个，仅仅因为道德原则只有一个，而不是因为美德包含了实践判断。对康德来说，一个人可能在道德上很强（具有美德），可以做出他眼中正确或有价值的事情，但他的判断却可能不明智，或正好相反，他有良好的实践判断，但在道德上却很弱（缺乏美德），无法践行该判断，甚至受困于那些使之采取明知错误的行为的道德恶习。

2. 理性欲望与经验欲望。康德区分了经验欲望和理性欲望，前者来自一种与某个对象相伴随的愉悦感，而后者则来自自愿的选择（volitional choice）并在对对象的表象中创造快乐。美德伦理学之所以很少强调这种区别，可能因为在亚里士多德那里，欲望（*epithumia*）可以是逻各斯（*logos*）的一种表现，（如亚里士多德所说）它就像儿子听从明智父亲的建议一样听从逻各斯（NE 1102b30-32）。有些美德伦理学（尤其是受休谟影响的美德伦理学）甚至偏离了亚里士多德所坚持的"美德行为必须遵循正确理性"主张，而将所有这类欲望或快乐都当作美德的一部分。对康德来说，理性欲望和经验欲望永远不会陷入这种低劣的关系。无论如何，值得嘉奖的努力能够呼应理性的情感（如，道德情感、良知、人类之爱或自我敬重），也可以培养某些经验欲望（如同情），后者对我们的影响可以部分地构成美德。人们误以为，在康德那里，这些偏好所造成的影响必然"玷污"了道德上的好行为。然而康德认为，一般情况下的经验偏好（我们的意愿常与之合谋）容易对我们的社会环境表现出趋于恶的根本倾向。这就是为什么在义务攸关时，依赖这些偏好（尽管它们不一定是恶的）是危险的（KpV 5: 72）。这种危险仅仅在于，如果我们允许自己在进行道德判断时受偏好的影响，那么，我们就可能蒙蔽自己，搞不清楚什么才是我们的义务，也不明白义务的要求有多严格（G 4: 402, 425）。这也是为什么康德一直坚持认为，我们有义务努力使得义务观念本身（就算缺少支持的倾向）就构成履行义务的充分条件（MS 6: 393）。

3. 自我克服与自我和谐。我相信，上面提到的这两种差异都是以第三种差异为基础的。美德伦理学往往趋向于（在我们的官能、我们的欲望、甚至在我们与他人关系中实现）一种和谐完善的理念，而康德伦理学则把我们看作是理性地追求这种完美和谐状态的存在者，但我们又远远不能占有它，因而，我们无法从充分实现的目的出发真正理解我们的实际道德状况或道德美德。这就是为什么对康德来说美德是一种内部斗争环境下的力量，也是为什么他会把这种力量同人们在决定义务时所必需的那种实践判断区别开来，以及，为什么他会强调理性欲望和义务动机的重要性并警示人们当义务岌岌可危时依靠经验欲望乃是危险的。这种差异并不意味着康德与美德伦理学之间在道德价值或道德目标上、甚或（更基础地）在道德理论的结构和方法上存在冲突（尽管有这种可能）。毋宁说，这是对于我们的经验人性的理解分歧。

在茱莉娅·安纳斯看来，美德是"一种连贯而稳定地出于正确的理由去做道德正确行为的复杂秉性，通过这种方式，一个人的情绪和感觉得到充分发展，参与到他的决定之中"（Annas 1993: 441）。康德的美德概念与此一致，但有两点限定：第一，这种情况只有对美德行为者来说才是真的，他们不仅具有靠得住的良好的实践判断，而且具有足够坚强的品格，能够抵抗人类自身在道德要求方面不可消除的自我欺骗倾向，即，总是按照一种有利于我们的激情和偏好的方式来解释道德提出的要求。第二，没有哪个人类行为者能够让自己的所有偏好和感觉都完全符合道德正确的要求，因为人性在社会条件下会产生一种趋向恶的偏激性质。偏好总是想要抵抗道德法则，因此，我们总是需要品格的力量去克服它们，以及，培养能够稳定支持道德的各种感觉、情绪和偏好。

两种美德伦理学说

我认为，如果我们简要考察一下康德对于美德伦理学支持者经常持有的两种学说的看法（在两种情况下，康德的看法都是模棱两可的），我们将最清楚地看出康德和美德伦理学之间的差别。我把这两种立场分别称作"自然主义"和"幸福主义"。

自然主义

在当代哲学中，这个词有多种不同用法，服务于非常不同的目的。而我想到的是罗莎琳德·赫斯特豪斯的用法，对她来说，自然主义是指美德伦理学的如下命题：即坚持认为存在某种人性，从这种人性解释出发，我们可以说"美德使其拥有者成为一个好人"（Hursthouse 1999: 192）。正如赫斯特豪斯所说，善（goodness）是功能性的，它指的是能使一个事物，特别是有生命的事物，变得健康、相对完美、正常，或简言之，变成它所属自然种类中的**无缺陷**成员的那些品质。她说，这些品质主要从四个基本方面服务于生命体："以该物种特有的方式促进（1）个体的生存、（2）物种的延续、（3）典型的无痛苦状态和享乐状态，以及（4）该社会群体的良好运转。"（Hursthouse, 1999: 202）。

尽管这可能会让有些人感到惊讶，但我认为，在这个意义上，康德显然是一位自然主义者。康德认为，人性中存在某些普遍的"禀赋"（*Anlagen*）：（1）动物性（animality）（它提供人的生存、繁殖和社会性）；

（2）人性（humanity）（根据理性来设定目标并将其同人的幸福概念相结合的能力）；（3）人格（personality）（把道德法则理解为人自身意志的立法产物并遵守它们的能力）（R 6: 26–28, cf. Anth 7: 321-325）。康德也跟赫斯特豪斯一样认为，人性在根本上是**理性的**，而这意味着属人的自然主义不同于其他生物的自然主义（Hursthouse 1999: 217-226）。

不过，对康德来说，这恰恰是自然主义作为一种伦理标准而有问题的地方。康德坚持认为，**理性**本性的与众不同之处就在于：它不囿于任何一种禀赋或生活方式，而是能够（在原则上，无穷无尽地并且更多在集体层面而非个体层面上）发展出**新的**禀赋、新的物种能力、新的生活方式（MA 8: 111–115），并且，通过这种方式，他们在历史进程中改变了自己的本性（I 8: 18-20）；康德的"实用"人类学就是要研究作为自我塑造（self-made）的人性（Anth 7: 119, 321）。他把这种自我塑造理解为一个历史的过程，通过该过程，我们至少可以在大体上认识到某些十分重要的事情："与尘世间通常可能的理性存在者的理念相比，人这个物种的独特之处在于：自然把**不和**的种子置于人，并且希望人自身的理性可以从中实现**和睦**，或者至少可以不断逼近它"（Anth 7: 322）。因此，人性作为一种历史现象，就包含着两种直接对立的倾向：最开始的**冲突**，以及，借由理性加以摆脱而带来的和谐。所以，有些人性特征是**与理性相一致的**：它们不仅给我们的个体本性带来**和谐**，给人类和人类社会之间带来和谐，而且给我们的原始本性和构成其历史进程的文化之间带来和谐（MA 8: 116 118, I 8:22 24, Anth 7: 330 333）。不过，另一些人性特征，即人类理性要努力克服的初始特征以及不断阻止其发展进程的特征，则是直接同理性相对立的。这些方面主要包括"非社会的社会性"（unsociable sociability）（I 8: 20 21），它促使人们互相竞争，从而扩充和发展他们的类能力，其中就包括他们的理性能力本身。

因此，自然本身并没有提供关于完美或缺陷的决定性标准。趋于不和与趋于和谐，这些品质都属于人的自然本性。如果我们要寻求某个标准来决定何者是善的，那么，这个标准不是源于自然，而是源于**理性**（在任何情况下，理性都是我们借以能够把握我们自然本性及其历史进程的主要能力）。在这个意义上，理性对我们来说**就是**我们身上被视为具有规范性的自然本性（而对所有事物来说也是这样，因为，我们是通过理性而形成了所有可能的规范性理念）。不过，理性的规范性权威却不仅仅源于如下事实，即它是我们（在**自然主义**所说的那个意义上）的**自然本性**——它是正常或无缺陷的人类个体的典型特征，因为，冲突、竞争、不和等倾向也同样是我们的典型特征。它的规范性权威只能来自这个事实，即理性本身就是权威、规范、善恶、完美与缺陷等概念存在于世的基础。

因此，自然主义不仅搞错了人性方面全部善恶的来源，而且搞错了理性所具有的权威性的来源。这一点与如下事实有关，那就是，道德上的恶不能完全根据自然缺陷的模型来概括，就像道德上的善也不类似于身体或精神的健康一样——这个事实本身非常明显，可自然主义的美德伦理学却常常（因捍卫某种理论而）忽视它，或故意否认它。道德的善恶涉及理性存在者的自由选择，而生物的功能缺陷却只代表它不符合某种目的论描述下的自然种类所给出的标准。如果目的论概念对我们来说具有规范性，那么，这只有当理性的判断宣称（所设想的）该自然种类是某种**善物**时才会发生。而此时，善或恶的选择在于同理性的这些宣称相一致或相冲突，而不是同"自然"相一致或相冲突。

自然主义还面临着一种两难：要么它诉诸某种被认为价值中立的人性概念，此时，我们永远说不清楚或争不明白人性是否会跟我们的伦理判断相协调；要么它就得明确按照我们的**理性**本性来塑造，并且，其内容取决于道德理性的标准。大多数美德伦理学的拥护者，包括赫斯特豪斯，都明智地选择了这种两难之中的后者。但是，他们的选择，其实跟康德和其他的伦理理性主义者（包括柏拉图、亚里士多德和斯多亚学派）所采取的立场没有什么不同。更何况，用自然主义来阐释这种理性主义，始终带有某种虚构感或恍惚感：我们考察人类的理性能力，就好像它们提供的标准跟那些用来衡量（无理性的）动植物具有正常功能的标准差不多。这种"让我们假装"（let's-pretend）的做法会给我们造成一种印象，即我们现在（通过"把理性奠基于我们这种生物的'自然本性'"从而）**理解**理性的权威性从何而来。但这只是让自然主义陷入另一个困境：理性（出于理性而行动）单独来看要么对我们有意义，要么对我们没意义。尽管这个二律背反的两条反论题都有吸引力，但后者呈现给我们的只是人类处境的根本荒谬；我们无法通过给自己编造一些"从来便如此"的故事——披着虔诚的古代形而上学外衣，把自然科学的碎末残渣拼凑在一起——就消除了它。无论如何，科学和形而上学的各种规范与价值最终必须建立在理性基础上，因此，我们的自然主义童话永远无法让我们比理性更深刻，永远无法让我们超越人类的荒谬处境。

幸福主义

康德通常被认为是一个典型的反幸福主义者，因为，他反对将道德建立在幸福的基础上——行为者自己的幸福，甚或是全世界的幸福（KpV 5: 21-26）。然而，这是一种看待康德同幸福主义之间差别的错误方式，后者正是美德伦理学以及柏拉图、亚里士多德、斯多亚学派、伊壁鸠鲁学派等古代伦理学家所持有的立场。因为，康德和这些美德理论处理的不是同一个幸福概念，因此，尽管康德和这些理论之间存在分歧，但这不代表他们是对同一种"幸福"分别持有支持和反对的态度。

在现代语境中，古代美德伦理学的幸福概念（*eudaimonia*）在茱莉亚·安纳斯这里得到了最充分、最新近的发展。安纳斯说，幸福应该被看作"我的整体生活目标"（Annas 2011: 123）。她认为，我们都有这样一种单一的、统一的整全目标，即使它的内容尚不明确或清晰。安纳斯还进一步说，这个目标不同于"当你得到了想要的东西后，你感觉不错，（或）觉得对生活很满足"（Annas 2011: 146, cf. ch. 8）。她坚持认为，幸福亦有别于"你的生活环境"；相反，它是"你的生活方式"（Annas 2011: 128-129）。"幸福是积极的，它关系到你如何做事（无论你做的是什么事），关系到你如何过自己的生活（无论你发现自己身处怎样的生活环境）"，它更多地在于"把你的生活过好"（Annas 2011: 130, 126）。安纳斯还建议而不是完全肯定地说，美德是幸福的必要条件，因此"一个未能过上有美德的生活的人，无论她有多少财富，也无论她获得多少快乐或满足的感觉，都是不幸福的"。安纳斯认为，如果仅仅是靠反思美德与幸福的概念，那么，这个论断并非自明——"我们接受它需要通过哲学论证……[但是]我们拒绝它也需要依靠论证"（Annas 2011: 167）。

如果我们仔细比较安纳斯的幸福主义和康德对于美德与幸福的思考，那么，我们可能会发现既令人惊讶又十分反讽的结果。康德同样区分了正确的（有美德的，合乎义务并且出于义务的）行为——即一个人意志的善或人格的善——和一个人的状态或条件（Zustand）的善，后者包括一个人快乐或不快乐的状态，一个人拥有健康、权利、财富和荣誉（他人的好感）等好东西的程度（KpV 5: 59-60）。康德还认为，在理性上，好的生活——意志善良、美德行动——要比好的状态更可取。他甚至说，自然赋予我们理性不是为了我们状态的善，而只可能是为了意志的善（G 4: 395）。在所有这些问题上，康德和安纳斯似乎完全一致。

然而，对康德来说，"幸福"（*Glück, Glückseligkeit*）就是指我们**状态**的善，而不是我们**人格**的善。因此，康德这里的"幸福"恰恰是被安纳斯区别于幸福之外的东西。这种具有讽刺意味的术语颠倒很容易造成混淆，产生的分歧也远远不止语词之争。因为，在康德看来，审慎（prudence）或实用理性（pragmatic reason），或构思和追求我们幸福的技巧（skill），都是实践理性的功能；它低于道德理性（moral reason），但也既区别于和独立于道德理性（G 4: 416-418）。因此，康德认为人类的善是**异质性的**（heterogeneous），它由两种不同的欲望和选择对象组成：**道德的善**（Gut），以及，**自然的或身体的善或幸福**（Wohl）。他批评古代人把这两种善等同起来，而又批评现代人把它们混淆起来（KpV 5: 64-65）。康德也许会同意安纳斯说，我们生活的最高目标是（或应该是）有美德的行为（或意志的善），但是，他会否认安纳斯未曾明言的如下主张，即这个目标应该是甚或可以是一个有限的理性存在者的全部目标或唯一目标。在康德这里，我们的自爱和自利只能指向我们的幸福（well-being），即我们的状态或条件的善；它不可能指向更高的关于我们人格的道德善。出于这个原因，尽管康德承认，意识到我们人格的善能够产生一种对自己的愉悦感，或至少一种对自己人格的消极的满足感，但是他却否认这种感觉可以造就我们的**幸福**，哪怕是其中最小的一个部分（MS 6: 387; KpV 5: 38, 88, 117, 156）。

然而，康德与美德伦理学在这里仍有空间达成进一步的一致。如果我们看不到这点，就有可能忽略真正的分歧之处。美德伦理学不一定认为，做出有美德的行为便足以获得幸福。这种极端的斯多亚立场，就连安纳斯也不敢随便支持。更典型的美德伦理学观点似乎是，即便美德（由于不幸的生活环境而）并不总是带来幸福，但成为有美德的人并做出有美德的行为，总体而言，也仍是获得幸福的最佳途径（Hursthouse 1999: 170-177）。美德伦理学者指出，如果从美德的角度出发评价人的生活，那么，情况尤其如此（Hursthouse 1999: 178-191, cf. McDowell 1980）。在这一点上，与我们以为的相比，康德也许实际上同美德伦理学具有更大的一致性。因为他认为，在实际的人类生活条件下，从总体上讲，最有可能带来幸福（福祉，某种可欲状态）的准则是"合理的自爱"（KpV 5: 73；R 6: 45n）——一个人对于自己的那种被调和到足以合乎义务的幸福的追求（Engstrom 1992）。

我们也可能错误地认为，分歧之处在于康德的如下命题：即使美德真的可以带来幸福，由此提倡有美德的生活也只是为人们过有美德的生活提供了错误的理由。康德认为，你之所以应该过有美德的生活，并不是因为它会使你快乐（或者，总的来说，使你获得人类所能实现的快乐），而是因为这是你应该采取的生活方式。但安纳斯也会说，你应该过有美德的生活的原因，不是有美德的生活有助于你获得某种可欲的状态或条件（有利的环境、健康、财富、权力、荣誉等——康德所说的"幸福"之物）。同康德一样，安纳斯会说，一个人之所以应该过有美德的生活，其原因在于，有美德的生活就是好的生活，就是过你应该过的生活。

那么，真正的分歧在哪里？我认为，真正的分歧仅仅在于，对康德来说，幸福是一**种**区别于美德、善良意志和道德的善。而这两种善之间无法相互弥补。在康德看来，不仅是恶人过得好时事情有点不对劲，而且，当好人过得坏时事情也有点不对劲；康德认为，我们起码可以在身边看到两方面的明显案例。他可能承认，我们"很难举出一些例子，它们是正在发生的真实的不道德，但同时又令人信服地属于幸福"（Annas 2011: 167）。但是，我们却肯定可以举出很多例子，其中，人们是因为做了正确的事情而陷入了不那么可欲的境地中（更少的财富、荣誉或权力），以及，他们是做了人尽皆知的坏事而得到了更多的权力、财富和荣誉，他们想要的更多的其他东西，从而对自己的状态感到更多的满意。在这两种情况中，我们都认为一定是这个世界出了问题，事情应该有所改变。因此，对康德来说，至善（*summum bonum*）就必须是道德的善同（与一个人的行为功绩相匹配的）幸福之间的结合。

善具有如此意义的异质性，这种观点虽然在直觉上很吸引人，但如果我们接受了它，则会引发一个容易忽视的严重问题，因为根据安纳斯的说法，幸福是"我的生活整体的目标"。如果我们的生活目标从来不是一件事，而是两种不同的事（我们的人格善，我们的状态福祉），那么安纳斯的幸福概念就必定不足为训：没有什么单个东西构成了我的生活整体的目标，因此，对于我们这样的存在者而言，也就没有什么东西是安纳斯所说的"幸福"。

即便我们决定说（这是安纳斯和康德都会同意的又一观点），在这两种事物中，有一种（美德）要比另一种（聪明的人或在实践上理智的人都会选择有美德的行动，而不是可欲求的状态）具有全方位的优先性，也仍然不能解决问题。因为，这并未消除两种善之间的异质性，也没有降低这种差异的实际重要性。美德之人也许仍然缺少他们应该拥有并且可以合理关心的东西，而恶人却可能拥有他们不该拥有的东西，对这些东西，即使是美德之人也可以正当地表示拥有它们符合其利益，它们构成了这些人的自然的善或幸福。

可是，这样的话，康德为什么认为善有异质性，认为我们的生活必定具有两类不同的目标呢？我这里不是问，为什么我们觉得这种观点在直觉上吸引人——虽然我认为我们确实这么觉得，而且，当我们把这个问题搞清楚了，我们似乎就会意识到安纳斯所倡导的那种古希腊立场不足信。我的问题是，康德坚持认为我们的人格善与我们的幸福状态不是一回事，对此，他的**哲学**理由是什么。换句话说，我是在追问康德关于事物的哲学理论，它也许构成了安纳斯眼里为解决上述问题而必需的那些哲学论证的基础。由于篇幅有限，我只能简略地给出回答，但我认为，正确的答案不在于康德的道德原则理论（他的哲学的先验部分），毋宁说，在于人类学或历史学的部分（经验的部分）。

我们如今看到，康德最终提出的人性概念（人根据自然赋予的质料而进行自我创造——换言之，人类的**品格**）是一种自然的计划，即人应从**不和谐**开始，并且应通过自己的理性而摆脱不和谐，实现**和谐**。我认为，根据这个观点，我们必须从两个角度来看待人性——不是我们耳熟能详的那个形而上学意义的区分，即感性和理性的区分，而是一种历史学和人类学意义上的区分，即我们最初作为自然存在者和我们最终作为理性存在者的区分。因此，我们是什么，以及我们必须重视什么，都是由这两种截然相反——甚至相互冲突——的方式决定的。作为自然存在者，无论是在自身内部（常常感到不满）还是在彼此之间（充满敌视的非社会的社会生物），我们都处于不和谐状态。而作为理性（道德）存在者，我们的职责则是实现和谐——让我们的情感和欲望与理性相协调，让我们的状态与合理自爱相协调，让我们的目的在一个理想的目的共同体（即，"目的王国"）中与他人的目的相协调。作为自然—社会存在者（natural-social being），我们必然发现，我们的自利（我们的幸福）是跟我们与他人之间相互比较、相互竞争的关系纠缠在一起：因此，我们理性的人性禀赋"就可以被归在一种身体的、但也**涉及比较**（因而需要理性）的自爱的总名目下；也就是说，只有通过与他人的比较，一个人才会知道自己是幸福的还是不幸的"（R 6:27）。而我们的自爱必然涉及追求更高的地位，涉及嫉妒和竞争；只有当我们认为别人把我们看作穷人并因此鄙视我们的时候，我们才会觉得自己是穷人（R 6:27, 93）。虽然这种不满和非社会的社会性倾向完全同我们作为道德存在者的理性目的相反，但它也是我们本质中不可消除的一部分，并且不可避免地决定我们部分的善观念。而我们的使命就是追求这种善，但也总要让它服从我们理性的道德目的。因此，我们的本性或品格是分裂的、自我疏离的，而我们的善则是异质的，伴随着冲突的，它需要我们不断加以克服。

从这个角度看，美德伦理学的幸福主义显得高尚而幼稚，意义丰富但又与我们的人类处境脱节。它似乎把我们的本性、我们的善完全当作我们应当追求的那种理性目的所决定的东西，却忽略了我们的本质以及我们的行动出发点的某个关键方面。针对美德伦理学的一个常见指责是，它是**保守的**。或者我们可以说，对于"我们是谁，我们是什么"的问题，美德伦理学过于**乐观**，过于**感觉良好**。美德伦理学似乎以为，我们目前的道德状况——以及我们目前的社会制度——已经足够令人满意，因而我们可以考虑我们自身和我们的最终善，就好像这种善对我们来说是自然而然的，甚至已经触手可及的。然而，如果康德的人类学是对的，那么，在我们的道德本性和我们的社会中，我们所需要的就不是自然的成长和发展，而是根本的转变和激进的改变。道德进步不是一个自然发展过程，而是一个与我们自身甚至在一定程度上与自然进行艰苦斗争的过程。美德所触及的不仅有美好与幸福，还有困苦与崇高。

【相关话题】

第 2 章 "Aristotle's Virtue Ethics," Dorothea Frede

第 14 章 "Eudaimonistic Virtue Ethics," Liezl van Zyl

第 25 章 "Virtue Ethics and Egoism," Christopher Toner

【参考文献】

本章引用的康德著作缩写如下：

Ak：*Immanuel Kants Schriften.* Ausgabe der königlich preussischen

Akademie der Wissenschaften (Berlin: W. de Gruyter, 1902–).

Ca：*Cambridge Edition of the Writings of Immanuel Kant* (New York: Cambridge University Press,1992–).

ED：*Ende aller Dinge*, Ak 8

  The End of All Things, Ca Religion and Rational Theology

G：*Grundlegung zur Metaphysik der Sitten* (1785), Ak 4

  Groundwork of the metaphysics of morals, Ca Practical Philosophy

  Also translated by Allen W. Wood (New Haven: Yale University Press, 2002).

I：*Idee zu einer allgemeinen Geschichte in weltbürgerlicher Absicht*, Ak 8

  Idea for a universal history with a cosmopolitan aim, Ca Writings on anthropology, history and education

KpV：*Kritik der praktischen Vernunft* (1788), Ak 5

  Critique of practical reason, Ca Practical Philosophy

MA：*Muthmaßlicher Anfang der Menschengeschichte*, Ak 8

  Conjectural Beginning of Human History, Ca Writings on Anthropology, History and Education

MS：*Metaphysik der Sitten* (1797–1798), Ak 6

  Metaphysics of morals, Ca Practical Philosophy

R：*Religion innerhalb der Grenzen der bloßen Vernunft*, Ak 6

  Religion within the boundaries of mere reason, Ca Religion and Rational Theology

Anth：*Anthropologie in pragmatischer Hinsicht* (1798), Ak 7

  Anthropology from a pragmatic standpoint, Ca Anthropology, History and Education

VE：*Vorlesungen über Ethik*, Ak 27, 29

  Lectures on Ethics, Ca Lectures on Ethics

亚里士多德的《尼各马可伦理学》(Nicomachean Ethics) 缩写为 NE，页码遵循贝克 (Becker) 本。

【其他文献】

Annas, J. (1993). *The Morality of Happiness*. Oxford: Oxford University Press.

——(2011). *Intelligent Virtue*. Oxford: Oxford University Press.

Engstrom, S. (1992). "The Concept of the Highest Good in Kant's Moral Theory," *Philosophy and Phenomenological Research* 52 (4): 747–780.

——(1996). "Happiness and the Highest Good," in J. Whiting and S. Engstrom (eds.) *Aristotle, Kant and the Stoics: Rethinking Happiness and Duty*. New York: Cambridge University Press.

Hursthouse, R. (1999). *On Virtue Ethics*. Oxford: Oxford University Press.

MacIntyre, A. (1984). *After Virtue*. Notre Dame, IN: Notre Dame Press.

McDowell, J. (1980). "The Role of Eudaimonia in Aristotle's Ethics," in A. Rorty (ed.) *Essays on Aristotle's Ethics*. Berkeley: University of California Press.

Wood, A. (2008). *Kantian Ethics*. New York: Cambridge University Press.

——(2010). "Kant and Agent-Oriented Ethics," in J. Wuerth and L. Jost (eds.) *Perfecting Virtue: New Essays on Kant's Ethics and Virtue Ethics*. Cambridge University Press.

第 23 章
后果主义对美德伦理学的批判

[美] 茱莉亚·德雷弗 / 著
张琳琳 / 译　李义天 / 校

很大程度上，最近的美德伦理学是因为不满于那些不偏不倚的规范理论而得以激发的，其中就包括后果主义。就其最一般的形式而言，后果主义认为，事物（比如，行为、品格特征）的道德性质完全取决于它的后果，或取决于与之相关的某种事物（比如，规则）的后果。这些后果得到不偏不倚的考虑：每个人的幸福都同等重要。而针对该进路的批评者则指出，这使得它很难解释那些看起来具有偏倚性的规范，比如，关于爱和友谊的规范。在某些情况下，偏袒家庭成员的幸福而非陌生人的幸福是完全恰当的，甚至是必须的。一个人如果不偏袒自己的孩子，他（她）就是个糟糕的父母。美德伦理学家坚持认为，他们的美德论述可以涵盖那些致力于偏倚性规范的美德，从而避免后果主义等其他理论在这类规范方面的问题。①

除了对不偏不倚有所不满，美德伦理学家还指责后果主义没有给予美德恰当的重视，没有考虑到情感在实现人类美好生活中发挥的重要作用，以及，没有承认基本计划对于个人生活的重大意义和分量。后果主义的各种缺陷，使得人们指责该理论导致行为者**疏离**其核心价值。这是因为，我

---

① 应该指出的是，许多当代作家要么是后果主义者，要么是同情后果主义者；他们认为，后果主义不一定是不偏不倚，后果主义可以容纳相对于行为者的价值。例如，参见 Portmore（2011）。

们通常不会向自己论证我们基于不偏不倚的后果考虑而采取的行动的正当性。我们之所以追求各种各样的计划，爱着各种各样的人，是因为我们与他们彼此联结，是因为他们赋予我们生命的意义。然而，后果主义似乎在说，这些活动其实是通过它们给人类带来幸福而获得论证。当我们自己的论证同针对我们行为实际给出的假定论证不匹配时，就会产生疏离。但美德伦理学能采取某种表述方式，确保拥有正确的动机和实施正确的行动之间相匹配。

然而，在过去三十年左右的时间里，后果主义不仅在为自己辩护，也在攻击美德伦理学家提出的各种积极理论。本文所要探讨的，就是后果主义者攻击美德伦理的若干方式。

后果主义的美德论

长期以来，后果主义者在其理论中为美德留有一席之地；批评功利主义等后果主义理论不关心美德，这并不准确。如此担心大多跟美德伦理学家加给功利主义和其他理论（比如，康德主义伦理学）的一个正交问题（an orthogonal problem）有关：这些理论专注于规则的遵守，而忽视了道德生活的其他方面。像约翰·麦克道威尔（John McDowell 1979）这样的学者就对规则的遵守表达了质疑，而另一些作者，如劳伦斯·布鲁姆（Lawrence Blum 1991）则认为，道德理论的这种取向忽略了道德知觉和道德判断对于成为一个好人——有美德的人——的重要意义。

然而，功利主义很早就为美德评价留出了位置。在《功利主义》一书中，约翰·斯图亚特·密尔（John Stuart Mill）就有大量的论述，涉及美德对于过上一种好生活的重要性。他确实相信，美德必定是一种促进许多善目的（它们不同于美德）的东西；不过他也认为，一旦认识到了美德，那么，美德就会位居"作为实现最终目的之手段的那些善物之首"，并且，对个人而言，美德就成了"本身即善而无需寻找任何更高目的"的东西（Mill 1998: 82）。密尔的观点是，品格特征是因为促进了善而成为美德，所以，正确判断一个特征是否为美德的标准乃是功利主义的标准。不过，个人之所以内在就重视美德，则是因为这些特征同其效果联系在一起。

因此，认为功利主义和后果主义忽视了美德，这是不对的。尽管人们**可以**提出某种后果主义，**根据**美德之人的所作所为来间接定义正确的行动，但是，后果主义理论并不倾向于把美德当作理论的核心规范概念。如果按后果主义方式来理解美德——例如，就像密尔那样——那么，这将是一种"美德后果主义"（virtue consequentialism），它类似于另一种间接的后果主义，即规则后果主义（rule consequentialism），后者通过行为者合乎最佳规则体系的行为来定义正确行动。

把美德**理论**同美德**伦理学**区分开来是有帮助的。许多后果主义者给出了关于美德评价的论述，从而，以后果主义的方式给出了某种美德理论。然而，如果美德伦理学要成为规范伦理学的独特方法，那么，它就必须在理论中赋予美德以解释上的首要性。此外，密尔的论述还简要说明了，一个将美德评价融入其理论的后果主义者何以能够处理疏离问题。在他看来，不存在任何**主观的**疏离体验，因为行为者内在地就重视美德。不幸的是，密尔并没有说明另一种回应——无论行为者自己对那些可以证明各种偏倚关切的美德是何态度，他的理论仍可以通过采用更基本的标准（对善的促进）而得到证明。因此，即使道德行为者没有体验到它，疏离也依然存在。不过，当代后果主义者彼得·雷尔顿（Peter Railton 1984）则提出了一种关于疏离问题的回应，以解决上述担忧。他指出，后果主义根本没有将朋友和亲人视为工具——正是因为这些关系以及对这些关系中的人的重视，构成了人类美好生活的一部分。相反，后果主义的标准应该被视为某种具有调节性的理想尺度，而成熟的后果主义者会意识到，"只有当人们具备发展良好的品格，才能够可靠地或完全地获得某些善……因此，除了一直致力于为了最佳后果而行动，如果个体还拥有某些持久的动机模式、品格特征或是对规则的**初步**承诺，那么，他们也许更有可能采取正确行动"（Railton 1984: 158）。

新亚里士多德主义

大多数美德伦理学家都是从亚里士多德的作品中获得灵感。在《尼各马可伦理学》中，亚里士多德提出了一种理解美德从而理解人类最佳生活的方法。美德是人类卓越的品格。亚里士多德把美德分为两类：道德美德和理智美德。道德美德包括节制、勇敢、慷慨等；理智美德包括理论智慧和实践智慧。由于理性是人类的特有功能，所以，人类的卓越必定涉及理性的运用。甚至就连道德美德也要接受它——亚里士多德称之为**实践**智慧——的指导，这是一种关系到行动方式和行动内容的智慧。亚里士多德论述了美德的一些其他心理要求，比如，真正的美德之人会觉得有美德的行动是愉快的，以及，有美德的行动是一件基于选择而非无知的事情。既然有这些要求，那么，亚里士多德本人认为美德很难获得，便毫不奇怪了。一个人的心理状态只有和谐地运作——不存在心理冲突——才可以使之成为美德之人。这种观点具有某种直觉上的意义。一个需要通过心理斗争才能做出正确事情和恰当行动的人，似乎比不上另一个无需心理斗争便能轻易做出美德行动的人。

亚里士多德思想背后的这种道德心理学已经遭到来自不同理论视角的攻击。例如，康德主义美德观的捍卫者就认为，在践行美德的过程中，不应如此强调心理方面的和谐性。

在《不安的美德》(*Uneasy Virtue* 2001)中，我指出，亚里士多德的学说无法容纳美德行为者处于无知状态却做出美德行为时所具有的那类美德。这方面的例子包括谦逊(modesty)、盲目的慈善(blind charity)、充当好友(being a good friend)以及冲动式勇敢(impulsive courage)。让我们考虑一下"谦逊"。所谓"谦逊"，我指的是，一般来说与低调的个人行为相对应的那种特征，而不是性方面的稳重。在我所讨论的意义上，"谦逊"涉及或至少可以涉及对自我价值的某些方面的无知(亦参见 Driver 1999)。具有如此秉性的人没有对**明摆的**证据做出恰当反应，因而缺乏实践智慧。所以，他的行动也就不是典型的有美德的行动。

我所支持的后果主义观点认为，美德是系统产生善的各种品格特征。对于谦逊、盲目的仁慈等特征就是这样来分析的。美德并不要求什么特定的心理状态，尽管在概念分析上，具体的美德或许仍然需要含有特定的心理状态。例如，慷慨需要关心他人的幸福，但并非**所有**美德都得这样。因此，总的来说，证明谦逊属于一种美德的方法乃是指出它的好效果。例如，在人们遭遇地位不稳的情况下，它可能带来更平顺的社会交往。

而亚里士多德的理论给美德提出了太多的心理要求，这种担忧一直延伸到最新近的亚里士多德主义观点，后者在罗莎琳德·赫斯特豪斯(1999)，茱莉亚·安娜斯(2011)和丹尼尔·拉塞尔(2009)那里得到了详细阐述。对于上述美德(无知的美德)，他们的回应通常是否认它们真正属于美德，这样一来，谦逊就不是美德；或者他们认为，比如说，虽然存在"谦逊"的美德，但我的说法是对它的错误分析。

但是，有很多直觉支持，至少应该将美德与好效果的产生联系在一起。假设一下，目前被我们视作美德的某种特征——比如"慷慨"——的长期效果被证明是灾难性的。也许它带来很多短期的好效果，但慷慨行为的长期效果却会损害品格、导致软弱，等等。在这些情况下，我们似乎就不再能将慷慨视为一种美德，而是尽力改变态度，缓解这些后果。进一步说，我们有可能一直都搞错了——这样的话，在我们意识到坏后果之前，慷慨就已经不是美德（即便我们无法知道这一点）。它不会仅仅因为我们对效果的不同认知，就从"美德"变成了"不是美德"。

试图为正确行动提供某种美德论解释的学说还存在其他问题。赫斯特豪斯不是一个"正确行动"的取消论者（eliminativisit）。实际上，美德伦理学的早期倡导者曾建议我们取消"正确"行动评价，而诉诸美德评价。然而，在赫斯特豪斯看来，我们可以有一个正确行动概念，只不过，这个概念不是最基本的——它是一位有美德的人在相关环境下将会（出于品格）采取的行动。她对正确行动的描述是这样的："一个行动是正确的，当且仅当，它是一位有美德的行为者在这种环境下中将会典型采取的行动（即出于品质而采取的行动）"（Hursthouse 1999: 28）。

罗伯特·约翰逊（Robert Johnson 2003）、拉蒙·达斯（Ramon Das 2003）和我本人（Driver 2006）都批评这种进路，因为它要么给出错误的答案，要么无法做到前后一致。在约翰逊看来，这种说法坚持认为，正确的行动是**完全**有美德的人在这种环境下将会典型采取的行为。但是，想象一下不完全有美德的人——他是不是真的在所有情况下都应该做出美德之人将会采取的行为呢？也许不是这样，约翰逊指出：

> 为了做出公正、勇敢、善良或其他美德的行动，一个没有美德的人将不得不在许多方面控制自己。事实上，如果他不必这样做的话，那么，他就已经拥有了使美德行动成为第二天性的那种心理构造。换句话说，他根本不是一个新手。请特别注意，新手的美德行动通常属于一个自我控制的行动网络。这使得美德行动本身的重要性，如果从网络内部来看的话，就变小了。相比之下，一个有节制的人则不会实

施这些自我控制的行为。对于美德之人来说，有美德的行动并不属于任何这样的网络。因此，一个人应该采取的行为方式，在这里根本就不是美德之人的典型方式。

（Johnson 2003：821）

许多情况下，没有美德的人需要因为缺乏美德而做出某种改变。不节制的人也许应该在下班回家的路上避开面包店。那么，有美德的人应该避开它们吗？不，因为有美德的人不会受到诱惑。针对美德伦理学关于正确行动的理解进路展开的这种批评，尽管在本质上不是后果主义的，但它有助于后果主义者诊断这种版本的美德伦理学存在的问题。当我们评价行动时，我们需要一些其他标准，而后果主义者当然认为最好的标准是诉诸行为的后果。因此，如果有美德的人总能够选择正确的行动，那么，后果主义者将会坚持认为，这是因为他们在做出正确的决定时以行动的后果为依据。

这完全不是否定美德评价的重要性，而只是把行动评价与美德评价区别开。一种后果主义的观点认为，美德确实存在，但最好把它们理解为系统地产生良好效果的特征。然后，运用"产生善"（要么是满足善，要么是实现善的最大化）这条标准，单独对行为进行评估。对于这种观点，本·布拉德雷（Ben Bradley）补充说，评价美德是在对比中展开的。我们不是把美德看作系统地产生更多善的特征，而是最好把它理解为"让世界更美好的品格特征，如果没有美德，世界就不会那么美好"（Bradley 2005: 285）。另一种观点则是托马斯·赫尔卡（Thomas Hurka 2001）的美德观，它不是明确的后果主义，但与后果主义相容；这种观点认为，美德在于我们针对善恶的"意图"或态度是怎样的。这赋予他一种方法，可以解释美德的内在善。

亚里士多德主义者还强调一个事实，即他们的观点可以容纳那些就其本质而言具有偏倚性的关系。请想一想爱和友谊。在《尼各马可伦理学》中，亚里士多德本人就用了大量篇幅来讨论友谊。批评后果主义的人认为，后果主义者总是把朋友当作工具来看待（如，参见 Badhwar 1991; Cocking and Oakley 1995; Jollimore 2000）。而美德伦理学家则留出了空间，容纳那些对于这些特殊关系来说颇为重要的各种美德。可是，正如上文所讨论的那样，对于人和关系的重视，彼得·雷尔顿这样的后果主义者也提供了合理的心理学解释，而根本不需要行为者把他人当作工具。事实上，把他人当作工具来看待，只会破坏这些关系。

休谟主义美德伦理学

另一些美德伦理学的支持者则是受到大卫·休谟的作品激发。休谟认为，美德是使得持有一般观点的旁观者感到快乐的心灵品质（Hume 2007: Treatise 3）。这种解释对于美德提出了最低的心理要求，比亚里士多德在这方面的要求低得多。事实上，休谟似乎至少承认这样的观点：动物也可以有美德，即使它们不能成为道德行为者（更多细节，参见 Driver 2011）。休谟所说的自然美德是直接地令人感到快乐——慷慨就是一个例子。而其他美德，比如正义，只有通过系统地考虑它所带来的社会效用才会令人感到快乐。然而，无论其中哪一种情况，判断美德的基础都是对其利益受到这一有待评价的特征影响的那些人施以**同情**。当代的休谟主义者把这点当作美德的核心。作为道德情感主义者，休谟认为，道德的基础是同情：

　　同情是人性中一个强有力的原则……当我们观察外在对象时，也

> 像我们在判断道德时一样，同情对我们的美感具有巨大的影响。我们发现，当同情单独发生作用，而无任何其他原则与之协作时，它就有足够的力量，可以给我们以最强的赞许情绪；正如在正义、忠顺、贞操和礼貌等方面，就是那样。在大多数的美德那里，我们都可以发现，使得同情发生作用的一切必要条件；这些美德大部分都有促进社会福利的倾向，或是有促进这些美德之人的福利的倾向。
>
> （Hume 2007: T 3.3.6）①

休谟接着指出，在我们因其效用而将某特征视作美德时，同情便可以解释我们的美德感，而我们也只能**通过**同情来说明我们为什么会关心陌生人的幸福。

当然，还有一些当代的情感主义者不赞同休谟的具体观点（如 Prinz 2007）。不过，迈克尔·斯洛特（2001）在他的以行为者为基础的美德伦理学中则接受了休谟主义的某些关键特征，尽管他并不认为，休谟本身就支持以行为者为基础。与休谟一样，斯洛特相信道德动机的本质在于情感。但斯洛特也认为，休谟关于美德的工具性看法是错误的。毋宁说，美德本身的价值是内在的，而行动的价值则由它同美德的关系决定。斯洛特所支持的这种以行为者为基础的进路认为，"一个人把行动的道德或伦理地位看作是从某些独立的、**根本的**伦理/美德事实（它们涉及道德个体的动机、秉性或内在生命）那里**派生**出来的东西"（Slote 2001: 7）。根据这个观点，某个行为的美德地位，取决于该行为是否**表达**了有美德的内在状态。在很大程度上，它取决于"表达"的呈现方式。斯洛特并不认为表达就是简单的因果关系。因为，有美德的状态有时会让行为者以某种说起来

---

① 译文参考 [英] 休谟：《人性论》，关文运译，北京：商务印书馆，1980 年，第 618 页。——译者注

跟美德无关的方式行动。也许可以证明,仁慈的人由于受到秉性互动方式的影响而倾向于选择香草而不是巧克力,以至于心理学家认为,仁慈使人产生对香草的偏好。但这并不会让选择香草成为应当去做的正确的事或有美德的事。因为,即便选择香草是由美德引起,这种选择行为也没有表达什么美德(更多讨论,参见 Driver 2003)。令人担忧的在于,任何有关"表达"的说法都可能让整个论述陷入循环论证,因为这类说法似乎在讲,比如,仁慈就是仁慈地行动。

斯洛特提出的以行为者为基础的具体论述,是一种"倡导关怀和偏倚性的、温暖的、以行为者为基础的美德伦理学"(Slote 2001: 137)。它跟那种冷酷的、不偏不倚的、以行为者为基础的论述构成了对比。这是采用了休谟主义的方式来表达他所支持的观点,而不是康德主义的方式。那种冷酷的方案在美德动机的结构中发现的是"内在力量",而这种温暖的进路,则将美德锚定于仁慈和关怀(Slote 2001: 38)。

由于这样的论述是一种**评价的内在主义**(evaluational internalism),它把所有具有道德重要性的东西都置于行为者的内在生命,因此有批评意见认为,这是一种道德唯我论(moral solipsism)。斯洛特认为,一个好的道德行为者必须关心她的行为结果给世界造成的变化。因此,有美德的动机结构必将包括对行为后果的关心。

后果主义针对这种立场专门采取的一种攻击方式是,认为它并没有深刻地解释清楚,**为什么**一个行动是令人钦佩的——确实,一个人可以诉诸行为者的动机集合,但是,又是什么决定了具体动机的好或坏呢?对后果主义者来说,动机本身的好坏要根据它产生的后果来评估。

另一种批评是,这里缺少标准可以把一种动机结构同另一种动机结构区别开来。让我们以恐惧动机(也许还有与之相关的其他动机)为例。出于恐惧的行为可以具有完全不同的道德价值:它可以表现为一个士兵在战场上谨慎地趴低脑袋，但也可以表现为一些懦弱的行为。恐惧是一个好动机还是坏动机？如果不考虑恐惧带来的影响，那么，我们在直觉上似乎就很难回答这个问题。请再考虑一下美德的情况：仁慈和同情似乎是美德的范例。然而仁慈既可以表现为慷慨的行为，比如，给穷人捐款，也可以表现为看起来错误的行动，或至少在道德上有问题的行动，比如，因为觉得真相会造成伤害所以选择说谎。看起来，即使是出于仁慈的动机，说谎也不总是好的或有美德的（进一步讨论，参见 Driver 1994）。

结论

亚里士多德主义和休谟主义的美德伦理学都是作为后果主义的替代方案而发展起来的，着眼于解决后果主义和其他具有无偏倚性的伦理理论所存在的典型问题。然而，这些美德伦理理论本身也面临着诸多批评，况且，后果主义者已经证明，他们其实善于使用自己的方式来回答这些问题——比如，疏离问题。

【相关主题】

第 2 章 "Aristotle's Virtue Ethics," Dorothea Frede

第 12 章 "Hume," Jacqueline Taylor

第 27 章 "The Situationist Critique," Lorraine Besser-Jones

【参考文献】

Annas, Julia (2011) *Intelligent Virtue*, Oxford University Press.

Badhwar, Neera (1991) "Why it is Wrong to be Always Guided by the

Best: Consequentialism and Friendship," *Ethics* 101: 483–504.

Blum, Lawrence (1991) "Moral Perception and Particularity," *Ethics* 101: 701–725.

Bradley, Ben (2005) "Virtue Consequentialism," *Utilitas* 17 (3) : 282–298.

Cocking, Dean and Oakley, Justin (1995) "Indirect Consequentialism, Friendship, and the Problem of Alienation," *Ethics* 106: 86–111.

Das, Ramon (2003) "Virtue Ethics and Right Action," *Australasian Journal of Philosophy* 81: 324–339.

Driver, Julia (1994) "Monkeying with Motives: Agent-basing Virtue Ethics," *Utilitas* 7: 281–288.

——(1999) "Modesty and Ignorance," *Ethics* 109: 827–834.

——(2001) *Uneasy Virtue*, Oxford University Press.

——(2003) "Book review: *Morals from Motives* by Michael Slote," *Journal of Ethics* 7: 233–237.

——(2006) "Virtue Theory," in James Dreier (ed.) , *Contemporary Debates in Moral Theory*, Blackwell Publishing, pp. 112–123.

——(2011) "A Humean Account of the Status and Character of Animals," in T. L. Beauchamp and R. G. Frey (eds.) , *Oxford Handbook on Animal Ethics*, Oxford University Press, pp. 144–171.

Hume, David (2007) *A Treatise of Human Nature*, edited by David Fate Norton and Mary Norton, Oxford University Press.

Hurka, Thomas (2001) *Virtue, Vice, and Value*, Oxford University Press.

Hursthouse, Rosalind (1999) *On Virtue Ethics*, Oxford University Press.

Johnson, Robert (2003) "Virtue and Right," *Ethics* 113: 810–834.

Jollimore, Troy (2000) "Friendship without Partiality?" *Ratio* 13: 69–82.

McDowell, John (1979) "Virtue and Reason," *The Monist* 62: 331–350.

Mill, John Stuart (1998) *Utilitarianism*, edited by Roger Crisp, Oxford University Press.

Portmore, Douglas (2011) *Commonsense Consequentialism*, Oxford University Press.

Prinz, Jesse (2007) *The Emotional Construction of Morals*, Oxford University Press.

Railton, Peter (1984) "Alienation, Consequentialism, and the Demands of Morality," *Philosophy and Public Affairs* 13: 134–171.

Russell, Daniel C. (2009) *Practical Intelligence and the Virtues*, Oxford University Press.

Slote, Michael (2001) *Morals From Motives*, Oxford University Press.

第 24 章
美德伦理学与正确的行动：批评意见

[新西兰] 雷蒙·达斯 / 著
赫秋晨 / 译　李义天 / 校

根据一种自然的说法，美德理论在根本上同发展优良品格有关。总体来讲，它要解决的问题是，一个人应该**成为**什么样子。而根据另一种自然的说法，正确的行动在根本上要求提供道德指南。总体来讲，它要解决的问题是，一个人（在道德上）应该**做**什么。虽然这些说法绝非毫无争议，但它们共同强调了美德伦理学在解释正确行动时的内在张力。尽管美德伦理学将行为者品格或动机的**内部**状态作为理论基础，然而，关于人应该如何行动，任何合理的说明都必须考虑**外部**世界的特征，尤其是行动的预期后果。就上述思路而言，两种理论似乎具有完全不同的理论目标。因此，如果只从美德的角度来理解正确行动，或者，只从正确行动的角度来理解美德，将会令人感到奇怪。

道德品格和正确行动之间存在明显区别。尽管在一定环境下，一个人的品格对其行为来说是可靠的指南，但很难说它绝不会出错。经验告诉我们，有些情况下，人的行动并不**出于自己的品格**。有时，好人会做错误的事，坏人会做正确的事。对于这类情况，一种惯常的解释是，人们有时会"由于错误的原因而做出正确的事情"。通常，在一个人的行为和他的人品之间，总有可能出现某种道德"不匹配"。而且，这样的情况经常发生。我们所能够理解的是，一个人的道德品格不由某个单独的正确或错误行为所决定，甚至不由一系列这样的行为所决定。

对于美德伦理学来说，很难高估上述的惯常看法及其所例示的行为与品格之间的道德不匹配。可以看到，这些观点表明，一个行动的正确与错误不能由行为者的道德品格来决定，也不能由其他任何人的品格或行动来决定，无论他多么有美德。相应地，这也表明，提供恰当的人类行动**指南**，这种伦理考虑根本上也并不属于美德伦理学（它与内在品格或动机有关）的考量内容。不过，这只是一个推测。现在，我们只是说明，为了理解上述道德的惯常看法，我们必须把一个人的**内在**道德品格同那些（在一定程度上）表现其品格的**外在**行动严格区分开来。

然而，正如我说过的那样，这么做是有争议的。近年来，许多美德伦理学的讨论都回避了我试图做出的严格区分。在赫斯特豪斯的那里（Hursthouse 2006），亚里士多德主义的"美德"是一种**复杂的**秉性，不仅包括感觉、欲望、情绪反应等的内在秉性，而且包括行动的倾向。类似地，茱莉亚·安娜斯也认为（Annas 2006），发展美德品格的全部关键就在于繁荣或幸福，后者不能仅仅被理解为某种被动的"存在方式"，而更多地在根本的意义上涉及活动。同时，许多非美德伦理学家（以及一些美德伦理学家，包括范·齐尔（van Zyl 2011）和扎格泽布斯基（Zagzebski 2010）在内）也都反对说，正确行动理论在根本上涉及提供道德指南。相反，他们觉得，针对正确行动的说明跟"是什么使得一个行动成为正确行动"的理论问题相关，并且区别于指导行动的实践问题。

尽管如此，我认为，当我们试图把美德伦理学理解为且评价为一种不同于后果主义和义务论——后果主义是从产生良好后果的角度来定义正确行动，而义务论则是从与规则一致性的角度来定义正确行动——的**独特**理论方案时，严格区分道德品格和正确行动是非常有益的，甚至是不可或缺的。聚焦于美德伦理学的最独特性质——以品格和动机的内在状态作为评价焦点——能够使我们看出它与其他伦理理论路径之间的相同性和不同性。相应地,这也能使我们发现美德伦理学在哪些地方对独特的问题,又在哪些地方同其他的伦理学进路保持一致。

例如,一种最常见的反对美德伦理学的意见是,它不具有行动指南的性质:对于一个想知道自己应该如何采取道德行动的人,美德伦理学无法提供道德指南。这是一条重要的反对意见,但其实,在这点上,美德伦理学并不比那些认为行动的正当性取决于实际后果而非预期后果的客观后果主义(objective versions of consequentialism)更糟(事实上,美德伦理学更好)。在我看来,这是因为,针对行动预测后果的考虑——它是关于一个人在道德上应该做什么的最低合理说明的核心部分——要么(在客观后果主义中)被明确排除在外,要么(在美德伦理学中)没有被当作一种根本**独特的**理论要素来使用。

美德伦理学家很清楚他们在行动指南上遭遇的反对意见,而且,许多人已试图通过修正自己的理论或是强调其中的某些方面而做出回应。我将指出,经过修正的理论依然会在所谓"美德的解释作用"方面——尤其是在它们的解释优先性方面——面临结构性的反对。其中最尖锐的意见是,尽管美德理论声称是从美德的角度来定义正确行动,但它们最终在关键之处以循环的方式,依靠"正当性"(rightness)概念来解释作为理论出发点的美德。更一般地说,我将试图表明,任何贴合上述惯常看法的、所谓的美德伦理学理论,在回答"是什么使得一个行动成为正确行动"这一问题时,都没有让美德发挥其应有的基本解释作用。因此,所有的美德伦理学理论都面临一个困境(Das 2003):它们在直觉上变得合理,但却丧失了自己的美德伦理学特色。需要说明的是,这不是为了搞清楚我们是否可以将某种理论称作"美德伦理学"。这不重要。令人关注的问题在于,是哪些理论因素最根本地**解释**了正确行动的成因,以及在关键意义上,这些因素是否可以被合理地描述为品格或动机的内在状态。

因此接下来，我将假定美德伦理学的本质特征是，它在根本上（也许并非仅仅）依据品格或动机的内在状态来评价行动，而无论这些内在状态是属于某个实际的行为者还是某个假定极具美德的行为者。我们将看到，这些理论的最纯粹版本由于无法符合前面提到的那种惯常看法，因而面临严重的反对意见。在考察美德伦理学家如何回应这些反对意见时，我们发现，他们总是在削弱或限定正确行动与美德品格或动机之间公认的紧密联系。通过削弱这种联系，确实应对了主要反对意见，但也削弱了其理论主张所具有的美德伦理学特色。

在开始最重要的讨论之前，还有两点需要注意。第一，一些哲学家诉诸近年社会心理学的实验成果，认为根本不存在所谓的品格特征——至少不存在美德伦理学预设的那种品格特征（Doris 1998; Harman 1999）——否则，就是犯了"基本归因谬误"（fundamental attribution error）（Ross 1977）。认为不存在品格特征，这种结论太强了（Kamtekar 2004, Sreenivasan 2002），而我下面的讨论没有以此为基础。罗琳·贝瑟-琼斯（Lorraine Besser-Jones 2008）赞成这些批评者并且指出，这些实验最多表明，行动的倾向（基本上）不像人们通常认为的那样是品格的重要组成部分。即使这种较弱的主张，我认为，从美德伦理学的观点来看也代表了有害的妥协，而且增长了主要反对意见的威风。

第二，应当指出，当代美德伦理学聚焦于提供一种关于正确行动的解释，这被认为是明显背离了20世纪美德伦理学复兴最具代表性哲学家的思想（Hacker-Wright 2010）。例如，伊丽莎白·安斯康姆（1958）和菲利帕·富特（1954）的早期著作，都没有打算构建某种正确行动概念。安斯康姆特别指出，"正确"和"应当"的概念如今无法得到融贯表达，因此，在现代道德哲学中最好摒弃它们。然而，这种观点并没有被人们广泛接受。美德伦理学对正确行动的解释，可能要比以往任何时候都更有兴趣。现在，我就转而批判考察其中一些作品。

"纯粹的"美德伦理学

可以认为，美德伦理学最独特之处或者说"纯粹的"美德伦理学，就是直接且始终从实际的行为者的内在状态（动机或品格特征）出发，或是从假定有美德的行为者在这种情况下将会如何行动出发，来定义行动的正当性。我把前者称为关于"纯粹的实际行为者"（PA）的美德伦理学，而把后者称为关于"纯粹的美德行为者"（PV）的美德伦理学。迈克尔·斯洛特（2001）和赫斯特豪斯（1991）的著作分别呈现了这两种理论的最近似形态。他们的核心主张可以被陈述如下：

> PA　一个行动是正确的，当且仅当，它出于好的动机。
>
> PV　一个行动是正确的，当且仅当，它是一个有美德的行为者在这种情况下将会采取的行动。

PA 所说的"出于好的动机"，简单而言就是指，相关行动**实际上**出自于一个好的动机或品格特征，如，仁慈、勇气、诚实等。尽管 PV 并未明确提及内在动机或品格（它提及的是一个有美德的行为者将会如何行动），但这是有点误导性。可以假定，一个有美德的行为者之所以可以准确地做出正确行动，正是因为他具有美德，也就是说，正是因为他具有卓越的道德**品格**。因此，跟 PV 一样，PA 最终（也许不是直接地）也可以被证明为，它是根据有美德的动机或品格来论证行动的正当性。部分地由于这个原因，我将这两种理论放在一起；但通常情况下，两者是被分开讨论的，前者被称为"以行为者为基础"的理论（'agent-based' theory）。

纯粹的美德伦理学具有相当大的直觉吸引力。特别是当我们把某个行为描述为值得赞扬或值得谴责时，很明显，我们通常会关注这个行为背后的动机或品格特征所具备的道德性质（Kawall 2009）。这一点在有意的行为后果并未实现的情况下就变得特别明显。例如，一位女性勇敢地（然而并不愚蠢地）进入着火的房子去救另一对夫妇的孩子，这样的行动是值得称赞的，即使她最终没能成功救出那个孩子。不仅如此，正如赫斯特豪斯（2006）强调的，如果我们对一个人的行动背后的品格或动机有更多了解，那么，我们有时就会重新评估此人行为的正当性。她举了一个例子：一位同事在部门会议上直言不讳可能被认为是纯粹出于诚实，但后来发现，在这种情况下他其实往往避实就虚、善于表演。赫斯特豪斯认为，我们此前可能认为他的行动是正确而令人钦佩的，现在在发现了他的真正动机之后，则会认为他的行动是错误的。她的分析并非不合理，在微妙的人际关系中，我们对一个行动的评价在很大程度上是基于我们对行为者的品格或动机的看法。

尽管做出了这种让步，然而，纯粹的美德伦理学依然面临一些相当严重的反对意见。我之所以将 PA 和 PV 放在一起，主要原因就在于是它们共有一种直接招致这些反对意见的结构性特征。具体而言，两者都假定，从广义上来讲，在正确行动和道德品格之间存在某种**直接的**、**不变的**联系。但是，如前所述，任何这样的美德伦理理论都必须处理我们所熟悉的一个经验事实，即，在品格和行动之间有时存在道德的不匹配。例如，一个好人可能做错误的事，一个坏人可能做正确的事。特别是对 PV 的反对，看起来，即便是一个完全有美德的人在掌握了所有相关事实的情况下，也**可能**做出错误的行动——至少，如果他是一个有自由意志的人而不是一台仁慈机器的话（参见赫尔卡给出的相反观点，Hurka 2010）。更常见的是，人们似乎总有可能出于错误的原因但做了正确的事情。

简言之，针对纯粹的美德伦理学——无论是关于"实际的行为者"的，还是关于"有美德的行为者"的——的主要反对意见是，它没有尊重体现在诸多情况中的道德上的惯常看法。我曾举过一个例子：一个男人跳进泳池去救一个溺水儿童，**完全**是为了给孩子的母亲留下深刻的印象，而并不是因为关心孩子的命运（Das 2003）。尽管这位男子的动机极其恶劣，但显然，他做了正确的事情。至少，他做了他**应该**做的事。这样的例子很容易举出很多。现在，我转而讨论主要的美德伦理学理论针对这些核心反对意见的若干回应。

修正的美德伦理学

美德伦理学家承认上述针对纯粹美德伦理学的反对意见是有力的，这一点至少可以从"几乎无人会为采取如此纯粹形式的美德理论作辩护"的事实中得到印证。为了回应这些反对意见，美德伦理学家采取三种主要策略。一直以来，第一种策略总是跟另外两种中的一种或两种相结合。第一种也是最核心的策略是，削弱或者限制正确行动与道德品格之间的直接联系。例如，不把正当性与**实际的**动机绑定在一起，而是根据一个行动"所展示或表达"的那些动机来定义它（Slote 2001，Doviak 2011）。不是根据有美德的行为者在这种情况下**实际**做什么来定义行动的正当性，而是根据有美德的行为者在这种情况下将会"典型地"做什么来定义行动的正当性（Annas 2004; Hursthouse 1999; Swanton 2003）。第二种策略则是对典型的美德行动进行更抽象的分析，例如，诉诸一个完全有美德的人将会"建议"去做的事情（Driver 2006），或者，诉诸她在这种情况下将会"同意"去做的事情（Tiberius 2006）。最后，第三种策略涉及，把正当性问题同行为指南问题严格区分开来（van Zyl 2011; Zagzebski 2010），并且指出，美德伦理学家可以坚持对前者给出一种独特的解释，但无需一定对后者也给出特殊的解释。

在不同程度上，这些策略都有效反驳了那些源于上述道德惯常看法的反对意见，以及，其他一些相关反对意见。然而，我将指出，它们的成功主要在于它们诉诸了非美德伦理学的思考，或者说，诉诸了某些在理论上专门设置的内容。具体而言，正是这些非美德伦理学的其他思考，一以贯之地**解释**了为什么经过修正的理论没有违反那些道德上的惯常看法，也没有屈从于相关的反对意见。最后，我们并不清楚——至少在理论结构方面——由此产生的修正理论是否还能完全算作美德伦理学。

那么，让我们考察第一种策略，即削弱行动与品格之间的直接联系。我主要关注的就是这个策略。尽管在理论上具有根本和广泛的影响，但它在文献中却很少引起注意。例如，斯洛特（Slote 2001: 16-17）就捍卫一种修正的"实际行为者"理论（MA），它不讨论行为背后的**实际**动机，而是讨论行为"所展示或表达"的动机。类似地，赫斯特豪斯（Hursthouse 1999, 2006）也在捍卫一种修正的"美德行为者"理论（MV），它不关注有美德的行为者**实际上**会做什么，而是关注这样的行为者典型地（也就是，出于品格地）会做什么。美德伦理学的这些修正版本可以表述如下，其中关键的修正处用黑体表示：

  MA 一个行动是正确的，当且仅当，它**展示或表达**了一个好的动机。

  MV 一个行动是正确的，当且仅当，它是一个有美德的行为者在这种情况下将会**典型地**（即出于品格地）采取的行动。

正如我已指出的那样，这些理论影响广泛，并且构成了过去十年美德伦理学大多数作品用以解释正确行动的理论基础。我认为，与"纯粹的"美德伦理学相比，这两者都包含了某种结构上的相似性，以及，在我看来，某种功能上的非美德伦理成分。特别是，当纯粹的美德理论所持有的那种具备美德伦理学特色的正当性标准造成了直觉上错误的结果时（比如，与前述道德惯常看法相抵触），MA 所说的"展示或表达"以及 MV 所说的"典型地"等术语，便作为各自理论的内置例外（built-in *exceptions*）而发挥作用。

为了搞清楚这一点，让我们考察一下 MA 和 MV 何以能够回应 PA 和 PV 所遇到的反对意见。具体而言，考察两种情况：一种情况是，一个彻头彻尾的坏人做出了人们直觉上正确的事情（如，上面的溺水儿童案例），另一种情况是，一个完全有美德的人做出了错误的事情。正如我们已看到的那样，这些情况构成了道德品格与正确行动之间通常关系（好的品格→正确的行动；坏的品格→错误行动）的例外情况，这也是为什么纯粹的美德伦理学无法解决这些问题的原因。然而，经过修正的美德伦理学可以应对这些例外。比如，MA 可以这样来回应第一种情况。尽管这个人**实际上**出于坏动机，但是，他援救溺水儿童的行动却"展示或表达"了一个好动机，比如，仁慈。因此，MA 会把这个行为当作应该去做的正确行为——这也是合乎直觉的正确答案。同时，MV 也能够以如下方式回应第二种情况。在那些（也许很少见的）情况中，一个完全有美德的人之所以做出错误的事情，是因为她没有"典型地"去行动，也就是说，她没有**出于品格地**行动。所以，MA 就把她的行为算作错误的行为；这同样也是合乎直觉的正确答案。

因此，像 MA 和 MV 这样经过修正的美德伦理学，面对道德惯常看法所引出的那些可能的反对情况时，就给出了正确的答案。此外，很明显，它们之所以能够回应反对意见，恰恰是因为它们利用了修正性的概念，如

"展示或表达"或"典型地"。与纯粹的版本不同，正是这些概念解释了为什么修正的版本可以对那些情况给予正确的回应。因此，核心问题在于：这些关键概念是否发挥了某种具有**美德伦理学**特色的功能？它们是在支持——或者，至少没有破坏——美德伦理学的关键理念（即，道德正当性在根本上是一个合乎行为者的内在品格或动机的问题）吗？很明显，它们没有做到这一点。相反，它们出现在 MA 和 MV 中，代表了一种隐秘的让步，即，道德正当性有时可以与品格或动机的内在状态**不**一致；即便一个完全有美德的人也**可能**采取错误的行动。概言之，这些概念在理论上是专门设置的。它们主要是为了当 MA 和 MV 在涉及道德惯常看法的情况中给出直觉错误的答案时，为它们提供某种内置例外。若不是为了这个（非常重要的）目的，就完全没有理由包含这样的修正性概念，美德伦理学家也依然可以坚持他们更加钟爱的纯粹版本。

接下来，让我们转向美德伦理学家回应上述（及其相关）反对意见的第二种策略。这种策略采取了一种更抽象的方式来阐释经过修正的"美德行为者"理论（MV）。具体而言，这种策略不是根据一个完全有美德的人在此情况下将典型地**做**什么，而是根据这样的人将典型地**建议**或**赞成**什么或是（在最抽象的层面上）遵循什么**理由**来定义正确的行动。其中，第一种理论认为，一个行动是正确的，当且仅当，该行动是完全有美德的人在这种情况下将会建议采取的行动。这基本上是关于正确行动的"理想观察者"学说（Driver 2006），它最近在实践哲学的其他领域也颇有影响（Svensson 2010）。然而，这种理论同样面临上述反对意见以及其他一些相关意见；我已讨论了前者，所以现在考察后者。

在后一类反对声中，讨论最广泛的反对意见也许关注的是那些揭示出普通人与完全有美德的人之间存在道德品格差异以及相应行为差异的情形。尤其是，似乎在很多情况下，一个普通人应该采取的行动在直觉上

（相当）不同于一个完全有美德的人将会采取的行动（Johnson 2003）。针对"建议"理论，这种反对意见指出，认为一个完全有美德的人（没有品格缺陷）可以建议一个普通人（有品格缺陷）该怎么做，这样的看法具有内在紧张。设想一个狂热的壁球爱好者艾德，他在比赛中输得很惨。虽然完全有美德的人在失败时仍会不失优雅地与对手握手，但是，艾德却因为自己的品格缺陷而无法做到这一点；如果他试着去做，结果却会是拿自己的球拍砸对方的脸（Smith 1994）。如果美德之人了解艾德的品格，便不会建议他和对手握手，而是直接离开球场；他所给出的这个建议就会跟他自己在此情况下将会采取的做法不同——后者（有人认为）实际上是正确的做法。

有人建议说（Svensson 2010），一种聚焦于完全有美德的人将会**赞成**什么的理论，可以反驳这种反对意见。大致说来，该理论认为，一个行动是正确的，当且仅当一个完全有美德的人将会典型地赞成该行动（Kawall 2002）。尽管美德之人不一定建议艾德同对手握手（因为他了解艾德的品格），但他还是会**赞成**艾德同对手握手（尽管这不大可能）。

暂且不管针对"典型地"这个修饰语的疑虑，我认为，这种更抽象的"美德行为者"理论也许可以有效地回应上述诸多反对意见。而一个更加抽象的版本（Tiberius 2006）——它认为，一个行动是正确的，当且仅当，该行动合乎一个完全有美德的人在此情况下将会遵循的行动理由——则因为甚至无需"典型地"这个修饰语，而可以规避迄今为止我们所讨论的**任何**反对意见。但是，它能否堪称一种美德伦理学理论却十分可疑，因为我们并不清楚，美德概念是否承担了根本性的解释工作。我们之所以应该遵循美德之人的理由而行动，是因为它们是**好的**理由——而不仅仅因为这些美德之人依据它们而行动。事实上，它们是好的理由，这可能恰好解释了遵循这些理由而行动的美德之人的出发点。好的理由，并不会因为美德之人倾向于遵循它们而行动的事实，便获得任何证成性力量或解释性力量

（不同的观点，参见 McDowell 1979）。简言之，最后这种理论看起来是以理由为基础的（reasons-based），而不是以美德为基础的（virtue-based）（Svensson 2010）。

我将简要谈谈美德伦理学家用于回应上述反对意见的第三个策略，它或许也是最激进的策略。该策略区分了道德正当性问题和行动指南问题，在它这里，两者在某些特定情况下可能并不相干。例如，在上面提到的溺水儿童例子中，我们有可能既否认那个人的行为是正确，但又承认他做了他**应该**做的事（van Zyl 2009, 2011）。这可能听起来很奇怪（对我来说确实如此），但是，这样的区分在后果主义的作品中非常常见；再说一遍，在这个领域，美德伦理学没有比客观后果主义更糟糕。可以说，这种策略能够得到支持，因为，对于一种伦理学理论来说，充当行动指南究竟意味着什么，这一点并不像人们想象的那么简单（Feldman 2006, 2012）；这或许表明，伦理学家应该把注意力放在设定正当性标准的问题上，而不要对于他们的理论是否构成行动指南这个模糊的问题过于忧心忡忡。

尽管存在这样的看法，但我认为，切断正当性和行动指南之间的联系是非常令人不满的，它象征着理论的绝望。尤其是，它带来了下面这个令人困惑不安的问题（Mason 2013）：对于一个试图决定自己应该在道德上采取何种行动的人来说，一种甚至连装都不装出点用处来的伦理学理论还有什么**意义**呢？主要由于这个原因，第三种美德伦理学的回应策略给我留下的印象，与其说是对上述反对意见的一种反驳，不如说是一种让步，即，它们无法以美德伦理学所特有的方式来回应反对的声音。

反对美德伦理学

关于这个问题，我主要聚焦于美德伦理学的核心理论特征，或者说，结构性特征。我主要是要表明，围绕正确行动而给出一种具有美德伦理学特色且在直觉上具有合理性的解释方案会有多么地困难。然而，一定有读者准确地觉察到，在聚焦于理论结构时，我尚未触及更广泛的美德伦理学精神。毕竟，美德伦理学如今已经广受欢迎，充盈着许多当代道德哲学家的想象空间。批评者应该正视这个事实。在最后一节，我将处理一些更广泛的美德伦理学主题，尤其聚焦于它们在赫斯特豪斯和茱莉亚·安娜斯的新近作品中的呈现形态。我会试着把自己的批评意见同上面提到的那些主要的理论结论结合起来。

那么，这些更广泛的美德伦理学主题是什么呢？首先，与其他伦理学理论相比，美德伦理学被认为表达了一个更丰富的"正确行动"概念。这个概念不局限于行为的物理表现和外部影响；它还包括各种内部状态，如欲望、感觉和出于正确理由而行动的秉性。如果我们想要充分理解道德对于我们的重要性，那么，这种更丰富的正确行动概念乃是值得追求的，或许还是不可或缺的。虽然在一般道德环境下，我们可能不需要它，但是，如果我们愿意实现道德**进步**——比如，为了让我们的孩子道德上有进步——那么，我们就会经常地（也许是隐秘地）诉诸于这种更丰富的概念。此时，我们将正确行动"提高标准"，渴望达到完全有美德的行为者在"不仅出于正确的理由，而且拥有恰当的情绪"的状态下所设定的崇高目标（Hursthouse 2006: 109）。此时，我们似乎会——在美德伦理学的精神感召下——承认，过真正的道德生活乃是一种**理想**，是一种即使我们意识到永远无法完全实现它也依然值得追求的理想。

其次，如果不理解实践推理（practical reasoning）的核心作用，就不可能恰当地理解美德伦理学。美德绝不只是一种习惯，而是**出于**理由而行动的秉性。它是一种复杂的秉性：关系到出于正确的理由、凭借恰当的方式而做出正确的事情。又由于这种秉性是通过行为者的实践推理得以践行，因此，它的确立仰赖于伦理**抉择**。而确立的过程就是道德教育的过程；这绝非一朝一夕就能学到。行为者需要在自己的每个发展阶段都用心思考（并试图理解），自己做了什么，以及为什么要这样做（Annas 2006: 526–527）。

再次，美德伦理学反对把伦理理论看作（电脑说明书那样的）"技术手册"（technical manual），可以用它来指导任何有能力的读者采取道德行动。这种模型意味着，任何一个聪明的年轻人——甚或一个价值观和道德品格扭曲的人——都能在智识上掌握关于正确行动的理论，从而成为道德建议或道德指南的可靠来源。对此，美德伦理学认为是荒谬的。一个人不可能仅靠阅读一本伦理学书就成了一个美德之人，或者成了一个道德行动的专家。无论年轻人还是恶棍，不管他们有多聪明，都不是我们寻求道德建议的对象。这表明，试图严格区分正确行动和道德品格的做法是有问题的。这还表明，那种将伦理学理论视作技术手册的整体图景——伦理学可以提供一种"决策程序"，一套特定的指令，它们会在任何情况下告诉任何行为者应该做什么——在根本上具有误导性。

最后，尽管美德伦理学（至少是亚里士多德主义的美德伦理学）的目标是为正确行动提供一种独特解释，但是，这绝不是要将正当性概念"还原"为美德概念，也不是要将某些重要的道德概念还原为另一些道德概念。相反，美德伦理学所追求的道德概念数量比一般情况更多，其中包括**善**、**恶**、**值得的**、**有利的**、**快乐的**、**必要的**等等，这里只是一部分例子。美德伦理学更感兴趣的是，阐明这些概念之间的种种**联系**，而不是试图将这些概念还原为另一些概念（Hursthouse 2006: 101）。

我认为，这个简短的总结有很多吸引人的地方。而我在回应里则试图把我认为合理的内容和不合理的内容区分开来，进而表明，在这番论述中，最合理的要素却是最不具有美德伦理学特色的东西。

我从最合理的内容开始，即实践推理对于美德伦理学的重要性。在我看来，把美德理解为凭借行为者的实践推理而得以践行的一种秉性，并认为它是通过做出伦理**抉择**而确立起来，这种看法确实是正确的。根据我的理解，该看法的意思是，成为一个有美德的人、成为一个更好的人的方法就在于（努力）做出好的伦理抉择，并（基本上）依照这些抉择而行动。这看起来确实很对。但这也对美德伦理学提出了两个问题。第一，强调实践推理的重要性，这似乎算不上特别具有美德伦理学的特质。比如，各种类型的伦理学家一般都不会断言其理论的全面性，而只是补充说，在具体情境中采取正确的行动（当然）需要一个人运用**判断**——这只不过是换了一种说法来说，正确的行动需要好的实践推理。

更深层次的问题源自把美德理解为一种秉性，其发展最终取决于人们的伦理抉择。而伦理抉择——**正确的**抉择——当然跟正确的行动密切相关。导致一个行动是正确的那些原因，即使不完全等同于、也非常近似于造成一个选择具有伦理正确性的那些原因。但是，在解释作为秉性的美德的初始发展过程时，"正确"概念却扮演了核心角色。大体上讲，我们是通过正确地行动而变得有美德的。非美德伦理学家同样赞成这些观点，因此，很难看出它何以具有美德伦理学的特色。如果美德就是一种通过做出伦理正确的抉择而确立的秉性，那么，这似乎是在用"正确"解释"美德"，而不是相反。这个重要的观点也跟美德伦理学的主张有关，即不需要一定把"正确"概念还原为"美德"概念。我们虽然可以接受这个主张，但是美德伦理学却必须能够表明，至少在某种重要的程度上，美德概念是在**解释**什么是正确的行动。正如我已指出的，这种解释似乎跑反了方向。

接下来，让我们考虑一下我们有时使用的那个更丰富的"正确行动"概念，其中就包括拥有恰当的内在状态。我承认，这个主张存在一定的合理性（亦参见前述赫斯特豪斯提出的"善于表演的同事"案例）。当一个孩子**言不由衷地**说出"对不起"的时候，我们不会告诉他，也不会对自己说，因为说了正确的话，所以就做出了正确的行动。显然，这个孩子并没有做到人们期望他做的所有事情。然而，即使如此，我们也仍然可以不必扩展"正当性"观念就能把握我们试图表达的东西。我们想表达的是，有时候，仅仅**做**正确的事是不够的。有时候，一个人不仅需要去做正确的事，还要以正确的方式、出于正确的理由、带着正确的情绪去做。简言之，（完全）恰当的道德反应有时候，或许常常，总是呈现出多层次的复杂性。但是，为了理解这一点，我们并不需要扩展正确行动的概念。

我认为，在上述总结中，最没有说服力的就是反对把伦理学模型看作技术手册，说得更具体点，就是认为年轻人和价值观扭曲的人不可能成为该做什么、该如何生活等道德建议的好的来源。如果美德伦理学被批评为精英主义和排他主义的学说，部分原因可能就在于此。首先，就美德伦理学家普遍接受该观点而言，颇为讽刺的是，他们中有许多人都是从一个相信有人天生为奴（Aristotle: *Politics* I, iii–vii; *Nicomachean Ethics* VII）的人那里获得启发的。更严重的是，针对技术手册模型及其含义的批评似乎就是错误的，或者说，至少非常需要作出某种区分和限定。

需要做出的区分就是，"成为有美德的人"与"有能力知道或做出正确的事情"属于两码事。而需要给出的限定则是，只有前者才是年轻人和恶棍极有可能无法达到的。因此，或许可以肯定的是，非常聪明的年轻人以及不知廉耻的恶棍无法成为完全有美德的人。然而，年轻人不仅有可能弄懂并且做出正确的事情，他们还经常在这方面教给我们这些人某些重要的内容。最近关于布拉德雷·曼宁（Bradley Manning）的例子，就可以很好地说明这一点：他在2013年——时年22岁——被美国政府定罪，因为他为了揭露美国在伊拉克和阿富汗政策问题上的道德败坏而勇敢地曝光了成千上万份机密文件。这类例子并不少见，而且，它们揭示出美德伦理学的另一条存在问题的特征。美德伦理学的正确行动概念不适合处理政治方面的问题，因为，针对这些问题的回答很大程度上取决于外部世界的事实，而很少依赖于行为者内在品格的状况。

最后，让我们考虑美德伦理学的如下观点，即过上真正的道德生活乃是值得奋斗的理想。实现该理想的主要困难，或许就在于人们很难实现可欲的**内在**品格状态——完全有美德。人们可能想，既然仅仅去**做**正确的事情就已如此困难，那努力追求这种内在的美德又有多重要呢？在我看来，答案是：不是特别重要。需要澄清的是，我并不是说，拥有美德的内在状态没什么价值。相反，我的意思是，把美德作为首要或直接的关注点，不大可能是成为美德之人的好方法。就像先前说过的那样，最好的方法在于聚焦正确的行动。这几乎是任何行为者，无论其道德品格如何，都可以立即着手的事。一个人只要有了道德承诺，再加上一点运气，就可以在通往美德的道路上行稳致远。

【相关主题】

第 2 章 "Aristotle's Virtue Ethics," Dorothea Frede

第 14 章 "Eudaimonistic Virtue Ethics," Liezl van Zyl

第 23 章 "The Consequentialist Critique of Virtue Ethics," Julia Driver

第 26 章 "Models of Virtue," Nancy E. Snow

【参考文献】

Annas, J. (2004) "Being Virtuous and Doing the Right Thing," *Proceedings and Addresses of the American Philosophical Association* 78,

61–75.

—— (2006) "Virtue Ethics," in D. Copp (ed.), *The Oxford Companion to Ethical Theory*, Oxford: Oxford University Press.

Anscombe, G. E. M. (1958) "Modern Moral *Philosophy*," Philosophy 33, 1–19.

Aristotle. (1985) *Nicomachean Ethics*, translated and with an introduction by Terrence Irwin, Indianapolis: Hackett Publishing.

—— (1981) *Politics*, translated by T. A. Sinclair, revised by T. S. Saunders, New York: Penguin Classics.

Besser-Jones, L. (2008) "Social Psychology, Moral Character, and Moral Fallibility," *Philosophy and Phenomenological Research* 76, 310–332.

Das, R. (2003) "Virtue Ethics and Right Action," *Australasian Journal of Philosophy* 83, 324–339.

Doris, J. (1998) "Persons, Situations, and Virtue Ethics," *Nous* 32.

Doviak, D. (2011) "A New Form of Agent-Based Virtue Ethics," *Ethical Theory and Moral Practice* 14, 259–272.

Driver, J. (2006) "Virtue Theory," in J. Dreier (ed.), *Contemporary Debates in Moral Theory,* Malden, MA: Blackwell Publishing.

Feldman, F. (2006) "Actual Utility, the Objection from Impracticality, and the Move to Expected Utility," *Philosophical Studies* 129, 49–79.

—— (2012) "True and Useful: On the Structure of a Two Level Normative Theory," *Utilitas* 24, 151–171.

Foot, P. (1954) "When is a Principle a Moral Principle?" *Aristotelian Society Supplementary Volume.*

Hacker-Wright, J. (2010) "Virtue Ethics without Right Action:

Anscombe, Foot, and Contemporary Virtue Ethics," *Journal of Value Inquiry* 44, 209–224.

Harman, G. (1999) "Moral Philosophy Meets Social Psychology: Virtue Ethics and the Fundamental Attribution Error," *Proceedings of the Aristotelian Society* 99, 315–331.

Hurka, T. (2010) "Right Act, Virtuous Motive," *Metaphilosophy* 41, 58–72.

Hursthouse, R. (1991) "Virtue Theory and Abortion," *Philosophy and Public Affairs* 20, 223–246.

——(1999) *On Virtue Ethics*, Oxford: Oxford University Press.

——(2006) "Are Virtues the Proper Starting Point for Morality?" in J. Dreier (ed.), *Contemporary Debates in Moral Theory*, Malden, MA: Blackwell Publishing.

Johnson, R. (2003) "Virtue and Right," *Ethics* 113, 810–834.

Kamtekar, R. (2004) "Situationism and Virtue Ethics on the Content of our Character," *Ethics* 114, 458–491.

Kawall, J. (2002) "Virtue Theory and Ideal Observers," *Philosophical Studies* 109, 197–222.

——(2009) "In Defense of the Primacy of the Virtues," *Journal of Ethics and Social Philosophy* 3, 1–21.

Mason, E. (2013) "Objectivism and Prospectivism about Rightness," *Journal of Ethics and Social Philosophy* 7, 1–21.

McDowell, J. (1979) "Virtue and Reason," *Monist* 62, 331–350.

Ross, L. (1977) "The Intuitive Psychologist and his Shortcomings: Distortions in the Attribution Process," in L. Berkowitz (ed.), *Advances in*

Experimental Social Psychology, 10th edition, New York: Academic Press, pp. 173–220.

Slote, M. (2001) *Morals from Motives*, Oxford: Oxford University Press.

Smith, M. (1994) *The Moral Problem*, Oxford: Blackwell.

Sreenivasan, G. (2002) "Errors about Errors: Virtue Theory and Trait Attribution," *Mind* 111, 47–68.

Svensson, F. (2010) "Virtue Ethics and the Search for an Account of Right Action," *Ethical Theory and Moral Practice* 13, 255–271.

Swanton, C. (2003) *Virtue Ethics: A Pluralistic View*, Oxford: Oxford University Press.

Tiberius, V. (2006) "How to Think about Virtue and Right," *Philosophical Papers* 35, 247–265.

Van Zyl, L. (2009) "Agent-based Virtue Ethics and the Problem of Action Guidance," *Journal of Moral Philosophy* 6, 50–69.

——(2011) "Right Action and the Non-Virtuous Agent," *Journal of Applied Philosophy* 28, 80–92.

Zagzebski, L. (2010) "Exemplarist Virtue Theory," *Metaphilosophy* 41, 41–57.

第 25 章
美德伦理学与利己主义

[美] 克里斯托弗·托纳 / 著
李义天　卢淑慧 / 译　朱慧玲 / 校

是否真的像人们常说的那样，美德伦理学是一种利己主义？这个问题需要精确的分析，因为，(就"利己主义"的合理含义而言)美德伦理学的某些可能形式显然是的，而另一些形式则显然不是的。我将主要关注"幸福主义美德伦理学"(eudaimonistic virtue ethics，EVE)，根据该伦理学，行为者的最终目的是自己的"**幸福**"(*eudaimonia*, happiness、well-being、flourishing)，而美德则是至少部分构成这种繁荣状态的若干特征。直觉上看，很清楚，幸福主义美德伦理学似乎就是利己主义的，但我们也得注意到，幸福主义美德伦理学的反对者和支持者居然都同意的这种说法(参见 Hurka 2001; Farnham 2006; Stohr and Wellman 2002)。人们怀疑，这些作者不是在同一个意义上使用"利己主义"；人们往往根本不给它下定义，或者，也许只把它宽松地等同于一种建议行为者追求自身善并以此作为其最终目的的观点。为了回答这个问题，我们需要弄清楚"利己主义"的意思是什么(或者应该是什么)，而本章第一节就专门讨论这个问题。然后我将论证，虽然幸福主义美德伦理学可以采取利己主义形式，但它不必一定采取这个形式。尽管茱莉亚·安娜斯和其他人认为，幸福主义美德伦理学不是利己主义的，但即便在它的辩护者那里，认为幸福主义美德伦理学是利己主义的主张也依然存在。在最后两节，对于有人认为幸福主义美德伦理学应该把幸福理解为福利（welfare）（从而招致利己主义指控）的看法，我将提出异议，并且，我会指出，幸福主义美德伦理学的辩护者不应在过于宽泛的意义上理解利己主义，而后我将试图表明，幸福主义美德伦理学能够容纳某种可接受的利己主义形式。

幸福主义与利己主义

安妮·巴利尔（Anne Baril 2014: 23-25）颇为帮助地将幸福主义美德伦理学描述为一个理论家族，它们共享某种特定结构。该理论的出发点，亦即她所说的幸福主义的核心建议是，行为者应该为实现其生命的幸福而生活。通常认为，这么做需要发展和践行特定的品格特征，而且，进一步说，这些特征包括正义、慷慨等道德美德——这样的主张被称为"具体建议"，当然，现实中的幸福主义美德伦理学在具体建议的内容上、在得以建立和构成的方式上是不一样的。就我们的目的而言，我们需要注意的是，这种理论在认定具体美德（包括面向他人的美德）时，并不仅仅依据单独的道德原则（如，效用原则），而是以它们有利于幸福作为条件——（比如）只有在慷慨有利于行为者的幸福时，此人才应该慷慨。

很显然，这就是人们为什么会把幸福主义美德伦理学指控为利己主义，而且指控的形式还不止一种。有人可能反对说，幸福主义的**行为者**是利己主义者，因为她之所以培育面向他人的美德，只是由于这么做有助于自己的幸福。有人还可能反对说，即使幸福主义美德伦理学的支持者能够断定，这种理论所认可的行为者并不是利己主义者（这或许是因为行为者不一定有意遵循该理论的建议，或许是因为该理论"不那么强势"），该**理论本身**也是利己主义的，因为，它只有在某些行动、品格特征和生活方式有利于行为者幸福的条件下才支持它们。（对于这些指控，我做过简要讨论（Toner 2010）；巴利尔（Baril 2013: 514-517）阐述得更清楚，她给出的标签是"精致利己主义的反对意见"和"错误解释类型的反对意见"。）如果我们假设，一个幸福主义的行为者有意遵循该理论的建议（至少遵循其核心建议以及关于获得和践行道德美德的具体建议）——而且，我认为我们应该假设，一个在实践上明智的行为者会这么做（做出这样的假设并不意味着，她学习了道德哲学或者知道什么是"幸福"；参见我关于"宏大目的理论"的讨论（Toner 2006a: 599-601））——那么，上述两种反对意见（似乎）就都适用。例如，当行为者培育面向他人的秉性时，她将会出于错误的动机而这么做；并且，她之所以应该这样生活，对于这方面原因，她所遵循建议的这种理论也会给她提供错误的解释。因此，简言之，我接下来要追问的问题是，幸福主义理论所认定的那些行为者（他们被看作有意的幸福主义行为者）是不是利己主义者（当他们，但也仅当他们是利己主义者，相应的理论才会是利己主义的）。当然，他们是不是利己主义者，取决于我们怎样理解利己主义，以及怎样理解幸福。

如今，我们不应该说利己主义就是追求好生活，因为，比如说，好的康德主义行为者也跟幸福主义者一样，都在追求好生活（他们只是对"好生活"的理解非常不同）。一种更有前途的看法——更加符合"利己主义"这个词内涵的看法——是，利己主义行为者追求的是通过一种自私或自我为中心的方式来过上好生活。这些术语彼此相关，但还不是完全一码事。（在我的早期作品中（Toner 2006a 和 2010），我把利己主义限定为自私，而把以自我为中心当作另一个问题。但由于该词经常被更宽泛地使用，因此，在本文，我所说的利己主义既包含自私的意思，也包含以自我为中心的意思）。伯纳德·威廉姆斯（Bernard Williams）在提出他的"根本计划"（ground projects）概念时，对它们进行了明确区分：

> 根本计划不一定是自私的，因为它们仅仅是行为者关心的事情。它们也不一定是以自我为中心的，因为一位浪漫的艺术家的创造性计划也可以被认为是以自我为中心（这必须是**他**的，但不是**为了他**的）。
>
> （Williams 1995: 642）

当一个行为者只把**对他**有好处的东西（也许是他自己的快乐或满足）当作自己的目标时，他的行为就是自私的；如果一个行为者追求他的目标（也许他的目标是成为伟大的领导者或艺术家，他认为这些目标是好的，尽管不一定对他好）却根本不把别人的人格或目标当作具有独立价值的东西——而是把这些东西称作他的"前提性目标"——那么，他的行为就是以自我为中心的。如果他始终以这样两种方式组织他的生活，我们就可以说，他是自私的或以自我为中心的，从而是利己主义的。于是，"幸福主义美德伦理学是不是利己主义的"这个问题，就成了"采纳幸福主义美德伦理学核心建议（为了实现生命的幸福而生活）是不是自私或以自我为中心的"问题。换句话说，把自己的幸福当作最终目的，这是不是自私或者以自我为中心的？

处理上述问题的一个方法是，追问一下，一位故意的利己主义者是否等于一位故意的幸福主义者。两者乍看上去不可能等同，因为，像慷慨这样的美德在幸福主义美德伦理学中十分重要。然而，利己主义行为者不一定就得是个显而易见的道德怪咖——他可能在帮助别人的过程中感到满足（并为此而这样做）；他可能认为遵守道德规则或拥有那些面向他人的秉性对于实现其前提目标非常必要（并为此而这样做）。利己主义者可能采取的策略或生活方式很多，相应地，也有各种形式的利己主义。而遵循这些策略或方式的行为者，尽管肯定不等于有意的幸福主义者，但在某种情况下，两者又可以被合理地等同起来。我们通过观察这些方式，可以区分出我所说的"要素利己主义"(factoral egoism)和"基础利己主义"(foundational egoism),然后,在每个类别内部,又区分出"实质的利己主义"(substantive egoism)和"形式的利己主义"(formal egoism)。形式的基础利己主义(Formal foundational egoism)就是幸福主义美德伦理学能够最为合理地加以容纳的那种利己主义。

我们首先可以问,利己主义行为者是否仅仅特别看重他所处的道德环境中对他有好处的东西,或对他的前提目标有好处的东西——他是否仅仅把这些东西当作规范性要素?如果这样,那么,他就是**要素利己主义者**。如果不是——如果他也看重对别人有好处的东西而且不必诉诸自己的善(这或许因为他具备了慷慨、正义等美德)——那他就不是**要素利己主义者**。然而,他仍可能是一个**基础利己主义者**:他之所以努力成为并且主张成为一个慷慨(正义,等等)的行为者,是因为他觉得成为这个样子对他有好处,或有助于实现他的前提目标。他并非时时刻刻都在考虑这事,而只是在威廉姆斯所说的那种苏格拉底式反思的过程中考虑它,这种反思"涉及行为者对于这些秉性的思考,并把它们同幸福生活联系起来。即使这些秉性本身不是指向自我的,进行苏格拉底式反思的行为者所考虑的也仍是他自己的福祉"(Williams 1985: 50;关于要素利己主义和基础利己主义的更详细讨论,参见 Toner 2010 and Kagan 1998)。这种区分很重要,因为当我们听到"利己主义者"一词时,我们立即想到的往往是明显令人反感的要素利己主义者,然而,他们不是任何现存的幸福主义美德伦理学会支持的行为者类型。为幸福主义美德伦理学所赞同的那些美德则会让美德行为者看重更广泛的要素,因为,这些美德"如人们所愿是面向他人的……(它们)促使我关注他人的愿望、需要和欲望"(Solomon 1988: 434;另一个重要来源,亦参见 Hursthouse 1999: ch.6)。**假如**幸福主义美德伦理学是利己主义的,那它必定只能是基础利己主义的。

现在，在基础利己主义层面上，我们有必要区分实质的利己主义和形式的利己主义（这种区分也可以在要素利己主义层面上进行，但那不是我们这里要关注的内容）。用托马斯·赫尔卡的话来说，实质的利己主义是"把繁荣等同于人们或其生活的某种确定状态F，其中，F的本质与善好都是独立于美德而定义"（Hurka 2001: 235；类似定义参见 Farnham 2006: 433 and Toner 2006: 433）。虽然幸福主义美德伦理学有可能建立在实质利己主义的基础上，但是，人们并没有经常这样做。为什么不呢？因为在功利主义的美德理论中，也存在可以被独立理解的某种实质的基础目标（即最佳的整体后果），而这种理论的美德概念则是由此推衍而来（即美德是那些典型地能够促成最佳后果的特征）。但至少在大多数情况下，我们**不**应该把幸福理解为，它在幸福主义美德伦理学中也扮演了类似的角色（古代的幸福主义美德伦理学何以不是"等级制的和完备的"，对这个问题的讨论，参见 Annas 1993: 7-10）——幸福不是一个可以仅凭自身就可以说清楚的目标，以至于它可以推衍出美德（作为促进幸福的特征）。毋宁说，它是一个尽管首要但其本质有待填充的不确定目标——有美德的生活不是通向幸福的某种手段，而是（至少在很大程度上）幸福的构成部分。正如安娜斯所说，幸福主义的美德伦理学"不是告诉我们，美德是实现一种被单独定义的繁荣生活的好筹码，而是告诉我们，有美德的生活就是关于繁荣生活的**最佳说明**"（Annas 2008: 218）。那些希望人们获得美德、践行美德的具体建议，仅仅是在这个意义上仰赖着"实现幸福"的核心建议，即这么做必定是对幸福的一种（或某种）充分说明。因此，实质的基础利己主义所认可的行为者，也就不会同时是一位幸福主义的行为者（或者至少，他只能是某种非典型的幸福主义美德伦理学所认可的行为者）。

于是，把自己理论称为利己主义的那些幸福主义美德伦理学的倡导者，一般都效仿威廉姆斯，认为幸福主义美德伦理学只是"形式的利己主义"。一个有意的利己主义行为者（形式的基础利己主义的行为者）可以就是一个有意的幸福主义行为者吗？前者当然能够看起来很像后者。他可以具备面向他人的美德，从而不陷入要素利己主义。尽管他作为利己主义者，必须拥有自私的或以自我为中心的最终目的，但那并不是一个单独就能讲清楚的目的，可以让他得出结论说有美德的生活就是实现它的最佳手段。该目标不过是"对**我**最有利的生活"（在自私的意义上），或"最有助于实现我的前提目标（比如，自我表达）的生活"（在以自我为中心的意义上）——可以想象，这样的目标最好被说成是有美德的生活。换言之，人们可以证明，有美德的生活就是**对行为者**最有利的生活，或者，就是最能实现自我表达的生活。如果行为者出于这些原因中的某一个而追求这样的生活，那他便是一个形式的基础利己主义者。而且，他似乎同时也可以是一个有意的幸福主义行为者。因此，我们必须允许幸福主义的美德伦理学采取一种形式上的、基础层面上的利己主义形式（a formally, foundationally, egoistic form）。但是，幸福主义美德伦理学是否一定要这样做呢？如果不需要，那它是否应该这样做呢？

幸福主义美德伦理学必须是利己主义的吗？

幸福主义美德伦理学确实需要坚持说，行为者应把自己的幸福当作他的最终目的，而且，他不断努力发展面向他人的美德，也应该依赖于这种发展对他的幸福所做的贡献。但是，毫无疑问，仅有这种依赖还不足以支持利己主义的指控——因为，**大多数**理论都认为"面向他人"依赖于某种更基本的东西（比如，整体的预期效用）。只有当这种依赖使得"面向他人"是以有利于行为者（或者，是以有助于实现行为者的前提目标）为条件，它才会是有问题的（或表现出利己主义的问题）。依赖于效用不会带来这样的问题；那么，依赖于幸福会这样吗？这取决于我们如何理解这个词。

我们已经看到，幸福主义美德伦理学把"幸福"当作一个占位符，用于更充分地说明行为者的恰当的最终目的；但这个词不能是完全空洞的（否则我们就无法分辨哪种说明是充分的）。关于这个词的现代译法为我们提供了一些线索：幸福（happiness）、福利（welfare）、福祉（well-being）、繁荣（flourishing）、过得好（living well）。其中，有些译法可能意味着利己主义（例如，只有在有助于行为者福利的条件下，才建议发展面向他人的美德），而另一些译法则不那么有利己主义色彩（例如，在能够让行为者实现繁荣的条件下，提出上述建议）。这些词语是否具有如此意味或色彩，取决于它们的内涵或我们对它们的感受。我们需要更加精确的讨论。

让我暂时效仿威廉姆斯，用"福祉"（well-being）来代替幸福。幸福主义美德伦理学关于"追求福祉"的核心建议是否属于利己主义就取决于我们如何理解这个术语，而它能够（并且已经）有如下理解方式：(1) 福祉（well-being）可以等同于"福利"（welfare），即对行为者有好处的东西（福利本身可以理解为快乐，对自己现有生活方式的满足或其他东西；例如，参见 Sumner 1996）。这样来理解福祉的例子，包括凯瑟琳·威尔克斯（Kathleen Wilkes 1980）对亚里士多德的解读、拉塞尔（Russell 2012）对幸福生活的理解，以及安妮·巴利尔（Anne Baril 2013）对"福利优先的幸福主义"（welfare-prior eudaimonism）的支持。但是，福祉还可以意味着"存在得好"（being well），其中"好"（well）是修饰动词"存在"（to be）的副词，因而这里的意思就是，成为一个成功的"好"人，或更简单地说，成为一个"好"人。如今 (2) 这种"好"可能被理解得更具个性化，反映为一个人的自我表达。特伦斯·欧文（Terence Irwin）似乎就是这个意思；他认为，亚里士多德主义行为者的最终目的就是，在世界中表达他的本质并拓展他的理性影响（参见 Irwin 1988: 374, 394-395, 401；亦参见 Hurka 对 Irwin 的讨论（2001: 237-238））。另外，（3）"好"还可以从关系上来理解，表现为一个人在社会中甚或在某个天命秩序中很好地扮演了自己的角色。当丹尼尔·法纳姆（Daniel Farmham）把"一个人的终极善看作是根据适用于她的理由而行动"时（他一贯支持斯多亚学派的观念，认为要合乎某种天命秩序的自然来生活），他心里想到的可能就是这层意思（参见 Farnham 2006: 433, 442f.）。（2）和（3）都把福祉理解为完美（或卓越）而不仅仅是福利，只不过，对于自我之外的世界所提出的要求在决定卓越性内涵的过程中扮演什么角色，它们则存在分歧。最后，（4）福祉还可能等于"过得好"或"过最值得选择的生活"，结果，我们究竟是指一种福利的生活还是一种卓越的生活，甚或另外一些选项，比如美学意义上令人愉悦的生活，对此我们仍然缺乏统一的认识。正如茱莉亚·安娜斯（她显然指的就是这层意思）所说，无论过得好不好，"伦理反思的切入点就是思考你的生活方式"（Annas 2011: 121）。巴利尔建议（Baril 2013: 530）我们要把安娜斯的核心建议理解为，"一个人应该这样来组织她的生活，从而使之成为她所能得到的最好的、最值得选择的生活"。

上面提到的所有作者虽然都把幸福主义美德伦理学描述为利己主义的，但既然利己主义意味着自私或以自我为中心，那么，他们应该这样做吗？在这些解读中，只有第一种要求我们，把接受这种思考指导的行为者描述为自私的人（正如威尔克斯（Wilkes 1980: 354）所说，根据她的解读，"亚里士多德伦理学在最终的意义上是自私的"）。而追求第（2）种意义上的福祉，看起来则是一种以自我为中心的利己主义（在这里，行为者把追求表达自我和施加影响的前提目标当作最终目的）。但我现在要论证的是，追求第（3）种和第（4）种意义上的福祉，都不属于利己主义的。

让我们从后者开始。如果看看安娜斯对于幸福主义美德伦理学反对利己主义指控的辩护（尽管她曾一度将幸福主义美德伦理学描述为"形式的以自我为中心或利己主义"（1993: 127），但在最近的著作中，安娜斯已经有力地证明，幸福主义美德伦理学绝不是利己主义的：参见 Annas 2008, 2011: 152-163），那么我们可以发现，追求第（4）种意义上的福祉并不是那么地利己主义。在上面，我们指出安娜斯的观点，即有美德的生活是关于幸福的具体说明；而现在，我们要指出的是，有美德的生活并不是关于**对我**有好处的东西（我的福利）的说明，也不是关于某种前提目标（比如，扩大我的影响）的说明；它是关于"过得好"、"过最值得选择的生活"这种更形式化目标的说明。重要的是，这种目标对于如何理解外在于我的世界所提出的要求，一向是开放的。如同安娜斯此前说过的：

> 引入他人之善，是因为它们在形式上构成了行为者自身之善的一部；但是，如果我们认为它源自行为者的自身之善，或是认为它通过行为者的自身之善才能得到证成，那么，我们就没有把握住它在古代理论中的位置——因为，如果这样的话，我们就会误解什么是他人之善。
>
> （Annas 1993: 9）

我将在下面讨论这段话，但我首先要评论一个我先前指出的观点，它的出现稍早于安娜斯的看法，是在第（3）种福祉的意义上理解幸福。正如我刚才所说的那样，对于一个理性行为者来说，实现繁荣是指她通过获得并且保持"与善之间的正确关系"而开展活动，或是指，她通过符合对象的善从而获得并且保持与对象之间的正确关系而开展活动。"正确的关系"多种多样，但通常说来，它涉及（当某人的活动"对象"是一个人的时候，它就总是涉及）至少要在一定程度上出于对象自身的缘故而重视它——当然，除了爱、尊重和尊敬（所有出于它自身的缘故而重视它的方式），它还会涉及享受、厌恶、合作、服从或抵制等态度以及相关的行动（参见 Toner 2006a: 611-617）。我们总是已然处于同他人的联系之中，所以，与善保持正确的关系就意味着繁荣（这是我们的出发点），而"有美德的生活"正是对它的正确说明，而不是对更为一般的"想要过得好"的那种渴望的说明。但我现在认为，这可能是错的。尽管我们不可能不与他人发生关联，但是（当我们作为反思的行为者而生活时），我们也不可能不持有一些更厚重的繁荣概念。只不过，"与善保持正确的关系"在逻辑上要先于这种更厚重的概念，而且，我们在反思中还可以返回到它这里（从而考察我们的那些更厚重概念是不是对它的充分说明）；同样地，"过最值得选择的生活"在逻辑上要先于"与善保持正确的关系"，而且，我们也可以返回它。当我们从这个视角出发试图说明我们的福祉时，我们就总是会发现，正确的说明将会涉及与善保持正确的关系，进而（基于我们的人性）展开公正和慷慨的生活，进而凭借这些美德所要求的具体方式、出于他人自身的缘故而重视他们。

然而，无论是在第（3）种还是在第（4）种的意义上设想"福祉"，正如安娜斯坚持认为的那样，他人之善都不是其中派生出来的东西。出于他人自身的缘故而关心他们构成了我们福祉的一部分，并不是因为这样做会满足我们自己或是满足我们的前提目标。既然世界上除了我们自己以外还存在着一些有价值的事（和人），那么，我们要想实现繁荣（与善保持正确的联系，或是，过一种值得选择的生活），在一定程度上就得是为了它们自身而重视它们。因此，在第（3）种或第（4）种意义上设想幸福或福祉的幸福主义美德伦理学，就不是利己主义的，而它们所支持的那些有意的幸福主义行为者也同样不是利己主义的。他们并不是自私的——这种行为者对他人表示关心，不是因为这种关心有利于他的福利。他们也不是以自我为中心——这种行为者对他人表示关心，不是因为这种关系有利于实现他的前提目标。

然而，在这些形式的幸福主义美德伦理学中，有一些被其支持者称为利己主义的，而另一些则确实倡导把幸福说成福利。现在我要论证，这些做法都是错误的——第二种做法是实质性的错误，第一种做法是术语和修辞上的错误。

为什么利己主义的幸福主义美德伦理学站不住脚？

安妮·巴利尔针对她所说的那种"卓越优先"（excellence-prior）的幸福主义美德伦理学（比如安娜斯的和我的）提出了一种重要的反对意见，并且，她还替代性地提倡"福利优先的幸福主义"（welfare-prior）；前者通过依赖卓越性（"一个人应当卓越地生活（或者说，应该按照人之为人的好方式来生活）"）从而回应利己主义的反对意见，而后者则依赖相对于行为者而言的好处（"一个人应该按照对她有好处的方式来生活"）（Baril 2013: 520）。根据这种观点，"道德的轮廓"是由"一个事物的存在类型，尤其是，对这种存在物有利的生活类型"所塑造的（Ibid.: 530）。人们应该放弃对卓越性的依赖，因为"当涉及如何生活的问题时……我们无法指望——事实上，也不应该指望——一个人按照某种对她没有好处的方式来组织自己的生活"（Ibid.: 528）。正如她后来展开阐述的那样，"要求一个人——全方位地！——按照某种对他没有好处的方式来组织自己的生活，这样的道德理论将无法充分地认识到人的价值，也不懂得过一种人的生活意味着什么"（Ibid.: 530-531）。有美德的生活通常（或者在不那么苛刻的环境下）都对行为者有好处，但这还不够；幸福主义核心建议的关注点必须是"对行为者有好处"或福利。对一种理论来说,要求一位行为者按照某种根本不顾及该行为者利益的方式来组织自己的生活,这是在提出不合理的要求;它并没有承认这位行为者的人的价值。

我认为巴利尔是对的,承认人的价值是应该同时承认每个行为者关注对自己有利的东西具有恰当性,但我不认为,福利优先的幸福主义正确地容纳了这种洞见。无论它具有何种吸引力,福利优先的幸福主义显然招致了利己主义的指控。巴利尔(Baril 2013: 512)当然承认这一点,而且还建议说,我们可以找到某种办法来回应这一指控。她的观点仍在发展,她也许能够通过某种不易被反对意见驳倒的方式来详细阐述它(重要的是,她把有助于促进福利看作是让人们应该如何组织自己生活的**一个条件**——"无条件的条件",但不是唯一的条件)。在这里,我并不是要尽力预测她的观点将如何展开,而是想指出,任何福利优先的观点都会面临的一些严重的挑战,并且表明卓越优先的幸福主义何以能够容纳巴利尔有关福利重要性的洞见。

我们首先应该注意,巴利尔针对卓越优先的幸福主义美德伦理学所提出的反对意见只要略加修改,便能反过来用于反对福利优先的幸福主义美德伦理学:要求一个人——全方位地!——按照某种并不**完美**的方式来组织自己的生活(他没有意识到适合于自己的那种善或卓越),这样的道德理论将无法充分地承认人的价值。让我们打个棒球的比喻:青年联赛的教练常说,"最重要的是要开心"。而更高级别联赛的教练则不会这么说(至少不会说,开心"最重要")。那些把他们的孩子当作棒球手来关心的教练认为,最重要的是发展和锻炼他们的比赛技能和知识(他们可能**也**希望球员开心,但主要是**在这么做的过程中**获得开心)。承认一个人作为棒球手的价值,首先需要鼓舞他努力拼搏,追求卓越。告诉一个球员最重要的事情是开心,这等于是没把他当作一名球员(或者,在比较小的年龄阶段,没有真正开始培养他）——这不是在尊重他作为球员的重要价值，或者说，这是在否认他拥有这种价值。当然，有些球员（作为球员）价值不高，而告诉他们"开心就好"很可能是在尊重他们作为人的价值。然而，这是因为棒球是一项**比赛/游戏**，是诸多比赛/游戏项目中的一种。一个人可以放弃比赛/游戏或只是为了开心而玩玩，他仍可以活得很好。但人的生活不是一场比赛/游戏，对我们来说，没有其他选择。一位"生活的教练"如果只是建议某人玩得开心，这表明他并不重视其建议对象的作为人的价值。当然，福利优先的幸福主义者不是提倡说，幸福主义的核心建议应该是"开心"，但这一批评也适用于"按照某种对你有好处的方式来安排你的生活"的观点——可以说，它依然贬低了建议对象的价值，认为她作为一个人所具有的善不值得基于其自身的缘故而加以追求。

无论福利优先的幸福主义是否充分尊重行为者的价值，当它涉及尊重他人的价值问题时，它似乎就陷入了困境；因为，我如何安排我的生活，包括我如何对待他人的态度，都取决于在这些事情上怎么做**对我**有好处。这再次说明，只要有人成功地提出来，那么，福利优先的幸福主义似乎就很容易遭遇利己主义的反对意见，而我认为这是必定会发生的。

首先，从直觉上看，福利优先的利己主义在某些情况下可能会产生错误的规范性建议——它会建议行为者为了确保自己的福利而采取我们眼中的错误行动，或者是按照我们觉得其实很邪恶的方式去生活（把这种担心同形式的基础利己主义——它是福利优先的幸福主义将会采取的利己主义形式——联系起来进行讨论，参见 Toner 2010：288-291）。这一点还不是结论性的，因为福利优先理论家要么可以争辩说，她的理论其实没有给出这样的建议，要么争辩说，尽管它给出了这样的建议，但我们必须允许一种在其他方面具有说服力的理论可以号召我们修改自己的某些最初判断。

但其次，即便这种理论给出了正确的建议（即使它总是如此），它也会给出错误的理由——用巴利尔的话来说,"错误的解释类型"。根据福利优先的幸福主义的核心建议,行为者之所以应该按照某种特定方式来行动并组织自己的生活,是因为这么做**对她**有好处。这样的理由被当成第一原则,除了提供错误的解释,它怎么可能提供其他东西呢?巴利尔也许回应说,根据她的这种福利优先的幸福主义,行为者自己的福利不提供**这条**理由,而是提供**一条必要的**理由。可要想判断这种回答是否充分,我们必须等到她的观点有更全面的发展才行。而另一种可能的答案是,它提供的就是正确的解释,因为,对人的价值的充分承认本来就要求鼓舞每个行为者都去追求自己的福利。

我同意,承认人的价值是需要这样做,但我认为,该主张不应该被当作幸福主义的核心建议。在思考采取某种对我有好处(或是促进我的前提目标)的行动时,我其实是在考虑各种事物相对于我自己(我的满意、我的福利、我的抱负)的排序——追问一种行为是否值得选择,对我来说当然有意义;而我应该回答这种行为(在当时或者按照我想的方式来做)并不值得选择,这当然也是有可能。我所考虑的排序方案,可能会因为事物自身价值而要求不这样排序,而我必须注意到这种可能性。同样地,如果我们用"组织自己生活的某种方式"来替换"采取某种行动",情况也是如此。这种对于价值的警觉性,对于自我以外的事物(或人)所提出的可能要求的开放性,从一开始必定就是存在的。如果幸福主义的核心建议是追求第(1)种或第(2)种意义上的幸福,那么,它就缺乏这种警觉性和开放性;如果它的建议是追求第(3)种或第(4)种意义上的幸福,那么,它就具有这样的警觉性和开放性。

这并不意味着,卓越优先的幸福主义美德伦理学就忽视了福利,或者,它就认为对人的价值的承认并不会建议每个人去追求自己的福利;这仅仅意味着,相对于"过最好的、最值得选择的生活"的核心建议,这种建议是次要的、有条件的。

　　我这里所谈论的内容，在菲利帕·富特有关幸福（她称之为"深层幸福"）的讨论中得到了很好的把握。富特不仅强调，拥有健康的自我关注并且"愿意接受对自己有好处的东西"对于生活得好十分重要（胆小和自我否定被视作缺点）（Foot 2001: 79），而且强调，过上好生活的人应该对自己的生活感到快乐和骄傲（Ibid.: 98）。这里有些东西非常接近巴利尔的看法，即对某人价值的承认将会使得这个人真正关注自己的福利。那么，在这方面赞同富特（和巴利尔）观点的学者又该怎样处理那些无法同时追求卓越和深层幸福中的这种"对自己有好处的东西"的情况呢？让我们看看富特关于"写信人"的讨论，他们因抵抗纳粹政权而被处决，临死之际，他们给亲人写下了发自肺腑的告别信。富特写道——

> 　　人们可能认为，这些写信人因为拒绝与纳粹为伍而确实在某种意义上牺牲了自己的幸福，**但他们在某种意义上又没有**牺牲自己的幸福。抽象而言，他们特别渴望得到的东西——回到家人身边——当然完全是善的。但是，由于他们所处的位置，他们不可能通过公正和荣誉的手段而实现这个目的。我认为，这就解释了他们为什么没有把通过让步而能够得到的东西当作自己的幸福。他们也许会说，生活的幸福对他们来说是不可能实现的事情。
>
> 　　　　　　　　　　　　　　　　　　　　　　（Foot 2001: 95）

　　富特（在我看来，正确地）认为，我们显然应该支持写信人的决定。现在，福利优先的幸福主义者之所以能够同意，是因为考虑到写信人的品格，他们不可能通过让步来获得福利。但是，富特假设他们非常执着（她赞同这种执着），以至于他们即便可以改变从而将这种生活视为幸福的生活，他们也不会这样做："人们并不希望，为了自己所爱的人，他们会'在紧要关头'就能及时放弃美德"（Ibid., 96n20）。由于"福利"才是福利优先幸福主义的核心建议的关注对象，所以，如果他们能够"及时"放弃美德（并且，如果这样做可以使人们获得福利的话），那么，福利优先的幸福主义就必定会劝说他们放弃美德。而在我看来，富特是对的：在不幸的情况下，最值得选择的生活（行为者应该过的生活）可能是一种好的、但不是**对他**而言好的生活。不过，要承认这一点，幸福主义者就必须把上述建议放在她的核心建议中的次要位置。它虽然应该有一席之地，但必须是一个"特别的建议"，或许属于这样的东西："人类应该按照一切合乎美德要求的方式来谋求对他们有好处的东西（促进其福利的东西）。"（关于福利和美德之间关系的进一步讨论，参见 Toner 2006b and 2013）。

名下有什么？

最后，我想谈谈我上面提到的术语和修辞问题：有些人认为，幸福主义美德伦理学是既不自私的也不是以自我为中心的，但他们仍将其称作利己主义并坚持表示，这样的利己主义无可厚非。这方面的例子包括（在我看来）威廉姆斯（Williams 1985）、斯托尔和韦尔曼（Stohr and Wellman 2002）以及（当然还有）法纳姆（Farnham 2006）。我认为，这种观点是错误的。假如我对利己主义的理解正确，那么，（尤其是）法纳姆看起来就是令人震惊地、几乎是十分滑稽地偏离了基础——他之所以认为幸福主义的美德伦理学在形式上属于利己主义，是因为它把"一个人的终极善看作是根据适用于自己的理由而采取的行动"。但他当然没有采用我对利己主义的理解。这看起来似乎不算个什么问题——假如哲学家清楚地说明了技术词汇的意思，并且前后一致地使用这些词汇（就像法纳姆那样），那么，难道他们就不能随心所欲地使用这些词汇吗？

我假设可以这样，但审慎却设定了一些限制。词汇有其内涵，而我们不应该忽视这些内涵。比如，把"自私"用来指称在他人面前贬低自己的倾向，这就非常错误。而"利己主义"的内涵也是完全消极的。如果人们所说的幸福主义既不是自私也不是以自我为中心，那么，为什么还要费尽心思地试图抛弃这些内涵而去定义一种"好的利己主义"呢？

阿拉斯戴尔·麦金泰尔曾在一次演讲中开玩笑说，弥尔顿笔下的撒旦是康德主义的一种原型，因为他强调自主性（**不愿侍神**，以及所有这些方面）。让我们假设，有人利用这点并且认为康德伦理学也是撒旦式的，因为它把自治排在服从上帝之上。让我们进一步假设，一个康德主义者通过指出康德不支持恶魔崇拜而回应说，康德（在**宗教**中）坚持认为，我们给自己设立的道德法则将会跟神的命令具有同样的内容，等等。那么，你能想象康德主义者会接受这位批评家在争论中使用的语词，而且高兴地得出结论说——"所以，康德的伦理学方法只**在形式上**是撒旦式的；它是一种好的撒旦主义"？在修辞上，这很难被人接受。而推销某种好的利己主义，其前景也强不到哪里去。就此而言，幸福主义者最好听从西季威克的建议：

> 我们必须摒弃有关利己主义的常见说法，它把利己主义的最终目的描述为个体的"善"；因为，"善"这个词可以涵盖所有以理性行动为终极目的的可能观点……这个（需要被摒弃的）意义上的利己主义，被以为贯穿于古希腊的全部伦理争论；……各方都以为，理性的个人会把追求自己的善当作他的最高目标；而有争议的问题不过是，这种善究竟应该被恰当地设想为快乐，还是美德，抑或某种别的东西。
>
> （Sidgwick 1981: 91-92）

【相关主题】

第 3 章 "The Stoic Theory of Virtue," Tad Brennan

第 14 章 "Eudaimonistic Virtue Ethics," Liezl van Zyl

第 28 章 "Testing the Empathy-Altruism Hypothesis against Egoistic Alternatives," C. Daniel Batson

【参考文献】

Annas, J. (1993) *The Morality of Happiness*, Oxford: Oxford University Press.

——(2008) "Virtue Ethics and the Charge of Egoism," in P. Bloomfield (ed.) *Morality and Self- Interest*, Oxford: Oxford University Press, pp. 205–221.

——(2011) *Intelligent Virtue*, Oxford: Oxford University Press.

Baril, A. (2013) "The Role of Welfare in Eudaimonism," *Southern Journal of Philosophy* 51: 511–535.

——(2014) "Eudaimonia in Contemporary Virtue Ethics," in S. van Hooft et al. (eds.) *The Handbook of Virtue Ethics*, Durham: Acumen Press, pp. 17–27.

Farnham, D. (2006) "A Good Kind of Egoism," *The Journal of Value Inquiry* 40: 433–450.

Foot, P. (2001) *Natural Goodness*, Oxford: Clarendon Press.

Hurka, T. (2001) *Virtue, Vice, and Value*, Oxford: Oxford University Press.

Hursthouse, R. (1999) *On Virtue Ethics*, Oxford: Oxford University Press.

Irwin, T. (1988) *Aristotle's First Principles*, New York: Oxford University Press.

Kagan, S. (1998) *Normative Ethics*, Boulder: Westview.

Russell, D. (2012) *Happiness for Humans*, Oxford: Oxford University Press.

Sidgwick, H. (1981) *The Methods of Ethics*, 7th edition, Indianapolis: Hackett.

Solomon, D. (1988) "Internal Objections to Virtue Ethics," in P. French, T. Uehling, and H. Wettstein (eds.) *Ethical Theory: Character and Virtue, Midwest Studies in Philosophy* XIII, Notre Dame: University of Notre Dame Press, pp. 428–441.

Stohr, K. and Wellman, C. H. (2002) "Recent Work on Virtue Ethics," *American Philosophical Quarterly* 39: 49–72.

Sumner, L. W. (1996) *Welfare, Happiness, and Ethics*, Oxford: Oxford University Press.

Toner, C. (2006a) "The Self-Centredness Objection to Virtue Ethics," *Philosophy* 81: 595–617.

——(2006b) "Aristotelian Well-Being: A Response to L. W. Sumner's Critique," *Utilitas* 18: 218–231.

——(2010) "Virtue Ethics and the Nature and Forms of Egoism," *Journal of Philosophical Research* 35: 275–303.

——(2013) "The Dependence of Welfare Upon Virtue," *Topoi* 32: 161–169.

Wilkes, K. (1980) "The Good Man and the Good for Man in Aristotle's Ethics," in Amelie Rorty (ed.) *Essays on Aristotle's Ethics*, Berkeley: University of California Press, pp. 341–357.

Williams, B. (1985) *Ethics and the Limits of Philosophy*, Cambridge: Harvard University Press.

——(1995) "Persons, Character and Morality," in S. Cahn and J. Haber (eds.) *Twentieth Century Ethical Theory*, Englewood Cliffs: Prentice Hall, pp. 634–646.

第 26 章
美德的几种模式

[美] 南希·E. 斯诺 / 著
李义天　赵　嘉 / 译　朱慧玲 / 校

引言

本章旨在讨论西方哲学家提出的几种美德模式。当代哲学对美德发生兴趣，可以追溯到安斯康姆在 1958 年发表的那篇著名文章《现代道德哲学》。安斯康姆批判了后果主义和义务论，认为二者都是不可行的道德理论。她对哲学家没有发展出一套充分的心理哲学感到惋惜，并希望人们将更多的注意力放在"行动"和"意图"这样的基本概念上，更多地关注正义、勇气和人类的善或繁荣等"厚重"的道德概念。尽管她把我们的注意力引向亚里士多德，但是，她并未给出一种美德学说。她抱怨说，我们没有"说清楚怎样类型的品格才是美德——这不是一个伦理学问题，而是一个概念分析问题——也没有说清楚，美德同它所体现的行为之间是怎样的关系：在我看来，亚里士多德也未能真正阐明这个问题"（Anscombe 2006: 483）。后来的学者可以被视为不断在试图充实美德概念，为这种"类型的品格"赋予更多的实质内容（参见，例如，Dent 1984: 1）。

有两个主要的思想流派为这项事业做出了贡献。一个被称为"美德伦理学"（virtue ethics），而另一种被称为"美德理论"（virtue theory）（参见 Hursthouse 2012）。美德伦理学是一种规范性的伦理理论，它以美德作为核心的理论概念，并通过美德来定义和理解其他概念。赫斯特豪斯是这个领域的先驱，她提出了一种取代后果主义（它赋予后果以概念和道德的优先性）和义务论（它赋予规则或义务以优先地位）的新亚里士多德主义的美德伦理学。而"美德理论"则谋求解释和论证美德。美德理论可以、但不一定是美德伦理学的组成部分。有些美德理论也是其他理论类型（例如后果主义或义务论）的组成部分。

通过考察20世纪末21世纪初有关美德理论和美德伦理学的作品，我们可以发现理解美德的诸多进路。其中，有三种模式颇有影响；作为一种品格特征的美德、作为一种知觉能力或敏感性的美德，以及，作为一项技艺的美德。

美德理论：尴尬的丰富性

英美哲学界一直在回应安斯康姆的挑战。尽管他们中有许多人的作品是出现在美德伦理学与美德理论之间产生区分前，但是，它们都可以合理地被归入美德理论的阵营。在英国，冯·赖特（Von Wright 1963）、吉奇（Geach 1977）和登特（Dent 1984）开展有关美德的研究。菲利帕·富特（Philippa Foot 1978）则通过捍卫和发展描述主义——这是美德在其中处于核心位置的一种自然主义伦理学进路，它反对当时盛行的黑尔（R. M. Hare）的规定主义思想——而贡献了关于美德思想的主线。与黑尔主张事实与价值存在明确区分的看法不同，富特坚持认为，某些描述是负载着价值的，因而具有行动指导的力量。富特后来进一步投身于为美德提供自然主义辩护的任务（Foot 2001）。在美国，布伦特（Brandt 1970）、沃勒斯（Wallace 1978）和平可夫（Pincoffs 1986）都对美德进行了重要阐释，但真正的"美德革命"却是发生在1981年，随着阿拉斯代尔·麦金太尔《追寻美德》一书的出版而出现。在麦金太尔的全面论述中,他对困扰现代伦理理论的弊病——丧失了最初赋予道德概念以意义的理智传统——做出诊断,并断言只有恢复能让我们过上德性生活的传统,才可以纠正现代社会的概念混淆和道德混乱。

大多数研究美德的这些早期思想家,如,冯·赖特(Von Wright 1963: 142-143)、登特(Dent 1984: 9)、吉奇(Geach 1977: 12)、沃勒斯(Wallace 1978: 159)、富特(Foot 1978: 4-5)以及麦金太尔(McIntyre 1981),都遵循亚里士多德的观点,承认美德是一种品格特征——一种稳固而可靠的秉性,凭借它们,人们以特定的方式去感知、思考、感觉和行动,从而对世界上那些被看作是构成上述感知、思考、情感和行动之道德理由的相关事实做出回应。所有人都相信,美德是人的性质或特性,它们能够帮助人实现重要的人类善(而如果没有美德,就无法实现它们);并且,实践智慧能够指导美德行为,而美德行为又是出于恰当的动机,也就是说,这样的行为会表达行为者对于美德所传达的那些价值——如,慷慨和关心他人——的承诺。作为新亚里士多德主义者,他们从自然主义的角度认识美德。美德虽是后天习得的特征或秉性,但它们却属于人性的一部分,并且与人类的向善能力一致。众所周知,富特(Foot 1978: 8)曾指出,美德是对不良行为或倾向的矫正。新亚里士多德主义者相信,美德部分构成了人类的繁荣,在这个意义上,美德对于人的好生活来说是必要的,但不是充分的。

平可夫(Pincoffs 1986: 79)提出了一种把美德和恶德看作人的秉性特征的观点,为人们偏爱或回避其拥有者提供了依据。休谟就认为,美德是对我们自己或他人有用或令人愉悦的人的秉性,所以,我们有理由将平可夫的观点解读为休谟观点的一种变体。而功利主义者布伦特(Brent 1970: 27)则论证了关于品格特征的动机理论,根据该理论,品格特征是内在固有的渴望和厌恶，是对某种需要进行表达或回应的相对永恒的秉性。这些特征被描述为虚拟条件句，也就是说，它们采取如下形式："如果萨利遇到需要帮助的人，那么她会表现出同情。"针对这种说法，布伦特（Brandt 1970: 35-37）从几个方面做了限定，他指出，即便一个人在饱受期待的情况下没有采取同情的行动，我们也不会否定掉这个品格特征的性质。因为，可能是其他的心理因素（比如，情绪紊乱、心情亢奋等）干扰了这个品格特征的运行。然而，如果不存在这些因素，那么，布伦特指出，品格特征就会表现为具有一定标准水平强度的渴望或厌恶。而这种标准水平是无法被精确给定的，它随着个人及其环境的变化而变化。

赫尔卡（Hurka 2001, 2010）和德雷弗（Driver 2001）属于比较晚近的功利主义美德理论家。赫尔卡（Hurka 2001: ch.1; 2010, 59ff.）认为，美德是一种高阶属性，它爱善向善，不喜欢缺少善；而恶德是另外一种高阶属性，它喜欢恶而憎恶善。赫尔卡（Hurka 2001: 42）拒绝承认美德是稳定的秉性，相反，他选择"原子式地理解美德，试图在当下发生的欲望、行动和感觉中寻找美德，而无论美德是不是更持久的品格特征"。德雷弗（Driver 2001: xxi）指出，美德与良好的心理状态没有必然联系。对她来说，美德是一种能够系统地带来好结果的特征，而无论该特征是在局部起作用还是在整体范围中起作用，也不管该特征的拥有者的精神状态究竟如何（Driver 2001: xxviii）。

汤普森（Thomson 1996, 1997）提出了另一种美德理论，根据该理论，勇敢和慷慨等美德都属于二阶的善，它们依赖于复杂的方式，但不能被简化为一阶的善。一阶的善是非道德的，二阶的善是道德的。这里，相关之处在于，汤普森的论述看上去结合了品格特征的概念。就正义而言，她写道："正义就是采取正义行动的倾向；亦即，倾向于实施某人亏欠他人的事情"（Thomson 1997: 282）。斯诺（Snow 2010: 9）指出，特征概念在她看来并不是次要的概念；但汤普森没有详细展开这个概念。

韦伯（Webber 2006a: 109）发展了萨特的品格理论，根据该理论——

> 特征就是人们为了回应条件和环境而采取的计划（projects），这些计划不一定要以改变世界为目的，而且，那些参与这些计划的人即便被告知了他们的计划，也可以无需承认他们就这样参与其中。

最后，扎格泽布斯基（Zagzebski 2010: 50-53）介绍了榜样主义的美德理论（exemplarist virtue theory），该理论的基础不是概念，而是榜样——一位堪称典范的善好并因此值得敬佩的美德之人。值得敬佩的人会让我们产生敬佩之情。圣方济各（St Francis of Assisi）、孔子（Confucius）和基督（Christ）都是榜样。扎格泽布斯基以堪称典范的善好之人或值得敬佩的人作为标准，定义了一系列的道德概念。她把美德定义为"在值得敬佩的人身上为我们所敬佩的特征。正是这种特征，使得一个人在某些方面表现出堪称典范的善好"（Zagzebski 2010: 52）。

美德伦理与情境主义：品格特征的核心性和争议性

从不同视角开展研究的美德伦理学家都承认，美德是一种品格特征；在早期阶段，它被定义为"亚里士多德式的"，即一种可以在不同情境类型中稳定地带来美德行为——它们出自恰当的动机，受到实践智慧的指引——的根深蒂固的品格特征或秉性。由这些特征带来的美德行为通常都能成功实现它们的目标。扎格泽布斯基（Zagzebski 1996: 134-137）就持这种看法；严格来说，她还不是一名美德伦理学家，但她试图把美德伦理学同正在兴起的美德知识论——这是一种把理智美德置于理论核心位置的知识论进路——统一起来。而新亚里士多德主义者赫斯特豪斯（Hursthouse 1999: 10-13）和拉塞尔（Russell 2009: 29）则跟斯沃顿（Swanton 2003: 1, 19）和安娜斯（Annas 2011: 4）一样，也支持上述观点——斯沃顿提出了一种非幸福主义的美德伦理多元论，而安娜斯则给出了一种经过发展的美德学说。应该注意，我们最好把安娜斯和拉塞尔看作是美德理论家（而不是美德伦理学家），因为他们挖掘的是关于美德洞见的古代哲学资源。亚里士多德主义的美德概念，从广义上说，不仅符合那位主张"以行为者为基础"的斯洛特的看法（Slote 2001: 7, 36）——这种美德伦理学进路认为，行动的伦理地位是从关于人们内在生命的德性事实或美德相关事实中派生而来，我们应该根据行为者的整体动机来对行动给予道德评价——也符合对这种美德伦理学提出修订意见的多瓦克的看法（Doviak 2011: 264–267）。

对美德伦理学及其亚里士多德主义立场的挑战，来自于那些被称作"情境主义者"的哲学家。哈曼（Harman 1999, 2000）、多里斯（Doris 1998, 2002）和梅里特（Merritt, 2000）等人带头发难，在他们眼里，"美德"这种品格特征是"总体的"（global）或"稳健的"（robust）。他们批评的关键点在于，美德伦理学缺乏足够的实证心理学研究，所以应该抛弃。凭借大量的社会心理学研究，他们对于是否存在这样的总体特征深表怀疑，也对这些特征是否能够影响行为的产生深表怀疑。哈曼（Harman 1999: 316）就指出，社会心理学会让我们没有理由认为存在这种总体特征，从而也就没有理由认为我们能够变成美德伦理学要求我们成为的那种人。他发现，使用"美德"这个词是有害的，因此要求人们摒弃它（Harman 1999: 327-328）。而多里斯（Doris 2002: 6）虽然承认少数人可能具有这种总体特征，但是，他否认该特征与行为的产生之间有何关联。如今，多里斯和斯蒂奇（Doris and Stich 2005: 121）更接近哈曼（Harman

1999)的立场,因为他们坚持认为,寻找这些总体特征存在的证据,从而寻找哲学传统意义上美德和品格的存在证据,这是美德伦理学家必须承担的重负。

在另外一些研究中,情境主义者引用了米尔格拉姆(Milgram 1974, 1977)的著名实验,其中的"实验者"身穿实验服,告诉被试者要对假扮成"学习者"的实验对象进行电击(其实是假的)。许多被试者虽然表现出焦虑和痛苦,但还是会服从实验者的指令(参见 Snow 2010: 113)。而不同的实验条件会带来不同的行为。例如,当实验者和被试者不在同一房间时,服从行为会大幅减少;当被试者和学习者面对面近距离接触时,服从行为也会大幅减少;只有当实验者命令被试者强行将学习者的手放在电板上时,学习者才会遭到电击。(Milgram 1977: 103, 106, 110;参见 Snow 2010: 112-113)。

受到情境主义批判的影响,一些哲学家对品格特征/美德概念作了改进;他们相信,经过改进的美德概念可以同情境主义的研究成果相容。多里斯(Doris 1998, 2002)、梅里特(Merritt 2000)、戈尔迪(Goldie 2004)、亚当斯(Adams 2006)、厄普顿(Upton 2009)以及米勒(Miller 2009a, 2009b, 2010)就是这样的学者。

多里斯(Doris 2002: 25, 62ff; 1998:507)指出,社会心理学的研究虽然通常反对把问题归因于总体特征,但它却可以保证把问题归因于局部特征,而后者只跟具体的情境有关,仅仅涉及那些可以客观描述的情境特征。通过观察具体的行为规律,我们可以正当地指认某人具备某种特征,比如,办公室和聚会场合的社交能力或是战场上的勇气,但并非不加任何限定的社交能力或勇气。他坚持认为,支持把问题归因于局部特征的经验证据证明了一种强有力的人格碎片化假说,亦即,人格应该被理解为一些局部的、与具体情境相匹配的、可以被分开来评价的品格特征的组合

（Doris 2002: 25, 64）。最近，梅里特等人对认知的统一性展开抨击，进而强化了他们关于人格具有分裂性本质的看法（Merritt et al. 2010）。

梅里特还指出，"与具体情境相关的局部特征"可以得到社会心理学研究的支持。她相信，这些美德依赖于社会支持的给养，比如熟悉的环境和人际关系，并且，她认为这些美德是"休谟主义的"，而不是"亚里士多德主义的"（Merritt 2000）。根据她的休谟主义观点，品格在很大程度上取决于持续的社会贡献，而"亚里士多德主义的"概念却主要体现为自足的动机。梅里特怀疑，当社会不能提供足够支持时，我们是否还能获得维持美德所必需的自足动机。在她看来，我们的美德不仅要跟情境相适应，而且要靠情境而获得暂时的存续和力量（Merritt 2000）。

戈尔迪（Goldie 2004: ch.3 and 4；亦参见 Webber 2006b: 194）接受社会心理学研究的情境主义阐释，认为我们一直有个坏习惯，即总是在应该仅仅归因于局部的、与具体情境相关的特征时，错误地把一些稳健的特征归于人。尽管有这样的坏习惯，但他相信，基于我们对人们的纵向经验，我们还是能够对人的品格逐渐形成可靠的"民间知识"（folk knowledge）。不仅如此，如果我们观察自身的局部特征，比如办公室和聚会场合的社交能力，并且赞成一般意义上的社交能力，那么，我们就可以通过谨慎和意志这样的执行性美德（executive virtues）来协调我们的碎片化特征，将其拓展到不同情境类型，从而形成更一般的特征。

亚当斯（Adams 2006）则说，美德是向善而生的过程中出现的卓越性。他（Adams 2006: ch.8）也接受情境主义的批评。与布伦特（Brandt 1970: 31；参见 von Wright 1963: 142）一样，亚当斯（Adams 2006: 120-121）也认为，美德不是他所说的"直接秉性"（direct dispositions），不是通过与特征的自然本质密切相关的方式而表现出来的秉性。美德不像是人们在说话时常常表现出来的那种健谈的秉性。比如，勇气或诚实这样的美德就会在非常不同的情境中表现为不同的行为。身体方面的勇气可以表现在战场或拳击台上；道德方面的勇气可以表现在面对严重疾病或与不公正作斗争的过程中。同样地，诚实也可以表现在法庭上宣誓的时候，或是表现在申报个人所得税的时候。基于情境主义以及针对美德的观察，亚当斯（Adams 2006: 122-130）提出这样一种观点：美德是概率性的、模块化的。概率性的美德，无需在每一个有机会实施美德行为的场合中都表现出来。它们反映的只是人类处境的现实，而不是最佳美德行为的理想。亚当斯（Adams 2006: 125）还指出，把美德看作模块，看作相互独立的、或多或少各有主导领域的秉性，这也跟情境主义的研究成果相符。与戈尔迪（Goldie 2004）相似，亚当斯声称，这些模块化的秉性可以被"组合起来，形成一种更加包容的秉性"。当这些能够产生跨情境的连贯行为的复合秉性在道德上是善的时候，它们就"构成了一种更真实、更完整的具体美德"（Adams 2006: 127）。亚当斯承认，美德需要适当的动机，正如它也需要稳固的欲望，需要持久的信念、思维模式、前景预期和敏感性一样（Adams 2006: 130-135）。美德的这些内在要素具有稳定性和持久性，能够产生常态化的行为模式。

厄普顿（Upton 2009: xii-xiv）认为，繁荣的生活应该包括她所说的"情境化的"品格特征——

> 道德行为者具有某种情境化的品格特征，仅当（1）她拥有与这种品格特征所有相关情况相适应的心理特征；以及（2）她做出的那些道德恰当反应不会蔓延到多个普通情境。

所以，人们既可以有"与亲友在一起时保持节制"的品格特征，也可以有"除了喝酒以外其他时候都保持适度"的品格特征（Upton 2009: xiv）。

然而，总体特征有其理论价值和规范价值，因此不应被情景化特征所取代；后者只是对于实践领域中那些不够完美的行动者而言，才是有用的（Upton 2009: xiv）。

最后，在情境主义与美德伦理学的这场争论中，米勒（Miller 2009a, 2009b, 2010）开辟了新的研究领域。他通过社会心理学的仔细分析，特别是对那些影响情绪的社会心理学研究的仔细分析，论证了"总体助人特征"（gloal helping traits，GHTs）是存在的（Miller 2009a: 250-256, 2009b, 2010），该特征具有总体性和稳定性，并由内疚、尴尬、移情以及适度的好情绪和坏情绪这样的因素引发。而在他（Miller 2010: 27-29）给出的反对意见看来，"总体助人特征"带来的行为模式非常普通，它们根本就不是品格特征，而只是人性的表现。米勒反驳称，研究表明，并非所有人都具有总体助人特征；对于这些数据，按照他所支持的解释方案来说，总体助人特征确实是一种品格特征，但它与其他品格特征（如，同情）是不一样的。

与上述哲学家不同，拉塞尔（Russell 2009）和斯诺（Snow 2010）并不认同情境主义的批判，而是从社会认知心理学中探寻回答问题的理论资源。他们通过在米歇尔（Mischel 1973, 1999, 2007）和正田裕一（Shoda 1995）的认知—情感理论（cognitive-affective theory）中寻求一种得到经验充分证明的人格理论来回应情境主义。该理论被称为认知—情感人格系统（cognitive-affective personality system，CAPS），它是从认知—情感单元（如价值观、目标、期望、欲望、认知、情感和自我调节策略等）的角度，在心理加工层面对人格进行概念化理解（参见 Snow 2010: 19-21）。在回应外部刺激（如看到需要帮助的人）或内部刺激（如思考和想象）时，重复激活这些单元的可以使其相互联系，从而形成相对稳定的结构或特征。例如，在多次看到需要帮助的人后，我可能会形成同情的特征。反复地激活这些认知—情感单元,比如,相信他人需要帮助的信念、对她的处境感到悲伤的情绪、希望提供帮助的欲求以及形成施以援手的计划,最终将会建立起一种稳定的内部结构。这些结构由不同的变量组成,其中一些变量在某些场合被激活,而另一些在其他场合被激活。例如,我可能为他人的困境而感到悲伤,但我并没有打算帮助她,这也许是因为我知道我无能为力,或者是因为已有他人在帮助她了。激活这些回应情境特征的单元的过程中所出现的这种可变性,被称为特征动力学(trait dynamics)。它解释了我们在人格方面经常看到的灵活性——我们能够以不同的方式来回应不同的情境。

认知—情感人格系统理论还解释了,我们何以用同样的方式来回应不同的客观情境。这是因为,它认真对待人的识解(constual)事实——人们以不同的方式看待或解释情境。对人们来说,情境是有意义的,而这种意义在认知—情感人格系统的理论框架中产生了"人格特性"(personality signatures),它表现为"如果……那么……"的形式。举例来说,玛利亚的人格特点是,如果她被人戏弄,她会做出攻击性的反应。同样,约翰尼的特点是,如果他被人取笑,他会做出可怕的反应。对于个人的人格特性,我们都能找到相应的经验证据支持(参见 Snow 2010: 21-25)。

斯诺(2010)和拉塞尔(2009)强调了认知—情感人格系统理论对于美德伦理学的重要性。不仅特征的结构和动力机制都符合哲学传统意义上的美德概念(如,亚里士多德主义的美德概念),而且,对识解的强调也非常吻合那些的拥有实践智慧并且以正确的方式"洞察"情境的美德之人。社会认知主义(Social-cognitivism)承认识解的重要性,这与情境主义在20世纪70年代以及更早时期对社会心理学的依赖形成了对比。后者并没有考虑那些被试者如何理解情境。而是实验者在决定,什么样的情境应该产生涉及品格特征的行为,而这种行为又应该是什么样子。多里斯

(Doris 2002: 25, 62ff; 1998: 507)顺着他的局部特征概念（这些特征适用于情境的客观特征），推出了"诚实应答"与"办公室—聚会场合的社交能力"等特征。相比之下，得到经验证实的人格特性则提供了依据，可以让我们把这些揭示出情境对于人们之意义的局部特征归于他们。假设我们对玛利亚的人格特性有充分证据，那么，如果她在操场上或数学课上或健身房中被人戏弄，我们就可以预测，在其他因素相同的情况下，她通常都会做出攻击性的反应，因为无论发生戏弄的那个情境的客观特征是什么，戏弄本身对她来说都是有意义的。之所以要说"其他因素相同的情况下"这句话，是因为有可能存在这样的事实，即，出于某种抵消因素，玛利亚的攻击性倾向也许根本没被激活，或者，由于有充分的力量影响到她的行为而使之没被激活。如果玛利亚是在生病或害怕的时候被人戏弄，她也许就不会作出攻击性的反应。只要这样的情况相对少见或比较反常，那么，它们就不会消解"她在被戏弄时便会做出的攻击性反应"的说法。

玛利亚的攻击性行为可能一开始被归结为局部特征，但是，如果我们注意到她无论何时何地被戏弄都会产生攻击性反应，那么，我们就有充分的证据将其归因于某种总体特征。斯诺（Snow 2010: 85）指出，"根据认知—情感人格系统理论的……特征概念来理解的美德，都是一些由独特的动机、认知和情感因素所紧密整合起来的东西，其中，认知和情感的组成部分是由有美德的动机所塑造和指导的"。因此，美德可以合理地被看作认知—情感人格系统所说的特征的子集，而这套系统中的那些局部特征，则可以通过审慎的努力以及习惯的行为而普遍化为总体特征。斯诺（Snow 2010: 31ff, ch.2）简要地描述过，局部的美德何以能够融入总体的美德，而恶德又何以能够得到抑制。为了证明这一点，她借鉴了有关刻板印象激活与遏制（stereotype activation and inhibition）以及目标依赖自动化（goal-dependent automaticity）——其中，人们无意识持有但又反复被激活的目标会影响人的行为——的实证心理学研究成果。

拉塞尔（Russell 2009, part III）则论证了一种大体相似的方法。他（Russell 22009: 330）首先将认知—情感人格系统理论作为一种人格理论，然后将"品格"定义为具有规范意义的人格的一部分，或者是人格中具有伦理特征的那一部分子集，或者是整个人格的伦理维度。于是，"品格特征"就被定义为"认知—情感属性的融贯结合体"（Russel 2009: 330）。最终，"美德"就是"这样一种品格特征，凭借它，人们能够在整全的伦理视角下，常态化地并且是在实践智慧的引导下出于好的理由而行动。"（Russell 2009: 330）

作为知觉能力或敏感性的美德

把美德解释为特征，这并非概念图景中的唯一模式。麦克道威尔（McDowell 1979: 331）声称提供了一种"由内而外"的美德模式，亦即，出于美德行为者视角的美德模式。在相关情况下，美德行为者意识到，情境的特定特征对她来说正是采取善良行为的理由。而这种意识属于一种知觉能力或敏感性。他写道：

> 传达某种可靠的敏感性，就是知识的表现；也有些习惯说法认为，敏感性本身就能被恰当地描述为知识：一个善良的人知道该如何面对善良所提出的要求。而这种敏感性，我们可以说，就是一种知觉能力。

（McDowell 1979: 332）

这还不是关于美德的完整论述。一种完整的论述必须解释，为什么敏感性就穷尽了美德之人的行动理由（McDowell 1979: 332）。麦克道威尔从几个角度展开论述。他首先论证了某种"美德统一性"命题，该命题大致是说，如果一个人想拥有任何美德，他就必须拥有全部美德。随后，他又探讨了美德行为的不可法典化性质对于实践推理的影响。他认为，缺乏详尽的规则，并不会妨碍美德之人开展行动；因为，她的行为方式是基于她对美德生活的看法。而这种美德生活的观念在其拥有者的道德心理中所起到的作用，使得麦克道威尔可以应对一种重要的反对意见，即如果美德是一种知觉能力———一种知识的形式——那就必须解释，美德何以能够激发我们的行动。在那篇文章的最后，他为我们提供了一种深刻而全面的美德学说。

367

就像麦克道威尔一样，让我们从如下观点开始：美德是一种知觉能力，运用这种能力可以使拥有者意识到，是情境的各种特征构成了自己在该情境中作出美德反应的理由。那么，他如何从这种关于具体美德的主张出发，转而推出——如果一个人想要拥有任何美德，他就必须拥有全部美德呢？答案就在于我们所面临的这些情境的复杂性及其提出的美德行为要求。麦克道威尔（McDowell 1979: 333）指出，（比如）单纯的温柔（gentleness）倾向并不能等同于善良美德，因为，在特定情况下践行这种美德，可能跟该情境特征所强加的公平要求是彼此冲突的。为了成功践行任何一种美德，人们必须对所有的其他美德都保持敏感——并且，我们可以补充说，人们还要能协调好它们提出的各种需要。麦克道威尔（McDowell 1979: 333）对他的论证是这样概述的：

> 除非一个人拥有所有美德（亦即，在一般意义上拥有美德），否则，他不可能充分拥有任何一种美德。因此，具体的美德并非某种独立的敏感性。毋宁说，我们使用具体的美德概念，只是为了标记那个

作为一般美德的单个敏感性——它是一种能够识别出情境对人们的行为提出何种要求的能力——在各种表现中的异同之处。当我们打算培育某种道德观念时，我们就要灌注这种单一而又复杂的敏感性。

如果美德就是知识，那么，我们又怎样区分美德之人的知觉和无德之人的知觉呢？后者会把同样的情境特征感知为行动的理由，但又没有做出有美德的反应。沿着亚里士多德的思路，麦克道威尔（McDowell 1979: 334）指出，无德之人的欲望会遮蔽或分散她对那些理由的理解。这些欲望使得她在支持和反对美德行为的理由之间搞平衡——例如，她会权衡生命和身体方面的风险而不去做勇敢之事。而在美德之人那里，虽然不做美德行为的理由也存在，但它们"沉默不语"。这些理由在美德之人和无德之人那里所显示出来的意义的差异，就在于美德之人具有的但无德之人不具有的那种感知能力或敏感性——本质上，就是她的美德。美德通过这样的方式塑造了美德之人，以至于在她眼里，情境的各种特征为人的行为提供了详尽的或断然的理由。而那些美德之外的因素（比如，为了获得安全或奖励的欲望）尽管得到承认，但它们无法与美德提出的要求构成有效的竞争。对美德之人来说，那些召唤她做出有美德反应的情境特征更显著，因为，它们在心理结构中表现为突出而活跃的因素。

正如"美德统一性"命题所暗示的那样，真正有美德的行为者对于践行不同美德（它们在同一个情境中可能带来相互冲突的行为）的这种需要所具有的显著地位会比较敏感。在这样的语境中，善良的行为也许要求人们背离公平或诚实。而"不可法典化"命题——我们无法通过那些规定在所有情境中如何行动的规则来把握美德行为的复杂性——则要求，美德之人应该践行实践智慧，从而决定在那些可能彼此冲突的美德之中选取哪一个贯彻于自己的行为。麦克道威尔（McDowell 1979: 337ff）回应了如下关切，即，如果缺乏明确的规则指导，美德行为者的推理也许就会"脱离轨道"，也就是说，偏离了采取最佳行为的路径。通过引用维特根斯坦（Wittgenstein）和卡维尔（Cavell）等学者的观点，麦克道威尔（McDowell 1979: 337ff）指出，规则——无论是数学规则、语法规则，还是道德规则——都与超验的客观性无关，而是在更广泛的实践和生活方式中占有一席之地。而我们的敏感性正是在这些实践和生活方式中形成的，因此，当规则不再有效时，我们也并非一无所有，相反，我们拥有的背景知识和专业知识能够让我们对于如何最好地行动做出合理的判断。无论规则是否有效，美德本身都会为我们提供指导和根基。

美德之人持有的美德生活概念塑造了她的敏感性。而美德本身作为敏感性，不能被描述为知识的惰性状态。美德之人拥有麦克道威尔（McDowell 1979: 343）所说的"欲望状态"（orectic state），该状态包含了关于她应如何生活的融贯看法，而这种看法是无法通过独立的认知要素和动机要素来加以理解的。这个整体概念可以充当论证结构的大前提，再加上描述具体情境的小前提，我们就可以得出关于行为者应该如何行动的结论。麦克道威尔（McDowell 1979: 343-344）指出，美德生活的概念并非关于具体行为倾向的杂乱集合，而是关于动机关切——美德之人在被要求采取美德行为时必须从中进行选择——的融贯序列。于是，美德之人认为自己在过一种美德生活的看法，就给她提供某个组织合理的框架，使之能对自己的关切进行排序，并能根据这种排序，按照它们在具体场合向她所展示的显著性而选择行动。因此，作为一种知觉能力或敏感性（它是一种知识），美德具有内在的动机力量。而它之所以具有如此力量，又是因为美德属于美德之人的自我观念（认为自己积极投身于有美德的生活之中）的组成部分和（事实上的）嵌入成分。

美德的技艺模式

麦克道威尔的观点引出了一个问题:敏感性的传达何以能够算作道德知识?把美德行为者对事实的知觉解释为并且论证为是给行动提供道德理由的那种道德知识论(moral epistemology)又是怎样的?雅各布森(Jacobson, 2005: 387)指出,我们可以使用知觉的比喻,只要我们"采用一种技艺模式的美德,根据这种模式,美德被塑造为在实践中知道如何(practical know-how)的知识形式"。这种看法的优势在于,我们似乎能够更好地把握那种讨论"知道如何"的知识论,而不是讨论对情境特征(它们构成了道德理由)的敏感性何以能够成为知觉能力的知识论。尽管如此,美德的技艺模式也会涉及美德是什么,以及,美德如何发展到有趣的新领域中等问题。雅各布森(Jacobson 2005: 302)坚持认为"美德是一种技艺",坚持认为这是"需要证据的经验主张,而不是把什么算作美德的概念化主张"。如果我们相信美德是技艺,那么,我们虽然获得一种貌似合理的美德知识论,但却不能再把美德理解为对其拥有者有益的卓越性,因为,技艺并不一定与善有关(Jacobson 2005: 398-408)。假如这样,我们就得承认纳粹的勇气和那些为真正正义的事业而奋斗的人们的勇气一样,都是美德。布隆菲尔德(Bloomfield 2000: 28)虽然也认为美德是技艺的子集,但并未处理美德是否因此失去其卓越性的问题。

安娜斯(Annas 1995: 228)尽管没有否认美德是卓越性,但她认为"美德是,或者在重要的意义上类似于,一种技艺"。通过采取一种发展视角——美德是一种可靠的、动态的秉性,它们类似于某种特定的实践技艺——安娜斯(Annas 2011: 8ff)进一步拓展了这种论证。在她看来,沿着早期苏格拉底的对话和斯多亚学派的观点，把美德看作某种实践技艺，这种看法的关键优势就在于，技艺以及更重要的——美德，都可以被视为具有某种理智结构的东西，从而为它们提供了稳健的道德知识论。这种知识结构有三个特点：有些技艺是可教授的；它们要求专家级别的实践者能够对构成该领域的诸原则有统一的把握；以及，它们要求有能力说清楚那些人们据以做出决定和实施行动的原则（Annas 1995: 231-233）。安娜斯解释了，培育美德就跟发展复杂的实践技能一样，比如，弹钢琴。在专家的指导下，从新手到专家是一个循序渐进的过程。而这需要学习者的动机和承诺，也就是说，需要他们有学习美德之人的需要和渴望成为美德之人的驱动（Annas 2011: ch.3）。这些动机都激励着新手要通过行动而有所学习。

安娜斯（Annas 2011, 1995: 234ff）意识到这是一种理智主义的美德论，并为它提供辩护。然而，针对专家群体的实证研究却对上述明确要求提出了质疑，从而使得这种观点面临重大挑战（Bloomfield 2000: 38-39; Stichter 2007: 192-193; Snow 2012）。情况似乎是，专家常常无法说清楚那些用于指导他们做出选择和行动的原则。斯蒂克特（Stichter 2007）在亚里士多德的启发下勾勒出一种与理智主义正好相反的经验主义的技艺模式，针对安娜斯在这些方面的看法提出了挑战。

上述讨论证明，关于美德本质的争论依然充满活力。毫无疑问，随着哲学家们对美德和相关概念提出新的见解，这些争论还将会继续下去。

【相关主题】

第 2 章 "Aristotle's Virtue Ethics," Dorothea Frede

第 27 章 "The Situationist Critique," Lorraine Besser-Jones

【参考文献】

Adams, R. (2006) *A Theory of Virtue: Excellence in Being for the Good*, New York: Oxford University Press.

Annas, J. (1995) "Virtue as a Skill," *International Journal of Philosophical Studies*, 3 (2) : 277–243.

——(2011) *Intelligent Virtue*, New York: Oxford University Press.

Anscombe, E. (2006) "Modern Moral Philosophy," in S. Cahn and P. Markie (eds.), *Ethics: History, Theory, and Contemporary Issues*, 3rd edition, New York: Oxford University Press, pp. 481–493.

Bloomfield, P. (2000) "Virtue Epistemology and the Epistemology of Virtue," *Philosophy and Phenomenological Research* LX (1) : 23–43.

Brandt, R. (1970) "Traits of Character: A Conceptual Analysis," *American Philosophical Quarterly* 7 (1) : 23–37.

Dent, N. (1984) *The Moral Psychology of the Virtues*, Cambridge, UK: Cambridge University Press.

Doris, J. (1998) "Persons, Situations, and Virtue Ethics," *Nous* 32 (4) : 504–530.

——(2002) *Lack of Character: Personality and Moral Behavior*, Cambridge, UK: Cambridge University Press.

Doris, J. and Stich, S. (2005) "As a Matter of Fact: Empirical Perspectives on Ethics," in F. Jackson and M. Smith (eds.), *The Oxford Handbook of Contemporary Philosophy*, New York: Oxford University Press, pp. 114–152.

Doviak, D. (2011) "A New Form of Agent-Based Virtue Ethics," *Ethical Theory and Moral Practice* 14: 259–272.

Driver, J. (2001) *Uneasy Virtue*, Cambridge, UK: Cambridge University Press.

Foot, P. (1978) *Virtues and Vices*, Berkeley and Los Angeles, CA: University of California Press.

——(2001) *Natural Goodness*, Oxford, UK: Clarendon Press.

Geach, P. (1977) *The Virtues*, Cambridge, UK: Cambridge University Press.

Goldie, P. (2004) *On Personality*, New York: Routledge.

Harman, G. (1999) "Moral Philosophy Meets Social Psychology: Virtue Ethics and the Fundamental Attribution Error," *Proceedings of the Aristotelian Society* 99: 315–331.

——(2000) "The Nonexistence of Character Traits," *Proceedings of the Aristotelian Society* 100: 223–226.

Hurka, T. (2001) *Virtue, Vice, and Value*, New York: Oxford University Press.

——(2010) "Right Act, Virtuous Motive," in H. Battaly (ed.), *Virtue and Vice: Moral and Epistemic*, Oxford, UK: Wiley-Blackwell, pp. 57–71.

Hursthouse, R. (1999) *On Virtue Ethics*, Oxford: Oxford University Press.

—— (2012) "Virtue Ethics," http://plato.stanford.edu/entries/ethics-virtue/ (accessed March 2, 2013).

Jacobson, D. (2005) "Seeing by Feeling: Virtues, Skills, and Moral Perception," *Ethical Theory and Moral Practice* 8: 387–409.

MacIntyre, A. (1981) *After Virtue: A Study in Moral Theory*, Notre Dame, IN: University of Notre Dame Press.

McDowell, J. (1979) "Virtue and Reason," *The Monist* 62: 331–350.

Merritt, M. (2000) "Virtue Ethics and Situationist Personality Psychology," *Ethical Theory and Moral Practice* 3: 365–383.

Merritt, M., Doris, J., and Harman, G. (2010) "Character," in John M. Doris and the Moral Psychology Research Group (eds.), *The Moral Psychology Handbook*, New York: Oxford University Press, pp. 355–401.

Milgram, S. (1974) *Obedience to Authority: An Experimental View*, New York: Harper Collins.

——(1977) *The Individual in a Social World: Essays and Experiments*, Reading, MA: Addison-Wesley.

Miller, C. (2009a) "Empathy, Social Psychology, and Global Helping Traits," *Philosophical Studies* 142: 247–275.

——(2009b) "Social Psychology, Mood, and Helping: Mixed Results for Virtue Ethics," *The Journal of Ethics* 13: 145–173.

——(2010) "Character Traits, Social Psychology, and Impediments to Helping Behavior," *Journal of Ethics & Social Philosophy* 5 (1): 1–36.

Mischel, W. (1973) "Toward a Social Cognitive Reconceptualization of Personality," *Psychological Review* 80 (4): 252–283.

——(1999) "Personality Coherence and Dispositions in a Cognitive-Affective Personality System (CAPS) Approach," in D. Cervone and Y. Shoda (eds.), *The Coherence of Personality: Social-Cognitive Bases of Consistency, Variability, and Organization*, New York: Guilford, pp. 197–218.

——(2007) "Toward a Science of the Individual: Past, Present, and Future?" in Y. Shoda, D. Cervone, and G. Downey (eds.), *Persons in Context: Building a Science of the Individual*, New York: Guilford, pp. 263–277.

Mischel, W. and Y. Shoda (1995) "A Cognitive-Affective System Theory of Personality:Reconceptualizing Situations, Dispositions, Dynamics, and Invariance in Personality Structure," *Psychological Review* 102 (2) : 246–268.

Pincoffs, E. (1986) *Quandaries and Virtues: Against Reductivism in Ethics*, Lawrence, KS: University Press of Kansas.

Russell, D. (2009) *Practical Intelligence and the Virtues*, Oxford: Clarendon Press.

Slote, M. (2001) *Morals from Motives*, New York: Oxford University Press.

Snow, N. (2010) *Virtue as Social Intelligence: An Empirically Grounded Theory*, New York: Routledge.

——(2012) "Intelligent Virtue: Outsmarting Situationism." Paper presented at the Pacific Division Meeting of the American Philosophical Association, 6 April, Seattle, WA.

Stichter, M. (2007) "Ethical Expertise: The Skill Model of Virtue," *Ethical Theory and Moral Practice* 10: 183–194.

Swanton, C. (2003) *Virtue Ethics: A Pluralistic View*, New York: Oxford University Press.

Thomson, J. (1996) "Evaluatives and Directives," in G. Harman and J. Thomson, *Moral Relativism and Moral Objectivity*, Cambridge, MA: Blackwell, pp. 125–154.

——(1997)"The Right and the Good," *The Journal of Philosophy* XCIV (6): 273–298.

Upton, C. (2009) *Situational Traits of Character: Dispositional Foundations and Implications for Moral Psychology and Friendship*, Lanham, MD: Lexington Books.

von Wright, G. (1963) *The Varieties of Goodness*, New York: The

Humanities Press.

Wallace, J. (1978) *Virtues and Vices*, Ithaca, NY: Cornell University Press.

Webber, J. (2006a) "Sartre's Theory of Character," *European Journal of Philosophy*, 14 (1) : 94–116.

——(2006b) "Virtue, Character, and Situation," *Journal of Moral Philosophy*, 3 (2) : 193–213.

Zagzebski, L. (1996) *Virtues of the Mind: An Inquiry into the Nature of Virtue and the Ethical Foundations of Knowledge*, Cambridge, UK: Cambridge University Press.

——(2010) "Exemplarist Virtue Theory," in H. Battaly (ed.) , *Virtue and Vice: Moral and Epistemic*, Oxford, UK: Wiley-Blackwell, pp. 39–55.

第 27 章
情境主义的批判

[美] 罗琳·贝瑟-琼斯 / 著
孔希宇 / 译　李义天 / 校

引言

你一向认为你的朋友乔（Joe）是个有同情心的人，他不仅关心别人的困境，而且总愿意尽力帮助他们。而另一方面，你的朋友简（Jane），你却会把她描述成一个更多以自我为中心的人，一个将自己的需要放在第一位的人。当你要猜测谁最有可能帮助一个陌生人的时候，你的答案很清楚：乔会这么做。他是那个有同情心的人。

但经验研究表明，无论是简还是乔，他们帮助陌生人，更多地取决于他们所处的特殊情境，而不是我们认为他们所具有的秉性（dispositions）。

请想想伊森和莱文（Isen and Levin 1972）做的那些有关帮助行为（helping behavior）的影响深远的实验。该实验的目的是为了测试，当一个人发现了一枚一角钱硬币而引发的好心情，将会给他的帮助行为带来何种影响。被试者是一些使用商场付费电话的人。实验组的被试者会在投币处发现一枚意外的硬币，而对照组的被试者则不会。当他们离开付费电话后，两组被试者都会遇到一位女士，她从他们的身边路过时会在他们的必经之路上遗落一个装满文件的文件夹。

问题就是，谁会帮忙？答案令人惊讶：除了一个人外，伸出援手的被试者都是那些意外得到了一角钱硬币的人。而在没有发现一角钱硬币的那25人的对照组中，只有1人提供了帮助。与此相反，在发现那枚硬币的16人的实验组中，有14个人提供了帮助。

想象一下，现在将你的朋友乔和简放在这个实验中。尽管我们倾向于预测，乔会比简更愿意帮助他人，但是，考虑到上述实验结果，如果我们不知道乔和简被分到哪一组，不知道他们是否发现了那枚意料之外的一角硬币的情况下，我们试图做出任何预测似乎都是错误的。也许，这就是决定谁将会施以援手的关键因素。

伊森和莱文的实验，只是支持"情境因素决定行为"这个命题的诸多实验之一。其他的知名实验还包括米尔格拉姆实验（Milgram, 1974）和斯坦福监狱实验（Haney 等, 1973）。在前一个实验中，被试者发现自己会向那些在词语关联测验中没有给出正确答案的人实施电击，而这仅仅是因为他们被告知这么做。在后一个实验中，被试者发现自己在虐待其他实验对象，而这仅仅因为他们是看守而别人是囚犯；后者之所以区别于他们，也只不过是因为后者被分到了"囚犯"组而不是"看守"组。

总体来说，这一系列实验对美德伦理学，尤其是亚里士多德主义的美德伦理学构成了巨大的挑战。美德伦理学倡导品格特征的发展，在亚里士多德看来，这些品格特征被解释为强大的秉性特征（dispositional traits），亦即，那些使得我们在不同情况下做出相似行为的特征。这就是当我们说乔有同情心时我们的意思：我们想说的是，他具备一种品格特征，使得他在任何需要同情心的情境中，都会做出富有同情心的行为。支撑这种框架的假设是，品格特征乃是行为的因果决定因素，因此，当乔做出富有同情心的行为时，对其行为的最好解释就是"他具有同情心"。而情境主义的批评则对这项假设提出质疑，它们认为，行为最好是由情境影响来解释，而不是由品格特征来解释。

情境主义的批判对美德伦理学的可行性提出了重要的质疑，而美德伦理学的捍卫者也严肃地接受这些质疑，他们采取了很多不同的尝试，以捍卫美德伦理学的框架，反对批评者提出的挑战。在下文，我将首先具体探讨这些批评，因为它们针对的是亚里士多德主义的框架。然后，我将转而反思情境主义批评的某些核心主题，对于我们如何思考美德伦理学以及更普遍意义上的规范伦理学来说，这些主题理应产生深远的影响。

亚里士多德主义美德伦理学真的经不起情境主义的批评吗？

我们已经看到这种指控：美德伦理学要求发展强大的秉性特征，它们使我们在一系列情境下以可预测的方式行动。但经验研究表明，情境，而非品格特征，才是影响我们行为的因果的决定因素。所以，美德伦理学对能动性（agency）的理解在根本上就是错误的。真的可以立马得出这样的结论吗？

约翰·多里斯（John Doris 2002）和吉尔伯特·哈曼（Gilbert Harman 2000）最有力地发展了反对亚里士多德主义美德伦理学框架的情境主义批判。根据他们对这种框架的解释，美德就是一种强大的秉性特征，它们会使其拥有者以某种可靠的和可预测的方式行动。而且，跟任何秉性特征一样，证明其存在的唯一证据就在于它行为方面的表现。一个人具有诚实的秉性，是因为她往往表现出诚实。而在情境主义的批判看来，根据上面讨论的那些实验，这种框架及其规范性理念并不成立；对于那些被认为在本质上属于强大秉性特征的品格特征的存在本身，这些实验提出了质疑。

当我们开始思考这种批判的内容时，有个非常现实的问题值得注意，即，该批判所依据的一系列实验是否足以测试那些表现出美德秉性的行为。想一想，比如说，上面提到的那个一角钱硬币实验。为一位陌生人捡起文件是否真的可以作为检验一个人有没有同情心的例证？不少人指出，该实验所考察的行为与美德或者任何明显的道德特征之间并无关联（Sabini and Silver 2005; Sreenivasan 2002）。如果这些行为不是对道德特征的表现，那么，没有展示出这些行为，也就几乎并没有告诉我们这个人的道德特征。

这是有道理的。事实上，很难想象有某种偶发事件（incidence）可以作为美德的标志。对亚里士多德主义的美德伦理学来说，尤其如此；这种美德伦理学尤为强调实践推理和语境的敏感性在决定美德行为时的作用，并且反对任何试图制订行为规则或准则的做法。"为一位陌生人捡起文件"也许看起来像是一个有美德的行动，但在亚里士多德主义的框架里，如果我们不了解情境和个人的更多细节，我们是无法知道这一点的。

情境主义的批判似乎建立在如下步骤上：从一些个体在很多情况下没有表现出强大秉性特征的事实出发，转而声称，归因于强大秉性特征的做法通常都是不成立的。而这种步骤是否成立，则取决于我们是否可以合理地认为，美德具有其他特征所缺乏的弹性。不过，为了讨论方便，让我们假设，即便具体的实验并没有精确把握亚里士多德或其他美德伦理学家所设想的行为，现在也已经有足够的研究，可以质疑我们把行为归因于强大秉性特征的做法。赋予情境主义批判这么多内容，可以让我们从两个相关方面开始反思美德伦理学。第一个方面是，实际发生的行为在多大程度上影响到拥有美德。第二个方面是，特征与行为之间需要有多大程度的关联才会使得美德伦理学家诉诸强大秉性特征的做法是有意义的。

行为在美德伦理学中的作用

美德伦理学的一个独特之处在于，它把发展有美德的品格作为自己的首要目标。美德伦理学家感兴趣的是，一个人是什么样的人，以及，一个人应该成为什么样的人。就多数美德伦理学家对行为的关注而言，行为仅仅间接地发挥作用，因为行为者的行为可以被看作是反映了她性格的某些方面。由此，行为被当成美德的试金石，但不一定是美德的决定性方面。对美德伦理学家来说，这使他得以论证，即便一个行为者的行为受情境因素影响，该行为者也仍有可能拥有美德。让我们稍微更多地想一想，这将会对作为情境主义批判原初目标的亚里士多德主义框架产生何种影响。

尽管看起来很清楚，亚里士多德确实提出了一种美德观，认为美德包含着以某些特定方式而行动的秉性/倾向，但是，也有很多人指出，行为倾向反映的仅仅是美德的某一个组成部分（参见 Kamtekar 2004; Swanton 2003）。按照这种解释，拥有美德不仅是以特定的方式行动，而且，毋宁说，拥有美德还包含着对于美德和那些需要美德的情境的信念（beliefs）、有感情地做出回应的情感倾向（emotional dispositions），以及，也许最重要的，知道如何将所有这些部分组合在一起的实践理性（practical reason）。

对美德的这种更具包容性的理解方式，又是怎样影响情境主义的批判呢？最清楚的是，它表明了，我们不能因为行为者没有展现出同情、诚实等行为倾向，就认定其缺乏美德。一个人没有以某种特定的方式而行动，这虽然给我们提供了她的品格特征的一些信息，但并不表明，她就像情境主义批判所号称的那样缺乏品格特征。

如同斯沃顿（Swanton 2003）那样，请想一想，这种包容性的视角如何解释米尔格拉姆实验的结果。在米尔格拉姆实验中，被试者会反复按压那些控制电击的按钮——所以，在这个方面，他们就表现得缺乏同情心。但我们也知道，他们中有许多人在实验过程中也承受着痛苦和压力，毫无疑问，在尊重权威、履行承诺的义务与不愿进行电击的心态之间，他们在挣扎。对行为和深入行为者心灵状态的这种审视，不仅具有启发意义，而且应该使我们质疑，我们是否能够因为一个人没有展现出行为倾向就认定其完全缺乏美德。更有可能的是，我们面对的是一个缺乏充分美德（full virtue），但在面临相反的压力时却努力采取美德行为的人。这样的画面，正如米勒（Miller 2003）提醒我们的那样，与亚里士多德主义的框架高度一致，对后者来说，充分美德只有通过长久的习惯和强化才能获得。

这就引出了第二个方面的考虑，它是说，对于某个特征及其相关行为，我们应该期望它们之间具有多大程度的关联性。这一点在森舸澜（Slingerland 2011）这里得到了很好的发展。他批评情境主义的捍卫者，认为他们为这种关联性设定了过高的门槛。在森舸澜看来，情境主义的捍卫者以为，在美德伦理学中，拥有美德与美德的相关行为之间的关联性必须达到百分之百。这将意味着，要把某种美德归于某个人，她就必须时刻展现这种美德。照这样理解，美德的归属不存在任何宽松余地可言。如果一个人具备一种美德，她就必须依据这种美德而行动。现在，我们已经看到这样的立场站不住脚，因为，我们很难精准判定哪些行为展示了美德。不过，尽管如此，它指出的问题仍值得探讨。如果我们承认，对亚里士多德来说，美德至少有一个重要的组成部分就在于以某种特定方式而行动的倾向/秉性，那么我们该如何划定它的边界？在什么情况下，把某种倾向归属于一个在其行为中并不总是展示这种倾向的人，才是错误的？森舸澜提出了一种令人信服的观点，他认为，被情境主义者援引的诸多研究所显示出来的标准关联性——30%的关联性——是完全不可忽视的，它至少证明了秉性特征具备一定程度的能被预测的可靠性。不管我们断定多大比例才算足够——尤其是，对亚里士多德主义的美德伦理学来说，多大比例才算足够——也许非常清楚的是，在这个方面，允许不同程度地拥有美德的美德伦理学将会更有说服力。

到现在为止，我们已经看到，对于行为在亚里士多德主义框架内的作用，情境主义的批判提出了许多重要问题。我们也已看到，这种框架的捍卫者所可能探索的一些合理的路径，比如，强调美德的包容性本质，承认拥有美德可能存在程度差别。现在，让我们转到由情境主义批判所引发的一些更大的问题——考虑到这种批判的影响力，它们乃是美德伦理学的捍卫者现在必须努力解决的问题。这些问题首先涉及，品格的本质是什么；其次涉及，美德伦理学应当在多大程度上敏锐地关注经验层面的充分性。

品格的本质

最根本地说来，情境主义批判的要求是，我们应当重新审视我们关于品格的日常看法。对于这种要求，很多哲学家都非常认真地对待。在我们开始探讨这些回应之前，更加正式地考察情境主义批判所质疑的那种"标准"的品格概念，将是有所裨益的。到目前为止，我一直把我们所讨论的这些品格特征描述为强大的秉性特征，它们使其拥有者在许多情况下都会采取相似的行动。而"强大的秉性特征"这种观念，源自于多里斯（Doris 2002）提出的一种**总体性的**（globalist）品格概念。这种总体性概念的鲜明之处在于，它认为，品格特征具有跨情境的一致性和稳定性。目前大多数成熟的品格理论，作为对情境主义文献及其推动的研究的某种回应，都在一定程度上背离了这种总体性立场（globalism）。我们首先考察那种最极端的背离情况：特征消除主义（trait eliminitivism）。

特征消除主义。哈曼（Harman 2000）是特征消除主义最著名的捍卫者；该立场如其名号所言：建议人们彻底抛弃任何有关品格特征的讨论。哈曼对特征消除主义的辩护建立在如下基础上：如果我们继续采用品格特征的说辞，继续（错误地）将品格特征归于个体，那么，我们就会继续忽视情境因素在我们日常行为中的重大作用。相比之下，放弃关于品格的讨论会使我们更好地彼此理解，并且开始更加富有成效地思考，要如何处理那些给我们的行为带来了如此重大影响的情境因素。

局部性特征（*Local Traits*）。比特征消除主义更温和，但就其彻底反对总体性而言，它仍是一种激进立场，认为品格特征是局部性的。局部性特征具体针对某些情境而言，并在这些情境中保持稳定，但它们缺乏跨情境的一致性。多里斯（Doris 2002）详尽发展了这个立场。它保留了我们的直觉，即我们总可以对个体的某些方面加以预测，但同时，它又非常重视情境因素对我们的行为所产生的已知影响。当这些因素相对稳定时，具体针对这些因素的局部性特征便会呈现出来。因此，多里斯承认，一个人可以对她的配偶忠诚，或是在工作中保持诚实。但他不承认，这种特征具有跨情境的一致性。我们并不能知道，对配偶忠诚的人也会在工作中诚实，反之亦然。

多里斯对局部性特征的认可，促使很多人都发展出类似的品格概念。比如，梅里特（Merritt 2000）就为她在休谟那里发现的一种局部性特征的进路提供辩护。她的观点强调，社会性（social features）能够维系局部性特征，使它们能够在不同时间保持相对稳定。与多里斯的版本相似，梅里特的版本也容纳了，而且是毫不客气地容纳了情境因素对于我们行为的影响。梅里特指出休谟的观察——我们动机的有益倾向才算数，而动机本身并非自足——从而证明，承认品格特征在很大程度上取决于社会因素，这是没错的。

因此，局部性特征的进路试图以某种方式支持特征归因的做法（trait attribution），但同时又依然可以像该进路的辩护者凭借经验研究而证明的那样，反对无所不包的立场。我们接下来考虑的进路则试图找到一种平衡，一方面敏感于这些研究，另一方面又保留无所不包立场所具有的直觉吸引力。

总体性特征（*Global Traits*）。斯诺（Snow 2010）和拉塞尔（Russell 2009）提出一种特征观念，它建立在米歇尔与正田裕一（Mischel and Shoda 1995）的认知—情感处理系统（cognitive-affective processing system, CAPS）的基础上。该模型强调的是，从一个人回应外部情境因素的本性中所涌现出来的行为方式。它坚信，行为不能读取自情境因素，但是，一个人的行为方式却取决于她如何解释这些因素。

斯诺认为，"认知—情感处理系统"模型提供了一种富有吸引力的框架，可以据此解释美德。这种模型认为，特征（traits）是关于行为者特点的有价值的参考，因为它们反映出行为者对于情境的感知和解释——因此，作为认知—情感处理系统的特征（CAPS traits）真正告诉了我们"此人是谁"，而这与美德伦理学所强调的行为者转向（agent-oriented）非常契合。并且，作为认知—情感处理系统的特征是稳定的，而根据斯诺对上述研究的解读，它们还可能是总体性的。米勒（Miller 2010, 2013）针对总体助人特征（global helping traits）的解释，就跟"认知—情感处理系统"模型密切相关。总体援助特征由一系列心灵状态构成，如信念和欲望，它们调节着行为者对外部刺激的反应，并在促成援助行为的过程中发挥了因果作用。

这些进路（"认知—情感处理系统"模型与米勒的总体援助特征）聚焦于同外部客观情境因素构成互动的行为者的内部主观特征，从而捍卫了总体性特征。像这样强调个体对于情境的主观理解，在那种局部性特征的进路中，是基本上看不到的；被后者摆在优先位置的，乃是一个人的行为所遭遇的外部客观影响。

品格整体主义（*Character Holism*）。我们目前所考察的各种观点使用的都是关于特征的说辞，并且，正如我们看到的，这些观点的核心任务是回应情境主义批判，以便与我们的特定秉性的本质相协调。而在我这里（Besser-Jones 2008, 2014），我通过捍卫一种整体主义的品格观念，采取了不同进路；我认为，这种观念最能让我们理解上述研究所呈现的行为模式，最能处理这些模式所提出的问题，亦即，人们往往做不好正确的行为。

我所辩护的这种品格观念认为，道德品格（moral character）是由一个人的道德承诺、行为倾向，以及一个人的道德承诺对其行为倾向的影响和互动方式构成的。这种整体主义观念具有两方面优点：首先，它让我们看到情境主义批判所提出的问题是这样的一个问题：一个人的道德承诺同其行为倾向之间存在隔阂。其次，它向我们明确指出，我所讨论的内容应成为我们核心的规范性任务：消除这种隔阂。

像这样远离"特征进路"的做法，要求对我们思考美德的方式进行全面修订；关于这种方案，我有过详细的探讨（Besser-Jones 2014）。不过，针对情境主义的批判，我将考虑的最终回应方案却基于非常独特的理由：即使品格特征——无论它们是总体性的还是地方性的——不存在，继续按传统的方式把美德理解为强大的秉性特征，也依然具备一种值得拥有的有意义的目的。

虚构的品格特征（*Factitious character traits*）。针对情境主义的批判，阿法罗（Alfano 2013）的回应采取了一种与我们已经考察的其他回应方式完全不同的进路。至少是为了达到论证的目的，阿法罗承认，情境主义的批评是成功的，而且他还表明，亚里士多德主义把美德理解为强大的秉性特征，这种分析在经验上站不住脚。不过尽管如此，阿法罗认为，即使这些美德不存在，我们也依然应当将美德归于他人，因为，进行美德归属的做法可以构成自我实现的预言（Alfano 2013: 82-83）。在合适的情境中，相信你是美德之人，有可能促使你成为美德之人。

通过诉诸一系列对相关现象——比如，安慰剂效应（the placebo effect）、打标签与自我认知效应（the effects of labeling and self-concept）——的经验研究，阿法罗为上述主张提供辩护。除了给讨论带来了这个新的研究线索外，阿法罗的进路还尤为明确地聚焦美德伦理学的实践方面，在他看来，让人们采取有美德的行为乃是非常简单明了的——对于这一点，我将在下节作更多讨论。

这些有关品格的模型全都试图发展出某种品格观念，以容纳情境主义批判的核心内容，即情境因素对于行为具有令人惊异的巨大影响。每种模型的捍卫者也常常超出情境主义所认可的研究而诉诸来自其他研究的数据，从而声称他们的模型能够得到经验支撑。由于每种模型都对美德伦理学的本质与可能性产生不同影响，因此，那些情境主义批评的同情者就得认真考虑每种模型的影响了。

心理实在论

针对情境主义批判的评价，以及，针对作为对它的回应而发展起来的各种品格模型的评价，都需要跟人们认为美德伦理学应当在多大程度上符合于或敏感于心理学研究的看法相匹配。推动情境主义批判的是如下命题：由于美德伦理学的评价焦点是行为者的心理，并且，更一般地来说，美德伦理学是把某种特定的心理学和能动性当作它的规范性理念，因此，它就应当同某种（至少在一定程度上）反映了人们实际行为方式的心理学共事。这个普遍的看法，代表着一种对于心理实在论（psychological realism）的承诺。

心理实在论坚持认为，规范层面的理论化工作应当受到在经验上站得住脚的人性观念的约束。弗拉纳甘（Flanagan 1991）就是最早引入心理实在论、使之作为一种正式约束的心理学家之一。他的版本，被他称作最低限度的心理实在论（minimal psychological realism），认为道德理论和理想必须引入某种可能或被认为可能得到普通人理解的能动性观念。由于担心这样的约束还不够，因而我捍卫的是一种更加强硬的心理实在论，我将其命名为温和的心理实在论（moderate psychological realism）(Besser-Jones 2014)。温和的心理实在论认为，道德理论和理想必须建立在对于人们所能合理预期之事的有效的心理解释之上。

一个人对于心理实在论的同情程度，也许跟他把什么当作规范理论的最重要目标有很大关系。如果一个人认为，规范理论的最重要目标主要是理论性的，比如，反映和理解所能实现的最佳人性样式，那么，心理实在论看起来就没那么重要。相比之下，如果一个人认为，规范理论的最重要目标是实践性的，旨在发展出普通人就能实现的理想，并制定一些帮助他们实现的行动指南，那么，此人就可能会更加同情心理实在论。

结论

针对美德伦理学的情境主义批判，标志着这个领域的重要时刻。通过挑战占据该领域主流地位的亚里士多德主义框架，它迫使美德伦理学家去认真思考其核心承诺的基础。正如本章展示的那样，情境主义批判鼓励美德伦理学家全面思考行为在其理论中的作用，鼓励他们思考拥有美德会在多大程度上要求做出特定的行为，并且，鼓励他们始终保持理论的融贯，而无论一个人的美德是否真的可以从其行为中被解读出来。它还鼓励美德伦理学家去思考何为美德本身，美德需要（或不需要）有多强大，它们是否可以在一定程度上被拥有，以及，美德伦理学是否可以不把美德理解为零散特征、而是开始从整体上思考品格和美德。最后，可能也是最根本的，情境主义批判激励着美德伦理学家去反思其规范性探究的目的，以及，这些目的对于它们理应在多大程度上承诺心理实在论具有怎样的影响。

【相关主题】

第 2 章 "Aristotle's Virtue Ethics," Dorothea Frede

第 14 章 "Eudaimonistic Virtue Ethics," Liezl van Zyl

第 26 章 "Models of Virtue," Nancy E. Snow

第 30 章 "Roles and Virtues," J. L. A. Garcia

【参考文献】

Alfano, M. (2013) *Character as Moral Fiction*. Cambridge, UK: Cambridge University Press.

Besser-Jones, L. (2008) "Social Psychology, Moral Character, and Moral Fallibility." *Philosophy and Phenomenological Research* 76 (2) : 310–332.

——(2014) *Eudaimonic Ethics: The Philosophy and Psychology of Living Well*. New York: Routledge Press.

Doris, J. M. (2002) *Lack of Character: Personality and Moral Behavior*. New York: Cambridge University Press.

Flanagan, O. (1991) *Varieties of Moral Personality: Ethics and Psychological Realism*. Cambridge, MA: Harvard University Press.

Haney, C., Banks, C., and Zimbardo, P. (1973) "Interpersonal Dynamics in a Simulated Prison." *International Journal of Criminology and Penology* 1: 69–97.

Harman, G. (2000) "The Nonexistence of Character Traits." *Proceedings of the Aristotelian Society* 100 (1) : 223–226.

Isen, A. M. and Levin, P. F. 1972. "Effect of Feeling Good on Helping: Cookies and Kindness." *Journal of Personality and Social Psychology* 21 (3) : 384–388.

Kamtekar, R. (2004) "Situationism and Virtue Ethics on the Content of Our Character." *Ethics* 114 (3) : 458–491.

Merritt, M. (2000) "Virtue Ethics and Situationist Personality Psychology." *Ethical Theory and Moral Practice* 3 (4) : 365–383.

Milgram, S. (1974) *Obedience to Authority: An Experimental View*. New York: Harper Collins.

Miller, C. B. (2003) "Social Psychology and Virtue Ethics." *The Journal of Ethics* 7 (4) : 365–392.

——(2010) "Character Traits, Social Psychology, and Impediments to Helping Behavior." *Journal of Ethics and Social Philosophy* 5 (1) : 1–36.

——(2013) *Moral Character: An Empirical Theory*. New York: Oxford University Press.

Mischel, W. and Shoda, Y. (1995) "A Cognitive-affective System Theory of Personality: Reconceptualizing Situations, Dispositions, Dynamics, and Invariance in Personality Structure." *Psychological Review* 102 (2) : 246–268.

Russell, D. C. (2009) *Practical Intelligence and the Virtues*. New York: Oxford University Press.

Sabini, J. and Silver, M. (2005) "Lack of Character? Situationism Critiqued." *Ethics* 115 (3) : 535–562.

Slingerland, E. (2011) "The Situationist Critique and Early Confucian Virtue Ethics." *Ethics* 121 (2) : 390–419.

Snow, N. E. (2010) *Virtue as Social Intelligence: An Empirically Grounded Theory*. New York: Routledge Press.

Sreenivasan, G. (2002) "Errors about Errors: Virtue Theory and Trait Attribution." *Mind* 111 (441) : 47–68.

Swanton, C. (2003) *Virtue Ethics: A Pluralistic View*. New York: Oxford University Press.

第 28 章
验证反利己主义方案的移情利他假说

[美] C. 丹尼尔·巴特森 / 著
章含舟　李义天 / 译　谢廷玉 / 校

我们捐钱帮助世界各地的饥荒受害者。我们开展活动以拯救鲸鱼和海洋。我们彻夜安慰处于破碎关系中的朋友。有时，人们会为了他人（包括陌生人）而冒险，甚至牺牲自己的生命。我们为什么会做这些事？究竟是什么动机促成这些行为？而"即使最无私的爱，终究也只是一场交易，因为我们所挚爱的事物总以某种方式使我们自己成为受益者"（la Rochefoucauld, 1691: Maxim 82）的说法又是否为真？抑或，人类也具有利他的能力？

如果我们像大多数行为科学家和社会科学家那样，将利他主义视为个体层面的珍贵帮助或并不以物质与社会回报为目的的帮扶行为，而且，把利他当作一抹温情的光辉或是为了使我们不必陷入愧疚，那么，利他主义无疑是存在的。然而，关于利他主义的这种存在宣言却并未告诉我们另外一些未知的事实。上述概念使得古老的利己与利他之争变得琐碎而无谓。在这番争论中，利他主义（altruism）是指一种以增进他人福祉为最终目标的动机状态；而利己主义（egoism）则是一种以增加自身福祉为最终目的的动机状态。

移情利他假说

移情利他假说（empathy-altruism hypothesis）声称**移情关怀产生利他动机**，这是在认真对待动机概念（Batson 1987, 2011）。但为了理解这个看似简单的假说，我们必须澄清"**移情关怀**""**利他动机**"，甚至是"**产生**"的含义。

移情关怀

在移情利他假说中，移情关怀指的是**因为感知到亟需帮助之人的福祉而被唤起并与之保持一致的、以他人为导向的情感**。以他人为导向的情感还有许多其他名称，包括**遗憾、怜悯、亲切**和同情。此类情感涉及的是**对**他人的感觉，而不是**像**他人一样的感觉。对于什么是我所说的**因为感知到亟需帮助之人的福祉而被唤起并与之保持一致的以他人为导向的情感**，如下四点也许可以帮助澄清。第一，"一致（congruent）"并不是指具体的情感内容，而是其性质：当感知到的他人福祉是积极的，那么我们被唤起积极的情感，反之亦然。比如，面对身处悲伤与恐惧中的某个人，我们随之形成难过和抱歉的感觉——或者，像善良的撒马利亚人那样（《路加福音》10:33），对遭遇抢劫而失去意识的受害者心生怜悯。第二，尽管"移情（empathy）"这个词还可以包含"为他人好运而感到由衷高兴"等情绪（Smith etc., 1989; Stotland, 1969），但是，并非所有的移情感受都能产生利他动机，唯有感到他人确需帮助时，移情关怀才起作用。没有这样的感知，就不会有寻求改变的动机。第三，移情关怀不是单一、散乱的情绪，它囊括了一簇完整的心理状态。其中包括同情、怜悯、仁慈、亲切、懊悔、悲伤、不安、痛苦、担忧和忧伤等感受。第四，移情关怀以他人为导向，是因为它涉及对他人的感受——对他人感到同情、对他人感到怜悯、对他人感到抱歉、对他人感到痛苦、对他人感到担忧，等等。尽管就本质而言，同情与怜悯是导向他人的感觉，但我也可以在不指向他人的情况下感到悲伤、痛苦和担忧，比如，当坏事直接降临到我身上时。无论是导向他人的情感还是导向自我的情感，都可以借抱歉或难过、不安或痛苦、担忧或忧伤来表达。这种宽泛的用法势必造成混淆。相关的心理学区分并不取决于我们使用的这些情感标签，而是取决于情感以谁的福祉为焦点。我究竟是为了他人而悲伤、痛苦和担忧，还是因为自己的遭遇——或许，还包括当我看见他人受苦时所产生的经验——而感到这些情绪？

近年来，除了上面提到的感受，移情被广泛应用于各类现象（参见Batson 2009）。研究者用移情概念分别来表示：

- 知晓他人的所思所感
- 采取他人的姿态，或是匹配他人的神经反应
- 开始感他人之所感
- 见证他人苦难而感到痛苦
- 站在他人立场上想象自己将会如何所思所感
- 想象他人如何所思所感
- 某种感觉他人的普遍倾向（特征）

这里的每一个现象，都区别于我所说的"移情关怀"（或简言之，"移情"）这种导向他人的感觉。移情利他假说并不认为这些现象必定产生利他动机，除非其中唤起了移情关怀。况且，也没有什么可以断言，这些现象就是产生移情关怀的必要或充分条件。因此，当我们发现支持移情利他假

说的证据时,并不应该把它们当作是这些现象也能产生利他动机的证据。

利他动机

在利他主义与利己主义的动机概念里,"最终"(ultimate)既不是指形而上学的第一因或最终因,亦不是指生物学的功能,而是指手段—目的关系。一个**最终目标**就是目的本身。相反,一个工具目标则是通往最终目标的垫脚石。如果实现**工具目标**面临阻碍,那么,我们就得寻找通向最终目标的其他道路。假如我们绕过工具目标而实现了最终目标,那么,就不可能产生动机的力量。所以,只要一个目标是最终的,就不可能这样绕过它(Lewin 1938)。工具目标和最终目标都应区别于**意料之外的后果**(unintended consequences),后者只是行为的结果——无论它们是否可预见——而不是行为的目标。每个最终目标都界定了某种指向目标的特殊动机。因此,利他主义和利己主义都属于特殊的动机,即便它们可以同时发生。

利他主义与利己主义存在许多共同点。两者都指称某种动机状态;两者都关注这种动机状态的最终目标;而且,对两者来说,最终目标都是增加某人的福祉。这些共同点使得其关键差异更为突出。究竟谁的福祉才是最终目标?是他人的还是我自己的?

产生

移情利他假说是一种因果性假说,它宣称移情关怀(正如我们上面定义的)总是导致利他动机(定义如上)。此外,该假说的(已得到验证的)强版本主张:移情关怀不仅总是产生利他动机,而且只是产生利他动机。这并不是说,一个感受到移情关怀的人只会体验利他动机。其他的动机会因为其他来源而被引起,其中就包括唤起利他动机的一些条件——(1)感知到他人有所需求,以及(2)重视他人的福祉(参见 Batson 2011)。此外,该假说并没有说移情关怀是利他动机的唯一来源，它只是说前者是后者的一个来源。对于别的可能来源，移情利他假说未置可否。既然其他一些现象也被称为移情，那么，甚至就会有其他版本的移情利他假说。只不过，迄今为止，它们均未得到验证。

一个失败的哲学策略

经常有人致力于从逻辑而非经验的层面反驳利他主义，试图排除它的存在合理性。具体论证如下：即使一个人可能把他人的福祉视为最终目标，此人在实现目标的过程中也势必会对这个目标感兴趣，并在行动时感到快乐。因此，尽管这看起来是利他主义，但本质上依然是利己主义。

哲学家认为，上述论证所援引的心理快乐主义的一般原则既混淆了两种意义的自我，也混淆了两种不同形式的快乐主义（参见 MacIntyre 1967; Milo 1973）。就自我而言，利他主义中的"自我"不是作为行为者（谁持有目标？）的自我，而是作为对象（目标指向谁的福祉？）的自我——以及他人。就快乐主义而言，存在强和弱两种版本。强版本的心理快乐主义断言，人类行动的目标永远在于实现人的快乐。而弱版本的心理快乐主义则仅仅主张：唯有实现了目标，才能带来快乐。弱版本的快乐主义并不与"某些人类行动的最终目标是惠及他人"这个命题相冲突。快乐可以成为达及该目标的一个结果，而非目标本身。强版本的快乐主义不可能与利他主义相兼容。但是，对强版本的心理快乐主义予以认可，这只是简单地断言利他动机不存在，而没有在逻辑上对利他动机加以否认。关于事实的这类经验主张可能是真的，也可能是假的。人们可以采纳弱版本的心理快乐主义，同时依然承认以增进他人福祉为最终目标的动机状态（亦即，利他动机）是存在的。

移情引起的利他主义的行为后果

移情利他假说所提出的利他动机是一种指向目标的力量（a goal-directed force），它旨在消除那种引起移情的（empathy-inducing）需求。为了消除这种需求，该动机促使一个人实施帮助行为，但是，帮助行为并非唯一可能的后果。就像任何以目标为指向的动机一样，移情引起的（empathy-induced）利他主义会促使人们进行成本—效益分析。根据当时所处的特定情境以及同时存在的其他动机的强度，利他动机可能让我们行动（不同于其他潜在的助人者），也可能让我们不行动。

利他动机会使人进行成本—效益分析，这似乎很矛盾。毕竟，对目标展开成本—效益分析显然是利己的，它试图以自己的最小代价来处理利他动机。然而，这种利己目标的存在并不意味着消除他人之亟需就不再是利他，这只是说，基于该动机而产生行动的那种冲动，也有可能将利己动机一同唤起。而利己动机的存在既不否定、也不污染利他动机，尽管两者的共存会让利他动机与行为之间的关系变得复杂。某人虽然感受到利他的冲动，但是，出于保全自己生命的利己恐惧之情而克制了跳入冰水以营救落水者的利他冲动，从而导致他最终没有采取任何行动。这种不作为既不能说明没有产生动机，也不代表试图救援的那种冲动不是利他的。

对"帮助"、"让别人去帮助"与"不作为"这三种可能行为引入成本—效益分析，似乎会使得利他动机的行为结果无可救药地模糊不清，尤其是当我们必须承认这些行为都还有可能出自利己动机的时候。事实上，为了解释移情关怀所产生的动机，学界已经提出了六种不同的利己动机形式。

各种利己主义方案

无论是在古典哲学还是当代心理学中，最流行的利己主义方案是说，这种动机旨在**缓解被唤起的厌恶**（aversive-arousal reduction）。根据这种解释，我们越是产生移情，就越是会去帮助他人。因为，对某个需要帮助的人形成移情关怀并不是一种愉快体验，此时，我们想要减少自己因移情而被唤起的那种厌恶之情。而帮助他人能够封闭不悦的刺激来源，从而使我们获益。

当前学界已提出两个版本的**移情—特定惩罚假说**（empathy-specific-punishment hypothesis）。其中一个由阿切尔等人（Archer 1981）提出的版本聚焦于**社会评价**。该版本声称，移情关怀之所以促进帮助行为，是因为我们相信，如果移情某人却又不施以援手，那么他人会对我们给予否定评价。

由多维迪奥（Dovidio 1984）、巴特森（Batson 1987）、夏勒与恰尔迪尼（Schaller and Cialdini 1988）提出的第二个版本聚焦于**自我评价**。该版本宣称，通过社会化，我们知道移情关怀这种感受的形成会给我们带来特殊的帮助他人的义务，所以，我们如果不施以援手，就会额外产生一种自生的羞愧和内疚。既然我们先前有所学习，因此，当我们感受到移情时，我们便立刻想到将会发生的移情（特定的惩罚），而为了避免此类负罪感，我们实施了帮助行为。

学界还提出了三种不同版本的**移情—特定回报假说**（empathy-specific-reward hypothesis）。最普遍的一个版本聚焦**帮助行为所获得的回报**。它声称，我们学习得知，对我们的移情对象施以援手会有回报。而这些回报表现为来自他人的额外赞美，或我们内心的特定自豪感——一道温暖的光。既然先前有所学习，因此，当我们形成移情关怀时，我们便会想到这些移情—特定回报，而为了获得回报，我们实施了帮助的行为。汤普森（Thompson et al. 1980）和巴特森（Batson 1987，亦参见 Meindl & Lerner 1983）等人对这个主题的若干变化形态也给予了讨论。

第二版本的移情—特定回报假说由史密斯等人（Smith 1989）提出，

他们称之为**移情愉悦假说**（empathic-joy hypothesis）。根据该理论，施加移情关怀的个体并不是为了获得"让自己或让他人觉得此人乐于助人或有关怀之心"的回报而实施帮助行为。相反，其助人的目的是为了收获一种良好的感受，即，当受助者的需求得到满足时，助人者能够感同身受地分享其所体验到的愉快。移情关怀使人们获得感知移情愉悦的机会："有学者指出，经由受助者确认的反馈而传达出来的移情愉悦，对于见证此事的助人者所具有的特定助人倾向而言，乃是至关重要的……通过移情关怀而感受到他人痛苦的见证者，会为了获得愉悦之故而帮助他人。"（Smith et al., 1989: 641）

第三个版本的移情—特定回报假说则认为，移情关怀与其说是跟具体的回报相关，不如说是跟一种想要得到帮助行为所能提供的一般回报（general rewards）的特殊需求有关。正如饥饿之人总比宽裕之人更加珍视食物一样，我们在感受到移情关怀时所生发出来的这种试图获得回报的特殊需求，使得帮助行为更具吸引力，也更有可能。恰尔迪尼等人提出了**消极状态舒缓假说**（negative-state-relief hypothesis）。他们主张，感受到移情关怀的个体会暂时处于一种悲伤或懊悔的负面情绪状态中。这种消极状态创造出一种追求更好感受的需求，进而唤起个体的移情以促使其行动，"因为，对大部分正常的社会成年人来说，帮助行为蕴含着某种回报成分，它们可以被用于恢复心情"（Cialdini et al., 1987: 750）。

各种互竞的预测

移情关怀可能产生一系列的利己动机，每个动机都关联可能的行为，而这些行为又跟利他动机存在重叠，这使得我们判断"（基于移情关怀的）动机究竟来自利他还是利己"变得复杂。然而，在这种复杂性中，蕴含着检验移情利他假说进而反对各类利己主义方案的关键要素。至少就某个帮助行为或其情境条件的相关性而言，每种利己动机都不同于移情所引起的（empathy-induced）利他动机。表 28.1 总结的这些差异，使得我们有可能检验移情利他假说、反对利己主义方案并且驳斥各类组合。

该表所列出的行为大多不言自明。不过，最后一项——因认知干扰而产生的反应延迟（latency to respond due to cognitive interference）——则需要一些解释，因为，这种行为只能通过实验室的相关研究才能确认。人们通常认为，当个体试图实现某个目标时，他/她会形成一些与这个目标相关的想法。如果这些想法的提示（reminders）内嵌于某种刺激（stimulus），而该个体又被要求针对该刺激做出与这些想法无关的判断，那么，这些提示将会使他分心（distracting），造成更长的反应时间来做判断——增加了延迟。

表 28.1 移情引起的（empathy-induced）不同的合理动机及其行为

动机		行为	逃避此地不施帮助	实施帮助	让别人实施帮助	接受他人回报	因认知干扰而产生的反应延迟
利他主义			否	是（必然有效）	是（必然有效）	否	是，涉及对受助者需求的认知
利己主义	缓解被唤起的厌恶		是	是（必然有效）	是（必然有效）	否	
	避免惩罚	版本1：社会评价	是（如果不助人能得到辩护）	是（如果处于大庭广众；不必然有效）	是（必然有效且能得到辩护）	否	是，涉及对社会惩罚的认知
		版本2：自我评价	是（如果不助人能得到辩护）	是（不必然有效）	是（必然有效且能够得到辩护）	否	是，涉及对自我惩罚的认知
	寻求回报	版本1：帮助回报	否	是（不必然有效）	否	有可能	是，涉及对回报的认知
		版本2：移情愉悦	否	是（必然有效且知道结果）	是（必然有效如此且知道结果）	否	是，涉及对受助者需求的认知
		版本3：舒缓消极状态	否	是（不必然有效）	是（必然有效）	是	是，涉及对回报的认知

改编自巴特森（Batson 2011）

"斯特鲁普任务（Stroop task）"（1938）就是一种评估"因认知干扰而产生的反应延迟"的技术。在一项斯特鲁普任务中，具有某些特定的突出想法的研究参与者需要尽可能迅速地说出用于印制不同词语的墨水颜色的名称。① 其中，有些词语与他们的突出想法有关；有些无关。似乎，参与者不可能不处理词语的含义，而且，如果词语的含义与他们当前的想法有关，那么，干扰就会产生，他们说出颜色名称的反应就会变慢。

虽然延迟反应是间接的和人为的，但其重要意义在于，如果移情关怀所产生的动机是利他的，那么，这些反应可能呈现的模式就只会跟上述利己主义方案中的一种相类似。如果这种动机是利他的，最终目标是为了消除那种唤起移情的（empathy-evoking）需求，那么，当一些词语指称这种需求时，它们就应该引起以下情况：人们会在说出印制它们的墨色名称时出现更长的延迟。而可以解释指称需求的词语将会造成较长颜色识别延迟的利己主义方案只有一种，那就是移情愉快假说。意识到他人的需求已得到满足，这是感受移情愉悦的必要条件，因此，对于一个寻求移情愉悦的人来说，那些涉及他人需求的想法应该是最突出的。

另外两个版本的移情—特定回报假说，应该会在指称"可能回报"的词语（比如，**赞美**）时带来更长的颜色识别延迟。而两个版本的移情—特定惩罚假说，则应该分别会在指称"潜在的社会或自我惩罚"的词语（比如，**责备**、**愧疚**）时造成更长的颜色识别延迟。至于那些试图"缓解被唤起的厌恶"的动机，表 28.1 没有专门列出它在颜色辨识延迟方面所受到的影响。因为，缓解被唤起的厌恶的最终目标不是呈现新的状态，而是消除当前的状态。况且，当前的状态往往是情感性的，而我们并不清楚究竟哪些想法（如果有的话）会造成干预。因此，认知干预延迟可能就无法识别

---

① 比如，纸上印着一个用黑色颜料写的"红"字。——译者注

出一种旨在缓解被唤起的厌恶的动机。

综上所述，帮助他人——即使会让自己付出巨大代价——既能够因为利他而被激发，也能够因为利己而被激发，抑或两种动机兼而有之。要想知道移情关怀所产生的那个动机是否为利他的动机，我们必须确定，因移情而给他人带来的利益究竟是（a）最终目标，此时产生的任何自我利益皆为意外的结果（利他主义）；还是（b）实现最终目标的工具手段，此时的目标旨在获得一个或多个自我利益（利己主义）。移情利他假说的拥护者不会否认，缓解那些引起移情的（empathy-inducing）需求也许能够使助人者减少被唤起的厌恶情绪，避免惩罚，获得回报。但他们同时宣称：这些指向自我的利益只是意外收获，而不是由移情关怀引起的那种帮助动机的最终目标。利己主义方案的支持者反对上述说法，他们认为，一个或多个自我利益才是帮助行为的最终目标。

对这些预测进行检验

转向实验

正如现实经常发生的那样，如果移情引起的（empathy-induced）帮助行为既惠及了需要帮助的人，又给助人者带来好处，那么，我们该如何判断，哪一个方面才是这个行为的最终目标呢？这个难题使得许多科学家不再追问是否存在利他主义，而是得出结论说，该论题无法在经验层面来处理。他们常常补充一句说，动机不是真正重要的东西，只有帮助的行为才是关键（例如 de Waal, 2008）。这种投降派的做法似乎为时过早。我认为，在经验层面，我们能够辨识出人们的最终目标；事实上，我们也一直在这么做。比如，我们判断学生是真的渴望知识还是只为求得一个高分（只需留心他们的兴趣在成绩上报后发生了什么变化即可），我们判断一位朋友为何选择了此个工作而放弃了另一个，以及，我们判断政客们究竟是言出必行还是只认选票。同样地，当他人向我施以援手或友善待我时，类似的判断也会发生。

我们在试图辨别一个人的最终目标时，有四条原则非常重要：第一，我们不可相信自我报告（self-reports）。人们常常不知道——或者不愿意说出——自己的最终目标。第二，我们不是直接观察目标或意图，而是从他人的行为中将其推论出来。第三，当我们发现一个行为存在两个或更多潜在的最终目标时，我们无法辨别真正的最终目标，正如在一个方程式中出现了两个未知数那样。第四，假如我们改变了情境，某行为不再是实现目标的最优途径，但我们仍观察到该行为，那么，该目标也就不再是最终目标。我们可以将其从可能的最终目标的清单中划掉。

这种策略表明，当我们对移情利他假说进行检测时，实验是最合适的研究方法。没有其他方法更合适。一个人也许可以轻易地给出各种富有戏剧性且感人至深的案例，说明人类和其他物种即使在个体层面需要付出高昂代价也仍会对其成员施以援手。可遗憾的是，这些案例都没能揭示潜在的动机。在不少情形中，他们的动机可能至少带有一定的利他成分，但我们无从知悉。在每个案例中，动机也许完全是利己的。只有系统性地改变行为发生的情境条件（正如在实验中可以发生的那样），我们才能对动机背后的本性做出明确推论。实验并不是解决所有研究问题的首选办法，但它们似乎特别适合于验证移情利他假说。

实验结论

从1978年到1996年，共有31份正式发表的实验报告旨在验证移情利他假说，反对六种利己主义方案中的一个或多个立场。在每个实验里，面对需要帮助的他人，无论参与者感受到的移情关怀的程度较低或较高,他们都能从表 28.1 的行为清单中找到对应的行为。此外,通过采用表 28.1 中提出的各种竞争性预测,有些构成情境的条件(situational circumstance)是可变的,相应地,某个具体行为是否最有助于实现(一个或多个)潜在的利己主义最终目标,也会因这些条件的改变而改变。这些不同的情境条件包括以下几个方面:

1. 逃避那种引起移情的(empathy-inducing)需求而不实施帮助行为的难易程度。逃避虽然无法使人实现利他目标,但是能使他缓解移情所唤起的厌恶之情。

2. 得知自己的帮助行为是否有效地消除了需求。一个人的帮助行为必须有效地实现利他目标,而不是为了得到因帮助而获得的回报,也不是为了避免因没有帮助而遭到的惩罚。在有效地实现利他目标后,一个人虽然不必期待反馈,但他必定期待移情的愉悦。

3. 得知他人已经实施了帮助行为。他人的帮助行为能够满足一个人的利他动机,但不能满足后者通过帮助行为而获得社会与自我回报的欲求。

4. 接受或期待与帮助无关的回报。无关的回报无法满足利他动机,但能舒缓消极状态。

5. 涉及需求、惩罚或回报的认知干预延迟。利他动机应该同不断增长的涉及需求方面的认知干扰相关,避免惩罚的动机应该跟不断增长的涉及惩罚方面的认知干扰相关,寻求回报的动机也会跟涉及回报方面的认知干扰相关。

这些环境并没有改变目标;它们改变的只是通往目标的行为路线的吸引力或有效性。所以,这些环境的改变可以让我们在移情利他假说以及一个或多个利己主义方案的基础上给出竞争性的经验预测。

不足为奇，由于六种利己主义方案涉及十分不同的心理过程，所以，上述假设的各种环境没有哪一个能够清晰地验证反对全部六种方案的移情利他假说。因此，我们有必要做的是，要么（a）组织一场实验，让几种不同的环境同时发生改变。但这样似乎既不方便也不明智；要么（b）开展一系列实验，让各种利己主义方案逐一接受检测。按照后一种策略，当我们从检测某一个利己主义方案转向检测另一个方案时，我们必须小心谨慎。实验情境必须一直是可比的，这样，我们才可以做累计比较（cumulative comparisons）。而保持可比性的最佳方式则是，使用相同的需求情形、相同的移情产生技术、相同的因变量（dependent measures），而仅仅让环境发生变化。同样重要的是，在多个实验中，我们还要通过采用（a）不同的需求情形、（b）不同的产生移情关怀的技术，以及（c）如果可能的话，不同的环境来验证任何给定的方案。对于这两种比较方式，研究者在一系列验证移情利他假说的实验中一直都在使用。

通过不断累积，这31个实验已经验证了表28.1中的全部竞争性预测。巴特森逐一回顾了所有实验（Batson 2011），有兴趣的读者可以翻阅。在这里，我将直接跳到结论并扼要说明：为了验证那种反利己主义方案的移情利他假说，不同的实验采用了不同的复杂流程。然而，在支持移情利他假说的问题上，实验结果呈现出显著的一致性和明确性。起初，有几个实验被用于解释支持（一种或几种）利己主义的理由（例如，Smith等人（1989）对移情愉悦的研究；Cialdini等人（1987）对舒缓消极状态的研究），但在每个案例中，后续设计出来消除了模糊或潜在混淆的那些实验，却都为移情利他假说提供了明确的支持。

不仅现有数据似乎排除了六种利己主义方案，而且，正如巴特森（Batson 2011）所指出的，这些数据好像也取消了这六种方案的任意组合，甚至就连"共时组合（all-at-once combination）"——移情关怀同时引起六种利己动机——也不例外。

"共时组合"之所以值得特别注意，是因为，毫不奇怪，它可以解释许多被看作是支持移情利他假说的结果。不过，也有些结果是它无法解释的。首先是多维迪奥等人（Dovidio et al., 1990）的实验结果，即有些参与者可能基于移情所带来的需求而帮助他人，而另一些参与者则基于不同的需求而帮助同一个人。既然不施援手是很容易的，那么，这六种利己主义方案就没有给出移情利他假说那样的预测：相较于移情程度较低的情况，当移情程度较高时，人们更易做出帮助行为，但这些帮助只是为了回应最初引起移情的那种需求。这就是多维迪奥等人的实验发现。

还有一些实验结果，除了帮助行为之外，还存在其他重要的因变量，例如，心境（mood）（Batson et al., 1988: Study 1; Batson & Weeks, 1996: Experiment 1 & 2）、资格任务的表现（performance on a qualifying task）[①]（Batson et al., 1988: Study 4）、颜色辨别的延迟（color-naming latency）（Batson et al., 1988: Study 5），或者，选择接受最新信息（choosing to receive update information）[②]（Batson et al., 1991: Experiment 2 & 3）。对于比较由移情利他假说和共时性利己主义方案所提出的各种预测而言，这些实验特别有用，因为，在六种利己动机里，有四种动机仅仅出现在感受到移情关怀的人试图决定是否实施帮助的情境中：(a) 避免因没有实施帮助而遭到社会惩罚；(b) 避免因没有实施帮助而自我惩罚；(c) 获得因实施帮助而享有的社会回报与自我回报，其中包括 (d) 心情改善的回报（舒缓消极状态）。倘若因变量并不是一种面对帮助他人的机会而做出的反应，那

---

① "资格任务"是指，在实验中，助人者被要求完成一项任务以证明其有资格提供帮助。——译者注
② "选择接受最新信息"是指，在实验中，助人者可以选择接受受助者在接受帮助以后的情况，以了解到受助者的状况是否有改善。——译者注

么，这些动机要么不会出现，要么无法落实。因此，移情利他假说所预测的除了帮助行为之外的这些因变量结果，就不可能被归结为任何利己动机，无论它们以单一的还是组合的形式出现。为了解释这些因变量的结果，共时组合方案必须依赖剩下的两种可能之一：缓解被唤起的厌恶，以及，移情愉快。

在巴特森等人报告的两个实验（Batson et al., 1991: Experiment 2 & 3）中，帮助行为都没有被当作因变量，与上述剩下的两种可能所给出的预测相比，移情利他假说提出了不同的预测。在这些实验中，经过引导，参与者对于需要帮助的人形成了较低或较高程度的移情关怀；他们被告知受助者的处境可以有20%、50%或80%的几率得到实质性改善，而后，他们将有机会掌握这方面的更新信息。无论是"缓解被唤起的厌恶"假说还是"移情愉快"假说，两者都预测，在上述条件下，移情程度较高的个体选择获取更新信息的人数将直线上升。这是因为，随着改善可能性的增加，每个动机实现最终目标的可能性也在增加。相反，移情利他假说则预测，与移情程度较低的参与者相比，移情程度较高的参与者将更有可能选择了解与受助者相关的新信息，即使受助者处境的改善几率不大。他们应该仍然想要知道受助者的福祉如何。这两个实验的结果全都符合移情利他假说的预测，而不符合缓解被唤起的厌恶方案、移情愉悦方案以及共时组合方案的预测。

多维迪奥等人的实验以及刚才提及的两个实验都提供了清晰的验证方式，然而，帮助行为之外的其他因变量的实验结果却很难用共时方案来解释，尤其是当这三种实验结合在一起时。当然，我们可以放弃共时方案，转而采用利己动机的其他子集组合，但任何一种子集都会带来更多的反证。同样地，这些结果又一致支持移情利他假说。至少，就迄今提出的各种利己主义方案来说，似乎还没有哪种组合方式能够充分解释那些支持移情利他假说的证据。

进一步的挑战

近年来，移情利他假说受到两个挑战。一个是，现有数据无法充分验证"缓解被唤起的厌恶"的利己主义方案，因为，几乎所有的相关实验都是通过在物理层面摆脱那种引起移情的（empathy-inducing）需求而实现轻松感，可是，对于验证"缓解被唤起的厌恶"假说而言必需的那种摆脱却应该是心理层面的。如果人们无法指望自己能够对那种引起移情的（empathy-inducing）需求视而不见，从而将其抛诸脑后，那么，通过物理层面的摆脱而实现的轻松感就并不能很好地验证"缓解被唤起的厌恶"假说。霍夫曼（Hoffman 1991）、霍恩施泰因（Hornstein 1991）、索伯（Sober 1991）、瓦拉赫（Wallach and Wallach 1991）、索伯与威尔逊（Sober and Wilson 1998）、尼可拉斯（Nichols 2004）以及斯蒂奇等人（Stich 2010）均表达了此类顾虑。

然而，与这第一个挑战相反，有研究表明，在那些通过物理摆脱而实现轻感的情境里，物理摆脱确实看上去为心理摆脱提供了一种有效的实现方式（参见 Batson（2011）的评论）。而且，尽管巴特森等人所报告的两个实验（Batson 1991: Experiments 2 & 3）并非为此目的而设计，但它们还是揭示了心理摆脱的难易效果。每个实验所产生的数据结果都不同于"缓解被唤起的厌恶"假说的预测，而是支持移情利他假说。最后，斯托克斯等人（Stocks et al., 2009）最近报告的两个实验则通过精心设计，实现了心理层面的摆脱。每个实验所提供的数据都明确支持移情利他假说，而非"缓解被唤起的厌恶"假说。根据这项研究，第一个（进一步的）挑战得以被化解。事实上，现在看来更能得到论证的结论是："缓解被唤起的厌恶"的说法无法解释移情关怀所产生的动机。

第二个挑战是：感受到移情关怀的人会体验到自我与他人之间的融合，最终在心理层面成为"一个人"。于是，自我利益使个体通过移情而生发出对于"自我—他人整体福祉"的关心。如果情况确实如此，那么，被移情所唤起的动机就既不能被称为"利他的"，也无法算作是"利己的"。因为，无论是利他还是利己，都假定了某人打算增进其福祉的那个主体是一个单独的个体——要么是他，要么是我。

许多研究者宣称，"自我—他人融合"的某些版本能够解释移情关怀的效果，其中，最值得注意的是恰尔迪尼等人的研究成果（参见 Batson（2011）对各个版本的完整介绍）。然而，仔细审视现有研究我们便会发现，上述说法难以得到明确的理论支撑，甚至会揭示出来自行为科学和神经科学的反证（同样，参见 Batson（2011）的完整介绍）。基于这些证据，现在似乎可以清楚地表明，"自我—他人融合"的论调并不能解释移情关怀所产生的动机。

暂时的结论

1990 年，皮利文与张晃暐回顾了当时的移情利他理论以及社会学、经济学、政治科学和生物学领域的相关研究（Piliavin and Charng 1990: 27），随后，他们得出了如下结论：

> 似乎存在一种"范式转变"——以前的立场认为，经过更严格的审核，那些看似利他的行为最终都会被揭示出其中所蕴涵的利己动机。不同的是，现在更新后的理论与数据却同如下观点更加兼容：真正的利他主义（以造福他人为目标的行动）确实存在，而这就是人性的一部分。

时间跨过 20 年，皮利文与张晃暐的结论似乎依然正确。在没有新证据或是针对现有证据给出可靠的新的利己主义解释之前，移情利他假说或许仍然为真。鉴于当前证据的复杂多样，要想发现一种靠谱的新的利己主义解释也许不大可能。是时候接受"移情关怀产生利他动机"这个命题了（至少可以把它当作一种有效的假设）！

【相关主题】

第 15 章 "Sentimentalist Virtue Ethics," Michael L. Frazer and Michael Slote
第 21 章 "Agape and Virtue Ethics," Timothy P. Jackson
第 27 章 "The Situationist Critique," Lorraine Besser-Jones
第 29 章 "Care Ethics and Virtue Ethics," Nel Noddings

【参考文献】

Archer, R. L., Diaz-Loving, R., Gollwitzer, P. M., Davis, M. H., & Foushee, H. C. (1981) "The role of dispositional empathy and social evaluation in the empathic mediation of helping," *Journal of Personality and Social Psychology*, 40, 786–796.

Batson, C. D. (1987) "Prosocial motivation: Is it ever truly altruistic?" In L. Berkowitz (Ed.) , *Advances in experimental social psychology* (Vol. 20, pp. 65–122) . New York: Academic Press.

Batson, C. D. (2009) "These things called empathy: Eight related but distinct phenomena," In J. Decety & W. Ickes (Eds.) , *The social neuroscience of empathy* (pp. 3–15) . Cambridge, MA: MIT Press.

Batson, C. D. (2011) *Altruism in humans*. New York: Oxford University Press.

Batson, C. D., Batson, J. G., Slingsby, J. K., Harrell, K. L., Peekna, H. M., & Todd, R. M. (1991) "Empathic joy and the empathy-altruism hypothesis," *Journal of Personality and Social Psychology*, 61, 413–426.

Batson, C. D., Dyck, J. L., Brandt, J. R., Batson, J. G., Powell, A. L., McMaster, M. R., & Griffitt, C. (1988) "Five studies testing two new egoistic alternatives to the empathy-altruism hypothesis," *Journal of Personality and Social Psychology*, 55, 52–77.

Batson, C. D., & Weeks, J. L. (1996) "Mood effects of unsuccessful helping: Another test of the empathy-altruism hypothesis," *Personality and Social Psychology Bulletin*, 22, 148–157.

Cialdini, R. B., Brown, S. L., Lewis, B. P., Luce, C., & Neuberg, S. L. (1997) "Reinterpreting the empathy-altruism relationship: When one into one equals oneness," *Journal of Personality and Social Psychology*, 73, 481–494.

Cialdini, R. B., Schaller, M., Houlihan, D., Arps, K., Fultz, J., & Beaman, A. L. (1987) "Empathy-based helping: Is it selflessly or selfishly motivated?" *Journal of Personality and Social Psychology*, 52, 749–758.

de Waal, F. B. M. (2008) "Putting the altruism back into altruism: The evolution of empathy," *Annual Review of Psychology*, 59, 279–300.

Dovidio, J. F. (1984) "Helping behavior and altruism: An empirical and conceptual overview," In L. Berkowitz (Ed.), *Advances in experimental social psychology* (Vol. 17, pp. 361–427). New York: Academic Press.

Dovidio, J. F., Allen, J. L., & Schroeder, D. A. (1990) "The specificity of empathy-induced helping: Evidence for altruistic motivation," *Journal of Personality and Social Psychology*, 59, 249–260.

Hoffman, M. L. (1991) "Is empathy altruistic?" *Psychological Inquiry*, 2,

131–133.

Hornstein, H. A. (1991) "Empathic distress and altruism: Still inseparable," *Psychological Inquiry*, 2, 133–135.

La Rochefoucauld, F., Duke de (1691). *Moral maxims and reflections, in four parts*. London: Gillyflower, Sare, & Everingham.

Lewin, K. (1938) "The conceptual representation and measurement of psychological forces," *Contributions to psychological theory*, 1 (4), Whole Issue (pp. 1–247).

MacIntyre, A. (1967) "Egoism and altruism," In P. Edwards (Ed.), *The encyclopedia of philosophy* (Vol. 2, pp. 462–466). New York: Macmillan.

Meindl, J. R., & Lerner, M. J. (1983) "The heroic motive: Some experimental demonstrations," *Journal of Experimental Social Psychology*, 19, 1–20.

Milo, R. D. (1973) *Egoism and altruism*. Belmont, CA: Wadsworth.

Nichols, S. (2004). *Sentimental rules: On the natural foundations of moral judgment*. New York: Oxford University Press.

Piliavin, J. A., & Charng, H.-W. (1990) "Altruism: A review of recent theory and research," *American Sociological Review*, 16, 27–65.

Schaller, M., & Cialdini, R. B. (1988) "The economics of empathic helping: Support for a mood management motive," *Journal of Experimental Social Psychology*, 24, 163–181.

Smith, K. D., Keating, J. P., & Stotland, E. (1989) "Altruism reconsidered: The effect of denying feedback on a victim's status to empathic witnesses," *Journal of Personality and Social Psychology*, 57, 641–650.

Sober, E. (1991) "The logic of the empathy-altruism

hypothesis," *Psychological Inquiry*, 2, 144–147.

Sober, E., & Wilson, D. S. (1998) *Unto others: The evolution and psychology of unselfish behavior*. Cambridge, MA: Harvard University Press.

Stich, S., Doris, J. M., & Roedder, E. (2010) "Altruism," In J. M., Doris and the Moral Psychology Research Group (Eds.), *The moral psychology handbook* (pp. 147–205). Oxford: Oxford University Press.

Stocks, E. L., Lishner, D. A., & Decker, S. K. (2009) "Altruism or psychological escape: Why does empathy promote prosocial behavior?" *European Journal of Social Psychology*, 39, 649–665.

Stotland, E. (1969) "Exploratory investigations of empathy," In L. Berkowitz (Ed.), *Advances in experimental social psychology* (Vol. 4, pp. 271–313). New York: Academic Press.

Stroop, J. R. (1938) "Factors affecting speed in serial verbal reactions," *Psychological Monographs*, 50, 38–48.

Thompson, W. C., Cowan, C. L., & Rosenhan, D. L. (1980) "Focus of attention mediates the impact of negative affect on altruism," *Journal of Personality and Social Psychology*, 38, 291–300.

Wallach, L., & Wallach, M. A. (1991) "Why altruism, even though it exists, cannot be demon-strated by social psychological experiments," *Psychological Inquiry*, 2, 153–155.

第 29 章

关怀伦理与美德伦理

[美] 内尔·诺丁斯 / 著
章含舟 / 译　谢廷玉 / 校

　　关怀伦理与美德伦理共享了许多重要的道德理解。例如，两者均很少强调普遍原则。当然，关怀伦理和美德伦理也不会完全摒弃原则，毕竟，像"不要偷窃"这样的普遍规则为日常道德生活提供了基本指南。只是说，对于那些成问题的关键情境而言，普遍原则的作用不大。比方说，当你的孩子正在忍饥挨饿时，而你正好又有一个好机会能给他们偷到食物，此时你会怎么做？我们中的大部分人会选择偷食物，并且其中不少人会论证说这是我们的道德义务使然。可见，相较于一般的道德原则和规则，道德生活之中似乎存在着更加深层的、更为可靠的事物。

　　熟读本书的读者们想必将会掌握美德伦理学的基本观念。而在本章，我将首先聚焦关怀伦理学，但是，随着论理的推进，我亦会探讨关怀伦理与美德伦理之间重要的相似性与相异性。

关系

　　关怀伦理学是一种关系伦理（Friedman 2003; Meyers 2002; Noddings 2013/1984）。相较于康德主义和功利主义，关怀伦理植根于关系，而非个人。马丁·布伯（Martin Buber）尝言："一切始于关系。"（Buber 1970:

69)并且,他建议我们不要像以往大多数思想家那样,把个体或集体视为我们道德或政治思考的起点。布伯指出,关系先于这两者。我的不少思考就受惠于布伯的关系理论。不过,关怀伦理的大部分著述还是深深地扎根于女性主义理论(Mackenzie and Stoljer 2000)。卡萝尔·吉利根(Carol Gilligan)的《不同的声音》(*In a Different Voice*)一书,把道德生活的基础安置于"女性体贴地回应需要关怀的各类情境"之中,而我的《关怀》(Caring, 2013/1984)则是一本从女性视角阐发实践伦理的论著。

关怀伦理具有关系性,这不仅体现在它承认人类的相互依存和关系本性。在每一个道德决定中,除了道德行为者之外,都还存在着另一方——无论他/她是否真的在场,抑或只是在一定上程度上被我们的行动所影响。"就关怀伦理学而言,我们植根于家庭、社会和历史语境的嵌入性(embeddedness)乃是最根本的。"(Held 2006: 46)对关系的关注,遍布于关怀伦理的每一个层面,从最基本的人类相遇到全球政治。

由于母子关系是人类生活的根本基础,所以,关怀伦理学时常从亲子关系和母性思维(maternal thinking)出发,来增进我们对于所有关系的理解。萨拉·鲁迪克(Sara Ruddick)在其论述母性思维的经典著作中提到,传统哲学几乎完全忽视了分娩和童年关系:"尽管我们是知晓如何生育的物种,但是借用哲学语汇来说,自打我们开始言谈与阅读,我们就在某种程度上'被抛'进了这个世界。"(Ruddick 1989: 189)关怀伦理学尤其关注人类的早年关系,因为它们彰显出关系的丰富内涵,并深刻地影响到个体此后生活的各类关系。

在详细阐发关怀关系及其特征之前,有必要提及美德伦理学,尽管美德伦理与关怀伦理之间存在着许多共性,但前者不同于后者的地方在于,美德伦理更加注重个体层面的道德行为者的品格。美德伦理与社群主义一样,都共享如下信念:品格根据道德行为者所归属的共同体(或集体）之本性而发展，并在很大程度上依赖于此。而关怀伦理则遵循着布伯的思路，探寻那些存在于集体背后并且支持集体的关系。不过，正如我们将要看到的，论及区别于自然关怀的伦理关怀时，关怀伦理学的确会依托于一种伦理理念，我们可以将之解释为关怀者品格中的关键构成部分。

我们会以潜在的关怀者（carer）或被关怀者（cared-for）的方式进入每一段关系。"关怀者"与"被关怀者"并非是固定不变的标签；它们描述了我们在不同境遇中所扮演的角色。在下一部分论及"关注"（attention）时，我们会更加具体地谈论关怀者的角色。然而需要铭记于心的是，被关怀者会通过承认关怀者的付出而为这段关系贡献一份力量。这种承认未必以感激的形式出现；它仅仅是某种信号，表明关怀意图已被接收，关怀关系已经建立或完成。

批判者也许反驳道：对关系的强调或许会夺走本该属于关怀者的道德积分（moral credit），因为积分是对关怀者努力的认可，但却没能得到兑现。比如，关怀伦理会承认婴儿的回应（response）之于亲子关怀关系的意义，但这是否意味着婴儿在面对父母关怀时所表现出的愉悦回应，也被赋予相应的道德积分？关怀伦理学并不强调道德积分；相反，关怀伦理学更加看重为人类道德生活奠定基础的关怀关系的建立与维系。健康的婴儿会助益亲子关系，学生亦为师生关系做出贡献，病人之于医患关系也是如此。我们还应注意到，被关怀者的积极回应会增进关怀者的努力；倘若缺少此类响应，关怀将会更加艰难，甚至沦为关怀者的负担。

关注与动机

关怀伦理是一种关系伦理，关怀者与被关怀者均能助益关怀关系。关怀者通过富于接受地（receptively）聆听与观察而关注、感知那些与被关怀者的感受和（经常）行动取向相关的事物，并且反思如何回应（有学者将此过程命名为"移情"）。被关怀者则通过一些方式，表明关怀者的努力已被接收，关怀关系（无论是暂时的还是长久的）业已确立。

显然，上述每个步骤都有待更全面的描述。论及关怀者的"关注"时，我们的意思是，关怀者向被关怀者致以全面的、接受式的关注（full, receptive attention），并且敏于聆听被关怀者所表达的需求。这种关注是以他人为指向的，不同于学生在课堂上的关注行为，因为在课堂上，学生的关注体现为听从老师的讲解，同时思考老师的提问，并琢磨该如何运用所学知识来给出最佳答案。当前，鲜有心理学家或哲学家触及了这类以他人为指向的、接受性的关注（当然，斯洛特2013年的著作可被视为一种例外）。

在为数不多讨论过该论题的哲学家里面，艾莉丝·默多克（Iris Murdoch）当数其中之一，她写道：

> 我所使用的"关注"一词，借用自西蒙娜·韦伊（Simone Weil），用以表达一种指向个体实在的、公正的而又不失关爱的凝视。我相信，这是积极的道德行为者的特征和恰当标志。
>
> （Murdoch 1970: 34）

关怀伦理学家普遍认为，我们应当把重心置于聆听。关于这一点，韦伊如是写道：

> 简言之，全身心关爱我们的邻人，意味着我们会询问他："你正在经受什么？"……这种观看（与聆听）首先是一种全神贯注。为了把

> 灵魂之所见全部吸纳进自身，并且如其所是地对待它们，灵魂就必须先把自己拥有的内容完全放空。
>
> （Weil 1977: 51）

尽管"灵魂能否完全清空自身"这种说法尚存争议，而且，我们似乎也不太可能完全以"他人之所是"的方式来对待他人，但我们还是应当认同韦伊写作这段话的意图。就此而言，韦伊与默多克无疑是关怀理论的先驱，她们所倡导的接受性关注（receptive attention）以及以他人为指向的关注（other-oriented attention）皆为关怀伦理学的根本基础。

如果我们关注他人，那么，我们更有可能听闻或察觉到那些被表达出来的需求（expressed need）。"被表达出来的需求"是关怀伦理学的另一个核心要务。通常情况下，当我们倾向于帮助或指导他人时，我们往往假定他人有某种需求。比如，教师会假定：学生大多需要课程里蕴含的信息与技能，并且，尽管这些事物是学生未来工作的主要构成部分，但学习也不应消耗学生的过多精力。即便是一位富有关怀之心的教师，也必须深切地关心学生的需求。而在国际交往中，如果缺乏沟通，我们则经常会错误地假设来自其他文化的人可能需要什么，还会用与我们相似的生活方式来要求他们。

如果我们施以接受性的关注，我们便有可能与被关怀者感同身受。当今，许多心理学家会把这种感同身受称之为移情，但这种措辞相对较新，而且也存在问题。例如，马丁·霍夫曼（Martin Hoffman）就指出，"移情"定义存在两种不同面向：

> 1. 移情是对他人内在状态的认知觉知（cognitive awareness），内在状态包括思想、感觉、知觉和意图……

2. 移情是对他人的间接情感反应（vicarious affective response）。

（Hoffman 2000: 29）

第一重（原始）定义侧重认知，第二重则强调情感。霍夫曼和许多其他的心理学家都是在第二种意义上界定移情的。尽管感同身受是关怀伦理学的核心，但是，我们中不少人不愿把这类感受称为"移情"，因为，分析该术语会带来许多问题（对于相关疑难的总结，可参见恩格斯特（Engster 2007: 197–198）与诺丁斯（Noddings 2013/1984）的作品）。毋庸置疑，对移情而言，认知面向与情感面向都是必需的。但是，认知层面的"读心（mind reading）"未必带来以他人为指向的感同身受，而且，不难想象，此类移情还会产生强烈的厌恶、愤怒、不耐烦或漠不关心。基于此，关怀伦理学家更加注重如下这样的感同身受，亦即，发生（但并不总是发生）在我们倾听与接受那些被关怀者所表达出来的需求时的感同身受。不过，我们也认识到，上述情感的这种积极面向也有可能不发生。

我们有必要区分"自然关怀"（自身不需要道德努力便能对他人产生同情）与"伦理关怀"（只有通过道德努力才能对他人产生同情）。在自然关怀里，虽然从关注到最终回应的整个过程都需要大量的努力，但感同身受却是自然而然发生的。当感同身受没有发生而关怀者又觉得她应该做出道德层面的努力去关怀他人时，为了实现这一点，她就会求助于伦理理想以及她曾经关怀和被关怀的记忆，并且反躬自省当其处于最好的关怀状态下时她会如何行动。在一定意义上，她会对面临艰难情境或棘手问题的被关怀者做出回应，仿佛她体验到了自然关怀里的那种自发的感同身受。而反求内心的伦理理想，则非常类似于美德伦理学所主张的"品格转向"（turn to character）。

然而需要注意的是，关怀伦理并不会像传统的道德哲学那样，把伦理关怀置于自然关怀之上。因为，对于关怀伦理而言，最重要的事物不是关怀者的品格，而是关系，况且，伦理关怀中的关系也不总是那么可靠。所以，关怀伦理的首要目标不是查实关怀者的品格，而应该是尽可能地修缮自然关怀的关系。

当感同身受被唤起时，关怀者会领会到自己的动机位移（motivational displacement），即她的动机性力量会注入被关怀者的需求中。此时，关怀者会暂时搁置自身规划，以便能对被关怀者做出更有益的回应。现在，我们需要对"感同身受"和"被表达出的需求"这两个概念给予更多的说明。

感受与思考

与传统的西方道德理论相比，关怀伦理学更强调感受而不是思考（thinking），并将感受视为道德行动的动力。思考在关怀伦理学中很重要，但它主要是工具性的，旨在评估被关怀者的情况、我们自身的帮助资源，以及我们所选择的行动对于关怀网络中其他人可能产生的影响。因此，思考是重要的，但它并不提供行动的动力。促使我们行动的原因必须是感受。在这个问题上，关怀伦理学可以追溯到大卫·休谟以及一种有时被称为道德情感主义（moral sentimentalism）的观点（Slote 2007, 2010）。休谟承认，虽然"许多推理"经常先于促使我们行动的感受，但仅有推理只会让我们无所作为（Hume 1983/1751: 15）。我们必须感受一些事物，以作为我们关注和思考的结果。

但是，我们如何培养这种隐藏于关注他人意愿背后的敏感性呢？换言之，我们该怎样去准备关怀他人？这是心理学家和教育学家都特别感兴趣的一个话题。霍夫曼（2000）认为，关怀的倾向需要借助所谓的"归纳"的方式来培育。当孩子伤害他人时，父母与老师会把孩子的关注引向他造成的痛苦，共同讨论怎样才能抚平伤害，并且更重要地，避免未来再做此事。在更普遍的意义上，心理学家与教育学家们会建议，把"移情式悲伤"（empathic distress）界定为在感受到他人的痛苦、恐惧或绝望的基础上促成了一种帮助他人的冲动。通常情况下，正是这类移情式悲伤促使动机位移的发生，进而形成去帮助需求者的回应。然而，正如研究者所了解的，某些因素也可能介入情境并最终导致助人者变成旁观者。对他人感同身受的确是一个强健的驱动力，但它不能确保助人行为必将发生。

关怀伦理学非常关心关怀者的成长。我们如何获得关怀性的倾向和态度？怎样让孩子成为一位关怀者，能够向他人给出西蒙娜·韦伊之问："你在经受什么？"究竟是什么原因，使得有些人会对其交往对象的需求异常敏感，而许多人却似乎对他人的感受无动于衷呢？

认可（recognition）与赞许（approval）看来是重要的。在温暖而有爱的家庭中成长起来的孩子，由于她在所处情境中总能关注到善意（但不会被过度赞扬），并且社会问题也常常会被拿来讨论，因而这些孩子似乎对于关怀他人有了更充分的准备。与之不同，对于不友善或刻薄的行动予以严苛的惩罚，往往会适得其反（Engster 2007）。而实践同样也很重要。传统来说，女孩更多地参与了待客和照顾年幼孩子的活动，而这些常规做法也许（部分地）解释了为什么女孩好像比男孩更懂得移情或关怀他人。学校也应当提供一些与助人相关的练习机会。在当前这个异常注重考试成绩的时代，教师有时并不重视把学生们培养成关怀者或是能够做出有回应意识的被关怀者（Noddings 1992, 2002a）。

就关怀与实践的讨论而言，我们应当注意关怀（caring）与照顾（caregiving）之间的重要区别，两者不可同日而语。作为一种职业或活动，照顾可以在没有关怀参与的情况下实现。我们大部分人或多或少都遇到过一些不具关怀之心的"照顾者"。然而,唯有那些得到精心指导的照顾活动,才能在实质意义上促成关怀的敏感性特征的发展。而参与这种活动的人,才往往是准备好关怀他人的人。

道德生活中,我们必须思考关于感受的另一个问题。当我们为他人所处的困苦而动容时,我们的感受究竟是被这个特定的人所引起的,还是源于他的遭遇?显然,我们更倾向于对亲近之人(那些我们所爱之人)做出关怀反应,但是,如果我们准备好去关怀他人,并且生活中没有任何事物迫使我们退让,那么,我们通常就会对那些表达出自己需求的人予以帮助回应。然而,我们的感情却不总是流向那些所谓的"值得帮助之人"。有时候,是此人所处的情境唤起了我们的感同身受,以至于让我们决定介入其中。比如,假设我们看到了一位罪孽深重的囚犯正在经受着极端的痛苦。尽管我们会对他的畜生行径感到厌恶与反对,但我们还是会想帮他缓解痛苦。类似地,我们也会对遭遇意外伤害、感到饥肠辘辘或是身处恐惧的陌生人产生同情。我们能够感受到的是这些不幸者所经受的情境,并且,我们会产生帮助他们缓解状况的回应。

我们对他人的感受究竟能够达到多么深刻和真切的程度,取决于另一组核心区分:**关心**(caring-for)与**在意**(caring-about)。在关心的情形中,关怀者直接回应被关怀者,也就是说,关心发生于人际接触。并且,正如我们所看到的,关心必然受到我们与被关怀者之间的关系和/或该处境中关键因素的影响。而在意则表现为一种**关切**(concern),它未必引起有效的感同身受。比如,在意遥远国度中忍饥挨饿的儿童,或是在意多起发生于未至之境的残忍的政治谋杀,抑或在意遭受自然灾害的陌生灾民。当我们在意时,我们或许会给慈善组织捐款募资,却很少构建起一种关怀关系。毕竟,路途实在遥远,而且我们也并不认识这些受难团体中的任何人。需要关怀的人实在太多了——

> 面对那些服务穷人、饥饿者、病人、老人、孩子和流离失所者的组织,我们大部分人都会定期而慷慨地献出爱心。可是,由于无法接收到受助者的回应,我们也就不能宣称建立起了关怀关系。我们相信,捐助的组织能够创造关心的条件,从而让关心真正发生。
>
> (Noddings 2010: 81)

关心与在意的区别,对于我们探讨政治关怀与全球关怀来说至关重要,我之后会回到该论题中来并赋予关怀更多的重要性。

需求

关怀伦理学更注重需求而非权利。关怀伦理学不会贬低权利,但是,理论分析清楚地表明:我们今天所拥有的权利都源于被表达出来的需求。正如之前提醒过的,不要过分依赖原则,而要深挖原则之下的关系,所以,现在我们要寻找权利背后的事物,思考是什么东西支撑了权利。在论及"需求"概念众所周知的麻烦时,大卫·布雷布鲁克(David Braybrooke)曾说道:"部分人认为(我亦属其中一员),在伦理学的底层有一些原则或人际关系在运转,而且,这些人际关系是彼此关心的,或者至少也是准备相互协助的。"(Braybrooke 1987: 132)

当我们论及"需求"时,大部分困难主要在于容易混淆需求(needs)、偏好(preferences)、欲望(desires)和愿望(wants)这些概念。食物、水源和住所是人类生命过程的基本需求,这是我们的共识。除了基本需求之外,各类文化就存在众多差异了,想必我们都非常熟稔于不同生命阶段出现的不同需求。在试图准确界定**需求**的含义时,掌握特权的社会成员往往拥有定义需求的权力。琼·特朗托(Joan Tronto)曾告诫思考者们——

> 但关怀伦理,还有它随之而来对注意力(attentiveness)以及需要对已经做完和尚未做完的事情承担责任的道德要求,都会更加迅速地揭露出权力是如何为了维系自身地位与特权而努力扭曲大众的需求观念的。
>
> (Tronto 1993: 140)

关怀伦理学并不试图精确地定义需求,而是要放开对需求概念的解释,将之交付于人与人之间的相遇(encounter)活动。那些起初看似仅跟偏好有关的表达,在经过彼此的对话观察之后,会升华成为得到确认的需求。而从相反视角来看,通过分析处理之后,一个被表达出来的需求也有可能沦为一种心血来潮的产物。基于亲子、配偶或朋友这类人际相遇而展开具体的道德对话会使我们逐渐意识到:倾听那些被表达出来的需求的人和回应这些需求的人是多么必要。一旦忽视了需求的复杂性,我们在满足各类需求时,便可能发生错误。

劳伦斯·布鲁姆(Lawrence Blum)提醒我们:道德行为者(或关怀者)的"任务便是避免把自身的需求和情境中其他人的需求混淆起来"。(Blum 1994: 13)我们必须关注他人、共同探寻需求的内容、思考是否有必要满足这些需求。不同于某些道德教育,我们建议,那些试图成为关怀者的年轻人们要去询问他人正在经受什么,而不是希望他们专注于自身在相同境况下的感受。然后,他们应当随时准备进行合作和分析,从而讨论什么才是应做之事。

另一个在教育中经常犯的错误是:过分依赖假设的需求,忽视了被表达的需求或来自切身感受的需求。作为教师,我们经常假设学生需要我们将会传授的知识与技能。整个课程的教学准备工作都建立在这种假设的需求上,而我们也很少收手去挑战这一传统。挑战的结果也许会让我们承诺更多的假设需求,也有可能是抛弃或限制这样的教学项目。诚如杰罗姆·布鲁纳(Jerome Bruner)建议的那样:

> 作为衡量小学课程的标准,我们会问,对于某类教学内容,如果它是充分成熟的,那它是否值得成年人知晓,以及,如果孩子知晓了该内容后,又是否有助于他成长为一位出色的成年人。倘若对于这两个问题的答案都是否定的或模糊的,那么,此类教学内容便会扰乱课程。
>
> (Bruner 1960: 52)

这里的意思是,要鼓励围绕需求以及该如何满足需求而展开持续的对话。除了部分场合,并非教育领域的所有事情都基于假设的需求;同样地,也不是一切事由都植根于涉及学生需求的兴趣或感受,只是有些情形要以此为依托。对于这里需要的分析而言,关怀伦理学所强调的"关注"概念至关重要。

如果我们忽视了同时存在的多种需求(simultaneity of needs),错误也会接踵而至。把需求置于偏好之上,这样的行为看似正确(尤其是当我们承认需求与偏好之间的区别时),但此刻,我们也应当质疑,将需求区分出许多等次的做法是否合法。尽管"这些人需要食物"或许是一个正确的评价,但与此同时,他们也需要尊重、鼓励或周到的关怀。类似地,从事实上看,在"较低"需求尚未满足之时,"较高"需求也许未必会起作用,但即便如此,较高等级的需求也依然会以感受的形式而与较低等级的需求共同存在。

关怀伦理学还承认如下事实：回应行为会受制于自己与相关当事人的亲密程度。在一般意义上，我们同意，真正的需求应当置于愿望和欲望之前。然而在相当大程度上，相较于那些天涯海角之人（faraway others）的需求，自家孩子的愿望和欲望会理所当然在我们这里更加优先。除非是面对"自己的孩子要求昂贵的奢侈品"和"忍饥挨饿的陌生人要求食物"这样的极端情形，否则，前面提到的偏好是可以在道德层面得到辩护的，尽管其中的界限应当划于何处尚存争议（例如，可参见彼得·辛格（Peter Singer 2002）与伯纳德·威廉姆斯（Bernard Williams 1981）之间的不同观点）。

从关怀伦理学的角度来看，需求的层级、优先原则和顺位清单（priority lists）的功用是有限的。首先，人们应该时刻准备去关怀他人。在任何层面上，潜在的关怀者都要关注被关怀者，倾听他们所感受到的需求，并以合作的姿态构建一个给予关怀的计划。还需注意的是，关怀伦理学坚持通过合作来确认需求、制定满足需求的计划，从而在很大程度上避免家长主义的产生。

道德教育

在关怀伦理的进路和美德伦理的进路下，道德教育是不同的。可以预见，美德伦理注重道德行为者身上的美德品格的发展，而近年来强势复兴的品格教育也是道德教育中最古老、最持久的形式之一。正如其名字暗示的那样，品格教育聚焦于培养孩童的良好品格。而就像我们所见，关怀伦理强调的是关系而非个体。在不同道德语境里，美德伦理学呼吁道德行为者在自身之中寻找最好的品格，或是追问拥有最优秀品格并作为示范和榜样的行为者将会如何行动。而康德主义者则寻找恰当的道德原则，指导其行动。关怀伦理学者聆听被关怀者所表达的需求，把它们同相关关怀网络中的其他需求放在一起加以权衡，并且采取行动以维护关怀和信任关系。近几十年来，品格教育的倡导者与反对者之间一直存在激烈的争论（Nucci and Narvaez 2008; Devitis and Yu 2011）。但我们可以合理地指出，思想深刻的教育者能够从上述各条进路中发现有价值（且融贯）的成分（Noddings 1997）。

道德教育中的种种争论为关怀伦理学提供了有力的起点。劳伦斯·科尔伯格（Lawrence Kohlberg）曾围绕道德发展方面的哲学问题发表了令人瞩目的作品，并且猛烈地批评了充当"美德锦囊"（bag of virtues）的品格教育。在对他的回应中，吉利根（Carol Gilligan 1982）并不是对品格教育进行辩护（也不是对同样遭到柯尔伯格批评的"价值澄清"（values clarification）理论进行辩护），相反，吉利根质疑科尔伯格"认知发展阶段"整体理论架构的合法性。科尔伯格的研究提出了道德发展的六个阶段，其理论完全以男性为研究对象。借用这种六阶段模型，其他研究者指出，男性平均都能达到科尔伯格量表的第四个阶段，而女性却似乎平均只能触及第三阶段（Gilligan 1982: 18）。尽管女性在传统中大多扮演关怀者的角色，可她们是否在某种程度上缺乏正义感呢？吉利根批评科尔伯格方案忽视了女性思考道德生活的方式。通过对女性的道德思考做出了富有说服力的分析，吉利根给出了一个有力的结论：

> 几个世纪来，我们一直都在倾听男性的声音以及基于男性经验而形成的理论发展，因此，我们近年来不仅注意到女性的沉默，还发现当女性言说时，她们的话语难以被听到。可是，就在女性的不同声音中，却蕴含着关怀伦理的真理、关系与责任的联结，以及在那些失败的关系中所存在的冒犯的根源。

（Gilligan 1982: 173）

早期的关怀伦理学著作引起学界相当大的兴趣，但与此同时，它也提出了一个严重的问题，亦即，关怀与正义扮演着泾渭分明的角色。正如弗吉尼亚·赫尔德（Virginia Held）指出的那样——

> 正义伦理关注公平、平等、个体权力和抽象原则的论题，关注对上述内容进行一以贯之的应用。而关怀伦理学则侧重关注、信任、回应需求、描述细微差别以及对关怀关系的培养。
>
> （Held 2006: 15）

现在问题来了，我们究竟是不是需要这么两种不同的伦理学理论——一种或许适用于小规模的人际环境，而另一种则应用于政治和全球语境。批评者亦指责，关怀本身可能会被滥用或误解，因而有悖于正义（对这些顾虑的概述，参见 Engster 2007）。

如今，大多数关怀伦理学家所采取的立场都是兼顾正义与关怀。事实上，正如丹尼尔·恩格斯特（Daniel Engster）所指出的，"关怀理论的原则是任何完备的正义理论的核心。倘若没有维系和促进人类生活与社会的关怀实践，就不会出现个人的自由与平等、共同体价值或良好生活"（Engster 2007: 5）。

另一组有助于解释关怀在正义话语中所处地位的重要区分，是我之前简单提及的"关心"与"在意"。关心源于人与人的相遇，无论相遇发生于面对面，还是海角天涯，关怀者与被关怀者之间都在交流、关注、聆听、感受和回应。而在意则往往被描述为某种关切。在《关怀》一书中，我曾粗略带过"在意"的现象（现在我意识到这样处理有些太草率了），只是将其视为"关怀的贫穷远亲"（Noddings 2013/1984: 112）。但我逐渐相信，在意"必须被视为一种构建条件的助力，从而使得关心可以茁壮成长"（Noddings 2002b: 23）。当我们试图进行远距离的关怀时，这组区分显得尤为重要。我们必须营造让真切的关怀得以发生的前提条件，而不是假设我们知道了他人的需求，也不是把我们自己的价值观强加于他人。"在意"推动我们如此行动。

全球层面的关怀

过去二十年间，关怀伦理学蓬勃兴起，在政治和全球层面也产生了不少讨论。例如，现在学界普遍接受如下事实：关怀理论在指导我们思考国际关系领域中的正义理论方面大有裨益。为了描述这种贡献，我们需要围绕关心及其与正义之间的关系展开更多论述。

目前学界就关怀的本性是什么、成为一位关怀之人意味着什么等关怀理论方面的话题展开了热烈讨论。迈克尔·斯洛特（Slote 2001）论证了一种基于行动者的关怀理论并将这种关怀视为美德；换言之，考察关怀的动机成为了评价关怀的标准。在评论斯洛特的主张时，赫尔德写道："斯洛特对关怀的价值予以明确认可，并致力于以此统合伦理学，我很欢迎他这么做。但我认为，斯洛特没有正确理解关怀关系对于关怀伦理的核心意义。"（Held 2006: 51）我赞成赫尔德的观点，并且我指出，关怀关系需要被关怀者对关怀者的关怀努力给予某种确认；没有这样的确认，就不存在关怀关系（Noddings 2013/1984, 2010）。一位富有关怀之心的人虽是经常建立和维系关怀关系的人，但仅从动机的角度来界定关怀是远远不够的。

于是，我们会发现，为什么"在意"现象如此困扰关怀伦理学家。因为，在"在意"中没有关系可言，也没有明确的确认环节。正由于这个原因，许多关怀伦理学家才认为，"在意"的恰当方向在于构建关怀发生的基本条件。举例来说，像学校与医院这样的组织无法直接带来关怀，但它们却能营造起支持关怀关系的条件。类似地，全球组织致力于提供救助，这意味着它们必须敞开沟通的渠道，聆听被关怀者所表达出来的需求，并尽可能使得关心可以发生。

如果我们想要识别人们的需求，那么，建立关怀关系与信任乃是至关重要的。与布雷布鲁克相似，特朗托也发现，"识别需求"的行为蕴含着诸多棘手之处："在关怀的道德框架内，最困难的问题大多源于我们试图搞清楚'需求'究竟应当意味着什么，而那些相互竞争的需求又该如何得到评价和满足"（Tronto 1993: 138）。不过，其中最大的困难还是来自传统的道德哲学，即我们总是做出如下假设：人可以借助层级和清单或优先顺序，或是通过在需求与权利、需求与愿望、甚至在决定阶段和干预之间构筑坚实的边界，从而实现对需求的识别。

也许关怀理论对于全球维度下的道德思考所做出的最重要贡献，便是挑战上述清单以及概念区分。例如，在回应某个国家表达出来的粮食需求时，关联与识别的过程并不会带来某种决定。菲奥娜·罗宾逊（Fiona Robinson）写道：

> 但是，道德考量不一定会以"我们应当去干预吗？"这样的提问方式而结束；相反，道德关注需要我们进一步理解既有的道德关系，并在人道主义干预实际发生之前或之后，不断做出道德决定；这就反过来要求我们，针对社会内部以及全球诸社会之间的社会关系，进行批判性的分析。
>
> （Robinson 1999: 146）

关怀理论认为，需求之间存在冲突，需求与愿望之间存在矛盾，这是现实情况。我们赞同以赛亚·伯林（Isaiah Berlin）的观点，他认为，我们的理念、原则和价值经常且不可避免地会与他人发生争议。"承认实现我们的某些理念将会在原则上导致其他人的理念不可能实现，这等于说，完全实现所有人（的理念）的想法在形式上就是矛盾的，它是一种形而上学的嵌合体（chimaera）[①]"（Berlin 1969: 168）在每个层级上，这类冲突都必须通过对话、接受性的关注、开放的分析和充满爱意的协商来解决。而在此过程中，首要目标必然是维系关怀与信任关系的基本要素。"在意"便是引导着我们去构建关怀得以发生的条件。出于这个原因，关怀理论热切地欢迎那些当前数量激增并致力于在全球范围内满足需求的非政府组织。这些组织尽自己最大努力，持续地出现于现场，回应着人们在物资和资金方面的需求，使得关心落地转化为现实。

在结束这个关于全球维度的关怀伦理学的简短讨论之前，我应当提醒读者们注意，关怀理论与全球正义的其他主流进路之间的差别。与自由主义不同，关怀理论不依赖于普遍的道德原则。如前所述，关怀理论也不拒斥或蔑视此类原则，而是认为原则在重大道德冲突的情境下并不十分管用，并且，这些困境也没有在普遍维度上得到理解。同样地，尽管关怀理论对当今以世界主义（cosmopolitanism）为名的各类先进事物表示敬佩，但它也要指出，在各种共同体导向的观点中，世界主义的态度难以收获情感层面的支持。一旦身处动荡，我们自然就会转向自己的国家、宗教和文化团体。因此，既然美德伦理学在共同体中找到了最佳的理论动机，那么它就会在根本上同某个集体发生关联，而关怀伦理学却会在关系和相遇的基础上，继续做出超越的探究。

---

① chimaera 又称"奇美拉"，是古希腊神话中的吐火怪兽，它是狮子、山羊和蟒蛇的结合体。——译者注

结论

在过去的三十年,关怀伦理学的作品得到了实质性的推动。除了本文提到的材料,读者们还可能对关怀理论在医学、宗教、经济、和平研究、法律、商业、生命伦理、图书馆学和环境研究领域的应用感到兴趣。我们在文末列出了这些方面的若干参考读物。

【相关主题】

第 12 章 "Hume," Jacqueline Taylor

第 15 章 "Sentimentalist Virtue Ethics," Michael L. Frazer and Michael Slote

第 20 章 "Feminist Virtue Ethics," Karen Stohr

第 28 章 "Testing the Empathy-Altruism Hypothesis against Egoistic Alternatives," C. Daniel Batson

第 33 章 "Virtue Ethics and Moral Education," Randall Curren

【参考文献】

Berlin, I. (1969) *Four Essays on Liberty*, Oxford: Oxford University Press.

Blum, L. A. (1994) *Moral Perception and Particularity*, Cambridge: Cambridge University Press.

Braybrooke, D. (1987) *Meeting Needs,* Princeton: Princeton University Press.

Bruner, J. (1960) *The Process of Education*, Cambridge: Harvard University Press.

Buber, M. (1970) *I and Thou*, trans. W. Kaufmann, New York: Charles Scribner's Sons.

Devitis, J. L. and Yu, T. (eds.) (2011) *Character and Moral Education*, New York: Peter Lang.

Engster, D. (2007) *The Heart of Justice: Care Ethics and Political Theory*, Oxford: Oxford University Press.

Friedman, M. (2003) *Autonomy, Gender, Politics*, New York: Oxford University Press.

Gilligan, C. J. (1982) *In a Different Voice*, Cambridge: Harvard University Press.

Held, V. (2006) *The Ethics of Care: Personal, Political, and Global*, Oxford: Oxford University Press.

Hoffman, M. (2000) *Empathy and Moral Development: Implications for Caring and Justice*, New York: Cambridge University Press.

Hume, D. (1983/1751) *An Enquiry Concerning the Principles of Morals*, Indianapolis: Hackett.

Kohlberg, L. (1981) *The Philosophy of Moral Development*, Vol. 1, San Francisco: Harper & Row.

Mackenzie, C. and Stoljar, N. (eds.) (2000) *Relational Autonomy*, Oxford: Oxford University Press.

Meyers, D. T. (2002) *Gender in the Mirror: Cultural Imagery and Women's Agency*, New York: Oxford University Press.

Murdoch, I. (1970) *The Sovereignty of Good*, London: Routledge and Kegan

Paul.

Noddings, N. (1992) *The Challenge to Care in Schools*, New York: Teachers College Press.

Noddings, N. (1997) "Character Education and Community," in A. Molnar (ed.) *The Construction of Children's Character*, Chicago: National Society for the Study of Education.

Noddings, N. (2002a) *Educating Moral People: A Caring Alternative to Character Education*, New York: Teachers College Press.

Noddings, N. (2002b) *Starting at Home: Caring and Social Policy*, Berkeley: University of California Press.

Noddings, N. (2010) *The Maternal Factor: Two Paths to Morality*, Berkeley: University of California Press.

Noddings, N. (2013/1984) *Caring: A Relational Approach to Ethics and Moral Education*, Berkeley: University of California Press.

Nucci, L. and Narvaez, D. (eds.) (2008) *Handbook of Moral and Character Education*, New York: Routledge.

Robinson, F. (1999) *Globalizing Care*, Boulder, CO: Westview Press.

Ruddick, S. (1989) *Maternal Thinking: Toward a Politics of Peace*, Boston: Beacon Press.

Singer, P. (2002) *One World: The Ethics of Globalization*, New Haven: Yale University Press.

Slote, M. (2001) *Morals from Motives*, Oxford: Oxford University Press.

Slote, M. (2007) *The Ethics of Care and Empathy*, New York: Routledge.

Slote, M. (2010) *Moral Sentimentalism*, New York: Oxford University Press.

Slote, M. (2013) *From Enlightenment to Receptivity: Rethinking our Values*, Oxford: Oxford University Press.

Tronto, J. (1993) *Moral Boundaries: A Political Argument for an Ethic of Care*, New York: Routledge.

Weil, S. (1977) *Simone Weil Reader*, ed. G. A. Panichas, Mt. Kisco, NY: Moyer Bell.

Williams, B. (1981) *Moral Luck*, Cambridge: Cambridge University Press.

【延伸阅读】

Candib, L. (1995) *Medicine and the Family: A Feminist Perspective*, New York: Basic Books.

Eisler, R. (2007) *The Real Wealth of Nations*, San Francisco: Berrett-Koehler.

Groenhout, R. E. (2004) *Connected Lives: Human Nature and an Ethic of Care,* Lanham, MD: Rowman and Littlefield.

Sevenhuijsen, S. (1998) *Citizenship and the Ethics of Care*, London: Routledge.

第 30 章
角色和美德

[美] J. L. A. 加西亚 / 著
李义天　孔希宇 / 译　谢廷玉 / 校

　　角色（role）天然就跟美德相匹配。一个原因是，当我们谈论起老师、朋友、父母等人的美德时，我们直观地认为美德是与角色联系在一起的。另一个可能要稍微学理化一点的原因则是，我们认为美德会令事物变好——亚里士多德说过，美德使某一事物及其运作变好——但它主要是通过功能和角色而使之变得更好。换言之，刀的锋利使之成为一把好刀；油灰的柔软使之成为一种好的油灰；游泳者的耐力使之成为一名好的游泳者；朋友的奉献使他成为一位好的朋友；合作者的可靠使他们成为一些好的合作者；公民的忠诚使其成为一位好的公民。在最后这些例子中，角色美德（role-virtue）被很多人认作是道德美德。当然，真正构成角色美德同时也是道德美德的，并不是帮助某人扮演好某个角色的技巧或天赋，而是一些内在的承诺和关切，后者能够帮助他扮演好某个对人类繁荣而言具有根本意义的角色。同样，很多义务既被我们视为角色义务（role-duties）——亦即，该义务之所以属于某个人，是因为她承担着某个特定的角色——也被视为道德义务，比如，商店老板有诚实的义务，或者，雇员有尽责的义务，而她的雇主则有忠实履行其契约的义务。

　　这种观察提出了一个问题：我们在角色中所承担的美德与义务是如何与人们熟悉的、一般性的道德美德和道德义务相联系的？一种方法是诉诸后果主义和康德主义，将前者（角色中的美德）简化为后者（一般性的道德美德），比如，从一种独立于角色（role-independent）的普适性美德和仁慈对待所有人（尤其是有需要的人）的义务中，可以推导出特殊的美德和义务——如，医生对病人身体健康的特殊承诺——的道德意义。而另一种立场则反对这类还原论，它认为角色是独立自主的并且关系到角色所独有的义务（或许还有一些特殊的美德）；它们并非只是针对某些更一般义务（如，帮助有需要的人、信守承诺、尊重他者等人人都有的义务）的应用。第三种颇有希望的选项在这场讨论中被忽视了，我们可以称其为反向还原论（reverse reductionism）。根据这种观点，道德本身就是被我们的角色以及我们与他人的关系所渗透的，并且，这种渗透不仅深入而且彻底。因此，理论家所假设的那些一般性的、相对简单的义务和道德实际上恰恰是行为者在其生活中扮演某些角色时所必须具备的义务和美德。麦金太尔（MacIntyre 1966）讨论过他所谓的"荷马伦理"传统，即，一个人应当做的事情正是她作为"角色甲"或"角色乙"所应当做的。比如，作为苏格拉底的学生，柏拉图就应当捍卫老师的名声，又比如，作为墨涅拉俄斯的兄弟，阿伽门农就应当去帮助他夺回海伦，但作为伊菲吉妮娅（Iphigenia）的父亲，他也应当拒绝伤害自己的女儿。在这里，上面提到的"还原"乃是反向的，因为各种角色所固有的美德和义务才最基本，而所谓的一般性的道德美德和义务则可以被还原为它们或者被它们解释。这条进路还表明，每一种道德义务都是针对某人或某些群体而肩负的，每一种道德美德——比如，善良、慷慨、忠诚——也往往是针对特定的人或群体而表现出来的。（当我们谈论勇敢，节制或谨慎时，我们不会说是对自己表现出这样的美德，但很有可能的是，这些美德之所以成为美德，正是对我们自己而言，因为，它们使得我们在同自己的关系中保持良好状态；节制，就是在为自己好。）

作为关系的角色

朋友、同胞、伙伴、父母等角色在道德上为何重要以及如何重要？一种解释是它们有利于行为者所处的社会或世界。另一种解释是它们有利于行为者；这也许是因为它们具有内在价值。我们再次发现，有一种可能性被忽视了，即，一些关键性角色之所以在道德上很重要，甚至构成了我们的道德生活，是因为它们发挥作用的主要方式就在于促进了他人的福祉。关照我的孩子有助于让我成为一个好的家长，因为拥有这样的家长有助于孩子过上一种好的、与其人性相匹配的人类生活（甚至构成这种生活的一部分）。我们都需要朋友、父母、邻居以及在形形色色的事业中与我们相遇的伙伴，正是这些需要在很大程度上决定了何种特征会被视为美德，何种行为又会被视为义务。相应地，这也阐明了什么是角色：它们是事物立足于或者被安排于人际之间的方式，它们赋予人们以权利（claims）、特殊待遇（privileges）和责任（responsibilities），并且确定了他们的身份地位（status）。最重要的是，这种角色是人与人之间的关系；具有这样的关系虽然涉及、但也超出了休谟所说的人际关联。相反，它进入每个参与者的人格，也进入了源于参与者理性的思考与感知能力（即便对某些人——如，儿童或有一定缺陷的人——而言，这种能力受到了暂时或永久的减损或阻碍）。

以角色为中心的伦理学

一个人的角色尤其包含着她的承诺和依附关系（attachments），因为这些是她行动的源泉。在角色与价值之关系的问题上,有两种观点最有影响力。一种观点认为,某人(S)以某种带有感情、欲望和意志的方式依附于某个事物(X),而价值源于这个被依附的事物 X,该价值延伸到 S 对 X 的依附关系上,并为 S 对 X 的依附提供了理由。另一种观点则认为 S 对 X 的依附本身就具有价值,这种依附的价值会延伸到 X 这个对象上。两种观点都有吸引力,但我们需要注意另外一个很少被关注却颇有吸引力的第三种可能:X 之所以有价值,一个很重要的方面就在于,喜爱 X 会让 S 在自己对另一个人(S*)的依附关系(这是一种角色关系)中有**良好的表现**。最后这一价值图景与如下道德概念是紧密契合的——道德概念不仅被角色所渗透,而且以角色为中心。因此,当我们说你的健康是有价值的,可欲求的;这种表态意味着,在我和你具有某种(或几种)关系的情况下,认为你的健康有价值并欲求之对我来说是一件有美德的事。在这种情况下,价值通过美德而得到理解,而美德本身又被还原为一些属于我们的角色关系。这些角色——直觉上,我们认为它们必须将朋友、父母、子女、公民、伙伴等包含在内——将决定我们的道德特征(moral features)(即我们的美德、义务、特殊待遇和权利),并因此构成我们的道德生活。

这种对道德的理解以角色为中心,也就是说,我们的道德美德和道德义务乃至我们对何物具有价值的判断,都时刻内在于特定的角色关系中。站在这种理解立场上,我们可以说些什么呢?它可以解释森(Sen 1983)所提出的位置相对性(position-relativity)学说,例如,它允许这种情况:作为你的朋友,你的死亡对我(相较于对其他陌生人)而言是更糟糕的。如果我想让你去死,这会让我成为一个(对你而言)很糟糕的朋友,但一个陌生人想让你去死,则不会使她成为一个(对你来说)糟糕的陌生人。它也阐明了谢弗勒(Scheffler 2003)所考虑的基于关系的道德理由(relationship-based moral reasons)观点。它极具启发意义地说明了,所有的道德义务都像汤普森（Thompson 2004）提到的那样具有"双极性"（bipolar），即义务始终是特定的行为者针对特定的人（们）而承担的义务。它反驳了启蒙派思想家古德温（Godwin 2013）的嘲笑，即如果道德允许我因为某人（S1）是我的女儿而去救她（S1），而不是去救别人的女儿（S2），那么"我的"这个词一定要有某种"魔力"。但在这里，"我的"既不表达占有也不表达占有欲，而是表达两人之间的特殊关系，这种特殊的关系恰当地包含了特殊的关注与动机。它还可以应和达沃尔（Darwall 2009）对于道德"第二人称立场"（second-person standpoint）的强调，这种强调既涉及通常会使行动者受责备的错误行为，也涉及行为者对于其他特定人群的责任。而它之所以能做到这一点，缘于"关系"发挥着关键作用（关系发生在人与人之间，将人格和人际间联系视为道德上至关重要的东西），并且，与达沃尔一样，它没有赋予作为语法范畴的"第二人称"（而非第一或第三人称）以特殊意义。它还赞同列维纳斯（Levinas 1996）的洞察——很多时候，道德意味着与他者（Other）的接触；然而，相比于列维纳斯令人困惑的说法，即"其他的他者"（the other Other），这种观点更加清楚地表明有些人与我们的联系更紧密，因此，与另一些人相比，我们对他们承担更多。（需要补充的是，对于以美德为基础的道德理论，无论它是否以角色为中心，都会契合如下两种观点：一种是威廉姆斯（Williams 1986）所强调的承载了更丰富内涵的"厚"（thick）概念，如美德概念，而不是像义务和权利这类"薄"（thin）的道德概念；另一种是理查德森（Richardson 1990）所要求的道德规范的"透明性"（transparent），它意味着道德规范不仅告诉我们什么是被需要的或令人钦佩的，而且告诉我们何以如此以及为何如此。）

这种以角色为中心的道德概念也面临挑战。我们应该注意其中一些，但在此不做详细探讨。我们需要表明的是，角色关系的概念足够灵活，可以适应道德的普遍要求。是否每个人都处于一些角色而与我相关？是否可以将人生道路上的所有同路人都看作基督教所说的"邻人"并从中获得关于道德的见解？同样，如果关注自我（self-regarding）的道德美德和义务亟待承认，那么，"角色"范畴就得足够宽广，以便能将对自我的关注也把握为一种特殊的、限定意义的内在关联。我们还需要解释，我们如何与那些相距遥远的人们（也许还包括未来出生的人）以及那些逝去的人们保持适当关系。（这似乎是合理的，如果我可以错怪我已故的朋友，那么，根据上述观点，这一定是因为我可以在我们曾经有过的或是在她身上依然存在的某种关系中错怪她。我必定仍在她的生命中扮演某种角色，尽管她的生命已经结束了。）宗教还会强调我们作为生物与造物主之间的关系。在当今文化里，有人还会进一步要求，任何理论都要在亚人存在物（subpersonal beings）——低等动物，植物和生态系统——之间建立道德关系。诚然，角色伦理的优势在于它顾及了我们的直觉，也就是说，当人们以不同方式与我们发生联系时，他们所产生的"伦理牵扯"（ethical pull）——亦即，他们可以向我们提出的要求——也是或强或弱的，但这种解释同样需要（至少在某些特定情况下，如，法官和其他从事类似工作的官员在履职时）容纳某种程度的不偏不倚（impartiality）。因此，我们要注意，"偏倚"才是道德规范，而不偏不倚则是需要特殊理由的例外。以角色为中心的道德路径在何种程度上可以克服这些困难和其他挑战，还有待持续的观察。

角色、权利和职责

特定的角色能说明多少道德内容？按照上述的说法，我们很自然地认为，道德和义务与我们的角色相联，并且以我们的角色为基础。如果遵循斯洛特（Slote 2003）和扎格泽布斯基（Linda Zagzebski 1996）的建议，把义务话语在根本上理解为哪些行动与美德相关以及它们如何与美德相关（这里是指角色美德），那么，我们就可以更充分地运用这种看法。与其说我有义务不撒谎或撒谎是错误的，不如说，我撒谎是不诚实的，是对自我的欺骗，并且与诚实和真诚的道德美德相对立。一种基于美德的道德理论（其中，义务源自美德），可以为"权利"这个重要的道德和政治概念找到合适的位置吗？似乎是这样的。请注意，首先，同许多美德和义务一样，我们直觉上也会认为很多权利与角色相关。作为你的雇员，我有权利得到你发的工资；作为（包括但不限于）我的同胞，你有权利得到我的尊敬和关心。其次，我们可以进一步设想，通过采取常见的理论置换，当某人谈论权利时，我们可以将其解释为他在对另一个人（或一群人）的义务提出诉求。通过这种方法，权利就被理解为义务，而义务是在角色及其美德的意义上被理解的。

尽管如此，这里至少有两个问题应当得到承认。首先，虽然义务看起来同角色有关，但有人认为，狭义上的"职责"（obligation）应当意味着，人们尊重并认同对他人的承诺从而承担这样的职责，而这是不受任何角色限制的。其次，这种将你的权利归纳为我的（或其他人的）义务的做法的主要局限是，它似乎没有解释所谓的"宣言权利"（manifesto rights），因而面临问题。"宣言权利"确认了某些人对某些事物的权利，但似乎没有人对这些事物负有直接义务（例如，一些通行的国际文件中规定了定期带薪休假的权利）。对于第一个问题，我们可以简要回答说，通过承诺而形成的职责和尊敬他人的要求本身就可以被视为是"双极性"和关系性的，因为我对你负有遵守承诺的职责——当我违背承诺时，我就是在恶意对待你——同样地，我对其他人也负有尊重他们的职责。我之所以被要求尊重他们，是为了避免对他们作出恶意不公的事。于是，这些职责就可以被看作是从角色美德和角色义务中延伸而来的特殊情况。至于"宣言权利",美德的基础性地位则更有助于解决问题。因为,如果对义务的谈论需从美德来理解,那么,我们的义务就必须立足于一种更为根本的美德之上——这种美德要求,人们应当以特定的态度回应他人。正是这样的回应态度使得某些行动具有美德,而相反的做法则是恶德。这样一来,我的义务由于内在于你的权利(即从我这里得到尊重的权利),因而必定类似于正义美德,它要求我应当以体谅的态度尊重你。如果这样,我们每个人就都应该如此这般地尊重他人,并且,如果这种尊重意味着我需要支持你带薪休假的主张,那么,不支持这种主张就是恶德。在这个关键意义上,你有权享有(我支持你获得)带薪休假。既然你有权享有这样的假期,那么,如果有人不支持你从而不尽力帮助你获得带薪休假,这就是恶德(因为不尊重,所以不公正)。

专业角色

将角色置于道德探讨的核心,这种做法的好处之一在于,它可以将应用伦理学讨论的那些特定的重要职业看作是在道德上具有决定性(构成性)的角色发展而来的事情(亦即,它们通过与某种职业相关的方式而具体表现出来)。护理和医生等医疗职业,毫无疑问,看起来是从我们有所需要时充当彼此的帮助者(当他人需要时提供帮助)这一自然角色中发展而来。类似地,教师(尤其是基础教育教师)、教授以及研究者等教育职业则源自于另一类人际关系中的角色,即信息的提供者。如此思路或许还可以延伸到法律、艺术、牧师和其他职业上。以角色为中心的伦理学进路有助于建立一种源于内在的(internal)、颠倒常规(bottom up)的职业伦理模式;正如佩莱格里诺和托马斯玛(Pellegrino and Thomasma

1993）的医疗伦理学观点指出的那样，这种模式区别于主流的原则主义进路（principalist approach），后者只是将一般的、独立于角色的道德原则应用于生物医疗领域。相反，根据以角色为中心的进路，"行善"和"无害"原则植根于更基本的角色美德，而它们自身并没有起到基础作用（这跟彼彻姆和奇尔德雷斯（Beauchamp and Childress 1993）提出的那种影响广泛的路径是相反的）。

角色与道德冲突

在解释我们作为某个角色的道德行为和态度时，无论是否以角色为中心，我们都会面临一系列冲突并需要提出解决的办法。这是因为，某一角色及其美德与义务似乎会和其他角色以及这些角色的义务产生冲突，甚至，在单个角色的诸种义务之间也可能存在冲突的风险。而且，对于以角色为中心的道德理论来说，还潜伏着一个特殊的危险，因为，如果角色的美德和义务只能根据它们的作用大小来评判和比较，那么，以角色和美德为中心的理论就有可能坍塌，演变为某种后果主义。难道我们无法论证角色以及"伦理牵扯"的相对重要性吗？可是，若不诉诸价值，我们又该如何论证它们呢？最后这个问题不是修辞性的，我们可以看到，存在一些可选择的策略能够让我们在有限范围内解决某些矛盾。首先，我们可以这样理解"某个行动是道德所要求的（负有做出该行动的职责）"：如果不做出这一行动，就会属于道德上的恶德（换言之，我做A是必须的，因为，使我不做A的原因与某种美德背道而驰）。其次，我们认为道德美德本身就源于行动者的角色，并与角色相关。因此，如果要对不同行动的道德严格性（moral stringency）做比较，一种方法就在于，比较这些行为背后的美德（background virtues）孰轻孰重，而这些美德恰是在相关角色中得以确认的。但这种方法不会诉诸那些独立于或优先于角色的（客观的）价值。另一种比较这些行为的方法，就是看它们在何种程度或何种意义上与各自所涉及的美德相违背。所以，我们可以通过这样的思路来解决阿伽门农在埃斯库罗斯的笔下所面临的冲突。在第一种情况下，我们考虑的是，当他处于兄弟关系时，他为了帮助墨涅拉俄斯追回海伦而采取暴力具有何种重要性；在另一种情况下，我们可以思考当其处于父女关系时，拒绝杀死自己孩子有具有何种重要性；然后将二者进行比较。我们会发现，如果阿伽门农约束自己的意愿，不去帮助自己哥哥实行计划，这顶多是温和地违背了兄弟之间的忠诚，但是，故意杀死他的女儿则是对父爱的严重冒犯。并非每一个摆出来的冲突或进退两难的困境都能被如此简单地解决，但重要的是，在角色并不从属于独立的道德价值或规则的情况下，我们有办法解决角色之间的冲突，从而可以保持角色道德（role-morality）的独立性及其基础地位。

哲学史中的角色道德

在西方道德哲学史中，角色道德在某种程度上为人轻视甚至忽视，但我们也不难发现其中有些观点意识到了角色与关系的道德含义。在《政治学》中，亚里士多德承认，不同社会成员的道德会有不同。在希腊化时期，斯多亚学派和伊壁鸠鲁学派都对关系中的忠实与美德表示肯定，前者强调的是公民角色，后者强调的是个人友谊。而在中世纪的思想家那里，阿奎那在《德性之辩》（*Disputed Questions on Virtue*）（尤其是第九条）中明确指出，作为基督教的核心美德，"仁慈"美德在不同角色与关系中会采取不同形式，例如，仁慈的家长常常给出恰当的指导，而富有爱心的孩子会服从它。我们在上文提到的激进功利主义者——如，古德温——反对家庭和婚姻，认为这方面的主张有悖于边沁认为"每个人的价值都相同"的立场，但在约翰·斯图亚特·密尔（John Stuart Mill）和其他更灵活的后果主义者看来，对家庭生活、亲密关系、伙伴关系的承诺和作为社群成员的身份却提供了十分伟大甚至可能独一无二的价值。对于康德及其不同的追随者们而言，他们使用了巧妙的、有时甚至是绝妙的策略，试图避免严格意义上的纯粹理性所提出的那种不偏不倚要求会产生有违直觉、背离关系的影响。而一些黑格尔主义者也并没有将真正的和生动的道德定位于纯粹理性的限制之中，而是界定于构成"市民社会"的无数关系之中。最值得注意的是，在布拉德雷（Bradley 1927）看来，由于我们所处的位置与他人有关，所以，我们的道德生活是由我们的义务构成的。

也许，在亚洲哲学尤其是中国哲学中，角色关系被更广泛地看作伦理学的核心。老子的《道德经》虽然认为"道"具有普遍性，但同时也描绘出它对圣人、王者、士兵和其他角色的不同影响。孔子在《论语》中坚持"孝悌也者，其为仁之本"，并由此出发，重视对父兄的忠诚和对祖先的敬畏。而孟子在《孟子》第3章中则以稍显矛盾的方式指出，一方面似乎不存在真正的"爱的等差"，但另一方面，他又肯定父母是一个人开始其爱的实践的恰当起点。朱熹建议人们对社会关系伦理给予细致关注，他对《四书》（其中包括孔孟的著作）影响深远的新儒家解释考察了传统上长期存在的一对张力：既反感那些耽于高位之人，同时却又接受等级制度的存在（Gardner，2007）。

【相关主题】

第2章 "Aristotle's Virtue Ethics," Dorothea Frede

第3章 "The Stoic Theory of Virtue," Tad Brennan

第 4 章 "Hindu Virtue Ethics," Roy W. Perrett and Glen Pettigrove

第 5 章 "Why Confucius' Ethics is a Virtue Ethics," May Sim

第 6 章 "Mencius' Virtue Ethics Meets the Moral Foundations Theory," Shirong Luo

第 7 章 "Virtue in Buddhist Ethical Traditions," Charles Goodman

第 8 章 " Respect for Differences," Yong Huang

第 15 章 "Sentimentalist Virtue Ethics," Michael L. Frazer and Michael Slote

第 26 章 "Models of Virtue," Nancy E. Snow

第 35 章 "Law and Virtue," Lawrence B. Solum

第 36 章 "Virtue Ethics and Medicine," Rebecca L. Walker

第 37 章 "Business Ethics from a Virtue-Theoretic Perspective," Robert Audi

【参考文献】

Aristotle. (1997) *Politics of Aristotle*. Trans. P. L. P. Simpson. University of North Carolina Press.

Aquinas, Thomas. (2005) *Disputed Questions on the Virtues*. Trans. E. M. Atkins and T. Williams. Cambridge University Press.

Beauchamp, T. and Childress, J. (2012) *Principles of Biomedical Ethics*, 7th ed. Oxford University Press.

Bradley, F. H. (1927) "My Station and its Duties," in *Ethical Studies*, 2nd ed. Oxford University Press, pp. 160–207.

Confucius. (1938) *Analects of Confucius*. Trans. A. Waley. Vintage.

Darwall, S. (2009) *Second Person Standpoint*. Harvard University Press.

Gardner, D. K. Trans. (2007) *Four Books* [of Zhu Xi]. Hackett.

Godwin, W. (2013) *Enquiry Concerning Political Justice*. Oxford World's Classics.

Lao Tse. (1963) *Tao Te Ching*. Trans. D. C. Lau. Penguin.

Levinas, E. (1996) *Basic Philosophical Writings*. Edited by A. Peperrzak, S. Critchley, and R. Bernasconi. Indiana University Press.

MacIntyre, A. (1966) *A Short History of Ethics*. Macmillan.

Mencius. *Book of Mencius*. Trans. D. C. Lau. Penguin.

Pellegrino, E. and Thomasma, D. (1993) *Virtues in Medical Practice*. Oxford University Press.

Richardson, H. (1990) "Specifying Norms as a Way to Solve Concrete Ethical Problems." *Philosophy and Public Affairs* 19: 279–310.

Scheffler, S. (2003) *Boundaries and Allegiances*. Oxford University Press.

Sen, A. (1983) "Evaluator Relativity and Consequential Evaluation." *Philosophy and Public Affairs* 12: 113–132.

Slote, M. (2003) *Morals from Motives*. Oxford University Press.

Thompson, M. (2004) "What Is It to Wrong Someone?" in R. Jay Wallace (Ed.) *Reasons of Value*. Oxford University Press, pp. 333–384.

Williams, B. (1986) *Ethics and the Limits of Philosophy*. Harvard University Press.

Zagzebski, L. (1996) *Virtues of Mind*. Cambridge University Press.

【延伸阅读】

Feltham, B. and Cottingham, J. Eds. (2010) *Partiality & Impartiality*. Oxford University Press.

Garcia, J. L. A. (2010) "The Virtues of the Natural Moral Law," in H. Zaborowski (Ed.) *Natural Moral Law in Contemporary Society*. Catholic University of America Press, pp. 99–140.

McPherson, L. (2002) "Moral Insignificance of 'Bare' Personal Reasons." *Philosophical Studies* 110: 29–47.

Seglow, J. (2013) *Defending Associative Duties*. Routledge.

第四部分

美德伦理学的应用

第31章
环境美德伦理学

[美] 菲利普·卡法罗 / 著
李义天　赵　嘉 / 译　谢廷玉 / 校

　　作为伦理学分支的美德伦理学聚焦于品格、卓越和人类繁荣。一些哲学家认为，美德伦理学为伦理学提供了正确的一般框架，而另一些哲学家则将美德伦理学视为对义务论或后果主义的必要补充。近年来，出于不同原因，许多哲学家开始相信，美德伦理学的方法在环境伦理学中格外有价值。

　　有些哲学家认为，试图证明非人存在物（non-human being）具有内在价值或值得被纳入道德考虑，这种惯用做法要么不具有决定性意义，要么面临着彻底的失败。他们旨在通过环境美德伦理学（environmental virtue ethics）而为环境主义（environmentalism）寻求一个更坚实的理性基础：保护环境将促进人类的幸福（Hursthouse 2007）。而另一些哲学家认为，关于内在价值的主张虽然值得信服，但是，如果还能说明健康的生态系统对于人类繁荣存在促进作用，那么，这将为环境保护提供进一步的论证。他们设法借助人们身上开明的利己主义诉求来补充利他主义（O'Neill 1993）。然而，还有些哲学家认识到，需要尽快明确哪些品格特征能够帮助人们过上环境友好的生活。在他们看来，环境美德伦理学将会提供某种恰当的解释框架，并且，在这个框架内，人们可以探讨如何创建一个可持续的社会（Newton 2003）。

环境美德伦理学的发展

小托马斯·希尔（Thomas Hill, Jr.）的文章《人类卓越的理想与保护自然环境》("Ideals of Human Excellence and Preserving Natural Environments", 1983）推动了环境美德伦理学的早期发展。他写道，一位邻居砍倒了一棵可爱的古树，并且在整个前院铺满沥青，以便节省维护的时间和费用。对于这样的行为和这样的人，希尔反思道，不知应该如何解释自己认为此种行为有错的直觉。无论标准的义务论还是功利主义的分析，似乎都无法触及这一问题。最后，希尔得出结论说，问题的关键并不在于"谁的权利受到了侵犯？"或者"这些行为何以降低了整体的幸福感？"，而在于"什么样的人才会这样做？"。他的回答是：一个缺乏审美敏感和不够谦逊的人才会这样做。而这种人，只要我们有所反思，就不会想成为这个样子。自此以后，哲学家们就在争论，这种方法是否能真正澄清环境破坏行为的错误原因，或者，它是否有助于为一些关于环境问题的有争议的判断提供辩护。显然，希尔的文章预示着，环境伦理学家将会围绕品格和美德展开热切的研究和论述。

在过去二十年，有四本书对环境美德伦理学的发展产生了巨大影响。约翰·奥尼尔（John O'Neill）的《生态、政策与政治：人类幸福与自然世界》(Ecology, Policy and Politics: Human Well-Being and the Natural World, 1993）是一部坚持试图从促进人类繁荣的角度来为环境主义者（environmentalists）进行辩护的较早作品。奥尼尔反对把人类幸福描述为主观状态或偏好的满足，相反，他围绕健康、友谊、知识以及那些能够增进自然功能的能力等客观善的方面，发展了亚里士多德的幸福概念。我们必须保护自然，既要保障人们生活所需的基本资源，又要保留我们发展一系列更高能力——如，获取科学知识、完成艺术创作，以及维系个人与自然界的联系等——的机会。和许多环境伦理学家一样，奥尼尔花费了相当大的精力，试图约束一种过度的经济主义世界观。例如，他质疑成本—效益分析是否明智，觉得这种分析提供的是"未经（政治）辩论的政策"。他还认为，一个治理良好的国家将会设立法律法规，促进公共善，从而限制市场的力量（在一般的政治哲学中，这样的主题已成为当前辩论的核心议题）。

卢克·范·温斯维恩（Louke van Wensveen）在《肮脏的美德：生态美德伦理学的出现》（*Dirty Virtues: The Emergence of Ecological Virtue Ethics*, 2000）一书中表明，无论世俗层面还是学术层面的环境话语都早已开展了关于美德和品格的讨论。该书附录列出了她在过去三十年间有关环境问题的文献中所发现的189种美德和174种恶德；从某种意义上说，环境美德伦理学甚至早在哲学家首次提出这个术语之前就已经存在了。温斯维恩认为，对环境美德的论述是不断发展和充满活力的。无论是探讨新的生态美德（比如，对待自然的"质朴"与"协调"），还是以新的生态视角来重新诠释现有的美德（比如，"节俭"和"感激"），都是如此。尽管环境美德的性质多变，但是，温斯维恩的分析仍试图针对真正的或重要的生态美德予以标准界定，从而让论述更为有力。其中，她采取的方式是新旧混合的。亚里士多德主义的标准侧重于人类品格的"社会可持续性"，而温斯维恩又在此基础上增加了新的、关于心理和生态可持续性的标准。在判断公认的环境美德时，这种理论必须提供一条合理的发展路径，让人们清楚地认识到那些培育环境美德的个人何以能够过上幸福而成功的生活；同时，这种理论还需考虑到，要求其成员具备环境美德的社会又能否在生态的边界之内不断存续并且实现长期的繁荣与发展。

而在我自己的书《梭罗的生活伦理学：瓦尔登湖与追寻美德》（*Thoreau's Living Ethics: Walden and the Pursuit of Virtue*, 2004）中，我认为，亨利·大卫·梭罗（Henry David Thoreau）的一生和著述为我们提供了一种清晰易懂而又鼓舞人心的环境美德伦理学，它充分证明，全身心地欣赏自然与实现人类的卓越和繁荣之间是相互关联的。于是，梭罗指明了一条全面的、肯定生命的环境伦理学进路，从而为环境主义的传统"戒律"赋予了积极的理论愿景。通过认识自然的价值，我们丰富了自己的生活；通过限制我们的物质总消耗，我们更会过上健康快乐的生活，并为子孙后代创造同样的生活条件。通过追求比赚钱更崇高的目标，我们能够出于开明的自利而行动——这将为与我们共享地球的其他物种带来巨大好处。我在书中还指出，是梭罗的进化经验主义（evolution experimentalism），而不是诸多当代美德伦理学家从亚里士多德那里继承的一成不变的人性（例如 Foot 2001），为伦理学和政治哲学提供了一个更合理的理论基础。

罗纳德·桑德勒（Ronald Sandler）的《品格与环境：以美德为导向的环境伦理学进路》（*Character and Environment: A Virtue-Oriented Approach to Environmental Ethics*, 2007）一书对这条进路给予了严谨的理论辩护，并对美德的本质、判断正确行为的恰当标准以及美德伦理进路是否必然属于人类中心主义等关键问题展开了详细充分的论证，从而表明自身的立场。基于广义的人类繁荣概念，桑德勒以一种自然主义的方式描述美德并为如下可能保留了空间，即美德之为美德，是因为它们能够促进包括非人类存在物的内在价值在内的其他价值或善的实现。对于罗莎琳德·赫斯特豪斯（Hursthouse 1999）给出的四种美德标准——促进个人的生存、从痛苦和享受生活中获得自由、实现人类社会群体的良好发展以及人类物种的延续——桑德勒在此基础上又增加了四项以人类理性为最终根据的判断标准。在他看来，真正的美德能够促进个人的自主性，帮助人们过上有意的生活，为知识的积累做出贡献；同样地，它们也可以促进其他的客观善或客观价值的实现。桑德勒对于赫斯特豪斯的自然主义框架的修正是令人信服的，因为，人类的繁荣不同于其他的自然有机体的繁荣，它确实涉及更深的层次（理性是人类最重要的自然能力）；况且，人类理性确实能够让人们认识、欣赏并且恰当地回应其他的善和价值，而不仅仅是与我们自身繁荣相关的善和价值。

通过考察环境美德伦理学的已有文献并将其运用于自己的理论模式，桑德勒提出了一种合理的环境美德类型学，它能够恰如其分地说明人的品格特征会怎样助益人类和自然的发展。具体包括：可持续性的美德（比如，节制 [temperance] 和节俭 [frugality]）、融入自然的美德（专注 [attentiveness] 和惊奇 [wonder]）、尊重自然的美德（关怀 [care]、同情 [compassion] 和生态敏感性 [ecological sensitivity]）、看护自然的美德（诚实 [honesty]、勤勉 [diligence]），以及环保行动主义的美德（合作 [cooperativeness]、坚持 [perseverance]）。《品格与环境》对伦理学理论的相关发展有全面的认识，而且建立在一种坚实可靠又不失灵活的自然主义基础上，因此，它在哲学层面上为环境美德伦理学的深入发展确立了议程。

三种批评意见

1. 尽管环境美德伦理学很吸引人，许多作者也在这方面完成越来越多的作品（Sandler and Cafaro 2005; Cafaro and Sandler 2010），但它仍然受到批评者的挑战。一些人认为环境美德伦理学并没有提供充分的行动指南，而这也是一种针对美德伦理学的常见批评。根据这种观点，美德伦理学可能告诉我们应该培养何种性格，但却无法完成其他伦理学必定会做的事情，即告诉我们在特定情况下应该如何行动。

针对这种批评，有一种回应是，伦理学并不是为了给人制定规则。义务论和功利主义同样未能给出强制性的规则来处理困难的伦理案例；这表明，制定详细规则的目标完全超出了我们的掌控范围（Hursthouse 2007）。而培养美德，特别是实践智慧，将会使我们在面对困境时作出正确的道德判断，进而根据这些判断采取行动。对此，兹沃林斯基（Zwolinski）和施米茨（Schmidtz）给出了截然不同的回应；他们强调了具体、明确并且不容置疑的伦理"规则"同更一般或普遍的伦理"原则"之间的区别。对环境伦理学而言，寻求一般的行为原则是合法并且重要的目标，但寻求详细而明确的规则却是一件难以捉摸的最好放弃的事情。与赫斯特豪斯、兹沃林斯基和施米茨一样，我们的最佳选择也是培养实践智慧和其他品格上的美德，明智运用并努力遵守我们的原则。

对环境美德伦理学缺乏行动指南的指控，还有另一种不同的回应方式：它试图制定所谓的"美德规则"（v-rules），而这些规则将会规定具有必要美德的人将会如何应对具体的道德挑战（Sandler 2007）。人们希望，一个精确的"节制"概念能够指导一个节制的人正确地面对现代商业社会的某些强大诱惑；同时，如果对"专注"与"生态敏感性"等美德有充分的理解，那么，我们就能更好地回答一系列问题，比如，自然环境贫瘠脆弱的地区可以接受什么形式的休闲娱乐。然而，无论这种方法多么有助于为特定情况提供行为指导，它似乎都无法提供环境伦理学家所寻求的那种详细且明确的行为规则（就像兹沃林斯基和施米茨一样，桑德勒也警告我们，规则是有局限的）。

要想反驳"不能充分指导行为"的观点，最有利的回答或许就在于，把注意力从**美德**概念转移到**繁荣**概念上。通过分析不同的行为会对行动的参与者（无论是行动者还是行动对象）的繁荣造成何种影响，我们的道德判断将变得完善。例如，彼得·温兹（Peter Wenz）在《协同增效的环境美德》（"Synergistic Environmental Virtues"，2005）一文中认为，我们有充分证据表明，现代消费主义的过度行为会损害人类健康，分散了我们从事更愉快活动的精力并且在其他方面阻碍了我们的繁荣；因此，我们有理由限制这些行为。在《自然主义者的美德》（"The Naturalist's Virtues"，2001）一文中，我指出，探索野外自然能够增加人的幸福感，提高人的感知能力，增长见识，培养智慧；因此，人们有充分的理由去探索和保护自然。而卡伦·巴兹利（Karen Bardsley）在其最近的文章《自然之母与所有美德之母》（"Mother Nature and the Mother of All Virtues"，2013）中通过总结最新的心理学证据而证明，表达感激之情能够提升人的满足感，使人积极看待生活，进而改善人际交往关系并获取更大的幸福感；因此，她认为，出于对自身利益的考量，我们有充分的理由培养自己和孩子的感激之情，包括对自然之美的感激和祝福。

如果我们把人类繁荣看作一种基本价值并且承认作为美德的品格特征会促进人类繁荣，那么，"培养美德"就肯定可以提供重要的行为指导，而不限于帮助我们解决困境或是澄清某些道德难题。如果不仅关注人类繁荣，而是如我所强调的那样，扩大视野进而把包括非人类生命在内的所有生命繁荣都当作我们的基本价值，那么，我们就会产生更明确的行为指南，说明我们应该采取何种行为来阻止对环境的破坏，实现对环境的保护。

2. 另一种经常出现的针对环境美德伦理学的批评意见是，它必然坚持人类中心主义，因为它关注**人**的繁荣以及环境保护对于**我们**的福祉的重要意义。批评者指责说，对人的关注会导致人类自私自利的老问题，而这种问题一开始就已使我们陷入诸多的环境乱局。霍尔姆斯·罗尔斯顿（Holmes Rolston）在《环境美德伦理学：说对了一半，但总体而言很危险》("Environmental Virtue Ethics: Half the Truth but Dangerous as a Whole", 2005)一文中提出了有力的批评。如果我们保护自然仅仅是为了帮助自己过上更好的生活,那么,我们的行为动机就不正确,因为对非人类存在物的尊重以及对自然的内在价值的关注也应该被囊括于我们的动机。更糟的是,罗尔斯顿认为,一旦符合我们的一己私利,我们就很可能把其他物种牺牲掉。

在回应过程中,一些环境美德伦理学家抓住了人类中心主义的棘手问题(如 Welchman 1999)。他们说,是的,我们坚持人类中心主义,但是,任何合理的伦理学都必然关注人的需要和欲望。幸运的是,出于这样的考虑,我们更有理由进行环境管理,因为它能够真正激励人们去保护自然。人类,就和其他生物一样,都需要干净的空气、纯净的水源以及由自然景观构成的生态系统所提供的诸多便利:在环境问题上,我们的利益和其他生物的利益是大体一致的。此外(还有人说),当利益之间确实存在差异时,人类利益应该占据上风:例如,尽管保留一片尚未开发的地区将有助于保护某种珍稀物种的栖息地,避免其灭绝,但若将该地区用于农业发展,则会有助于养活不断增长的人口。

然而,大多数环境美德伦理学家则试图在自己的哲学中为非人自然物的内在价值或道德考量留出位置。一些人直接把伦理学建立在人类和非人类繁荣的基础上:对他们来说,美德是能够促进生命整体繁荣的品质(Cafaro 2004)。另一些人认为,通过引入人类繁荣概念,我们可以更好地理解,从自然存在物的内在价值的"实然"之中何以推导出我们需要保护该价值的"应然"要求(O'Neill 1993)。还有些人则指出,相较于仅仅考虑内在价值的一元论,针对道德考虑的多元论理解——从恰当的美德视角出发,将不同的实体纳入考量——是更加合理和准确的(Sandler 2007: ch. 3)。

所有这些进路都强调，我们的繁荣和自然的繁荣是交织在一起的。同样的行为和同样的个性特征会帮助我们成为好的邻居、好的公民和好的环境主义者，这并非偶然。在绝大多数情况下，好的生态系统同样也会促进人类和非人类的繁荣；而污染和生态系统健康程度的恶化则会同时危害人类和其他生物。只不过，上述进路对于"在有限的地球资源中，多少可以被人类合理地垄断，又有多少应该被留给其他物种"的问题持有不同看法。

只承认人类繁荣有价值的进路，容易接受人类才智所能设计的资源分配方案，而重视其他有机体繁荣的进路，相反则会要求控制人类数量，限制人类攫取共有资源以满足自身的经济需求。更微妙的是，**主要**聚焦于人类繁荣的进路会把道德考虑或内在价值限定于某一类有机体（Sandler 2007: 76-80），而发现生命本身的核心价值的进路，相反则更愿意在更大的有机整体中发现内在价值或道德权重。（这种对应并非严丝合缝；一个人可能是社群主义的人类中心主义者，也可能是生物中心主义的个人主义者。）支持后一种观点的人们认为，谈论自然生物有免于人为灭绝而继续生存的权利（Staples and Cafaro 2012），或者谈论河流有不受水坝干扰而自由流入大海的权利，这些都是有意义的。在关注生命整体繁荣的人看来，如果有人试图论证这种更大的、更松散的实体不具有利益，因此不能像具有利益的单个有机体那样受到伤害，那么，这种看法就过于保守了。任何个体生命若要活出灿烂辉煌的一生，就不仅要作为单一的有机体而存活，而且要作为生态上不断进化的生物而存活：既是一种需要保护并且进一步实现其特定目的的单一有机体，也是一个超出个体范围并经历着深刻演化的更大的生态过程。无论人类还是非人类，个体都具有内在价值，都应该受到尊重和约束。然而，只有创造出一个以平等精神来对待的更大的生态整体社会，真正的环境伦理才能实现。

3. 上述批评主要来自环境美德伦理学的怀疑者，第三种批评则由环境美德伦理学的支持者提出。布莱恩·特雷纳（Brian Treanor）认为，与环境美德伦理学相关的政治哲学思想还不完善。他写道："许多有关环境美德的文献往往更关注所谓的'个人美德'，即，有利于个体行为者的个人行为、特征或秉性。相比之下，人们较少关注'美德政治'——集体的行动、特征或秉性——或是我们所说的'公共美德'，其中[包括]有利于社会而非个人的个体行为、特征或秉性。"（Treanor 2010: 10）

特雷纳认为，描述人们为了过上一种更加珍视环境的生活而必需的美德，这是有价值的。但在全球气候不稳定、物种大量灭绝的时代，自愿行动或个人倡议都无法解决我们的环境问题。我们需要的是重大且反应迅速的政治变革。

因此，特雷纳提倡，发展更加有力的公共和政治的美德观念，并且抓紧时间培育它们。"在当前的环境背景下"，他写道，"一个人如果没有认真培养与践行公共和政治的美德，他就不能合法地声称自己是环境主义者，而公共和政治的美德对于我们应对将要面临的挑战乃是**至关重要的**。"（Treanor 2010: 27）这似乎是正确的。此外，强有力的美德伦理学还必须制定相关的法律、政策和制度，以确保生态的可持续性发展，并慷慨地同其他物种共享资源。我认为，玛莎·纳斯鲍姆（Martha Nussbaum）最近关于社会正义问题的探讨提供了很好的范例，来说明目前我们所需要的东西。她首先试着将美德建立在一种客观的人类繁荣概念上，随后，她将注意力转向制订必要的公共政策，帮助现代民主国家的公民发展自身的自然能力，尤其是改善弱势群体的生活条件，从而实现繁荣。正因如此，环境美德伦理学也必须对相关的政治变革做出明确的规定，以确保未来的人类和非人类的繁荣发展，其中尤为关注常常被我们忽视的其他物种的需求。

莉莎·牛顿（Lisa Newton）在《伦理与可持续性》（*Ethics and Sustainability*, 2003）一书中提供了范例。她在亚里士多德和奥尔多·利奥波德（Aldo Leopold）等人的基础上对环境美德进行了阐释，并详细说明了创造可持续的繁荣社会所需要的技术、社会和经济政策。她还探讨了我们需要成为怎样的人才可以让这样的社会发挥效用。该书最后详细论述了"物质方面的简朴性"（material simplicity），认为这是人类现阶段最需要的美德。牛顿的著作表明，环境美德伦理学确实可以帮助我们说清楚，为了公正地对待自然并在其中过上美好生活，我们必须创造怎样的社会形态。围绕"繁荣"价值而建构起来的框架能够帮助我们全面而务实地思考，可持续的、公正的和慷慨的人类社会怎样才会变成现实。

环境美德伦理学中的权利问题

美德伦理学有时表现为一种替代方案，替代的是那些以权利为焦点的伦理学进路。但是，被理解为某种正当主张——人们应当尊重他人重要的利益和成就——的"权利"，对于任何可行的伦理学来说都是必需的。同样地，"社群主义"哲学家对美德和共同善的关注，也是把它当作一种矫正的办法，用来纠正当代政治哲学对个人权利的过分强调以及弥漫于当代社会的那种自私而好讼的风气。但是，如果不考虑权利问题，美德伦理学就不可能发展成为一种综合而全面的伦理理论。只要我们将环境美德伦理学奠基于对繁荣的人类生活和非人类生活的赞赏与承诺，那么，权利就会发挥某些关键的作用。①

---

① 美德伦理学有时被定义为，以"美德"或"诸美德"作为主要伦理范畴的伦理学体系，而其他的伦理学术语往往是根据它们而得到界定的。我采取了一种不同的方法，即，把**繁荣**作为我的关键术语和最基本的伦理承诺。在界定"美德"和其他关键的伦理概念时，我会根据它们与

第一，我们可以主张人类享有环境权，例如享有干净的空气、纯净的饮水以及足够和清洁的食物的权利。这些权利对人类繁荣非常重要，因而是合理的（Nickel 1993）。全球每年有数百万人因空气污染和水污染而患病或死亡。因此，对于一个治理良好的社会来说，保障最基本的环境善既是一项重大成就，也是有利于本国国民繁荣发展的一项重要贡献。

第二，许多环境伦理学家谈到了人类接触野生自然的权利。"对于无数没有被征求过意见的人来说，谁可以决定——谁有**权利**决定——最高价值就在于一个没有昆虫的世界，甚至那也是一个没有飞鸟在空中展翅翱翔的贫瘠世界。"蕾切尔·卡逊（Rachel Carson）在《寂静的春天》（*Silent Spring*）中如此问道。"这个决定是临时被赋予权力的那些权威人士的决定；他是在几百万人不注意的时候做出这个决定，对后者来说，建立一个美丽而有序的自然世界仍然具有深刻和迫切的意义"（Carson 1962：118-119）。正如人们有权获得面包一样，他们也有权体验自然之美，有权探索自然世界——人类在历史中的不断进化发展正是发生在自然之中。

第三，"权利"在环境美德伦理学中可能扮演的某种更具争议性的角色在于，它有助于阐明其他物种所享有的持续生存权。这是一个具有重大伦理意义的问题，因为生物学家告诉我们，人类正在经历全球范围内的大规模灭绝，地球上一半或更多的物种可能在下世纪永远消失（Secretariat of the Convention on Biological Diversity，2010）。虽然许多哲学家只愿谈及个人权利，但在过去75年间，群体权利已在国际法中确立，并成为针对帝国主义和种族灭绝等人类力图避免今后重演的那些情况的有力回应；

"繁荣"之间的关系来具体操作："繁荣"这里涉及的是包括人类和非人类在内的所有生命的繁荣。我的观点不是扣扣索索的（deflationary）。跟伯纳德·威廉姆斯一样，我认为我们需要运用自己所能触及的所有伦理术语来理解我们当前的伦理处境，从而说出需要说出的话，捍卫需要捍卫的权利。"权利"这个术语就是一个恰当的例子。

比如，在《防止及惩治危害种族罪公约》（the Convention on the Prevention and Punishment of the Crime of Genocide）中就规定了这样的权利。同样，有些环境哲学家也试图建立某种有效的权利，阻止人类的灭绝行为，并把生物多样性的危机提升到一个事关物种正义的紧迫问题的高度（Stone 1996; Staples and Cafaro 2012）。

我们可以把这种假定的权利奠基于如下基础：实现地球物种多样性并使之繁荣发展是一种善，而剥夺了美丽和复杂性的世界被过度简化了，则是一种恶。自然物种体现出并且蕴涵着有机自然界的秩序性、创造性和多样性，它们代表了千百万年的演进和成就，表现出令人难以置信的功能、组织和行为复杂性。每个物种，就像每个人一样，都是独一无二的，都有其自身独特的历史与命运。当人类占用过多的资源，破坏大量的栖息地，从而导致某个物种濒临灭绝的时候，这种过度的占有和破坏便过早地终结了一个本该富有价值和意义的世界。

无论哲学家此时使用"权利"概念是否有些奇怪，这个术语仍具有重要的意义。我们可以讨论，人类是否应该尊重其他物种并以克制的态度对待它们，人类是否可以将世界只当作供人类自己使用的资源。正如帝国主义和种族灭绝的概念能够帮助人们更好地了解20世纪的相关暴行，并且同时为人们提供一个解释框架以便在法律意义上承诺此类事件不再发生，生态灭绝和物种权利的概念也会激起人们对大规模物种灭绝的恐惧，从而采取有力的法律手段，帮助人们改变和避免最坏情况的发生。卡里克特·贝尔德（Baird Callicott）和威廉·格罗夫—范宁（William Grove-Fanning）认为，1973年的《濒危物种法》（Endangered Species Act）在美国法律中确立了自然物种**事实享有的生存权**，而与此同时，厄瓜多尔和玻利维亚也已将自然权利写入本国宪法。

这种伦理学进路囊括了所有的人类群体和非人类群体的繁荣之善，但同时，当其中一个群体的繁荣需要以牺牲另一个群体的存在为代价时，它又会质疑该群体的繁荣是否仍然为善。根据这种观点，世界上存在着一种畸形或过度的繁荣，它是不公正的。那些相信人类正在过度发展的人认为，为了让我们的余生也能实现繁荣，我们现在就应该不要那么关注我们的人口规模和经济需求。哲学家和环境活动家范达娜·席娃（Vandana Shiva）在"消除生态灭绝的全球倡议"（the Global Initiative for Eradicating Ecocide）网站上指出，人们必须认识到——

> 当前经济发展的基础是暴力。而我们需要的是一种非暴力的模式，一种与地球和平共处的模式。生态灭绝必须停止。无限增长的理想正在无限地侵犯地球的权利和自然的权利。

以负责任的繁荣为基础的环境美德伦理学，为德雷克·帕菲特（Derek Parfit）提出的那个令人困惑的"难以接受的结论"（repugnant conclusion）——根据这个结论，在我们后代的生活几乎不再值得一过之前，人们似乎在道德上都必须一直增加我们的人口数量，因为这会增加总体的福利（对此的评论，参见 Zwolinski and Schmidtz 2013）——给出了一个似乎合理的回答。就像一个节制而且公正的人（他的美德既能帮助自身实现繁荣、又能有利于社会实现繁荣）一样，人类**整体**的善也取决于我们对限定条件的接受，取决于我们对自然繁荣的容许。人类需求的不断膨胀将不可避免地对我们自身和其他物种的繁荣造成破坏，因而在道德上是令人厌恶的。只有在更大的整体中，繁荣才有实现的可能，也才是有意义的，而绝非以牺牲整体为代价。"繁荣"（flourishing）的词根是"花"（flower），它同样意味着更高的目标，而不仅仅是更多的有机物质或是更大的经济产量。这个概念蕴涵着更高的目的，而那些具备道德意识的人们将会捍卫和促进它们，比如，追求卓越，而不仅仅是可以忍受的人类生活。

环境美德伦理学要求"适可而止"（enough is enough）。它对地球生命的繁荣程度非常敏感，因而会对个人、社会和人类整体设立合理的道德限制。而讲清楚这一点，将会使得人们和其他生命都有机会实现繁荣，共同迈向遥远的未来。

环境美德伦理学的基础

一种针对环境美德伦理学的早期批评认为，它对环境美德的阐释缺乏理论性，而且有临时拼凑之嫌。如果回顾一下温斯维恩所列出的189种环境美德（Wensveen 2000），我们很难一眼搞清楚，该怎样理解如此丰富的内容。环保主义者当然可以识别出他们所偏爱的美德，并告诉志趣相投的人们去培养这些美德。可是，我们对具体美德的讨论又需要遵循什么原则呢？是什么东西可以让我们把这些美德整合为一个融贯的整体：要么在有关人类美德的一般论述中，要么在我们自己的生活中？环境美德伦理学家主张提出新的美德，并从生态的角度重新阐释既有美德，所以他们不可能诉诸早已被接受的来自一般伦理理论的美德论述。更何况，对于美德何以成为美德，主流的美德理论家自身也意见不一。

一些环境美德伦理学家试图通过发展一套专门适用于**环境问题的**美德标准来回应上述批评。例如，温斯维恩（Wensveen 2001a）富有说服力地指出，真正的美德必须促进生态的可持续发展，因为，环境的退化将会损害人类健康和生计，从而降低人们的生存能力，更不消说能够过上好的生活。正如亚里士多德认为美德能够促进个人和社会的繁荣、而后者使前者成为可能一样，涉及环境问题的美德伦理学所构想的美德也将会促进个人、社会和生态的健康，而前两者依赖于第三者。

从这个似乎合理的观点出发，我们可以认为节制是一种美德；而这不仅仅是出于传统的原因，比如，无节制的行为会损害个人健康、造成家庭财务状况不佳或破坏社会关系，而且因为它常常带来有害于环境的过度消费（Cafaro 2001b）。当我们试图理解构成美德的各种态度、习惯和行为时，我们应该重新思考，应该更多地关注环境领域。对于那些有损节制的社会习惯和法律，我们也要重新思考，也要更多关注环境领域。我们在发达资本主义社会里当作相对良性的东西而接受下来的许多做法，比如，让我们的孩子接受广告宣传的熏染，从更全面的角度来看可能就会大不一样。

大多数环境美德伦理学的支持者，都试图把他们对美德的一般描述奠基于有关人类繁荣的某种实质性的描述之上。正如我们所看到的，桑德勒（Sandler 2007）就采取这种方法：美德主要是指那些要么构成要么促进人类繁荣的品质。然而，学者们对于这种"繁荣"的理解却各不相同，我们需要做更多的工作，从而具体给出一种客观的人类繁荣观念——它既尊重人类的多样性，又认可人类进化的可能性。对于哪些人类品质真的让人成为**好的**人（更有可能过得好并且善待他人），我们要谋求一种真实的看法。不过，出于来自人类自然的理性能力的两点原因，要想获得某种统一的客观论述，这可能有些困难：

第一，理性使得人类能够从根本上重建我们的生活环境，从而在一定程度上改变我们所处的客观语境，而我们对不同人类特征的卓越性或缺陷性的评判正是在这样的语境中进行的。第二，理性可以让我们思考生活方式的全新可能——既包括个人生活，也包括集体生活。新的选择会让我们开始质疑，那些迄今被普遍接受的行为和传统习俗或那些已被证明的有关性格品质优劣的判断是否成立。把人类状况的这两个方面放在一起，肯定会给我们的道德判断带来根本的、不可消除的不确定性以及时间上的有限性（Cafaro 2004: 205-229）。这就好比，接受了生物进化的现实，将会使得人们针对自然有机体的物理特征所做出的那些有关"用进废退"的判断不仅不再客观确定，而且必须加以修正。可是，正如接受了生物进化的现实才能更为客观和准确地理解生物学一样，人们也希望，接受了由人类进化和人类想象所造就的激进可能论（radical possibilism），才可以形成更为准确和客观的哲学伦理学。因此，弄清楚客观伦理基础主义（objective ethical foundationalism）的相关细节，也许会成为当前环境美德伦理学所面临的最困难、但也最令人兴奋的理论挑战。

近期成果与未来展望

正如我们看到的那样，环境美德伦理学家能够回应批评者的批评。而这些回答是否令人信服，则需要由更广泛的学界同仁来判定。但是，针对伦理学进路的评判不仅仅取决于支持者面向批评的回应程度或是他们对于自己论证中最薄弱环节的辩护，更重要的是，他们能在多大程度上帮助哲学家探索新知，阐明旧学。

从历史上看，美德伦理学家最重要的工作就是对具体美德的探索，而近年来环境美德伦理学所开展的一些工作就在于，环境美德伦理学家针对个人的环境美德或恶德提出了详细厚重的论述。这包括杰弗里·弗拉斯（Geoffrey Frasz 2001）关于友谊（friendship）和仁慈（benevolence）的论述，贾森·卡沃（Jason Kawall 2007）关于崇敬（reverence）的论述，卢克·范·温斯维恩（Louke van Wensveen 2000）关于七宗罪（the seven deadly sins）的论述。它还包括莉莎·格伯（Lisa Gerber 2002）关于谦逊（humility）的论述，菲利普·卡法罗（Philip Cafaro 2001a）关于智慧（wisdom）的论述，以及罗莎琳德·赫斯特豪斯（2007）关于惊奇（wonder）的论述。就其最佳状况而言，这种工作既加深了我们对环境主义的理解，也让我们更好地理解了仁慈、节制、谦虚或明智之人的真正含义。

跨学科研究中有一个特别令人兴奋的领域，那就是，将哲学的探索同积极心理学的新发展联系起来。克里斯托弗·彼得森（Christopher Peterson）和马丁·塞利格曼（Martin Seligman）是这个快速发展领域的两位领导者。他们详细阐释了各种美德和"品格优势"对于人类幸福繁荣的贡献——而这正是大多数环境美德伦理学家在开展工作时所选择的解释框架。在有关节制（Wensveen 2001b）、节俭（Nash 1998）和物质简朴（Gambrel and Cafaro 2010）等美德的话题上，诸多哲学著作广泛借鉴了心理学文献，而一些积极心理学家在处理相关主题的过程中，也较为深刻地利用了某些哲学传统（如 Kasser 2002）。但是，进一步的跨学科研究仍有很大的空间（请回想一下安斯康姆（Anscombe 1958）早期的观点，她认为，美德的哲学规范的进步取决于合理的心理学发展）。

环境美德伦理学也可以对一般的伦理理论做出有价值的贡献。例如，这种方法可以帮助哲学家更加有效地回应情境主义对美德伦理学的批评。根据这种批评（参见阿法罗（Alfano 2013: ch2）和克里斯蒂安松（Kristjansson 2012: ch6）最近的总结文章），实证研究已然表明人类行为颇具情境化特征，因而无法在各种情境中确认真实的品格特征。大多数人谈不上勇敢或懦弱，也很难用诚实或不诚实来加以形容。他们考试时能够做到诚实，但在管钱时却做不到诚实；他们可以在参加数学考试时做到诚实，却不能在参加英语考试时做到诚实；或者，他们在参加英语考试时如果闻到空气中弥漫新鲜面包的香味就能做到诚实，但如果缺少这种可爱的气味他们就不能做到诚实……

在这种观点看来，认为存在相对稳定的品格特征属于一种错觉。可是，没有美德，就没有美德伦理学。约翰·多里斯（John Doris 2002: 146-149）指出，伦理学应该更多地关注能够带来道德行为的社会工程，而不是着力于描述那些良好的个人品格或者规定那些改善道德行为的措施。多数美德伦理学家都拒绝情境主义的批评，他们认为，更加微妙和准确的心理学会让我们继续像哲学家一直所做的那样谈论品格特征。只是，目前还不清楚这种乐观的看法是否正确，而环境美德伦理学又会对这场辩论有何贡献？

由于环境美德伦理学最基本的观念是环境条件可以助力或阻碍人类繁荣，因此，它由以出发的美德概念就既不那么英雄主义，也不那么个人主义。正如任何人的美德和成就都依赖于他的家庭与社会所给予的基本贡献一样，这些美德和成就也依赖于更加广泛的生物世界所给予的基本贡献。不仅包括食物、饮品和其他物质营养，还包括智力、审美和精神方面的寄托。环境美德伦理学认为，环境条件十分重要。因此，正如被污染的空气会导致大量哮喘病例一样，其支持者也能够同意说，新鲜面包的香甜气息可能导致更多利他行为的发生。我们支持约翰·多里斯的建议：哲学家和改革家应该更多关注影响人类行为的外部因素，因为，作为投身实践的环境主义者，他们无论如何都得这样去做。至于说品格特征的稳定程度以及它们在不同环境下如何决定行为等问题，在我看来，环境美德伦理学家需要耐心等待心理学的研究成果，之后才能得出相关结论。而在心理学研究取得一定进展时，环境美德伦理学家还得学会接受这些结论，并将它们融入我们对于促进人类卓越与繁荣的思考中。毕竟，从个人、家庭、社会和环境等各个层面采取适当的干预措施，才真的是改善现状的最佳方法。

请考虑一下"节制"美德。总的来说，在我们自己及子女身上培育这个美德是有意义的。这样可以让他们避免落入过度消费的陷阱，从而过上更富足的生活。同时，在公共领域，可以对儿童广告加以限制，为成年人提供充足的药物和酒精咨询，并采取其他措施让社会的天平更加偏向于有节制的行为。如果过度消费可能破坏生态系统的运作，或是减损生命整体的繁荣程度，那么，关注人类消费对于环境的损耗并通过设置健全的环境法来控制消费，就是有意义的。

请考虑一下"欣赏"和"感激"美德。根据一种完备性观点，我们始终都有充分的个人理由来向我们自己和我们的孩子灌输这些美德：进行饭前祷告，在一天结束时花点时间细数我们获得的恩惠，等等。这会使我们更加快乐。我们同样也有充分的理由来反对那些容易让我们的公民同胞缺乏感激之心的政治潮流。这包括：过度的宣传，使得人们把注意力放在他们并不拥有的东西上；"赢家通吃"的收入分配模式，进一步加剧经济的不平等和人们的嫉妒心。相反，由于自然界为我们提供滋养，我们应该对自然界表达感激。感激是美好的；而欣赏则进一步帮助我们更好理解世界，过上更有意义的生活。懂得感激的人更可能为了维持这个世界的清洁、绿色和野性而努力工作或做出牺牲，使自己或他人从中受益。

可以说，正是那些豪情万丈的"奋斗者"，比如唐纳德·特朗普家族（the Donald Trumps），才会想要用水泥覆盖这个世界，以支撑其虚幻的自负心（Hill 1983）。而环境美德伦理学则相反，它要求人们把自身的善看作整体善的一部分，鼓励人们把自身的繁荣限定在一定范围内，从而实现人类与非人类的共同繁荣。类似地，可能正是那些对生活缺乏充分信任的人，才会想要创造某种不可动摇的美德范式；凭借这种美德，他们可以一直当好人，而无论周遭的社会或环境整体发生怎样的变化。环境美德伦理学家尽管并不否认，美德的重要作用之一就在于帮助我们成功应对现实世界的外部挑战和缺陷，但我们却承认，人的美德和成就并非自我产生（self-generated）或自我延续（self-perpetuated），在一定程度上，它们是由一些我们无法控制的力量产生的。

就古代美德伦理学而言，哲学家把亚里士多德的《尼各马可伦理学》和《政治学》当作范例，其中不仅富有启发地讨论了人类繁荣的本质和恰当的追求方式，而且聚焦于个人的自我培养以及用于实现**城邦**繁荣的恰当政策，同时又并没有建议说，这些问题可以或应该被严格地区分开来。相反，一个领域中的理论洞见会加深另一个领域中的理解，就像在某个领域取得的**成就**会影响在其他领域取得的成就一样。如果我改善了自己的品格，那么，我就可以为社会进步做出更大的贡献；而在更好的社会中，也会产生更优秀的公民。我们坚决反对斯多亚学派的看法，即任何有德之人都不会因为坏运气或他人的恶行而受到伤害。作为替代方案，我们应该重新要求获得政治权利，因为，社会的繁荣发展将由它决定。

在实践伦理学方面，亚里士多德也许还可以写第三部著作，《生态学》(*Ecologics*)，其中讨论如何恰当地欣赏和管理繁荣的生态系统（包括对它们酌情"无为而治"）。这部作品可以把人类繁荣嵌入一个更大的生命繁荣之中，就如同《政治学》把个体公民的幸福嵌入城邦的幸福一样。有美德的公民促进社会的发展，而运行良好的社会反过来又有利于公民的繁荣。同样，人类社会和自然生态系统也是相互促进、互相成就。只有人类才能够有意识去理解、欣赏和感激自然界的美好事物。只有美好的地球才能够继续维系人类的生存。玷污自然就是玷污我们自己。我们会发现，过度地驯服自然以及由此造成的"小小世界"观念，其实是唯我独尊的、乏味无聊的。

当然，亚里士多德并没有写作《生态学》（尽管他在《政治学》中确实就环境因素对于**城邦**繁荣的重要性发表了一些有趣的议论）。或许，我们可以说，在2300年后，奥尔多·利奥波德为亚里士多德写出了这部著作，名为《沙乡年鉴》(*A Sand County Almanac*)。我们还可以说，当今的

第四部分　美德伦理学的应用

环境美德伦理学家们正在努力确立这种"生态学"（Lane 2012），就像环境主义者正在努力创造真正可持续发展的社会一样。

可以说，亚里士多德之所以认为生活在兴旺发达社会中人们能够实现繁荣，有赖于他们在重视个人权利和重视社会福祉之间达到了合理的平衡。从当今普遍采用的高度个人主义的伦理学进路看来，这样的社群主义进路似乎是不可信的、很危险的。同样地，在人类与自然界的其他部分之间试图谋求平衡，这也容易遭遇"生态法西斯主义"的叫嚣。既然哲学界主流基本默认的是人类中心主义的取向，那么，试图限制人类需求以保护其他物种或自然生态系统的做法在道德上就似乎是不可容忍的。可是，正如人类活动带来的气候破坏所造成的慢性灾难表明的那样，当代工业社会不可能实现可持续发展；这种社会能否继续下去，取决于生态系统能否继续正常运转。如果我们希望确保和扩大人类在上个世纪所取得的政治成就，那么，如何在生态的边界之内生活，将成为21世纪所面临的主要政治挑战。我觉得，应对这项挑战不能只靠蛮力和聪明才智，而是需要更加强大的技术发展和更加广泛的战略部署。正如奥尔多·利奥波德很久之前就指出的那样，工业社会的持久繁荣依赖于伦理观念的进化，通过这种进化，人类将自身的共同体意识扩展到非人类，并且同意在生态的边界之内追求我们的繁荣（Shaw 2005）。①

---

① 我们可以设想一种环境美德伦理学，它以纯粹工具性的视角来看待世界。但是，这种哲学不大可能为人类建立一个可持续发展的社会提供足够的指导。马基雅维利在《君主论》中概述了君主的暴政，但这样的概述对于建立公正和繁荣的社会关系而言（这恰恰是政治哲学的真正目的）其实并没有什么用处。所以，坚持人类中心主义的环境美德伦理学，将会误导那些寻求环境哲学真正目标的人；而这种真正目标就在于，建立一个能够维持所有地球生命之繁荣的社会。有鉴于此，利己主义和人类种族主义都不是环境伦理学的前进方向。

结论

罗纳德·桑德勒（Sandler 2007: ix）声称，环境问题在当代世界的重要性意味着，如果某个伦理学理论"提供了一种优于其他伦理学理论的环境伦理学，那么，它不仅是一种环境伦理学理论，而且首先就是伦理学理论"。我觉得他是对的，因为我也认为，在阐明一种公正可行的环境伦理学的问题上，我们还有很长的路要走。经过数千年的反复试验和数百年的持续反思，我们能够期待，现在的大多数人都知道应该如何对待他人（即使我们在实践中还远远达不到伦理理想）。但相比之下，我们还真的不知道该如何去过一种环境正义的生活，我们也还不知道要如何创造一个生态可持续的社会。而人类的福祉和地球生命的未来，都取决于我们是否能够做到这一点。因此，我们迫切地需要环境美德伦理学。

【相关主题】

第 14 章 "Eudaimonistic Virtue Ethics," Liezl van Zyl

第 27 章 "The Situationist Critique," Lorraine Besser-Jones

【参考文献】

Alfano, Mark (2013) *Character as Moral Fiction*. Cambridge: Cambridge University Press.

Anscombe, G. E. M (1958) "Modern Moral Philosophy." *Philosophy* 33: 1–19.

Bardsley, Karen (2013) "Mother Nature and the Mother of All Virtues: On the Rationality of Feeling Gratitude toward Nature." *Environmental Ethics* 35: 27–40.

Cafaro, Philip (2001a) "The Naturalist's Virtues." *Philosophy in the Contemporary World* 8 (2) : 85–99.

Cafaro, Philip (2001b) "Economic Consumption, Pleasure and the Good Life." *Journal of Social Philosophy* 32: 471–486.

Cafaro, Philip (2004) *Thoreau's Living Ethics: Walden and the Pursuit of Virtue*. Athens: University of Georgia Press.

Cafaro, Philip and Sandler, Ronald (eds.) (2010) *Virtue Ethics and the Environment*. Dordrecht: Springer.

Callicott, Baird and Grove-Fanning, William (2009) "Should Endangered Species Have Standing? Toward Legal Rights for Listed Species." *Social Philosophy and Policy* 26: 317–352.

Carson, Rachel (1962) *Silent Spring*. New York: Fawcett World Library.

Doris, John (2002) *Lack of Character: Personality and Moral Behavior*. Cambridge: Cambridge University Press.

Foot, Philippa (2001) *Natural Goodness*. Oxford: Oxford University Press.

Frasz, Geoffrey (2001) "What is Environmental Virtue Ethics That We Should Be Mindful of It?" *Philosophy in the Contemporary World* 8 (2) : 5–14.

Frasz, Geoffrey (2005) "Benevolence as an Environmental Virtue." In Ronald Sandler and Philip Cafaro (eds.) , *Environmental Virtue Ethics*. Lanham, MD: Rowman and Littlefield, pp. 121–134.

Gambrel, Joshua and Cafaro, Philip (2010) "The Virtue of Simplicity." *Journal of Agricultural and Environmental Ethics* 23: 85–108.

Gerber, Lisa (2002) "Standing Humbly Before Nature." *Ethics and the Environment* 7: 39–53.

Hill, Thomas (1983) "Ideals of Human Excellence and Preserving Natural Environments." *Environmental Ethics* 5: 211–224.

Hursthouse, Rosalind (1999) *On Virtue Ethics*. Oxford: Oxford University Press.

Hursthouse, Rosalind (2007) "Environmental Virtue Ethics." In Rebecca Walker and Philip Ivanhoe (eds.), *Working Virtue: Virtue Ethics and Contemporary Moral Problems*. Oxford: Oxford University Press, pp. 155–171.

Kasser, Timothy (2002) *The High Price of Materialism*. Cambridge: MIT Press.

Kawall, Jason (2007) "Reverence for Life as a Viable Environmental Virtue." *Environmental Ethics* 25: 339–358.

Kristjansson, Kristjan (2013) *Virtues and Vices in Positive Psychology: A Philosophical Critique*. Cambridge: Cambridge University Press.

Lane, Melissa (2012) *Eco-Republic: What the Ancients Can Teach Us about Ethics, Virtue, and Sustainable Living*. Princeton: Princeton University Press.

Nash, James (1998) "On the Subversive Virtue of Frugality." In David Crocker and Toby Linden (eds.), *Ethics of Consumption: The Good Life, Justice, and Global Stewardship*. Lanham, MD: Rowman and Littlefield, pp. 416–436.

Newton, Lisa (2003) *Ethics and Sustainability: Sustainable Development and the Moral Life*. Upper Saddle River, NJ: Prentice Hall.

Nickel, James (1993) "The Human Right to a Safe Environment." *Yale Journal of International Law* 18: 281–295.

O'Neill, John (1993) *Ecology, Policy and Politics: Human Well-Being and the Natural World*. London: Routledge.

Peterson, Christopher and Seligman, Martin (2004) *Character Strengths and Virtues: A Handbook and Classification*. New York: Oxford University Press.

Regan, Tom (1983) *The Case for Animal Rights*. Berkeley: University of California Press.

Rolston III, Holmes (2005) "Environmental Virtue Ethics: Half the Truth but Dangerous as a Whole." In Ronald Sandler and Philip Cafaro (eds.), *Environmental Virtue Ethics*. Lanham, MD: Rowman and Littlefield, pp. 61–78.

Sandler, Ronald and Cafaro, Philip (eds.) (2005) *Environmental Virtue Ethics*. Lanham, MD: Rowman and Littlefield.

Sandler, Ronald (2007) *Character and Environment: A Virtue-Oriented Approach to Environmental Ethics*. New York: Columbia University Press.

Secretariat of the Convention on Biological Diversity (2010) *Global Biodiversity Outlook* 3. Montréal.

Shaw, Bill (2005) "A Virtue Ethics Approach to Aldo Leopold's Land Ethic." In Ronald Sandler and Philip Cafaro (eds.), *Environmental Virtue Ethics*. Lanham, MD: Rowman and Littlefield, pp. 93–106.

Staples III, Winthrop and Cafaro, Philip (2012) "For a Species Right to Exist." In Philip Cafaro and Eileen Crist (eds.), *Life on the Brink: Environmentalists Confront Overpopulation*. Athens: University of Georgia Press, pp. 283–300.

Stone, Christopher (1996) *Should Trees Have Standing? And Other Essays on Law, Morals and the Environment*. Dobbs Ferry, NY: Oceana.

Treanor, Brian (2010) "Environmentalism and Public Virtue." In Philip Cafaro and Ronald Sandler (eds.), *Virtue Ethics and the Environment*. Dordrecht:

Springer, pp. 9–28.

Welchman, Jennifer (1999) "The Virtues of Stewardship." *Environmental Ethics* 21: 411–423.

Wensveen, Louke van (2000) *Dirty Virtues: The Emergence of Ecological Virtue Ethics*. Amherst, NY: Prometheus.

Wensveen, Louke van (2001a) "Ecosystem Sustainability as a Criterion for Genuine Virtue." *Environmental Ethics* 23: 227–241.

Wensveen, Louke van (2001b) "Attunement: An Ecological Spin on the Virtue of Temperance." *Philosophy in the Contemporary World* 8 (2) : 67–78.

Wenz, Peter (2005) "Synergistic Environmental Virtues: Consumerism and Human Flourishing." In Ronald Sandler and Philip Cafaro (eds.) , *Environmental Virtue Ethics*. Lanham, MD: Rowman and Littlefield, pp. 197–213.

Zwolinski, Matt and Schmidtz, David (2013) "Environmental Virtue Ethics: What It Is and What It Needs to Be." In Daniel Russell (ed.) , *The Cambridge Companion to Virtue Ethics*. Cambridge: Cambridge University Press, pp. 221–233.

【延伸阅读】

Chapman, Robert (2002) "The Goat-Stag and the Sphinx: The Place of the Virtues in Environmental Ethics." *Environmental Values* 11: 129–144.

Claxton, Guy (1994) "Involuntary Simplicity: Changing Dysfunctional Habits of Consumption." *Environmental Values* 3: 71–78.

Clowney, David (2013) "Biophilia as an Environmental Virtue." *Journal of Agricultural and Environmental Ethics* 26: 999–1014.

Frasz, Geoffrey (1993) "Environmental Virtue Ethics: A New Direction for

Environmental Ethics." *Environmental Ethics* 15: 259–274.

Frasz, Geoffrey (2013) "Wise Eve: A Green Account of Wisdom and its Connection to Environmental Virtues." Posted on Academia.edu.

Hannis, Michael (2013) "The Virtues of Acknowledged Ecological Dependence: Sustainability, Autonomy and Human Flourishing." Talk presented at 10th Annual International Society for Environmental Ethics Conference, University of East Anglia, Norwich, England.

James, Simon (2006) "Human Virtues and Natural Values." *Environmental Ethics* 28: 339–353.

Kasser, Timothy and Kanner, Allen (eds.) (2003. *Psychology and Consumer Culture: The Struggle for a Good Life in a Materialistic World*. Washington, DC: American Psychological Association.

Stafford, Sue (2010) "Intellectual Virtue in Environmental Virtue Ethics." *Environmental Ethics* 32: 339–352.

Swanton, Christine (2003) *Virtue Ethics: A Pluralistic View*. Oxford: Oxford University Press.

Thompson, Allen and Bendik-Keymer, Jeremy (eds.) (2012) *Ethical Adaptation to Climate Change: Human Virtues of the Future*. Cambridge: MIT Press.

第 32 章
世界美德伦理学

[美] 安靖如 / 著
李义天 孔希宇 / 译 谢廷玉 / 校

正如本书许多章节展示的那样，在世界范围内，美德伦理学获得了不同的实践化和理论化形态。不同的时间和地域有不同的美德清单，而关于美德的统一性，也有不同的理论化方案；各种美德以不同的方式得到证明、彼此关联，并在更广泛的伦理思想和实践传统中占据不同程度的核心位置。而本章的目标就是为当今学人提供理解这种多样性的方法，因为，多样性影响着我们当前和未来的哲学工作与伦理生活。本章将主要介绍四种立场，人们可以凭借它们而思考世界范围内的美德伦理学：基于传统的（tradition-based）立场；有根的全球主义（rooted global）立场；新兴的世界主义（emergent cosmopolitan）立场；以及普遍理论（universal theory）立场。在每一种框架内，这个世界都会以不同方式影响理论工作者；当我们反思我们所持的某个立场（或者，也许是多个立场）——它（们）既对当前美德伦理学的理论化提出了要求，又为这种理论化提供了诸多机会——时，日益紧密联系的世界都将变得更加突出。

在深入探讨四种立场之前，有两个初步的问题应当加以讨论。首先，绝非巧合，本书是英语学界第一本认真关注人们在世界的背景下应当如何探讨这一主题的伦理学参考书。哪怕只是为了了解美德伦理学在不同传统中的丰富性——安靖如和斯洛特主编的那本书（Angle and Slote 2013）同样承认这一点——人们也应该看看这部书。因此，可以理解，这部作品首次展示了美德伦理学在多传统、多语言的世界中获得理论化的复杂状况。这不是说，后果主义、义务论或其他的伦理学进路就不存在"世界"的方面：对于每条进路，正如艾文贺（Ivanhoe 1991）、林满律（Im Manyul 2011）、斯洛特（Slote 2009）、李明辉（Lee 2013）等人的作品所展现的那样，只要我们仔细考察，都可以发现很多值得思考的东西。我希望今后的参考书也能够体现这一点。

其次，我们应该注意到，以往的哲学讨论针对伦理多样性的刻画，主要是为了搞清楚"多样性"这个基本事实何以融入围绕相对主义、绝对主义和实在论等问题而展开的元伦理学辩论。虽然这些问题对接下来的讨论有一定影响，但本章主要不是关注元伦理学问题，而是元哲学问题：从世界的多样性出发，我们该如何从事哲学的理论化工作和实践化工作？尤其是，我们该如何学习和讨论美德伦理学？这里至关重要的是，其他章节已使得我们可以合理地认为，不同的传统在内容上会有一些明显的重合，甚至会有（一些）共同的概念或问题。因此，尽管本章主要是在一个很抽象的层次上展开论述，但它的目标却是为了鼓励人们改变思考和实践哲学的方式，而不是为了确立某个特殊的元伦理学命题。

立场1：基于传统

我们首先谈谈在某个单一的传统内部探求美德伦理学的路径。许多分析人士强调，真正的传统典型地具有内部的多样性以及（凭借该传统自身术语而展开的）理性的辩论（Shils 1981；MacIntyre 1988, 1990；Nussbaum and Sen 1989）。麦金太尔关于传统的分析不仅广为人知，而且极富洞察力。根据他对该术语的用法，只有当一个共同体通过他们共同承认且自觉采用的标准进行探究，才谈得上存在某种传统：

> 探究传统不仅仅是一种连贯的思想运动。它是这样的运动，在此过程中，参与其中的人们意识到它，并且自觉地试图参与其辩论，推动其探究向前。

（MacIntyre, 1988: 326）

在特定时间和地点，我们既可以确认某些细微的传统，也可以确认某些更宽泛的传统，其中许多传统在本书前述章节已有提及。比如，无论是对斯多亚学派传统、还是对更宽泛的希腊化哲学传统进行考察（它们各自都有一些尚存争议的不同问题），都是有意义的。与之类似，当一个在语言和文化方面存在广泛共享性的共同体的成员同时也自称为关于探究的某些独特的亚共同体（sub-communities）的成员时，将这些亚共同体的实践称作亚传统（sub-traditions）有时也是有帮助的。无论如何，对麦金太尔以及其他讨论"传统"的作者来说，至关重要的是，传统往往存在内部批评和进步。在麦金太尔看来，某些连贯的思想运动最终无法回应自己的问题，这便足以说明它们不是传统（MacIntyre 1990: 158-160）。

本书前面章节讨论的那些围绕美德伦理学的探究，大多数都是基于传统的探究。由于没有关注亚传统之间彼此挑战或回应的方式，世界范围内的哲学实践对于这种基于传统的探究几乎没有任何影响。不过，把美德伦理学的一条可选的研究进路看作"基于传统"的，也许会影响到美德伦理学的当代实践。陈汉生（Chad Hansen）指出，当我们发现一个传统的拥护者认真关注其反对意见和互竞立场，特别是当他们对反对意见做出"合理的回应"时，我们会进一步表示"尊重道德传统"（Hansen 2004: 92）。而这跟仅仅觉得其他群体的观点富有吸引力是很不一样的。我们假设，某人得知儒家传统要比自家传统更加注重葬礼后，他决定说："我看到了儒家实践的关键，而且我认为它比我们一直采取的做法更好；今后，我要接受他们在哀悼和葬礼方面的价值观。"这不是在尊重道德传统，而仅仅是一阶道德判断。陈汉生关注的是，当一阶分歧持续存在时会发生什么情况。陈汉生认为，如果互竞的传统只是一系列没有根据的断言，那么，除了我们自己关于宽容的一阶道德信念，比较哲学不会给我们提供更多理由来尊重或容忍这些信念。然而，如果这个传统根据其竞争者的合理批评而积极地捍卫自身立场，那么，我们就会把它当作一个哲学传统而加以尊重。陈汉生做了个类比，我们因为某人有好意图和讲原则的行为而"主动原谅"（positively excuse）他，这要比当某人犯了意料之中的错误后我们只是忍住不去责备他的那种更常见的"消极原谅"（negatively excusing）的情况更胜一筹。类似地，他指出，当一个传统认真应对互竞立场从而展现出较高的认知或哲学标准时，我们就会尊重这个传统，因为我们此时有更多的（或更强的）理由来宽容持续存在的分歧。

陈汉生说，单凭"另一个传统认可既有的规范"这个事实，并不足以让我们信奉它，尽管"尊重道德传统"会让我们进一步宽容其他传统，并有可能些许动摇我们自己的观点。麦金泰尔也同意说，单凭"别人持有不同观点"的事实并不会提供任何理由让我们改变自己的观点。事实上，由于他强调不同传统拥护者采取不同的（甚至是不可公度的）推理标准，因而，他甚至要比陈汉生更加强调这一点。尽管如此，麦金太尔论证指出，某个传统的拥护者仍有可能发现自己的传统不如其他传统，从而理性地选择另一个传统。一个传统是可以打败另一个传统的。大体而言，过程是这样的：（1）如果我们认为我们的传统陷入了危机，因为根据它自己的标准，它也总是失败；并且（2）我们开始理解另一种不同传统的规范和推理，或许把它当作"第二母语"（second first language）来学习；并且（3）我们进一步发现，这个作为替代选项的传统并未陷入危机；并且最后（4）我们看到，这个作为替代选项的传统可以用自己的术语来解释，为什么我们的传统已然失败——如果所有这些都发生了，那么，我们就可以理性地选择接受这个新的传统（MacIntyre 1988, 1989）。

无论是尊重道德传统，还是更激进地承认某人所处的传统不如其他传统，这些都是就整体而言，也就是说，它们关乎整个传统，而不是这些传统的个别方面。在下一节，我们将会考虑另一些路径，根据这些路径，在世界背景下从事美德伦理学研究的人们或许能以更零散的方式从替代性的观念中获得滋养。而在继续推进之前，还有一个被我搁置的问题亟待处理。我们是否应该把当代美德伦理学——本书第二部分包含的那些篇章，关于英美的、儒家的、佛教的或其他的美德伦理学——都看作是基于传统的？这之所以是个紧迫的问题，部分原因在于，麦金泰尔已经明确指出，现代学院派的西方哲学不能算作一种传统。他特别强调概念与推理标准之间相互依赖的方式，认为它们不仅存在于零碎的传统之中，也存在于具体的社会结构和共同体活动之中。他声称，从邓斯·司各脱（Duns Scotus）这样的中世纪晚期人物开始，一直到当代英美哲学，西方哲学逐渐聚焦于那些脱离了产生它们的思想体系也仍可以被识别甚至也许被解决的"问题"。一旦关注点在于这些问题，那么，任何所谓的解决方案都将是临时性的，而且，它们时刻都将面对同样临时性的反驳（MacIntyre 1990: 152, 159）。我们虽然无法简单地回答麦金泰尔的指控，但指出如下三点可能是有帮助的。第一，显而易见，无论东方或西方，当代美德伦理学进路往往寻求将自身植根于一个或多个历史人物、文本或整个传统的基础上。尤其是，在许多理论家那里，从安斯康姆（Anscombe 1958）到赫斯特豪斯（Hursthouse 1999）再到拉塞尔（Russell 2013），亚里士多德就发挥着这样的作用。第二，至少同当代哲学的其他一些分支相比，美德伦理学看起来与现实的共同体及其实践之间有着更紧密的联系：美德伦理学所强调的范畴往往更厚（thicker），更加嵌入共同体、文化和实际的道德教育，而与义务论或后果主义相关的范畴则更薄（thinner）。出于这两个原因，我们可以认为，当代美德伦理学确实是基于传统的。最后，当我们在下面最后一节转向"普世理论"时，我们还会看到针对麦金太尔的另一种不同的回应：我们应当有意识地同各种具体传统保持距离。

立场 2：有根的全球主义

基于传统的探究是这么多年来大部分思考者所做的工作，也是我们当中许多人在大多数时间里所做的工作。本书的大部分章节所描述的也是这种探究。但是，该书把不同传统并列呈现出来的做法却表明，针对各种植根其他传统的美德伦理学路径，编者们是在表达他们的道德传统尊重之情。如果我们不采纳麦金太尔所说的那种从一个传统向另一个替代性传统的整体式转变，那么，我们又该如何以更零散的方式来理解跨传统互动的可能性呢？诚然，这种做法会面临一系列从概念到实践上的障碍，但我们也有充分的理由认为，它可以富有建设性地完成。大体说来，思考跨传统互动的研究方式有两种。"有根的全球主义"进路，特别强调一个人的本土传统（home tradition）及其目标和价值的持久性；一个人即便对其他传统的可能刺激因素保持某种开放性（甚至主动寻求接受这种刺激因素），他也仍会植根于自己的传统。他的目标是，根据他自己的（也许会发生改变的）传统所设置的标准而取得进步。这里，我们将考察这种进路，然后在下一节转向"新兴的世界主义"框架，对后者来说，取得跨传统共识乃是一个明确的目标。

大多数从事跨传统研究的哲学家都承认，某些关键术语的含义既跟其他术语的含义密切相关，也跟这些术语之间的推理关系密切相关，还可能跟某种特定文化的物质实践密切相关。这些都是麦金泰尔这样的整体论者可以利用的方面；他们由此得出的结论是，不同的哲学语言是不可公度的。然而，关键在于意识到，如果一个人觉得建设性的跨传统互动可以常常包含谨慎的相似和暂时的模糊，那么，他就既能够在很大程度上接受意义的整体论（meaning holism），又能够支持开展跨传统互动。当一个人同来自其他背景的人互动时，零散地考虑自己的价值观，这或许有助于他实现一定程度的相互理解或共识。迈克尔·沃尔泽（Michael Walzer 1994）称之为"薄的"价值观；与"厚的"价值观不同，当我们基于薄的价值观交谈时，我们并不关心它们的支撑论证、全部意义或更广的推理关系。我们寻求的仅仅是与他人之间表面的共同基础。《世界人权宣言》的起草者就采取了这个策略，而雅克·马里坦（Jacques Maritain），一位负责总结世界哲学家的人权观念的哲学家，对此有明确的阐述。他的说法非常有名："是的，我们赞同权利，但条件是没人问我们原因。"（Maritain 1949: 9）。诚然，一个人不能过分地采用零散的方法。毕竟，它需要我们暂时搁置那些赋予我们词汇以意义的推理关系。或者，我们可以把它看作一种努力，以求暂时脱离某些社会规范——它们所具有的惯性可能会严重地影响到我们彼此交谈甚至理解的内容。就此而言，零散的视角是很容易犯错的。所以，无论作为参与跨文化对话的行为主体，还是作为试图理解这些交流的分析人士，我们都必须在整体视角和零散视角之间谨慎地保持平衡。

努力实现这种谨慎平衡有一个很好的例子，那就是阿伦·斯托内克尔（Aaron Stalnaker）有关"桥梁概念"（bridge concept）的看法。一个桥梁概念就是某种"一般观点……它可以被赋予充分的内容，从而饱含意义并用于指导比较研究，但在特定情况下，它仍可以得到更丰富的具体说明"（Stalnaker 2006: 17）。桥梁概念并未假设存在着跨文化的普遍性，毋宁说，它只是姑且假设存在某些一般领域，在其中，各个传统也许可以展开建设性的彼此交流。斯托内克尔进一步指出，仔细"分析每一位思想家的词汇表……可以保证各方在比较过程中不失其独特性"。比如，斯托内克尔认为，诸如"人"这样的桥梁概念就可以让我们富有成效地比较并挑战奥古斯丁和荀子的观点：二者都有一些概念大致相当于"人"，而思考奥古斯丁笔下那个相当于"人"的更具体概念的相关问题和洞见，则会让我们对于荀子有关"人"的一系列更具体观念产生新的见解，提出新的挑战。当然，没有什么可以保证桥梁概念就一定富有成效，而不是带来误导；对于斯托内克尔选择出来的一些概念，人们也提出批评（Kline 2007）。但这仍然很好地表明，零散的视角也可以谨慎地实现进步。

我们如何能够判定多个传统之间特殊而零散的相遇是建设性的？最简单的回答就是：如果我们这些各自传统的拥护者认为相遇是建设性的，那它就是建设性的。最粗浅地说，如果我们为了一个在我们这里早已存在的问题而向另一个传统寻求答案，并且找到了这样的答案，那么——在其他条件相同的情况下——这就是有建设性的。当然，比较哲学家这么多年来早已意识到，仅仅试图从别人的传统中寻求我们自身困惑的答案，这可能是有问题的。一旦这种挖掘考察不成功，人们往往会得出结论说别人的传统不够哲学，却不会认为我们的问题也许并非唯一值得追问的哲学问题。毕竟，如果我们由此发现，新问题或者旧问题的不同解决路径可能要比我们现有的问题或解决路径更加优越或至少构成了补充，那么，这也算得上另一种成功。当一位行为者以零散的方式去评估某种在其他群体那里得到更多重视而在他自己所处的群体中却不太受待见的东西时——比如，当托马斯主义者或其他西方思想家开始接受儒家赋予礼仪和崇礼之德的重要意义时——他（她）也许就会重新审视自己的传统，考察它们是否可以得到修订，从而使得相关价值在本土传统中也能拥有更加坚实的立足之处

（MacIntyre 2004；Woodruff 2001）。

完全以我们自己既有的方面来判断成功与否，这种做法面临的第二个问题是，它几乎没有提供空间来判断，我们对于其他传统的阐释实际上是否真的切合于该传统的更大背景和关切。让我们假设，一位哲学家把朱熹说过的某些话从语境中拎出来，进而受到刺激，希望也能在当代英美美德伦理学中发现一种新颖而颇有前景的路径（其新颖性和前景性都是就后者内部而言）。那么，这种刺激因素并非朱熹的真正原意，这究竟有没有关系呢？显然，答案似乎既是否定的，又是肯定的。之所以是否定的，是因为我们只不过为自己拥有了一个能够加以运用的富有成效的新观点而高兴。但之所以又是肯定的，则是因为它可能成为一个问题；一方面，它可能会对朱熹（乃至有可能对新儒家）造成更大的误解，另一方面，我们可能会因为这样的误解而错失针对我们自身框架的更深层次的刺激或挑战。由于这个原因，试图进行跨传统研究的哲学家就有很多东西需要向历史学家或其他专家请教。但是，哲学家并不需要仰仗历史学家而决定，某种既有的阐释是否经得起哲学的考察。如前所述，零散而创造性地把某个传统中的观念适用于另一个传统，这是有风险的。不过这里的主要结论在于，只要我们愿意投入精力，那么回报也是巨大的，而且它们必将是在一个个具体的情况中得到评价。

立场3：新兴的世界主义

截至目前，我们几乎还没有注意到由于语言的差异而给跨传统哲学研究带来的挑战。麦金泰尔之所以对零散式的哲学比较感到不安，其中一个主要原因就是对翻译表示担忧；他指出，现代的全球语言，比如当代英语，虽然看起来可以表达来自许多传统的观点，但实际上已经遭到阉割，失去了与传统和共同体之间的本质联系，而正是这些传统和共同体使得更为古老的语言能够交流丰富的美德观念和承诺（MacIntyre 1989）。本章认为，尽管语言和历史文化背景的差异确实让人很难在不同的语言和时空中准确阐释一系列观念，但是，麦金太尔有关不可公度性的讨论也走得太远了。关键在于，要想干预我们的本土传统——所有的本土传统都可以根据上述方式而获得暂时评估——我们就必须能够足够（大致）正确地把握事物。因此，本书讨论的不同美德伦理学传统之间的语言差异，对于这种或那种世界美德伦理学来说，并非不可逾越的屏障。

上面提到的这个问题，在许多二手文献中都居于核心位置（Mou 2001; Angle 2006）。不过，由于本章的目标是元哲学层面的，因此，引起我们兴趣的应该是一种与之不同且更具实践性的语言学问题。与其关注孔子说的汉语和亚里士多德说的希腊语，不如让我们看一下那些能够使今日来自不同背景的哲学家展开互动交流的语言和其他交流措施（书籍、期刊、会议、互联网等）。对于一开始就被当作是说英语的新亚里士多德主义美德伦理学者，或者一开始就被认定为说汉语的儒家美德伦理学者而言，他们是否有可能立足于这样一种理论立场：虽然不承诺偏向哪一方，但基于好的论证和论据，却又能试图建构或阐明一种对双方均有所借鉴的可行的伦理视角呢？当然，世界上不存在毫无争议且不依赖于任何立场的关于"好论证"和"好论据"的标准；我们正在探讨的这种可能性也不是"无源之见"。毋宁说，随着交流、往来和翻译变得更加便捷，呈现于世的也许不仅仅是有根的全球哲学，而且实际上就是一个跨国的哲学共同体，它本身就能成为标准和评价的来源（Angle and Slote 2013: 6）。

这种可能性被称作"新兴的世界主义"。它与辛格（Singer 1972）提出的那种非常强势的世界主义有很大不同，也区别于阿皮亚（Appiah 2007）所说的那种尽管更灵活但依然支持我们目前有关普遍道德承诺的观点。新兴的世界主义不是要成为伦理学或政治哲学的一阶规范理论，它说的是一种世界背景下的哲学发展所可能采取的方式。沿用上面的例子，让我们假设一下，说英语的新亚里士多德主义者（传统A）受到儒家礼仪观（通过翻译，这种观念被阐释为传统A的语言）的刺激，从而富有成效地发展了他们自己的美德观念。在有根的全球主义立场看来，对于传统A的成员而言，说汉语的儒家美德伦理学者（传统C）会对这些关于儒学的翻译和采用作何反应，相对来说并不重要。如上所述，尽管翻译者有理由应当在意准确地阐释对象，但这只是需要与其他考虑进行权衡的考虑之一；它们不是成功的必要条件。

而这种模式的问题在于，它预设传统A的成员和传统C的成员之间相互隔绝，这可能是不符合现实情况的。它也许适用于，比如说，18世纪的耶稣会士对中国思想的阐释给欧洲启蒙思想家带来的重大刺激（Mungello 2012；亦参见Jensen 1997），但在今日世界中，它越来越成问题。当代的新亚里士多德主义传统和儒家传统成员，越来越可能阅读彼此的作品（无论是直接阅读，还是通过翻译而了解），越来越可能通过发表或出席会议而作出回应，并且，原作者也会对这些回应感到兴趣甚或关注这些回应。如前所述，美德伦理学就是这样一个此类互动较为发达的领域。过去，传统之间的长期接触会产生综合——比如，经过几个世纪的早期儒学和佛学的互动，新儒学产生了——但也许与之不同的是，今日的一体化进程和通信技术则可能使得多极化的哲学讨论成为现实。只有当开放和包容成为我们哲学共同体的特征时，我们才真正能够讨论新兴的世界主义。

至少有三条重要的告诫必须提到。第一，针对经济和文化全球化的许多批评意见或许同样适用于哲学上的新兴世界主义。举个例子，在中国学界，声望、影响力和更多的报酬都来自在"国际"期刊上成功发表文章，这给人们提供了强大动力去设立研究议程，迎合那些业已存在的（主要是英语世界的）期刊编委会标准。甚至更基本地，请想一想，对儒家美德的思考在很大程度上是由研究型大学所聘请的学者来进行的，而这些大学虽然如今在工业化国家里普遍存在，但其实也是非常晚近的产物。后面这个事实已然引起一些中国思想家的质疑，那就是，中国的反思传统是否最好就被理解为现代意义的"哲学"（Defoort and Ge 2005）。有一种不同的回应（它至少得到部分西方哲学家的承认）指出，西方哲学目前的体制结构——以及，尤其是它与日常生活的实践事务之间的脱节——本身就可能成问题，而我们应该更多地关注有生命的哲学（Shusterman 2007）。而第二条告诫则是，必须承认，当我们讨论一个共同体（它具有日益重叠的标准）的兴起时，我们不能仅仅关注哲学家的行为。哲学家不一定是全球秩序变化的被动接受者；在塑造这些变化的过程中，我们也可以成为积极的批评者和参与者。

最后，第三条告诫是，必须坚持认为，如果要在理论上进一步说明一个更具世界性的哲学共同体的模样，那么理论本身就必须是包容的，它能够给新兴的世界主义实现自我理解所仰仗的那些概念寻获多种资源。比如，当代中国哲学家赵汀阳就一直在论证他所说的"天下"观，而这种观念就可以部分被理解为"以世界为尺度去理解和解决世界的问题"（Zhao 2009）。事实上，赵汀阳很好地体现了一种新兴的世界主义态度——尽管不是关于美德伦理学的——因为，他一直在思考人们对其多语种出版著作的回应，并且既吸收来自当代共同体的哲学思想，又试图与之展开对话。

立场4：普遍理论

本章详细探究的这四种进路全都提出了普遍主义的主张。也就是说，即使是基于传统的美德伦理学进路，也在围绕"何为美德"而给出一些可适用于所有人的主张。或者，如果说完整成熟的美德还有无法适用的对象——亚里士多德所说的自然奴隶或早期儒家政治思想所说的"民"——那么，这样的局限不是因为介入传统而造成的，而是相关个体的基本特征造成的。这里只举一个例子，在儒家传统目前已知的文本中，有许多说法表明其教义和观点是同所有人相关的。当孟子说"人皆可以为尧舜"时（《孟子·告子下》），他的意思是，任何人在任何地方都有能力成为像尧或舜那样的圣人。而在《论语》中，孔子说他想住在远离中原腹地的夷人之间，于是有人问他："陋，如之何？孔子回答说："君子居之，何陋之有？"（《论语·子罕》）其含义似乎是，儒家的美德不受边界或文化所限，而可以运用于并传播到有德君子所应到达的任何地方。

尽管如此，对于前三种方法来说，证成这类主张都要诉诸某个（或多个）具体传统或共同体的标准。相反，"普遍理论"则是要把理论植根于特定传统或时空的特征最小化，甚至完全予以否认。而它实现这点的一种方式就在于，通过富有想象地对待所有文本，就好像它们的"作者"都是同时代的理论家一样，从而有意识地兼收并取各种资源。普遍理论的另一个标志是，它与人类科学或自然科学尤其是心理学有紧密的联系。最后，这类研究还有一个共同特征，那就是，它们聚焦于解决那些被认为在一定程度上界定了美德伦理学领域的问题。但如前所述，麦金泰尔相信，一旦哲学家独立于传统背景而关注问题，那么，他们提出的任何方案就都是临时性的，而且时刻都会面对同样临时性的反驳。

在评估普遍理论的优缺点前，让我们先来看一个例子。斯沃顿（Swanton 2003）的理论来源明显是多元主义的。事实上，美德伦理的普遍理论的显著特点之一就在于，它与亚里士多德保持距离，而现代的美德讨论大多都来自后者。把自己置于主流传统之外，这需要对该传统的基本预设提出明确挑战，而在她的著作中，斯沃顿就给出了许多这样的挑战。斯沃顿同时指出，她旨在实现一种"广泛的反思平衡"，其中就包括要诉诸那些可以帮助我们解决各种伦理直觉之间冲突的背景理论（Swaton 2003: 8-9）。尤其是，为了洞察我们内心生活的某些复杂面向，她还援引了后尼采主义的"深层心理学"。但至少出于两个原因，她对尼采某些观点的借鉴并不意味着她就"植根于"尼采主义的传统。首先，许多心理学家和认知科学家都在她的论述中发挥了作用。其次，美德伦理学是否有一种尼采主义传统，也绝不是显而易见的：我们看不出来，斯沃顿的研究限定于何种共同体及其实践或标准。毋宁说，她是典型的具有普遍性和学术性的美德理论家；在她眼里，哲学、科学、教育理论和治疗学说都有可能用来更好地阐释美德伦理学的本质，并解决哲学家已经发现的美德伦理学问题。

就我们对世界美德伦理学的兴趣而言，普遍理论有一种很明显的吸引力，即它对来自任何传统或语言的观点或解决方案都理应保持着同等开放的态度。而且，事实上，斯沃顿已经表明，她有兴趣针对欧美世界之外的美德伦理学资源展开批判性的讨论（Swanton 2013）。而乌尔德坎（Hourdequin 2013）则是另一个范例，他研究"普遍理论"模式所提出的哲学问题，并通过诉诸英美世界之外的哲学资源（在这方面，是儒家的思想家孟子）而寻求答案。可是，我们又该如何看待麦金泰尔的指控呢，即，不基于传统的探究将注定陷入无法解决的临时性主张和反驳？我们至少可以给出三种回应。第一，或许可以认为，在普遍理论之中运用多种科学将会有助于解决争论或缩小分歧。从斯沃顿的深层心理学，到争论各方在围绕"情境主义"的辩论中所援引的社会心理学以及其他心理学（Slingerland, 2011），似乎都存在一些确凿的论据表明，科学即便无法回答我们所有的问题，它也确实可以提供帮助。第二，基于传统的立场真的明显会比普遍理论更能解决问题吗？无疑，这是个很大的问题，它不仅取决于普遍理论的本质，而且需要我们针对基于传统的探究进行一番比在这里能够做的更详细考察。不过，我们会发现，普遍理论对待任何相关考虑的开放性有可能提供了很大的机动空间，以至于问题永远无法解决：这一方或那一方总是可以转换讨论的基础。或者，也许这种转换本身是好事，它使得人们可以挑战那些为普遍理论设定了议程的问题？请想想，在英语世界的美德伦理学中，正确行动的问题占据着中心地位。如果施内魏德（Schneewind 1990）所说的理由是对的，那么，美德伦理学似乎就面临一个问题——一个斯沃顿和很多其他人都在努力解决的问题。但是，把这个"问题"刻画出来也许就很困难，而来自其他伦理传统的资源则可以帮助我们看到这一点。由此引出了第三种回应：我们不应该低估，就算普遍理论也得在一定程度上依赖于实践者的共同体及其标准（这些标准本身也可被质疑），而且，随着这个共同体的日益扩大，普遍理论和新兴世界主义之间的差别也会越来越模糊。

结论

本章不是为了说服读者相信，有且只有一种方式可以研究世界视野下的美德伦理学。即使是基于传统的探究方式，也可以通过对世界的充分认识而展开——如果这种探究的实践者定期从他们所聚焦的探究中抬起头来，至少打开自己的视野，对其他道德传统予以尊重，并且考虑是否有可能从有根的全球主义中获得一些启发的话。本章唯一要坚决反对的是，认为美德伦理学的全部内容都来源于所谓的"西方传统"。从两方面来看，这种立场都是有问题的：首先，在可以承认的意义上，从来就没有包罗万象的单一"传统"，有的只是那些使用"西方传统"短语的人们通常在脑海里浮现的人物或文本。当哲学从地中海向欧洲、北美和其他地方扩展时，它就已经同诸多传统和共同体发生联系，而后者并不完全属于标准的"西方哲学"之列。其次，正如本章——以及本书其他章节——参考的许多学术成果试图详细展示的那样，无论是美德伦理学还是其他对于美德伦理学的哲学关切，都可以在世界范围内的各种传统中被人寻获。不过，仅仅存在这样的关切，还不能保证采取本文勾勒的某一种形式而进行的跨传统的思想交流便自然就会有建设性。正如本章试图表明的那样，每一种方法都有可能富有成效，但每一种方法也带来某些风险。无论哪种情况，成功的关键都在于因事而异的具体论证。天使——或者菩萨，或者君子——就在这些细节之中。

【相关主题】

第 2 章 "Aristotle's Virtue Ethics," Dorothea Frede

第 3 章 "The Stoic Theory of Virtue," Tad Brennan

第 4 章 "Hindu Virtue Ethics," Roy W. Perrett and Glen Pettigrove

第 5 章 "Why Confucius' Ethics is a Virtue Ethics," May Sim

第 7 章 "Virtue in Buddhist Ethical Traditions," Charles Goodman

第 8 章 "Respect for Differences," Yong Huang

第 12 章 "Hume," Jacqueline Taylor

第 16 章 "Pluralistic Virtue Ethics," Christine Swanton

第 18 章 "Contemporary Confucianism," David Elstein

第 27 章 "The Situationist Critique," Lorraine Besser-Jones

【参考文献】

Angle, Stephen C. (2006) "Making Room for Comparative Philosophy: Davidson, Brandom, and Conceptual Distance." In Bo Mou (Ed.), *Davidson's Philosophy and Chinese Philosophy: Constructive Engagement*. Leiden: Brill, pp. 73–100.

Angle, Stephen C., & Slote, Michael (Eds.) (2013) *Virtue Ethics and Confucianism*. New York: Routledge.

Anscombe, Elizabeth (1958) "Modern Moral Philosophy." *Philosophy*, 33 (124), 1–19.

Appiah, Kwame Anthony (2007) *Cosmopolitanism: Ethics in a World of Strangers*. New York: W. W. Norton & Co.

Defoort, Carine, & Ge, Zhaoguang (2005) "Editors' Introduction: The Legitimacy of Chinese Philosophy." *Contemporary Chinese Thought*, 37 (1), 3–10.

Hansen, Chad (2004) "The Normative Impact of Comparative Ethics: Human Rights." In Kwong-loi Shun & David B. Wong (Eds.), *Confucian Ethics: A Comparative Study of Self, Autonomy, and Community*. New York: Cambridge University Press, pp. 72–99.

Hourdequin, Marion (2013) "The Limits of Empathy." In Stephen C. Angle & Michael Slote (Eds.), *Virtue Ethics and Confucianism*. New York: Routledge, pp. 209–218.

Hursthouse, Rosalind (1999) *On Virtue Ethics*. Oxford: Oxford University

Press.

Im, Manyul (2011) "Mencius as Consequentialist." In Chris Fraser, Dan Robins & Timothy O'Leary (Eds.), *Ethics in Early China: An Anthology*. Hong Kong: Hong Kong University Press, pp. 41–63.

Ivanhoe, Philip J. (1991) "Character Consequentialism: an Early Confucian Contribution to Contemporary Ethical Theory." *Journal of Religious Ethics*, 19 (1), pp. 55–70.

Jensen, Lionel M. (1997) *Manufacturing Confucianism: Chinese Traditions and Universal Civilization*. Durham: Duke University Press.

Kline III, T. C. (2007) "Review of Overcoming Our Evil." *Notre Dame Philosophical Review*. https:// ndpr.nd.edu/news/25240-overcoming-our-evil-human-nature-and-spiritual-exercises-in-xunziand-augustine. Accessed September 4, 2013.

Lee, Ming-huei (2013) "Confucianism, Kant, and Virtue Ethics." In Stephen C. Angle and Michael Slote (Eds.), *Virtue Ethics and Confucianism*. New York: Routledge, pp. 47–55.

MacIntyre, Alasdair (1988) *Whose Justice? Which Rationality?* Notre Dame, IN: University of Notre Dame Press.

—— (1989) "Relativism, Power, and Philosophy." In Michael Krausz (Ed.), *Relativism: Interpretation and Confrontation*. Notre Dame, IN: University of Notre Dame Press, pp. 182–204.

—— (1990) *Three Rival Versions of Moral Enquiry: Encyclopedia, Genealogy, and Tradition*. Notre Dame, IN: University of Notre Dame Press.

—— (2004) "Questions for Confucians." In Kwong-loi Shun & David B. Wong (Eds.), *Confucian Ethics: A Comparative Study of Self, Autonomy, and*

Community. New York: Cambridge University Press, pp. 203–218.

Maritain, Jacques (1949) "Introduction." In UNESCO (Ed.), *Human Rights: Comments and Interpretations*. New York: Columbia University Press, pp. 9–17.

Mou, Bo (Ed.) (2001) *Two Roads to Wisdom? Chinese and Analytic Philosophical Traditions*. Chicago: Open Court.

Mungello, D. E. (2012) *The Great Encounter of China and the West, 1500–1800*. Lanham, MD: Rowman & Littlefield.

Nussbaum, Martha, & Sen, Amartya (1989) "Internal Criticism and the Indian Rationalist Tradition." In Michael Krausz (Ed.), *Relativism: Interpretation and Confrontation*. Notre Dame, IN: University of Notre Dame Press, pp. 299–325.

Russell, Daniel C. (2013) *Happiness for Humans*. New York: Oxford University Press.

Schneewind, J. B. (1990) "The Misfortunes of Virtue." *Ethics*, 101 (1), 42–63.

Shils, Edward (1981) *Tradition*. Chicago: University of Chicago Press.

Shusterman, Richard (1997) *Practicing Philosophy: Pragmatism and the Philosophical Life*. New York: Routledge.

Singer, Peter (1972) "Famine, Affluence, and Morality." *Philosophy and Public Affairs*, 1 (1), 229–243.

Slingerland, Edward (2011) "The Situationist Critique and Early Confucian Virtue Ethics." *Ethics*, 121 (2), 390–419.

Slote, Michael (2009) "Comments on Bryan Van Norden's Virtue Ethics and Consequentialism in Early Chinese Philosophy." *Dao: A Journal of Comparative Philosophy*, 8 (3), 289–295.

Stalnaker, Aaron (2006) *Overcoming Our Evil: Human Nature and Spiritual Exercises in Xunzi and Augustine*. Washington, DC: Georgetown University Press.

Swanton, Christine (2003) *Virtue Ethics: A Pluralistic View*. Oxford: Oxford University Press.

——(2013) "Harmony, Reverence, and Attention." *Dao: A Journal of Comparative Philosophy*, 12 (3), 351–358.

Walzer, Michael (1994) *"Thick and Thin."* Notre Dame, IN: University of Notre Dame Press.

Woodruff, Paul (2001) *"Reverence: Renewing a Forgotten Virtue."* Oxford: Oxford University Press.

Yu, Jiyuan (2013) "The Practicality of Ancient Virtue Ethics: Greece and China." In Stephen C. Angle & Michael Slote (Eds.), *Virtue Ethics and Confucianism*. New York: Routledge, pp. 127–141.

Zhao, Tingyang (2009) "A Political World Philosophy in Terms of All-under-heaven (Tian-xia)." *Diogenes*, 221, 5–18.

第33章
美德伦理学与道德教育

[美] 拉达尔·柯伦 / 著
张琳琳 / 译　谢廷玉 / 校

引言

许多想法都让我们很自然地以为，美德伦理学可以给道德教育提供有益的指导。其中一种想法是，人们自然假设，任何成熟的道德理论进路都有助于理解和提供道德教育，从而指引道德领域。另一个想法是，道德教育在当代美德伦理学的古典来源——比如，柏拉图和亚里士多德的伦理作品——中占有重要地位。第三个想法是，这些古典文献对能动性与品格发展的自然主义描述，同自然宗教和意志自由学说所塑造的现代描述之间，形成了鲜明而启人深思的对比。这些学说认为，道德律法的内容及其超越此生的永恒效力，对于所有身处理性时代且能力完整的人们来说在直觉上就是显明的，并且，所有这些人也都被赋予了完全自由的意志。根据这样的假设，人类关于善的认知、动机和施行都已由造物主提供完备，因此，往好了说，道德教育似乎是多余的，往坏了说，道德教育是对个人自主性的侵犯，是对社会秩序的威胁。道德教育者的作用可能非常有限，正如卢梭在《爱弥儿》与《社会契约论》中说的那样，要允许儿童自己发现道德真理；要少说话，以免儿童的理解力、理性和自由被敬畏的言语和习惯所遮蔽；要塑造善良的意志并仅仅教授自然宗教，以此作为公民的伦理，以免埋下宗教战争的种子。而康德对于同样这些基本预设的承诺也使之表达出针对道德教育学说的深刻不满。尽管他把道德教育理解为一项事业，将儿童天生的道德洞察力提升为一种动机方面突出意识，但是，他的美德概念以及绝对自由的善良意志概念却使人难以理解如下情况：为什么有的人会把道德置于自我利益之上（从而获得善良意志），而有的人却不这样做；为什么有些做出这种选择的人会迈向美德（或善良意志的力量），而其他人却没有（Munzel 1999; Hill 2013）。康德认为，在这些问题上，经验因素不起作用，所以，道德教育者没有理由认为自己（凭借经验而做出）的努力能够产生什么影响。他似乎把自己对普遍正义的信仰建立在某种目的论历史观上，而根据这种历史观，神圣的恩典才是联结人类道德奋斗与配享幸福之间的中间环节。

上述想法提醒人们最好检讨一下这种假设，即道德理论可以为道德教育提供有益参考，而美德伦理学在这方面尤其有前途。道德理论在哪些方面可以为道德教育提供参考和指导呢？我们是否有理由期待，每一种主要的道德理论都包含独特的道德教育方法？不同种类的道德理论是否只会对道德教育产生忽略不计的影响？（Fullinwider 2010）同一种类的道德理论的不同版本是否又会对道德教育产生不同的影响？（参见 Nussbaum 1998; Slote 2010; Annas 2011）道德教育者需要什么样的理解和指导，其中哪些可由道德理论提供？除了道德理论，他们还需要什么？而不同种类的指导之间又如何协调？这种协调一致性是道德理论本身迫切需要的吗？（Zagzebski 2013）

道德理论包含哪些内容，这很重要。一个理论如果旨在描绘各种道德判断的逻辑及其相互关系，那么，它就可能无法为道德教育提供太多东西。它也许会告诉我们，关于后果的判断是最基本的，而行为之善与后果之善存在某种函数关系。那么，一种后果主义的道德教育进路会是怎样的？它是要培养一种能在特定情况下产生好后果或是可获得的最佳后果的秉性吗？在所有可行的道德教育进路中间，发展和实施这种进路将带来最好后果吗？无论怎样，抽象地看，很难认为后果主义或功利主义的道德理论给道德教育提供了足够的内容，从而构成了一条独特的道德教育进路。而康德主义纵然摆脱了难以为人接受的形而上学承诺，也没有明显的证据表明，它可以奠定某种独特的道德教育进路的基础。尽管人们总是假设康德主义、功利主义和美德理论都会对道德教育有所规定，把重心置于不同道德决策过程中的承诺和技艺，然而，对于如何做出实际的道德决策，康德却几乎保持沉默，而功利主义和美德伦理学也没有做出明确的阐述。康德几乎很少提到这样一种判断形式，借此，人们可以把那些道德上可接受的准则奠定为在具体情境下做出实际决策的基础，而如此几乎不予置评的做法似乎表明，在他眼里，这种判断乃是类似于知觉的天生禀赋，而不是教育者的恰当目标。

　　如果道德理论包含的内容更广，其目的不仅仅为了搞清楚道德判断的逻辑，而是在个人和集体努力过上良好生活的过程中对他们的道德判断给予理解和指导，那么，它就会提出并回答一些需要哲学家对心理学有所了解和运用的问题，其中，道德教育将成为它的一个主要关注点——就像道德教育在柏拉图和亚里士多德那里所受到的关注一样。古希腊的道德理论是美德论的，或者说，它聚焦于美德，但它同时也是幸福主义的（eudaimonistic），或者说，它聚焦于好生活，并且，它对美德和好生活之间关系的关注既是公民层面上的，又是理论层面上的。如果亚里士多德伦理学是美德伦理学的原型，那么，我们就有理由期待美德伦理学能够处理道德教育的各种问题，比如，道德教育的证成、道德教育的范围和目的、道德教育的要素和效力，并且期待它是在同发展心理学和动机心理学的对话过程中从事这些工作的。20世纪80年代以来，关于道德教育的哲学研究一直是由亚里士多德的思想所主导（Carr 1991; Carr and Steutel 1999; Curren 2000, 2010; Kristjánsson 2007, 2013），而本章将遵循此道，从亚里士多德主义视角来探讨道德教育的证成、范围和目的，以及要素和效力等问题。

证成

亚里士多德主义伦理学关注的中心问题是好生活以及美德在好生活中的作用。在它看来，政治社会及其制度（包括教育制度）的功能就在于提供好生活的必需品（Curren 2013）。美德正是这些必要条件之一，因而，对道德教育的证成就跟对一般教育的证成没什么不同：它是人们过上好生活所必需的东西，接受它的人比没有接受它的人更可能生活得好。

关于道德教育的这种证成方式具有一些吸引人的特点。它跟家长和教育者所持有的某种普遍信念是一致的，即他们提供道德教育乃是为了孩子和学生的利益（Hursthouse 1999）。这种证成不把道德教育的接受者仅仅看作用以实现他人之善的手段，也不会为了一个长生不老的誓言而牺牲他们当前美好生活的旨趣。就提升人类的生存质量而言，它的前提合理，并且经得起进一步检验。这种证成方式假定，有些美德是好生活所必需的，它们通常不会在人身上自发形成，而某些道德教育则可以有效地促进它们发展。在本节，我将从亚里士多德主义视角出发，探讨如何为这两个假设提供理由；至于道德教育的效力和范围等问题，我将留待后面几节讨论。

为什么我们应该同意美德是好生活的必要条件？好生活意味着什么，它又需要什么？"好生活"（living well）是希腊语"**幸福**"（eudaimonia）最自然的英文译法。它比"flourishing"更常见，也比"happiness"更贴切。在我们通常的理解中，过上好生活意味着，以一种既在客观上令人钦佩又在主观上令人满足的方式来生活。在这种双重意义上，人们总是表现出对于好生活的需求和渴望，因此，亚里士多德断言"幸福"是所有人的最终目的。如果好生活要令人钦佩，那么，它显然就要行为者拥有美德并且在行动中表现出来。除了将自己的一生用于从事那些可以展示出令人钦佩的个人品质的活动，还有什么能够意味着"活得令人钦佩"呢？

问题在于，这些令人钦佩的个人品质是否一定包括令人钦佩的道德品质，或者说，品格方面的美德。我们能想象，一个人的好生活是通过从事在非道德方面令人钦佩、但在道德方面却应受谴责的活动而实现的吗？或者，他的好生活是通过从事在非道德方面令人钦佩的活动、但却完全离群索居而实现的吗？客观上，第一种生活因为在道德上值得谴责而不那么令人钦佩，而且，它们两者都没有很好实现人类基本的社会潜能，因此不够完整。主观上，我们有理由认为两者都不是令人满足或幸福的生活。在柏拉图看来，缺乏道德美德的心灵既不满足也不平静，而亚里士多德则认为友谊才是最大的外在善。社会心理学研究的证据表明，他们是对的：身处不同文化、不同年龄的人们普遍认为，他们无法在一种缺少相互肯定的关系中过上好生活，而这样的关系只会使得对他人的排斥和苛待与内部的冲突和痛苦相伴而来。

在亚里士多德的美德框架中，道德美德是一系列有关欲望、情感、知觉、行动以及理性反应的秉性，它们主要通过有所指导的实践而获得。美德将人引向正确的方向，确立真正的道德信念，使人能够感知情境和行动的道德细节并在采取好的行为时不觉繁重，而是更加愉快。它们能够让人基于相关的考虑而做出自我决定。如果没有**实践智慧**这样的理智美德，或卓越的慎思，那么，人们就无法产生有效的行动计划，无法在具有挑战性的情境下确定最合适的行动方案。实践智慧帮助完善道德美德，使其成为真正的美德。不难理解，为何实践智慧构成了好生活的必要条件，因为，无论我们做什么，卓越的决策能力都是我们所必需的能力之一。缺少它，人就无法以令人钦佩和满足的方式实现其自我决定的潜能。从主观上讲，如果人们要体验好生活，那么，满足自我决定这种心理需求的重要性就并不亚于满足获得相互肯定关系的那种需求（Deci and Ryan 2012）。所有这些都提供了重要的理由，说明道德美德和使之完善的实践智慧乃是实现好生活的必要条件。

那么，我们为什么就应该认为，好生活所需要的美德一般不会自然而然地发展出来，而是必须经过培养才能发展出来呢？许多证据都促使我们赞成这一断言，例如，一些研究聚焦于子女的抚育、一些研究针对抚育和其他社会因素在儿童发展中的作用，还有一些研究关涉到儿童天性的释放以及社会学习。在柏拉图的对话中，美德是否可教的问题反复出现，而它们涉及一系列围绕雅典教育民主化、统治权以及智者、演说家和哲学家在教育方面的互竞主张而展开的关键争论。"好的出身"难道不会造成美德的差异吗？习惯、教育和个人努力分别具有怎样的贡献？通过好的父母、老师和法律而培养的普通美德，又是如何为领袖者所需要的那种智慧奠定基础？什么样的更高级教育可以帮助人们进一步获得这种智慧？如果完整的美德要求一个人掌握"善的理念"——正如柏拉图的《国家篇》指出的那样——那么，美德就不是可教的。教育能够做的——也是其承诺要做的——是把人的努力引向正确的方向。在《普罗塔哥拉篇》中，普罗塔哥拉虽然被说成是无法为他的"更高级教育"概念——逐步提高普通美德，直至其成为智慧——提供辩护，然而，他关于家庭、教师和法律对美德有何贡献的论述，却被柏拉图明确看作是对苏格拉底理智主义的对冲平衡。柏拉图并未质疑关于培育美德很重要的传统观点，在《国家篇》和《法律篇》中，他以此为基础，重新解释了希腊教育中人们耳熟能详的方面，并强调了它们在使人实现理性的自我治理（self-governing）方面所扮演的角色。而在《尼各马可伦理学》的结尾处，亚里士多德也声称，为了理解并且注意理性的声音，人们必须首先培养良好的品格，这与《国家篇》开篇蕴涵的主题是呼应的：除非社会致力于推动以理性的**自我治理**为基础的道德教育，否则，社会便不会被理性主导，而是被武力和暴力支配。

范围和目的

　　道德教育的范围有多大？它包含哪些目的？如果伦理领域比道德领域更广泛，人们可能会想，美德伦理学是否引入了一个过于宽泛的道德教育概念。另一方面，对道德教育的范围予以合理理解，也许可以证明为美德伦理学所赞成的某种更广泛的道德教育议程。

　　现代观点把提供正确的行为指南视为道德和道德教育的本质。这在道德教育的诸多不同进路上都有所体现，比如，康德时期德国路德宗的指导模式和劳伦斯·科尔伯格的新康德主义（这种观点主导了20世纪后半叶有关道德发展的研究）。前者的教育方法包括系统灌输恐惧感和羞耻感，频繁而一成不变地重复记忆材料，以及，根据多明我教会的乔瓦尼·多米尼克（Giovanni Dominici）的倡导而实施的体罚，即训练儿童乞求受罚并对自己所受到的鞭打表示感谢（Strauss 1978）。而后者则主张，道德发展阶段存在某种自然序列，它最终使人承认那些仅可普遍化的行为准则（最近收集的证据反对这一点）；围绕道德困境的讨论会作为刺激因素，使人历经这些阶段而取得进步；后来，该方法还鼓励人们加入那些尊重正义规范、推崇参与治理的学校共同体（Power et al. 1989）。人们也许认为，前者仅仅涉及信仰和服从，而后者意味着知识和自主，但两者其实都是围绕正确原则做文章。

　　科尔伯格的发展心理学围绕道德推理的论述随处可见，但它们却掩盖这种观念仍是一种康德主义的事实，因为它既不涉及实际决策，也不涉及决策与行动之间的关系，而自由意志学说容许人们忽视这层关系。感知、情感、想象力和道德理解在决策中的作用，智慧的发展和克服困难的技艺，以及远见、自控、执行力、毅力等美德，我们统统看不到。毕竟，除了坚持正确的原则，人们还必须把握这些原则在特定情况下的相关性和重要性，必须在行动之前把事情考虑清楚，必须确定应该做的事情并将自己的决定贯彻执行——除非进一步的考虑与之相反。

然而，围绕道德美德展开的教育是不会忽视这些东西的，这种教育要经由实践智慧、良好的判断以及卓越的慎思才得以完成。如果道德教育的目的是让人以自我决定的姿态做出好的行为——也就是说，通过有效维护甚至促进道德善的方式而行动——那么，与坚持正确原则的方式相比，以美德为焦点的进路或许是更完整的道德教育形式。这种教育旨在促进人们对于相关善的全面理解和有效回应，它将审视美德本身，检视美德在好生活中的作用并且刻画好生活的内涵，进而利用各种相关资源让学生参与到某种类似哲学的探究之中。把这些内容纳入道德教育的范围，不应该有什么争议。此外，亚里士多德式的教育聚焦于良好的判断力，而这种判断力足以使人顾及自身行为的所有道德相关方面与后果，因此相当于一种全面的博雅教育（Curren 2014）。人们可能会把拥有或渴望这样的教育看作是成为一个负有道德责任的世界公民的先决条件，但同时又觉得，这种教育超出了道德教育的范畴。或者，人们也可能接受一个更宽泛的道德教育概念，接受"所有真正教育都具有道德塑造性"这一经典观念的某种形式。

要素

亚里士多德认为，实践推理将行动者所处情境的"特殊的东西"同

"普遍的东西"或者说道德知识结合在了一起。人们必须感知这些细节，而好的感知则来自习惯的养成、出于慎思的实践以及向美德之人请教，等等。在构成道德美德的秉性中，健全的知觉秉性是其中之一，其他还包括欲望、情感、信念以及对理性的回应性等秉性。在亚里士多德看来，普遍的东西必须通过教育获得，他将自己教的"政治科学"，即《尼各马可伦理学》和《政治学》，也看作是人们需要接受的这种教育。

在《尼各马可伦理学》开头，亚里士多德隐晦表达了一个看法：学生们在来他身边之前，就已经在自身健全的成长过程中获得了真正的道德信念，而这些信念将作为探究的起点，用于获取有关人类事务的科学知识。他把科学定义为一套系统性的真理，它们关涉知识对象的不变本质，而伦理学则是一门与人类心灵的本性、功能和变化有关的科学——它关涉各种品格，其中有些品格可以帮助实现繁荣生活，而另一些则不能（Reeve 2000；Curren 2010）。虽然人们可以想象，伦理科学为实践推理提供的最重要的"普遍的东西"就在于它刻画了繁荣生活的本质及其相对美德和其他善的依赖关系，但它也会提供一些不那么根本的真理。如果亚里士多德没有把这些关于好生活的事实当作是出自伦理公理的有用指南，那么，他为什么会在《尼各马可伦理学》结尾处解释说，出现在《政治学》里的立法科学对于家政活动也至关重要，而且，他还在后者中不厌其烦地解释为何无休止的财富积累并不利于好生活呢？亚里士多德这里设定的模式，在重要的方面，就是柏拉图在《法律篇》中所说的一般法律原则，它解释了，针对好生活的各种要求是如何从有关人性和人类善的基本主张中推导出来的。无论是在《法律篇》还是在《尼各马可伦理学》中，法律的功能都是传达关于好生活的真理，因此，法律学习者要依美德之人的方式来行动，并通过在公共指导下的习惯养成而获得美德。同其他古希腊道德学家一样，柏拉图和亚里士多德也将法律视为对于有教养的生活方式而言具有根本意义的教育事业（de Romilly 1971; Lloyd-Jones 1983）。

指出亚里士多德和希腊道德理念的这些方面，并不是要预设说，由伦理科学所表征或者由好的法律所传达的真理就是毫无例外而必须遵循的规则。伦理科学的理念意味着，这些真理隶属于一个相互关联的整体，而在这种整体语境下理解它们对实践智慧来说至关重要，正如优秀的法官会根据基础原则来解释法条一样（参见 Sherman 1989）。看起来，随着人们变得更具美德，他们确实会抛开美德的辅助轮（training wheels），并且更少地诉诸一般原则和规则（Annas 2011）。不过，当人们需要做出困难的选择（这种选择常常大耗精力）时，当他们需要为身陷道德困境的他人提供帮助时，他们仍可能继续援引它们作为辅助手段（Pincoffs 1986; Lawrence 2011）。完备的美德让人在任何情况下都无需行动指南的帮助便可做出好的选择，这样的想法尽管有吸引力，但却很难同"美德始终不断发展"的看法相协调，也很难同我们所知道的生活的惊人复杂与变动不居相匹配。

那种颇需注意力、记忆力和忍耐力的医疗决策过程，可能是一个有用的例子。如果人们是为了在医学院教授伦理学而设计一种亚里士多德主义进路，那么，它的核心内容就应该是有所指导的伦理决策实践。学生们将观察病例，讨论在他们或其他人眼里具有伦理重要性的内容，并且懂得，对于将被采取的行为，他们的感知和评价存在哪些局限。他们将练习辨别和倾听，练习有助于做出好决定的咨询和决策方式，并发展敏锐感知和明智建议与选择的秉性。这样的教授将以此前形成的道德习惯为背景，同时基于职业伦理规范提供的指导，而后者的前提就在于理解医疗实践所涉及的基本善。这将会是一种指导之下的实践，旨在培养职业操守方面的美德。我们是否可以合理地认为，这种教授方式的好处以及后续基于美德而做出的努力，能够使一名外科医生在面对发生相同程序和决策的各种情况的无数日夜时，有把握不再参考护理标准？她是否能够明智地相信自己已如此**优秀**，以至于永远不会忽视重要的事情？难道那些护理标准不会成为好实践的有用的辅助工具吗？

那么，什么是习惯的养成？习惯的养成对于知觉、动机以及合乎理性的自我决定又有多重要？对此，区分被动的习惯养成（pasive habituation）和主动的习惯养成（active habituation）将是有帮助的：一个是熟悉和适应善，另一个则是从事善的实践。柏拉图《理想国》对诸神和英雄传说的讨论，对通过令人喜爱的方式展现好榜样的重要意义的讨论，便是前者的一个例证。可以说，通过这种方式来展现榜样，就是要展示美德之人的行为并激发人们的钦佩感、认同感以及模仿的欲望。而关于主动的习惯养成，其例证是柏拉图围绕军事演习在培养勇气方面所起作用的讨论，以及，他在《法律篇》中提到的，接受指导的宴饮聚会可以提供一种让人练习"适度"美德的环境。前者让人在面对危险时做出好的行为，而后者则让人在面对诱人的快乐时做出好的行为。根据《法律篇》中的道德心理学说，人受制于快乐和痛苦的预判，而勇气和适度则是美德，培养这些美德将使我们能够按照自己的理性和推断而进行自我决定。亚里士多德同样认为，适度或节制的美德有助于保持好的判断及其所依赖的那种道德知觉的精确性。这里说的是，我们习惯去做的事情塑造了我们对善的感知，因为一个人很难发现自己的行为是不好的。在行动和知觉的引导下，对善的信念、吸引我们走向感知到的那些善的欲望，以及我们能在其中发现快乐的活动便会随之而来。

如上所述，在主动的习惯养成，或者说，在练习如同美德之人一样行动的过程中，有一个重要方面就是指导的作用。虽然亚里士多德对此没有说的太明确，但是，这里的指导显然不能仅限于确保学习者做出正确的行动（Burnyeat 1980; Sherman 1989; Annas 2011）。对于很多事情，包括希腊教育注重的体操和音乐表演，人们在初学阶段都不可能表现很好，而老师就需要指导在一些方面表现不佳的学生。缺乏指导的重复几乎不可能有进步。表演必须接受塑造和提升以逐渐接近优秀水平，而这就需要教练提醒学生注意自身表演的各个方面；如果没人给她提供适合描述这些方面的语言，她可能就无法识别或理解它们。关于善的词汇，关于自身行为好坏的感知，都跟对自己实践负责的能力并在追求善的过程中进行自我决定的能力之间具有重要关联。就像任何复杂技艺的习惯养成一样，道德的习惯养成也必须受到他人指导，指导者清楚地知道要做什么以及为何这样做，并通过语言引导学生关注重要细节和相关事项，而学生借助语言则可以理解她的行为及原因（Annas 2011）。如果学生不止想要钦佩榜样，还想要全身心地努力实现重要之善，那么，这种理解在动机上就是至关重要的。如此看来，从习惯养成到理智的自我决定——这条道路并不神秘。给出理由（reason-giving）本身就是习惯养成的一部分，而且不难看出，再加上学习前面提到的那些对于好生活具有根本意义的"普遍真理"，决策过程中的好判断也可以像其他的美德和技能一样，本身就通过实践和训练而获得。

效力

在有关情境、特征和美德的心理学观点逐渐被用来解释和预测人类行为的背景下，以美德为焦点的道德教育是否有效以及我们可以采用哪些措施来客观衡量其有效性，便成为道德教育者、心理学家和哲学家当前研究的问题（Lapsley and Yeager 2012; Curzer 2013; Kristjánsson 2013; Thoma et al. 2013; Fowers 2014）。我们现在可以说，尽管证据表明，受亚里士多德主义美德伦理学启发的品格教育是有效的（Berkowitz and Bier 2005），但在更充分的衡量方式发展出来之前，心理测量学家和教育项目评估人员所诉诸的只是有限的证据。

同时，哲学家们还要解决一个难题：美德教育是否能让被教育者有效地认识到他们所处社会的道德局限并加以克服。如果道德学习是从那些必须参与社会生活的沉浸、模仿和训练开始的，而这些东西又构成了获得好的自主判断的先决条件，那么许多人就会怀疑，一旦对社会形成了根深蒂固的道德情感，知觉和信念方面的习惯养成将不可避免地**限制**道德自主性、动机和批判性思维的范围。这不是担心培养美德会导致灌输，对此，人们借助如下观察便可予以回答：获得亚里士多德式的美德能够助力道德探究，而缺少它们则无法开展道德探究（Pincoffs 1986）。这种担心开始问的是，习惯养成何以可能产生尖锐而明智的批评意见，而最后问的是，怎样看待与那些具有相同价值观的人之间的信任纽带和附属关系（Peters 1981; Adams 2006; Annas 2011）。

由于上节我们已经考察了复杂情况下的习惯养成过程，因而，我们就有可能回答这种担心。如果对于习惯养成来说，给出理由以及提高针对相关考虑的反应性是至关重要的，那么，我们就很容易理解，为什么美德进路的道德教育者要让学生围绕好生活以及促成好生活的因素进行哲学思考。鼓励学生在审视自己的生活和经历时采取这样的思考，对于使之在道德上变得成熟并过上更好的生活而言，显然很有价值。然而，只有当教育者对于自己的道德理解表现出适当的谦逊，并且更多地尊重理性探究的规范而不是他们自己有关某个争议问题的信念，这种教育才可能成功。如果学生尊重探究的规范并因此感到安全，同时又在实质问题上持有不同意见，那么他们也许就会感觉到，在相信什么和要做什么的问题上，他们能够自我决定并因此获得回报而不是遭受社会排斥。可以说，尊重学生的自主性乃是亚里士多德主义美德教育的一个基本要素，其核心目标是，基于对美德理想的完全认同而形成自主的好判断。采取这些方式的道德教育将会明确承认，那些接受如此教育的人有可能掌握了并践行着他们的老师都没有掌握或践行的道德真理。

结论

可以说，伴随亚里士多德伦理学复兴而出现的美德伦理学运动，为增进我们对道德教育的理解做出了很大贡献。上述种种可以被归结为一句话：美德伦理学之所以能做到这一点，不是因为它提出了与现代道德理论相同的问题并给出不同答案，而是因为它提出了不同的问题并有所回答。好品格的形成、好判断的培育，还有道德美德和理智美德对于好生活的根本贡献等等，这些问题一直是美德伦理传统的核心焦点，而它所给出的答案则是目前可以用于探究与实践的最佳哲学起点。它的那些回答是探究的恰当起点，人们在遵循和批判道德教育实践的过程中不断解释它们，并根据在与相邻科学部门进行对话时都会采用的一种自然主义的能动性概念而不断加以阐发。

【相关主题】

第 1 章 "Plato and the Ethics of Virtue," Nicholas White

第 2 章 "Aristotle's Virtue Ethics," Dorothea Frede

第 14 章 "Eudaimonistic Virtue Ethics," Liezl van Zyl

第 22 章 "Kant and Virtue Ethics," Allen Wood

第 24 章 "Virtue Ethics and Right Action," Ramon Das

【参考文献】

Adams, R. M. (2006) *A Theory of Virtue: Excellence in Being for the Good*, Oxford: Clarendon Press.

Aquinas, Annas, J. (2011) *Intelligent Virtue*, Oxford: Oxford University Press.

Berkowitz, M. W. and Bier, M. C. (2005) "What Works in Character Education: A Research-Driven Guide for Educators," Washington, DC: Character Education Partnership. Retrieved 12 Dec. 2012: http://www.rucharacter.org/file/practitioners_518.pdf

Burnyeat, M. (1980) "Aristotle on Learning to be Good," in A. Rorty (ed.) *Essays on Aristotle's Ethics*, Berkeley: University of California Press, pp. 69–92.

Carr, D. (1991) *Educating the Virtues*, London: Routledge.

Carr, D. and Steutel, J. (eds.) (1999) *Virtue Ethics and Moral Education*, London: Routledge.

Curren, R. (2000) *Aristotle on the Necessity of Public Education*, Lanham, MD: Rowman & Littlefield.

Curren, R. (2010) "Aristotle's Educational Politics and the Aristotelian Renaissance in Philosophy of Education," *Oxford Review of Education* 36 (5): 543–559.

Curren, R. (2013) "Aristotelian Necessities," *The Good Society* 22 (2): 247–263.

Curren, R. (2014) "Judgment and the Aims of Education," *Social*

Philosophy & Policy 31 (1)：36–59.

Curzer, H. (2013) "Sphere-specific Moral Reasoning and Theory Survey." Retrieved January 20, 2013, www.ttuethicsproject.com/demo.php

De Romilly, J. (1971) *La loi dans la penseé Grecque*, Paris: Société d'Édition "Les Belles Lettres."

Deci, E. L. and Ryan, R. (2012) "Motivation, Personality, and Development within Embedded Social Contexts: An Overview of Self-Determination Theory," in R.Ryan (ed.) *The Oxford Handbook of Human Motivation*, Oxford: Oxford University Press, pp. 85–107.

Fowers, B. (2004) "Towards Programmatic Research on Virtue Assessment: Challenge and Prospects," *Theory and Research in Education* 12 (3)：309–328.

Fullinwider, R. (2010) "Philosophy, Casuistry, and Moral Development," *Theory and Research in Education* 8 (2)：173–185.

Hill, T. (2013) "Two Concepts of Virtue," *Theory and Research in Education* 11 (2)：167–186.

Hursthouse, R. (1999) *On Virtue Ethics*, Oxford: Oxford University Press.

Kristjánsson, K. (2007) *Aristotle, Emotions, and Education*, Aldershot: Ashgate.

Kristjánsson, K. (2013) *Virtues and Vices in Positive Psychology*, Cambridge: Cambridge University Press.

Lapsley, D. K. and Yeager, D. S. (2012) "Moral-character Education," in W. M. Reynolds, G. E. Miller and I. W. Weiner (eds.) *Handbook of Psychology, vol. 7. Educational Psychology*, 2nd ed., New York: Wiley, pp. 289–348.

Lawrence, G. (2011) "Acquiring Character: Becoming Grown-Up," in M. Pakaluk and G. Pearson (eds.) *Moral Psychology and Human Action in Aristotle*,

Oxford: Oxford University Press, pp. 233–283.

Lloyd-Jones, H. (1983) *The Justice of Zeus*, Berkeley: University of California Press.

Munzel, G. F. (1999) *Kant's Conception of Moral Character*, Chicago: University of Chicago Press.

Nussbaum, M. (1998) *Cultivating Humanity*, Cambridge, MA: Harvard University Press.

Peters, R. S. (1981) "Reason and Habit: The Paradox of Moral Education," in *Moral Development and Moral Education*, London: George Allen and Unwin, pp. 45–60.

Pincoffs, E. (1986) *Quandaries and Virtues*, Lawrence: Kansas University Press.

Power, F. C., Higgins, A., and Kohlberg, L. (1989) *Lawrence Kohlberg's Approach to Moral Education*, New York: Columbia University Press.

Reeve, C. D. C. (2000) *Substantial Knowledge: Aristotle's Metaphysics*, Indianapolis: Hackett Publishing.

Ryan, R. M., Curren, R., and Deci, E. L. (2013) "What Humans Need: Flourishing in Aristotelian Philosophy and Self-determination Theory," in A. S. Waterman (ed.) *The Best Within Us: Positive Psychology Perspectives on Eudaimonia*, Washington, DC: American Psychological Association, pp. 57–75.

Sherman, N. (1989) *The Fabric of Character: Aristotle's Theory of Virtue*, Oxford: Clarendon Press.

Slote, M. (2010) "Sentimentalist Moral Education," *Theory and Research in Education* 8 (2) : 125–143.

Strauss, G. (1978) *Luther's House of Learning: Indoctrination of the Young in the German Reformation*, Baltimore: Johns Hopkins University Press.

Thoma, S., Derryberry, P., and Crowson, H. M. (2013) "Describing and Testing an Intermediate Concept Measure of Adolescent Thinking," *Journal of Educational and Developmental Psychology* 10 (2) : 239–252.

Zagzebski, L. (2013) "Moral Exemplars in Theory and Practice," *Theory and Research in Education* 11 (2) : 193–206.

第 34 章
作为政治哲学的美德伦理学：
早期中国哲学的伦理理论结构

[美]萧阳/著

杜亚男/译　谢廷玉/校

20 世纪 90 年代以来，"儒家美德伦理学"在中国哲学圈再度兴起；学者们聚焦于"儒家美德伦理学"，似乎全都在做"早期中国的伦理学（ethics in early China）"或"早期的中国伦理学（early Chinese ethics）"。在 2011 年出版的一本题为《早期中国的伦理学》（*Ethics in Early China*）的论文集背面，有这样一句话："近年来，随着西方哲学界美德伦理学运动兴起，人们重新燃起对儒家和道家的兴趣，早期的中国伦理学受到越来越多的关注。"（Fraser et al, 2011）

然而，我们该如何理解"早期中国的伦理学"这个概念？我们又该如何理解经常同时提及的其他概念，如"美德伦理学""美德理论""后果主义""儒家""墨家"和"道家"？当我们说"知道"或"理解"某物时，这通常意味着，我们能够将它置于一个与其他类似事物共同组成的完备图景中。这可能正是当代道德哲学家痴迷于伦理理论的分类学或类型学的原因之一。作为道德哲学家，他们几乎总是把自己归属于自己所信仰的那个道德理论阵营。一般来说，当代道德哲学的图像是根据"标准类型学"（standard typology）而界定和编排的，这种标准类型学将伦理理论分为三类：后果主义、康德义务论和美德伦理学。① 某人如果自视为一个道德哲学家，那么，他能在这份"地图"里找到自己的位置。例如，彼得·辛格（Peter Singer）自视为"后果主义者"（更具体地，是功利主义者），克里斯蒂娜·科斯嘉（Christine Korsgaard）自称为"康德主义伦理学家"，罗莎琳德·赫斯特豪斯则说自己是"美德伦理学家"；而别人也这么看待他们。当然，也有例外；一群无法在这张地图上得到恰当定位的当代道德哲学家被打上"反理论"（anti-theory）的标签（Clarke and Simpson 1989）。不过，这并不是一个非常有用的标签，因为它的界定主要是否定性的。这也就是为什么我们在该群体中能够看到很不一样的人：安尼特·拜尔（Annette Baier）、伯纳德·威廉姆斯、约翰·麦克道威尔、玛莎·纳斯鲍姆、斯图亚特·汉普歇尔（Stuart Hampshire）、查尔斯·泰勒（Charles Taylor）、阿拉斯戴尔·麦金泰尔、理查德·罗蒂（Richard Rorty）、萨布里纳·拉夫邦德（Sabrina Lovebond）、罗杰·斯克鲁顿（Roger Scruton）、迈克尔·奥克肖特（Michael Oakeshott）(Clarke and Simpson 1989)。正如我们即将看到的那样，围绕某人的伦理思想结构展开讨论，这提供了一个更精致的框架，我们由此能够描绘出一幅更宏大的伦理探究画卷。

最近，中国哲学的研究者试图利用标准类型学对早期中国哲学进行分类。以往，在英语学界，有一种主导性的观点将儒家刻画为"美德伦理学"，将道家刻画为"后果主义伦理学"。② 然而在汉语学术圈，占据主导

---

① 20世纪70年代以来，在无数的教科书和专著中，都可以发现标准类型学。一部比较有用且具有代表性的书是《伦理学的三种方法：一场辩论》(Three Methods of Ethics: A Debate, Baron et al. 1997)。每位作者各自围绕三种伦理理论之一而写其中一章：拜伦（Baron）写的是康德主义义务论，佩蒂特（Pettit）写的是后果主义，斯洛特写的是美德伦理学。还有人想用他们的元伦理学立场来刻画自己。对这些问题的探讨，超出了本章的范围。

② 代表性的著作包括 Nivison（1996）、Ivanhoe（2000）、Van Norden（2007）、Sim（2007）、Yu（2007）以及 Angle and Slote（2013）。关于该主题的文章太多，在这里无法列出。许多学者还会把道家伦理思想视为美德伦理学；但目前还没有关于这个问题的著作。在中国学界，把儒家思想看作美德伦理学的文献数量也在迅速增长。

地位的解读则是把儒家刻画为康德主义，这种理解由牟宗三提出并得到其弟子的捍卫。必须进一步指出的是，把儒家思想解读为"美德伦理学"的人们对于美德伦理学的分类也存在内部分歧。有人觉得，孟子是一个后果主义者（Im 2011）。

尽管这些学者存在分歧，但他们有一个共同点，那就是，他们都认为标准类型学理所应当，而他们的分歧正是由此形成的。之所以要在标准类型学的框架内定位中国伦理学，采取这种策略的原因很多，其中重要的一点就是实用性。如果一个人想要在道德哲学中将某个东西合法化，那么，没有什么比标准类型学的刻画更加有效，毕竟，最好的定位方式就是在人人都会使用的地图上找到它。我认为，将儒家伦理与美德伦理联系起来，这种做法并非有意识的集体决定，而可能只是社会本能的结果。部分得益于这一策略，自 20 世纪 90 年代以来，对早期中国伦理学的研究已逐渐成为英语伦理学界的一个合法的子领域（虽然不可否认，它仍是一个处于边缘的子领域）。

鉴于该策略已达到预期目标，我认为，是时候反思"儒家美德伦理学"这个词的确切含义了；这意味着，我们需要对标准类型学及其相关的许多当代伦理理论的预设加以质问。现在，可以肯定地说，早期中国伦理学并不符合标准类型学，它要比标准类型学更好。不止一种方法可以得出这个结论。例如，如果有人通过更大的视野来审视当代道德哲学图景，那么，标准类型学的局限性就变得显而易见。不过，在本章，我的策略仍要从标准类型学的内部开始。

标准类型学的核心思想在于，伦理理论的本质应该根据其结构而得以描述。虽然标准类型学依赖于"伦理理论的结构"（structure of an ethical theory）概念，但学界关于这个概念的讨论却没见多少（为数不多的讨论，可参见 Williams 1985; Hurley 1989; Annas 1993; Kagan 1992, 1996, 2002;

Slote 1995, 2001; Santas 1996）①。而本章的主要目标就是更好地理解"伦理理论的结构"概念，并以完全不同的方式来重塑这些结构；事实证明，如果我们打算准确地描述早期中国伦理学，那么，这些工作将是非常必要的。

伯纳德·威廉姆斯是当代为数不多持有如下观点的道德哲学家，即，试图建构某种用一两个伦理概念便可以讲清楚的伦理理论，这是错误的：

> 如果世界上存在关于伦理问题的真理——我们也许可以说，伦理真理——有什么理由期待这种真理就应该是简单的呢？特别是，有什么理由它就应该在概念上是简单的呢？为什么只是使用一两个概念，比如，义务或良好事态，而不是使用多个概念呢？也许我们需要多个概念来描述这种真理，我们需要多少个就用多少个。（Williams 1985: 17）

中国古代哲学家也无意建构如此的伦理理论，这便是我在本章的观点之一。不过，造成这种差异的根源又是什么呢？这里，我只提一提当代道德哲学家与中国"哲学家"之间的两个重要区别。首先，前者是大学教授，他们的听众也是其他大学的教授，而后者则是政治顾问，他们的听众往往是政治领袖，他们中许多人也有自己的政治立场。因此，中国的"哲学家"试图回应的是生活中更广泛、更复杂的实际问题，而且，我尤其想强调的是，这些问题往往要在暴力和混乱的政治环境中亟需解决。正如我们将看到的那样，这就是孟子的伦理学之所以具有不寻常的结构以及不能根据标准的类型学而被界定为"美德伦理学"的主要原因之一。

其次，当代道德哲学家都把"道德"作为他们的"专业领域"（area

---

① 我讨论过一种与早期中国伦理学有关的伦理理论结构，参见 Xiao（2010，2011）。

of specialty，在其简历中通常缩写为 AOS），他们无需解决"政治哲学"的问题，因为那是一个不同的专业领域。专业化（specialization）是当今哲学作为一门学科的重要特征：哲学教授总是那些拥有各式各样 AOS 的人。因此，当代道德哲学家无需解决政治哲学的问题。然而，在中国早期的"哲学家"那里，没有这样的边界，他们需要加以解决的问题在今天会被我们归入"伦理学"和"政治哲学"两个领域。伦理学是政治学的一部分，亚里士多德的这个说法可能会赢得早期中国哲学家的赞同。

在这里，我将对我所使用的"伦理理论"一词作出说明。我是在最宽泛的"伦理政治理论"的意义上使用这个词。以孟子为例，重要的在于强调，他的"伦理理论"同时意味着两件事：（a）在狭义的个人伦理层面，个体应该过怎样的生活，应该成为什么样的人；（b）在政治哲学层面，共同生活应该怎样加以组织，何种方式才是一个共同体的最佳生活方式。我用"作为政治哲学的美德伦理学"来把握孟子思想的这种特征。

我也在宽泛的意义上使用"理论"一词，它包括一切反思、慎思和对以下问题的追问：一个人应该做什么，应该怎样生活，共同生活的组织又该怎样，或者，应该采取怎样的具体公共政策来处理特定的政治问题。这和威廉姆斯的界定并不一样，威廉姆斯把"理论"等同于以一两个伦理概念为基础的伦理理论，从而认为我们应该抛弃这类理论。正如我们在下节将看到的那样，这些就是标准类型学所涵盖的伦理理论，它们含有许多根深蒂固的信条。人们可以看到，没有这些信条，也能够有伦理理论存在。

"美德伦理学"与"美德理论"的区别

关于伦理学的分类史，目前还有待书写。对于我们这里的目的而言，我们只需指出，标准类型学是从罗尔斯 1971 年出版的《正义论》中的类型学——这可能是当代道德哲学中最具影响力的伦理学分类方式——发展而来，就可以了。尽管标准类型学为美德伦理学留出余地而罗尔斯的类型学并没有，但是，前者依然继承了后者所隐晦持有的若干假设。如果我们仔细观察罗尔斯的类型学，我们就会有所得。

以下是罗尔斯关于伦理理论的类型学的著名论述：

> 伦理学的两个主要概念是正当和善。我相信，一个有道德价值的人的概念是从它们派生的。这样，一种伦理理论的结构大致就是由它怎样定义和联系这两个基本概念而决定。最简单的联系方式似乎出自目的论的理论：首先把善定义为独立于正当的东西，然后再把正当定义为对善的增加。（Rawls 1971: 24）

罗尔斯的类型学的第一个显著特征可被称为"还原论信条"（reductionist dogma），即在伦理理论中，只有善和正当这两个"基本概念"，而其他伦理概念都可以从两者中被推导出来。在上面引用的这段文字里，他还提到了第三个概念，即有道德价值的人，虽然他立即补充说这也源自善和正当。罗尔斯的这套还原论方案，源自亨利·西季威克（Henry Sidgwick）所带来的灵感。在西季威克《伦理学方法》1981年重印版的"前言"中，罗尔斯以赞同的口吻提到了西季威克"将所有主要的道德概念简化为三个概念"的方案（Rawls 1981: vi）。

对罗尔斯来说，由于只有两个基本伦理概念，所以，伦理理论只存在两种类型：康德主义的义务论（以正当作为基本概念），以及目的论或后果主义（以善作为基本概念）。罗尔斯并没有把品格或美德作为一个基本概念，可以从中推出其他的伦理概念。也就是说，他排除了美德伦理学作为第三种伦理理论的可能。正因如此，标准类型学得以介入这一话题的讨论。标准类型学与罗尔斯类型学的主要区别就在于，前者为第三种伦理理论留有余地，即，美德伦理学把美德作为基本概念；而后者没有。

事实上，罗尔斯明确指出，美德是一个衍生概念。在《正义论》的靠后部分，他明确表示，有道德价值的人就是"好人"或具有"道德品格"的人（Rawls 1971:437）。这就是说，第三个概念，亦即他在前引文字中提到的那个"有道德价值的人"概念，实际上就是"有美德的人"概念。根据罗尔斯的说法，这就是从目的论理论中推出美德的过程：

> 在目的论的信条中，善概念同正当（或道德法则）概念相比，具有优先性和独立性；因此，比如说，功利主义把正当定义成对善（幸福或对理性偏好的满足）的最大化，而品格的道德价值，如前所述，就在于它是一种我们能够有所依赖从而指引我们做正当之事的品格。（Rawls 2000: 222-223）

在目的论或后果主义的伦理学中，我们可以把这种关于美德的学说称为"美德理论"（theory of virtue）。从那时起，许多后果主义者就一直遵循罗尔斯的程序。例如，自称后果主义者的茱莉亚·德雷弗就在其作品《不安的美德》（*Uneasy Virtue*）中，将其中某章的标题写作"一种后果主义的美德理论"。她对美德的定义如下："*x* 是一种美德，当且仅当它是这样一种品格特征，即它能产生为理性人所期待的整体的或系统的好后果。"（Driver 2001: 95）[①]

同样，康德主义的义务论者也可以有"美德理论"。罗尔斯对美德的定义如下："基本的道德美德"是"根据正当的基本原则采取行动的强烈而

[①] 据我所知，德雷弗是第一个区分"美德伦理学"和"美德理论"的人。

通常有效的欲望"（Rawls 1971: 436）。我们可以称其为义务论的"美德理论"。它类似于康德在后期著作中所阐发的美德理论，以及，康德的所谓"美德论"："美德是人最大限度履行其义务的力量"（Kant 1996: 6: 394）。

根据罗尔斯的说法，对康德主义而言，"一旦有了正当和正义原则，就可以用它们来定义道德美德，**就跟在其他理论那里一样**。"（Rawls 1971: 192；黑体由本文作者所加）。在我看来，"就跟在其他理论那里一样"这句话表明，罗尔斯可能没有意识到"美德伦理学"和"美德理论"之间的显著区别，它们针对美德进行的概念化方式是截然不同的。只有当"其他理论"意味着"后果主义"或"古典功利主义"时，罗尔斯的说法才正确。这大概就是他的意思，因为他认为只存在两种理论（后果主义和义务论），而两者都将美德视为衍生概念。但是，如果"其他理论"还包括"美德伦理学"，那么，他的错误就是显而易见的。因为，美德伦理学把美德作为基本概念，而不是衍生概念。

必须强调"美德伦理学"和"美德理论"之间的根本区别。"美德伦理学"是后果主义或康德主义的替代者，而"美德理论"却可以从后果主义或康德主义的义务论中被推导出来。我们应该承认，三种伦理理论（美德伦理学、后果主义和义务论）都可以将美德作为重要的概念。但这不应掩盖另一个同样重要的事实，即三种伦理理论的美德概念是根本不同的，因为，在不同的结构或环境中，它们占据着不同的位置。美德伦理学跟它们的区别（这也是美德伦理学的定义）就在于，美德伦理学将美德设为**基本**概念。是把美德摆在**重要的**（important）位置，还是把它摆在**基本的**（basic）位置，这是不太一样的。

对于早期中国伦理学的研究来说，美德伦理学和美德理论的区别意味着什么？一个重要的方面在于，要证明儒家是一种"美德伦理学"，那就不仅要证明儒家有美德概念，而且还要证明它是一个基本概念。但我们似乎尚未在有关儒家美德伦理的二手文献中看到这样的论点（Xiao 2011）。学者们已经证明，儒家有美德概念，而且儒家认为美德非常重要。但这并不足以得出"儒家就是一种美德伦理学"的预期结论。因为，康德主义和后果主义也有美德的概念，而且也认为美德非常重要。

学者们经常交替使用"美德伦理学"和"美德理论"两个术语，是可以理解的。但这两个术语只是普通的英语短语，并不具备我们想要的专业术语内涵。① 对于某些针对美德伦理学的批评，没有看到"美德伦理学"与"美德理论"之间的不同，可能正是导致他们产生混淆的主要根源。玛莎·纳斯鲍姆认为，美德伦理学是一个"误导性的范畴"，因为康德和功利主义者也有他们的"美德伦理学"或"美德理论"，他们也认为美德很重要（Nussbaum 1999）。因此，纳斯鲍姆在整篇文章中交替使用"美德伦理学"和"美德理论"两个术语也就不足为奇了。

对于反对将儒家解读成美德伦理学的学者而言，没有看到"美德伦理学"与"美德理论"之间的不同，也是造成他们产生混淆的主要根源（Lee 2013）。李明辉认为，他对儒家的康德主义解读也可以说明儒家拥有美德概念，一个康德主义者也可以认为美德非常重要。李明辉对美德伦理学和美德理论的混淆，在很大程度上是因为，在那些把儒家解读为美德伦理学的人们中间，当有人声称儒家是一种美德伦理学时，他们确实只是在声称儒家具有美德概念并且认为美德非常重要而已。

---

① 这里使用的这一对术语"美德伦理学"和"美德理论"，虽然也不够理想，但似乎比莫妮卡·贝茨勒（Monika Betzler）在她所编辑的《康德关于美德的伦理学》（*Kant's Ethics of Virtue* 2008）中使用的那一对术语——"美德伦理学"（virtue ethics）和"关于美德的伦理学"（ethics of virtue）——要好。因为，在后一对概念中，两个术语都出现了"伦理学"，所以很容易让人忽略"美德伦理学"和"关于美德的伦理学"之间的差别。而这似乎就是在李明辉（Lee 2013）那里出现的混淆。

统一性信条

尽管标准类型学不接受罗尔斯类型学的还原论信条，但这并不意味着我们就要否定另一个重要事实：它们享有一系列共同的特征。第一个重要的共同特征是，标准类型学中的三种伦理理论与罗尔斯类型学中的两种伦理理论具有相同的"总体等级结构"（global hierarchical structure）。要证明这三种伦理理论都有相同的形式结构，我们只需证明，可以很容易地为它们给出一个形式化定义。我们用"基于 x 的伦理学"（x 分别是善、正当或美德）来指代后果主义（基于善的伦理学）、康德主义义务论（基于正当的伦理学）或美德伦理学（基于美德的伦理学）。

我们说，E 是一种"基于 x 的伦理学"或"x 伦理学"，当且仅当：

(1) x 在逻辑上优先于，并且在定义上独立于 E 的所有其他概念；
(2) E 的所有其他概念都可以由 x 推导衍生而来。

我将把（1）称为"独立性"部分，把（2）称为"推衍性"部分。在本章的后续部分，我将用"独立性信条"（independence dogma）来指代"x 必须在定义上独立于其他概念"这一预设。很明显，三种伦理理论都有一个共同点，那就是：就其概念结构而言，它们都具有"总体等级结构"——处在"底层"的是基本概念 x，处在"上层"的是所有其他概念。我将它们称作"具有总体等级结构的伦理理论"。① 换句话说，以下三个语

---

① 我从茱莉亚·安娜斯（Annas 1993）那里借用了"等级结构"这个说法。其他学者那里也可以发现类似观点（Hurley 1989; Slote 1995, 2001）。

句是等价的，可以互换使用：

(a) E是一种"基于 x 的伦理学"。
(b) 概念 x 是 E 的一个"基本"概念。
(c) E 具有以概念 x 为基础的"总体等级结构"。

我们可以说，(a) 涉及伦理理论的"本质"，而 (b) 和 (c) 分别涉及伦理理论的"基本概念"和"结构"。说这三种陈述是等价的，就是说任何一种伦理理论的本质都应该依据其"结构"或"基本概念"来刻画。

我相信，我们现在能够理解一个重要的历史事实了，即在美德伦理学复兴的早期阶段，很多学者花费了大量精力来构建一种基于美德概念的正确行为理论（Hursthouse 1991, 1999; Zagzebski 1996; Swanton 2001）并遇到了严重的问题（Johnson 2003; Das 2003）。这是因为，美德伦理学家对美德伦理学结构的概念化过程，正是以标准类型学中另外两种伦理理论的结构为模板的。拥有某种总体等级结构，意味着美德伦理学能够从美德概念中推出有关正当（正确行动）的理论。

美德伦理学家的努力背后或许还有更深层次的原因：他们试图回应针对美德伦理学的主要批评——它不是"行动指南"，也不提供关于正确行动的指导。然而，他们似乎把来自后果主义和康德主义义务论的某个进一步预设视为理所当然，即让伦理理论充当行动指南的唯一方法就是必须要有关于正确行动的理论。我们将看到，这种预设在早期中国伦理学中是不存在的，在那里，行动指南以不同方式被提出来，它也塑造了这些伦理理论的结构。

现在，如果"正确行动"不是从某个伦理理论（让我们称之为 E）的美德概念中被推衍出来的，那么，这意味着美德不是 E 的基本概念。然而，其他一些概念仍有可能是由美德推衍而来。当然，在标准的美德伦理学那里，情况则不是这样。

出于本文的目的，我们需要引入一个概念来描述这三种标准伦理理论的共同特征，我将其称作"总体结构的统一性"，或简称为"统一性信条"（uniformity dogma）。请注意，**在标准的美德伦理学中**，美德**始终**是全部生活领域的基本概念；而**在美德理论中**，美德**始终**是全部生活领域的衍生概念。这种标准类型学遗漏了伦理理论结构的另一种可能，那就是，美德（或正确的行为或善的结果）在某些生活领域是基本概念，而在另一些生活领域则是衍生概念。

请想象一下非标准伦理理论的两种可能结构。第一种伦理理论具有"统一的"扁平结构：没有哪个概念是可以用来定义所有其他概念的基本概念。第二种伦理理论虽然也没有哪个概念在总体和统一的意义上是基本概念，但它却具备局部的"等级亚结构"（hierarchical sub-structures），在不同的生活领域有不同的基本概念。在第二种伦理理论中，尽管总体结构仍是非等级结构，但在某些生活领域，局部的亚结构却可能是含有基本概念的等级结构。但是，尽管存在"局部的"基本概念，它依然没有一个"总体的"基本概念。

孔子《论语》中的伦理学似乎更类似第二种伦理理论。借助周礼传统，孔子为大多数生活领域中的缺乏美德之人提供了基本的行动指南。① 于是，他将**知礼**（理解"礼"）或**好礼**（热爱"礼"）定义为重要的美德（Chen 2010; Xiao 2011）。人们最终应该获得许多美德，包括"好礼"的美德。所以，至少就"好礼"这个具体美德而言，"礼"的概念就是一个基本概念，而"知礼"或"好礼"的美德概念就由它所定义。请注意，就

---

① 在强调传统的必要性方面，孔子与迈克尔·奥克肖特（Michael Oakeshott）、阿拉斯代尔·麦金太尔很像。

《论语》的伦理理论的总体结构而言,"礼"并不是一个"总体的"基本概念。这是因为,《论语》中的其他概念并不**都是**由"礼"所定义的。所以,尽管其中的局部亚结构是"等级式的",但《论语》的伦理理论的总体结构仍是"扁平的"。

独立性信条

还有一种方法可以用来刻画美德伦理学和美德理论之间的区别,这就是茱莉亚·德雷弗关于"评价的内在主义"(evaluative internalism)和"评价的外在主义"(evaluative externalism)的区分:

> "评价的外在主义"认为,外在于主体的因素(比如,事实发生的后果,而不是预料之中的后果)决定了个体行动或品格的道德性质。与之相对,"评价的内在主义"则认为,内在于主体的因素(比如,个体的动机或意图)决定了个体行动或品格的道德性质。
>
> (Driver 2001: 68)

而美德伦理学与美德理论之间的区别就在于:前者认可"评价的内在主义",而后者认可"评价的外在主义"。

如前文所述,德雷弗是一个"后果主义者",她也有一种美德理论。这意味着,她把善当作基本概念并用它来评价美德。德雷弗说,她之所以要对美德进行外在主义的评价,是因为她想保持"行为者同世界的联系",是因为"**现实发生的**事情对道德来说非常重要,而外在主义者保持了这种直觉"(Driver 2001: 70)。既然美德伦理学对美德做出的是内在主义的评价——在德雷弗看来,这无法保持行为者同世界之间的联系——那么,正如她的结论所言,很明显,人们就应当更偏向美德理论,而不是美德伦理学。

我认为,我们都应该同意德雷弗的如下观点:世界上现实发生的事情很重要,伦理理论应该保持行为者同世界之间的联系。但这并不一定意味着,采用后果主义的美德理论就是保持这种联系的**唯一**方式。也不意味着,我们就必须接受德雷弗关于好后果、"世界"以及行为者与世界之间"联系"的具体刻画方式。其方法的最显著特点就在于,她认为,善必须独立于正当而获得定义。

当代道德哲学家似乎都认为这个假设理所当然。当罗尔斯阐明其类型学时,他明确指出:"善独立于正当而被定义"(Rawls 1971:24)或"善的概念优先于并且独立于正当(或道德法则)"(Rawls 2000:222)。当德雷弗从善的角度定义美德时,她必须假设善的定义独立于美德:某种品格特征"是美德,当且仅当它是这样一种品格特征,即它能够产生为理性人所期待的整体的或系统的好后果。"(Driver 2001:95)。同样地,赫斯特豪斯在定义正确行动时也认为,美德行为者的概念必须独立于正确行动而获得定义:"某个行动是正确的,当且仅当它是美德行为者在该情境下将会典型(即,出于品格)而采取的行动"(Hursthouse 1999:28)。这个想法看似不证自明:在基于 x 的伦理学中,如果 x 的定义不能独立于其他概念,那么,人们对于其他概念的定义最终将会陷入循环,而伦理理论的"等级"结构也将不复存在。事实上,它甚至都不会成其为一种基于 x 的伦理学。

独立性信条可能是标准类型学最成问题的特征。它遗漏了所有不接受该信条的伦理理论,因而,这意味着它不是整全的类型学。比如,那些凭借人际关系和美德而定义善的伦理理论,就没有被覆盖到。正如我们将看到的,这恰恰是孔子和孟子定义善的方式。请注意,我们不是说他们用**正**

当定义善。因为他们并不接受稀薄的正当概念。他们的出发点是人际关系和美德这样的厚重概念。我们对此不应感到惊讶，只要我们记得他们都是政治哲学家，他们的基本概念是**天下**（普天之下），而这个概念正是通过人际关系和美德而得以刻画的。

孔子可能是中国第一个观察到"孝"的美德与亲子关系互为定义的人。而孟子更加系统地阐述了这一点。孟子的伦理学核心包含如下三个概念：**人伦**（人际关系）、**人心**（人的心意或人的情感）和**人性**（人的天性）。对孟子来说，这三者之间的联系是：人际关系（人伦）由人的情感（**人心**）定义，当人际关系充分发展并得以完善时，它们就是人的天性（**人性**）的充分表达和实现。

在《孟子》之前，**人伦**（人际关系）一词未见于任何文献。① 孟子对人际关系的叙述可说是他的思想中最有趣、最创新的部分。人们可以说，孟子的伦理学"聚焦于心"（heart-mind-focused），因为孟子把人的情感作为人际关系最重要的组成部分。这可能会让一些学者以为，孟子的伦理学应该被刻画成情感主义的美德伦理学或关怀伦理学。

然而，孟子的伦理学也"聚焦于关系"（relation-focused）。孟子最先将下面这五种关系视为整体，并称之为**人伦**（人际关系）：父子、君臣、夫妻、兄弟、朋友。五种关系分别对应五种美德：亲、义、别、序、信（《孟子·滕文公上》）。中国后世的学者和普通百姓之所以最终对"伦常"（字面意思是"关系和常量"）这个术语津津乐道，根源之一就在孟子。这就是后来广为人知的"五伦"（Five Relations）和"五常"（Five Constants）：

---

① 我们也许得说"任何被承认的（received）文献"，因为，在最近出土的一些比孟子时期更早的文献中，我们如今发现了"人伦"这个词。

a. 五伦：父子、君臣、夫妻、兄弟、朋友。
b. 五常（五种主要美德）：仁、义、礼、智、信。

美德在这里之所以被称为"常"，是因为它们被定义为不变而稳定的秉性。传统中国伦理学主要是一种以人际关系为中心、以美德为导向的伦理学，而这个传统就始于孔孟。

孔子和孟子启发了一些当代西方哲学家，后者也将人际关系置于伦理学的核心。阿维夏伊·玛格利特（Avishai Margalit）就曾提出一种有益的分析区别，区分了两种评价关系的方式："关系**的**好与坏"（goodness or badness of a relation）与"关系**中的**好与坏"（goodness or badness within a relation）。

> 根据我的伦理学观点，**好**和**坏**都直接归属于人际关系。例如，施虐受虐的关系是坏的，而母女关系则是好的……然而，仍有必要区分"关系**中的**好坏"与"关系**的**好坏"。说母女关系是好的，我们说的其实是关系的好。但我们非常清楚，这种好的关系也能变质，变成坏的关系。然而，当这种情况发生时，它是关系**中的**坏，而不是关系的坏。
>
> （Margalit 2002: 85）

孟子有句非常著名的话：父子关系是人之"大伦"（substantive relation）(《孟子·公孙丑下》)。他在这里谈论的肯定是人际关系的好。而玛格利特的区分则能够帮助我们理解，为什么孟子既坚持认为亲子关系是好的关系(《孟子·公孙丑下》)，同时又认定在某些特定的情形或情境下，某种具体的亲子关系仍会变成"坏"的关系(《孟子·离娄上》)。①

因此,孔子和孟子显然认为,世界上是否存在五伦以及这些关系当前是好是坏,都是很重要的问题。换言之,他们确实认为世界上发生的事情很重要。然而,世界上发生的事情,并不像德雷弗的后果主义伦理理论所指出的那样独立于人际关系而获得定义。当孔子和孟子说某些人际关系是好的关系时,他们同时也在说某些美德是好的,因为,前者在构成性意义上是由后者所定义的。

换句话说,与后果主义者相比,孔孟对"世界上发生的事情"的描述的一个最重要特征就在于,他们采用了"人际关系"等概念。他们所依赖的这些概念拥有具体而实在的内容,既是描述的又是规范的。这些就是韩愈(768-824)所说的,与"虚位"(empty place-holder)相反的"定名"(determinate conceptions)。韩愈所说的"虚位"概念,其中一个例子就是"道"(一种方式、一种生活方式、一种社会组织的方式),而"定名"概念的可能例证则是"仁"(仁爱、仁慈)与"义"(正义)。在某些方面,特别是就"虚位"概念的"空虚性"或"无内容性"与"定名"概念的"确定性"或"有内容性"的比较而言,韩愈的区分非常类似于艾瑞思·默多克(Iris Murdoch)所说的"空洞的道德词汇"与"规范—描述的词汇"的区分(Murdoch 2001: 8, 31, 40-41),也十分类似于伯纳德·威廉姆斯后来所说的"厚概念"或"薄概念"的区分(Williams 1985: 129, 143-145)②。

孟子的"大伦"也可以被说成是"实质性关系",而这里的"实质性"

---

① 有趣的是,我们要注意,孟子在《离娄》中说,当父亲成为了自己儿子的老师,他们之间就会有怨恨和痛苦,因为老师应该批评学生,而这不可避免地会带来怨恨。因此,这里的结论是,父亲不应成为自己儿子的老师,而应该把他们送到其他老师那里。孟子说,这是亲子关系由于处境(势)而变坏的一种情况,但不是亲子关系的本性使然。我们可以想象,孟子将会怎样回应情境主义对美德伦理学的挑战。

② 在默多克发表于1950年代的文章中,她做出了这个区分。威廉姆斯承认,他是在1960年代的一次研讨会上从菲利帕·富特和默多克那里听到了这个想法(Williams 1985: 218n7)。

在汉语中就是用"大"（字面意思是"大的"或"重大的"）来表达的，孟子通常用这个词来表示"实质的"、"重要的"或"显著的"等含义。而在《论语》中，我们也能发现"大伦"（实质性关系）一词（《论语·微子》）。在某些重要的方面，这种观点同伯纳德·威廉姆斯的看法——他认为，爱的关系是人类生活的"实质内容"——并无不同（Williams 1981: 18）。不过，孟子和威廉姆斯之间也有重要区别。我们这里必须区分两个层面：一个层面上，孟子和威廉姆斯都强调人际关系对于我们生活的重要性。然而，另一个层面上，他们提供的理由或论证却不同。孟子说，如果人们"饱腹暖衣"却无"人伦"，就会"近于禽兽"（《孟子·滕文公上》）。在这里，他强调的是"关系的好"：它们是好的，因为它们使我们成为人，它们是人性的真实表达。显然，基于孟子的人性理论，"人伦"概念的"人"既有描述性又有规范性。而威廉姆斯的主张则似乎弱得多。在他看来，社会和心理事实表明，如果不存在"与他人之间的深刻关联"，那么"在一个人的生活中，将缺少足够的实质内容或信念来迫使他与生活本身结盟。如果一切要有意义，生活就必须要有实质内容，包括对公正制度的不懈坚持"（Williams 1981: 18）。

孟子对伦理问题的政治解答方案

我想再举一个例子表明，孟子的伦理政治理论的结构之所以不同于标准的美德伦理学的结构，原因就在于，孟子做的是政治哲学。说得更具体点，我试图表明，孟子是在为伦理的问题提供一种政治的解答方案。人们可能会把他的解决方案看作是一种政治经济学或道德经济学。[①]

[①] 关于道德经济学的文献很多，E.P. 汤普森（E.P Thompson）最早提出这个术语。我在这里不再继续讨论它。

在孔孟眼中，父子关系在什么条件下才可以被说成是好的关系？如果我们收集《论语》和《孟子》所有相关段落，那么，我们就可以重构古典儒家的亲子关系学说。

这里给出一个部分框架。只有在下列情况真实发生时（我们用 A 来指代儿子），我们才说"亲子关系是一种好的关系"：①

（1）对 A 的父母来说，其福祉在于生时得到赡养，死后葬之以礼。

（2）A 是采取行动（1）的行为者。

（3）A 在采取行动（1）时，出于正确的动机（态度、情绪和情感）。

我将进一步给这些条件打上如下标签：

（1）"后果"部分；

（2）"行为者"部分；

（3）"动机"部分。

孔子和孟子强调，这些条件大多是必要的，但没有哪一个是充分的。《论语》和《孟子》中有许多段落都论及（3）的重要性。它通常采用的形式是：（1）不充分而（3）很必要。以下两段文字就颇具代表性：

---

① 这里的"只有在"是为了表示，这些内容都不是充分条件。在《论语》的另一些地方（如《学而》、《雍也》），孔子还阐述了其他条件。正如我们将看到的那样，这些段落是否明确而且一致地把（1）作为必要条件，同样也不完全清楚。

子游问孝。子曰:"今之孝者,是谓能养。至于犬马,皆能有养;不敬,何以别乎?"

《论语·为政》

食而弗爱,豕交之也;爱而不敬,兽畜之也。恭敬者,币之未将者也。

《孟子·尽心上》

然而,孔子似乎没有意识到一个问题。请注意,(1)是对于现实世界的外在善的需要,而(3)则是在呈现这个儿子行动背后的好的内在动机。显然,满足了(3),也不一定能满足(1)。试想,一个儿子有正确的动机,但却非常穷。他就无法照顾父母。对于这个问题,用另一种方式来说就是,孔子似乎没有意识到(3)也是不充分的,而(1)也是必要的。换言之,善的动机同样是不充分的,而外在的善同样是必要的。

我们可以在后世文献中发现一些话,它们被归于孔子名下,其中就处理了这个问题。下列段落出自《礼记》,该书虽然在汉代才成书,但大量材料却出自更早的时期:

子路曰:"伤哉,贫也!生无以为养,死无以为礼也。"孔子曰:"啜菽,饮水,尽其欢,斯之谓孝。敛手、足、形,还葬而无椁,称其财,斯之谓礼。"

《礼记·檀弓下》

然而,问题可以变得更糟。如果一个儿子连孔子在这里提到的最低限度的手段都无法提供,那会怎样?当为人父母者失去了自己的所有亲人,问题就变得最糟了。生于孔孟之际的墨子是第一位处理这个问题的人。他问过这样的问题:何以"老而无子者,有所得终其寿"(《墨子·兼爱中》),或者说,何以"老而无妻子者,有所侍养以终其寿。幼弱孤童之无父母者,有所放依以长其身"(《墨子·兼爱下》)。

墨子在《兼爱》中处理了这个问题。他的解决办法是,每个人都应该平等地关心他人。每个人都有义务尽最大努力照顾世界上所有的父母。他的解决方案经常被理解为一种后果主义的方案,非常类似于彼得·辛格用以解决世界贫困的方案。①

很可能是因为受到墨子的影响,孟子才认真对待这个问题。他是这样说的:"老而无妻曰鳏,老而无夫曰寡,老而无子曰独,幼而无父曰孤。此四者,天下之穷民而无告者。"(《孟子·梁惠王下》)正如我们看到的那样,孟子解决这个问题的方案与墨子相似。然而,孟子还有一个不同的解决方案。他认为,政府有义务照顾那些没有亲人照顾的人。他想通过建立公共机构和实行公共政策而解决这个问题。他的解决方案属于他的政治哲学或道德经济学(他称之为"仁政")的一部分。孟子坚持认为,"夫仁政,必自经界始"(《孟子·滕文公上》)。他概述了划分土地的蓝图,以便让每个村庄都有供每个人共同劳作的公有土地,它能够提供外在的善,从而满足人们的基本需求,使所有人免于饥寒。而孙中山"三民主义"政治哲学中的"民生主义",就是这种思想的一个现代版本。

当孟子向君王献策时,他总是试图说服他们采纳自己的意见,实行"仁政";他有时也试图表明,君王心中其实已有这么做的正确动机。例如,在那个著名的段落中(《孟子·梁惠王上》),孟子说,齐宣王既然对于将被杀死的牛或将被处决的无辜之人都有不忍之心,那么,他现在只需将其推恩于百姓即可。不过,必须指出,这只是《孟子·梁惠王上》第7

---

① 这不是对墨子的唯一理解。但我不在这里讨论这个问题。

节的第一部分内容。

在早期中国的文献中，没有哪篇会比这节花费了更多笔墨来阐述这个问题。然而，学者们通常只关注该节的第一部分。他们没有注意到，在孟子未能成功说服齐宣王推恩百姓后，在该节的第二部分，他又试图以其他理由来劝谏君王。正如我在其他地方论证过的那样（Xiao 2013），在第二部分，孟子便向齐宣王表明选择他的仁政之策对君王来说是合乎（工具）理性的。说的更具体点，孟子指出，实现君王一统天下的欲望的最好方法就是践行"仁政"。

该节的第一部分和第二部分存在如下区别。在第一部分，孟子希望齐宣王能"有美德地行动"，这意味着他采取仁政是因为他同情百姓。在这种情形下，君王具备采取正确行动的正确动机。而这常常被刻画为君王"为其自身的缘故"而实行仁政。然而在第二部分，孟子则提出了一些要求低得多的理由：君王施行仁政，因为这是满足其欲求目标的最佳手段。它是一种合乎理性的行为，而不一定是出于他对百姓的同情。即便君王"不是为其自身缘故"而实施仁政，也仍然是一件好事。

"有美德地行动"（acting virtuously）和"有美德的行动"（a virtuous action）之间是存在区别的，而这种区别可以追溯到亚里士多德。只有具备美德的行为者才能"有美德地行动"，而缺乏美德的行为者只能做出"有美德的行动"。这里的区别就在于，当一个具备美德的行为者"有美德地行动"时，她的行动是其美德动机的表达，而对一个缺乏美德的行为者来说，她那"有美德的行动"背后并不存在美德动机。可以说，孟子似乎意识到了这种区别。孟子是一个政治现实主义者，他认为在政治生活领域，我们不能等待统治者成为具备美德的行为者，然后再开始有美德地行动；只要能够让他们采取有美德的政策，那就够好的了。一个人可以戏剧化地说道："老百姓现在都快饿死了。我们没时间等着统治者把自己培养成为一个有美德的统治者。只有他现在采取有点同情心的国策，那就够了。他出于什么动机，并不重要。"

我们仅仅考察了伦理理论的各种复杂结构的一部分，但我们已能看到，孔子和孟子作为政治哲学的美德伦理学是在什么意义上能够阐发当代的伦理理论和美德伦理学，反之亦然。事实上，伦理学和政治哲学如何相互交织，以及，它们之间的这种交织又是如何塑造伦理政治理论的结构，对于这些问题的探究不仅可以让我们在中国哲学方面，也可以让我们在一般的伦理学和政治哲学方面获得启发。

【相关主题】

第 3 章 "The Stoic Theory of Virtue," Tad Brennan

第 5 章 "Why Confucius' Ethics is a Virtue Ethics," May Sim

第 6 章 "Mencius' Virtue Ethics Meets the Moral Foundations Theory," Shirong Luo

第 16 章 "Pluralistic Virtue Ethics," Christine Swanton

第 22 章 "Kant and Virtue Ethics," Allen Wood

第 23 章 "The Consequentialist Critique of Virtue Ethics," Julia Driver

第 24 章 "Virtue Ethics and Right Action," Ramon Das

第 27 章 "The Situationist Critique," Lorraine Besser-Jones

第 29 章 "Care Ethics and Virtue Ethics," Nel Noddings

【参考文献】

Angle, Stephen and Slote, Michael (ed.) (2013) *Virtue Ethics and Confucianism*. New York and London: Routledge.

Annas, Julia (1993) *The Morality of Happiness*. New York: Oxford University Press.

Baron, Marcia, Pettit, Philip, and Slote, Michael (1997) *Three Methods of Ethics: A Debate*. London: Wiley-Blackwell.

Betzler, Monika (ed.) (2008) *Kant's Ethics of Virtue*. Berlin and New York: Walter de Gruyter.

Chen, Lai (2010) "Virtue Ethics and Confucian Ethics." *Dao: A Journal of Comparative Philosophy* 9 (3) : 275–287.

Clarke, Stanley and Simpson, Evan (1989) *Anti-Theory in Ethics and Moral Conservatism*. Albany: SUNY Press.

Das, Ramon (2003) "Virtue Ethics and Right Action," *Australasian Journal of Philosophy* 81 (3) : 324–339.

Driver, Julia (2001) *Uneasy Virtue*. Cambridge: Cambridge University Press.

Fraser, Chris, Robins, Dan, and O'Leary, Timothy (ed.) (2011) *Ethics in Early China: An Anthology*. Hong Kong: Hong Kong University Press.

Hurley, S. L. (1989) *Natural Reasons: Personality and Polity*. New York: Oxford University Press.

Hursthouse, Rosalind (1991) "Virtue Ethics and Abortion," *Philosophy & Public Affairs* 20 (3) :223–246.

——(1999) *On Virtue Ethics*. Oxford: Oxford University Press.

Im, Manyul (2011) "Mencius as Consequentialist," in Chris Fraser, Dan Robins, and Timothy O'Leary (eds.) *Ethics in Early China: An Anthology*. Hong Kong: Hong Kong University Press.

Ivanhoe, P. J. (2000) *Confucian Moral Self Cultivation*. Indianapolis: Hackett, 2000.

Johnson, Robert (2003) "Virtue and Right," *Ethics* 113 (4) : 810–834.

Johnston, Ian (2010) *The Mozi*. New York: Columbia University Press.

Kagan, Shelley (1992) "The Structure of Normative Ethics," *Philosophical Perspectives* 6: 223–242.

——(1998) *Normative Ethics*. Boulder: Westview Press.

——(2002) "Kantianism for Consequentialists," in *Groundwork for the Metaphysics of Morals*. New Haven: Yale University Press.

Kant (1996) "The Metaphysics of Morals," in *Practical Philosophy*, tr. Mary Gregor, ed. Allen Wood. Cambridge: Cambridge University Press.

Lee, Ming-huei (2013) "Confucianism, Kant, and Virtue Ethics," in Stephen Angle and Michael Slote (eds.) *Virtue Ethics and Confucianism*. New York and London: Routledge.

Margalit, Avishai (2002) *The Ethics of Memory*. Cambridge: Harvard University Press.

Murdoch, Iris (2001) *The Sovereignty of Good*. London: Routledge.

Nivison, David (1996) *The Ways of Confucianism: Investigations in Chinese Philosophy*. Chicago and La Salle: Open Court.

Nussbaum, Martha (1999) "Virtue Ethics: A Misleading Category?" *The Journal of Ethics* 3 (3) : 163–201.

Rawls, John (1971) *A Theory of Justice*. Cambridge: Harvard University Press.

——(1981) "Foreword," *The Methods of Ethics*, 7th edition (Indianapolis: Hackett) .

——(2000) *Lectures on the History of Moral Philosophy*, ed. Barbara Herman. Cambridge: Harvard University Press.

Santas, Gerasimos (1996) "The Structure of Aristotle's Ethical Theory: Is it

Teleological or a Virtue Ethics?" *Topoi* 15: 59–80.

Sim, May (2007) *Remastering Morals with Aristotle and Confucius*. Cambridge: Cambridge University Press.

Slote, Michael (1995) "Agent-Based Virtue Ethics," *Midwest Studies in Philosophy* 20 (1) : 83–101.

——(2001) *Morals from Motives*. Oxford: Oxford University Press.

Swanton, Christine (2001) "A Virtue Theoretical Account of Right Action," *Ethics* 112 (1) : 32–52.

Van Norden, Bryan (2007) *Virtue Ethics and Consequentialism in Early Chinese Philosophy*. Cambridge: Cambridge University Press.

Williams, Bernard (1981) *Moral Luck*. Cambridge: Cambridge University Press.

——(1985) *Ethics and the Limits of Philosophy*. Cambridge: Harvard University Press.

Xiao, Yang (2010) "Chinese Ethical Thought," in John Skorupski (ed.) *Routledge Companion to Ethics*. London: Routledge.

——(2011) "Holding an Aristotelian Mirror to Confucian Ethics?" *Dao: A Journal of Comparative Philosophy* 10 (3) : 359–375.

——(2013) "Rationality and Virtue in the Mencius," in Stephen Angle and Michael Slote (eds.) *Virtue Ethics and Confucianism*. New York and London: Routledge, pp. 152–161.

Yu, Jiyuan (2007) *The Ethics of Aristotle and Confucius: The Mirror of Virtue*. London: Routledge.

Zagzebski, Linda (1996) *Virtues of the Mind*. Cambridge: Cambridge University Press.

第35章
法律与美德

[美]劳伦斯·B.索勒姆／著
杨 磊／译 李义天／校

引言

当代法律理论试图回答一般法理学（general jurisprudence）的两大问题：第一，**法律的目标是什么？**第二，**法律机构如何才能最好地完成其解决纠纷的任务？**当代美德伦理学提供了一些涉及这两个问题的见解。一种以美德为中心的规范的法律理论进路，被称为"美德法理学"（virtue jurisprudence）。对美德法理学而言，法律的最终目的在于促进人类繁荣——使人们过上展现人类卓越或美德的生活。而提高法律机构解决纠纷能力的最佳途径，则是将决策的权威赋予那些具备司法美德（judicial virtues）——公民勇气（civic courage）、司法节制（judicial temperament）、司法理智（judicial intelligence）、实践智慧（practical wisdom）以及最重要的，正义——的法官。换言之，美德伦理学可以给法学理论家提供工具，使其凭借新的方式来思考规范法理学的基本问题。

随着美德伦理学在20世纪后期的日益凸显，它开始影响到人们对法律的思考。相关例子包括唐纳德·布罗斯南（Donald Brosnan 1989）、海迪·利·费德曼（Heidi Li Feldman 2000）、凯恩·惠根斯（Kyron Huigens 1995）、劳伦斯·索勒姆（Lawrence Solum 1988）以及其他人的作品。在这个早期阶段，美德法理学的关注重点是判决理论（theories of judging）以及具体的法律问题（比如，在侵权法中，美德行为者概念同合理的个人标准之间的关系，或者，品格在确定公正刑罚过程中的作用）。

要理解美德伦理学对于法律思考的作用，就得谈谈当代法律理论的整体状况。一般规范的法律理论既涉及立法（legislation），也涉及裁判（adjudication）。规范的立法理论关心的是，对包括宪法条款、制定法和由司法判例确立的规章在内的所有法律规范形式进行道德评估。直到最近，规范的法理学（几乎全部）都聚焦于义务论和后果主义的进路。在规范的法学和经济学中，我们可以发现后果主义的诸多最显著形式；迄今为止，福利主义（welfarism，一种关于偏好满足的后果主义）尤为重要。路易斯·卡普洛和史蒂文·沙维尔（Louis Kaplow and Steven Shavell 2001）的作品就是一个影响深远的例证。而义务论这边，罗纳德·德沃金（Ronald Dworkin 1986）提出作为整体的法律理论，强调法律对于保护权利的作用。基本上整个 20 世纪，在法学家围绕法律的道德性所展开的讨论中，美德的探讨几乎没有出现。

规范的裁判理论（theory of adjudication）关注的是对司法决定（judicial decisions）进行规范性评估。简单来说，我们可以将规范的裁判理论分为两大类：形式主义的和现实主义的。法律形式主义者（Legal formalists）相信，法律决定的正确性取决于它与权威法律文献之间的符合程度。形式主义者认为，法官应根据法条和宪法文本的规则，或根据**先例**（*stare decisis*）或先例原则来解决纠纷。而法律现实主义者（Legal realists）相信，应当直接把政策或道德方面的考虑纳入司法决定的过程。例如，一名从事法条解释和建设工作的法官，应当考虑到法条所服务的根本的政策目标，并且，如果为了取得最佳结果而需要他背离法条的字面说法，那么，他就应该这么去做。

在当代法律理论中，形式主义是以宪法原旨主义（constitutional originalism）和关于法条解释的文本主义（或"显白意义"）理论（textualist [or "plain meaning"] theories）为代表。而现实主义则以活的立宪主义（living constitutionalism）和关于法条解释的工具主义理论（instrumentalist theories）为代表。现实主义的裁判理论（realist theories of adjudication）要求法官直接考虑政策和原则：也就是说，持现实主义立场的法官在决定具体纠纷时会直接考虑道德和正义。因此，形式主义者指责现实主义者，主张法官应当立足本位投身法律。关于裁判的道德性（the morality of adjudication），主流的现实主义进路包括后果主义的（如，福利主义）和义务论的（如，侵权理论的矫正正义进路）。

为什么是美德？

千禧年以来的当代法律理论，与20世纪中叶的现代道德哲学状况惊人地相似，当时，伊莉莎白·安斯康姆（Elizabeth Anscombe 1958）写下了那篇著名的文章《现代道德哲学》。简单地讲，我们可以说，当代的法律理论明显表现出两种背反：**权利与后果的背反**，以及**现实主义与形式主义的背反**。每一种背反都体现了当代法律理论的某种持续争议，而事实证明，这种争议无法通过理性的论证加以解决。

权利与后果的背反，是后果主义者与义务论者之间现代哲学辩论的法律形态。在法学界，规范法学和经济学运动扛起了后果主义的旗帜。规范法学和经济学具有足够的推动力，使得后果主义可以在制度层面落地运行，就好像义务论从未对福利主义的道德基础进行过的批判一样。同样，义务论者彼此之间也有争论，就基于权利的规范法律理论而言，平等主义者和自由至上主义者就会为了他们各自所偏爱的版本展开争论。很少能够见到义务论者与后果主义者之间真正的对话。真正的发展其实少之又少。比如说，在21世纪头十年，受路易斯·卡普洛和史蒂文·沙维尔的文章（后来扩展成书）《公平对福利》（"Fairness versus Welfare"）——该文认为，法律是由福利主义（一种关于偏好满足的后果主义）引导——的促动，曾经出现一场有关这些问题的实质性争论。随着围绕卡普洛和沙维尔作品争论的平息，对立的阵营又回归旧业了。

而现实主义和形式主义的背反，则反映在更加碎片化、更不那么清晰透明的法律话语中。我们可以通过历史概览来了解这个辩证发展的过程：最初发生在20世纪二三十年代的法律现实主义运动，让位于五六十年代的法律的程序学派，后者受到20世纪80年代批判法学所提出的不确定性命题的挑战。20世纪90年代，批判法学又让位于针对那些有关彻底不确定性的虚假断言的猛烈批判；我们只看到，就在美国最高法院对布什诉戈尔案（Bush v. Gore）做出裁决之后，现实主义的犬儒作风达到了新的顶点，随后很快，形式主义通过宪法原旨主义的形式而复苏，这在最高法院的另一起案件——哥伦比亚特区诉赫勒案（District of Columbia v. Heller）中表现得尤为突出。

当代法律理论对现实主义和形式主义有两种看法。法律理论的实践者已把标准的现实主义举措纳入他们的理论工具箱。在学术界和教育过程中，现实主义的比喻很常见。在某种意义上，几乎所有当代法学理论家都是现实主义者。但是，法律形式主义对于那些试图宣告其灭亡的企图却有着惊人的反弹力。一旦形式主义摆脱了现实主义者把它刻画为一种自闭的纯粹演绎体系的夸张描述，人们就很难否认（1）确实存在简单案件（easy cases），以及（2）尽管法律可能不足以支持司法决定，但它很少是完全不确定的。形式主义，尤其是宪法原旨主义和法条的文本主义，正在兴起。现实主义者和形式主义者之间的争论在20世纪初就开始了，直到今天，根本问题仍没有得到解决。

概述这两种背反,关键在于表达这样一层意思:当代规范性的法律理论尽管充满活力、不乏精致,却受困于反复出现的无解之争。而一条走出僵局的可能途径则是转向美德法理学,这是可以同美德伦理学在道德哲学中作为义务论和后果主义的替代方案而崛起相提并论的一步。

有一种研究美德法理学的策略可以是从美德伦理学的案例开始,然后指出,法律的制定和裁判应根据那些普遍运用于人类行动的标准来裁判。我们可称之为"自上而下的策略"。而另一种进路则是从法律理论的具体问题开始,通过考虑美德在法律语境中的作用而建构美德法理学。这种"自下而上"的策略可被用于规范性法理学的两个问题,而本文就是从这两个问题开始的:"法律的目标是什么?"以及"法律机构如何才能最好地完成它们解决纠纷的任务?"我们可以通过建立一个以司法美德为焦点的规范性的裁判理论来解决第二个问题。

以美德为中心的裁判理论

什么是做出良好裁判的品质,人们对此意见不一。在最近有关联邦法官遴选的争议中,就体现了这种分歧。由于(美国的)司法遴选很大程度上由政治参与者对于关键问题(堕胎、平权行动等)的特定结果的偏好所驱动,因此,政治意识形态在司法遴选的过程中发挥了重要作用。而这种在实际中发生的分歧,也反映在法律理论上。法学家对于什么是好的法律决定有不同看法,因此,他们也可能对于哪些法官是优秀的法官也有分歧。尽管如此,我们还是有可能确认一些司法方面的卓越或优秀,它们也许会得到人们普遍的同意。

我们需要一种无可争议的司法美德学说。在这里,"无可争议"意味着，这些美德建立在何为良好裁判的无可争议的预设基础上，建立在关于人性和社会现实的广为接受的信念基础上。所谓"美德"，我们指的是构成人类卓越性的一种心灵或意志方面的秉性特质（dispositional quality），而"司法美德"既包括与裁判有关的人类美德，也包括与法官的社会角色有关的特殊美德。

"腐败"（corruption）是一个也许每个人都会承认的司法恶德。出卖其投票权的法官破坏了法律的实质目标，因为，腐败的决定有可能是错误的，这种可能性至少跟它们其实是正确的可能性一样大。而且，腐败的决定还破坏了法律决定所具有的生产性和一致性的法治价值观，也破坏了公众对法律的尊重，使得人们不再认为法律具有合法性。

即使是最衷心拥护这种具有意识形态性质的司法遴选的人，也会说司法腐败是一种恶德。而相应的美德是什么？这个问题可能变得复杂——因为有各种各样的性格缺陷都会导致腐败。贪心（或**贪婪** [pleonexia]）就是这样一种缺陷，它可能是带来腐败的一个根本原因，因为渴望得到比自己的份额（或资格）更多的东西，这会导致法官接受贿赂。所有人都有可能错误地把财富（它只能是一种手段）当作最终目的（因其自身而值得被追求的东西）。一些法官可能对他们得到的报酬感到不满，有时，这些报酬只是他们那些从事私人法律实践的同行所得报酬的一小部分——其中一些人也许并没那么有才华。

我们无需确认所有可能导致腐败的恶德，才能发现廉洁（incorruptibility）是一种无可争议的司法美德。法官在秉性上应该抵制那些带来腐败的诱惑，这个命题毫无争议。我们可以把这种秉性称为"廉洁的司法美德"，即使事实证明这种美德包含了一系列特殊美德，其中每一种都对应着一种可能导致腐败的特殊的人类恶德。

还有一种恶德与腐败密切相关，但它与贪心截然不同。法官之所以变得腐败，是因为他们的欲望陷入无序——他们渴望快乐，或渴望那些因为拥有好东西而享有的地位（以及相应的妒忌）。法官，就像我们其他人一样，也会因为喜好名牌鞋、跑车、不固定的伴侣或令人陶醉的物质而腐败。更微妙的是，法官可能因为渴望获得更精美的生活物资而腐败，比如，豪华的房子，给孩子送上奢华礼物的能力，或是奢侈旅行的机会。

让我们用一些老式的术语，把陷入无序欲望的恶德称为"不节制"（intemperance）——我们承认，当现代人听到这个词时，必然联想到因渴望烈酒的快乐而导致的醉酒形象。人们能够证明，不节制不是一种司法恶德吗？有人也许说，不节制是一种纯粹私人性的恶德——某位法官偏爱大都会酒店，偏爱周仰杰（Jimmy Choo）或莫罗·伯拉尼克（Manolo Blahnik）的新款产品，喜欢有年轻貌美的同伴陪伴，这些都是他自己的事情，而与他是否是一名优秀的法官无关。当然，对这些东西持有适度和有序的欲望并不是一种恶德——或者，至少不是一种**无可争议**的恶德。但是，对这些快乐持有不成比例的欲望，这样的秉性却会带来比腐败更糟的情况。最明显地，在法官席上如痴如醉（或极度兴奋）的法官很容易犯错误，原因自不待说。而过分追求不那么令人陶醉的快乐，也会让法官的注意力和精力偏离司法任务，从而有损其司法行为。

与不节制的恶德相对应的美德可以被称为节制（temperance），在传统意义上，它包括所有自然欲望的有序状态。但是，"明如秦镜"（sober as a judge）这种常见的说法表明，该美德可以被恰当地称作"司法清醒"（judicial sobriety）。具备这种美德的法官，其欲望井然有序，并且他会适度地回应这些欲望。

恐惧（fear）是最强大和最常见的情绪之一。对亚里士多德来说，勇敢（courage）美德关系到在道德上居于中道的恐惧情绪。按照道德美德的模式，勇敢代表着一种介于过度的恶德——懦弱（cowardice）——

和不足的恶德——我们可以称之为"轻率"（rashness）或"鲁莽"（recklessness）——之间的中道状态。我们可以说，懦弱是一种司法恶德，而司法勇敢是一种美德。

我们能够进一步将勇敢美德有效地划分为两个部分——我称之为"**身体勇气**"（physical courage）和"**公民勇气**"（civic courage）。法官需要身体方面的勇气来成就**身为法官**的卓越，这在许多社会都是可悲的事实。在我们的社会里，一位可能遭到人身威胁的法官无法可靠地伸张正义——在暴力（或暴力威胁）愈加普遍的情况下，更是如此——而在毒品恐怖主义（narcoterrorism）或暴力种族冲突盛行的条件下，也会这样。

司法勇敢还有第二个维度。法官，跟大多数人一样，关心自己的名誉和社会地位。就像我们其他人一样，法官也谋求自己同胞的认可与支持。因此，除了人身方面的危险，法官们可能还担心他们的行动后果会给地位和社会认可带来威胁。这是因为，法律会要求法官做出不受欢迎的判决。一位法官，如果在南方各州要求学校终止种族隔离，可能会成为被社会避之不及的人。在有的社会，司法部门对于涉及某些热点问题（堕胎、临终纠纷等）的案件举足轻重，因而按照法律的要求办事往往会非常不受欢迎。出于这个原因，法官需要公民勇气的美德——这种秉性恰当地尊重同胞，并且出于正确的理由、以正确的方式、在正确的场合尊重他们。拥有如此美德的法官不会受诱惑，不会把正义献祭给公众舆论。具有公民勇气的法官知道，如果他人的意见是为了伸张正义，那么这种意见值得拥有；而社会上对不公正的支持，对司法行为来说则是一种不被允许的动机。根据这样的观念而行动，这种秉性就可以被称为"公民勇气"。

与恐惧一样，愤怒（anger）是一种既常见又强大的情绪。法官，和我们其他人一样，可能脾气暴躁或是冷静沉着。而且，和我们其他人一样，法官也可能发现自己的暴脾气会导致过激行为。对于在可能变得情绪化的控辩环境下维持秩序的主审法官来说，尤其如此。诉讼当事人也许无视司法权威，或是做出无礼的行为。有些律师可能故意试图激怒法官，使之犯下法律错误，或是做出对当事人表示敌意从而构成其上诉依据的公开行为。面对如此挑衅，存在"愤怒管理方面问题"的法官就很可能"失态"。缺乏节制的司法行为就很可能让法官误用法律——在"怒火中烧"时误释了适用的法律标准。此外，头脑发热的法官会变得偏袒——把矛头指向愤怒对象的一方，并偏袒其对手。

亚里士多德把"**温和**"（*proates*）或"好脾气"（good temper）定义为"坏脾气"（bad temper）这种恶德的矫正性美德。在司法语境中，这种美德如此重要，以至于我们有个短语，把它刻画为一种专门司法方面的卓越性——"司法节制"。这个短语反映了我们的看法，即"好脾气"这种美德对于好的判决来说必不可少。

如果过度的愤怒是一种恶德，那么，它的对立面又是什么？就愤怒而言，是否存在某种不足的恶德？众所周知，斯多亚派对这个问题给出了否定回答：我们可以讲，对斯多亚派来说，在任何情况下，感到愤怒的秉性都是恶德。相反的观点则认为，适度的愤怒发挥了有价值的功能——它提醒我们注意错误，并促使我们回应错误。而处理这个问题有个简单办法，就是问一问，在20世纪60年代的影视作品《星际迷航》（Star Trek）中，哪个角色会成为最好的法官——柯克船长（Captain Kirk），麦考伊博士（Dr. McCoy），还是斯波克先生（Mr. Spock）。斯波克先生就像斯多亚的圣人——他感觉不到愤怒，只按逻辑行事；我们想象得到，即使是面对最严重的法庭挑衅，斯波克法官也会安之若素。麦考伊博士脾气暴躁；我们想象得到，在回应受雇于某个贪婪公司的律师的无耻行径时，他会大发雷霆。而柯克船长则代表了这两个极端之间的中道；我们可以想象，柯克法官虽然会因不良的行为和不公正而适度愤怒，但仍保持"克制"，他是因为正确的事情而愤怒,并以恰当的方式作出回应。"司法节制"这种美德就在于持有恰当的愤怒——出于正确的理由、在正确的场合而愤怒,并且,很清楚表达愤怒将会带来何种后果。

更具体地说,当一方当事人藐视法律或不尊重法律程序的参与者时,愤怒可能就是恰当的。而这种恰当的愤怒会提醒法官出现了"必须处理的情况"。在某些情况下,法官适当地表现出这种愤怒,给律师、当事人或证人"一个严厉的警告"。在律师、当事人或证人坚持采取不当行为时,可能需要进行制裁;此时,恰当的制裁乃是基于恰当的愤怒而采取的正确行为方式。但是,具有司法节制这种美德的法官,却不会通过在关系密切的事情上作出不利于违法当事方的裁决,或是在细微事项上行使自由裁量权从而慢待那个激怒自己的当事方,而表现出他们的愤怒。

愤怒之所以对法官来说是一种特别危险的恶德,一个原因是愤怒会产生偏见。因此,司法温和的美德就跟另一种司法美德——"司法公正/不偏不倚"(judicial impartiality)——密切相关。这种美德是我们所理解的好判决的一个为人熟知的特点。我们希望法官是中立的仲裁者。一个法官应该对法律和证据持开放态度,不偏袒一方或另一方。这种不偏不倚不仅应该涉及各方,而且应该包括可能与各方有关的原因、运动、特殊利益和意识形态。当一个法官坐上法官席或提笔写意见时,她应该放下自己对于左派或右派、自由派或保守派、虔诚或世俗主义的信奉姿态。

然而,将不偏不倚视为冷漠的同义词,这是不对的。不偏不倚的美德绝非冷血。因为法官所处的角色需要他洞察和理解人的状况。一个好的法官从人的视角看待法律和事实。有些事实是热烈的——伴随着澎湃的情感。有些法律规则是正当的(righteous)——当它们与违法行为摆在一起时,会激发我们的道德愤慨。因此,不偏不倚的法官并不冷血;对于出现在她面前的各方,她并不是**冷漠**。毋宁说,具备司法公正/不偏不倚美德的法官，对争端各方都持有不带偏见的同情。当我们说"不偏不倚并非冷漠"时，我们的意思是，不偏不倚的美德需要同情和移情，而不会偏袒或支持某一方的合法利益更甚于另一方。

　　裁判是一件辛苦活，它涉及所包含的苦差事。有些审判冗长而无聊。有些意见需要长时间的研究，甚至需要更长时间的仔细起草。由于法官没有（也不应该）得到严密监督，因而更加让人想逃避这项工作。在授予法官终身或长期任职的司法管辖区，缺乏监督的情况更复杂。而要罢免一名十足腐败的法官则非常困难；人们怀疑，美国法官是否只会因为懒散（sloth）才被免职。但是，懒散或懒惰的法官会造成真正的危害。他们往往把太多责任派给司法书记员，用书记员的判决来代替法官自己对案件的理智判断。另外，他们也很容易做出决定，让自己的工作量降到最低。假如批准简易判决动议（summary judgment motion）可以把一桩案件从诉讼事项表上剔除，那么懒散的法官就可能仅仅因此而批准该动议，为权宜之计而牺牲了正义。

　　与懒散的恶德相对应的美德是什么？我们可以称之为勤奋（diligence）。勤奋的法官对待司法工作持有正确的态度，他们觉得司法工作有魅力、有回报。但我们需要的不仅仅是良好的态度。一位卓越的法官必须具备合适的"精力水平"（energy level）——它是身体健康和心理健康的共同产物。这些特征的结合应该造就一位当需要他努力工作、他就能努力工作的法官。这样的法官会投入必要的时间，努力完成艰巨的任务。这样的法官会毫不犹豫地做出正确的决定，即使这会给他带来更多的工作量。如今，对法官来说，鼓励和解可能是适当的行为，但是，一位勤奋的法官却会致力于公正、有效的和解，而不是致力于旨在方便法官自己的解决方案。

　　细致（carefulness）与勤奋密切相关。司法方面的粗心大意

（carelessness）是一种恶德，没有谁可以对此合理地提出质疑。粗心的决策、粗心的起草以及粗心的调查——所有这些都会带来实质的不正义。在裁判中，细致尤为重要，因为卓越的裁判往往需要一丝不苟地关注细节。而懒惰的法官则会逃避掌握复杂的法规结构这项令人不快的任务，或者，逃避理解错综复杂的先例这项艰巨的任务。同样，起草一份意见书也需要勤奋和细致，其中的每一句话的措辞都是对精密与准确之重要性的细致认可。卓越的法官对细节有着敏锐的洞察，对于精确性有着执着的追求。

有人会怀疑愚蠢（stupidity）是一种司法恶德吗？所有人都需要理智（intelligence），以便很好地发挥职能——但是，有些任务却需要在更多情况下有更多的理智。裁判就是这种有时需要非凡理智的任务。法律和事实都可能很复杂。而只有理智的法官才会有能力搞清楚针对不同情况的规则的复杂性，或是洞悉复杂法规的奥秘。但这不仅需要理智。真正卓越的法官还必须在法律方面十分博学，因为法官不可能在每起案件中都从零开始，而且，法网恢恢疏而不漏的说法至少也有一定道理。愚蠢、无知的法官容易犯错，容易误解和误释法律，不大可能发现正确的事实。

在抗辩制度中，对于司法方面的理智和学识的需求是越来越多，而不是越来越少。诚然，好律师能让法官的工作轻松一点；这种律师能够确定相关议题，让法官注意到有关争议问题的各方所提供的最佳论证。但是，在抗辩制度下，成功的辩护者却会通过诡辩和花言巧语，尽力让"更糟的案子看起来更好"。理智而博学的法官能"看穿"这种混淆，并且超越偏见和先入之见。

有关司法卓越的理论（a theory of judicial excellence）的优点之一在于，它揭示了广泛的共识。为了达到所有的实践目的，我们可以同意说，法官应该是廉洁的、勇敢的、温和的、勤奋的、技艺高超的和聪明的。但是，这些（大部分无可争议的）美德并不能说明司法卓越性的全部。即使我们在判断谁是最差的法官时——那些腐败的、暴躁的、懦弱的、懒惰的、无能的和愚蠢的法官——意见一致，对于谁是最好的法官，也仍然存在强烈而持久的分歧。科克勋爵（Lord Coke）的支持者可能会嘲笑曼斯菲尔德勋爵（Lord Mansfield）的成就；布伦南大法官（Justice Brennan）的崇拜者可能属于斯卡利亚大法官（Justice Scalia）的批评者。

司法卓越方面的分歧，典型地来自有关司法美德本质的两种分歧。第一种分歧关乎正义美德的本质。第二种分歧则涉及衡平（equity）和实践智慧的作用。一方面，某些有关司法卓越性的分歧，被证明是关于正义美德的分歧，是关于正义美德的各种看法之间的分歧——有人称作"正义"的东西，在别人眼里却是"不正义的"。另一方面，其他争论则是对于实践智慧在裁判中的作用有不同理解：一些人认为，明智的法官会以公道之名偏离规则，而另一些人则认为衡平应该凭借法治而得到严格限定。通过考察这些分歧，我们能发现一种以美德为中心的裁判进路的独特之处。而这种考察不妨从正义美德开始。

正义美德

卓越的法官是正义的；缺乏正义美德的法官存在严重缺陷。在这个抽象的层面上，正义的美德很可能成为人们广泛赞同的对象。但是，正义的美德提出了哪些要求呢？在本节，我将考察两种不同的正义美德概念：可称为"作为守法的正义"（justice as lawfulness）和"作为公平的正义"（justice as fairness）。（简言之，我将用"守法观"（the lawfulness conception）和"公平观"（the fairness conception）指代这些看法。）我将说明，用公平来界定正义美德，必会让人们在"哪些法官才是卓越法官"的问题上产生棘手分歧，而强调卓越的法官就是守法的法官，这种竞争性看法则会让人们在判断"谁是正义的"问题时达成共识。

一种广为人知的正义美德概念，从一开始就预设说，正义之事与守法之事是彼此分离和区别的。当然，这种观点并不是说所有法律都不正义，也不是说，正义的规范都不是法律。而是说，这种观点认为，守法与正义之间不存在必然的联系。如果真的如此，那么，看起来最合理的正义美德概念就可以表述如下：

作为公平的正义美德：一位法官，J，拥有作为公平的正义美德，V（j-f），当且仅当，J在情境S——在那里，公平构成了行动的明显理由——中，倾向于按照最佳的公平概念——F——而行动。

有人可能认为，拥有作为公平的正义美德的法官，将仅仅根据法律层面上的公平而行动，但事实并非如此。如果这是真的，它将给公平观带来毁灭性的打击——因为，它会要求每个法官仅仅依赖自己有关何为公平的私人判断，而完全无视那些正式颁布的宪法、制定法和规章。虽然我不在这里展开论证，但显而易见，这将会带来混乱。

但是，公平观的捍卫者却不一定承认，基于公平而行动的法官就完全无视法律。为什么不一定承认呢？因为，对公平的考虑往往是由于法律规范的存在而引起的，这会改变道德视野，产生明显的公平理由，激发拥有作为公平的正义美德的法官依法行事。一个例子可能有助于澄清和说明这点。假设本（Ben）和爱丽丝（Alice）对于格里纳克（Greenacre）——一块无主的、尚未改良的土地——存在争议。本买下了这块地，法律承认他对格里纳克拥有权利，但是，爱丽丝已开始种植花园而利用格里纳克。如果没有物权法，本可能无法声称自己对格里纳克拥有权利——如果不对土地进行使用或改良，他怎能获得这样的权利——但是，既然存在物权法，那么，本就有权要求公平，因为他已经为格里纳克支付了费用，而且他合理地诉诸财产方面的法律制度。如果是这样，那么法律就创造了一个公平的权利，否则这个权利就不会存在，而且，一个拥有作为公平的正义美德的法官也会因此决定支持本——当然，这里得假设，不存在其他情况会带来某种压倒性的公平理由而做出有利于爱丽丝的决定。

尽管如此，由于私人判断在具有公平的正义美德的法官这里所起到的作用，公平观念仍然面临一种强大的反对意见。而要详细阐明这个反对意见，我们就需要强调两种公平问题之间的差别——我们可以称之为关于公平的"一阶"问题和"二阶"问题。关于公平的一阶问题只不过是这样的问题："在特定情况下，哪个行动是公平的？"而关于公平的二阶问题则涉及，对于一阶问题，谁的判断会被当作权威。因此，"既然关于公平的一阶问题的正确答案存在分歧，那么，谁的判断应该被当作权威？"这个问题，乃是一个关于公平的二阶问题。对于公平的二阶问题，有一种可能的回答是，一个人应该依靠自己对公平行动的私人判断。而另一种完全不同的回答是，一个人应该依赖于公共判断的某些资源。例如，人可以依赖于适当颁布的公共法律。

公平观含蓄地要求法官，要对公平的一阶问题做出私人的判断。在进行这种判断时，法官可能得出结论认为，因合理诉诸法律而产生的预期为公平提供了理由——就像在格里纳克案中那样——但这是一种私人判断的结论。一位法官可能得出结论说，本诉诸物权法是合理的，因此，公平要求做出对本有利的决定。而另一位法官则可能得出结论说，在其他人可以开发利用时却让有价值的土地闲置，在这样的情况下，没人能够合理地诉诸物权法——因此，判给爱丽丝。然而第三位法官的结论可能是，由于普遍存在的经济不平等，整个财产制度都是不公正的，并将土地判给第三方卡拉（Carla），她比本或爱丽丝更需要土地。因为每位法官都对每种情况下何为最周全的遵循法律的公平做出了私人判断，所以，这些判决就可能（而且，我们也预计它们将会）随着具体法官的政治、道德、宗教和意识形态观点而有所不同。

针对作为公平的正义美德概念的这种反对意见是说，私人判断中有关公平的分歧将会破坏我们伟大的法治价值观。因为，公平概念要求每个法官运用她自己的私人判断来断定公平——在考虑到所有事情的情况下——的内涵，而且，由于这种判断常常各不相同，因此，拥有作为公平的正义美德的法官针对纠纷所做出的判决结果也极不可测。如果这样，那么法律就无法发挥调节行为、产生稳定预期、约束官员采取任意或自私行为的功能。

如果公平观是正确的，那么，卓越的法官就是那些对公平持有正确信念并且倾向于按照这些信念行事的人。如果我们在何为正确的公平信念上意见一致，那么，这不会成为一个问题，可我们没有达成一致。因此，公平观让人搞不清楚，谁才拥有正义的美德。我们可以把这点粗略地转换成有关左派、右派的政治意识形态话语。对于左派来说，只有左派的法官才是公正的；因为只有左派法官才拥有左派所认为的关于公平内涵的真信念。当然，对于右派来说，左派法官是不公正的，恰恰因为他们拥有右派所认为的关于公平的假信念。只要接受了公平观，那么，即便那些无可争议的美德——比如，廉洁或勇敢——也会成为问题。对左派来说，一个理智、勤奋、勇敢的右派法官可能比一个缺乏敏锐理智、有点懒惰、会屈服于公众舆论压力的法官更糟糕。反之亦然。

公平观现在变得越来越糟。持有公平概念的人，很自然地容易在司法卓越性的问题上采取双重标准。而这种双重标准是这样运作的：

对于我赞同的法官，公平观意味着正义美德。当他们依其公平信念而行动时，正确思考的法官就是卓越的。但是，当遇到我不赞同的法官，我就使用一个不同的标准。当他们坚持规则时，错误思考的法官才是卓越的。对他们来说，守法观才是正义美德的标准。

这种双重标准是无原则的，不过，对于相信作为公平的正义概念的人来说，它无疑非常诱人。

如果作为公平的正义美德概念不能令人满意，那么还有替代性选择吗？在《尼各马可伦理学》中，亚里士多德提出了一种替代性观点，将正义理解为守法（lawfulness），但要理解亚里士多德的观点，我们还需看一下希腊词"法"（nomos），它通常被翻译为"法律"（law）。对古希腊人来说，"法"（nomos）比当代英语的"法律"（law）拥有更广泛的含义。杰出的亚里士多德研究者，理查德·克劳德（Richard Kraut）对二者的差别解释如下：

> 当（亚里士多德）说一个正义之人，最广义地讲，就是一个守法之人（nominos）时，他正是在把这种人同某些现存共同体所普遍接受的法律、规范和习俗联系了起来。正义不仅涉及某个共同体的立法者的成文法规，而且涉及那种用于管理该共同体成员的更广泛的规范。同样，不正义的人的品格不仅表现在他对成文法的破坏，而且，更广泛地表现为他对自己生活的那个社会所接受的规则的违背。
> （Kraut 2002: 105）

对于"法"（nomos）这个术语，亚里士多德还有另一种重要的使用方式区别于我们所说的"法律"：他区分了 nomoi 和他那个时代的希腊人所讲的 psēphismata——通常译为"法令"（decrees）。法令是专门针对当前情况颁布的法规，它不构成适用于将来类似情况的先例。相比之下，"法"（*nomos*）的范围广泛：它不仅适于手头的案件，也适用今后很可能发生的一般类型的案件（Kraut 2002: 105-106）。

凭借我们对判断类型（一阶的和二阶的，私人的和公共的）的区分，我们可以重申最后这一点。如果法官把他们自己私人的、关于公平的一阶判断作为解决纠纷的基础，那么不可避免地，他们的判决将会是"法令"（*psēphismata*），而不是建立在某种二阶的公共判断——换句话说，不是建立在"法"（*nomos*）——之上的决定。换言之，一个根据自己对于公平后果的私人判断而做出决定的法官——总体来说——就是在做出亚里士多德所说的那种专横的决定。

"这怎么可能？"你也许会问。"出于公平的动机而做出的决策难道不恰好是专横的对立面吗？"但是，像这样提问题，更多地会让情况变得模糊，而不是变得清楚。当然，对于公平，如果在一阶的私人判断方面存在普遍的同意（甚或强大的共识），那么，基于该判断而做出决策就将是"法"而不是"法令"。可是，对于总体来说的公平要求，我们私人的一阶判断并未达成一致。因此，在有争议的案件中，被这个法官认为是公平的决定会被别人看作是明显不公平。在最好情况下，这种决定会被视为私人公平判断的一个信念错误。更有可能的是，持反对意见的人会把这个决定描述为意识形态、个人偏好或者偏见的产物。而在最糟糕的情况下，这个决定会被当作任性或自利的产物。基于有争议的一阶的私人公平判断而做出的决定，从来都不可能被视为"法"——一种可公开获得、被广泛分享并且根深蒂固的社会规范——的产物。

我们现在可以更好地理解，为什么根据法令来统治（rule by decree）是典型的暴政（tyranny）。基于私人的一阶公平观而做出的决策，是人治，而不是法治。一种根据法令而统治的制度，并不能为人类共同体的繁荣提供必需的稳定性和确定性。克劳德接着说：

> 我们现在可以明白，为什么亚里士多德认为正义在其最广泛的意义上可以被定义为守法，以及为什么他如此高度尊重一个守法的人。他的定义体现了这样一种假设：每个共同体都需要有高度的秩序（这种秩序来自于一套稳定的习俗和规范）以及融贯的法典（这种法典不会被轻率地、随意地改变）。在其最广泛的意义上，正义就是一个人亟需的理智和情感技能，以便尽自己的一份力，让自己的共同体能够拥有这种稳定的规则与法律体系。
>
> （Kraut 2002: 106）

而且，有了这一点，我们现在可以来规定作为守法的正义美德概念了：

> **作为守法的正义美德**：一位法官，J，拥有作为守法的正义美德，V（j-1），当且仅当，J 在情境 S——在那里，"法"提供了行动的明显理由——中倾向于按照"法"（实在法、稳定的习俗、还有广泛分享和根深蒂固的社会规范）——N——而行动。

就守法观而言，正义美德并不要求行动符合某个人对于公平的一阶的私人判断。作为守法的正义，建立在法官（或者更广泛地说，公民）依赖于"法"——某个特定共同体的实在法和共同规范——而确立的二阶判断的基础上。拥有正义美德的人倾向于根据"法"而行事。换言之，守法概念认为，卓越的法官是一位**守法之人**（*nominos*），一个把握了守法的重要性并且倾向于根据其共同体的法律和规范而行事的人。一位法官，作为守法之人，关心其共同体的这些法律和规范。她倾向于做守法之事，因为她尊重其共同体的"法"并且已然内化。

最后，我们现在可以比较公平观和守法观。究竟哪一个提供了更令人满意的正义美德概念？表面上看，公平观似乎更令人满意——毕竟，谁能否认我们总体来说应该去做公平所要求的事呢？虽然要对这些问题进行全面的论述，还有多得很的话要说，但是，这里所做的论证却提供了充分的理由，质疑公平观能否为正义美德提出一种满意的解释。对正义的看法必须考虑到一阶判断和二阶判断、公共判断和私人判断之间的区别。一旦引入这些区别，我们就清楚地看到，在二阶层面上对判断的公共标准达成共识乃是必需的。作为守法的正义美德概念回应了这种需求，而公平观则没有。

但是，正义的美德也许并不仅仅意味着守法。即使我们承认在一般案件中，正义要求遵守法律，人们也依然会问，是否还有不一般的案件存在——在这些案件中，卓越的法官将会背离法律（或者，换句话说，他将会判定法律并不真的适用）。就算一阶的私人判断无法构成一种普遍的正义美德的全部内容，那也并不一定意味着，法官的公平感就不会发挥作用。

我们之所以怀疑守法概念并未充分地解释正义美德，有一个原因就在于，实在法总是表现为抽象和一般的规则；而在不符合规则设想模型的那些特殊情况下，这些规则可能就会带来不公平的结果。如果守法就是正义美德的全部内容，那么，一个卓越的法官"上刀山下火海"（come hell or high water）也会应用规则，即便这些规则导致荒谬的或明显不公正的后果。可是，这样的守法概念看起来非常奇怪，也不令人满意。还有一种表达这种关切的方法，则是对规则运用的两种方式进行区分，我称之为"机械的"（mechanical）运用和"敏感的"（sensitive）运用。

卓越的法官是否严格而机械地应用规则？或者，一个有美德的法官是否凭借公道来矫正僵硬的守法概念？亚里士多德在《尼各马可伦理学》第五卷第十章中对这些问题进行了经典的讨论：

> 困难的根源在于，衡平虽然是正义，却不是法律上的正义，而是对法律正义的一种纠正。这里的原因在于，法律属于一般的陈述，但有些事情不可能只靠一般陈述解决问题。所以，在需要用普遍性的语言说话但是又不可能解决问题的地方，法律就要考虑大多数的情况，尽管它并不是没意识到可能发生的错误。法律这样做，没什么不对。因为，错误不在于法律，不在于立法者，而在于人的行为的性质。
>
> （*NE* 1137b9-1137b24）

这就是人们常常用来论证亚里士多德的公道（*epieikeia*）观念的段落，这个词往往被译作"衡平"（equity），但也可以被译为"公心"（fair-mindedness）。正如罗杰·塞勒（Roger Shiner）所说：

> 衡平是一种美德，它通过特定的行为者（法官）在面对特定的实践规则（那些坚固的习俗和成文法，它们构成了社会的制度化的规范体系，即，它的法律系统）的局限时所做出的实践判断而表现出来。
>
> （Shiner 1994: 1260–1261）

但是，用衡平概念来补充作为守法的正义美德概念，却存在一个问题。理解这个问题，首先从如下事实开始：衡平的美德看起来要求我们对公平做出一阶的私人判断。一旦这种判断被承认具有压倒性力量——能够推翻二阶判断，即人们应当依赖那些经法律而体现的公共判断——那么问题就变成了，怎样才能约束私人判断的作用。若缺乏约束，私人判断就有吞噬公共判断的危险，而我们会面临滑坡，让守法概念变成了公平概念。

这里的诀窍在于，既约束衡平，同时又坚持它的矫正作用。打个比方，我们需要一种关于衡平的学说，它能够让我们在滑坡上保持方向，同时又提供足够的牵引以避免滑溜或出溜。而亚里士多德对公道美德的描述为我们提供了三点牵引。第一点来自于如下区分：对法律普遍性进行衡平的修正，不等于用私人的一阶判断来替代"法"。当法官所认为的公平之事与法律发生冲突时，衡平并不就是去做这些事；毋宁说，在特定的事实情境中，当履行其角色身份不能把握重点或目的时，衡平在于去做法律精神所要求的事情。

第二点牵引来自正义美德本身。一位作为**守法之人**的法官，根本不会被人诱惑，利用衡平来逃避法律的约束力。**守法之人**已经内化了法律的规范力量；这样的法官想要按法律的要求行事。

第三点牵引来自亚里士多德关于实践智慧（practical wisdom or phronesis）这种理智美德的理解——想想我们所说的"好的判断"或"常识"的含义。一位具有实践智慧这种美德的法官（一位**实践智慧之人**）能够感知具体情境的突出特征。我们可以说，正义感需要"法律的视野"（legal vision），即考察案件并且辨别出哪些方面在法律上具有重要性的能力。**实践智慧之人**之所以能够做到衡平，就是因为她抓住了法律规则的要点，并且辨别出具体事实情境在法律和道德上的突出特征。

这种关于衡平的论述可以与两种竞争性的看法构成对比。一方面，我们能够想象一种纯粹衡平的判断概念——在每个具体的事实情境中，法官都只做正当之事。衡平概念，只不过是作为公平的正义美德概念的一个更加具体的版本。另一方面，我们可以想象一种将衡平限定在灭点（vanishing point）——也许就是限定在应用规则确实很荒谬的那些情况——上的判断概念。这两种替代方案都没有为衡平美德提供完全令人满意的解释。第一种方案牺牲了法治所造就的伟大之善。第二种方案又因为那些善付出了过高的代价，提出了超出必需的硬性要求。而那些既是**守法之人**又是**实践智慧之人**的法官做出的受到约束的衡平实践，则会在为了满足规则本身目的的时候，将法治的价值同灵活性结合起来，调整规则以适应事实。

总之，有些司法美德不存在争议——例如，司法勇敢和司法理智。但是，另外一些司法美德（正义和实践智慧）却饱受争议。在对司法美德进行了清楚的勾勒后，下一步就要把它转换为一种判决理论。我这么做的时候，借鉴了罗莎琳德·赫斯特豪斯（Rosalind Hursthouse 1999: 25-42）的方法。简明起见，我们可以像下面这样，说明一种以美德为中心的判决理论（a virtue-centered theory of judging）：

> 一个守法的决定，是一位有美德的法官在涉及这种决定的情况下将会典型地做出的一个决定（或系列决定之一）。此时，"法律上正确的"（legally correct）这个短语就是"守法"的同义词。

以美德为中心的裁判理论的核心规范命题是，法官应当有美德，并且应当做出有美德的决定。缺乏美德的法官应当以做出守法的或法律上正确的决定为目标，尽管他们由于缺乏这些美德而可能无法让人放心地做到这一点。缺乏司法美德的法官应当发展这些美德。法官应当根据他们拥有的（或有潜力获得的）司法美德而被遴选出来。

不同于其他的裁判理论，一种以美德为中心的理论断言，美德是用来解释和证成判决实践的不可或缺的一部分。根据以美德为中心的理论，在具体案例中，法治所需要的全部内容就包含了美德。如果把美德排除在外,法治就不完整了。而且,以美德为中心的理论认为,人们可能需要司法美德来承认那些在法律上正确的结果。规则并不自我运用;而判决总是把某个一般规则运用于具体案件。我们需要实践智慧或好的判断,以确保这些规则得到正确的运用。

我们通过想象一名上诉法官及其对话者围绕针对初审法官的事实认定进行上诉审查而展开的讨论,可以看出实践智慧在运用规则时的必要性。在美国,只有在事实认定"明显错误"(clearly erroneous)的情况下,上诉法院才可以推翻这一认定。讨论从对话者开始,他问道:"为什么初审法官的事实认定存在明显错误?"上诉法官回答:"因为它没有得到记录在案的证据的充分支持。"对话者问:"为什么你认为没有得到充分支持?"法官回答说:"因为一个合乎理性的事实认定者无法从那个证据出发,推出法官得到的结论。"对话者问:"但是,为什么一个合乎理性的事实认定者无法得出必要的推论呢?"想象一下,对话者在回应每次解释时都要求,运用"明显错误标准"(the clearly erroneous standard)必须有确定的标准。而回答必须在某个地方停下来。如果提问者仍不满意,法官就会说"因为我就是这样看它的,而我是一个称职的法官。我没有更多的话要说了",从而不得不解释自己不再提供进一步的论证。解释总要在某个地方结束。"明显错误规则"(the clearly erroneous rule)提供了一个特别清楚的例子,表明实践判断在规则运用过程中所起到的底线作用,因为,人们普遍承认,不可能再有什么标准(或决策程序)把明显错误和那些不明显错误区分开来了。

最后,有关规则的内涵及其运用方式的共识与分歧,也都植根于实践判断。即便是在一些简单案件中,而更常见地,是在一些复杂案件中,再精致的理由也不足以解释为何一种判断在法律上是正确的,而与之竞争的判断则不是,只要人们在将规则运用于事实的问题上存在根本分歧的话。

在完成了对司法美德的简要考察之后，我们可以回到现实主义和形式主义的背反问题上。回想一下，这种背反是对法律规范在判决中起何作用的那些棘手辩论的简化表达。形式主义者相信，法官应该运用既定的规则（法律规范源自一些权威性的来源，比如宪法、制定法和先例）。现实主义者相信，法官在解决纠纷时应该直接考虑政策目标和道德原则。而美德法理学提供了第三条道路——具备"守法"这种正义美德的法官可以践行公道，却不会给可预见性、确定性、统一性和稳定性等法治价值带来严重破坏。

而这就使得我们面临权利和结果之间的背反，还有如下这个相应问题："法律的目的是什么？"这个问题属于规范的立法理论的主题，我们现在就转而讨论它。

作为法律目的的美德

有一种以美德为中心的立法理论，是从**幸福**（*eudaimonia*）或人类繁荣的理念出发的。立法的目标应该是促进人类繁荣。而要详细阐述一种以美德为中心的人类繁荣理论，则是一项艰巨的任务；就本文宗旨而言，我们将只是假设，人类的繁荣在于那些表现出人类卓越或美德的理性的社会活动。不那么抽象地说，一个繁荣的人类社会由从事工作和游戏的个体组成，涉及社会性的交往和对人类理性能力的运用。这些活动可以包括各种职业、照料家庭、发展友谊等等。繁荣的活动表现出人类的卓越。因此，一个繁荣的人类生活将包括勇敢、节制、好脾气与实践智慧，以及其他美德。

人类繁荣需要和平与兴旺（prosperity），因此，立法应当致力于消除暴力和贫困。人类繁荣需要理性的社会活动，因此，立法的目标应该是创造充满活力的共同体，提供有意义的工作和游戏机会以发挥我们的理性能力。人类繁荣需要美德，因此，立法的目标应该是为情感和理智的健康发展创造条件。

和平与兴旺是（通常，在某种意义上，几乎一直都是）良好生活的先决条件。看起来毫无争议的是，和平与兴旺构成了繁荣生活的要素。而暴力和贫困则在很大程度上限制了人类的可能性。无处不在的暴力将导致巨大的痛苦和苦难、致残性伤害以及死亡。严重的贫困会导致营养不良、饥饿和许多其他折磨。即便和平与兴旺不是发展人类卓越性的先决条件，立法也依然会适当地着眼于创造和维持这些条件，把它们当作繁荣的人类生活的构成要素。

不过，和平与兴旺之所以重要，还因为它们在发展人类能力方面发挥了作用。在遍地暴力和贫困的条件下，情感与理智的发展可能受阻。在混乱和暴力环境中长大的儿童极易遭受情绪问题的困扰，不太可能具备勇敢、好脾气与节制。混乱的社会状况，破坏了催生实践智慧和理论智慧的理智成长过程。而贫困也似乎会带来类似影响。童年和青少年时期的极度匮乏，并不利于健康的情感或理智发展。

最后，和平与兴旺创造了条件，使得理性的、社会性的人类活动成为可能。当然，许多不同活动都是理性的或社会性的，或兼而有之。工匠、商人、工程师、学者或公务员的生活，全都包括那些表现出人类卓越的理性的社会活动。无论属于职业还是业余爱好也可以包含这样的活动：演奏乐器、艺术表达、体育运动以及工作之外的无数其他活动，都能构成繁荣的人类生活的一部分。通过创造有意义的工作机会，创造能够让人从事有意义的业余追求的时间和资源，和平与兴旺促进了上述活动。

立法何以能够增进和平和兴旺？在很大程度上，这个重要问题超出了我们这篇对法律和美德进行简介的文章范围。关于这个问题，有些答案是显而易见的。刑法应该禁止和惩罚暴力。国际法应该禁止侵略战争。而另一些答案却更具争议。何种制度安排有利于实现那种激发繁荣的兴旺状况？一些人认为，这个问题的答案涉及最低限度国家（minimalist state），这种国家为自由放任的市场和生产资料的私人所有制创造条件，并使消费者和工人的自由选择最大化。而另一些人则认为，市场资本主义导致工人的恶劣处境，扩大了与资本主义相悖的盲目消费。尽管还有很多其他可能性，但在可行的替代方案中进行选择，却取决于对复杂经验问题的回答，而这些远远超出了本文的范围。

尽管如此，一种以美德为中心的立法理论还是能够而且应该去解决那种促进人类繁荣的和平与兴旺问题。凭借威权的社会秩序而获得的稳定最大化与暴力最小化，很可能在其他方面破坏繁荣。当然，一个靠秘密警察、线人和大规模监视制造的恐惧和恐吓来掌握暴力的警察国家（police state）也会破坏繁荣。同样，能够促使人类繁荣的兴旺也不会仅仅等于GDP最大化。立法的目标应该是正确的和平与兴旺。

立法应当促进美德的发展与获得。怎样才能做到这一点？这又是一个复杂的经验问题。为了给出足够充分的答案，我们需要理解与美德有关的认知心理学、社会心理学和发展心理学。考虑到神经科学和认知科学的现状，美德的获取机制似乎存在很大的不确定性。而考虑到社会科学的现状，法律在促进情感和理智的发展从而获取美德问题上的作用，可能更不确定。

尽管存在这种不确定性，但我们也许可以提出一些有效的假设。比如，培育家庭环境看起来很可能促进儿童情感的健康发展。这表明，立法应着眼于让儿童身处稳定和充满爱意的家庭环境的那些条件。类似地，法律应旨在防止家庭暴力和虐待儿童。而且，慷慨的家庭休假政策似乎能够为培育家庭提供支持，而不能让父母（和其他照料者）花时间陪伴子女的工作环境则可能削弱了这点。再次说明，在培育家庭方面，市场和监管所能发挥的作用取决于复杂的经验。

这些用来增进美德发展与获得的基本策略看起来是间接的。人们可以想象一条更为直接的进路。法律可能要求父母参与儿童的抚育，这将促进儿童理智和情感的健康发展。法律可能要求父母每周以特定的方式在孩子身上花费一些时间：两个小时读故事，四个小时的亲子游戏，七个小时的家庭用餐，等等。一大批社会工作者可以通过使用电子监控和指导性家访而推行这些要求。不过，这种直接的方法似乎不大可能真正有效。常识告诉我们，法律要求人们成为好父母，其结果很可能不尽如人意。

法律如何能够促进那些表现人类卓越的理性的社会活动？再说一遍，答案取决于复杂的经验。这里的目标在于提供一种社会结构，能够支持有意义的工作和游戏。

人类历史表明，在实现这个目标的过程中，某些经济组织形式要比其他形式更好。现代发达社会（如法国、日本、韩国、挪威和美国）可能存在严重缺陷，但是，与所谓"黑暗时代"的欧洲封建社会相比，在为那些能够表现出人类卓越的理性和社会活动提供机会方面，它们似乎做得更好。不过，这里可能存在一些实质性争论，涉及斯堪的纳维亚式的社会民主与美国那种更多以市场为导向的进路之间的相对优劣问题。从一种以美德为中心的立法理论的视角看，这里的相关问题是，何种形式的社会组织能够最好地支持人类繁荣。

以美德为中心的立法理论设立了如下目标——为那些表现人类卓越的理性的社会活动提供机会。各种各样有关就业法、劳动法、财产法等的设置，在实现该目标时或者做得更好，或者做得更差。哪种设置才是最好的，这个问题将依赖于对经验问题的回答，而后者超出了规范性立法理论的范围。

美德不能直接由立法规定。如果我们规定，有美德的行动就是美德行为者将会典型做出的行动，那么法律可以要求许多种德行，禁止许多种恶行，可是，法律无法要求行为者出于正确的理由而做正确的行动，也无法禁止他们出于错误的理由而做正确的行动。行为的动机或理由并不属于直接的法律控制对象。因此，法律可以（在规定的意义上）对美德行为发出指令，但它不能对美德动机或构成美德的秉性性质发出指令。

要求德行、禁止恶行，既不是培育美德的必要条件，也不是其充分条件。在充斥恶法的社会中，被全心投入的父母养大成人的孩子也可以获得美德。而被疏忽或施虐的父母养育成人的孩子则可能无法获得美德——即使是在某个法律要求所有德行并且禁止所有恶行的社会里。

尽管如此，在一个运转良好的共同体，法律肯定会禁止许多恶行，而要求许多德行。这并非因为存在某种德治（rule of virtue），要求其成文法命令德行而禁止恶行。这种统治与以美德为中心的法律理论的结构并不一致，后者是将人类繁荣当作最终的规范标准。在这个意义上，一种以美德为中心的立法理论属于目的论的——它把繁荣列为法律的目的。

有时，人类繁荣会因为允许恶行或不要求德行而得到提升。以酗酒为例。让我们假设，酒精依赖与人类繁荣相悖。酗酒对那些表现人类卓越的理性的社会活动造成干扰。它们不仅损害情感的健康，而且有损理智的健康。尽管如此，法律对这些酒精的禁止，即，入罪（Criminalization）可能带来始料未及的后果。例如，入罪可能催生暴力遍地的黑市。入罪可能无法有效减少对这些有害物质的使用。入罪可能导致惩罚的强加，其有害性甚至超过了酗酒的危害。在这些情况下，法律促进美德的最佳方式也许就是不入罪（decriminalization），同时辅以教育和治疗的手段。这种法律可能支持通过非正式的社会制裁阻止酗酒并且鼓励酗酒者寻求有效的治疗。换言之，以美德为中心的立法理论不一定支持"恶法"（vice laws）：问题在于什么才能最好地促进人类繁荣，而那些禁止恶德的法律或许并不是这个问题的答案。

最后，以美德为中心的立法学说应该同作为守法的正义美德结合起来。立法是对成文法的制定。而公正的立法者将首先假定，制定法（statutes）应该与"法"——在政治共同体中根深蒂固且广为分享的社会规范体系——保持一致。"法"的体系涵盖一系列权利，包括我们所熟知的身体完整权、个人财产权、履行契约义务的权利以及某些自由权（liberties）和自由（freedoms）。这些权利与义务论的立法理论——就这些理论容纳了我们所说的大多数民间权利道德（folk morality of rights）而言——所规定的权利大致相同。刑法、侵权法、合同法和财产法的许多条款都是对社会规范的反映。而法律也可以超越社会规范，比如说，针对某种犯罪专门设定特殊的惩罚，或是针对某种侵权或违约行为专门设定特定的赔偿，只不过，在法律的核心地带，我们常常会发现一种"法"或社会规范，它们为法律提供了用于衡量行动的相关标准。

因此，在一个运行良好的社会，我们将会期待法律与那些支配人类交往的社会规范彼此融贯。然而，即使是在运行良好的社会，也可能存在不起作用的规范——它直接破坏人类繁荣。拥有**实践智慧**的立法者掌握了法律的要义——促进人类繁荣——因此，他不会把那些有悖于人类共同体福祉的社会规范加以内化。在这种情况下，立法就有可能成为一种用于转化社会规范的工具。虽然这是一个复杂的过程，但人们可以想象它将分阶段进行，一开始是对成文法的强制遵守以及许多公民继续遵守不起作用的社会规范，到最后是通过教育和其他手段的灌输从而实现社会规范的转变。

因此，以美德为中心的立法理论描绘了一幅关于法律目的的图景，它基本上符合常识。法律应该旨在创造和平与兴旺的条件，创造有意义的工作和游戏的机会。对他人造成直接伤害的恶行应该被禁止；一些有美德的行动应该成为法律的要求。但法律不能也不应该要求美德本身。教导美德的工作最好由受法律支持的家庭和教育机构来完成。

在结束了这番有关以美德为中心的立法理论的概述后，我们返回权利与后果的背反问题，我们可以看到，以美德为中心的立法理论包含了许多能够从义务论的和后果主义的立法理论中推导出来的合理结论。就跟义务论的立法理论一样，以美德为中心的立法理论也会把保护（那些由"法"具体规定的）权利视作法律的一个中心目标。就跟后果主义的立法理论一样，以美德为中心的立法理论也会把促进人类繁荣列为法律的一个中心目标。以美德为中心的理论实现了权利与结果之间的独特调和。由于正义美德是人类繁荣的组成部分，因此，尊重权利也构成了善的一部分。

结论

对于法律与美德的关系，当然还有很多话可说。这篇概述性文章聚焦的是美德法理学的最一般主题——以美德为中心的裁判学说和立法学说。近年来，有关法律和美德的著作大量涌现，包括由科林·法雷利和劳伦斯·索勒姆（Colin Farrelly and Lawrence Solum 2008）、阿玛利亚·阿玛亚和何福来（Amalia Amaya and Hock Ho Lai 2013）以及利斯贝特·哈帕斯-克鲁森涅尔和鲁诺·科埃略（Liesbeth Huppes-Cluysenaer and Nuno Coelho 2012）编辑的文集。此外，当代美德法理学也一直是安东尼·迪夫（Antony Duff 2003）、伊科·扬卡（Ekow Yankah 2004）、唐纳德·科汉（Donald Kochan 2014）以及其他一些学者的批评对象。最近有关法律和美德的作品还包括爱德华多·佩尼亚尔韦尔（Eduardo Peñalver 2009）写的《大地美德》（"Land Virtues"），李·斯特朗（Lee Strang 2012）对宪法原旨主义和美德法理学之间关系的考察，罗纳德·科伦布（Ronald Colombo

2012）对美德和公司法的探讨，以及艾弗里·卡兹（Avery Katz 2012）和查平·西米罗（Chapin Cimino 2009）关于美德伦理学和契约理论的论文。

在道德哲学中，美德伦理学已被认为是道德理论（还有义务论和后果主义）的三个分支之一。美德伦理学家、义务论者与后果主义者之间的有力辩论复兴了道德理论，从而使许多人都认为其中的每一种竞争进路都得到了改进。而在法律理论中，美德法理学出现得较晚，其最终影响尚不完全清楚。尽管如此，最近的发展却表明，美德话语已经开始影响法律理论的各种争论了。

【相关主题】

第2章 "Aristotle's Virtue Ethics," Dorothea Frede

第14章 "Eudaimonistic Virtue Ethics," Liezl van Zyl

第16章 "Pluralistic Virtue Ethics," Christine Swanton

第19章 "Virtue Epistemology and Virtue Ethics," Heather Battaly and Michael Slote

第33章 "Virtue Ethics and Moral Education," Randall Curren

【参考文献】

Anscombe, E. (1958) "Modern Moral Philosophy," *Philosophy* 33 (January): 1–19.

Amaya, A. and Lai, H. (2013) *Law, Virtue, and Justice*, Oxford: Hart Publishing.

Brosnan, D. (1989) "Virtue Ethics in a Perfectionist Theory of Law and

Justice," *Cardozo Law Review* 11: 335–425.

Bush v. *Gore*, 531 U.S. 98 (2000) .

Cimino, C. (2009) "Virtue and Contract Law," *Oregon Law Review* 88: 704–743.

Colombo, R. (2012) "Toward a Nexus of Virtue," *Washington and Lee Law Review* 69 (Winter) : 3–84.

District of Columbia v. *Heller*, 554 U.S. 570 (2008) .

Duff, R. (2003) "The Limits of Virtue Jurisprudence," *Metaphilosophy* 34: 214–224.

Dworkin, R. (1986) *Law's Empire*, Cambridge: Belknap Press.

Farrelly, C. and Solum, L. (eds.) (2008) *Virtue Jurisprudence*, London and New York: Palgrave Macmillan.

Feldman, H. (2000) "Prudence, Benevolence, and Negligence: Virtue Ethics and Tort Law," *Chicago- Kent Law Review*: 1431–1466.

Huigens, K. (1995) "Virtue and Inculpation," *Harvard Law Review* 108: 1423–1480.

Huppes-Cluysenaer, L. & Coelho, N. (2012) *Aristotle and the Philosophy of Law*, Dordrecht: Springer.

Hursthouse, R. (1999) *On Virtue Ethics*, Oxford: Oxford University Press.

Kaplow, L. and Shavell, S. (2001) "Fairness versus Welfare," *Harvard Law Review* 114 (February) : 961–1038.

Katz, A. (2012) "Virtue Ethics and Efficient Breach," *Suffolk University Law Review* 45: 777–798.

Kochan, D. (2014) "The Mask of Virtue: Theories of Aretaic Legislation in a Public Choice Perspective," *Saint Louis University Law Journal* 58 (Winter):

295–354.

Kraut, R. (2002) *Aristotle: Political Philosophy*, Oxford: Oxford University Press.

Peñalver, E. (2009) "Land Virtues," *Cornell Law Review* 94 (May): 821–888.

Shiner, R. (1994) "Aristotle's Theory of Equity," *Loyola of Los Angeles Law Review* 27 (June) : 1245– 1264.

Solum, L. (1988) "The Virtues and Vices of a Judge: An Aristotelian Guide to Judical Selection," *Southern California Law Review* 61 (September): 1735–1756.

Strang, L. (2012) "Originalism and the Aristotelian Tradition: Virtue's Home in Originalism," *Fordham Law Review* 80: 1997–2040.

Yankah, E. (2004) "Good Guys and Bad Guys: Punishing Character, Equality and the Irrelevance of Moral Character to Criminal Punishment," *Cardozo Law Review* 25 (February) : 1019–1067.

第 36 章
美德伦理学与医学

[美] 丽贝卡·L. 沃克 / 著
赵　嘉 / 译　谢廷玉 / 校

引言

在道德探究中，美德伦理学的进路将品格摆在决定正确行为的核心位置，它密切关注好习惯和坏习惯的养成，并从人类良好生活的模式中汲取灵感。而在美德伦理学和医学的交叉处，则有几个关键问题：好的医疗服务人员一定是有美德的人吗？医学院、护理院校和住院医师培训项目是否应该培养学员的美德？美德伦理学与基于原则（principle-based）的医学伦理学是互为补充，还是彼此冲突？在本章，我将首先对道德探究中一般的美德伦理学进路加以探讨，引入我所采取的进路，而后解决相关问题。

就像义务论（基于义务的伦理学）或功利主义（旨在促进公共福祉）一样，美德伦理学实际上是一个总括性的概念，涵盖了（仅举几例）从儒家、斯多亚学派、亚里士多德、阿奎那到休谟等学派和学者的各种理论观点。在接受美德伦理学的理论多样性同时，更重要的是，我们要对美德伦理学（virtue ethics）和美德理论（virtue theory）加以区分。在美德伦理学中，人们通过品格来定义何为美好生活的正确行为；而在美德理论中，美德视角只是为正确行为的其他原则做出一定的补充（Driver 1998: 111）。功利主义者需要探讨的事，哪些品格特征能够带来更大的社会效用，而康德主义的义务论者则对那些激励人们按照道德律令行动的品格感兴趣，但是，这两种理论都不属于美德伦理学的理论立场。

针对正确行为的问题（在美德伦理学视角下，这是一种有点狭隘的讨论），它必须诉诸品格来界定和分析道德价值。但我们是否可以说，道德上的善行就是有美德的人会做的事情，而有美德的人就是在道德上做善事的人？为了避免这种循环论证，美德伦理学家通常诉诸一些有关人类卓越性的概念（或许，有人会称之为关于人类完美的概念），以此奠定美德的基础。不仅如此，美德概念还跟具体的行为没有太大关系，而是更多地与作为整体的美好生活相关。

因此，根据亚里士多德的观点（我在本章大致遵循亚里士多德的观点），美德是指那些根据理性而行动和感受的稳定的秉性，它们是实现人类繁荣（或**幸福**）的必要条件。各种具体的美德都是在重要的人类活动中得到规定的。例如，勇敢是在危险状态下做出某种介于鲁莽和胆怯之间的适度反应的秉性（*NE* III.6.1115a6–III.7.1116a7）。而且，这里的适度也不是数学意义上的平均值；对于"适度"的决定既跟人类的一般状况相关，也与个人的倾向性相关（*NE* II.6.1106a30–1106b7; II.8.1109a–II.9.1109b10）。例如，在面对危险情况时，人们的反应一般表现为强烈的恐惧，所以，适度的勇敢更接近于鲁莽。但任何人都可能形成鲁莽的恶德，这就要求人们必须相应修正自己的目标。虽然针对美德的一般描述可以规定人类活动的相关领域及其在这些领域中的行为倾向，但它不能预先规定人们在每个具体情况下所要采取的行动，也不能提前根据每个人的不同倾向性来提供行动指导（*NE* II.9.1109b12–27; I.3.1094b12–1095a2; II.2.1104a1–11）。这样的决断最好由具有实践智慧的人做出，因为，他能够准确理解不同情况下的道德要求并且知道应该采取何种行动（*NE* III.4.1113a25–35; II.2.1104a5–10; VI.13.1144b37–1145a7; VI.7.1141b9–23）。

好的医疗服务人员一定是有美德的人吗?

人们早就注意到,亚里士多德的伦理学与医学实践之间存在密切的联系(Lloyd 1968; Jaeger 1957)。而近年来,人们在这个领域取得了众多研究成果,尤其是关于良好的临床判断同实践的道德智慧之间的相似性问题(Montgomery 1996, 2006; Toulmin 1982; Pellegrino 1995)。关键在于,无论是具有实践智慧的个人还是优秀的临床医生,他们都必须在充满不确定的具体环境中制订良好的行动方案。对于实践智慧之人来说,这是一种需要细致磨炼的能力。他需要能够识别情境中的重要道德特征,决定采取何种行为,使行为与正确的品格(美德)一致,并且做出适当的反应。

在很大程度上,良好的临床判断与这种实践智慧图景相契合,用凯瑟琳·蒙哥马利(Kathryn Montgomery)的话说,医学是"一门关于个体的科学"(a science of individuals)(2006: 38),因为"医生考虑的不单单是健康,而是人的健康,甚至可能更多地是这个人的健康,即他所治疗的那个特定病人的健康。"(NE I.6.1097a11–14)人们基于普遍真理来发现生物学事实并进行循证干预,而这同样涉及一系列与人性相关且具有道德意义的事实。只不过,落实到个别患者的相关病症而言,这些病症则是普遍真理的具体表现,它们拥有独特的生物学特征以及历史和社会特征,而这正是医学治疗旨在要处理的对象。专业医护人员具有良好的临床判断能力,能够识别患者的临床表现特征,并为不同的患者制定恰当的诊断和治疗方案。正如经验在道德领域的重要性一样,临床判断的能力只能凭借大量丰富的临床经历而从优秀的临床实践习惯中培养获得。

人们会拿良好的临床判断同道德智慧进行类比,有时甚至将二者简单等同起来。例如，蒙哥马利写道，"在医学中，实践理性表现为临床判断"（Montgomery 1996: 308），"道德选择不能也不应该离开临床判断"（Montgomery 1996: 315）。但在亚里士多德的伦理框架中，运用实践智慧是为了通过开展有美德的活动而使人实现繁荣，由于实践智慧本身就是实现繁荣的一部分，因此它并没有以自身之外的目的为目的。然而，另一边，正确的临床判断却是以人类健康为目的的，严格地说，这个目的甚至不是临床判断的固有目的，而是其产物（参见 Waring 2000; Beresford 1996）。简言之，很容易看出，实践智慧和优秀的临床判断是能够有所区别的：在技术应用方面，优秀的临床判断会出色地诊断疑难病症并准确地提出最有希望的治疗方案，但它却有可能忽略患者对于治疗方案的意愿。换句话说，技术再优秀的临床医生也无法尊重患者的自主性。

因此，技术优秀的专业医护人员不一定是有美德的人，因为他可能不具备实践的道德智慧。但人们可以反对说，成为一名优秀的专业医护人员绝不仅限于做出优秀的临床判断。毕竟，我们希望在医院病床边或诊所办公室里遇到的都是各方面很优秀的专业医护人员，都是道德上的好人。在这里，重要的是注意到，我们现在遇到了一个问题（如果临床判断与道德推理能够重合，就没有这个问题）：是否应该优先考虑其中一种目的（是健康还是美德）？很明显，在亚里士多德的框架内，医学目的从属于伦理目的，因为伦理学关系到的是作为整体的人类繁荣，而医学则是为了促进人类的健康。尽管医学也有助人类繁荣，但对人类繁荣而言，它远非充分条件。一般来说，这样的看法似乎是合理的：正确的临床判断（它关系到采取何种行为维持健康）从属于作为整体的实践智慧，而优秀的临床医生则拥有这样的实践智慧。

关于好的临床医生与有美德的人之间的关系，另一种处理方法则是通过考察不同的社会角色。这里的问题在于，"专业人士如何合理地指导自己的行动，而又不损害他们理应在更大范围内对其负责的各种价值"（Oakley and Cocking 2001: 1）。在美德伦理学研究中，临床医生的美德是否区别于"普通人"的美德，甚至与之相龃龉呢？就道德允许（甚至"必须"）的行为而言，优秀的临床医生可能做的事情明显不同于其他人可能采取的行为。有时，好的医生可能让我们身体疼痛，可能像陌生人一样地触摸我们的私密部位，可能拿手术刀切开我们的身体，可能规定我们服用定量的"毒剂"并告知我们如果使用不当会造成死亡，也可能要求我们说出自己最隐私的健康秘密，而即便我们的秘密使他人陷入危险，临床医师也可能不会警示他人。然而，重要的是，在医疗的情形中，这些行为牵涉的并不是不同的美德，而是根据他的社会角色，通过不同的方式将这些美德加以具体表达。例如，对一位得到病人授权且有行医执照的外科医生来说，做手术可能是一种富有同情心的护理行为；但对于不具备行医资格或未经授权的人来说，给他人做手术则是绝不可能的事情。

另一方面，医学伦理学可以为专业医护人员的美德提供完全内在的正当性理由，而这跟普通美德与医学专业美德之间的差异是一致的。埃德蒙德·佩莱格里诺（Edmund Pellegrino）的医学美德伦理学观点可谓广为人知，尽管他不认为通常的恶德在医学背景下可以成为美德，但在原则上，他对医学美德所提出的那种完全内在的证明原则却允许得出这种结论。佩莱格里诺认为，人们不可能就美好生活的图景达成共识，而这种共识恰恰是复兴美德伦理学所必需的东西（Pellegrino 1995）。但是，他又乐观地认为，我们可以就医学的目的达成一致，即"培育和恢复健康，遏制或治愈疾病"（Pellegrino 1995: 267）。同阿拉斯戴尔·麦金泰尔一样，他也主张重新阐释美德，认为美德"是一种品格特征，能够使其拥有者习惯地在人类活动的目的方面彰显出卓越的意图和表现"（Pellegrino 1995: 268），这里所说的人类活动就是医疗活动，它的目的或终极目的就是健康。

人们担心，这样的医学美德进路会导致保守主义。如果一项活动的美德是由这项活动的内在目的定义的，那么，该活动及其目的就会缺乏接受外在批评的能力。例如，根据大多历史记载，医疗活动直到最近都是一种充斥着绝对家长作风的事情。20世纪20年代，约瑟夫·柯林斯（Joseph Collins）博士曾在杂志上发表文章，证明为什么对患者隐瞒真实病情才是最佳的治愈方法（Collins 1927）。而直到20世纪60年代，隐瞒患癌诊断在医学上都是一种规范要求（Sokol 2006）。这里的问题在于，如果医学的目的是治愈病人，而医学美德又是相对该目的而在实践中被定义的，那么，我们就不能断言柯林斯博士的看法是错的。也许，有些人被蒙在鼓里的时候，他们的健康状况确实会变得更好。在任何情况下，对这种家长作风的最有效批评，不是从医学实践的内部出发，针对其实现医学目的的有效性（尽管这些都是可用的）进行，而是从外部来看，关注它同我们其他个体或共同体的目的和价值之间的紧张关系。

但是，基于这种普遍的人类伦理思想，我们是否就能够对特定社会角色的规范进行批判呢？我认为，相较于在追求人类美好生活的目标上达成共识，在医学的目标上达成共识同样不容易。从亚里士多德开始，许多美德伦理学者都假定，医学的目标就是健康（参见 Pellegrino 1995: 267；Oakley and Cocking 2001: 75-78）。但事实上，自希波克拉底以来，何为医学的正确目标就一直处于争论之中（Lloyd 1978: 12）。即便我们当前仅仅触及有关医疗服务人员"良心"问题的争论，也会发现在医学领域中存在不同目标。对于那些支持以医学手段介入自杀的人而言，其目的在于减轻痛苦，实现幸福；但是，对于那些不同意医生参与堕胎的人来说，其目的或许在于保全生命。上述两种目的在医学界中都很常见，而且，在合适的情况下，二者都能起到一定作用。除了单一医学领域内的社会角色（如，内科医生）可能抱有不同目标，各种医学专业（例如，从创伤外科到家庭实践再到生殖内分泌等），包括护理、牙科、公共卫生、药学和联合保健等专业之间，也都存在分歧。

简言之，正如我们无法就人类繁荣的单一形式达成共识那样，要想在医学的单一目标上达成共识也不现实。但是，若要从美德伦理学的视角来推进医学健康职业或普遍道德的发展，那么，我们也许并不需要这种单一的医学目标或美好生活愿景。事实上，任何合理的道德观念都不应消除带来价值差别的根本来源——它们产生于社会、文化与人类个体的多样性之中。对美德伦理学来说，这种方法虽然不能使根深蒂固的道德分歧得到积极解决，但是，"**实践智慧**让我们警醒于在一切道德判断中存在的那些模棱两可的、不完整的和不确定的因素"（Beresford 1996: 223）。

如果由此呈现的是成为一名"好医生"或做一个"好人"的多元方式，而这些方式在一定程度上依赖于社会、历史和公共环境，那么，有些人就会担心，医学美德伦理学的进路可能无法帮助人们在"陌生人医疗"（stranger medicine）的条件下进一步实现健全的互动。在此条件下，医疗服务人员和患者具有不同的世界观，甚至彼此之间根本不认识（Veatch 1983, 1985; Beresford 1996; Jansen 2000）。批评者认为，在现代医学背景下，最好的道德准则是基于责任的思考，思考我们应该对病人做些什么。而令人担忧的是，医疗服务人员的价值观及其在具体实践中形成的美德却会凌驾于患者或"陌生人"的价值观或偏好之上："在这种被简化的且不记名的共同体中，最重要的共同价值体现于契约中，即绝不将那些没有得到普遍承认且缺乏权威性来源的价值强加于他人之上"（Beresford 1996: 222）。

这种担忧很重要。接下来，我将回到如下问题：如何将医学美德伦理学的进路同其他道德理论的进路联系起来。在这里，我注意到，道德多元主义的事实不仅不会减损人们所共享的人类核心美德与专业美德的合理性，还会使得人们接受道德约束，认识到其他美好生活方式的价值。事实上，一位明智的、在城市大型医院中工作的医生必须认识到自己的价值观与病人的价值观是有分歧的，同时，她又能接受并赞同这些分歧的存在，进而选择不同的交往方式和决策方式。没有什么比在这种情况下更需要美德了。

在本节，我探讨的问题是，好的医疗服务人员是否一定是有美德的人。我认为，如果好的医疗服务人员仅限于在技术上做出优秀的临床判断，那他就不是；然而，我们也可以在更普遍意义上来理解，认为医疗服务人员是明智之人。此时，临床判断是以健康为目标，而这种目标最好被理解为仅次于人类繁荣的更普遍的目标。好的医疗服务人员与好的人之间的关系问题，进而引出了美德与恶德是否同社会角色有关的问题。在我看来，多元的社会角色和良好的生活方式都不会有损美德伦理学的进路，使之无法适用于一般的道德抑或医学专业方面的道德。但是，我们必须抵制这样的观点：认为美德伦理学进路在医学或道德上的目标是为了给那些根深蒂固的道德争论提供具体的解决方案。更何况，医疗服务人员的规范要求与普通人的规范要求不同，并不一定意味着他们的美德就存在差异，而有可能是这种美德在语境中的具体表现使然。

医学院、护理院校和住院医师培训项目是否应该培养学员的美德？

最近，关于专业性以及如何提高医疗培训生的专业性等问题的文献呈现出小规模的迅速增长，同时增长的还有关于医疗组织、期刊和认证机构的专业性的讨论（Kinghorn 2010）。而这种专业性的危机似乎来自人们对于专业裁量（professional discretion）和自主性（autonomy）的日益关注，后者跟薪酬结构和保险方面的制度变化与政策变化、公众对医疗不当行为的强烈反对，以及在信息时代的赋能下新型患者作为精明的消费者产生的焦虑有关。由此，努力提高医疗培训生的专业素质，就在于通过弘扬医学的核心价值观，重新树立公众和政界对医疗行业的信心；更重要的是，通过增强学员对医学文化的认同，重新让专业的医疗裁量和自主性发挥作用。无论何种情况，日益增长的有关医学专业性的研究文献都表明，我们需要重新关注医学美德问题，并思考如何将这些美德传递给下一代医疗服务人员（例如，参见 McCammon and Brody 2012; Kinghorn 2010; Bryan and Babelay 2009; Larkin et al., 2005）。在这里，我将解决三个问题，无论是对作为职业的医学活动还是对美德伦理学研究来说，这三个问题都直接相关于我们是否需要对医疗培训生进行美德的培养："伦理"的范围，榜样和导师的重要意义，以及好（或坏）实践的习惯养成。

在哲学伦理学中，美德伦理学特别是亚里士多德主义的美德伦理学，因其对道德的宽泛理解而闻名。事实上，有些人会说，亚里士多德谈及的内容与我们的现代"道德"概念几乎没有相似之处。亚里士多德伦理学考虑饮食、性等方面的适度问题（节制的美德），强调在社会条件下为人友善，避免讨好或争吵行为的发生，注重友谊在我们生活中的适当作用及其表达方式，以及形成对我们自身成就的恰当的自豪感，而不是狭隘地关注我们"亏欠他人什么"（Scanlon 1998）。

虽然这些属性可能并不完全适配于现代道德理论的工具箱，但这些属性，连同其他具有社会交往性和个体性的更多特征在内，都可以被恰当地认为与医学专业性的发展有关，因为，它们直接影响到医生在临床过程中与患者的互动及其对自身良好个人习惯的保持，而这些习惯有助于应对那些可能给他们的职业生涯造成风险的情绪疲劳及身体疲惫。事实上，依托亚里士多德主义伦理学框架并在实现人类美好生活的更宽泛目标下具体规定什么是与角色相适配的特征，这可以让人们对于医生的着装规范以及与患者之间互动规范的关注不再具有那么明显的肤浅性。比如说，这种框架有助于澄清这些规范在具体情况下的适用性以及实践智慧在其运用过程中的重要意义。帕奇·亚当斯（Patch Adams）曾在儿科病房中脱掉医生的白大褂，而选择穿着滑稽的服装；尽管他的做法遭到医学界反对，但在美德伦理学看来，这种行为是革命性的，它不是"不专业的"。

在美德伦理学的分析中，榜样和导师对于医学培训和道德学习也有重要意义。根据美德伦理学，回答在特定情况下应该怎么做，这实际上就是在回答有美德的人将会怎么做（暂不考虑错误或失误等复杂因素）（Hursthouse 1991:225）。同样，对于"什么是正确的行为"的回答，与其说是诉诸一般的原则或规则，不如说是在具体的实践智慧指导下、由特定的美德进行决定。然而，在我们的道德生活中，"有美德的人"不是泛泛而论，而是那些会因文化、共同体或时代的不同而不断变化的具体个人或榜样。因此，对一些人来说，他们想的是"甘地会怎么做？"，而另一些人则想的是"比依阿姨（Aunt Bea）会怎么做？"或"简·奥斯丁笔下的伊丽莎白·贝内特（Elizabeth Bennet）会怎么做？"。只不过，在每个实例中，我们都能够代入某个人的视角（他可以是现实中的，也可以是观念中的，可以是历史上的，也可以当代的，可能是我们的亲密伙伴，也可能与我们素未谋面），我们尊重他的道德品格，并试图效仿他。在道德层面，我们的榜样可能离我们很近，也可能离我们很远，但我们的导师必须是"亲力亲为"地从较早阶段就开始指导我们的道德发展。对多数人来说，这意味着，"导师"这一角色是由父母、老师和其他负责任的成年人来扮演。在美德伦理学看来，"从我们的青年时代开始"进行适当的教导是很重要的，因为这为美德的发展奠定了基础（NE II. 1.1104a25；I.4.1095b5-9）。

在有关医学专业性的文献中，相当一部分也涉及临床学习中的榜样和导学关系的重要积极作用。医学从业者对这个问题的关注，反映了前面所说的那种手把手带教的经验在塑造优秀的临床推理过程中所发挥的关键作用。对于医学培训生来说，通过教师、导师、主治医生、护士长和其他医护人员提供或显或隐的指导，他们将学习如何把抽象的医学知识"应用于"个别患者的诊断和护理。所以，在医学教育中，例如在临床阶段及以后，导师和榜样对医疗服务人员的充分发展至关重要。即使沉浸于基础的科学（和伦理）学习，医学专业的学生也很清楚以上现实，渴望学习临床经验，接触更多病例。事实上，当代医学培训面临的挑战就是，如何使它的基础科学同道德概念及道德理论相关，而同时又不破坏相关学科框架的完整性。

如果积极的榜样和导学关系有助于道德水准和医学专业水平的卓越发展，那么，规避这些关键角色可能带来的负面影响，也就同样重要。我们必须认识到，对他人有害的榜样不仅是在个人层面是一匹"害群之马"，而且是一个与制度环境和社会结构有关的问题，它既会阻碍人类生活的繁荣发展，也无助于实现医学在促进健康、减轻痛苦等方面的积极目标。

在医学界，这种对医疗培训生的潜在负面影响已经被意识到，并被称作一种对于医学道德影响甚大的"隐蔽课程"（hidden course），它在实践中会消解学生所接受的正规的伦理课程学习。这些带有消极性的"课程"既会通过个体行为，也会通过结构性安排而影响学生，例如，当医学院的学生为患者进行护理的时候，不仅个人工作的日程安排与提供最佳护理之间存在紧张，科层结构也可能造成缺乏临床经验的学生深陷可以想见的道德无知之中（Hafferty and Franks 1994: 865）。

之所以要在我们的发展初期就确立美德的背景条件，一个关键的原因就在于，我们需要在实践中有正确的习惯养成，它们最终能够变成美德。

然而，养成良好习惯的条件尽管必须"一开始"就要具备，可是，美德自身仍需要有足够的道德经验以发展出实践智慧；即便是在最早慧的年轻人身上，这样的实践智慧也并不常见（NE I.3.1095a3-12）。不仅早期的道德习惯养成对于美德发展很重要，经验知识对于美德发展所必需的实践智慧也很重要，而这有助于我们认识一个在医学界饱受争议的问题："专业能力是否可以被教授，或者，我们是否真的需要鉴别和筛选已经具备良好品质的人进入医学院学习"（McCammon and Brody 2012: 258）。对于这个问题，亚里士多德的回答似乎是，那些经过挑选而接受医学培训的人必须具备足够的基本素质以保证其品格的卓越，但是，这些素质还应该接受专业的培训和经验，从而形成和发展为适合医疗服务人员的特质。

我们在本节提出的问题是，医学院、护理院校和住院医师培训项目是否应该旨在培养学员的美德？截至目前，答案似乎是肯定的。然而，一些关键的问题依然存在，其中包括对精英主义的担忧，以及，在当前的医学教育环境中如何落实美德伦理学等。在医疗专业性教育的背景下，精英主义的问题最初产生，是因为有人建议说，好的品格应该早在他们成为学生之前（如，进入医学院之前）就已经确定形成了。一些人明确提出，对品格的评估应该成为招生标准的重要组成部分。虽然这样的建议基本上反映出人们在获得美德的过程中可能面临的实际情况（如果没有适当的前期准备，就很难甚或不可能获得美德），但在实践操作中，这些建议却有可能加深我们的社会偏见，让我们琢磨怎样的背景经历或条件会"有利于"美德的发展。而这些社会偏见，反过来，又会导致招生工作更多地反映社会特权，而不是为了实现矫正社会背景不利因素的那种更加公正的目标。

通过反思理解"正确的抚养方式"（right sort of upbringing），人们可能会纠正社会制度，避免不公正的社会利益分配制度永久化。尽管如此，对精英主义的第二个担忧依然存在。至少从亚里士多德的观点来看，很少有人具备实践智慧。相反,"许多人……不做坏事不是出于羞耻,而是因为惧怕惩罚……(他们)甚至不知道美好是什么"(*NE* X.9.1179b12-16)。就此而言,美德确实是一种卓越的品格,我们不能在自我拔高的意义上认为每个人的品格都高于平均水平。可是,如果美德如此稀缺,那么,它真的能成为医疗专业教育的集体目标吗?或者,我们的考虑重点应该是那种道德框架,它可以提供一套期待所有人都能遵循和承担的规则与义务?这样的精英主义担忧严重地阻碍了人们认可那种基于美德的医疗专业教育。我将在下一节讨论应对措施,而这里,我首先要考虑的是,基于美德的医疗专业教育所面临的另一个关键问题是:在当前的医学教育背景下,美德是否能够得到系统的教授和评估。

有些人认为,美德伦理学与医学之间的一致性表明,医学院应该建立一套标准化的方法来向他们的学生灌输重要的美德。另一些学者认为,"作为提升能力的工具,有些得到明确界定的行为期待是合乎美德的,我们可以从中推导出一套标准化的评价体系"(Larkin et al. 2005: 491);不仅如此,我们还能"根据这套完备的评价体系来打分,通过添加一个列出各种行为的李克特量表(a Likert scale),把个人行为同美德行为的理想标准进行比较"(Larkin et al. 2005: 493)。然而,我希望表明的是,如果采用这样的方式来描绘基于美德的医疗专业教育的可能性和可欲性,那么,它会在一些关键问题上造成严重的误导。

第一个问题就在于,它将专业方面的美德看作是一种旨在服务医疗技术的能力,而不是一种在成就人类繁荣的普遍意义上需要被追求的品格卓越。首先,问题的肇始者不是那些作者,而是医学院的教育认证委员,在他们那里,"专业性"的框框把美德刻画为一种医学上的"能力"(Larkin et al. 2005: 491;参见 Huddle 2005)。其次,这种看法将美德与一系列预先被确定的特定行为混为一谈。美德不仅表现为行为,而且表现在态度、情感立场和理解力之中。此外，有美德的行为也不可能被预先规定，而是由实践理性所决定的。最后，使用量表式的计量方法，采用客观参数对美德行为进行界定，这是对亚里士多德美德概念的拙劣模仿而非细致说明——在亚里士多德看来，美德乃是过度和不足这两极之间的中道。

在本节，我们探讨了医学院、护理院校和住院医师培训项目是否应该致力于培养学生的美德。毫无疑问，答案既是肯定的，也是否定的。这些机构应该努力教导美德，为学生们提供临床上和道德上的明智榜样，遴选出适合医学并且具有适当品格的学生。同时，它们也应避免社会利益的不公正分配，完善制度安排，培养和保持学生良好的实践习惯。然而，这些机构不应该用可量化的指标来刻画恰当的专业行为，不应该根据这样的框架来传授美德（参见 Huddle 2005）。美德伦理学无法提供这种"可行的"框架来提升专业能力，也不支持将技能视为专业"美德"的策略。任何试图利用美德伦理学的道德框架来达到这些目的的做法都颠覆了美德教育的价值，它们不仅会进一步扩大评价学生过程中的错误，而且会强化"隐蔽课程"，在那里，专业性美德所标榜的价值将会因为"品格既不能通过标准化的方式而衡量、也无法为一切人所拥有"的现实而遭到毁灭。

美德伦理学与基于原则的医学伦理学相兼容吗？

在哲学中，美德伦理学通常被拿来与基于责任的义务论或基于福利的功利主义道德方法相比较。而具体到生物医学伦理学，那种由四条原则组成的进路——它们分别是：尊重自主性（respect for autonomy）、慈善（beneficence）、无恶意（non-maleficence）和公正（justice）；该进路依赖于这四条原则之间的平衡和具体化——构成了主导的道德框架（参见 Beauchamp and Childress 2009）。迄今为止，那些主张美德伦理学进路对于医学有价值的作者在谈论这个问题时，很大程度上都会承认，美德伦理学与基于原则的道德进路或其他道德理论是相兼容的（例如，可参见Pellegrino 1995; Larkin et al. 2009）。而从理论上讲，这种看法是错误的。正如导言部分所说的那样，美德伦理学的道德理论必须直接诉诸明智之人的美德，以此评判正确行为。因此，美德伦理学不会赞成美德在承担特定责任或促进社会效用方面仅仅发挥相对次要的作用，而这正是其他道德理论提出的要求。严格地说，如果医学伦理学采取了一种与其他道德理论立场相兼容的美德伦理学进路，那么，后者只是美德理论，而不是美德伦理学。

然而，这样的理论事实仅仅有助于进一步突显，前面已经提到的那些针对基于美德的医学伦理学的重要的实践担忧。毕竟，亚里士多德的观点并没有错，美德确实不多见，当然也不是从事医学专业的"大众们"唾手可得的东西。况且，正如讨论过的那样，认为通过循证式的医学专业教育就能实现美德，这种想法说得好听点是比较奇怪的。最后，在"陌生人医疗"大行其道的时代，背景性的价值共识以及在有些人眼里对于成功的美德医学进路至关重要的各种关系，正在消失。既然存在这些事实，那么，我们又该如何在道德上管理这群众声喧哗的医疗专业人员呢？

一些评论者认为，上述现实使得除了义务论或基于规则的医学伦理学，其他任何方法进路都难以为继。最引人注意的是，罗伯特·维奇（Robert Veatch）指出，"必须制定一套共同的行动原则或行为规则，以便能在陌生人之间开展医疗活动"，同时，"在一个充斥陌生人的世界中，相比于出于正确的动机而采取错误的行动，人们更愿意让医生出于可疑的动机而实施正确的行动"（Veatch 1985: 341）。他还注意到，即便是"品格最卑劣的人也可以被迫采取正确的行动，只要他们被仔细监督并且受到奖惩措施的制约。"（Veatch 1985: 335）。维奇的观点——美德伦理学的道德理论框架可以被归结为动机，它也会导致错误行为的发生——顶多是存在争议的，我将把它搁在一边。而需要遵守规则却是一个很重要的问题，我将在下面展开讨论。

不过，首先，人们应该质疑，即使有显著的行为奖惩机制，可疑的动机是否也仍会影响医疗专业人员采取充分的伦理行为呢？请回想一下，自由裁量和自主性乃是医疗职业的核心，并且，由于医疗实践涉及一定的专业知识，因此，病人——糟糕的医疗从业者选择活动的典型受害者——甚至可能都没意识到，医生做出了如此糟糕的选择。因此，只要专业性本身兴旺发达，那么，医学界就依然不会非常严格地监督医疗专业人员的选择，以求能够控制那些动机有问题之人的行为。即使在政策上对不良行为的惩罚力度很大，情况也依然如此。

医学是否需要一套公认的规则和政策？这个问题完全可以被分开来谈。在理论上，把道德规则和政策同更为宽泛的道德理论（如，功利主义和义务论等）区分开来，这很重要。美德伦理学尽管与后者冲突，但与前者不冲突。规则和政策更像是美德，因为每个道德体系都需要它们。在美德伦理学中，规则和政策可以通过促进行为来弥补我们的道德缺陷，而这些行为（对年轻人或道德不完善的人来说）有可能帮助获得美德，甚至有可能控制那些永远缺乏美德之人的行为（参见 NE X.9.1179b20-1180a5）。因此，尽管合乎行为的规则和政策并不能构成衡量明智实践的美德之尺，但是，这些工具却可以帮助我们走上正确的道路，或是限制那些不能或不愿遵循这条道路的人。

结论

可以说，就算很少有医生能够具备完整的美德，养成合乎美德的习惯、培育自我意识、加强缺点管理、努力改善实际情况、把握挑战性的道德环境等等，也都是美德伦理学的进路对医学实践提出的重要建议。况且，美德伦理学进路还强调医学和伦理学之间的深层协同：它们都是主要为了做出某种行为而非获得某种理解而开展的实践努力，它们都是要在充满不确定性的具体情境中决定正确的行为选择。最后，美德伦理学同其他道德理论在理论层面的竞争并没有回答如下问题：是否每一种道德理论都在我们的道德生活中占有一席之地。尽管严格地说，每一种理论在重要的方面并不相容，但每一种道德理论却依然可以在具体情境中用于阐明、证成或者只是让人们注意到某些相关的道德考量。总而言之，没有哪个道德理论能够决定我们应该如何行动——我们必须自己来行动。

【相关主题】

第 2 章 "Aristotle's Virtue Ethics," Dorothea Frede

第 30 章 "Roles and Virtues," J. L. A. Garcia

第 33 章 "Virtue Ethics and Moral Education," Randall Curren

【参考文献】

Aristotle (1985) *Nicomachean Ethics*, T. Irwin (trans.), Indianapolis/Cambridge: Hackett Publishing Co.

Beauchamp, T. L. and Childress, J. F. (2009) *Principles of Biomedical Ethics*, 6th edition, New York: Oxford University Press.

Beresford, E. B. (1996) "Can Phronesis Save the Life of Medial Ethics?" *Theoretical Medicine and Bioethics* 17 (3) : 209–224.

Bryan, C. S. and Babelay, A. M. (2009) "Building Character: A Model for Reflective Practice," *Academic Medicine* 84 (9) : 1283–1288.

Chervenak, F. A. and McCullough, L. B. (2001) "The Moral Foundation of Medical Leadership: The Professional Virtues of the Physician as Fiduciary of the Patient," *American Journal of Obstetrics and Gynecology* 184 (5) : 875–880.

Collins, J. (1927) "Should Doctors Tell the Truth?" *Harper's Monthly Magazine* 156: 320–326.

Driver, J. (1998) "The Virtues and Human Nature," in R. Crisp (ed.) *How Should One Live? Essays on the Virtues*, Oxford: Clarendon Press.

Hafferty, F. W. and Franks, R. (1994) "The Hidden Curriculum, Ethics Teaching, and the Structure of Medical Education," *Academic Medicine* 69 (11) : 861–871.

Huddle, T. S. (2005) "Teaching Professionalism: Is Medical Morality a Competency?" *Academic Medicine* 80 (10) : 885–891.

Hursthouse, R. (1991) "Virtue Theory and Abortion," *Philosophy and Public Affairs* 20 (3) : 223–246.

Jaeger, W. (1957) "Aristotle's Use of Medicine as a Model of Method in his Ethics," *The Journal of Hellenic Studies* 77 (1) : 54–61.

Jansen, L. A. (2000) "The Virtues in their Place: Virtue Ethics in Medicine," *Journal of Theoretical Medicine and Bioethics* 21: 261–276.

Kinghorn, W. A. (2010) "Medical Education as Moral Formation: An Aristotelian Account of Medical Professionalism," *Perspectives in Biology and Medicine* 53 (1) : 87–105.

Larkin, G. L., Iserson, K., Kassutto, Z., Freas, G., et al. (2009) "Virtue in Emergency Medicine," *Academic Emergency Medicine* 16 (1) : 51–55.

Larkin, G. L., McKay, M. P., and Angelos, P. (2005) "Six Core Competencies and Seven Deadly Sins: A Virtues-Based Approach to the New Guidelines for Graduate Medical Education," *Surgery* 138 (3) : 490–497.

Lloyd, G. E. R. (1968) "The Role of Medical and Biological Analogies in Aristotle's Ethics," *Phronesis* 13 (1) : 68–83.

——(1978) "Introduction," in G. E. R. Lloyd (ed.) *Hippocratic Writings*, London: Penguin Books.

McCammon, S. D. and Brody, H. (2012) "How Virtue Ethics Informs Medical Professionalism," *HEC Forum* 24 (4) : 257–272.

Montgomery Hunter, K. (1996) "Narrative, Literature, and the Clinical Exercise of Practical Reason," *The Journal of Medicine and Philosophy* 21: 303–320.

Montgomery, K. (2006) *How Doctors Think: Clinical Judgment and the Practice of Medicine*, Oxford: Oxford University Press.

Oakley, J. and Cocking, D. (2001) *Virtue Ethics and Professional Roles*, Cambridge: Cambridge University Press.

Pellegrino, E. D. (1995) "Toward a Virtue Based Normative Ethic for the Health Professions," *Kennedy Institute of Ethics Journal* 5 (3) : 253–277.

Scanlon, T. M. (1998) *What We Owe to Each Other*, Cambridge: Harvard University Press.

Sokol, D. K. (2006) "How the Doctor's Nose has Shortened Over Time: A Historical Overview of the Truth-telling Debate in the Doctor-Patient Relationship," *Journal of the Royal Society of Medicine* 99 (12) : 632–636.

Toulmin, S. (1982) "How Medicine Saved the Life of Ethics," *Perspectives in Biology and Medicine* 25 (4) : 736–750.

Veatch, R. M. (1983) "The Physician as Stranger: The Ethics of the Anonymous Patient-Physician Relationship," *Philosophy and Medicine* 14: 187–207.

——(1985) "Against Virtue: A Deontological Critique of Virtue Theory in Medical Ethics," *Philosophy and Medicine* 17: 329–345.

Waring, D. (2000) "Why the Practice of Medicine is not a Phronetic Activity," *Theoretical Medicine and Bioethics* 21 (2) : 139–151.

第37章
美德理论视角下的商业伦理学

[美]罗伯特·奥迪/著
杨　磊/译　谢廷玉/校

美德伦理学为道德思考提供了独特的资源，一些伦理学作者和教师认为，至少对商业实践而言，它要优于规则理论。本文旨在澄清美德理论的——**美德论的**（aretaic）——概念对于商业活动的独特用处，以及，更广泛地说，它们对于组织领导力的独特用处。

作为品格特征的美德

美德是一些值得称赞的品格特征，它们适合追求特定的善，就此而言，这类特征就被视为一种美德。① 以公正和慷慨为例。对前者来说，其中的善关心的是道德义务或道德许可，比如把利益公平地分配给一位公司员工。对后者来说，善大致上就是增进福祉。不同的美德在许多方面都存在差异。例如，它们的坚实程度可能不同；对行为的支配强度可能不同；跟其他特征（包括非美德的特征以及可以想见的所有其他美德）的结合程

---

① 这种描述是一般而言，而且跟许多关于品格美德的看法相兼容。例如，参见安娜斯（Annas 1993）和斯沃顿（Swanton 2003）给出的详细描述。在发展亚里士多德主义的人类善观念的问题上，安娜斯特别富有洞见；而斯沃顿提出的美德概念则获得了广泛承认："一种品格的好品质，更具体地说，一种秉性的好品质，在于它能够卓越地或以足够好的方式来回应或承认处于其领域（或诸领域）之内的事物。"（Swanton 2003: 19）

度也可能不同。

在任何美德中，认知因素和动机因素都具有核心作用。①有美德的人，比如诚实的人，必须抱有一定的信念，他说出的话真实地代表他自己的态度。而且，美德之人还必须具备与美德相适应的欲望（或能够驱动他作用的其他因素，如意图），例如，拥有"忠贞"（fidelity）美德的人需要有一种欲望，非常渴望去支持朋友。②若要发展一种伦理的商业活动，那么，面临的挑战之一就在于如何让各级员工加强这些道德可取的品格。例如，如何既不牺牲基本的诚实，又将销售人员培训得足够聪明？

对美德概念的任何分析都应该包括至少六个维度。③概述如下——

领域（*Field*）。第一个维度是美德的领域，它大致是指一种美德在其中得以典型运作的某种人类处境。有的美德，例如行善（beneficence），其领域虽然没有特定限制，却包含了各种影响到他人的行为机会，尤其是当它们能够减轻他人痛苦、增加他人快乐或是给予他人其他回报时。而商业上的成功，即便构成美德行为的一个目标——位于该领域内的一个标靶——美德伦理学强调的也是一个人如

---

① 美德所具有的解释力在很大程度上取决于那些欲望和信念，它们构成了相关品格特征的组成要素，或者与之存在恰当的关联。本文虽然不预设这些品格特征在构成美德的过程中具有特定的描述力或解释力，但是，不应该认为它们完全不具有这样的力量。多里斯（Doris 2002）质疑这些品格特征的解释力。关于批判性的讨论，可参见《哲学与现象学研究》杂志上的专题讨论（*Philosophy and Phenomenological Research* 71, 3（2005）：632-677）。

② 对于美德伦理学许多方面的讨论，参见克里斯普的作品（Crisp 1996）以及《中西部哲学研究》第 8 辑（Midwest Studies in Philosophy XIII 1988），这一辑专门讨论品格和美德问题；亦可参见所罗门（Solomon 1992）的作品。更新近的一项研究，特别与教育和角色榜样塑造的美德伦理学有关，参见哈特曼（Hartman 2006）。关于美德伦理学在商业中的应用，可参见墨菲（Murphy 1999）。而斯洛特（Slote 1992）则对美德伦理学展开详细论述，一方面与康德伦理学进行对比，另一方面强调其与功利主义之间的连续性因素。

③ 这里以及接下来的几段，我发展了自己此前的观点（Audi 1995）。

何实现它。它注重日常的活动过程，而不仅仅是最终结果。然而，这个例子表明，有些美德的领域要比另一些的更窄；行善是具有整体意义的人类美德，而企业家精神（entrepreneurship）则没有那么普遍。但是，更狭窄的——"专门的"——美德跟那些最普遍的美德却是协调的。一种商业美德——不同于习惯或不受约束的才能——在别的地方不会成为一种恶德，尽管它可能**呈现出**相反的结果，例如，受到错误指引的主动性（initiative）会带来粗鲁的侵扰（intrusiveness）。

目标（*Target*）。美德论的第二个维度是，美德会引导行为者致力于特定的目标：就行善而言，他人的福祉就是行为者的目标；就诚实而言，避免就是行为者的目标；就谦逊而言，在描述某人的成就时保持克制就是行为者的目标。然而，美德的目标可能内在就是多元的：行善若是以他人的幸福作为其目标，这绝不意味着，行善之人只有单一的目标。比如说，某些员工的善就非常不同于其他员工的善，也许是水平方面的不同，而有时候，可能是性别方面的差异。

受益者（*Beneficiaries*）。美德论的第三个维度是美德的受益者，尤其是那些由于美德的实现而获益的人（们）：对于诚实，其受益者是与美德行动者进行对话的人；对于忠贞，其受益者则是美德之人的家人、朋友或者同事等更大群体。[1] 在商业活动中，美德伦理学至少会将（公司的）所有者、客户以及员工看作基本的受益者。

行为者对美德领域的理解（*Agential understanding of the aretaic*

---

[1] 宗教团体和军事单位会带来一些特殊的问题，特别是在战争期间。在这里，明确要求服从的承诺可能会让忠贞的要求变得异常严苛。

field）。美德论的第四个维度是，行为者对美德领域的理解；比如，就忠贞的美德而言，行为者需要理解该美德提出的标准。这种理解不需要是完美的，但若要命中目标，就得对目标是什么及其如何实现它有很好的理解。例如，可以将领导力作为管理行为的美德。一个好的领导者必须知道团队应该致力于什么目标，知道如何帮助肩负不同任务的人有效地发挥各自的作用。

动机（*Motivation*）。第五个维度是，行为者在该领域要具备以某种特定的方式——符合美德的方式——适当行为的动机。比如，为了增进顾客福祉的欲望，就不同于仅仅想要营利的欲望；合乎行善美德的，是前者而不是后者。道德美德不仅要有好的行为，还要有好的动机，尤其是意图。因此，善良的**意志**（will）对于美德来说至关重要。

奠基性（*Grounding*）。第六个维度是相关行为倾向的心理基础。出于美德的行动不仅是一个有美德的人所做出的行动，而且是由美德所奠基的行动。该行为附着于它所应表现的美德。行为之所以能够实现这样好的奠基，原因在于行为者有充分的倾向，能够根据那些适合于展现美德的理解与动机而行动。请比较一下，一种行为是出于对公平或服务他人的关心，而另一种行为则是出于对某人自己的个人计划的关切。

美德的这六个方面有助于解释清楚，什么是出于美德的行动（acting from virtue），它才是我们理应实现的行动。让我们把公正视作一种美德。公正的领域也许最根本的就是关于善与恶的分配，其中包括惩罚性的因素，比如在顾客偷东西的场合下。请想一想，公正的人会如何理解公正的领域。很自然，恰当的理解将会表现为这样的信念：（比如，对奖金的）分配活动要求人们必须确认相关的功绩并根据它们进行比例分配，而如果严重偏离了这种模式，那么人们就有理由尽力矫正它。这样的人又会怎样处理反歧视的问题呢？让我们假设，一家公司的管理层只有少数女性。一位想要改变这种状况的公正的首席执行官将会努力做到诚实而公平。还有一种思路会涉及另一种美德——忠贞。如果该公司的宗旨就在于呼吁多样化和非歧视，那么，某些优待措施——也许只是在一段时间内施行——便可能是合乎公正的。若不是这样，那么，首席执行官或许就很难为优待措施找到一个符合美德的理由。这体现了任何伦理进路都会面对的问题，但美德的概念却有其优势。主管们不一定需要道德规则来决定做什么，但他们仍然可以通过（在不同语境中）理解公正、诚实、忠贞和其他美德所提出的要求而知道如何行动。

虽说不把握道德领域所提出的（道德）要求，就无法理解这个领域，但这种把握却不严格限于美德的概念、快乐主义的概念（某些功利主义者可能倾向于这样认为）或义务论的原则（康德主义者可能倾向于这样认为）。然而，对于道德领域的理解则存在**一些**一般的要求。让我们仍以公正为例。它要求某种不偏不倚（impartiality）。① 而从社会心理学的观点来看，把这些有关特征——至少是广义上**道德方面的**品格特征——看作是相当稳定的并且通常持续的愿望与信念，乃是有帮助的。请想一想公平。它既需要适当的欲望，比如说，平等待人，也需要特定的信念，比如说，对于相同条件的人必须给予相同的机会和奖励。这些愿望和信念有可能是自发的。然而，即便是自发的公平，也不仅仅是做出有关的行为而已。这些

---

① 这是一件很微妙的事情。正如格特（Gert 2005）指出的那样，在他称之为"道德理念"（moral ideals）的事务（与"义务"相对）中，比如，当某人需要在几个慈善机构中间进行选择时，他不一定需要不偏不倚，而是可以根据自己的简单偏好进行选择。

行为必须恰当地基于行为者的愿望和信念而**被当作目标**，否则的话，这些行为就不是道德的行为，不具有"在道德上被实施"的含义，它们顶多只是与道德相一致罢了。如果我付给员工同等的奖金，仅仅是因为我同等地**喜欢**他们，那么，即使他们在应得上是平等的，我的分配行为也只是碰巧具有公平而已。这不过是合乎美德的行动，而不是出于美德的行动。①

如果品格方面的美德是按照上述方式由认知因素和动机因素构成，那么，一般说来，我们每个人就可以通过间接地控制自己的愿望和信念而间接地控制我们自己的某些特征。无论是对道德教育来说，还是对旨在支持伦理行为的商业实践来说，这一点都是核心性的。当然，一般行为者并不对产生自己的信念或愿望直接负责。我们虽然能够通过做特定的事来产生它们，但通常而言，要实现这个目标，我们必须通过一些间接的、常常比较费力的方式。不过这并不是说，对于产生和维系自己的某些特征，我们连间接的责任都没有。因此，一个自私的人虽然可能因其自私自利而无法公平行事，但通过反复的自我训练，他可以有所改进而变得无私且公平。考虑到这些可能性，一个人既可以认识到自己对某种坏品格负有间接责任，也可以用好的品格来逐渐取代它。只要对道德的标尺恪守承诺，那么，人们就有可能在道德上实现重大的自我塑造（self-made）。

美德伦理学适用于商业行为

现在应该很清楚了，美德的范围是足够广泛的，至少可以为它们在组织行为的整体应用提供部分的基础。为了弄清美德是如何做到这一点的，

---

① 正是认知因素和动机因素在品格美德中的重要性，可能部分地支持了赫卡的态度定义（attitudinal definition）（赫卡认为这种定义"在某种程度上"具有规定性）："道德美德是对善和恶的态度，这种态度内在就是善的；恶德也是对善恶的态度，它内在就是恶的。"（Hurka 2001：20）。

我们必须区分综合性的美德（comprehensive virtues）和特定角色的美德（role-specific virtues）。一种**整体性**的美德，比如诚实，几乎影响到我们所有的社会交往。但是，一种特定角色的美德，比如领导力，可能只是影响到特定的活动。整体性的美德为我们所有人所需，它制约着那些特定角色美德的运作方式；而**特定角色的美德**对于那些扮演相关角色的人来说才是本质性的，尽管它也可能有益于其他人。在某种程度上，任何人都可以成为某个人或其他人的领导者。

让我们来考虑管理者的角色。除了领导力，他们还需要"一致性"（consistency）的美德，尤其是在行为当中。管理者在他人眼里不仅必须展现公正——一种整体性的美德——而且，他们在政策上还必须表现出可靠的一致性。一致性虽然允许合理调整政策，但不允许反复无常的改变。相比之下，普通员工则需要在团队领导的带领下具备符合特定角色的辅助性美德，即，促进合作的服从。

到目前为止，我忽略了一个问题。假设我们是在通常意义上理解美德伦理学，认为品格**特征**的伦理地位要**比行动**更加基础。那么，美德理论何以能够帮助我们决定如何**行动**呢？伦理学主要关心行为和做出好的决定。我们如何能够知道什么才算是，比如说，公平的、慷慨的或光荣的行动呢？

美德伦理学有办法回答这个问题，其中就包括诉诸实践智慧。让我们来考虑一下"行善"。如果我在涉及自己的资源时颇为自私，不顾他人需要，那么我就是不足的；如果我现在对慈善事业的贡献太大，以至于无法通过进一步贡献而做得更好，那么我就是过度的。根据如此观点，好的伦理决定可以通过这样的比较而被发现。就慈善（charity）而言，人们可能认为功利主义要好得多，但事实并非如此。功利主义者必须计算所做贡献的效果——既会计算他们所行的善，也会计算他们可能导致的痛苦。这种计算并不容易，而且必定常常带有揣测意味。更何况，我又如何才能知道，比如说，我的付出将在什么时候到达我的创造中的收益递减点呢？而伦理学是否要求我到达这个付出的峰值？用功利主义来回答这个问题，是否就要比通过判定那种反映出行善与忠贞（对我已然有所承诺的人的忠贞）之平衡的慈善捐赠从而回答这个问题的方式更好呢？

在这里，我们是否可以像某些经济学家可能提出的建议那样诉诸工具理性——把事情当作与欲望满足的有效性相关的事物来理解——并将之用作判定美德的部分基础，而不预设更加在先的规范性概念？至少，我们是否可以在商业领域凭借精明的成本—收益分析来处理伦理问题？如果我们把最大化的欲望满足当作理性的**根本基础**，那么这种进路显然会失败：我们将遭遇一种主观主义，允许每个人都不受限制地追求其基本欲望。但是，假如我们**预设**的是某些"一般的"基本欲望，例如避免痛苦、获得愉快体验、与他人和平相处，那么，工具意义上的成功至少可以算得上是"审慎"（prudence）的美德，而且，更重要的是——没能成功地避免痛苦，可以算作是"愚蠢"（folly）。不过，审慎并非美德的全部，它可能与道德相冲突。

美德论概念是否像一种强硬的美德伦理学所要求的那样具有根基性，对此，我不做断言。在任何情况下，美德概念在有关道德价值的理论中都是不可或缺的，这种理论涉及对行动的道德价值和品格的伦理价值进行评估。① 出于错误的原因做出正确的行动不会给我们带来任何道德价值。因此，即使我们可以不依赖于对美德的描述就确定什么行为是正确行为，我们也无法在不使用美德伦理学的核心概念的条件下就决定行为在什么情况下才值得赞扬，或者怎样才算是一个好人。

---

① 例如，参见 Audi（1995）。

然而重要的在于，我们要看到，即便美德概念不具有基础性，美德伦理学也可以提供必要或充分条件，从而提供标准来界定正确的行为以及有价值的行为。不仅如此，正确的行动（right action）可以等同于合乎美德的行动；而**正确地行动**（acting rightly），"出于适当的理由做正确的事"这个更丰富的概念，则可以等同于有美德的行动（virtuous action），就算美德概念不能脱离其他概念——例如直觉主义伦理学所提出的那些不可化约的不同义务（比如，行善、真诚和忠贞的行为义务）——而得到解释。

为正确行动提供标准并不要求对正确行动的概念进行分析，更不需要凭借任何具体概念来论述它，这一点对规范伦理学而言特别重要。因为，即使正确行动的概念只能通过善的最大化（如功利主义者所坚持的）或者遵循绝对命令（如康德主义者所坚持的）来解释，采用这些高调尺度而设置的实际行动标准也不可能指明日常之中的伦理决策。这些标准要的是，能够根据行为和语境的突出特性而鉴别出正确的行为。掌握这些特性及其伦理意义有助于儿童的道德教育，甚至对那些道德上成熟的行为者，这方面的知识也有助于获得道德劝诫和指导。如果我们补充一点说，针对正当性（rightness）的论述不足以解释道德的价值，也不足以解释行为的价值（既然正确的举止有可能出自不道德的理由），那么，美德概念在伦理上就将是十分重要的，因为，即使它们没有为正当性的合理标准提供基础，它们也在澄清上述看法的过程中发挥了不可或缺的作用。

美德之人、出于美德的行动与有美德的行动

截至目前，我的关切在于表明，作为伦理理论，美德伦理学何以构成商业活动的一个有用方向。但是，美德伦理学也具备一般的规范力量。任何伦理理论都应该帮助我们鉴别道德上的好人。在招聘和评价员工的过程

中，这一点至关重要：在商业组织内部，招募和评价由员工的上司进行；在商业组织外部，则由股东、监管者和潜在的买家实施。为了达到实际目的，除非依靠诚实、公平这种美德概念，否则人们不可能做到这一点。事实上，假如我们不能采用简单的术语来描述道德上的好人，那么，往好了说，道德教育也会遭受阻碍。我们甚至都不知道，怎样才能成为**相关角色的楷模**。① 另一方面，如果要对人做出整体道德评价，那就不仅需要观察他的行动，还需要确定这些行动是如何建立在品格基础之上的。只有当我们把握了这点，我们才知道该如何评价他们以及该对他们抱有什么期待。

我们已经区分"出于美德的行动"（acting from virtue）和"仅仅合乎美德的行动"（acting merely in conformity with it），就像在庞氏骗局（Ponzi scheme）里那样，有的人只是假装很讲伦理。前者的核心是，出于某种与具体美德相适配的理由而行动。不仅如此，该行动肯定是以支撑它的那个美德为前提：我们不可能**出于**某种特征而行动却并不具备这种特征。然而，尽管每个"出于美德的行动"都是"有美德的行动"（virtuous action），但这种关系却不能被颠倒过来。因为，一个人可以出于正确的理由而行动——于是，该行为是有美德的——但他并不**具备**与这种理由相适配的美德。如此情形可能会发生在道德教育过程中，在那里，一个人可以出于好的理由而发展某种美德。但美德通常不会在这位行为者第一次做出这种被要求的行为时就立刻获得，即使该行为是出于正确的理由而做出的。

亚里士多德会承认这一点。因为，在他眼里对于发展美德至关重要的那种习惯，并不仅仅是展现正确**类型**的行为。被要求做到的行为可能包括，或许也必须包括一些出于恰当的**理由**而实施的行为。然而，它们都可

---

① 韦弗等人（Weaver et al. 2005）所揭示的理由能够支持这一点。应当强调，在日常的制造活动中，角色榜样的作用尤为明显。

以在发展美德的过程中进行，并不需要预先就具备成熟的美德。① 对行为者来说，（在其他条件相同情况下）"出于美德的行动"比那些"有美德但并非出于美德的行动"更值得赞扬。这里说的不是行动的类型，比如，因为顾客购物失望而发起退款。相反，上述对比是打算用在同一类型行动的不同具体行为上，比如，是因为说话算数（从而是有美德的）而退还五千美元，还是因为害怕惹官司而退还五千美元。这一点之所以成立，主要是因为行为的**实施**体现了行为者的品格。诚然，即便行为者还不得不发展出恰当的美德，"有美德的行动"仍是有价值的。**拥有**美德的人自然会出于美德地行动，但他们绝不是完全自动地这么做。努力发展美德的人应该被鼓励出于美德地行动，而且，他们的美德也会在他们这样做的过程中得到增强。尽管对于伦理方面的心理学来说，很难解释缺乏道德美德的成年人何以**能够**发展出（如果可能的话）这些美德，但是，人们能够获得实现其美德所必需的那种动机和智慧，却是不可怀疑的。

就日常行为而言，如果一个人的道德取向主要是美德伦理的，那么，他要如何决定自己的行为？这种日常的决定或许是自发的，但它们也有可能跟那些持其他取向的严格理论家（比如，康德主义者、直觉主义者或规则后果主义者）的决定颇为相同。虽然这些取向往往导致同样的决定，但是，从行动规则出发的路径，不同于从更加整体性的美德评价方案出发的行动路径。让我们来思考一下，美德伦理学是如何应对如下四个方面的伦理挑战的。

伦理的决定

人们或许认为，美德伦理学会要求他们通过追问"**在这种情况下，一**

---

① 斯沃顿也区分了有美德的行动和出于美德的行动；虽然她没有提出我们这里的观点，但她的比较也是很有启发的，而且能够支持我们的观点。例如，参见 Swanton 2003, 238-239。

个有美德的人将会怎么做"而指导自己的决定。① 但这并非唯一的方式。一方面，评估这些假设情况比较困难，而它们所提供的指导也受限于我们的预测能力，即我们得预测那些行为者将会怎样受到种种也许从未发生过的变化的影响，从愤怒的激情，到窘境的威胁，再到可能的贿赂。另一方面，这个假设性的问题需要人们从某个抽象的"美德之人"概念出发。而这大概顶多提供最低限度的帮助。关键的问题在于，要出于美德而行动，而不是出于美德的概念而行动。

与这种抽象的程序形成对比的，是一种**叙事进路**（narrative approach）。这里，人们考虑那些想象中或历史上的事例，设想一位楷模人物将会如何解决问题。强生泰诺（Johnson & Johnson Tylenol）的案件给我们带来积极的教训；安然公司（Enron）的案例则表现出不道德；而埃克森公司的瓦尔迪兹漏油事件（Exxon Valdez oil spill）同时体现以上两点。抽象的进路和叙事的进路可以结合起来。而实践伦理学，作为道德上好生活的标准，必定要在这些进路中考虑美德。

行动的规则

如果规则理论家能够容纳常常为伦理决定所需要的那种道德知觉，那么，美德伦理学是否也可以容纳在罗斯（W. D. Ross）等人看来构成了道德组成部分的日常规则呢？这些规则的典型之处在于，它们规定了某些初看起来必须承认的（虽然重要但并非绝对的）义务：不伤害、保持公正（例如，有比例的平等对待，法律面前人人平等）、真诚待人、信守诺言以及

---

① 比如，赫斯特豪斯就提出了一种虚拟语气的说法，把正确的行动描述为"一个美德行为者在这种情况下将会典型地（亦即，出于品格）而做的事情"。参见 Hursthouse（1996，2000）。这种说法受到约翰逊（Johnson 2003）的批评。

善行善举。一种强硬的美德伦理学认为，美德显然要比道德规则更基础，因为，健全的道德规则只有通过（首先）对美德之人进行充分而敏锐的观察并从中加以归纳才能被发现。假设情况是这样。但在许多情况下，美德之人仍有可能依赖规则。在这些情况中，有的情况这位行为者并不熟悉，而别人给他提供了可信的论证，证明某种通常用于处理这些情况的规则是靠得住的；不过，任何讲伦理的人都想把蕴涵于先例之中的规则或原则构造出来，并接受它们的指导。而这样的先例最初可能就是通过运用规则才得以解决的（也可能不是这样）。那是另一个单独的问题。构造出规则也许需要通过观察美德；而发展出美德则也许需要通过遵守规则。

既然道德判断具有一般性，那么，如果对特定的规则连含蓄的肯定都没有，便很难教授美德。请想象一下，（任何讲伦理的父母都会）对儿童说出"说实话"、"不要撒谎"和"我们必须诚实"之类的话。如果儿童既没有养成讲真话的习惯，也没有意识到自己通常应该这么做，那他们怎样才能发展出诚实的美德呢？只不过，这类实践本身似乎还不够：为了发展出诚实，孩子们还必须认识到讲真话——不说谎——不仅是必须要做的事，还是一件**好事**，而且，说谎通常都是一件**坏事**（错误的事情，"不要做的"事情）。就算成年人也得进行这样的强化。

一旦人们认识到（正如我在其他地方论证的那样[①]），唯一可信的道德规则和原则——当然也是唯一可信的日常的道德规则和原则，它们不同于（比如说）功利原则或定言命令原则——表达的只是初看起来必须承认的义务，而非绝对的义务，那么，美德伦理学与规则伦理学之间的实际对比就会大大缩小。请想一想童工问题。总体而言，企业不应雇用儿童。但是，假设有人在某个国家经营轻工业，在那里，如果孩子们不做童工，他

---

① 我本人的作品（Audi 2006）虽然聚焦规则，但也提出了许多具有一定程度一般性的观点，它们可以适用于任何伦理概念。

们面临的其他选择将更糟，并且假设这个人还可以提供一点教育和医疗。于是，原本的剥削也许就变成了行善。无论如何，规则与美德标准之间始终存在的差异依然允许那些甚至非常强硬的美德伦理学家，把通过观察美德之人而在美德论意义上所发现的道德规则当作指导我们大多数行动的最初指南。

品格特征与行动的基础

鉴于我们目前提出的上述看法，很明显，许多主要的美德概念与至少大多数得到捍卫的可信的道德原则是一致的。请想一想罗斯提出的原则：公正与不伤害（non-injury）、忠贞与真诚、行善与自我提升（self-improvement）、赔偿（reparation）与感恩（gratitude）。① 在这些词中，只有"不伤害""自我提升"和"赔偿"不能用来命名一种美德。但这不是因为它们不表示任何美德；而是因为它们要么不止表示一种美德，要么是因为，它们所要求的行动可能出自数不清的许多种美德，或者出自践行这些行为所带来的效果的各式组合。与"不伤害"相对应的，有温和、善良和尊重。而与"自我提升"相对应的，则是自我批评和感觉自豪。如此等等。

对于理解美德概念来说，这里提到的对应关系非常重要。一方面，在那些关键的道德案例中，拥有美德，既意味着在知觉上对于相关背景保持敏感——认知方面的接受能力——又意味着在行为上以正确的方式对它们做出反应——行动方面的问题。比如，（在其他条件相同的情况下）一个公

---

① 对于这份如今著名的义务清单及其重要评论，可参见罗斯（Ross 1930）。作为亚里士多德的主要解释者，他引用亚里士多德的观点并表示支持，即在许多情况下，伦理的"决定取决于知觉"（*NE* 1109b23, 1126b4）；罗斯可能会认为，安斯康姆（Anscombe 1958）夸大了美德伦理学和规则伦理学——至少是像罗斯以及后来的直觉主义者（比如，Audi 2004）所理解的规则伦理学——之间的对比。

正的人要比缺乏这种美德的人更可能**看到**欺骗的存在，当然，也更有可能对欺骗做出适当的**反应**。只不过，针对人及其行动进行道德评价的品格特征方面的术语，还有太多太多，而在这里，无论美德伦理学家还是规则伦理学家都可以深化他们的感知能力，完善他们的规则体系。

道德冲突的两种类型：美德和义务

对于规则理论来说，最常见的冲突就是承诺的义务（忠贞）和行善之间的冲突，比如，某人可能既向股东承诺要提高利润，又肩负着让采矿工作更加安全的义务。而在美德方面，也存在着相应的冲突：这不是因为相关的美德之间不兼容，而是因为它们将行为者引向了不同方向。显然，美德之人具有忠贞与行善的品格特征，因而他也会面临类似的艰难决策，它表现为既要对股东保持忠贞又要对员工施以慈善之间的张力。

对那些既拥有公正美德又拥有宽恕（forgivingness）美德的人来说，可能有另一种棘手的情况。公正需要施行惩罚，而宽恕则主张免除惩罚。这种情况之所以有所不同，是因为宽恕尽管是一种品格的力量，但它可能不是道德美德，而是神学美德。然而，一个具有全部美德的人则有能力来决定这样的惩罚问题。在这么做的过程中，恰当的做法或许是，在符合所有相关美德的不同倾向之间找到一种反思平衡。同样，在冲突的情况下，把假设的解决方案当作先例也是合理的。

人们可能注意到，通过与那些相对立的极端（过度和不足）进行对比，我们可以澄清美德。让我们仍以"宽恕"为例。诚然，与它相对立的极端（粗略而言，满怀恶意的怨恨）是一种恶德。但是，美德不能被直接视为恶德的对立面："吝啬"（stinginess）这种恶德的极端对立面是"奢侈"（lavishness），而不是"慷慨"美德。只不过，两个对立的极端乃是**指南**，指引我们发现一种有美德的"中间"。它们揭示了与相应的美德有关的一些原始素材，就像吝啬揭示出对于我们理解慷慨而言至关重要的某个行动维度一样。

在规范性力量彼此冲突的这些困难情况下，构造某种能够覆盖它们的一般观点乃是适当的，而严肃的伦理思考则有可能发现这样的一般论述，能够把握关于它所应覆盖的具体情况的种种直觉。请考虑一下关于药品召回的决策。在这个案例中，管理人员会考虑可能造成的危害，比如，这些药品导致的疾病或损伤的可能性及严重程度，还有不召回药品可能造成的负面影响。像强生这样的公司都有强调诚信的使命宣言，它需要比其他制药公司更加严格的规则。在伦理的行动中，没有简单的公式可言。

同样的考虑，也适用于那些无法通过诉诸其基本原则而给出决定的规则理论家。不过，如果规则理论家没有诉诸美德论概念，那么他们的资源就会更少。因此，事实证明，就像在美德论层面上做出的决定会对原则有所借鉴一样，规则理论家做出的决定也可能受益于对相关美德的反思。实践之中的美德所带来的行动模式，那些以规则为导向的人会努力将其进行"法典化"；而严格遵循最可信的道德规则所揭示的行动，美德伦理学家又会努力将其锚定于道德品格的特征之上。

美德概念的规范性用法和描述性用法

如果在做出伦理决定时，美德进路与规则进路之间可能有这么多重叠之处，那我们为什么还要美德伦理学呢？我曾说过，我们要有一种温和的美德理论来阐述道德价值。即便没有哪种美德伦理学对于解释道德义务必不可少，上述这点也很重要。不过，美德伦理学还有进一步的价值。

向往的语境（*The context of aspiration*）。如果说由美德伦理学提出的

537

哪个问题位于道德实践的核心位置，那么，它很可能就是"**我想成为哪种人**"这个问题。用亚里士多德的话来说，这个问题密切关系到我可能发展出怎样的优秀品格，以及如何才能获得繁荣。我们也可以问自己，想成为什么样的**商人**——或者教师、律师、父母等等。但是，在寻求自我定向和角色榜样时，美德伦理学促使我们要关注最一般的评价术语。为了对美德伦理学的价值有全面了解，我们必须探讨不仅要探究那些主导其诸多讨论的赞美之词，而且要探究那些贬斥性和谴责性的术语。在道德教育的过程在，后者这些负面术语乃是至关重要的。

禁止的语境（*The context of prohibition*）。不能低估贬语的力量，尤其是它们的名词形式，人们会用它们来表达某种恶德。而绝大多数人都会讨厌被别人称作**说谎者**（*liar*）、**骗子**（*cheat*）、**懦夫**（*coward*）、**野蛮人**（*brute*）、**恶霸**（*bully*）、**小偷**（*thief*）、**叛徒**（*turncoat*）、**诈骗犯**（*fraud*）或**冒牌货**（*phoney*）。人们似乎特别反感自己所在乎的人（比如，他们的孩子）用贬语来描述自己。这些词表达否定的态度并且具有夸张的力量。在道德教育和某种道德强化（moral reinforcement）的过程——该过程能够伴随着组织的伦理法则和使命宣言——中，它们应该发挥适当的作用。在教育儿童时，我们可以拿这些贬语所指称的行动或模式作对比从而澄清肯定性标准，并且，我们还可以运用这些术语来弱化不道德的现象。而在强化成年人的道德时，我们可以指出相应的恶德或缺陷作为否定性标准，并且可以对那些展现这些恶德或缺陷的人表达反感。

劝诫的语境（*The context of exhortation*）。几乎每个人都希望被认为是（比如）诚实的、公平的、忠贞的、公正的、真诚的、善良的、慷慨的。这些特征应该在道德教育中得到发展，其中一些可以被算作道德原则，也就是罗斯所说的那种道德原则。在教授伦理学的过程中，这种原则尤其有用。它们也适用于制度化的使命宣言。它们具有很大的劝诫力量。而一个有趣的问题是，在道德心理学中，为什么肯定性术语不具备上面所说的那些贬语一样夸张的或情绪性的力量。有一种假设认为，总体的美德至少需要多种美德，而具备上述**任何**一种坏特征就意味着品格的总体之恶。获得赞扬要比受到谴责困难得多。编织一幅优良品格的布匹需要付出很多，可污染它却非常容易。

发现的语境（*The context of discovery*）。美德论概念的启发价值，现在应该很清楚了。我们可以思考，什么才算是拥有特定的美德。我们可以追问，具有美德的各种角色榜样在需要作出道德决定的特定情境中曾经如何行动或将要如何行动。我们可以从历史的或虚构的叙事中洞察美德。不仅如此，所有这些发现模式都可以用于决定"我们想成为怎样的人"。而这个存在论问题，是无法从规则理论的视角出发得到充分回答的，如果该视角没有同一种对美德论概念及其人类生活影响的较好理解结合起来的话。

证成的语境（*The context of justification*）。在证成道德判断和道德决定时，像"这是公正的解决方案""忠诚的美德要求支持她"这样的美德伦理学陈述在某种程度上是不完整的。部分出于这个原因，虽然给出这种陈述往往是在进行一番证成，但是，对其中内容表示怀疑的人想要的却是具体的事实。与"发现"相比，"证成"通常需要引用事实，而且这些事实要能被整合于某种至少大致而言的一般情形中。如果我们认为道德属性，比如义务性（obligatoriness）或错误性（wrongness），不仅建立在非道德属性的基础上，**而且**明显依赖于它们，那么这并不令人惊讶，因为，我们对一个人或一个行动具有某种道德属性的认识就取决于我们对它具有某些非道德属性（比如，消除痛苦）的认识。由此产生的道德属性对于非道德属性的依赖性则意味着，如果两个人或两个行动在非道德的（或非规范性的）属性上是相似的，那么，他们的道德属性（或其他规范属性）也就不会有所不同。

***

根据这里提出的观点，美德是一种值得称赞的品格特征，它具有影响行动的深远能力。美德为其拥有者既提供了好的理由，表明什么事情**应该做**，也为他们提供了动机去**做**这件事。美德不仅仅是做好事的能力，更是一种出于适当的理由而做好事的稳定的内在倾向。对于一个人想成为怎样的人及其相关问题（比如，**我要如何赚钱**）来说，美德的激励力量都是至关重要的。尽管恶德通常不是美德的密切对应者，但是，关于品格特征之伦理意义的好的分析应该对它们有所考虑。如果避免恶德不是一位成熟的美德行为者的构成性目标，那它也是一种标明了过度和不及的指南，这有助于我们理解美德。

从本文看来，美德的伦理重要性看起来显然不可估量。而这既适用于商业实践，也适用于一般道德思考。正如本文表明的那样，美德伦理学和规则伦理学之间的对比往往过于尖锐。即便是纯粹的美德理论，实际上也在理论和实践中为规则的运用留出了空间。如果人类自身的内在善和他们行动的道德价值是伦理讨论的核心焦点，那么，美德概念和美德伦理学的洞察力对于某种好的阐述就是不可或缺的。如果"何种行动乃是义务"这个问题构成了核心焦点，那么，行动的原则就是不可或缺的。而一种全面的伦理学，无论是用于商业活动还是其他领域，既需要关于道德价值的学说，也需要关于义务和职责的论述。就算美德概念不比道德规则概念更加基本，两者对于实践伦理学来说在理论上也都是必需的和根本的，而且，它们给行动指南带来的潜在影响往往会更大。①

---

① 本文是一个非常简化的版本，做了许多细微修订，原文是《作为一种商业资源的美德伦理学》（"Virtue Ethics as a Resource in Business," *Business Ethics Quarterly* 22, 2（2012）: 273–291）。若如要了解进一步的理论和更多的参考文献，可阅读原文，而本文并未包括许多细节。

【相关主题】

第 2 章 "Aristotle's Virtue Ethics," Dorothea Frede

第 14 章 "Eudaimonistic Virtue Ethics," Liezl van Zyl

第 16 章 "Pluralistic Virtue Ethics," Christine Swanton

第 22 章 "Kant and Virtue Ethics," Allen Wood

第 24 章 "Virtue Ethics and Right Action," Ramon Das

第 27 章 "The Situationist Critique," Lorraine Besser-Jones

第 30 章 "Roles and Virtues," J. L. A. Garcia

【参考文献】

Annas, J. (1993) *The Morality of Happiness*. Oxford: Oxford University Press.

Anscombe, G. E. M. (1958) "Modern Moral Philosophy." *Philosophy* 33, 124: 1–19.

Aristotle. (2000) *Nicomachean Ethics*. R. Crisp, trans. Cambridge: Cambridge University Press.

Audi, R. (1995) "Acting from Virtue." *Mind* 104: 449–471.

——(2004) *The Good in the Right: A Theory of Intuition and Intrinsic Value*. Princeton: Princeton University Press.

——(2006) "Ethical Generality and Moral Judgment," in J. Dreier (ed.) *Contemporary Debates in Moral Theory*. Oxford: Blackwell, pp. 285–304.

Crisp, R. (1996) *How Should One Live?: Essays on the Virtues*. Oxford: Clarendon Press.

Doris, John. (2002) *Lack of Character*. Cambridge: Cambridge University Press.

Gert, B. (2005) *Morality*, rev. ed. Oxford: Oxford University Press.

Hartman, E. (2006) "Can We Teach Character? An Aristotelian Answer." *Academy of Management Learning and Education* 5: 68–81.

Hurka, T. (2001) *Virtue, Vice, and Value*. Oxford: Oxford University Press.

Hursthouse, R. (1996) "Normative Virtue Ethics," in R. Crisp (ed.) *How Should One Live? Essays on the Virtues*. Oxford: Clarendon Press, pp. 19–36.

——(2000) *On Virtue Ethics*. Oxford: Oxford University Press.

Johnson, R. N. (2003) "Virtue and Rights." *Ethics* 113, 4: 810–834.

Murphy, P. E. (1999) "Character and Virtue Ethics in International Marketing: An Agenda for Managers, Researchers and Educators." *Journal of Business Ethics* 18: 107–124.

Ross, W. D. (1930) *The Right and the Good*. Oxford: Oxford University Press.

Slote, M. (1992) *From Morality to Virtue*. Oxford: Oxford University Press.

Solomon, R. C. (1992) *Ethics and Excellence*. Oxford: Oxford University Press.

Swanton, C. (2003) *Virtue Ethics: A Pluralist View*. Oxford: Oxford University Press.

Weaver, G. R., Trevino, L., and Agle, B. (2005) "'Somebody I Look Up To': Ethical Role Models in Organizations." *Organizational Dynamics* 34, 4: 315–330.

【延伸阅读】

Adams, Robert M. (2006) *A Theory of Virtue: Excellence in Being for the Good*. Oxford: Oxford University Press.

Alfano, Mark. (2013) *Character as Moral Fiction*. Cambridge: Cambridge University Press.

Crisp, Roger and Slote, Michael, (1997) *Virtue Ethics*. Oxford: Oxford University Press.

Driver, Julia. (2001) *Uneasy Virtue*. Cambridge: Cambridge University Press.

Hartman, Edwin M. (2013) *Virtue Ethics and Business: An Aristotelian Approach*. Cambridge: Cambridge University Press.

Hurka, Thomas. (2001) *Virtue, Vice, and Value*. Oxford: Oxford University Press.

Hursthouse, Rosalind. (1999) *On Virtue Ethics*. Oxford: Oxford University Press.

Swanton, Christine. (2003) *Virtue Ethics: A Pluralistic View*. Oxford: Oxford University Press.

Timpe, Kevin and Boyd, Craig A., (2013) *Virtues and their Vices*. Oxford: Oxford University Press.

索引

（以下页码为本书边码）

abortion 堕胎 293, 519

action guidance 行动指南 332–333, 336, 338–339, 430–431, 478

actions 行动 4, 5, 184, 486; act-consequentialism 行为功利主义 198; acting for the right reason 出于正确的理由而行动 533, 534–535; agapic ethics 圣爱伦理学 300; agent-based and agent-focused theories 以行为者为基础的理论和以行为者为焦点的理论 59–60; Aristotle 亚里士多德 22, 27, 168; Buddhist ethics 佛教伦理学 93, 95–96; care ethics 关怀伦理学 203; Confucian ethics 儒家伦理学 67; consequentialism 后果主义 321–322, 328; Daoism 道家 110; expressive rationality 表达的合理性 217–218; grounding 奠基的行动 531; Hindu ethics 印度教伦理学 54; Plato 柏拉图 4, 6–7, 8, 11–13, 15; respect for differences 尊重差异 103; roles and 角色与行动 420; rules of 行动规则 536; Slote 斯洛特 327; Stoics 斯多亚学派 35–36, 41–42, 44–45; virtue epistemology 美德知识论 255; virtue-centered theory of legislation 以美德为中心的立法理论 511; Yoga ethics 瑜伽伦理学 57; 亦参见 right action 亦参见 right action

Adams, Patch 帕奇·亚当斯 521

Adams, Robert Merihew 罗伯特·梅里休·亚当斯 213, 230, 364

adjudication 裁判 492, 493, 494–499

affections 情感 19, 22, 27

Agamemnon 阿伽门农 416, 420–421

agape 圣爱 230–231, 284, 285–301

agent-based approaches 以行为者为基础的进路 59–61, 213, 231, 327, 334, 362

agent-focused approaches 以行为者为焦点的进路 59–60, 231

agreeableness 合宜性 158–159, 314

agreement 同意 38–39, 40, 43

ahiṃsā 不杀生 53, 54, 59, 60

Albert the Great 大阿尔伯特 224

Alfano, M. M. 阿法罗 381–382

alienation 异化 323

altruism 利他主义 177, 385–399

Amaya, Amalia 阿玛利亚·阿玛亚 513

Ambrose 安波罗修 224

Ames, R. T. 安乐哲 65, 71–72, 242–243, 244, 245

Analects（Confucius）《论语》（孔子）63, 74, 241, 243, 421, 453–454, 479, 482, 484

Analytic Theological Virtue Ethics（Analytic TVE）分析神学的美德伦理学 223, 229–230

Ananda Maitreya 尊者法救 94

anger 愤怒 496–497

Angle, Stephen C. 安靖如 66, 240, 245, 445–457

"animal knowledge" "动物知识" 259, 268n4

animals: environmental virtue ethics 动物：环境美德伦理学 435; Hume 休谟 326; Stoics 斯多亚学派 34, 37, 39, 41, 42, 47n7

Annas, Julia 茱莉亚·安娜斯 275, 311, 324, 362, 540n1; egoism 利己主义 345; eudaimonism 幸福主义 183, 185–186, 187, 314–317, 332, 348, 350–351; rules 规则 190; skill model of virtue 美德的技艺模式 370; teleological theories 目的论 58; well-being 幸福 350

Anscombe, Elizabeth 伊丽莎白·安斯康姆 167, 272, 334, 359, 438, 448, 541n13; Analytic Theological Virtue Ethics 分析神学的美德伦理学 229; eudaimonism 幸福主义 183; legal theory 法律理论 492; neo-Aristotelianism 新亚里士多德主义 271, 275; revival of virtue ethics 美德伦理学的复兴 253–254, 284; theological tradition 神学传统 223

anthropocentrism 人类中心主义 431–432, 441

anti-theory 反理论 272–273, 472

appetite 肉欲 9, 10

Appiah, Kwame Anthony 安东尼·奎迈·阿皮亚 452

appreciation 感激 440

appropriateness 恰当性 65, 66, 69–70, 71, 72, 74

Aquinas, Thomas 托马斯·阿奎那 141–153, 224–225, 226–227, 230, 302n8, 421

Arcesilaus 阿凯西劳斯 32

Archer, R. L. R. L. 阿奇尔 389

aretaic consequentialism 美德论后果主义 93

arête 美德 17, 283, 285, 461; 亦参见 virtue

aretology 美德论 283, 284, 294–295, 362, 529, 530, 533

Aristotelianism 亚里士多德主义 46, 59, 284; Aquinas 阿奎那的亚里

士多德主义 144, 145, 146; Buddhist ethics compared with 与佛教伦理学相比较 92–93; CAPS 认知—情感人格／处理系统 366; common sense 常识 128; dispositions 秉性 332; environmental virtue ethics 环境美德伦理学 428; feminist ethics 女性主义伦理学 272, 275–279; happiness 幸福 45, 191, 193; Hursthouse 赫斯特豪斯 162–163; Luther's critique of 路德对亚里士多德主义的批判 225–226; medicine 医学 517, 523; moral education 道德教育 461, 464, 468; motivational self-sufficiency 动机上的自我充足 363; *poesis* and *praxis* 制作和实践 210; rationalism 理性主义 205; right action 正确的行动 340; situationist critique 情境主义的批评 376–377, 378–379, 383; Slote 斯洛特 362; substantial forms 实体的形式 34; 亦参见 neo-Aristotelianism

Aristotle 亚里士多德 5, 17–29, 161, 165, 242, 268n2; action theory 行动理论 12, 13; Analytic Theological Virtue Ethics 分析神学的美德伦理学 229; Anscombe on 安斯康姆论亚里士多德 359; Aquinas on 阿奎那论美德伦理学 141, 144, 146, 224; Buddhist ethics compared with 与佛教伦理学相比较 90, 92–93; children 儿童 278; city-states 城邦 8; Confucian ethics compared with 与儒家伦理学相比较 73–74, 240; courage 勇敢 495; definition of virtue 美德的定义 142, 287–288; deliberation 慎思 47n13; democracy 民主 205; desires 欲望 310, 368; distancing from 远离亚里士多德 454; doctrine of the mean 中道学说 21–22, 260, 516, 524; environmental virtue ethics 环境美德伦理学 434, 440, 441; eudaimonism 幸福主义 183, 314; flourishing 繁荣 275–276, 437, 441, 516; friendship 友谊 326, 462; good temper 好脾气 496; goodness caused by virtues 美德带来的善 415; Homeric tradition 荷马传统 299; human nature 人的本性 429; justice 正义 279; Kant compared with 与康德相比较 308, 309; legal justice 法律正义 502–503, 505, 506; McDowell on 麦克道威尔论亚里士多德 116, 119; medicine 医学 516, 519; Mencius compared with 与孟子相比较 79; moderation 适度 467; moral education 道德教育 459, 461, 465, 469; morality 道德 521; natural slaves 天生的奴隶 341, 453; Nietzsche compared with 与尼采相比较 167–168, 171, 173, 175, 177; non-virtuous majority 缺乏美德的大多数人 523, 525; Nussbaum on 纳斯鲍姆论亚里士多德 280; pleasure 快乐 187; political philosophy 政治哲学 474; practical judgment 实践判断 310; practical wisdom 实践智慧 517; propriety 合宜性 201; psychological requirements 心理需要 324; rationalism 理性主义 259, 313; roles 角色 421; Ross on 罗斯论亚里士多德 541n13; sexism 性别主义 271, 276, 277; situationist critique 情境主义的批评 378–379; skill model of virtue 美德的技艺模式 370; temperance 节制 134; theology 神学 284; traditions 传统 448; unity of the virtues 美德的统一性 163, 211, 276; valuable goods 有价值的善物 213; virtue as character trait 作为品格特征的美德 360; virtue epistemology 美德知识论 254, 255, 256, 257–258, 260, 267; virtuous action 有美德的行动 36, 486, 534–535; wit 机智 210

 artha 阿啰他 53, 54

 aspiration 向往 538

 associative principles 关联原则 157

 attachment 依附 215, 416–417

 attention 关注 403, 408

 Audi, Robert 罗伯特·奥迪 529–542

 Augustine 奥古斯丁 127–139, 143; Christian virtue ethics 基督教美德伦理学 224, 228, 230, 232; eudaimonism 幸福主义 302n8; "person" concept "人"的概念 450; sentimentalism 情感主义 197, 259

 authority 权威 78, 82, 217

 autonomy: Augustine 自主性：奥古斯丁 128, 131; care ethics 关怀伦

理学 203; contemporary Confucianism 当代新儒家 238–239; environmental virtue ethics 环境美德伦理学 429; Kant 康德 288, 356; medicine 医学 520–521, 525, 526; moral education 道德教育 468; Nietzsche 尼采 176; 亦参见 self-determination

aversion 厌恶 80, 81, 85, 86

aversive-arousal reduction 缓解被唤起的厌恶 389, 391, 392, 396–397

Awakening 醒悟 92, 95, 96

Axtell, G. G. 克斯特尔 255

Bai Tongdong 白彤东 246, 247

Baier, Annette 安尼特·拜尔 272–273, 276, 472

Balthasar, Hans Urs von 汉斯·乌尔斯·冯·巴尔萨泽 287

Bardsley, Karen 卡伦·巴兹利 431

Baril, Anne 安妮·巴利尔 345, 346, 349–350, 352–354

Barth, Karl 卡尔·巴斯 227, 286, 287

Batson, C. Daniel C. 丹尼尔·巴特森 94, 385–399

Battaly, Heather 希瑟·巴特利 253–269

befitting actions 相匹配的行动 41–42, 45

behavior 行为 377–379, 383, 524; 亦参见 actions 亦参见 actions

beliefs 信念 378, 529, 532; Aristotle 亚里士多德 462; fairness 公平 501–502; moral education 道德教育 465, 468; questioning of 信念问题 262, 264–265; Stoics 斯多亚学派 35–36, 40, 41, 43; traditions 传统 447; virtue epistemology 美德知识论 254, 256, 265, 266

Bell, Daniel 贝淡宁 246, 247

beneficence 慈善 307, 420, 525, 530–531, 533, 536, 537

beneficiaries of virtue 美德的受益者 530

benevolence: contemporary Confucianism 仁慈：当代新儒家 241, 248; eudaimonism 幸福主义 193, 194; expression of 仁慈的表达 327; Han Yu 韩愈 482; Hume 休谟 156, 157–158, 159, 162; Hutcheson 哈奇逊 198; Integration Thesis 整合性命题 219; Mencius 孟子 198; motivations 动机 328; neo-Aristotelianism 新亚里士多德主义 171, 173; practical wisdom 实践智慧 190; "pure" virtue ethics "纯粹的"美德伦理学 334; sentimentalism 情感主义 197, 201, 267; standard list of virtues 美德的标准清单 186; value 价值 214; Xunzi 荀子 114, 121

Bentham, Jeremy 杰里米·边沁 198, 201, 284, 421

Beresford, E. B. E. B. 贝里斯福德 519–520

Berlin, Isaiah 以赛亚·伯林 412

Besser-Jones, Lorraine 罗琳·贝瑟-琼斯 333, 375–384

betrayal 背叛 150

biological evolution 生物进化 437–438

biology 生物学 27

biomedicine 生物医学 420, 525

blame 责备 155, 156, 157, 158, 160, 161, 291

Bloomfield, P. P. 布隆菲尔德 370

Blum, Lawrence 劳伦斯·布鲁姆 215, 322, 408

bodies: Augustine 身体：奥古斯丁 127, 128, 130; Stoicism 斯多亚学派主义 33, 46n6, 47n7

Bonaventure 波拿文都 233

bonds 纽带 213–214, 215, 216, 217, 218, 219

"bourgeois" virtues "资产阶级"美德 170, 171, 172–173, 174

索引

Bowlby, John 约翰·鲍比 215

Bradley, Ben 本·布拉德雷 326

Bradley, F. H. F. H. 布拉德雷 421

Brandt, R. R. 布伦特 360, 361, 364

bravery 英勇 190

Braybrooke, David 大卫·布雷布鲁克 407, 411

Brennan, Tad 泰德·布伦南 31–49

Brewer, Talbot 塔尔伯特·布鲁尔 213, 220n5

bridge concepts 桥梁概念 449–450

Brody, H. H. 布罗迪 523

Brosnan, Donald 唐纳德·布罗斯南 491

Bruner, Jerome 杰罗姆·布鲁纳 408

Buber, Martin 马丁·布伯 149, 401, 402

Buddhist ethics 佛教伦理学 89–98, 197–198, 259

business ethics 商业伦理学 529–542

Cafaro, Philip 菲利普·卡法罗 427–444

Callicott, Baird 卡里克特·贝尔德 435

Candraki-rti 月称 91–92

capabilities approach 可行能力进路 279–280

care 关怀 77–78, 79, 80–81, 430

care ethics 关怀伦理学 203–204, 272, 274–275, 293, 401–414, 481, 544

carefulness 细致 498

caregiving 关照 406

caring-about 关心 406–407, 410, 411, 412

caring-for 照料 406–407, 410

caritas 博爱 302n8

Carson, Rachel 蕾切尔·卡逊 434

Cartesian skepticism 笛卡尔主义的怀疑论 264–265

caste 种姓 53, 214

categorical imperative 绝对命令 64, 65–66, 69, 534, 536

Chan, Joseph 陈祖为 245, 247

character: agapic ethics 品格：圣爱伦理学 231, 300; aretaic consequentialism 美德论后果主义 93; Aristotle 亚里士多德 18, 19–20, 22–27, 28, 360; Christian ethics 基督教伦理学 223; comparative religious ethics 比较宗教伦理学 232; Confucius 孔子 64, 69, 74–75; holism 整体主义 381; Hume 休谟 155–156, 157, 158, 163; Kant 康德 317; Personalism 人格主义 266; Plato 柏拉图 9, 10, 11, 13, 15; right action 正确的行动 331, 332, 333, 334–335, 336, 337, 338; situationist critique 情境主义的批评 379–382, 383, 439; Stoics 斯多亚学派 36; virtue epistemology 美德知识论 255, 267; 亦参见 traits 亦参见 traits

character education 品格教育 409

charity 慈善 287, 533; Aquinas 阿奎那 230; blind 盲目的慈善 324; Christian virtue ethics 基督教美德伦理学 224; neo-Aristotelianism 新亚里士多德主义 171; as a political virtue 作为政治美德 232; roles 角色 421

Charng, H.-W. 张晃暐 397–398

cheerfulness 高兴 158, 159

Chen Lai 陈来 248

chengxin（opinionated mind）成心 105, 106–108, 109, 110

children: Aristotle 儿童：亚里士多德 278; care ethics 关怀伦理学 405–

406; chaotic social conditions 混乱的社会状况 509; child labor 童工 536; curiosity 好奇心 267; education of 儿童教育 408; habituation 习惯化 149; honesty 诚实 536; Hume 休谟 157; moral education 道德教育 459–460, 461, 463, 464, 534, 539; nurturing family environments 培育家庭环境 510; parent-child relation 亲子关系 73, 483–485; sentimentalism 情感主义 266; virtue epistemology 美德知识论 254

Chinese philosophy 中国哲学 452–453, 471, 472–474; action guidance 行动指南 478; Daoism 道家 99–112, 471; harmony 和谐 78; heart/mind 心灵 79; political philosophy 政治哲学 474, 483, 485–486; roles 角色 421–422; theory of virtue 美德理论 476; Xunzi 荀子 113–125, 450; 亦参见 Confucianism; Confucius; Mencius

Christ, Jesus 基督耶稣 136–137, 225, 230, 233, 285–286, 288–290, 300, 362

Christianity 基督教 58, 288, 418; agape 圣爱 285–286, 288–290; Augustine 奥古斯丁 127, 128; contemporary Christian virtue ethics 当代基督教伦理学 223–235; neo-Aristotelianism 新亚里士多德主义 171; Nietzsche 尼采 167; normative sentimentalism 规范情感主义 197; Pelagian Christians 伯拉纠派 131–132; Stoics 斯多亚学派 32; 亦参见 Theological Virtue Ethics

Chrysippus of Soli 索里的克吕西波 32, 37, 42, 47n18

Cialdini, R. B. R. B. 恰尔迪尼 389, 390, 397

Cicero, Marcus Tullius 马库斯·图利乌斯·西塞罗 18, 37, 127, 161, 226, 232

Cimino, Chapin 查平·西米罗 513

circumstances of a life 生活环境 185–186

City of God（Augustine）《上帝之城》（奥古斯丁）127, 129–132, 134–137

city-states 城邦 7, 8–9

civic courage 公民勇气 496

civic virtue 公民美德 232

Clark, Maudemarie 莫德马莉·克拉克 172

Clarke, Samuel 萨缪尔·克拉克 201

Cleanthes 克里安西 32, 163

clinical judgment 临床判断 516–517, 520

Cocking, D. D. 科金 517

Coelho, Nuno 鲁诺·科埃略 513

cognition 认知 256, 258–259

cognitive-affective personality/processing system（CAPS）认知—情感人格/处理系统 365–367, 380–381

Collins, Joseph 约瑟夫·柯林斯 518

Colombo, Ronald 罗纳德·科伦布 513

common point of view 共同观点 156, 157

Communitarianism 共同体主义 402, 434, 441

community 共同体 242, 243, 244

comparative religious ethics 比较宗教伦理学 231–232

compassion: Augustine 同情：奥古斯丁 137; Buddhist ethics 佛教伦理学 92; CAPS 认知—情感人格/处理系统 365; empathy-altruism hypothesis 移情利他假说 386; environmental virtue ethics 环境美德伦理学 430; Hume 休谟 157–158; Mencius 孟子 79, 84–85, 485–486; sentimentalism 情感主义 197, 202, 267

Confessions（Augustine）《忏悔录》（奥古斯丁）132–133, 137

conflict 冲突 173–174, 176, 312, 313

Confucianism 儒家 107, 109, 471, 472; concept of virtue 美德概念 476, 477; contemporary 当代新儒家 237–251; emergent cosmopolitanism 新兴的

世界主义 451, 452–453; ritual 礼 120, 450; universalism 普遍主义 453–454; virtue epistemology 美德知识论 254; Xunzi 荀子 113–114

Confucius 孔子 63–76, 78–79, 113–114, 241, 362;

human relations 人际关系 480–481, 482; mind-fasting 心斋 108; parent-child relation 亲子关系 481, 483–485; rituals 礼仪 479; roles 角色 421–422; rulers 统治者 86–87; universalism 普遍主义 453–454

consequentialism 后果主义 51, 66, 162, 253, 307, 321–329;

act-consequentialism 行为后果主义 198; action guidance 行动指南 339, 478; Anscombe's critique 安斯康姆的批评 359; Buddhist ethics 佛教伦理学 93; Confucian ethics compared with 与儒家伦理学相比较 63–64, 67; dispositions 秉性 44; emotions 情绪 279; feminist critique 女性主义的批评 273; justification 证成 115; legal theory 法律理论 491, 492–493, 513; Mohism 墨家 472; moral education 道德教育 460; Rawls' typology 罗尔斯的类型学 475, 476; right action 正确的行动 184, 332; roles 角色 421; situation ethics 情境主义伦理学 231; "standard typology" of moral philosophy 道德哲学的"标准类型学" 471–472; theory of virtue 美德理论 475–476, 480; traits 特征 187; utility 功利 198; virtue ethics as complement to 美德伦理学作为行为后果主义的补充 115; world aspect 世界的方面 445; "x-based ethics" "以某种事物为基础的伦理学" 477; 亦参见 teleological ethics; utilitarianism

consistency 一致性 40, 41, 42, 43, 47n15, 380, 532; 亦参见 global traits

construal 解释 366

continence 自制 309

Corinthians《哥林多书》283

corporealism 物质主义 33, 38

correspondence theory 符合论 41

corruption 腐败 494–495

cosmopolitanism 世界主义 412, 451–453, 455

cost-benefit analysis 成本—收益分析 388–389, 533

courage: Aquinas 勇敢：阿奎那 148; Aristotelianism 亚里士多德主义 45, 46; Aristotle 亚里士多德 20–21, 260, 323, 516; Augustine 奥古斯丁 134; Confucian ethics 儒家伦理学 70; emotions 情绪 187, 188; human flourishing 人类繁荣 508; Hume 休谟 158–159, 161; impulsive 冲动的 324; intellectual 理智的 255; judges 法官 495–496; Nietzsche 尼采 175; "philosophical fallacy" "哲学的谬误" 72; Plato 柏拉图 9, 10, 79, 467; "pure" virtue ethics "纯粹的" 美德伦理学 334; situationism 情境主义 364; standard list of virtues 美德的标准清单 186; training by habituation 习惯化训练 26

courtesy 礼貌 175

creativity 创造性 175–176, 177, 209–210, 214, 219

creditworthiness 信誉 533, 534

crime 犯罪 65

Crisp, Roger 罗杰·克里斯普 52, 96

critical legal studies（CLS）批判法学 493

cross-tradition work 跨传统研究 449–451, 452, 456

Cullity, Garrett 加勒特·库里蒂 215

cultural relativism 文化相对主义 191, 243

culture: comparative religious ethics 文化：比较宗教伦理学 232; Confucian 儒家 248; moral foundations theory 道德基础理论 78

Curren, Randall 拉达尔·柯伦 459–470

Dancy, Jonathan 乔纳森·丹西 95–96, 214

Danto, Arthur 亚瑟・丹托 102, 168

Daoism 道家 99–112, 471; 亦参见 the Way

Darley, John M. 约翰・M. 达利 94

Darwall, Stephen 斯蒂芬・达沃 214, 417

Das, Ramon 拉蒙・达斯 325, 331–343

decision-making 决策 26, 464, 466, 467, 535

decriminalization of drugs 毒品不入罪 511–512

deliberation 慎思 47n13, 115, 160, 163

democracy 民主 205, 245, 246, 247

Dennett, Daniel 丹尼尔・丹尼特 86

Dent, N. N. 登特 360

deontology 义务论 51, 162, 201, 253, 283; action guidance 行动指南 430, 478; Anscombe's critique 安斯康姆的批评 359; Buddhist ethics 佛教伦理学 93; care ethics 关怀伦理学 203; character traits 品格特征 515; Confucian ethics compared with 与儒家伦理学相比较 63–64, 67; contemporary Confucianism 当代新儒家 238–240, 242, 244, 245; dispositions 秉性 44; Kant 康德 307; legal theory 法律理论 491, 492–493, 513; medicine 医学 525; moral fields 道德领域 531; Rawls' typology 罗尔斯的类型学 475, 476; rejection of eudaimonism 拒绝幸福主义 288; right action 正确的行动 184; rules 规则 332; Slote's view of empathy 斯洛特的移情观点 294, 295–296; "standard typology" of moral philosophy 道德哲学的"标准类型学" 471–472; theory of virtue 美德理论 476; virtue ethics as complement to 美德伦理学作为义务论的补充 115; world aspect 世界的方面 445; "x-based ethics" "以某物为基础的伦理学" 477; 亦参见 Kantian ethics

depth psychology 深层心理学 177, 454, 455

Descartes, René 勒内·笛卡尔 254, 257

descriptivism 描述主义 360

desires 欲望 529, 533; agapic ethics 圣爱伦理学 298; Aristotle 亚里士多德 27, 257, 462; Augustine 奥古斯丁 133, 134; judges 法官 495; Kant 康德 309, 310; perceptual capacity 感知能力 368; Plato 柏拉图 9, 10, 12–13; satisfaction of 欲望的满足 186; Yoga ethics 瑜伽伦理学 56

Dewey, John 约翰·杜威 71, 245, 257

dharma 法 53–54

Dharmakīrti 法称 95

differences, respect for 尊重差异 102–110

dignity 尊严 85

diligence 勤奋 498

dispositions 秉性 186, 340; Aquinas 阿奎那 142, 144, 147, 148, 149, 150–151, 225; Aristotle 亚里士多德 19, 20, 22, 465, 516; character holism 品格整体主义 381; consequentialism 后果主义 44; Daoism 道家 105; Hume 休谟 361; Hursthouse 赫斯特豪斯 332; medicine 医学 516; situationist critique 情境主义的批评 364, 376–377, 378, 379; Socratic reflection 苏格拉底式的反思 347–348; Stoics 斯多亚学派 36–39, 43, 47n11; training by habituation 习惯化训练 26; virtue epistemology 美德知识论 255, 256; Yoga ethics 瑜伽伦理学 57, 59; 亦参见 virtues

Dominici, Giovanni 乔瓦尼·多米尼克 464

Doris, John 约翰·多里斯 362, 363, 366, 376, 379, 380, 439

Doviak, D. D. 多瓦克 362

Dovidio, J. F. J. F. 多维迪奥 389, 395, 396

Driver, Julia 茱莉亚·德雷弗 47n20, 321–329, 361, 475–476, 479–480

drugs 毒品 511–512

Duff, Antony 安东尼·迪夫 513

Duns Scotus, John 约翰·邓斯·司各脱 448

duty 义务 52, 55; Anscombe 安斯康姆 167; Confucius 孔子 63; ethics of 义务伦理学 4, 5; Hindu ethics 印度教伦理学 53; Kant 康德 5, 241, 307–308, 310; roles and 角色与义务 415–416, 418–419, 420

Dworkin, Ronald 罗纳德·德沃金 492

ecocide 生态破坏 436

economics 经济 162, 510

"editing" "编辑" 78

education: Aristotle 教育：亚里士多德 18, 23, 26, 28; care ethics 关怀伦理学 408; Confucian 儒家 248; Hume 休谟 161; medical 医学教育 523, 524; particularism 特殊主义 25; 亦参见 moral education

Edwards, Jonathan 乔纳森·爱德华兹 226, 233

egoism 利己主义 177, 345–357, 385, 387, 389–390, 392, 394, 395–396

Eightfold Path 八正道 89, 90

elimitivism, trait 特征消除主义 380

Eliot, T. S. T. S. 艾略特 137–138

elitism 精英主义 523–524

Elstein, David 杜楷廷 237–251

emergent cosmopolitanism 新兴的世界主义 451–453, 455

emotions 情绪 187–188, 189; Aristotle 亚里士多德 19; Buddhist ethics 佛教伦理学 92; Christian virtue ethics 基督教美德伦理学 230; Confucius 孔子 69; consequentialism 后果主义 279, 321; dispositions 秉性 378; empathy

移情 261; empathy-altruism hypothesis 移情—利他假说 386; eudaimonism 幸福主义 192; expressed through ritual 通过礼而表达 120–121; feminist ethics 女性主义伦理学 273; Hume 休谟 156; Kantian ethics 康德主义伦理学 279; Mencius 孟子 80; moral judgments 道德判断 199; questioning of 对情绪的质疑 262, 264; reason and 理性与情绪 242; rightemotions 正确的情绪 339; sentimentalism 情感主义 200, 259, 266, 267; unethical 与伦理无关的情绪 296; virtue epistemology 美德知识论 255

emotivism 情绪主义 296, 297

empathic-joy hypothesis 移情—愉悦假说 389–390, 391, 392, 396

empathy 移情 202, 203, 204, 205, 260–262, 267, 301; definitions of 移情的定义 404; empathic concern 移情关怀 385, 386–387, 389–390, 393, 396, 397, 398; empathic distress 移情式悲伤 405; empathy-altruism hypothesis 移情—利他假说 385–399; ethics of care 关怀的伦理学 272; Slote 斯洛特 292–298

empathy-specific punishment hypothesis 移情—特定惩罚假说 389, 391, 392, 394, 395

empathy-specific-reward hypothesis 移情—特定回报假说 389, 391, 392

ends and means 目的和手段 25–27

Engster, Daniel 丹尼尔·恩格斯特 410

enlightenment（Buddhist）证悟（佛教用语）57

Enlightenment era 启蒙时代 200, 272

Eno, Robert 罗伯特·伊诺 102, 104

An Enquiry concerning the Principles of Morals（Hume）《道德原则探究》（休谟）155, 157–159, 160, 161, 163

Enron 安然公司 535

environmental virtue ethics 环境美德伦理学 427–444

envy 妒忌 495

Epictetus 爱比克泰德 32, 39, 47n13, 47n18

Epicureans 伊壁鸠鲁学派 43, 183, 201, 314, 421

Epicurus 伊壁鸠鲁 309

episteme 认识 257, 258, 268n2

epistemological privilege 认知特权 116, 163

epistemology 认识论 34–36, 253–269, 370

equity 公道 505–506, 508; 亦参见 fairness

eros 爱欲 129, 289, 290, 302n8

eternal life 永生 144

eternity 永恒 284

ethical caring 伦理关怀 404

ethics: Aristotle 伦理学：亚里士多德 17–18, 28; Buddhist 佛教 89–98; of care 关怀的伦理学 203–204, 272, 274–275, 293, 401–414, 481; Confucius 孔子 63–76; Daoism 道家 101, 102, 105; of duty 义务的伦理学 4, 5; Hindu 印度 51–62; Homeric 荷马式的 416; Kant 康德 307; pagan 异教徒的 127–128; role-centered 以角色为中心的 416–418; Stoics 斯多亚学派 33, 45; three dimensions of 伦理学的三重维度 283–284; Yoga 瑜伽伦理学 55–58, 59–61; 亦参见 morality; virtue ethics

etiquette 礼节 121–122

eudaimonia 幸福 42, 73, 183–195, 209, 299, 332; Analytic Theological Virtue Ethics 分析神学的美德伦理学 229; Aristotle 亚里士多德 167, 516; Buddhist ethics 佛教伦理学 92; egoism 利己主义 345–352; as a ground of virtue 作为美德的基础 212; law 律法 508; moral education 道德教育 461–462; Nietzsche 尼采 169–170; 亦参见 flourishing;

good life; happiness

 eudaimonism 幸福主义 183–195, 209, 275, 299, 302n8; Augustine 奥古斯丁 129–130, 131, 132, 134, 137; Christian ethics 基督教伦理学 290; egoism 利己主义 345–356; Kant 康德 314–317; rejection of 拒绝幸福主义 288; welfare-prior 福祉优先 349–350, 352–355

 evaluational externalism 评价的外在主义 479, 480

 evaluational internalism 评价的内在主义 327, 479, 480

 evil: Aquinas 邪恶：阿奎那 149, 150, 225; Kant 康德 316; naturalism 自然主义 313; propensity to 邪恶的倾向 311; vices 恶德 541n7

 evolutionary psychology 进化心理学 233

 excellence 卓越 17, 97, 165, 166, 364, 515–516; Aristotle 亚里士多德 462; Buddhist ethics 佛教伦理学 89, 91; Confucius 孔子 63, 66; environmental virtue ethics 环境美德伦理学 429; excellence-prior eudaimonism 卓越优先的幸福主义 352–353, 354; judicial 司法的 499, 502; medicine 医学 517, 518, 523; moral education 道德教育 464; neo-Aristotelianism 新亚里士多德主义 173; Nietzsche 尼采 170, 174–177

 exclusionary reasons 排他性理由 216–217, 218

 exemplarist virtue theory 榜样主义的美德理论 362

 exemplary persons 榜样人物 64–65, 68, 69, 70

 experts 专家 22–23

 expressed needs 被表达出来的需求 403–404, 407

 expressive rationality 表达合理性 217–218

 externalism, evaluational 评价的外在主义 479, 480

 Exxon Valdez oil spill 埃克森公司瓦尔迪兹漏油事件 535

factitious character traits 虚构的品格特征 381–382

factoral egoism 要素利己主义 347–348

fairness 公平 531–532; ethic of justice 正义的伦理 410; justice as 作为公平的正义 500–502, 503, 504–505; Mencius 孟子 82; moral education 道德教育 539; moral foundations theory 道德基础理论 78, 84; 亦参见 equity

faith 信仰 142, 143, 224, 227, 228; 亦参见 Christianity; religion

family: Aristotle 家庭：亚里士多德 73–74; Confucian ethics 儒家伦理学 65, 66, 68, 71, 74, 241; Daoism 道家 110; eudaimonism 幸福主义 185, 189; favoring one's 偏袒家人 321, 408–409; nurturing family environments 培育家庭环境 510; parent-child relation 亲子关系 73, 481, 482, 483–485

Farnham, Daniel 丹尼尔·法纳姆 350, 355

Farrelly, Colin 科林·法雷利 513

Fate 命运 33, 34

fear 恐惧 328, 495

feelings 感觉 239–240; care ethics 关怀伦理学 406; Kant 康德 309, 310; 亦参见 emotions

Feldman, Heidi Li 海迪·利·费德曼 491

feminism 女性主义 271–282, 401

fidelity 忠贞 529, 530, 531, 533, 535, 536, 537; 亦参见 promises

field of a virtue 美德的领域 530, 531

Flanagan, O. O. 弗拉纳甘 382

Fletcher, Joseph 约瑟夫·弗莱彻 231, 287

flourishing 繁荣 166, 191, 193, 442n1; Annas 安娜斯 332; Aquinas 阿奎那 142, 143, 147, 148; Aristotle 亚里士多德 73, 74, 92, 167, 275–276, 465, 516; bonding 纽带 215; capabilities approach 可行能力进路 280; Christian ethics 基督教伦理学 223, 228, 233; Confucianism 儒学 241; egoism 利己主义 348, 349, 351; environmental virtue ethics 环境美德伦理学 427, 428–429, 431–434, 435–436, 437, 438, 439, 440–441; feminist ethics 女性主义伦理学 277–278; goal of ethics 伦理学的目标 299; Hume 休谟 162; impact of oppression 压迫的影响 277, 278; law 法律 508–510, 511, 512, 513; medicine 医学 517, 520; neo-Aristotelianism 新亚里士多德主义 275, 360; neo-Thomism 新托马斯主义 146; Nietzsche 尼采 169, 171; Nussbaum 纳斯鲍姆 280; roles 角色 415; situational character traits 情境化的品格特征 364–365; socialjustice 社会正义 433; Stoics 斯多亚学派 45; virtue jurisprudence 美德法理学 491; 亦参见 eudaimonia

 Foot, Philippa 菲利帕·富特 183, 254, 271, 275, 276, 334, 354–355, 360

 forgivingness 宽恕 537

 formal egoism 形式的利己主义 348, 349

 formalism, legal 法律形式主义 492, 493, 508

 foundational egoism 基础利己主义 347–348, 349

 four hearts/minds 四心 79–81, 82, 239

 Four Immeasurables 四无量心 92

 Four Noble Truths 四圣谛 96, 97

 Fox, Alan 阿兰·福克斯 99, 101

 Frankena, W. W. 弗兰克纳 231

 frankness 坦诚 211

 Fraser, Chris 克丽丝·弗拉泽 471

 Frasz, Geoffrey 杰弗里·弗拉斯 438

 Frazer, Michael L. 迈克尔·L. 弗雷泽 197–207

 Frede, Dorothea 多罗西娅·弗雷德 17–29

free will 自由意志 459, 460, 464

freedom: contemporary Confucianism 自由：当代新儒家 238, 239–240; as divine gift 天赋自由 300; Nietzsche 尼采 176

Friedman, Marilyn 玛丽莲·弗里德曼 277

friendship 友爱 73, 150, 276, 288, 324; agapic ethics 圣爱伦理学 298; Aristotle 亚里士多德 326, 462; environmental virtue ethics 环境美德伦理学 438; Hume 休谟 157–158; neo-Aristotelianism 新亚里士多德主义 173

funeral practices 丧葬习俗 123–124

Galen 盖伦 37

Garcia, J. L. A. J. L. A. 加西亚 415–423

Garrigou-Lagrange, Réginald 里吉纳尔·加里歌-拉格朗日 146

Geach, P. P. 吉奇 360

generosity 慷慨 177, 188, 529, 537–538; Buddhist ethics 佛教伦理学 90–91, 92; consequentialism 后果主义 324; grounds of 大方的基础 213; Hume 休谟 326; moral education 道德教育 539; pleasure in 慷慨的快乐 187; standard list of virtues 美德的标准清单 186

Genesis《创世纪》298, 299, 302n14

"gentlemen" "君子" 114, 116, 118–119, 121

Gerber, Lisa 莉莎·格伯 438

Geuss, Raymond 雷蒙·戈伊斯 170

Gewirth, Alan 阿兰·格沃思 284

gifts 天赋 147–150

Gilligan, Carol 卡罗尔·吉利根 203, 272, 274, 401, 409–410

global care ethics 全球关怀伦理学 411–412

global helping traits（GHTs）总体助人特征 365, 381

"global hierarchical structure" "总体等级结构" 477–478

"global structural uniformity" "总体结构的统一性" 478–479

global traits 总体特征 362–363, 365, 366, 379, 380–381

global virtue ethics 全球主义美德伦理学 448–451

globalist conception of character 总体性的品格概念 379

goals: CAPS 目标：认知 - 情感人格 / 处理系统 365, 367; eudaimonism 幸福主义 189; medicine 医学 518, 519; ultimate and instrumental 终极目标和工具目标 387, 388, 392, 393

God: agape 上帝：圣爱 230, 231, 285, 286, 288–289, 292, 298–301; Analytic Theological Virtue Ethics 分析神学的美德伦理学 229–230; Aquinas 阿奎那 141, 143, 144, 146, 148, 149–150, 224–225; Augustine 奥古斯丁 127–137, 224, 228; divine law 神圣的律法 167; intuition 直觉 240; Judaism 犹太教 288; theism 有神论 284

Godwin, W. W. 古德温 417

Goldie, P. P. 戈尔迪 364

good life 好生活 183, 184–186; Aristotle 亚里士多德 17–18; capabilities approach 可行能力进路 280; comparative religious ethics 比较宗教伦理学 232; egoism 利己主义 346; pluralistic virtue ethics 多元主义美德伦理学 210; 亦参见 eudaimonia; flourishing

good temper 好脾气 496, 508

Goodman, Charles 查尔斯·古德曼 89–98

goodness 善 17, 44, 51–52, 55, 64, 540, 541n7; Annas 安娜斯 350–351; Aquinas 阿奎那 149, 225; Aristotle 亚里士多德 27; Buddhist ethics 佛教伦理学 91; Confucius 孔子 480–481; egoism 利己主义 356; environmental virtue ethics 环境美德伦理学 440; eudaimonism 幸福主义 352; as a ground of virtue

作为美德的基础 213; Hindu ethics 印度教伦理学 53; human relations 人际关系 481–482, 483; for an individual 个体的善 213, 215, 218, 219; intrinsic 内在善 214; Kant 康德 314–315, 316, 317; Mencius 孟子 79, 80; naturalism 自然主义 312, 313; Nietzsche 尼采 168; pluralism 多元主义 216; Rawls' typology 罗尔斯的类型学 474–475, 480; teleological theories 目的论 58

    grace 优雅 159

    Graham, Angus 安格斯·格拉汉姆 101

    Graham, J. J. 格拉汉姆 86

    gratitude: environmental virtue ethics 感激：环境美德伦理学 431, 440; Hume 休谟 156; Kant 康德 307; Ross 罗斯 537; sentimentalism 情感主义 197

    Greco, John 约翰·格雷科 254, 256, 266

    Greek philosophy 希腊哲学 5, 17, 253, 284, 288; egoism 利己主义 356; moral education 道德教育 461; Nietzsche on 尼采论希腊哲学 175; 亦参见 Aristotelianism; Aristotle; Plato

    Grotius, Hugo 胡果·格劳秀斯 5

    grounding 奠基性的 531

    grounding reasons 奠基性的理由 96, 97

    grounds of virtue 美德的基础 212–216

    Grove-Fanning, William 威廉·格罗夫-范宁 435

    habituation: Analytic Theological Virtue Ethics 习惯化：分析神学的美德伦理学 229; Aquinas 阿奎那 145, 150; Aristotle 亚里士多德 22, 23, 24–25, 26, 142, 168, 534–535; children 儿童 149; Kant 康德 308; Luther's critique of Aristotelianism 路德对亚里士多德主义的批判 225–226; medicine 医学 522–523; moral education 道德教育 467, 468; passive and active 被动的习惯化和主动的习惯化 466–467; situationist critique 情境主义的批评 378

Hadot, Pierre 皮埃尔·阿多 232

Haidt, Jonathan 乔纳森·海特 77–78, 86

Hall, David 大卫·霍尔 242, 245

Hampshire, Stuart 斯图亚特·汉普歇尔 472

Han Xin 韩信 86

Han Yu 韩愈 482

Hansen, Chad 陈汉生 102, 104, 447

happiness: Aristotle 幸福：亚里士多德 27, 28; Augustine 奥古斯丁 129–130, 132, 133; Buddhist ethics 佛教伦理学 92, 97; Christian ethics 基督教伦理学 288, 290; consequentialism 后果主义 66, 321; Eliot 艾略特 138; environmental virtue ethics 环境美德伦理学 431, 438; eudaimonism 幸福主义 183, 185, 190–194, 314; Herder 赫尔德 202; heterogeneous nature of the good 善的异质性 6; Hume 休谟 163; Kant 康德 314, 315, 316; Nietzsche 尼采 165, 169, 173–174; Stoics 斯多亚学派 31, 44, 45, 46; 亦参见 eudaimonia; good life; pleasure

Harcourt, Edward 爱德华·哈考特 165–179

Hare, R. M. R. M. 黑尔 360

Harman, Gilbert 吉尔伯特·哈曼 362–363, 376, 380

harmony: Chinese culture 和谐：中国文化 78; Daoism 道家 106; Kant 康德 312, 317; Kantian ethics 康德主义伦理学 311; psychological 心理和谐 323–324

Harvey, Peter 彼得·哈维 93

hate speech 仇恨言论 204

Hauerwas, Stanley 斯坦利·哈弗罗斯 227

hedonism 快乐主义 388

Hegel, G. W. F. 黑格尔 5

Hegelianism 黑格尔主义 421

Heidegger, Martin 马丁·海德格尔 210, 285

Held, Virginia 弗吉尼亚·赫尔德 274, 275, 402, 410, 411

helpfulness 乐于助人 218–219, 375

Herder, Johann Gottfried 约翰·哥特弗雷德·赫尔德 202

Herdt, Jennifer A. 珍妮弗·A. 赫特 132, 223–235

Hill, Thomas Jr. 小托马斯·希尔 427–428

Hindu ethics 印度教伦理学 51–62

Hitler, Adolf 阿道夫·希特勒 102, 104–105

Hobbes, Thomas 托马斯·霍布斯 201

Hoffman, Martin 马丁·霍夫曼 297, 404, 405

holism 整体主义 95, 96, 381, 449

Holocaust 大屠杀 292

Homer 荷马 299

honesty 诚实 188, 191–192, 530, 536; business ethics 商业伦理学 531; environmental virtue ethics 环境美德伦理学 430; moral education 道德教育 539; Nietzsche 尼采 175; "pure" virtue ethics "纯粹的"美德伦理学 334; situationism 情境主义 364, 377, 439; standard list of virtues 美德的标准清单 186

honor 荣誉 175, 299, 314

hope 希望 142, 143, 224

Hourdequin, Marion 马里昂·乌尔德坎 454–455

Huang, Yong 黄勇 99–112

Huigens, Kyron 凯恩·惠根斯 491

Huizi 惠子 117

human nature: altruism 人性：利他主义 397; Aristotle 亚里士多德 429; Christian virtue ethics 基督教美德伦理学 228, 233; eudaimonism 幸福主义 191–192; Herder 赫尔德 202; Homeric tradition 荷马传统 299; Kant 康德 311, 312–313, 317; Mencius 孟子 481; naturalism 自然主义 313; neo-Aristotelianism 新亚里士多德主义 360; psychological realism 心理实在论 382; role ethics 角色伦理学 242

human rights 人权 449; 亦参见 rights

humaneness（ren）: Confucius 仁：孔子 64, 65, 66, 67, 68, 70–71, 74; Han Yu 韩愈 482; Mencius 孟子 198

humanitarian intervention 人道主义干涉 411–412

humanity 人道 158, 159, 160, 161–162, 202, 312

Hume, David 大卫·休谟 155–164, 197, 226, 310, 326–327; intellectual virtues 理智美德 257; living well 良好生活 209; local traits 局部性特征 380; love 爱 218; Merritt's Humean view 梅里特的休谟主义观点 363; natural abilities 自然能力 268n3; Pincoffs influenced by 平可夫受休谟的影响 361; pluralism 多元主义 210; sentimentalism 情感主义 198, 199, 201, 205–206, 259, 266, 274, 291–292, 405; Slote's view of empathy 斯洛特的移情观点 293, 294, 296; virtue epistemology 美德知识论 260; wit 机智 210

humility: Aquinas 谦卑：阿奎那 142, 143, 147; environmental virtue ethics 环境美德伦理学 438; Hume 休谟 155; intellectual 理智的谦卑 255; self-restraint 自我约束 530

Huppes-Cluysenaer, Liesbeth 利斯贝特·哈帕斯-克鲁森涅尔 513

Hurka, Thomas 托马斯·赫尔卡 326, 348, 361, 541n7

Hursthouse, Rosalind 罗莎琳德·赫斯特豪斯 324, 429, 448, 472; dispositions 秉性 332; emotions 情绪 189; environmental virtue ethics 环境

美德伦理学 438; eudaimonism 幸福主义 183, 190–191, 209; honesty 诚实 188; living well 良好生活 210; modified virtue ethics 修正的美德伦理学 336; naturalism 自然主义 311–312, 313; neo-Aristotelianism 新亚里士多德主义 271, 275, 276, 359, 362; "pure" virtue ethics "纯粹的"美德伦理学 334–335; revival of virtue ethics 美德伦理学的复兴 254; right action 正确的行动 162–163, 198, 324–325, 480, 541n11; right emotions 正确的情绪 339; virtue-centered theory of judging 以美德为中心的判断理论 506; v-rules 美德规则 120, 190

Hutcheson, Francis 弗兰西斯·哈奇森 197, 198–199, 201, 202, 205, 226, 274, 302n9

Hutton, Eric L. 何艾克 113–125

ideal-observer theories 理想观察者理论 267, 337

Im, Manyul 曼宇尔·伊姆 445

impartiality 不偏不倚 321, 418, 531; judicial 司法公正 / 不偏不倚 497–498

Impossibility of Perfection thesis 不可能完美命题 212

impressions 印象 34–35, 36, 39

impulses 冲动 39, 40, 41

inclinations 倾向 309, 311

independence dogma 独立信条 480

Indian philosophy 印度哲学 51–62

induction 归纳 405

inequality 不平等 279, 280

infused virtues 灌注的美德 143–151, 227, 228

Integration Thesis 整合性命题 212, 219

intellectual intuition 理智直觉 240

intellectual virtues 理智美德 167–168, 187, 188, 229; Aristotle 亚里士多德 18, 257, 323; Buddhist ethics 佛教伦理学 90; Unity of the Virtues thesis 美德统一性命题 276; virtue epistemology 美德知识论 254–255, 256, 257–258, 259

intelligence 理智 498–499

intemperance 不节制 495

intention 意图 11–12, 13, 14; 亦参见 motives/motivation

internal conflict 内在冲突 173–174

internalism, evaluational 评价的内在主义 327, 479, 480

intuition 直觉 240

Irwin, Terence 特伦斯·欧文 128, 350

Isen, A. M. A. M. 伊森 375

Ivanhoe, Philip J. 艾文贺 101, 102, 445

Jackson, Timothy P. 蒂莫西·P. 杰克逊 283–303

Jacobson, D. D. 雅各布森 370

Jaspers, Karl 卡尔·雅思贝尔斯 77

Jiang Qing 蒋庆 246–248

Johnson, Robert 罗伯特·约翰逊 325

Johnson & Johnson 强生公司 535, 538

joint attention 共同注意 149, 151

Joseph, Craig 克雷格·约瑟夫 77–78

Judaism 犹太教 288, 289, 299

judges 法官 491, 492, 494–499, 500–502, 504, 506, 507

judgment: Aristotle 判断：亚里士多德 26–27; clinical 临床判断 516–

517, 520; Confucian ethics 儒家伦理学 70; fairness 公平 500–501, 503, 504, 505; feminist ethics 女性主义伦理学 273, 278; Hume 康德 199; Kant 康德 310, 311; Mencius 孟子 82; moral education 道德教育 460–461, 464, 467, 468; right action 正确的行动 341; sentimentalism 情感主义 197, 198, 200, 201–202, 205; Slote 斯洛特 297; uncodifiability of 判断的不可法典化 115, 116, 118

jurisprudence 法理学 491, 493–494, 508, 513

justice: agapic ethics 正义：圣爱伦理学 286; Aquinas 阿奎那 144, 146–147, 149; business ethics 商业伦理学 529, 531; care ethics 关怀伦理学 203; ethic of 关于正义的伦理学 410; eudaimonism 幸福主义 299; feminist ethics 女性主义伦理学 273, 274–275, 279; grounds of 正义的基础 213; Han Yu 韩愈 482; Herder 赫尔德 202; Hume 休谟 155, 156, 157–158, 162, 199, 326–327; Integration Thesis 整合性命题 219; Kohlberg's theory of moral development 科尔伯格的道德发展理论 272; law 法律 499–508, 512, 513; medicine 医学 525; moral education 道德教育 464, 539; moral foundations theory 道德基础理论 77–78; neo-Aristotelianism 新亚里士多德主义 170, 172, 173, 205; "philosophical fallacy" "哲学谬误" 72; Plato 柏拉图 4, 7–8, 9, 10–11, 12, 15, 79; Ross 罗斯 537; rules of action 行动规则 536; standard list of virtues 美德的标准清单 186; Thomson 汤姆森 361; training by habituation 习惯养成的正义 26

justification: context of 论证：论证的语境 539; Stoics 斯多亚学派 41, 42, 45; uncodifiability thesis 不可法典化命题 115–116; virtue epistemology 美德知识论 265, 266

kāma 欲 53, 54

Kant, Immanuel 伊曼纽尔·康德 5, 121–122, 226, 307–319; autonomy 自律 356; categorical imperative 绝对命令 69; contemporary Confucianism 当代新儒家 241, 242; emotions 情绪 279; feelings 感觉 239; intellectual virtues 理智美德 257; intuition 直觉 240; moral education 道德教育 459–461; Mou's engagement with 牟宗三与康德的互动 238; rejection of eudaimonism 拒绝幸福主义 288; roles 角色 421; theory of virtue 美德理论 476, 477

Kantian ethics 康德主义伦理学 64, 201, 226, 231, 307–319; action guidance 行动指南 478; character traits 品格特征 515; Christian dissatisfaction with 基督教对康德主义伦理学的不满 223; Confucian ethics compared with 与儒家伦理学相比较 69, 241–242; Doctrine of Virtue《德性论》114–115; emotions 情绪 279; feminist critique 女性主义批评 273; moral education 道德教育 409, 460; practical law 实践法则 42; psychological harmony 心理和谐 323–324; revival of 康德主义伦理学的复兴 284; right action 正确的行动 534; rule-following 遵循规则 322; theory of virtue 美德理论 476; "x-based ethics" "以某种事物为基础的伦理学" 477; 亦参见 deontology

Kaplow, Louis 路易斯·卡普洛 492, 493

karma 业 54

Katz, Avery 艾弗里·卡茨 513

Kawall, Jason 贾森·卡沃 438

Keown, Damien 关大眠 92–93

Kierkegaard, Søren 索伦·克尔凯郭尔 230, 283, 286, 298

killing 谋杀 293–294, 295

kindness: grounds of 友善：友善的基础 213; Mencius 孟子 84; moral education 道德教育 539; non-injury 不伤害 537; pleasure in 友善的快乐 187;

standard list of virtues 美德的标准清单 186

 King, Martin Luther Jr. 马丁·路德·金 287

 kingly way 王道 246

 kinship love 亲情 67, 68, 71, 74, 110

 knack stories 绝技故事 99–102, 104, 105

 knowledge: Aquinas 知识：阿奎那 148; Aristotle 亚里士多德 257, 258; Confucius 孔子 64, 70, 71; moral 道德知识 116; Natural Law Theological Virtue Ethics 自然法神学的美德伦理学 227; perceptual capacity 知觉能力 369; practical wisdom 实践智慧 190; rationalism 理性主义 259; Stoics 斯多亚学派 35, 36, 43; virtue epistemology 美德知识论 259, 267

 Kochan, Donald 唐纳德·科汉 513

 Kohlberg, Lawrence 劳伦斯·科尔伯格 272, 409, 463–464

 Kong Rong 孔融 83

 Korsgaard, Christine 克里斯蒂娜·科斯嘉 242, 472

 Kraut, Richard 理查德·克劳德 213, 215, 502

 Kripke, Saul 索尔·克里普克 297

 La Rochefoucauld, F., Duke de 拉罗斯福哥公爵 385

 Lai, Hock Ho 何福来 513

 Lakatos, I. I. 拉卡托斯 58

 language 语言 227, 451

 Lao-Tzu 老子 421

 Laozi 老子 102, 105

 Larkin, G. L. G. L. 拉尔金 524

 latency to respond 反应延迟 390–392, 394

 law 法律 465, 466, 491–514; Aquinas 阿奎那 225; justice 正义 499–508;

Kant 康德 308; legal theory 法律理论 491–494, 513; Plato 柏拉图 6; virtue-centered theory of judging 以美德为中心的法律判决理论 494–499, 506–507; virtue-centered theory of legislation 以美德为中心的立法理论 508–513

 lawfulness, justice as 作为合法律性的正义 500, 502–505, 512

Laws（Plato）《法律篇》（柏拉图）6, 14, 465, 467

leadership 领导 530, 532

learnedness 学识 499

learning, love of 热爱学习 64, 70, 71

Lee Ming-huei 李明辉 238, 239, 242, 244, 247, 248, 445, 477

legislation, virtue-centered theory of 以美德为中心的立法理论 508–513

Leopold, Aldo 奥尔多·利奥波德 434, 441

Levin, P. F. P. F. 莱文 375

Lévinas, Emmanuel 伊曼纽尔·列维纳斯 149, 417

Leviticus《利未记》298

Lewis, C. S. C. S. 刘易斯 288

li 礼；亦参见 ritual propriety

Li Chenyang 李晨阳 246

liberalism 自由主义 232, 262–263, 265; capabilities approach 可行能力进路 279; Rawlsian 罗尔斯式的自由主义 203–204, 280; universal moral principles 普遍的道德原则 412

liberation 自由，解放 56, 61, 92

Lin Anwu 林安梧 247, 248

Liu Qingping 刘清平 67

Liu Yuli 刘余莉 69

living of a life 生活的过程 186

living well 良好生活 209, 210, 461–463, 464, 465; 亦参见 eudaimonia

local traits 局部性特征 363–364, 366, 380

Logic 逻辑 33, 35

Lombard, Peter 彼得·伦巴德 141, 143

Long, A. A. A. A. 朗 40, 47n15

love: agape 爱：圣爱 230–231, 284, 285–301; Aquinas 阿奎那 142, 143, 145; Aristotle 亚里士多德 326; Augustine 奥古斯丁 128, 129, 132, 137, 230; bonding 纽带 215; Christian virtue ethics 基督教美德伦理学 224; Confucian ethics 儒家伦理学 67; Corinthians《哥林多书》283; Kant 康德 307; pluralistic virtue ethics 多元主义美德伦理学 218; sentimentalism 情感主义 197; 亦参见 self-love

Lovebond, Sabrina 萨布里纳·拉夫邦德 472

loyalty 忠诚 78–79, 82, 186, 219, 539

Lu Xun 鲁迅 83

Luo, Shirong 罗世荣 77–88

Luther, Martin 马丁·路德 225–226, 228, 230, 288

Machiavelli, Niccolo 尼科洛·马基雅维利 220n2, 220n3, 232, 442n2

MacIntyre, Alasdair 阿拉斯代尔·麦金太尔 56, 241, 518; anti-theory 反理论 472; on Aquinas 麦金太尔论阿奎那 141; feminist critique 女性主义的批评 276–277; global languages 全球语言 451; holism 整体主义 449; Homeric ethics 荷马传统 416; inclinations 倾向 309; neo-Aristotelianism 新亚里士多德主义 271; Particularist Theological Virtue Ethics 特殊主义神学的美德伦理学 227; revival of virtue ethics 美德伦理学的复兴 254, 284; on Satan 麦金太尔论撒旦 356; theological tradition 神学理论 223; traditions 传统 360, 446, 447–448, 454, 455

manifesto rights 宣言权利 419

manners 礼节 121–122, 123, 159, 162, 326–327

Manning, Bradley 布拉德雷·曼宁 342

Marcus Aurelius 马可·奥勒留 32

Margalit, Avishai 阿维夏伊·玛格利特 481–482

Maritain, Jacques 雅克·马里坦 449

Martineau, James 詹姆斯·马蒂诺 60, 202–203, 274

Maslow, Abraham 亚伯兰罕·马斯洛 217

McCammon, S. D. S. D. 麦卡蒙 523

McDowell, John 约翰·麦克道威尔 115–116, 118, 119, 120, 183, 322, 367–369, 472

mean, doctrine of the 中道学说 21–22, 260, 516, 524

means and ends 手段和目的 25–27

medicine 医学 21, 24, 420, 466, 515–528

meditation 冥思 57, 94, 96

memory 记忆 132–133

Mencius (Mengzi) 孟子 77–88, 198, 453, 455, 473; contemporary Confucianism 当代新儒家 239, 243; human relations 人际关系 480–481, 482, 483; parent-child relation 亲子关系 482, 483–485; political philosophy 政治哲学 474, 483, 485–486; roles 角色 421–422; sentimentalism 情感主义 259; women 女子 244

Mengzi 孟子 455

mental health 精神健康 176, 177

mentorship 导学关系 522

merit 优点 155, 157, 159, 161–162, 163

meritocracy 贤能政治 245–246, 247

Merritt, M. M. 梅里特 362, 363, 380

metaethical theory 元伦理学理论 197, 200, 205, 206, 446

Midgley, Mary 玛丽·米格雷 215

Milgram, S. S. 米尔格拉姆 363, 376, 378

Mill, John Stuart 约翰·斯图亚特·密尔 284, 322–323, 421

Miller, C. B. C. B. 米勒 365, 378, 381

mind-fasting 心斋 108

Mischel, W. W. 米歇尔 365, 380

moderation: Aristotle 适度：亚里士多德 21, 467; Buddhist ethics 佛教伦理学 92; Plato 柏拉图 9, 10, 467; pleasure in 适度的快乐 187

modesty 谦逊 80, 83, 84, 159, 171, 324

modules 模块 78

Mohism 墨家 107, 109, 472

mokṣa 解脱 53, 54

monism 墨家 210, 216

Montgomery, Kathryn 凯瑟琳·蒙哥马利 516, 517

Montmarquet, James 詹姆斯·蒙玛克特 254, 255, 256

moral approval 道德赞许 156, 158, 161, 163, 336, 338

moral causes 道德原因 162

moral conflicts 道德冲突 420–421, 537–538

moral cultivation: Aristotle 道德培育：亚里士多德 28, 463; Daoism 道家 108; Xunzi 荀子 118–119

moral education 道德教育 459–470, 534; Aristotle 亚里士多德 23, 26; business ethics 商业伦理学 532; care ethics 关怀伦理学 408, 409–410;

Mencius 孟子 80, 81; particularism 多元主义 25; pejoratives 贬语 538–539

    moral evaluation 道德评价 157, 160, 534

    moral feelings 道德感觉 239–240

    moral foundations theory 道德基础理论 77–78, 80, 81, 82, 84, 86, 87

    moral improvement 道德进步 339–340

    moral realism 道德实在论 296

    moral reasoning 道德推理 159–161, 272, 464, 517

    moral sentiments 道德情感 155–156, 157, 160, 163

    moral virtues: Aristotle 道德美德：亚里士多德 18, 27, 142, 167–168, 257; Buddhist ethics 佛教伦理学 90, 91, 92; Mencius 孟子 79, 80; moral foundations theory 道德基础理论 78, 80; republicanism 共和主义 232; sentimentalism 情感主义 197, 199, 201; Unity of the Virtues thesis 美德统一性命题 276; virtue epistemology 美德知识论 255, 257

    morality: Aristotle 道德：亚里士多德 168, 521; Confucianism 儒家 63, 67, 238; Hindu ethics 印度教伦理学 54–55; Hume 休谟 155, 157; medicine 医学 519; moral foundations theory 道德基础理论 77–78; "narrow" "狭义的" 166–167, 168–169, 170, 172, 173, 174; neo-Aristotelianism 新亚里士多德主义 170–171; Nietzsche 尼采 166–167, 168–169, 172, 174; roles 角色 417, 418, 421; 亦参见 ethics

    mortal sins 不赦之罪 145

    mother-child relation 母子关系 402

    motives/motivation 动机 12, 190–191, 198, 530–531, 540; agapic ethics 圣爱伦理学 231; altruistic 利他主义动机 385, 387, 388–389, 390, 392, 393, 398; Analytic Theological Virtue Ethics 分析神学的美德伦理学 229–230; care ethics 关怀伦理学 405; character traits 品格特征 361; Confucius 孔子

484; consequentialism 后果主义 328; egoistic 利己主义动机 389–390, 395–396; empathy 移情 293, 295; Hume 休谟 199; local traits 局部性特征 380; medicine 医学 526; Plato 柏拉图 9, 10, 14; "pure" virtue ethics "纯粹的"美德伦理学 334; rationalism 理性主义 259; right action 正确的行动 333, 334–335, 337; sentimentalism 情感主义 202–203; skill model of virtue 美德的技艺模式 370; Slote 斯洛特 327; virtue epistemology 美德知识论 254, 255, 256, 266–267; virtuous action 有美德的行动 486

Mou Zongsan 牟宗三 238–240, 242, 244, 245, 472

Mozi 墨子 117, 253, 485

Murdoch, Iris 艾瑞思·默多克 403, 482

My Lai massacre 美莱村大屠杀 293–294, 295, 302n10

narratives 叙事 78, 80, 82, 535, 539

natural caring 自然关怀 404

natural law 自然法 225, 226–227, 228

Natural Law Theological Virtue Ethics (Natural Law TVE) 自然法神学的美德伦理学 223, 226–227, 232, 233

naturalism 自然主义 276, 280, 311–314, 360, 429

nature: environmental virtue ethics 自然：环境美德伦理学 428, 429, 431, 432, 434–435, 441; Stoics 斯多亚学派 37, 38, 40, 41, 42, 46

Nazis 纳粹 217, 292, 354, 370

needs 需求 403–404, 407–409, 411–412

negative-state-relief hypothesis 消极状态舒缓假说 390, 391

neo-Aristotelianism 新亚里士多德主义 271, 323–326, 359; Christian virtue ethics 基督教伦理学 231; emergent cosmopolitanism 新兴的世界主义 451, 452; etiquette 礼节 122; feminist ethics 女性主义伦理学 275–279; justice

正义 205; naturalism 自然主义 360; Nietzsche compared with 与尼采相比较 165, 166–168, 169, 170–173, 174, 175, 177; Nussbaum 纳斯鲍姆 280; 亦参见 Aristotelianism

 neo-Confucianism 新儒家 243, 452; 亦参见 New Confucianism

 neo-Kantianism 新康德主义 463–464

 neo-Platonism 新柏拉图主义 224

 neo-Pragmatism 新实用主义 231

 Neoscholasticism 新经院主义 226

 neo-sentimentalism 新情感主义 205–206

 neo-Thomism 新托马斯主义 146–147

 Nero 尼禄 160

 New Confucianism 新儒家 237–238, 244–245, 246

 Newton, Lisa 莉莎·牛顿 434

 Nicomachean Ethics（Aristotle）《尼各马可伦理学》（亚里士多德）18–21, 24–25, 27, 73, 275, 323, 541n13; Aquinas 阿奎那 141–147, 224; definition of virtue 美德的定义 287–288; friendship 友谊 326; intellectual virtues 理智美德 257; legal justice 法律正义 502, 505; moral cultivation 道德培育 463; moral education 道德教育 465

 Nietzsche, Friedrich 弗里德里希·尼采 165–179, 209–210, 218, 454

 Nivison, David 倪德卫 84

 Noddings, Nel 内尔·诺丁斯 203, 274, 401–414

 nomos/nomoi 规范 502–503, 504, 506, 512

 non-cognitivism 非认知主义 267

 non-injury 无伤害 536, 537

 non-maleficence 不伤害 214, 420, 525

nonviolence（ahiṃsa）非暴力 53, 54, 59, 60

normative sentimentalism 规范的情感主义 197–198, 200, 203, 205

normative theory: legal 规范理论：法律的 491, 492, 493; psychological realism 心理实在论 383

norms: justice 规范：正义 502; legal 法律的 500; medicine 医学 520; partial 偏倚 321; social 社会的 512; traditions 传统 447; transparent 透明性 418

nous 努斯 257, 258, 268n2

Nussbaum, Martha 玛莎·纳斯鲍姆 183, 275, 277, 279–280, 284, 433, 472, 477

Nuyen, A. T. 阮英俊 71, 72–73, 74, 242

Nygren, Anders 安德斯·尼格伦 230, 285, 286, 302n8, 302n12

Oakeshott, Michael 迈克尔·奥克肖特 472

Oakley, J. J. 奥克莱 517

objectivity 客观性 267

obligation 职责 52, 55, 73, 242, 540; Anscombe 安斯康姆 167, 229; Christian virtue ethics 基督教美德伦理学 225, 229; Hindu ethics 印度教伦理学 54–55; prima facie 表面上看 536; roles and 角色和义务 419; 亦参见 duty

O'Donovan, Oliver 奥利弗·奥多诺万 128, 129

The Odyssey（Homer）《奥德赛》（荷马）299

Oedipus 俄狄浦斯 160

Okin, Susan Moller 苏珊·莫勒·奥金 276

O'Neill, John 约翰·奥尼尔 428

open-mindedness 心态开放 255, 256, 260, 261, 262, 267

opinionated mind 成心 105, 106–108, 109, 110

oppression 压力 275, 277–278

orectic states 欲望状态 369

original mind 本心 105, 106–107, 109

Outka, Gene 赫内·奥特卡 287

pagan ethics 异教伦理学 127–128, 224

pain: Aristotle 痛苦：亚里士多德 22–23, 168, 287–288; Augustine 奥古斯丁 130; avoidance of 避免痛苦 533; Hindu ethics 印度教伦理学 53; Hume 休谟 156; Plato 柏拉图 467; Stoics 斯多亚学派 43, 47n19

parent-child relation 亲子关系 73, 483–485

Parfit, Derek 德雷克·帕菲特 436

Parmenides 巴门尼德 284

partial goods 偏倚的善 215–216, 219

partiality 偏倚性 215, 297–298, 300–301, 321, 418

particularism 特殊主义 24–25, 448; Buddhist ethics 佛教伦理学 94–95, 96; eudaimonism 幸福主义 190

Particularist Theological Virtue Ethics（Particularist TVE）特殊主义神学的美德伦理学 223, 226, 227–228, 232, 233

passion 激情 168, 242

Patañjali 巴丹阇梨 55–56, 58, 61

Patristic thinkers 教父思想家 224

peace and prosperity 和平与繁荣 508–510

pejoratives 贬语 538–539

Pellegrino, Edmund 埃德蒙德·佩莱格里诺 420, 518

Peñalver, Eduardo 爱德华多·佩尼亚尔韦尔 513

perception 知觉 255, 265, 541n13

perceptual capacity 知觉能力 367–369

perfection: Impossibility of Perfection thesis 完美：不可能完美命题 212; Stoics 斯多亚学派 37–38, 41, 43, 45; well-being 幸福 350; Wesley's doctrine of 卫斯理的完美理论 226

Perrett, Roy W. 罗伊·W. 佩雷特 51–62

personal merit 个人优点 157, 159, 161–162, 163

Personalism 人格主义 266, 267

personality 人格 93–94, 312, 365–367

Peterson, Christopher 克里斯托弗·彼得森 438

Pettigrove, Glen 格伦·佩蒂格罗夫 51–62

Phaedo（Plato）《裴多》（柏拉图）14

"philosophical fallacy" "哲学谬误" 71–72

phronêsis 实践智慧 360, 362; Aristotle 亚里士多德 18, 257, 462; CAPS 认知—情感人格／处理系统 366, 367; eudaimonism 幸福主义 185; legal justice 法律正义 506; medicine 医学 519; moral education 道德教育 464; uncodifiability thesis 不可法典化命题 369; virtue epistemology 美德知识论 257–258; 亦参见 practical wisdom

Physics, Stoic 斯多亚学派的物理学 32–34

Pieper, Josef 约瑟夫·彼珀 226

piety 虔诚 148, 149

Piliavin, J. A. J. A. 皮利文 397–398

Pinckaers, Servais 塞瓦伊斯·平卡恩斯 144

Pincoffs, E. E. 平可夫 360–361

Pinsent, Andrew 安德鲁·平森特 141–153

plants 植物 34, 37, 39, 41, 42, 47n7

Plato 柏拉图 3–15, 165, 416, 462; Analytic Theological Virtue Ethics 分析神学的美德伦理学 229; Christian virtue ethics 基督教美德伦理学 233; eudaimonism 幸福主义 183, 314; habituation 习惯化 466–467; Homeric tradition 荷马传统 299; intellectual virtues 理智美德 257; living well 良好生活 465; McDowell on 麦克道威尔论柏拉图 116; Mencius compared with 与孟子相比较 79; moral education 道德教育 459, 461, 463; Nietzsche compared with 与尼采相比较 175, 177; propriety 合宜性 201; rationalism 理性主义 259, 313; theology 神学 284; virtue epistemology 美德知识论 254

Platonism 柏拉图主义 32, 58, 127, 128, 201, 224, 230

pleasure 快乐 213, 214, 356; Aristotle 亚里士多德 22–23, 168, 187, 287–288; Augustine 奥古斯丁 130; consequentialism 后果主义 66; Epicureans 伊壁鸠鲁派 43; eudaimonism 幸福主义 186, 192; Hindu ethics 印度教伦理学 53; Hume 休谟 155, 156, 158, 163, 291; Kant 康德 309, 310; Plato 柏拉图 467; psychological hedonism 心理快乐主义 388; Stoics 斯多亚学派 43, 47n19

Plotinus 普罗提诺 32

pluralism 多元主义 209–221, 253, 454; capabilities approach 可行能力进路 280; environmental virtue ethics 环境美德伦理学 432; Herder 赫尔德 202; Hindu ethics 印度教伦理学 61; medicine 医学 520

pneuma 普纽玛 33–34, 38, 46n6

polis 城邦 27–28, 440–441

political philosophy 政治哲学 433, 473–474, 483, 485–486

politics: Aristotle 政治学：亚里士多德 24, 28; Confucian 儒家 244–247; environmental virtue ethics 环境美德伦理学 441

pollution 污染 432, 434, 441

Porter, Jean 简·波特 145

poverty 贫穷 508–509

practical judgment 实践判断 310, 311

practical law 实践法 42

practical reason 实践理性 192, 263, 377; Aristotle 亚里士多德 18, 19–20, 24, 26, 27; central role of 实践理性的核心角色 340, 341; medicine 医学 517; 亦参见 reason

practical wisdom 实践智慧 149, 360, 466, 533; Aristotle 亚里士多德 142, 257–258, 310, 323; environmental virtue ethics 环境美德伦理学 430; eudaimonism 幸福主义 185, 188–190; expressive rationality 表达合理性 218; good manners 彬彬有礼 121, 123; human flourishing 人类繁荣 508; Integration Thesis 整合性命题 219; judges 法官 499, 507; legal justice 法律正义 506; living well 良好生活 462; medicine 医学 516, 517, 519, 520, 521, 523; uncodifiability thesis 不可法典化命题 369; Unity of the Virtues thesis 美德统一性命题 276; 亦参见 phronêsis

pragmatic reason 实用理性 315

praise 赞扬 291; 亦参见 moral approval

pride 骄傲 92, 155, 158–159, 163

professional roles 专业角色 419–420, 517–518

professionalism 专业主义 520–521, 522, 523, 526

prohairesis 抉择 39

promises 承诺 172, 217, 419, 536

Protagoras 普罗塔哥拉 463

Protestantism 新教 226, 228, 230

prudence 审慎 144, 201, 315, 533

psychological hedonism 心理快乐主义 388

psychological realism 心理实在论 382–383

psychology: action theory 心理学：行动理论 13; Aristotle 亚里士多德 323; bonding 纽带 215; depth psychology 深层心理学 177, 454, 455; moral education 道德教育 461; Plato 柏拉图 9–10; social 社会心理学 93–94, 233, 333, 362–364, 365, 366, 531; universalism 普遍主义 454

public virtues 公共美德 433

Pufendorf, Samuel von 塞缪尔·冯·普芬道夫 5, 201

punishment: Buddhist ethics 惩罚：佛教伦理学 96; Confucian ethics 儒家伦理学 68; Hume 休谟 161; justice vs forgivingness 正义对宽容 537; Plato 柏拉图 14

purity 纯粹 78, 82, 83, 86–87, 91–92

Railton, Peter 彼得·雷尔顿 323, 326

Ramsey, Paul 保罗·拉姆塞 286, 287

rationalism 理性主义 205, 259, 313

rationality: Aristotle 合理性：亚里士多德 27; environmental virtue ethics 环境美德伦理学 429; eudaimonism 幸福主义 192; expressive 表达合理性 217–218; feminist ethics 女性主义伦理学 273; instrumental 工具合理性 533; pluralistic virtue ethics 多元主义的美德伦理学 210, 216, 217, 219; practical and epistemic 实践合理性与认知合理性 262–264, 266; 亦参见 reason

Rawls, John 约翰·罗尔斯 77, 203–204, 284, 474–475, 476, 477, 480

Raz, Joseph 约瑟夫·拉兹 216–217

realism: legal 实在论：法律实在论 492, 493, 508; moral 道德实在论

296; psychological 心理实在论 382–383

realm of ends 目的王国 317

reason 理性 189, 201, 259; Aristotle 亚里士多德 257, 258, 323; Augustine 奥古斯丁 128; consistency of reasoning 理性的一致性 40, 42; emotions and 情绪与理性 242; environmental virtue ethics 环境美德伦理学 437; Hume 休谟 159–161, 199, 291–292; Kant 康德 239, 312; Natural Law Theological Virtue Ethics 自然法神学的美德伦理学 227; naturalism 自然主义 313–314; Plato 柏拉图 9, 10, 13; Stoics 斯多亚学派 34, 38, 43; 亦参见 practical reason; rationality

receptivity 接受性 262, 263–264, 265–266, 267, 537

reciprocity: Confucius 互惠性：孔子 64–65, 66, 67, 70, 71, 72; Herder 赫尔德 202; reciprocity thesis 互惠性命题 276, 277

"reductionist dogma""还原论教条" 475, 477

reference-fixing approach 指称固定进路 267, 297

relationality 关系性 401–402, 411

relationships 关系 416, 417, 418, 422, 462, 481–482

relativism 相对主义 102, 183, 191, 243

Reliabilism 可靠主义 255, 256, 257–258, 259–260, 265–267

religion 宗教 144, 231–232, 459; 亦参见 Buddhist ethics; Christianity; Hindu ethics; Judaism

ren（humaneness）: Confucius 仁：孔子 64, 65, 66, 67, 68, 70–71, 72, 74; Han Yu 韩愈 482; Mencius 孟子 198

Republic（Plato）《理想国》（柏拉图）4, 6–8, 10–11, 12, 13, 14, 37, 463, 466

republicanism 共和主义 232

respect: care ethics 尊重：关怀伦理学 203, 204; Confucius 孔子 78–79;

for differences 尊重差异 102–110; Hume 休谟 162; Mencius 孟子 80, 82, 83; moral foundations theory 道德基础理论 78, 84; status 地位 214; Xunzi 荀子 121

Responsibilism 责任主义 255–256, 257, 259–260, 265–266

responsibility 责任 13–14

rewards 回报 389–390, 391, 394, 395

Richardson, H. H. 理查德森 418

right action 正确的行动 162–163, 184, 324–325, 331–343, 455, 478; criteria for 正确行动的标准 533–534; definition of 正确行动的定义 480; motives 动机 198; practical wisdom 实践智慧 521; preoccupation with 仅仅关注正确行动 223; Stoics 斯多亚学派 44–45; virtue theory 美德理论 515

righteousness: Mencius 义：孟子 79, 80, 81, 82, 84, 85; Xunzi 荀子 114, 121

rightness 正当 44–45, 51–52, 55, 64, 165, 534; Confucian ethics 儒家伦理学 69; contemporary Confucianism 当代新儒家 241; Daoism 道家 109; Hindu ethics 印度教伦理学 53, 54; Rawls' typology 罗尔斯的类型学 474–475, 480; 亦参见 right action

rights: antinomy of 权利：权利的二律背反 492–493, 512; care ethics 关怀伦理学 203, 407; environmental virtue ethics 环境美德伦理学 432, 434–436; exclusionary reasons 排他性理由 216–217; human rights 人权 449; legal theory 法律理论 492; moral foundations theory 道德基础理论 77; nomoi 规范 512; respect for 尊重权利 513; rights-based moral theories 基于权利的道德理论 209, 253; roles and 角色与权利 418–419; women's 女性的权利 273, 274–275, 279

Rist, John 约翰·李斯特 128, 132

ritual: Confucius 礼：孔子 68–69, 479; contemporary Confucianism 当代新儒家 241, 243, 245, 248; cross-tradition work 跨传统研究 450; religious studies 宗教研究 123; Xunzi 荀子 118, 119–121, 122, 123–124

ritual propriety（li）: Confucius 礼：孔子 63, 65, 68–69, 72, 479; contemporary Confucianism 当代新儒家 241, 248; cross-tradition work 跨传统研究 450, 452; Mencius 孟子 79, 80, 82, 83–84; Xunzi 荀子 121, 122, 123

Roberts, Robert 罗伯特·罗伯茨 230

Robinson, Fiona 菲奥娜·罗宾逊 411–412

role ethics 角色伦理学 71–72, 74, 242–244, 245

role models 角色榜样 521–522, 524, 534, 538, 539

roles 角色 415–423; medicine 医学 517–518, 520; rolespecific virtues 具体角色的美德 532

Rolston, Holmes 霍尔姆斯·罗尔斯顿 431

Roman Catholicism 罗马天主教 226–227

Roman philosophy 罗马哲学 232, 253

Romantics 浪漫 266

rooted global virtue ethics 有根的全球主义美德伦理学 448–451

Rorty, Richard 理查德·罗蒂 472

Rosemont, H. Jr. 罗思文 65, 242

Ross, W. D. W. D. 罗斯 210, 284, 536, 537, 539, 541n13

Rousseau, Jean-Jacques 让-雅克·卢梭 232, 266, 267, 459

Ruddick, Sara 萨拉·鲁迪克 402

rule by decree 依法令统治 502–503

rulers 统治者 71, 86–87

rules 规则 187, 190, 322, 466, 540; of action 行动规则 536; Confucius 孔子 63, 69, 70; deontology 义务论 332; environmental virtue ethics 环境美德伦理学 430–431; justice as lawfulness 作为法律性的正义 502, 504–505, 506;

legal formalism 法律形式主义 492; legal rule application 法律规则的适用 507–508; medicine 医学 525–526; moral conflicts 道德冲突 537; particularism vs universalism 特殊主义对普遍主义 24–25; perceptual capacity 知觉能力 367; Plato 柏拉图 11; ritual 礼 120; Smith 斯密 202; uncodifiability thesis 不可法典化命题 369; Xunzi 荀子 120, 121, 122

Russell, Daniel 丹尼尔·拉塞尔 324, 362, 380, 448; CAPS 认知—情感人格／处理系统 365–367; eudaimonism 幸福主义 183, 186, 189, 192, 193; well-being 幸福 349

sacralization 神圣化 86

sacrifice 牺牲 85–86, 89, 137, 287

sages: Daoism 圣人：道家 106, 108, 109–110; Stoics 斯多亚学派 31, 35, 36, 40, 41, 43, 44–46, 48n22; Xunzi 荀子 114, 116, 121

Saint Paul 圣保罗 287

samsāra 轮回 53

Sandler, Ronald 罗纳德·桑德勒 429–430, 431, 437, 441–442

Śāntideva 寂天 94

Schaller, M. M. 夏勒 389

Scheffler, S. S. 谢弗勒 417

Schiller, Friedrich 弗里德里希·席勒 5

Schmidtz, David 大卫·施米茨 430

Schneewind, J. B. J. B. 施内魏德 116, 455

Scruton, Roger 罗杰·斯克鲁顿 472

second-person relatedness 第二人称关系 149, 150, 151

Sedley, D. N. D. N. 塞德利 40, 47n15

Seeskin, Kenneth 肯尼思·希斯金 299

self-affirmation 自我肯定 176

self-centeredness 自我中心 346–347, 348–349, 350

self-consistency 自我一致性 40, 42, 43

self-determination 自我决定 135, 462, 464, 467, 468; 亦参见 autonomy

self-evaluation 自我评价 389, 391

self-improvement 自我提升 537

self-interest 自我利益 201, 289, 290, 397; environmental virtue ethics 环境美德伦理学 427, 429; Hume 休谟 155, 156; Kant 康德 315, 317; neo-Aristotelianism 新亚里士多德主义 170–171

selfishness 自私 346–347, 348–349, 355–356, 431, 532

self-love 自爱 201, 219, 220n7, 289, 290; agapic ethics 圣爱伦理学 298; Augustine 奥古斯丁 128, 129, 130, 131, 228; Hume 休谟 160; Kant 康德 315, 317; Nietzsche 尼采 176, 177

self-other merging 自我—他人融合 397

self-overcoming 自我克服 176–177, 309, 311

self-reflection 自我反思 66

self-respect 自尊 86

Seligman, Martin 马丁·塞利格曼 438

Sen, A. A. 森 417

Seneca 塞涅卡 32, 38, 47n11

sensitivity 敏感性 367–369

sentiment 情感 239

sentimentalism 情感主义 197–207, 292–298, 300; care ethics 关怀伦理学 405; feminist ethics 女性主义伦理学 272, 274–275; Hume 休谟 291–292,

326; Mencius 孟子 481; virtue epistemology 美德知识论 259, 260–267

Seven Virtues 七美德 225

sexism 性别主义 271, 276, 277

sexual desires 性欲 134

Shakespeare, William 威廉·莎士比亚 218

shame 羞耻 80, 81, 85, 299

Shavell, Steven 斯蒂文·沙威尔 492, 493

Shen Buhai 申不害（申子）117

Shen Dao 慎到（慎子）117

Sherman, Nancy 南希·谢尔曼 275

Shiner, Roger 罗杰·夏纳 505

Shiva, Vandana 范达娜·席娃 436

Shoda, Y. 正田裕一 365, 380

Shun, K. 信广来 83

Siderits, Mark 马克·塞德里茨 93

Sidgwick, Henry 亨利·西季威克 170–171, 202, 203, 218, 356, 475

Sim, May 沈美华 63–76, 240

sin 罪 298, 300

Singer, Peter 彼得·辛格 85, 452, 472, 485

situation ethics 境遇伦理学 231

situationism 情境主义 93–94, 362–365, 375–384, 438–439, 455

skepticism 怀疑主义 263, 264–265

Skeptics 怀疑论者 43

skill（techne）技艺 257, 258; 亦参见 knack stories

skill models of virtue 美德的技艺模式 369–370

索引

Slingerland, Edward 森舸澜 241, 378–379

Slote, Michael 迈克尔·斯洛特 211, 302n10, 445; agent-based approach 以行为者为基础的进路 59–60, 213, 231, 327, 362; care ethics 关怀伦理学 411; duty 义务 418; modified virtue ethics 修正的美德伦理学 336; "pure" virtue ethics "纯粹的"美德伦理学 334; sentimentalism 情感主义 197–207, 272, 274–275, 292–298, 300; virtue epistemology 美德知识论 253–269

sloth 树懒 498

Smith, Adam 亚当·斯密 197, 198, 200–202, 205, 206

Smith, K. D. K. D. 史密斯 389–390

Snow, Nancy E. 南希·E. 斯诺 359–373, 380, 381

sociability 社会性 161–162, 312

social advantage 社会优势 523

social evaluation 社会评价 389, 391

social justice 社会正义 433

social norms 社会规范 512

social psychology 社会心理学 93–94, 233, 333, 362–364, 365, 366, 531

social standing 社会身份 162

society 社会 158, 162, 247–248

Society of Christian Philosophers 基督教哲学家协会 229

Socrates 苏格拉底 5, 6, 37, 284, 416, 463

Socratic equation 苏格拉底的等式 169, 170, 177

Socratic reflection 苏格拉底式反思 347–348

Solum, Lawrence B. 劳伦斯·B. 索勒姆 491–514

Song Xing 宋钘（宋子）117

sophia 智慧 257, 258

Sosa, Ernest 恩内斯特·索萨 254, 256, 259, 266–267, 268n4

soul: Aquinas 灵魂：阿奎那 148; Aristotle 亚里士多德 18, 26, 27, 257, 258; Augustine 奥古斯丁 127, 128, 130–131, 133, 135; care ethics 关怀伦理学 403; Plato 柏拉图 9, 11; Stoics 斯多亚学派 34, 37, 38, 40, 41, 47n7

species extinction 种族灭绝 435

Speer, Albert 阿尔伯特·施佩尔 292

spirit 精神 9, 10

Stalnaker, Aaron 阿伦·斯托内克尔 449–450

"standard typology" of moral philosophy 道德哲学的"标准分类学" 471–473, 474–475, 477, 478, 480

Stanford Prison experiment 斯坦福监狱实验 376

Statman, Daniel 丹尼尔·斯塔特曼 99

status 地位 213, 214, 216, 219

Stich, S. S. 斯蒂奇 363

Stichter, M. M. 斯蒂克特 370

Stocker, Michael 迈克尔·斯托克尔 220n3

Stocks, E. L. E. L. 斯托克斯 397

Stohr, Karen 卡伦·斯托尔 121–122, 123, 124, 271–282, 355

Stoics 斯多亚学派 31–49, 131–132, 350, 440, 446; anger 愤怒 496–497; Christian virtue ethics 基督教美德伦理学 224, 233, 288; doctrinal background 学说背景 32–36; eudaimonism 幸福主义 183, 314; happiness 幸福 315; historical background 历史背景 32; perfectionism 完美主义 128; propriety 合宜性 201; rationalism 理性主义 313; roles 角色 421; skill model of virtue 美德的技艺模式 370; theory of virtue 美德理论 36–46

Strang, Lee 斯特朗·李 513

strength 力量 175

Stroop, J. R. J. R. 斯特鲁普 392

Stroud, Barry 巴里·斯特劳德 291, 292

Stump, Eleonore 埃莱奥诺雷·斯通普 143

subjectivism 主观主义 292, 293, 296, 297, 299, 533

substantive egoism 主观的利己主义 348

suffering: benevolence as response to 苦难：用仁慈回应苦难 193; Buddhist ethics 佛教伦理学 92, 96–97; empathy and sympathy 移情和同情 261; medicine 医学 519; Mencius 孟子 84; Nietzsche 尼采 170, 176

Summa theologiae（Aquinas）《神学大全》（阿奎那）141–148, 225

Sun Yat-sen 孙中山 485

sustainability 可持续性 428, 429–430, 437

Swanton, Christine: character 克里斯蒂娜·斯沃顿：品格 540n1; depth psychology 深层心理学 177, 454, 455; eudaimonism 幸福主义 192, 193, 194; Milgram experiments 米尔格雷姆实验 378; pluralistic virtue ethics 多元主义美德伦理学 209–221, 272, 275, 362, 454; revival of virtue ethics 美德伦理学的复兴 254; virtuous action 有美德的行动 541n10

symbolism 象征主义 123–124

sympathy 同情 163, 261–262; empathy-altruism hypothesis 移情—利他假说 386; Hume 休谟 155–156, 158, 159, 291, 326–327; Mencius 孟子 198; sentimentalism 情感主义 267

tactfulness 圆融 211

talents 天赋 161

Tan Sor-hoon 陈素芬 245

Tanner, Michael 迈克尔·坦纳 167, 172

targets of virtue 美德的目标 530

Taylor, Charles 查尔斯·泰勒 472

Taylor, Jacqueline 杰奎琳·泰勒 155–164

techne 技艺 257, 258

"technical manual model" "技术手册模式" 340, 341–342

teleological ethics 目的论伦理学 58, 283, 284, 307; Christian ethics 基督教伦理学 223; naturalism 自然主义 313; Rawls' typology 罗尔斯的类型学 475; Slote's view of empathy 斯洛特的移情观点 294; Yoga ethics 瑜伽伦理学 56, 61; 亦参见 consequentialism; utilitarianism

telos 目的 42, 58, 61, 183, 283, 518

temperance: Aquinas 节制：阿奎那 146; Aristotle 亚里士多德 309, 323; Augustine 奥古斯丁 134; environmental virtue ethics 环境美德伦理学 430, 437, 438, 439–440; human flourishing 人类繁荣 508; judges 法官 495; Plato 79; standard list of virtues 美德的标准清单 186

temptation 诱惑 134, 135

Ten Good Paths of Action 十善行 89

Ten Perfections 十波罗蜜 89, 90, 91

Tertullian 德尔图良 32

Tessman, Lisa 莉莎·特斯曼 277

theft 盗窃 65, 66, 74, 401

theism 有神论 284

theological tradition 神学传统 224–226, 284–285

Theological Virtue Ethics: Analytic 神学的美德伦理学：分析神学的美德伦理学 223, 229–230; Natural Law 自然法神学的美德伦理学 223, 226–227, 232, 233; Particularist 特殊主义神学的美德伦理学 223, 226, 227–228,

232, 233

    theonomy 神治 288, 300

    Theophrastus 提奥夫拉斯图斯 32

    theory of virtue 美德理论 参见 virtue theory

    thinking 思维 405

    Thomasma, D. D. 托马斯玛 420

    Thompson, M. M. 汤普森 417

    Thomson, J. J. 汤姆森 361

    Thoreau, Henry David 亨利·大卫·梭罗 429

    Threefold Purity 三净 91–92

    Tillich, Paul 保罗·蒂利希 285

    Toner, Christopher 克里斯托弗·托纳 345–357

    tradition-based virtue ethics 以传统为基础的美德伦理学 446–448, 455

    trait elimitivism 特征消除主义 380

    traits 特征 362, 515, 541n2; CAPS 认知—情感人格／处理系统 365, 366, 367; consequentialism 后果主义 324, 326; Driver 德雷弗 480; eudaimonism 幸福主义 187, 188, 191, 193, 345; moral education 道德教育 539; motivational theory of 关于品格特征的动机理论 361; situationist critique 情境主义批评 362–365, 376–377, 379–382, 383, 439; utilitarianism 功利主义 322; virtue epistemology 美德知识论 255, 256, 267; virtues as 作为特征的美德 529, 539–540; 亦参见 character; virtues

    tranquility 宁静 43, 47n18

    Treanor, Brian 布莱恩·特雷纳 433

    A Treatise of Human Nature（Hume）《人性论》（休谟）155–157, 163, 199, 218, 291–292

triggers 诱因 78, 81, 84

Tronto, Joan 琼·特朗托 407, 411

Trump, Donald 唐纳德·特朗普 440

trustworthiness 可信 79, 241

truth: Aquinas 真理：阿奎那 148; Aristotle 亚里士多德 257, 258; Augustine 奥古斯丁 133; open-mindedness 心态开放 260; virtue epistemology 美德知识论 254, 255, 258, 267

truthfulness: Aristotle 真诚：亚里士多德 171; Confucius 孔子 65, 66, 70, 71; eudaimonism 幸福主义 91–192; Nietzsche 尼采 175

uncodifiability thesis 不可法典化命题 115–116, 117–118, 120, 367, 369

"uniformity dogma" "统一性信条" 478–479

Unity of the Virtues thesis 美德统一性命题 163, 211–212, 224, 229, 276, 367, 368–369

universalism 普遍主义 25, 448, 453–455

Upton, C. C. 厄普顿 364–365

utilitarianism 6 功利主义 4, 198, 201, 209, 322, 348, 361; action guidance 行动指南 430; capabilities approach 可行能力进路 279–280; character traits 品格特征 515; charity 慈善 533; Christian dissatisfaction with 基督教对功利主义的不满 223; Confucian ethics compared with 与儒家伦理学相比较 69; critique of 对功利主义的批判 284; inequality 不平等 279; moral education 道德教育 460; moral fields 道德领域 531; right action 正确的行动 534; roles 角色 421; theory of virtue 美德理论 477; 亦参见 consequentialism

utility 功利 158, 159, 198, 284, 536

索引

Vācaspati Miśra 遮塞波底·弥室罗 56, 59, 60

value 价值 213, 214, 216, 219

values: Hindu ethics 价值：印度教伦理学 53; Hume 休谟 157; medicine 医学 519–520; moral education 道德教育 468; Nietzsche 尼采 166; "thin" "薄的" 449

Van Norden, B. W. 万白安 64, 81, 240, 241

Van Zyl, Liezl 涅茨·范·齐尔 183–195, 332

Varro 瓦尔罗 130

Veatch, Robert 罗伯特·维奇 525–526

vices 恶德 540; Aquinas 阿奎那 144, 225; Aristotle 亚里士多德 21, 171, 260; Augustine 奥古斯丁 128; blind obedience 盲目服从 217; CAPS 认知—情感人格/处理系统 366; definition of 恶德的定义 541n7; environmental virtue ethics 环境美德伦理学 428; expressive rationality 表达合理性 218; grandiosity 华丽 219; Hume 休谟 155–156, 160–161, 163, 292; judicial 法官的恶德 494–499; Kant 康德 308; moral foundations theory 道德基础理论 78; Nietzsche 尼采 210; pejoratives 贬语 538–539; Plato 柏拉图 10; Stoics 斯多亚学派 35; Yoga ethics 瑜伽伦理学 57

violence 暴力 508, 509

virtue: acting for the right reason 美德：出于正确的理由而行动 315–316, 533, 534–535; "age of the highest virtue" "至德之世" 107, 109; Aquinas 阿奎那 142; Aristotle 亚里士多德 17–18, 20–21, 167–168, 287–288, 323; Augustine 奥古斯丁 128, 130, 131, 133–134, 135; Buddhist ethics 佛教伦理学 89, 96–97; comparative religious ethics 比较宗教伦理学 231–232; conceptions of 美德观念 186–188; consequentialist accounts of 后果主义的美德理论 322–323; Daoism 道家 106; definition of 美德的定义 40, 41,

142, 143, 287–288, 540n1; environmental virtue ethics 环境美德伦理学 439; epistemological privilege 认知特权 116; eudaimonism 幸福主义 184, 190–194, 314; evaluation of 对美德的评价 322, 324–326; expression of 美德的表达 327; Hume 休谟 155–157, 160–161, 163, 291, 292; Kant 康德 308–309, 310, 311, 315–316; as knowledge 美德作为知识 35; living well 良好生活 209; medical trainees 实习医生 520–525; models of 美德的模式 359–373; Nietzsche 尼采 165–166, 168, 174–175; Plato 柏拉图 3–4, 5–6, 7, 10, 11, 12–15; sentimentalism 197, 201; Sidgwick 西季威克 356; six dimensions of 美德的六个维度 530–532; skill models of 美德的技艺模式 369–370; Stoic theory of 斯多亚学派的美德理论 31, 36–46; "uniformity dogma" "统一性信条" 478–479; virtue-centered theory of judging 以美德为中心的判决理论 494–499, 506–507; virtue-centered theory of legislation 以美德为中心的立法理论 508–513; Xunzi 荀子 114–115; 亦参见 virtues

　　Virtue Constraint 美德的约束 210, 214, 219

　　virtue epistemology 美德知识论 253–269, 362

　　virtue ethics 美德伦理学 47n20, 51–52, 165; "pure" "纯粹的" 美德伦理学 334–335; agent-based and agent-focused theories 以行为者为基础的理论和以行为者为焦点的理论 59–60; Aquinas 阿奎那 141, 142, 147, 150, 151; Aristotle 亚里士多德 17–18; business ethics 商业伦理学 529, 532–534; capabilities approach 可行能力进路 280; care ethics compared with 与关怀伦理学相比较 401, 402, 404, 409; Confucianism characterized as 被刻画为美德伦理学的儒家学说 472; Confucius 孔子 63–76, 114; consequentialist critique of 后果主义对美德伦理学的批评 321–329; conservative nature of 美德伦理学的保守本质 317–318; contemporary Christian 当代基督教美德伦理学 223–235; contemporary Confucianism 当代新儒家 237, 238, 240–242,

244, 245, 248; contexts 语境 538–539; Daoism 道家 101; definition of 美德伦理学的定义 442n1; egoism 利己主义 345; emergent cosmopolitanism 新兴的世界主义 451–453; environmental 环境美德伦理学 427–444; eudaimonistic 幸福主义的美德伦理学 183, 186, 209, 345–356; feminist 女性主义的美德伦理学 271–274, 278–279, 280–281; Herder 赫尔德 202; Hindu 印度教 51, 52, 55–61; Hume 休谟 162–163, 199, 326–328; Kant 康德 307–311, 315; law and 法律与美德伦理学 491; medicine 医学 515, 518, 519, 521, 524, 525, 526; Mencius 孟子 77–88; modified 修正的美德伦理学 335–339; monistic 一元主义的美德伦理学 210; moral education 道德教育 459–470; naturalism 自然主义 311–314; pluralistic 多元主义的美德伦理学 209–221, 454; revival of 美德伦理学的复兴 99, 253–254, 284, 333–334; right action 正确的行动 331–343, 455, 478; role models 角色模型 522; role of behavior 行为的作用 377–379; rooted global virtue ethics 有根的全球主义美德伦理学 448–451; sentimentalism 情感主义 198, 200–201, 202–205; situationist critique 情境主义对美德伦理学的批评 362–365, 375–384, 438–439; "standard typology" of moral philosophy 道德哲学的"标准类型学" 471–472, 476; theory of virtue distinction 美德区分理论 359, 475–477, 479–480; tradition-based 以传统为基础的美德伦理学 446–448, 455; universal theory 普遍理论 453–455; virtue epistemology compared with 与美德知识论相比较 254, 258–260, 268;v-rules 美德规则 190; world virtue ethics 世界美德伦理学 445–457; "x-based ethics" "以某事物为基础的伦理学" 477; Xunzi 荀子 114–119, 122–123, 124

  virtue jurisprudence 美德法理学 491, 493–494, 508, 513

  virtue theory 美德理论 322–323, 331, 359, 360–362, 475–480, 515, 525

  Virtue-Reliabilism 美德可靠主义 255, 256, 257–258, 259–260, 265–267

  Virtue-Responsibilism 美德责任主义 255–256, 257, 259–260, 265–266

virtues: acquisition of 美德：美德的获得 510; Aquinas 阿奎那 141, 142–151, 225; Aristotle 亚里士多德 18–28, 171, 173, 260, 275, 323, 462, 516; Augustine 奥古斯丁 128; "bourgeois" "资产阶级的"美德 170, 171, 172–173, 174; Buddhist ethics 佛教伦理学 89–90, 92, 94; CAPS 认知—情感人格／处理系统 366; Christian virtue ethics 基督教美德伦理学 224; Confucius 孔子 63, 65, 67, 70–71, 74–75, 78–79; consequentialism 后果主义 325–326; contemporary Confucianism 当代新儒家 240, 248; Daoism 道家 109; definition of 美德的定义 541n7; environmental virtue ethics 环境美德伦理学 428, 429–430, 433, 436–437, 438, 439–440; eudaimonism 幸福主义 191, 193, 346; feminist ethics 女性主义伦理学 277–278; grounds of 美德的基础 212–216; happiness and 幸福与美德 44; Hindu ethics 印度教伦理学 54, 55, 59, 60; Hume 休谟 155–156, 157–158, 161, 209, 326–327; Hursthouse 赫斯特豪斯 162–163; Integration Thesis 整合性命题 212, 219; judicial 法官的美德 494–499, 507; living well 良好生活 462–463, 464; medicine 医学 516, 517–518; Mencius 孟子 79–80, 82–84; moral education 道德教育 461; moral foundations theory 道德基础理论 78; neo-Aristotelianism 新亚里士多德主义 170–173; Nietzsche 尼采 165–166, 171, 172–173, 174–177, 209; Particularist Theological Virtue Ethics 特殊主义神学的美德伦理学 227–228; perceptual capacity or sensitivity 知觉能力或敏感性 367–369; "philosophical fallacy" "哲学谬误" 71–72; Plato 柏拉图 8–9, 14, 79; roles and 角色和美德 415–416, 420; Ross' principles 罗斯原则 537; situationism 情境主义 364; standard list of 美德的标准清单 186; Stoics 斯多亚学派 37–38, 39; theological tradition 神学传统 224–226; theories about 美德诸理论 360–362; as traits of character 作为品格特征的美德 529, 539–540; Unity of the Virtues thesis 美德统一性命题 163, 211–212, 224, 229, 276, 367, 368–369; Xunzi 荀子 114, 119; 亦参见

dispositions; traits; virtue

virtues, gifts, beatitudes and fruits（VGBF）美德、恩赐、至福和果实 147–148

"virtuous agent" theory "美德行为者" 理论 193, 334, 336, 337–338, 339, 541n11

vision 视野 255, 256, 259, 264

Von Wright, G. H. G. H. 冯·赖特 254, 360

v-rules 美德规则 120, 190, 430–431

Vyāsa 毗耶娑 56, 59

Walker, Rebecca L. 丽贝卡·L. 沃克 515–528

Wallace, J. J. 沃勒斯 360

Wallace, R. Jay R. 杰伊·沃勒斯 220n6

Walzer, Michael 迈克尔·沃尔泽 449

Wang Qingjie 王庆节 67

Wang Shaoguang 王绍光 247

Wang Yangming 王阳明 239, 243

water metaphor 水喻 108–109

Watson, G. G. 沃森 51

the Way 道 116–117, 118, 119, 120; 亦参见 Daoism

wealth 财富 92, 184, 213, 214, 275, 314, 494

Webber, J. J. 韦伯 361

Weil, Simone 西蒙·韦伊 287, 403, 405

welfare 福利 77, 349; altruism 利他主义 385, 386, 387; Buddhist ethics 佛教伦理学 93; eudaimonia as 作为福利的幸福 345, 352; roles and 角色与福

利 416

welfare-prior eudaimonism 福利优先的幸福主义 349–350, 352–355

welfarism 福利主义 492, 493

well-being 幸福 349–350, 351, 354, 428

Wellman, C. H. C. H. 韦尔曼 355

Wensveen, Louke van 卢克·范·温斯维恩 428–429, 436, 437, 438

Wenz, Peter 彼得·温兹 431

Wenzel, Christian Helmut 克里斯蒂安·赫尔穆特·温策尔 102, 104

Wesley, John 约翰·卫斯理 226

Western culture 西方文化 77, 78

Western philosophy 西方哲学 448, 453, 455–456

Wetzel, James 詹姆斯·维策尔 127–139

White, Nicholas 尼古拉斯·怀特 3–15

Wilkes, Kathleen 凯瑟琳·威尔克斯 349, 350

will 意志 308, 309, 315

will to power 权力意志 176, 177

Williams, Bernard 伯纳德·威廉姆斯 57, 346–348, 355, 442n1; anti-theory 反理论 272, 472; ethical concepts 伦理概念 473, 474; loving relations 爱的关系 483; morality and "the ethical" 道德与"伦理" 166; "thick" and "thin" concepts "厚"概念与"薄"概念 417–418, 482; well-being 幸福 349

Williams, Rowan 罗恩·威廉姆斯 128

wisdom: Aquinas 智慧：阿奎那 148; Aristotle 亚里士多德 257, 258, 323; Buddhist ethics 佛教伦理学 90–91, 96; contemporary Confucianism 当代新儒家 241; environmental virtue ethics 环境美德伦理学 438; Mencius 孟子 79, 80, 82; Plato 柏拉图 8–9, 10, 79; 亦参见 practical wisdom wish 希望 26–27

wit 机智 159, 188, 210

Wittgenstein, Ludwig 路德维希·维特根斯坦 170, 227, 231, 369

Wolterstorff, Nicholas 尼古拉斯·沃尔特斯多夫 132, 285, 286–287

women 女性 204, 271, 409–410; Aristotle's sexism 亚里士多德的性别主义 276, 277; capabilities approach 可行能力进路 280; care ethics 关怀伦理学 272, 401; feminist ethics 女性主义伦理学 273; role ethics 角色伦理学 244

Wong, David 黄百锐 64

Wong Wai-ying 黄慧英 248

Wood, Allen 艾伦·伍德 307–319

Wordsworth, William 威廉·华兹华斯 266

world virtue ethics 世界美德伦理学 445–457

wrongness 错误 52

"x-based ethics" "以某事物为基础的伦理学" 477–478, 480

Xiao, Yang 萧阳 471–489

Xunzi（Xun Kuang）荀子（荀况）113–125, 450

Yang Zhu 杨朱 85–86

Yankah, Ekow 伊考·扬卡 513

yi 义 482

yielding 谦让 80, 83, 84

Yoga ethics 瑜伽伦理学 55–58, 59–61

Yu Jiyuan 余纪元 240

Zagzebski, Linda 琳达·扎格泽布斯基 51–52, 229–230, 254, 255, 256, 260, 332, 362, 418

Zeno of Citium 基提翁的芝诺 32

Zeus 宙斯 33, 34, 40, 41, 42–43, 45, 46

Zhang Xianglong 张祥龙 248

Zhao Tingyang 赵汀阳 453

Zheng Jiadong 郑家栋 247, 248

Zhu Xi 朱熹 421–422, 450–451

Zhuangzi 庄子 99–110, 101, 102, 105, 106, 109, 117

Zwolinski, Matt 马特·兹沃林斯基 430

译后记

美德伦理学是当代伦理学最重要的基本形态之一。在汉语学界,尽管大多数朋友对它的了解都从麦金太尔的著作《追寻美德》开始,从而获得某种初步印象,但是,对"美德伦理学"这个特定概念有更明确和具体的认知,对美德伦理学的问题集合与思路方案(及其困境)有更充分和宏观的理解,则往往要归功于罗杰·克里斯普和迈克尔·斯洛特在20世纪90年代末所编著的两部重要文集——《美德伦理学》(Roger Crisp and Michael Slote eds., *Virtue Ethics*, Oxford University Press, 1997)和《人该如何生活?》(Roger Crisp ed., *How Should One Live?*, Oxford University Press, 1996)。相比于麦金太尔80年代初发表的《追寻美德》(1981年初版,1984年修订再版),这两部在将近20年后推出的文集,显然在广度和深度上都有极大的拓展,从而成为当代美德伦理学研习者的重要"入门指南"。

然而,这两部文集仍然存在局限。那就是,其中的文章主要是在西方伦理思想的传统内部围绕美德伦理学的内涵与特征展开分析。它们尤为关注,在伦理学基础理论的层面上,美德伦理学与规则伦理学之间的论争与交锋。因此,在很大程度上,这些作品还没有充分注意到美德伦理学在世界范围内的多样性,也没有涉及美德伦理学不仅作为一种伦理学理论、而且作为一种伦理学方法的重要意义。

进入 21 世纪后，又经过十余年的发展，美德伦理学的研究视野得到进一步拓宽，美德伦理学的当代形态变得日益丰富，美德伦理学对传统资源的理解和借鉴也更加自觉，而美德伦理学与存在论、知识论等哲学分支以及与心理学、法理学等其他社会科学门类的交叉渗透，也在不同层面上激发出诸多富有新意和前途的议题。因此，几乎就在 2015 年前后，美德伦理学的研究（并不意外地）迎来了一波小高峰。牛津大学出版社、剑桥大学出版社、劳特里奇出版社、帕尔格雷夫出版社等重要学术出版机构纷纷推出各自的美德伦理学导引文集，邀请相关方面顶尖学者撰写专题论文，为人们提供了若干极具概览性和指引性的综合文献。它们包括但不限于：（1）丹尼尔·拉塞尔（Daniel C. Russell）主编的《剑桥美德伦理学指南》（*Cambridge Companion to Virtue Ethics*, Cambridge University Press, 2013）；（2）罗琳·贝瑟-琼斯和迈克尔·斯洛特主编的《劳特里奇伦理学指南》（*The Routledge Companion to Virtue Ethics*, Routledge, 2015）；（3）戴维·卡尔等人（David Carr etc）主编的《美德伦理学的多样性》（*Varieties of Virtue Ethics*, Palgrave, 2017）；以及（4）南希·斯诺（Nancy Snow）主编的《牛津美德手册》（*The Oxford Handbook of Virtue*, Oxford University Press, 2018）。

其中，《劳特里奇美德伦理学指南》很早便引起了我的关注。这不仅因为它是隶属于"劳特里奇指南"这套品质丛书中相当厚重的一本，而且因为，它的编写原则和板块设计既反映出编者（尤其是斯洛特教授）的思想发展，更反映出当代美德伦理学的新型格局。正如编者在本书前言中强调的那样，对美德伦理学的理解不仅不能局限于亚里士多德主义，而且不能局限于西方传统内部——人们"在一些非西方的传统中也能发现美德伦理学的源头"，"美德伦理学在历史上也曾存在于并影响着世界上其他地

译后记

区"。因此,"如何拓展我们对美德伦理学的历史形态和当下形态的理解,以及,通过从更加国际的视野来看待美德伦理学",就变得至关重要。除此之外,在当代讨论美德伦理学,还必须关注它同其他学科的碰撞与激荡从而生发出来的新问题、新挑战和新进路。在这个意义上,对当代美德伦理学的理解,甚至不能局限于伦理学内部,而必须直面现代社会科学乃至自然科学的批评与互动,也必须承认由于这些批评和互动而带来的新的思想命题和理论形态。就此而言,"美德伦理学在历史上可能具有的研究形态,以及美德伦理学在当代哲学中可能获得全新方向,要比许多美德伦理学家直到最近才有所承认的更加宽广、更加多样"。

对伦理多样性的尊重、论证与接纳,本来就是美德伦理学的思想优势之一。因此,当我们发现,美德伦理学作为一种伦理知识形态自身也具有充分的多样性时,非但不让人感到意外,甚至让人觉得欣喜。因为,这种状况不仅表明美德伦理学并未陷入自己的批评对象(康德主义和功利主义)在理解伦理知识本质问题上的误区,而且意味着,美德伦理学迄今仍处于多元互竞、蓬勃发展的上升期。基于此种考虑,译介《劳特里奇美德伦理学指南》,向汉语学界展示当代美德伦理学在理论上的复杂性和方法上的广泛价值,大概在 2016 年便被我提上了自己的议程。

随后几年间,由于工作调整以及研究任务的新增,翻译该书的想法又有了一段时间的搁置。直至 2021 年春,我在清华大学开设"美德伦理学专题研讨班",带领学生重读美德伦理学的基本文献时,才开始正式启动这项译事。当时,经过一个学期的系统学习和大量阅读,同学们在原有基础上对当代美德伦理学的概念和命题有了更准确的把握,因此,他们在随后参与翻译的过程中也更游刃有余,拿出的初稿也具有相当的水平。至于其中几篇涉及印度教、佛教、基督教和当代儒学等专业性较强的文章,我则邀请了陕西师范大学的雒少锋、北京师范大学的贾沛韬和中山大学的陈乔见等几位朋友相助,得到他们的鼎力支持。在此,我要向他们,以及参与翻译的同学们(杜亚男、赫秋晨、程天民、乔珂、谢廷玉、丁珏、卢淑慧、杨磊、章含舟、张琳琳、赵嘉、孔希宇)表达深深的谢意!

对于所有译稿的初稿,由慧玲、廷玉和我分别校对。在此基础上,我再对全部文稿逐句译校,并对其中的错漏偏差加以修订,部分篇章予以重译。由于本书篇幅厚重且出自不同作者,因此,最后的译校和统稿又花费我一年多的时间。直至2022年底,当我已经来到哈佛大学访学数月之后,才终于全部完成。当年12月,我带着全书译稿,专程前往迈阿密拜访斯洛特教授。在他家里,我与他就这本书的缘起、设计和考虑及其所涉及的当代美德伦理学的一些重要理论问题进行了深入交流。斯洛特教授一方面感谢我们能够投入精力翻译这部作品;另一方面,他也给予莫大的肯定和鼓励,希望我能在美德伦理思想史方面展开新的计划,承担更大的任务。人们常说"译事艰难""学术不易",但我并不畏惧这些艰难。毋宁说,我更希望,能够有机会全身心地投入到伦理学研究的这份"艰难"之中。努力去做自己职责所在、兴趣所在的使命之事,又有什么"艰难"值得抱怨和哭诉的呢?

感谢中央编译出版社社长兼总编辑郗卫东、副编审李媛媛对这套译丛的大力支持。感谢在译校过程中给予我们鼓励或帮助的黄勇教授、圣凯教授、陶涛教授、王凌皞教授、李科政博士、许丽颖博士等师友。期待学界同仁批评指正!

李义天

2023年4月　波士顿

图书在版编目 (CIP) 数据

劳特里奇美德伦理学指南 /(美)迈克尔·斯洛特,(美)罗琳·贝瑟－琼斯编；李义天译. —— 北京：中央编译出版社，2024.3
（当代美德伦理学译丛 / 李义天主编）
ISBN 978-7-5117-4588-0

Ⅰ.①劳… Ⅱ.①迈…②罗…③李… Ⅲ.①伦理学—研究 Ⅳ.① B82

中国国家版本馆 CIP 数据核字 (2024) 第 032543 号

著作权合同登记号：图字 01-2023-3301 号

劳特里奇美德伦理学指南

责任编辑	李媛媛
责任印制	李　颖
出版发行	中央编译出版社
地　　址	北京市海淀区北四环西路 69 号（100080）
电　　话	（010）55627391（总编室）　（010）55627310（编辑室）
	（010）55627320（发行部）　（010）55627377（新技术部）
经　　销	全国新华书店
印　　刷	佳兴达印刷（天津）有限公司
开　　本	710 毫米 × 1000 毫米 1/16
字　　数	682 千字
印　　张	53.25
版　　次	2024 年 4 月第 1 版
印　　次	2024 年 4 月第 1 次印刷
定　　价	195.00 元

新浪微博：@中央编译出版社　　微　信：中央编译出版社（ID：cctphome）
淘宝店铺：中央编译出版社直销店（http://shop108367160.taobao.com）（010）55627331

本社常年法律顾问：北京市吴栾赵阎律师事务所律师　闫军　梁勤
凡有印装质量问题，本社负责调换，电话：（010）55626985

The Routledge Companion to Virtue Ethics by Lorraine L Besser, Michael Slote
ISBN: 978-1-138-47822-0
Copyright © 2015 Taylor & Francis

Authorized translation from English language edition published by Routledge, a member of Taylor & Francis Group LLC ; All Rights Reserved.
本书原版由 Taylor & Francis 出版集团旗下 Routledge 出版公司出版，并经其授权翻译出版，版权所有，侵权必究。

Central Compilation & Translation Press is authorized to publish and distribute exclusively the Chinese（Simplified Characters）language edition. This edition is authorized for sale throughout Mainland of China. No part of the publication may be reproduced or distributed by any means,or stored in a database or retrieval system,without the prior written permission of the publisher.
本书中文简体翻译版授权由中央编译出版社独家出版并限在中国大陆地区销售，未经出版者书面许可，不得以任何方式复制或发行本书的任何部分。

Copies of this book sold without a Taylor & Francis sticker on the cover are unauthorized and illegal.
本书贴有 Taylor & Francis 公司防伪标签，无标签者不得销售。